L'Italia dei Musei

Daniela Primicerio

L'Italia dei Musei

Indagine su un patrimonio sommerso

Electa

*L'autrice desidera rivolgere un particolare
ringraziamento all'ingegner Giuseppe De Natale
per la preziosa collaborazione fornita
nell'elaborazione informatica del testo e alla
dottoressa Chiara Alasia per il qualificato e
intelligente contributo di lavoro dato alla
realizzazione dell'opera.*

Le elaborazioni grafiche delle cartine sono state
realizzate da Graphitel s.r.l., Latina

In prima e quarta di copertina:
G. Giuliani, Capriccio antiquario, 1913;
A. Salucci, Capriccio architettonico con interno
di palazzo e gallerie, c. 1660.

© 1991 by **Electa**, Milano
Elemond Editori Associati
Tutti i diritti riservati

Prefazione

Il significato moderno della parola italiana (e non solo italiana) "museo" non deriva affatto, al contrario di quanto si è portati a ritenere, dal greco museion, *santuario dedicato alle muse, originariamente e occasionalmente nome dell'edificio alessandrino che nel III secolo prima di Cristo ospitò la favolosa biblioteca, luogo di studi e di apprendimento (cosicché una corrispondenza più appropriata del* museion *in questo senso traslato la si dovrebbe trovare piuttosto nel termine "università", come espressione abbreviata di università degli studi).*

Né dobbiamo campanilisticamente credere, nonostante il fatto che per oltre duemila anni l'Italia sia stata in pratica la patria di tutte le arti, che il museo – traduzione moderna della pinacoteca di Atene descritta da Pausania come luogo deputato alla raccolta ragionata di opere dello spirito umano destinate all'esposizione e a essere godute dal pubblico in generale senza restrizioni di sorta – abbia il suo atto di nascita nel nostro Paese, anche se quasi italiano è il suo fondatore e se per tanta parte il genio italiano vi aveva contribuito in opere trafugate. Il primo museo moderno, pur se destinato a durare poco in quanto tale, può forse essere identificato con quel Musée Napoléon che venne allestito per il pubblico proprio nel palazzo del Louvre.

Pur non potendosi riconoscere ai musei italiani la dignità della priorità anagrafica, è tuttavia vero che, anche in questo campo, il seme dell'epoca moderna maturò ed ebbe la prima fioritura nel nostro Rinascimento con le raccolte dei Medici, dei Gonzaga, dei Montefeltro e via enumerando, da cui, poi, altre corti d'Europa trassero motivo d'imitazione.

Si preparava così, nel corso dei secoli, l'imponente testimonianza storica che oggi costituisce il patrimonio dei nostri musei.

Patrimonio, come è noto, solo approssimativamente conosciuto, anche nel più limitato senso di una identificazione dei luoghi ove esso viene custodito.

A tale "identificazione" è rivolta l'indagine della professoressa Daniela Primicerio, ricercatrice universitaria e responsabile del Settore Beni culturali del Nucleo di valutazione degli investimenti pubblici del Ministero del Bilancio e della Programmazione economica, di cui qui vengono pubblicati alcuni risultati sistematici: l'elenco completo dei musei, presi nell'accezione più vasta possibile e classificati secondo vari punti di vista rilevanti (categoria, proprietà, condizione attuale), oggi esistenti in Italia. Più di 3300, disseminati – caratteristica, questa, peculiare del nostro Paese rispetto agli altri – sull'intero territorio nazionale: non solo a Roma o Firenze o Venezia, ma finanche a Rima San Giuseppe con 81 abitanti.

Si tratta di un'indagine della massima importanza, che colma una lacuna spesse volte rilevata dalla letteratura e dagli operatori più sensibili e nella quale la Primicerio, al di là dei suoi compiti d'istituto, ha profuso grande pazienza e intelligenza per portare a sistema una congerie di dati e di informazioni spesso lacunosi o disomogenei. Indagine che costituisce premessa conoscitiva indispensabile per tutti gli interventi che il programmatore intenderà predisporre a favore del nostro patrimonio culturale.

Corrado Fiaccavento
Segretario generale
del Ministero Bilancio e P. E.

Sommario

IX   Introduzione
Andrea Emiliani

1   Un censimento
del patrimonio museale italiano

13   Elaborazioni statistiche e grafiche

119   I musei italiani

443   Fonti bibliografiche

Introduzione

Andrea Emiliani

Si parla spesso e volentieri dell'Italia dei Musei, quasi a dare di questa entità geografica e storica una definizione appetitosa e turistica. Si parla assai meno, come è facile constatare, dei Musei dell'Italia. La ragione di ciò riposa nel fatto che della più intima verità a riguardo dei musei italiani, pochi sanno qualcosa e la ragione di ciò sta nel fatto che i musei italiani sono una realtà, sì, ma molto problematica e oggi spesso assai contorta. Ci sono infatti musei famosi che aprono a singhiozzo le loro sale, e altri del tutto sconosciuti che funzionano come orologi svizzeri. Ci sono musei che possiedono, praticamente, solo la carta intestata; ce ne sono altri, forti di un patrimonio gigantesco, che non hanno un pezzo di carta da lettera. Su tutti, o quasi, regna una burocrazia sovrana, che poi non è neppure un regno di burosauri, ma piuttosto incapacità e impossibilità di gestione, effetto perverso di normative vecchie e inadeguate e incaponimento di un dirigismo che già fu, ai suoi bellissimi tempi, illuministico e aureo, universalistico e cesaro-papista: ma che poi è venuto invecchiando tra la presa di tabacco del funzionariato ottocentesco e il lento degrado dello stato di diritto, nella caduta di un'idea di servizio sociale. Il mondo dei musei italiani, tra città e campagna, tra il fantasma del territorio e l'aggregato urbanistico, è però, probabilmente, un mondo di grandi capacità scientifiche, perfino di vere prospettive economiche. Ma bisogna conoscerlo meglio.

Questa minuziosa, perfino esasperata campagna conoscitiva, è in realtà un modello che Daniela Primicerio ha messo in piega, come si diceva un tempo, sull'esempio dei grandi modelli analitici che nell'età dell'imprenditoria culturale – nel pieno degli anni '80 – l'hanno vista impegnarsi sul tavolo di ricognizioni volte a indagare, con effettivo realismo, la connessa, originaria e ancora vitale economia del patrimonio artistico.

Ricordo che, intorno soltanto al 1970, era impossibile affrontare il tema del rapporto tra museo e società per l'inesistenza di un'elencazione almeno suggestiva del numero e della specialità, e perfino dell'ubicazione dei luoghi chiamati (per qualche ragione talora inspiegabile) museo. Una parte non piccola della difficoltà incontrata subito dal decentramento regionale fu originata, infatti, oltre che dall'impossibilità così italiana di meglio chiarire la nozione dell'interesse "locale" dichiarata dalla Costituzione repubblicana, pure dalla mancata conoscenza statistica del problema.

La cosa perdura, anche se elenchi, repertori, indici e guide hanno intanto popolato le librerie, oltre che le biblioteche speciali, gratificando il museo di un'attenzione che vent'anni fa non ci saremmo davvero sognati di immaginare possibile. Il fatto è che, per andare dentro l'intimità di un voyerismo statistico iniziale, era necessario assumere il modello del museo nella luce della sua reale innovazione storica, e nel grado migliore della sua connessione alla società e al suo effettivo, mutabile, progressivo progetto di vita: per concludere, poi, in pieno rapporto con le tensioni, le evoluzioni dinamiche, le caratterizzazioni salienti, le individualità crescenti, che dentro il museo svaporano se non studiate e cioè le morfologie collezionistiche. Così, non è solo il dove e il quando ma anche il come e il perché che si devono aggredire. La campagna di Daniela Primicerio lo ha fatto con caparbietà crescente.

C'è una vecchia affermazione di Bobbio che collocai, ricordo, in epigrafe al primo scritto che ebbi occasione di stendere a riguardo della formazione storica e della morfologia potente della Pinacoteca Nazionale di Bologna. Noi italiani, diceva all'incirca Bobbio, daremmo a chi ci osserva l'impressione di sapere benissimo come dovrebbero essere le cose: ma di non sapere affatto come sono. Ancora una volta, l'affermazione esibisce la sua sperimentata verità. È stato proprio il "come sono" che ha perso il suo confronto con il realismo, magari confondendosi anche con una letteratura dove l'attesa, la speranza progettuale, insomma, si vestivano di un colore ottativo piuttosto che divenire critica reale e durevole.

Alle origini del museo italiano c'è una pagina giustamente famosa, ormai, di Pio VII Chiaramonti il quale, correndo l'anno 1802, scriveva di propria mano che il museo era un luogo utile sia al progresso della professionalità artigiana, oltre che artistica, sia al turismo che già allora esplorava tanto minuziosamente questo Paese e quella città che tutto lo rappresentava, e cioè Roma. Saldata alle pagine di poco precedenti di Quatremère de Quincy, e alla sua eccezionale scoperta dell'incardinazione che l'opera d'arte di fatto e di diritto rappresenta nella viva realtà del paesaggio culturale italiano, sembra davvero che nulla possa mancare per ravvisare meglio quello strumento così poco studiato, così poco identificato nelle sue caratteristiche, che è il museo italiano. Ogni museo, grande e piccolo, metropolitano o periferico, è nato comunque da una volontà di storia espressa da uno tra i tanti straordinari insediamenti di cui è costellata la realtà italiana.

Ecco, siamo giunti al punto che Daniela Primicerio consente oggi di toccare e di illuminare con giusta cognizione, e cioè il ruolo insopprimibile della città, principio unico d'ogni storia italiana, come voleva Cattaneo; e il luogo, ancor prima entità concreta e fisica piuttosto che entità istituzionale, il museo come accumulo delle voci storiche che durano al di là della cultura stessa, aggregazione e addensamento di cose e di materie. Il rapporto tra città e museo coinvolge immediatamente ruolo e forza della comunità, ne disegna – o aiuta a disegnare – il progetto di vita e di pensiero collettivo. La prima triade del pensiero illuminista è ancora tra noi (museo, archivio, biblioteca) a garantire, più forte d'ogni altra tensione, la volontà di essere della comunità, il senso e l'indirizzo stesso del suo cammino.

Il museo in Italia è rimasto arretrato, nonostante gli sforzi e anche alcune legittime realizzazioni, proprio perché non se ne è intesa bene la ragione nel quadro dei rapporti ai quali abbiamo ora dato un nome. La nostra letteratura corrente, infatti, finisce per restituirci del museo una nozione che non è quella indispensabile, insostituibile, in un Paese dove solo la letteratura artistica tra '600 e '700 ha generato immagini e strategie di immagine che nessun potere oggi riesce neppure a immaginare: e dove la realtà è stata oggettivamente piegata alla volontà dell'arte in ogni strada, palazzo, chiesa o paesaggio. In altri tempi, qualcuno avrebbe scritto che, in Italia, il museo ha da essere italiano. E avrebbe certo sbagliato una volta di più, ma non già sulla sinopia dell'opinione, che è in fondo vera, ma sulla politica adatta per arrivarci. Voglio dire che tutti stiamo parlando di musei, di strumenti e di modelli della ricerca storica, di ipotesi e di mediazioni, di migliorie e di attrattive sociali, senza indagare bene e fino in fondo sul tema specifico, e cioè su che cosa sia in realtà il museo italiano. La letteratura sull'argomento infatti è quasi tutta europea o statunitense, indifferenziata sotto molto aspetti, volta per lo più ai grandi, importanti temi dell'architettura come sede odierna di alto profilo delle grandi carovaniere che, come si vede ogni giorno, si spostano da museo a museo, da architetto a architetto, come i pellegrini medioevali lungo le vie dei più celebri santuari.

Il museo italiano, se vogliamo trattarne qualche caratteristica, esiste già, non ha bisogno di architetti, ma di restauratori. Non c'è città italiana, d'ogni misura e calibro, che non possieda nel suo repertorio architettonico pubblico il vecchio convento stupendo, l'antica e sublime chiesa, l'edificio industriale dismesso, nei quali dar luogo al museo e alle raccolte che convergono verso di esso. A voler seguire il tema, si dovrà ammettere allora che questi luoghi museografici, come per eccellenza è il convento che abbiamo ereditato dalle soppressioni napoleoniche del 1797-98 e da quelle italiane del 1866, non sono mai complessi isolati, ma parte integrante di quartieri storici, quasi sempre brani urbanistici belli o addirittura ineguagliabili nella loro misura, come pure nella quantità di altri episodi storici, di altre architetture o di eventi creativi. Chiese, palazzi, oratori, e poi strade, vicoli e corti, e insomma tutto insieme quell'immane inventario della qualità che il passato storico ci ha trasmesso: qui stanno le città italiane, in questa organica progettazione del vivere comunitario, in questo modello a tutt'oggi insuperato. Il museo ne è la testimonianza e, insieme, il protagonista.

In questo Paese, il museo è dunque il punto forte di un'area – si potrebbe dire – fortemente "protetta", di un luogo dove l'entità istituzionale e la forza vitale, urbanistica, convergono a un solo fine, educativo e anche economico, per la scuola e per quella conoscenza che si definisce turismo, ma che ormai dobbiamo chiamare esplorazione intelligente, ricerca di informazioni qualitative, alte, godibili. Quell'esplorazione che può riequilibrare mezza Italia, per non dire il 90 per cento della penisola, afflitta da un'occupazione turistica opprimente ed erosiva in alcuni luoghi e abbandonata, solitaria, perfino misteriosa in tutti gli altri.

Le conseguenze di una lettura del museo italiano, in Italia, sono molteplici su ogni livello, quello delle progettazioni come quello dei servizi, delle gestioni, della sicurezza. Il progetto culturale che sottende a questi modelli che si ripetono con una vitalità stupefacente dalla Sicilia alla Lombardia, dalla Toscana alla Lucania, è un progetto complesso: non isolato, non impermeabile alle diverse discipline storiche, non chiuso o riservato. Ma è di fatto la città-museo della quale noi siamo stati secoli or sono i creatori, e che proprio la conoscenza dinamica, odeporica e itineraria per lo più attiva nel XVIII secolo, ha identificato e costruito nell'immagine ultima che noi gestiamo oggi ancora, che costituisce l'obiettivo d'ogni ricerca e che questa ostinata, minuziosa ed esaustiva ricognizione di Daniela Primicerio pone finalmente e di nuovo nella più piena evidenza. Queste sono, bene illuminate, le caratteristiche non più di profilo esteriore, ma di critica elaborazione, del grande problema del museo italiano.

E su queste basi, anche il disegno di legge dedicato all'autonomia dei musei e dei sistemi museografici, presentato da Luigi Covatta con spirito pragmatico, può ora camminare anche più speditamente. Si tratta insomma di un buon passo avanti, tale da consentire non soltanto di lavorare meglio al progetto del museo come brano forte e come motore dell'economia culturale, ma anche di entrare nell'intima vicenda di quelle aggregazioni urbanistiche, di quelle volontà istituzionali e insieme di quelle scelte critiche e storiche che, a decorrere dalla fine del XVIII secolo, hanno dato figura e fine al museo come strumento della società.

Un censimento del patrimonio museale italiano

Premessa

Qualsiasi intervento programmatorio nel settore dei beni culturali, volto a pianificare nel tempo interventi mirati a garantire sia la conservazione che una efficiente gestione delle strutture, non può prescindere da una precisa azione conoscitiva, realizzata sulla base di una puntuale rilevazione, identificazione e classificazione dell'ingente patrimonio culturale.
Per soddisfare tale esigenza, che non risponde solo a un bisogno collettivo di razionalizzazione gestionale proprio dell'opinione pubblica e della classe politica, ma che riflette gli interessi individuali degli operatori (culturali e non), è stata avviata dal Nucleo di valutazione degli investimenti pubblici del Ministero del Bilancio e della Programmazione economica [1], una vasta indagine sul patrimonio culturale italiano. Ed è proprio da ciò che trae origine il presente studio.
La ricerca infatti si è proposta di formulare un bilancio aggiornato della realtà museale italiana, fornendone una descrizione attendibile e puntuale, sulla base di un'accurata valutazione critica sia delle indagini sin qui svolte che delle diverse fonti disponibili reperite.
Tale catalogazione sistematica dei musei consente di evidenziare l'aspetto patrimoniale – e più in generale economico – dell'enorme complesso di beni culturali che il nostro Paese detiene.
Il lavoro è quindi volto a far emergere sia la consistenza "fisica" e culturale del bene d'arte, sia il suo valore economico-patrimoniale.
In questo senso il lavoro proposto vuole apportare un nuovo contributo al pensiero moderno che si occupa di beni artistici e culturali e che riserva uno spazio rilevante alle questioni relative alla "economia del bene artistico" intesa quale categoria della più generale "economia del benessere".
Una dimostrazione eloquente dell'evoluzione di pensiero verificatasi anche in Italia è data dalla stessa terminologia usata dal legislatore: nell'uso corrente il termine "cosa", previsto dalla ancora vigente legge-base dei beni culturali n. 1089 del 1939, è stato sostituito col termine "bene", a riprova di quanto nella società siano mutati i valori della cultura e come, più in generale, sia cambiato lo stesso concetto di ricchezza.
Il termine "bene" ha in sé, infatti, un requisito di economicità che il termine "cosa" non possiede.
È da notare che il "bene culturale", inteso tanto come singolo oggetto che come museo – contenitore cioè di più beni e spesso bene esso stesso – presenta delle peculiarità che ne evidenziano la sua rilevanza economica: la irriproducibilità (e dunque la scarsità), la molteplicità d'uso, quale strumento di ampliamento della conoscenza; la valenza formativa che, tramite il segno, consente alle generazioni di percepire l'evoluzione della civiltà; il valore simbolico di espressione dell'identità culturale di un popolo.
La catalogazione della realtà museale e la sua classificazione presentano in Italia obiettive difficoltà, dovute sia alla complessità e vastità di una materia non ancora chiaramente individuata, sia alla mancanza di univocità nei principi classificatori.
La vasta documentazione esaminata ha rivelato infatti una marcata disomogeneità, sebbene a livello internazionale fin dagli inizi degli anni ottanta si siano date raccomandazioni volte a garantire una omogeneità di principi classificatori nel settore culturale (cfr. *Raccomandation Unesco* 1980, 1984).
Le carenze riscontrate nella museografia italiana stanno a denotare come la "sensibilità culturale" in questo settore sia quantomeno inferiore a quella di altri Paesi e come la scarsa organizzazione gestionale del settore, sia a livello centrale che locale, non sia ancora riuscita a realizzare una sistematizzazione della materia, nonostante la crescente attenzione posta dal legislatore.

Alle soglie del 1993, molti sono i segni di cambiamento: si propongono nuove leggi di tutela per rafforzare la salvaguardia e impedire il traffico illecito delle opere d'arte, fino a sancire l'obbligo della restituzione allo Stato d'origine delle opere illecitamente esportate; si dibatte su come aggiornare l'elenco – peraltro oggi incompleto e non omogeneo – delle città d'arte in Italia; si propongono itinerari culturali per distribuire e attivare i flussi turistici nei centri d'arte minori; l'industria del turismo riafferma il proprio ruolo fondamentale nell'economia del Paese.

Fra le tante iniziative sorte, non risulta ancora pubblicato un completo e organico elenco dei musei esistenti in Italia, che permetta un adeguato livello d'informazione.

Lo studio qui presentato non costituisce ancora un completo ed esaustivo elenco dei musei esistenti in Italia, ma una "prima stesura" di esso.

L'opera si propone sia come utile strumento di lavoro per chi voglia approfondire la vasta realtà delle ricchezze museali di cui il nostro Paese è disseminato, sia come unica fonte di riferimento per chi, fra gli operatori o le associazioni del settore turistico, desideri una mappa completa del patrimonio artistico italiano su cui sviluppare itinerari culturali e proposte turistiche più qualificate.

Particolarmente importanti e gradite saranno le segnalazioni di omissioni, errori o imprecise citazioni rilevati nel testo da parte degli enti competenti, degli studiosi e di chiunque sia esperto o amante del settore.

Il presente lavoro riunisce, ordina e riclassifica tutti i musei individuati come tali nelle varie rilevazioni nazionali, regionali e locali; esso infatti si è basato sulla raccolta di tutte le pubblicazioni, gli studi e le indagini svolti in Italia sull'argomento.

Esso non comprende invece i siti archeologici italiani; la lacuna sarà colmata con la conclusione – e la successiva pubblicazione – della catalogazione degli scavi "visibili", il cui numero supera fin da ora il migliaio di unità, prevalentemente concentrate nelle regioni del Mezzogiorno.

Solo a conclusione di entrambi i lavori saremo in grado di fornire un quadro generale e una dettagliata fotografia della ricchezza culturale italiana.

L'indagine Istat sui musei, che, pur se datata (1980), costituisce ancora la base di rilevazione migliore, anche in termini di principi classificatori, ha fornito il primo *data-base* del lavoro svolto.

Questi dati di base sono stati quindi progressivamente integrati e precisati con successive informazioni tratte da varie indagini, più o meno approfondite, svolte in questi anni a livello nazionale, regionale o comunale (vedasi la bibliografia).

Tali informazioni sono state verificate, nei casi dubbi e ove possibile, con i responsabili culturali di comuni, regioni, enti ecclesiastici e privati.

È in questa fase, come si è già accennato, che sono emerse alcune difficoltà per la mancanza di omogeneità e univocità nelle definizioni delle categorie museali considerate nelle diverse fonti, che ci si auspica di aver superato in modo soddisfacente.

È forse utile evidenziare come siano stati qui espressamente inseriti, a differenza di quanto avviene nella maggioranza delle rilevazioni, anche i musei di carattere *minore*, proprio per poter più completamente informare e supportare quelle attività di coordinamento e programmazione del settore che da tutti vengono auspicate, sia a livello centrale che regionale e locale.

Infatti, anche se in alcuni casi la valenza culturale e dimensionale comporta spesso per i musei minori un giudizio di "irrilevanza", questo non vale per le realtà locali di riferimento, sia per la capacità di attrazione di flussi di visitatori che per le risorse finanziarie, gestionali e infrastrutturali che spesso attivano o impegnano.

Inoltre, queste "realtà minori" possono contenere anche poche ma rilevanti opere d'arte di un itinerario artistico che, meglio raccolto e allocato, potrebbe anche essere meglio fruito.

Per quanto attiene alla classificazione, essa è stata realizzata seguendo i criteri impiegati dalle rilevazioni nazionali e internazionali (cfr. Unesco, Istat ecc.).

Ed è proprio a seguito di ciò che nella nostra indagine sono stati inseriti anche gli acquari e i giardini zoologici che, in altro caso, non avremmo compreso nella rilevazione (peraltro incidono solo per il 2,4% del totale come mostra la tav. 4).

Essi infatti non solo sono oggetto di rilevazione ufficiale nell'ambito del patrimonio

culturale, ma vengono normalmente inseriti nella categoria dei musei scientifici.
Invece di adottare una classificazione dei musei per ordine alfabetico, si è preferito dividere la materia per regioni, rispettando in tal modo le storiche, profonde e radicate differenze che rendono ancor oggi autonome e chiaramente riconoscibili le orgogliose identità locali.
Tutti i dati censiti hanno alimentato una banca dati di tipo relazionale già contenente, tra l'altro, una serie di informazioni sul territorio (censimento Istat dei comuni in Italia – aggiornato al 1990 – con la superficie, il numero degli abitanti, il movimento turistico ecc.).
Le funzioni di inserimento, aggiornamento, interrogazioni e statistiche di vario genere sono state realizzate in *Standard query language* (SQL).
La flessibilità degli strumenti software adottati permetterà il continuo ampliamento e aggiornamento della banca dati, potenziando le attuali possibilità di elaborazione e di analisi sotto differenti angolazioni.

Caratteristiche dell'indagine

Lo studio è stato effettuato con riferimento alla situazione museale del 1990.
L'oggetto dell'indagine è stato il museo così come l'Unesco lo ha definito, e cioè "un'istituzione permanente senza scopo di lucro, al servizio della società e del suo sviluppo, aperta al pubblico, che ricerca testimonianze materiali sull'uomo e sul suo ambiente, le acquisisce, le conserva, le fa conoscere e le espone a fini di educazione e di diletto".
Seguendo quindi quanto fatto dall'indagine Istat e aggiornandolo con gli altri studi generali sulle statistiche culturali che potevano tenere conto dell'evolversi della materia nel decennio (cfr. *Fonti bibliografiche*), sono stati considerati musei anche le raccolte esposte presso biblioteche, archivi, università, accademie, comprese le istituzioni che presentano specie viventi, quali giardini zoologici, orti botanici e acquari.
Sono stati esclusi i siti archeologici – oggetto di una indagine ancora in corso – mentre sono stati rilevati i musei a essi annessi e contenenti i relativi reperti.
Si è accantonato, per ora, il problema delle realtà monumentali per la vastità della materia da rilevare.
I principali dati rilevati per ogni singolo museo sono stati: la posizione geografica – distinta per regione, provincia e comune –, il nome, la proprietà, la tipologia museale e la condizione attuale, oltre alle fonti da cui le suddette informazioni sono state rilevate.

Criteri di classificazione

Prima di esaminare i risultati del lavoro, si forniscono alcune indicazioni circa i criteri di classificazione adottati, sulla base dei molteplici studi in materia di statistiche culturali esaminati e tenendo conto dell'evoluzione della materia negli ultimi anni.
La *distribuzione geografica* dei musei è stata realizzata raggruppando le regioni in Nord, Centro e Sud [2] e quindi inserendo i dati nell'archivio già esistente, contenente l'elenco degli 8098 comuni italiani, rispettivamente con il numero degli abitanti e i metri quadri di superficie, aggiornato dall'Istat al 1º gennaio 1990, al fine di poter evidenziare la distribuzione del patrimonio museale del nostro Paese sia rispetto alla popolazione – rilevato come dato più significativo – che alla concentrazione sul territorio.
A tal fine è risultato di valido ausilio il censimento svolto dal Ministero degli Interni sul patrimonio culturale italiano per i comuni fino a 10.000 abitanti (S.I.T.).
Per quanto riguarda il *nome dell'istituzione*, si sono incontrate delle difficoltà di confronto tra le varie fonti che intitolavano in differente modo la stessa realtà museale; la soluzione, nella maggior parte dei casi, è derivata dal confronto incrociato di più pubblicazioni o da contatti diretti.
Per la definizione di *"unità museale"* si è seguito il principio di individuare come tale le "raccolte chiuse" site in un edificio, anche se appartenenti a un più ampio "sistema museale" (seguendo, d'altronde, la stessa filosofia applicata nelle varie indagini reperite).
Per la *posizione giuridica* i musei sono stati suddivisi secondo l'ente di appartenenza dell'istituzione museale; in caso di non coincidenza tra l'ente proprietario del contenitore e quello delle raccolte esposte si è privilegiato l'ente che ne è contemporaneamente anche *il gestore*.

La griglia così ottenuta prevede proprietà statali, universitarie, regionali, provinciali, comunali, private, ecclesiastiche, e altre.
Durante il lavoro si è riscontrata la necessità di mantenere distinti i musei di proprietà universitaria rispetto agli altri di proprietà statale, sia per il peso che essi hanno come mezzo di diffusione della conoscenza presso le nuove generazioni che per la collegata tipologia prettamente scientifica dei contenuti, a cui si riconnettono problematiche di gestione proprie di un settore di grande rilevanza, specie nel futuro.
Sotto il *profilo tipologico* i musei sono stati classificati in categorie secondo la natura prevalente del materiale raccolto e così distinti:
1) *Musei d'arte*: raccolte di oggetti d'arte e pinacoteche.
2) *Musei d'archeologia*: musei con collezioni e reperti prevalentemente archeologici.
3) *Musei d'arte e archeologia*: musei misti.
4) *Musei di scienza e tecnica*: raccolte scientifiche, macchine, modelli, progetti e disegni che testimoniano l'evoluzione tecnologica, nonché raccolte di scienze naturali comprensive di collezioni mineralogiche, paleontologiche, botaniche e zoologiche.
5) *Musei etnografici e antropologici*: raccolte di materiali relativi alle culture e alle caratteristiche delle diverse popolazioni.
6) *Musei di storia*: musei con collezioni di carattere storico e raccolte di cimeli.
7) *Musei territoriali*: raccolte di materiali relativi a diversi aspetti di un territorio inteso come entità storica e culturale o etnica, economica e sociale.
8) *Musei specializzati*: comprendono sia le collezioni con un preciso orientamento tipologico, compresi i musei di arte religiosa (paramenti, oggetti liturgici, suppellettili sacre ecc.), che le case-museo di personaggi illustri. In tale categoria sono stati inseriti anche musei insoliti o di curiosità (museo del bijou, del carretto siciliano, del pane, dei trenini, della pazienza ecc.) oltre che raccolte particolari (come i musei postali e numismatici).
9) *Giardini zoologici, botanici, naturali*.
10) *Acquari*.
Come già detto sono stati inseriti anche i giardini e orti botanici e gli acquari per omogeneità di confronto con le altre rilevazioni; per ovviare però alle eccezioni che potessero sorgere, nelle tabelle riepilogative sono stati fatti dei subtotali con l'esclusione delle succitate voci.
Le strutture museali sono state inoltre catalogate in funzione della loro *condizione di stato*, naturalmente riferita al 1990, così da evidenziarne, oltre alla visitabilità, il *problema gestionale*.
A tal fine si sono individuate le seguenti tipologie:
a) *Aperto*: in tale categoria sono stati riportati tutti i musei che risultano visitabili con un orario fisso (senza indicare però le ore di apertura settimanali).
b) *Aperto a richiesta*: sono compresi in questa tipologia i musei visitabili solo su appuntamento o senza un orario per il pubblico. A questa categoria appartengono la maggior parte delle raccolte ecclesiastiche e universitarie, che in genere presentano problemi di carattere economico e di personale e la necessità di un uso alternativo dei locali.
c) *Chiuso*: in questa classe sono state comprese anche le strutture chiuse solo temporaneamente, ma per le quali non esiste un preciso programma di interventi che consenta una previsione di riapertura.
d) *In restauro*: con questo termine si intende sia il restauro conservativo che quello finalizzato a una ripresentazione della sede e delle raccolte in essa contenute, compresi gli interventi sulle strutture di supporto (sistema antincendio, illuminazione, termoventilazione, sicurezza ecc.).
e) *In allestimento*: qui ci si riferisce sia a nuove creazioni museali che al riadattamento e a una diversa distribuzione delle collezioni esistenti.
f) *In progettazione*: in quest'ultima categoria sono stati compresi tutti quei progetti che, seppure definiti e deliberati nella loro realizzazione, spesso tramite finanziamenti pubblici, sono ancora da iniziare per varie ragioni, comprese quelle di ordine finanziario.
Per ultimo la scheda, come già detto, indica le *varie fonti* da cui le informazioni sono state attinte.
Il principio è stato quello di inserire, come *data-base*, le più rilevanti indagini svolte e quindi confrontarle con i diversi lavori e informazioni che via via si sono resi disponibili e di cui si fornisce l'elenco completo nelle *fonti bibliografiche*.

In particolare è stata utilizzata la interessante e ricca banca dati a nostra disposizione, costituita oltre che dai progetti pervenuti al Ministero del Bilancio (Fondo Investimenti Occupazione), anche da quelli dell'Agenzia del Mezzogiorno (legge 64) e del Ministero dei Beni culturali (legge 449/87 e 88 e altre).
Sono stati attivati inoltre contatti con i responsabili culturali dei diversi enti, al fine di verificare la fondatezza delle informazioni e, ove possibile, di chiarire le contraddizioni tra le diverse fonti.

Risultati dell'indagine

Distribuzione geografica [3]

Il primo aspetto preso in esame nello studio dei *3311 musei censiti* è quello della distribuzione sul territorio nazionale.
A tal fine sono stati inseriti nella banca dati, di fonte Istat [4], per gli *8098 comuni* d'Italia, la superficie e la popolazione esistente al *1° gennaio 1990*.
Si è potuto così rilevare non solo la distribuzione geografica dei musei sul territorio nazionale, ma anche la loro concentrazione rispetto alla popolazione.
Dai dati rilevati si evidenzia un indicatore di "densità museale" pari a 5,9 musei ogni 100.000 abitanti.
Dalla tab. 1 si può rilevare come l'Italia sia un Paese "diffuso", con un tessuto abitativo composto, per la maggior parte, di piccoli centri (distribuiti sul territorio), che sono certamente la derivazione degli antichi insediamenti abitativi evolutisi dal tempo delle dominazioni barbariche in poi.
Infatti il 73% del totale dei comuni italiani ha una popolazione fino a 5000 abitanti, percentuale che sale all'87% se si prendono in considerazione i comuni fino a 10.000 abitanti.
I comuni fino a 1000 abitanti rappresentano ben il 24%; solo Milano, Napoli, Roma e Torino superano 1.000.000 di abitanti, Genova e Palermo i 500.000.
La distribuzione dei comuni, inoltre, determina una maggior concentrazione nel Nord (56%) che nel resto del Paese.
D'altronde il Nord ha anche una maggior diffusione di piccoli centri (ben il 73% dei comuni fino a 1.000 abitanti e il 54% di quelli fino a 5000), mentre il Centro e il Sud presentano, in prevalenza, comuni compresi tra i 1000 e i 5000 abitanti.
Nella stessa tabella sono state anche messe a confronto la distribuzione del numero di comuni per classe di popolazione con quella museale, constatando che i comuni italiani interessati da realtà museali sono il 19% del totale, con una concentrazione media di 2,14 musei per comune.
Se però si analizza la distribuzione all'interno delle varie classi dimensionali considerate [5], si vede come la situazione di "relativa scarsità" museale interessi solo i piccoli comuni (fino a 10.000 abitanti) che pesano però come percentuale sul totale (87%).
Nei suddetti comuni le tipologie museali predominanti sono quelle dei musei "specializzati" o "territoriali", nati cioè dalla cura di privati o dall'interesse municipale a costituire e mostrare raccolte quali testimonianze della storia e della vita sociale del luogo (il comune interessato da realtà museali con la più bassa densità abitativa è Rima San Giuseppe (VC) che ha 81 abitanti).
Invece il 50% circa dei comuni tra 10.000 e 100.000 abitanti possiede infrastrutture museali, con una concentrazione di 2,36 musei per comune (la punta massima di questa categoria è rappresentata da Siena con 32 musei e 58.278 abitanti).
Tutti i comuni da 100.000 fino a 1.000.000 di abitanti (46) posseggono strutture museali, con una concentrazione di ben 13,3 musei per comune (il caso più significativo è rappresentato da Firenze con 87 musei e 413.069 abitanti, seguita da Bologna con 53 e da Venezia con 40 musei).
Infine, i comuni con oltre 1.000.000 di abitanti (solo quattro) hanno una media di ben 64,5 musei. La punta nazionale è rappresentata da Roma con 152 realtà museali (di cui 22 in Vaticano); seguono Milano con 60, Torino con 39 e Napoli con 34 unità.
Come si può notare, il grado di concentrazione delle strutture museali cresce col crescere della categoria dimensionale di popolazione presa in osservazione, fino a divenire molto rilevante nelle suddette quattro città italiane, di cui due nel Nord, una nel Centro e una nel Sud.
Il graf. I con l'annessa tab. 2 rappresenta la distribuzione *regionale* dei patrimonio mu-

seale in Italia, e pone la Toscana al primo posto mentre il Lazio si colloca solo al quarto, dopo l'Emilia Romagna e la Lombardia, segno di una maggiore diffusione culturale in queste prime tre regioni, ove è forte la prevalenza di musei comunali, specializzati o territoriali, a testimonianza di una evoluzione nella cultura sociale.
Se però il numero dei musei si confronta con quello degli abitanti (graf. II), le Marche si collocano al primo posto e la Toscana passa al terzo, dopo l'Umbria.
Rapportando invece il patrimonio espositivo alla superficie regionale (graf. III), al primo posto si colloca la Liguria, seguita dalle Marche, il Lazio e la Toscana; rimane invece all'ultimo posto la Basilicata.
Infine, confrontando il numero degli abitanti con la dimensione territoriale si evidenzia la maggiore significatività della prima variabile presa in considerazione. Rapportando quindi il numero dei musei con tale densità abitativa (graf. IV) torna al primo posto la Toscana, seguita dall'Emilia Romagna e dal Piemonte.
Per poter fornire uno strumento di conoscenza più particolareggiato e analitico dello studio svolto, è stata evidenziata la distribuzione geografica dei musei anche a livello *provinciale*.
A tal fine, dato il rilevante numero delle province italiane (95), non si è più usato il grafico a istogrammi, bensì è stata rappresentata, su una carta geografica dell'Italia con i confini provinciali (graf. V), la distribuzione dei musei (graf. VI) con la relativa tavola esplicativa (tab. 3).
A livello provinciale, il primo posto per numero di musei, è ancora detenuto da Roma, con ben 176 realtà, seguita da Firenze (138), Torino (104) e quindi Milano (101).
Questi valori stanno a dimostrare come i grandi poli di attrazione museale hanno anche nel loro interland la stessa ricchezza di realtà culturali, tale da giustificare un più attento, prolungato e diffuso itinerario di visita.
Dall'analisi svolta risulta comunque evidente come il maggior numero di musei sia concentrato nella Toscana e nell'Emilia Romagna e, più in generale, nell'Italia Centrale; agli ultimi posti si collocano le regioni del sud Italia.
Per quanto concerne la distribuzione a livello *comunale* si sono realizzate 18 carte regionali (per esigenze di omogeneità grafica la Valle d'Aosta è stata unita al Piemonte e il Molise all'Abruzzo) che rilevano sia il numero dei musei che la loro distribuzione geografica sul territorio.
Per le relative considerazioni si rinvia ai paragrafi successivi.

Classificazione per tipologia

La tipologia dei musei esaminati è stata fonte di un'attenta analisi che ha dato origine alla classificazione che in premessa abbiamo già ampiamente descritto.
Le tabb. 4, 5, 6 e 7 mostrano la distribuzione tipologica dei musei evidenziandone le differenti *proprietà*, rispettivamente sull'intero territorio nazionale, nel nord, nel centro e nel sud Italia.
A dimostrazione della ricchezza del patrimonio artistico che il Paese possiede, la tipologia più numerosa è risultata quella dei musei di arte e di archeologia (50%), comprendenti le raccolte più rilevanti sia per valore che per entità.
Parimenti degni di nota sono i ben 613 musei scientifici, in prevalenza di proprietà universitaria, insistenti sui comuni più grandi (da 100.000 abitanti in su).
Per la distribuzione delle tipologie museali nel territorio ci si è affidati, più che a commenti scritti, a rappresentazioni grafiche che sintetizzano in modo più immediato il fenomeno.
A tal fine sono state riunite le molteplici tipologie in tre classi omogenee la cui trasposizione grafica ha evidenziato sul *territorio nazionale* – nelle 95 province – la distribuzione e quantificazione delle differenti tipologie dei musei ivi rilevati, con allegate legende indicanti il nome dei capoluoghi di provincia e il relativo numero di istituti d'arte (graff. VII, VIII e IX).
La ripartizione è stata così realizzata:
1) *Musei d'arte e archeologia*, comprendenti gli istituti d'arte, di archeologia e di arte e archeologia (graf. VII); tale classe è sicuramente quella a cui appartiene la maggior parte dei "grandi musei" italiani.
2) *Musei tecnico-scientifici*, comprendenti quelli di scienza e tecnica, gli etnografici e antropologici, i giardini botanici e gli acquari (graf. VIII).

3) *Musei storico-territoriali*, comprendenti i musei di storia, territoriali e specializzati (graf. IX); questa tipologia, per la maggior parte, è costituita da piccole raccolte di storia e civiltà locale.

Per uno studio più approfondito delle differenti raccolte d'arte, si è quindi calcolata – e rappresentata – la *"relativa specializzazione tipologica"* dei musei, indicando la *percentuale* che le tre classi considerate rappresentano sul patrimonio museale a livello *provinciale* (graff. X, XI e XII).

Tale elaborazione mostra come il Sud, nonostante la "relativa scarsezza" di musei rispetto al resto d'Italia, ha una alta specializzazione nei musei d'arte e archeologia (graf. X), i grandi antiquari quindi, risultati dagli scavi che hanno messo alla luce solo una piccola parte delle ricche testimonianze di lontane civiltà trascorse.

Il Nord invece è molto più attento a conservare e mostrare le evoluzioni della scienza e della tecnica (graf. XI).

Dall'analisi delle presenti elaborazioni viene confermato come il nostro patrimonio sia maggiormente accentrato, per quanto attiene ai "grandi musei" di arte e archeologia, nel centro Italia, insistendo su province contigue tra loro e delimitate dai due "poli museali" delle province di Roma e Firenze.

Proprio tale distribuzione può aiutare la realizzazione di un programma inteso a creare un "sistema museale italiano" che miri non solo a migliorare e ampliare la fruizione del nostro patrimonio, ma anche a farla più ampiamente conoscere e apprezzare, tramite itinerari turistico-culturali che conducano a una fruizione più distribuita e diffusa sul territorio.

Tale diffusione potrebbe inoltre portare a valorizzare quei "centri d'arte minori" che spesso, però, sono preziosi contenitori di storia, di cultura e testimonianze di passate civiltà.

Forse non è inutile in questo contesto rilevare come a cura dell'Enit siano stati realizzati degli accorpamenti tipologici per la rilevazione del movimento turistico, che lo qualifica, tra l'altro, in quello delle città d'arte.

Dato il rilevante interesse che tale tipicizzazione sta via via assumendo sia per le tematiche culturali che per quelle turistiche, sarebbe forse utile un riesame dell'elenco che lo compone, anche sulla base dei dati che emergono dalla nostra rilevazione [6].

Classificazione per proprietà

L'individuazione della proprietà dei musei non è stata né semplice né chiara.

Infatti, oltre alle frequenti difformità rilevate tra la proprietà delle raccolte e quella del contenitore museale, spesso le fonti imputano a proprietà diverse lo stesso bene, senza indicare la metodologia applicata per la loro individuazione.

Di fronte a una materia così poco chiaramente definita l'indagine si è ispirata, nei casi dubbi o comunque con molteplici proprietari, al *principio della prevalenza*, privilegiando cioè l'ente che, oltre a essere proprietario di una delle realtà (contenitore e raccolte espositive), ne risulta essere anche il gestore.

Dallo studio (tavv. 4, 5, 6 e 7) emerge in primo luogo che la parte più rilevante (69%) dei musei italiani sono di proprietà pubblica (2296); segue quindi, con il 16%, il pur vasto e certamente non ancora del tutto conosciuto patrimonio "privato" (523), mentre quello rilevato di proprietà della Chiesa (432) rappresenta il 13% degli oltre 3300 istituti d'arte censiti.

I musei degli Enti locali (1619) – che possiedono il 49% dell'intero patrimonio – comprendono però una molteplicità di "piccoli" musei locali e specializzati, diffusi nel territorio, che sono spesso il segno della storia e della evoluzione della cultura locale, non confrontabili però con il 15% dei "grandi" musei statali (677), ben diversi per rilevanza di dimensioni, contenuti e testimonianze artistiche.

Questi ultimi risultano, inoltre, preponderanti nei grandi centri urbani, sia nell'ottica proprietaria che in quella gestionale.

I tipi di proprietà con minori contraddizioni, tra le tipologie museali rilevate, sono stati quelli universitari, classificati separatamente da quelli statali nella presente indagine a differenza di quella Istat.

Ciò sia per la prevalenza tipologica ben distinta che essi hanno, sia perché, come strumento vivo di insegnamento alle generazioni future e testimonianza dell'evolversi della scienza e della conoscenza, sono meritevoli di una trattazione isolata.

E ciò anche per le difficoltà in cui giacciono

la maggiore parte delle raccolte scientifiche, sia per carenza di fondi, spazi limitati spesso dedicati a usi alternativi e carenza di personale, che per la ancor più scarsa attenzione dedicatagli dal mondo scientifico e politico.

Questa realtà, rappresentata da circa 200 musei situati nei comuni maggiori (da 100.000 abitanti in su), è, o dovrebbe essere, quella più dinamica e in continuo divenire.

È evidente, infatti, che i musei scientifici – per il ricordato ruolo che svolgono nella didattica e nella ricerca – dovranno essere oggetto di maggiore attenzione da parte dei responsabili della formazione scolastica e culturale italiana.

Per quanto riguarda la proprietà ecclesiastica è da osservare che l'indisponibilità di indagini dettagliate e la frequente duplicità d'uso di tali strutture, inducono a considerare i dati esposti solo come una prima stima quantitativamente sottovalutata.

Anche per i musei privati il dato è sicuramente sottodimensionato rispetto alla realtà; è degno di nota, però, il fenomeno che si sta sviluppando.

Infatti fino a pochi anni fa i proprietari di tali realtà – sia che fossero piccole collezioni familiari che rilevanti edifici e raccolte a tal fine curati dai nobili di un tempo –, per "gelosia" ma principalmente per problemi economico-fiscali, sono stati reticenti a denunciarne e pubblicizzarne l'esistenza.

Negli ultimi tempi l'evoluzione legislativa del settore ha determinato una maggiore disponibilità alla ufficializzazione delle raccolte esistenti, che restano tuttavia ancora molto limitate rispetto alle reali necessità.

Anche per le riflessioni sulla distribuzione proprietaria del patrimonio culturale italiano si sono realizzate delle sintesi grafiche.

A tal fine i differenti soggetti proprietari sono stati riuniti in tre grandi categorie di cui si è rappresentata la *distribuzione sull'intero territorio* (graff. XIII, XIV e XV).

Il graf. XIII, relativo ai *musei dello Stato*, comprende sia i musei statali (483) che quelli universitari (194). La loro distribuzione risulta concentrata nell'Italia centrale, in correlazione con la tipologia dei grandi musei di arte e archeologia (i musei che appaiono rilevati in questa categoria nelle regioni a statuto speciale sono chiaramente quelli universitari).

Il graf. XIV, dei *musei degli Enti locali*, riunisce i musei regionali (91), provinciali (57) e comunali (1471). La loro concentrazione nel Centro-Nord, con il massimo valore nella provincia di Perugia, conferma la correlazione già prima rilevata tra la ricchezza delle regioni e l'attenzione e le risorse destinate da parte degli Enti locali alla cura, l'ampliamento e la creazione di centri della memoria e delle vestigia del tempo e delle arti nell'ambito di una programmazione regionale e comunale.

Infine il graf. XV, riportante i *musei privati e altri*, riunisce i privati (523) e gli ecclesiastici (432); in tale categoria sono stati compresi anche gli "altri" (60) di cui non si è riusciti con relativa certezza a individuare la proprietà.

Per quanto attiene la distribuzione di tali proprietà si può ritenere ancora valida la considerazione svolta per quelli degli Enti locali.

Infatti ancor di più, forse, le antiche famiglie e le ricchezze di dominazioni passate hanno creato le realtà che ancora oggi esistono, grazie all'interesse sia dei singoli privati che della curia.

Si è inoltre calcolato *"l'indice di concentrazione per proprietà"* relativo alle tre grandi categorie individuate (Stato, Enti locali, privati), nelle *95 province*, espresso dalla percentuale che tali realtà hanno sulla totalità del campione regionale (graff. XVI, XVII e XVIII).

Si è ritenuta interessante tale elaborazione perché indice della relativa predominanza territoriale dei diversi soggetti responsabili, indipendentemente dal numero dei musei esistenti nella zona.

Dall'analisi dei grafici si evidenzia come gli Enti locali controllino la più alta percentuale di musei esistenti su base provinciale (graf. XVII) mentre lo Stato, generalmente, ne detiene la quota relativamente più bassa (graf. XVI).

Tali indicatori possono quindi essere utile strumento per chi voglia individuare i differenti soggetti a cui avocare le responsabilità delle decisioni programmatorie e gestionali del patrimonio culturale sul territorio.

Situazione gestionale

La tematica gestionale è sicuramente quel-

la che riveste il maggior rilievo nella *querelle* sul patrimonio museale italiano.
Infatti le ricchezze artistiche che un Paese possiede, accumulatesi nel tempo e testimonianza delle civiltà passate, sono creazione di valori estetici e acquisiscono pregio e valore economico quando intorno a esse si crea o si acuisce l'interesse e il desiderio di conoscerle, di ammirarle o addirittura di possederle.
Quindi l'esposizione al pubblico delle opere d'arte o il godimento che da esse traggono folle più numerose di estimatori crea o accresce il valore del pezzo o della raccolta, per l'aumento del suo valore di scambio o del reddito monetario che esso produce. La creazione di nuovi musei o il loro ampliamento, ma soprattutto una economica gestione di essi, quindi, oltre a creare nuove occasioni di investimento e occupazione, contribuiscono alla formazione di reddito.
Da qui la sempre maggiore attenzione posta nei dibattiti sulla capacità di spesa del settore da parte degli organismi statali e le sempre maggiori spinte verso una gestione "privatistica" delle strutture museali.
Privatistica non tanto e non solo nel senso del soggetto gestore quanto nella filosofia che questo termine porta con sé, intesa cioè come "economica" o anche "profittevole".
Ciò va dalla possibilità dei differenti servizi offerti, alla gestione del personale di custodia, e ai vari altri aspetti che comunque contribuiscono a rendere efficiente, oltre che efficace, la gestione del patrimonio artistico italiano.
Problematiche che mettono a confronto il pubblico e il privato non solo e non tanto come differenti proprietari o gestori quanto come diverse possibilità di movimento e azione nell'operare quotidiano dell'offerta fruitiva culturale.
Volendo qui fornire non una interpretazione propositiva della problematica gestionale dei musei in Italia, bensì una fotografia della realtà nella quale essa si trova, tracceremo una sintesi dei dati forniti per questo aspetto dal presente studio, che non entra nel dettaglio della qualità del servizio reso, ma comunque fornisce informazioni sulla quantità dell'offerta fruibile.
La condizione dei musei in Italia è stata esaminata sia nei suoi riflessi rispetto alla tipologia degli istituti d'arte (tabb. 8, 9, 10 e 11) che rispetto ai diversi soggetti proprietari (tabb. 12, 13, 14 e 15), sia per l'intero territorio nazionale che con particolare riferimento al nord, centro e sud Italia. (Per quanto attiene le definizioni delle variabili esaminate si rinvia ai criteri classificatori).
I dati che si riferiscono alla *condizione dei musei in relazione alla loro differente tipologia* (tabb. 8, 9, 10 e 11) evidenziano le difficoltà gestionali del nostro vasto patrimonio artistico.
Infatti (tab. 8) solo poco più della metà dei musei esistenti è aperta al pubblico (52%) e ben il 33% è aperto a richiesta o chiuso.
Passando dai valori medi a livello nazionale a quelli di ripartizione territoriale si evidenzia una situazione notevolmente diversificata, che assume connotati negativi man mano che si passa dal Nord al Centro e soprattutto al Sud (tabb. 9, 10 e 11), ove si arriva a un 37% di musei chiusi o aperti a richiesta e solo a un 45% di aperti.
Questa realtà, sicuramente difficile da migliorare, ha comunque un interessante indicatore di tendenza, dato dal 15% dei musei in fase di miglioramento o addirittura di creazione.
Chiaramente quelli considerati come "grandi musei" (musei d'arte, d'archeologia e di arte e archeologia) oltre a rappresentare la maggior percentuale tipologica, sono anche quelli che hanno il più elevato, se così si può dire, tasso di funzionamento, con il 57% dei musei aperti.
Anche se tale valore di "efficienza gestionale" non è certo esaltante, è comunque migliore del 49% dei musei storici e del 42% di quelli scientifici.
Per questi ultimi inoltre è da rilevare l'altissima percentuale di musei "aperti a richiesta" (43%) che solo formalmente debbono intendersi in questa condizione, essendo, come già detto, in aree dedicate a differenti fruizioni (biblioteche, laboratori o depositi) e quindi solo potenzialmente fruibili.
I musei di arte e archeologia sono, inoltre, i più attenti alla creazione e miglioramento (9%) e al mantenimento (6%) della realtà espositiva che comporta però, tra musei chiusi (6%) e musei in restauro (6%), anche la più alta percentuale di realtà non fruibili.
I dati che si riferiscono alla *condizione dei musei per proprietà* (tabb. 12, 13, 14 e 15)

indicano l'efficienza gestionale dei differenti soggetti proprietari e/o gestori.

Il più alto numero di musei aperti (tab. 12) fanno capo allo Stato (62%), mentre l'università, con ben il 67% di strutture espositive aperte a richiesta, denuncia la pesante carenza di spazi e di personale cui abbiamo già accennato.

La realtà degli Enti locali è invece quella che risulta più dinamica nel migliorare l'esistente e ideare nuove iniziative (il 10% del loro patrimonio artistico è in allestimento o in progettazione).

Lo Stato, possedendo il patrimonio certo più ingente sia come valore che come rilevanza delle singole realtà museali che lo compongono, risulta essere il più attento all'attività di mantenimento e conservazione del capitale culturale (7%); in situazione molto critica versano invece, per gli interventi di restauro, sia l'università (0%) che i privati (1%), seguiti quindi dal clero (con il 3,5%).

Tali dati, che sono l'indice di una carenza, o almeno di una non buona distribuzione e utilizzazione dei fondi destinati alla ordinaria e straordinaria manutenzione tra i vari enti competenti, potrebbero in seguito essere oggetto di una più puntuale analisi sulla quantità e qualità delle risorse necessarie al mantenimento e miglioramento del nostro patrimonio considerato sia nel suo insieme che in rapporto ai differenti soggetti responsabili.

Ponendo in relazione i dati gestionali con quelli territoriali (tabb. 13, 14 e 15), emerge che lo Stato ha la maggior concentrazione museale nel centro Italia, mentre gli Enti locali ed i privati l'hanno nel Nord.

Il peso delle strutture museali nell'Italia centrale risulta ulteriormente rafforzato dal patrimonio ecclesiastico, che ha ovviamente nel Lazio la massima concentrazione.

Al contrario, nel Sud è l'intervento operato dalle strutture dell'università che in qualche misura ha sopperito a una scarsa presenza delle istituzioni maggiori, sia pubbliche che private.

Anche per l'analisi gestionale si sono realizzate delle elaborazioni grafiche che rappresentano lo stato dell'offerta fruitiva in Italia, a livello provinciale.

A tal fine le differenti categorie sono state così riunite per classi omogenee:

1) *Musei aperti*: il graf. XIX individua il numero di musei aperti in Italia, mentre il graf. XX evidenzia il "grado di efficienza dell'offerta" o "la efficienza di gestione nell'area", espresso dalla percentuale dei musei esistenti nell'area provinciale che risultano appunto fruibili al pubblico.

Da quest'ultimo grafico si evidenzia come il Nord sia relativamente più efficiente del resto dell'Italia, raggiungendo il massimo della offerta fruitiva nelle province di Gorizia, Trieste e Venezia.

2) *Musei aperti a richiesta*: tale categoria è stata tenuta distinta e non assimilata a quella dei musei chiusi, per evidenziare la potenzialità più immediata di ampliamento dell'offerta museale realizzabile in Italia (graf. XXI).

L'indice di efficienza gestionale, per questa tipologia (graf. XXII), indica che il centro Italia ha, relativamente ai musei esistenti nelle varie province, la minor percentuale di aperti a richiesta.

3) *Musei chiusi*: in essi sono comprese anche quelle strutture solo temporaneamente non visitabili (anche se per periodi, però, relativamente lunghi), sia per interventi di mantenimento, che di miglioramento o addirittura creazione.

Mentre il graf. XXIII mostra in valori assoluti il numero dei musei chiusi nel territorio (Perugia risulta essere quella che, per varie motivazioni, ha il più alto valore in Italia), il graf. XXIV mostra il grado di "relativa inefficienza", essendo rapportato all'esistente nell'area e non in assoluto.

In questo caso Potenza risulta essere, appunto, la provincia meno efficiente.

Ma, se nel caso di Perugia la responsabilità è da ascriversi prioritariamente agli Enti locali (graf. XVII), in quello di Potenza è forse da attribuirsi più alla frammentazione delle diverse proprietà che quindi non riescono a realizzare una politica univoca del territorio (graff. XVI, XVII e XVIII).

Itinerari culturali

A conclusione del lavoro abbiamo reputato utile, oltre che interessante, come supporto a un intervento di programmazione regionale sia per il settore culturale che per quello turistico, tracciare delle cartine per

le singole regioni d'Italia riportanti sia la quantificazione che la distribuzione geografica dei musei delle aree considerate.
Tali rappresentazioni infatti aiutano programmatori, operatori turistici e culturali e comunque studiosi del tema a individuare i possibili itinerari turistico-culturali, evidenziando non solo la distribuzione dei musei sul territorio, ma anche la loro concentrazione in aree di "maggior densità museale", potenziali centri su cui costruire appunto interventi tesi a meglio e più a lungo esaltare anche le zone culturali limitrofe.
Speriamo infine che questo lavoro risulti un'utile documentazione per una più puntuale conoscenza dell'entità del patrimonio culturale italiano, che conduca a un maggiore e migliore riconoscimento di esso (cfr. nota 6) non solo in Italia ma anche e soprattutto nel mondo.

---

[1] L'autrice ne fa parte con responsabilità per il settore dei Beni culturali e Turismo.

[2] Le regioni italiane sono state così suddivise:
Nord: Emilia Romagna, Friuli V. G., Liguria, Lombardia, Piemonte, Trentino A. A., Valle d'Aosta e Veneto;
Centro: Abruzzo, Lazio, Marche, Toscana, Umbria;
Sud: Basilicata, Calabria, Campania, Molise, Puglia, Sardegna e Sicilia.

[3] Per tale aspetto è d'obbligo citare il rilevante lavoro (Sistema Informativo Territoriale) fornitoci dal Ministero degli Interni-Direzione centrale per la documentazione che, pur se completo solo per i comuni fino a 10.000 abitanti – pari all'87% dell'universo dei comuni – e in fase di realizzazione per i comuni fino a 20.000, ci ha offerto un'ampia base di rilevazione museale, insistendo proprio su quelle aree "piccole" dove più difficile è la raccolta di dati.

[4] Istat: *Censimento sulla popolazione 1990*.

[5] Le classi dimensionali scelte come più significative sono quelle con popolazione:
da 1   a 1000   abitanti
da 1001   a 5000   abitanti
da 5001   a 10.000   abitanti
da 10.001   a 100.000   abitanti
da 100.001 a 1.000.000   abitanti
oltre il milione di abitanti.

[6] Di seguito si riporta l'elenco suddetto:
Agrigento, Arezzo, Ascoli Piceno, Assisi, Belluno, Bergamo, Bologna, Cagliari, Capaccio, Caserta, Cassino, Città di Castello, Cividale del Friuli, Enna, Firenze, Fogliano, Redipuglia, Foligno, Genova, Gubbio, Lecce, Loreto, Lucca, Mantova, Matera, Milano, Napoli, Orvieto, Otranto, Padova, Palermo, Parma, Perugia, Piazza Armerina, Pisa, Pompei, Pordenone, Prato, Ravenna, Recanati, Roma, Siena, Siracusa, Spoleto, Tarquinia, Tivoli, Todi, Torino, Trani, Trento, Trieste, Urbino, Venezia, Verona, Viterbo.
Solo per memoria si indicano alcune delle città non comprese in tale elenco: Brescia, Catania, Cerveteri, Faenza, Ferrara, Forlì, Reggio Emilia, Noto, Novara, Vicenza.
Parimenti, a livello *mondiale*, l'UNESCO ha individuato 340 siti che costituiscono il patrimonio culturale da salvaguardare; in esso l'Italia è rappresentata dalle seguenti realtà:
1) l'arte rupestre della Valcamonica;
2) centro storico di Roma;
3) chiesa e convento domenicano di Santa Maria delle Grazie con *L'ultima cena* di Leonardo da Vinci a Milano;
4) centro storico di Firenze;
5) Venezia e la sua laguna;
6) piazza del Duomo di Pisa.
A esse solo ultimamente è stata aggiunta San Gimignano. Secondo tale attribuzione l'Italia avrebbe solo il 2% del patrimonio mondiale, concentrato soltanto nel nord e centro Italia, senza alcuna presenza archeologica!

Elaborazioni statistiche e grafiche

Intero territorio

Classi di popolaz. da num. abitanti	a num. abitanti	Numero comuni n. (a)	%	Numero comuni con almeno un museo n. (b)	% (b/a)	Numero musei n. (c)	%
1	1.000	1.942	23,98%	155	8,0%	169	5,1%
1.001	5.000	3.971	49,04%	548	13,8%	671	20,3%
5.001	10.000	1.149	14,19%	306	26,6%	445	13,4%
10.001	100.000	985	12,16%	491	49,8%	1.156	34,9%
100.001	1.000.000	46	0,57%	46	100,0%	612	18,5%
Oltre	1.000.000	4	0,05%	4	100,0%	258	7,8%
Totale		8.097	100,00%	1.550	19,1%	3.311	100,0%

Nord Italia

Classi di popolaz. da num. abitanti	a num. abitanti	Numero comuni n. (a')	%	Numero comuni con almeno un museo n. (b')	% (b'/a')	Numero musei n. (d')	% (d'/c)
1	1.000	1.411	31,05%	108	7,7%	119	70,4%
1.001	5.000	2.123	46,71%	290	13,7%	358	53,4%
5.001	10.000	586	12,89%	146	24,9%	194	43,6%
10.001	100.000	401	8,82%	203	50,6%	488	42,2%
100.001	1.000.000	22	0,48%	22	100,0%	354	57,8%
Oltre	1.000.000	2	0,04%	2	100,0%	95	36,8%
Totale		4.545	100,00%	771	17,0%	1.608	48,6%

Tabella 1 - Comuni e musei per classi di popolazione.

Centro Italia

Classi di popolaz. da num. abitanti	a num. abitanti	Numero comuni n. (a")	%	Numero comuni con almeno un museo n. (b")	% (b"/a")	Numero musei n. (d")	% (d"/c)
1	1.000	266	20,38%	29	10,9%	31	18,3%
1.001	5.000	647	49,58%	170	26,3%	215	32,0%
5.001	10.000	186	14,25%	83	44,6%	149	33,5%
10.001	100.000	196	15,02%	139	70,9%	407	35,2%
100.001	1.000.000	9	0,69%	9	100,0%	155	25,3%
Oltre	1.000.000	1	0,08%	1	100,0%	128	49,6%
Totale		1.305	100,00%	431	33,0%	1.085	32,8%

Sud Italia

Classi di popolaz. da num. abitanti	a num. abitanti	Numero comuni n. (a*)	%	Numero comuni con almeno un museo n. (b*)	% (b*/a*)	Numero musei n. (d*)	% (d*/c)
1	1.000	265	11,79%	18	6,8%	19	11,2%
1.001	5.000	1.201	53,45%	88	7,3%	98	14,6%
5.001	10.000	377	16,78%	77	20,4%	102	22,9%
10.001	100.000	388	17,27%	149	38,4%	261	22,6%
100.001	1.000.000	15	0,67%	15	100,0%	103	16,8%
Oltre	1.000.000	1	0,04%	1	100,0%	35	13,6%
Totale		2.247	100,00%	348	15,5%	618	18,7%

Zona	Regione	N. Musei
Nord	Emilia Romagna	369
	Friuli Venezia Giulia	98
	Liguria	149
	Lombardia	381
	Piemonte	284
	Trentino Alto Adige	55
	Valle d'Aosta	42
	Veneto	230
	Totale Nord	1608
Centro	Abruzzo	74
	Lazio	307
	Marche	205
	Toscana	394
	Umbria	105
	Totale Centro	1085
Sud	Basilicata	21
	Campania	60
	Calabria	143
	Molise	19
	Puglia	108
	Sardegna	91
	Sicilia	176
	Totale Sud	618
Italia	Totale	3311

Tabella 2 - Musei per regione

Regione	Provincia	N. Musei
Abruzzo	Chieti	17
Abruzzo	L'Aquila	33
Abruzzo	Pescara	10
Abruzzo	Teramo	14
Basilicata	Matera	7
Basilicata	Potenza	14
Calabria	Catanzaro	24
Calabria	Cosenza	23
Calabria	Reggio Calabria	13
Campania	Avellino	15
Campania	Benevento	14
Campania	Caserta	12
Campania	Napoli	60
Campania	Salerno	42
Emilia R.	Bologna	84
Emilia R.	Ferrara	41
Emilia R.	Forlì	56
Emilia R.	Modena	41
Emilia R.	Parma	42
Emilia R.	Piacenza	24
Emilia R.	Ravenna	46
Emilia R.	Reggio Emilia	35
Friuli V. G.	Gorizia	14
Friuli V. G.	Pordenone	14
Friuli V. G.	Trieste	34
Friuli V. G.	Udine	36
Lazio	Frosinone	41
Lazio	Latina	31
Lazio	Rieti	12
Lazio	Roma	173
Lazio	Viterbo	50
Liguria	Genova	63
Liguria	Imperia	35
Liguria	La Spezia	17
Liguria	Savona	34
Lombardia	Bergamo	31
Lombardia	Brescia	49
Lombardia	Como	32
Lombardia	Cremona	16
Lombardia	Mantova	40
Lombardia	Milano	101
Lombardia	Pavia	30
Lombardia	Sondrio	35
Lombardia	Varese	47
Marche	Ancona	54
Marche	Ascoli Piceno	40
Marche	Macerata	62
Marche	Pesaro e Urbino	49

Regione	Provincia	N. Musei
Molise	Campobasso	11
Molise	Isernia	8
Piemonte	Alessandria	27
Piemonte	Asti	21
Piemonte	Cuneo	40
Piemonte	Novara	56
Piemonte	Torino	104
Piemonte	Vercelli	36
Puglia	Bari	49
Puglia	Brindisi	10
Puglia	Foggia	22
Puglia	Lecce	19
Puglia	Taranto	8
Sardegna	Cagliari	35
Sardegna	Nuoro	14
Sardegna	Oristano	16
Sardegna	Sassari	26
Sicilia	Agrigento	16
Sicilia	Caltanissetta	6
Sicilia	Catania	31
Sicilia	Enna	9
Sicilia	Messina	13
Sicilia	Palermo	44
Sicilia	Ragusa	9
Sicilia	Siracusa	13
Sicilia	Trapani	35
Toscana	Arezzo	32
Toscana	Firenze	138
Toscana	Grosseto	24
Toscana	Livorno	24
Toscana	Lucca	34
Toscana	Massa Carrara	14
Toscana	Pisa	35
Toscana	Pistoia	27
Toscana	Siena	66
Trentino A. A.	Bolzano	23
Trentino A. A.	Trento	32
Umbria	Perugia	89
Umbria	Terni	16
Valle d'Aosta	Aosta	42
Veneto	Belluno	33
Veneto	Padova	40
Veneto	Rovigo	10
Veneto	Treviso	35
Veneto	Venezia	53
Veneto	Verona	35
Veneto	Vicenza	24

Tabella 3 - Musei per provincia

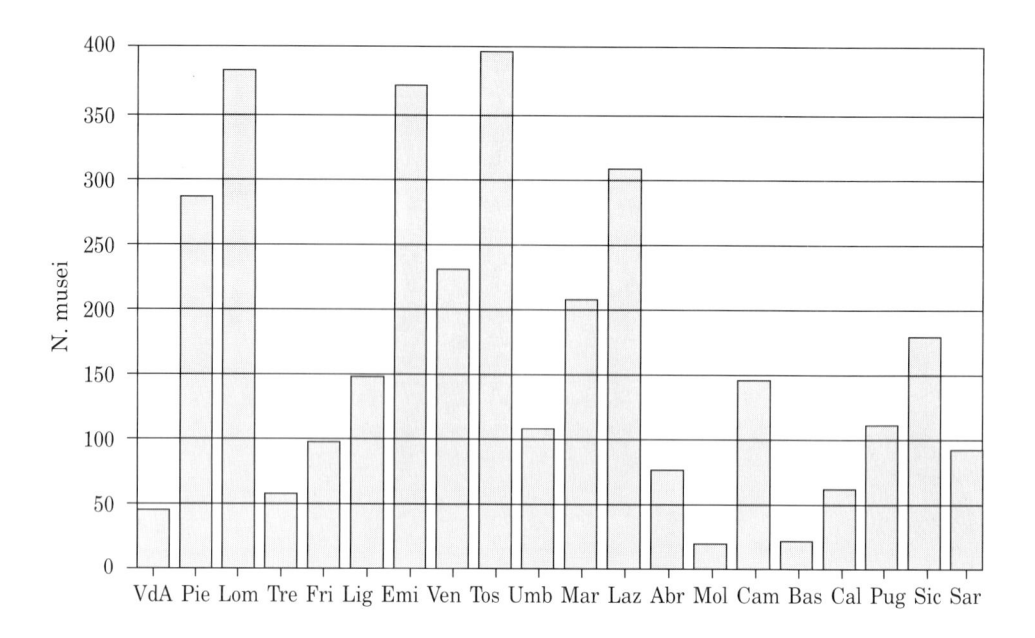

Grafico I - Distribuzione dei musei per regione.

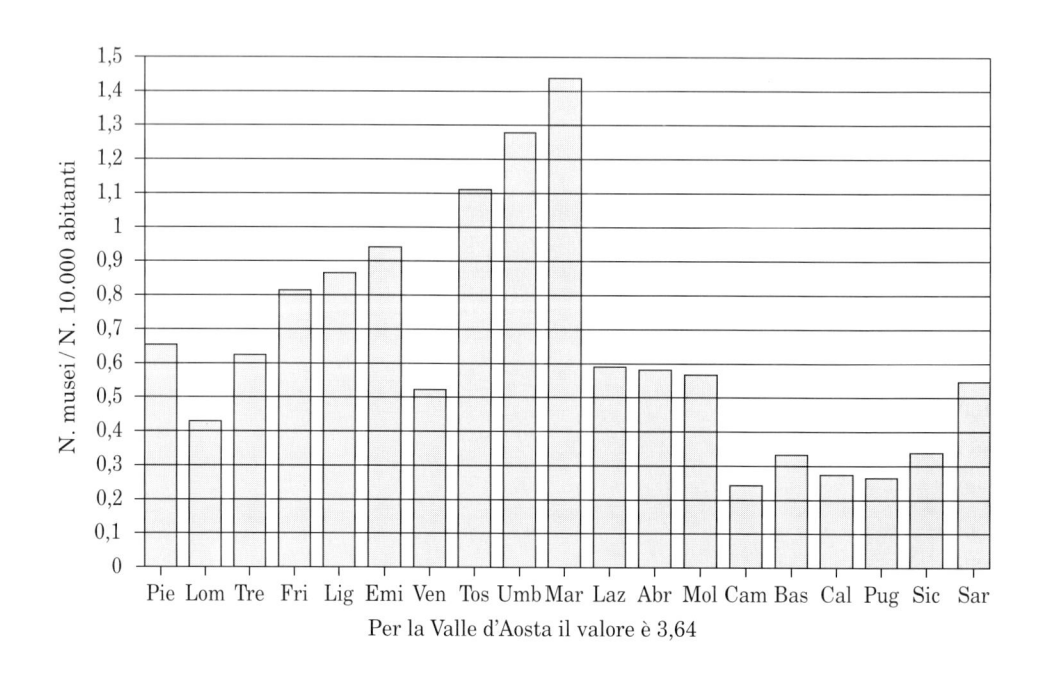

Per la Valle d'Aosta il valore è 3,64

Grafico II - Musei per abitante per regione.

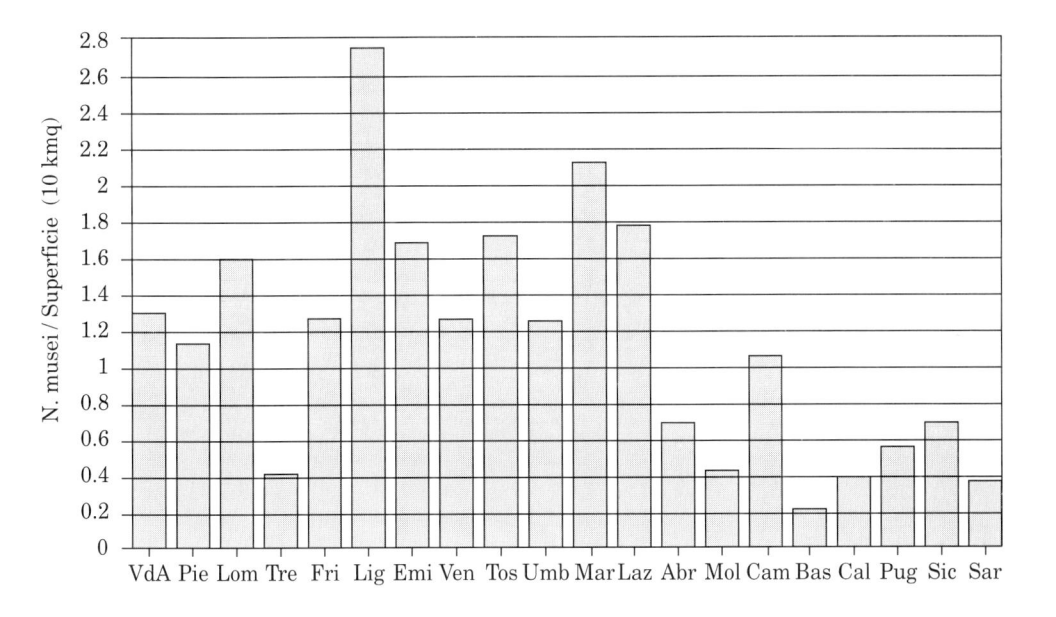

Grafico III - Musei per superficie per regione.

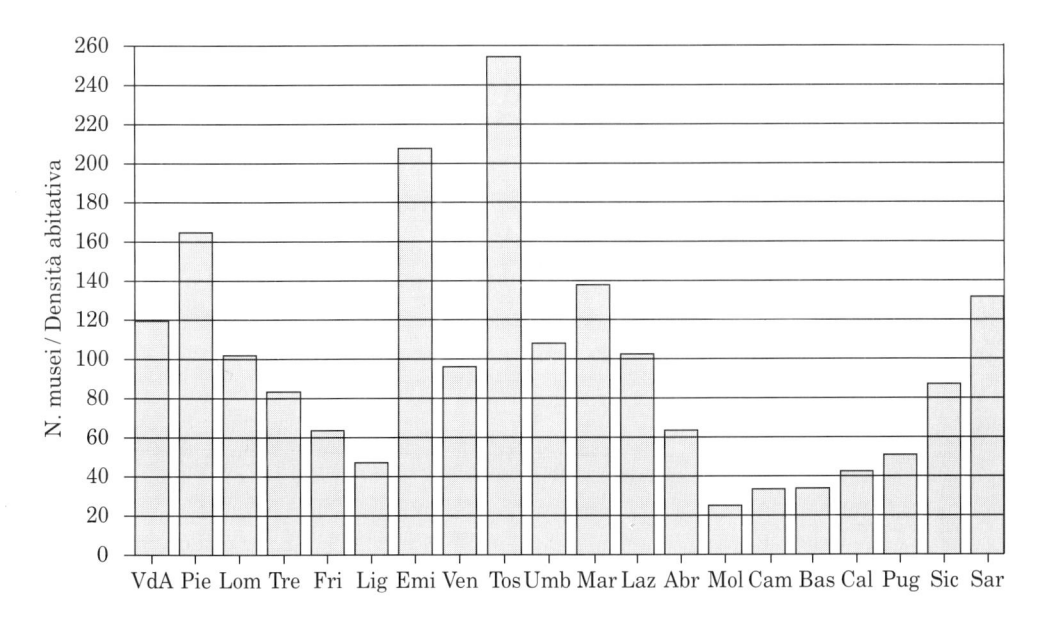

Grafico IV - Musei per densità abitativa per regione.

Grafico V – Le province italiane.

	1 - 10		41 - 50
	11 - 20		51 - 80
	21 - 30		81 - 130
	31 - 40		131 - 200

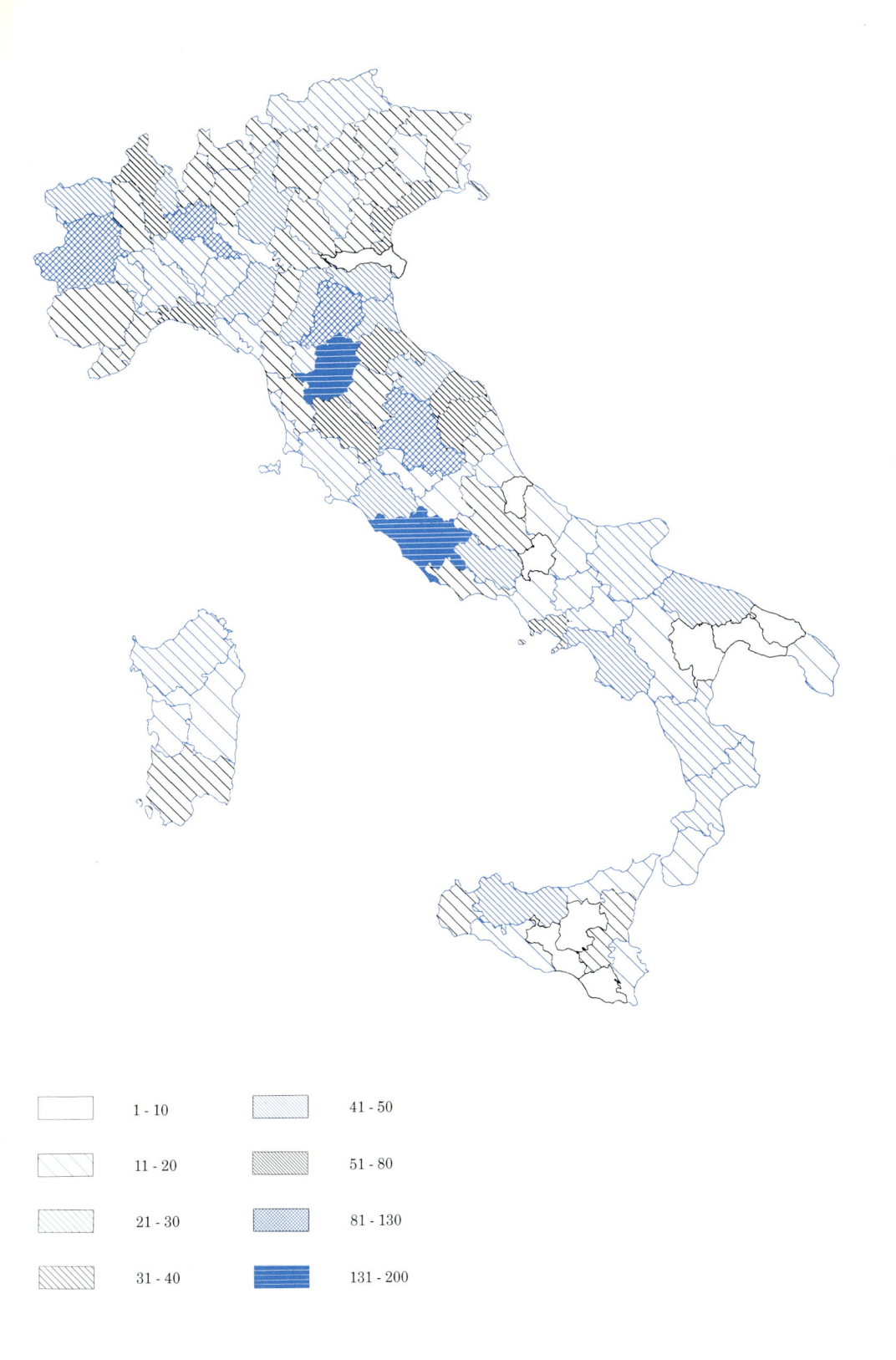

Grafico VI – Distribuzione dei musei per provincia.

Tipo di istituto	Proprietà							
	Stato		Univers.		Regione		Provincia	
Museo d'arte	113	13,3%	2	0,2%	9	1,1%	14	1,7%
Museo d'archeologia	148	24,1%	4	0,7%	38	6,2%	14	2,3%
Museo d'arte e archeologia	10	5,6%	1	0,6%	2	1,1%	4	2,2%
Museo di scienza e tecnica	83	18,5%	146	32,6%	7	1,6%	3	0,7%
Museo etnograf. e/o antropolog.	3	3,5%	3	3,5%	0	0,0%	3	3,5%
Museo di storia	31	19,5%	2	1,3%	2	1,3%	1	0,6%
Museo territoriale	18	5,9%	2	0,7%	12	3,9%	10	3,3%
Museo specializzato	68	11,4%	14	2,4%	19	3,2%	6	1,0%
Sub-totale	474	14,7%	174	5,4%	89	2,8%	55	1,7%
Giardino zoolog. botan. naturale	8	11,8%	20	29,4%	2	2,9%	0	0,0%
Acquario	1	9,1%	0	0,0%	0	0,0%	2	18,2%
Totale	483	14,6%	194	5,9%	91	2,7%	57	1,7%

Tabella 4 - Proprietà dei musei per tipologia (Italia).

Comune		Privata		Eccles.		Altre		Totale		% sul totale
389	45,9%	115	13,6%	199	23,5%	6	0,7%	847	100%	25,6%
345	56,1%	39	6,3%	24	3,9%	3	0,5%	615	100%	18,6%
123	69,1%	15	8,4%	23	12,9%	0	0,0%	178	100%	5,4%
113	25,2%	43	9,6%	22	4,9%	31	6,9%	448	100%	13,5%
45	52,3%	21	24,4%	11	12,8%	0	0,0%	86	100%	2,6%
84	52,8%	32	20,1%	5	3,1%	2	1,3%	159	100%	4,8%
165	54,1%	84	27,5%	9	3,0%	5	1,6%	305	100%	9,2%
176	29,6%	160	26,9%	139	23,4%	12	2,0%	594	100%	17,9%
1.440	44,6%	509	15,7%	432	13,4%	59	1,8%	3.232	100%	97,6%
23	33,8%	14	20,6%	0	0,0%	1	1,5%	68	100%	2,1%
8	72,7%	0	0,0%	0	0,0%	0	0,0%	11	100%	0,3%
1.471	44,4%	523	15,8%	432	13,0%	60	1,8%	3.311	100%	100,0%

Tipo di istituto	Proprietà							
	Stato		Univers.		Regione		Provincia	
Museo d'arte	32	8,3%	1	0,3%	4	1,0%	6	1,6%
Museo d'archeologia	39	21,4%	0	0,0%	5	2,7%	1	0,5%
Museo d'arte e archeologia	5	5,0%	0	0,0%	0	0,0%	3	3,0%
Museo di scienza e tecnica	44	17,5%	72	28,6%	4	1,6%	2	0,8%
Museo etnograf. e/o antropolog.	0	0,0%	1	1,8%	0	0,0%	3	5,5%
Museo di storia	15	13,9%	1	0,9%	1	0,9%	1	0,9%
Museo territoriale	5	3,0%	0	0,0%	6	3,6%	7	4,1%
Museo specializzato	22	7,0%	5	1,6%	14	4,5%	3	1,0%
Sub-totale	162	10,3%	80	5,1%	34	2,2%	26	1,7%
Giardino zoolog. botan. naturale	3	7,9%	6	15,8%	0	0,0%	0	0,0%
Acquario	0	0,0%	0	0,0%	0	0,0%	1	25,0%
Totale	165	10,3%	86	5,3%	34	2,1%	27	1,7%

Tabella 5 - Proprietà dei musei per tipologia (Italia settentrionale).

Comune		Privata		Eccles.		Altre		Totale		% sul totale
205	53,1%	70	18,1%	66	17,1%	2	0,5%	386	100%	24,0%
120	65,9%	10	5,5%	7	3,8%	0	0,0%	182	100%	11,3%
69	69,0%	10	10,0%	13	13,0%	0	0,0%	100	100%	6,2%
70	27,8%	29	11,5%	14	5,6%	17	6,7%	252	100%	15,7%
30	54,5%	15	27,3%	6	10,9%	0	0,0%	55	100%	3,4%
56	51,9%	29	26,9%	5	4,6%	0	0,0%	108	100%	6,7%
86	50,9%	57	33,7%	7	4,1%	1	0,6%	169	100%	10,5%
97	30,9%	96	30,6%	72	22,9%	5	1,6%	314	100%	19,5%
733	46,8%	316	20,2%	190	12,1%	25	1,6%	1.566	100%	97,4%
18	47,4%	10	26,3%	0	0,0%	1	2,6%	38	100%	2,4%
3	75,0%	0	0,0%	0	0,0%	0	0,0%	4	100%	0,2%
754	46,9%	326	20,3%	190	11,8%	26	1,6%	1.608	100%	100,0%

Tipo di istituto	Proprietà							
	Stato		Univers.		Regione		Provincia	
Museo d'arte	61	18,3%	1	0,3%	2	0,6%	4	1,2%
Museo d'archeologia	57	25,3%	3	1,3%	8	3,6%	0	0,0%
Museo d'arte e archeologia	5	8,8%	1	1,8%	0	0,0%	0	0,0%
Museo di scienza e tecnica	26	20,2%	42	32,6%	1	0,8%	1	0,8%
Museo etnograf. e/o antropolog.	2	11,8%	1	5,9%	0	0,0%	0	0,0%
Museo di storia	13	41,9%	1	3,2%	0	0,0%	0	0,0%
Museo territoriale	11	16,4%	0	0,0%	3	4,5%	2	3,0%
Museo specializzato	40	19,9%	6	3,0%	0	0,0%	0	0,0%
Sub-totale	215	20,3%	55	5,2%	14	1,3%	7	0,7%
Giardino zoolog. botan. naturale	4	18,2%	7	31,8%	2	9,1%	0	0,0%
Acquario	1	33,3%	0	0,0%	0	0,0%	0	0,0%
Totale	220	20,3%	62	5,7%	16	1,5%	7	0,6%

Tabella 6 - Proprietà dei musei per tipologia (Italia centrale).

Comune		Privata		Eccles.		Altre		Totale		% sul totale
133	39,9%	34	10,2%	95	28,5%	3	0,9%	333	100%	30,7%
136	60,4%	10	4,4%	10	4,4%	1	0,4%	225	100%	20,7%
41	71,9%	1	1,8%	9	15,8%	0	0,0%	57	100%	5,3%
33	25,6%	8	6,2%	7	5,4%	11	8,5%	129	100%	11,9%
8	47,1%	3	17,6%	3	17,6%	0	0,0%	17	100%	1,6%
15	48,4%	2	6,5%	0	0,0%	0	0,0%	31	100%	2,9%
37	55,2%	12	17,9%	2	3,0%	0	0,0%	67	100%	6,2%
60	29,9%	55	27,4%	36	17,9%	4	2,0%	201	100%	18,5%
463	43,7%	125	11,8%	162	15,3%	19	1,8%	1.060	100%	97,7%
5	22,7%	4	18,2%	0	0,0%	0	0,0%	22	100%	2,0%
2	66,7%	0	0,0%	0	0,0%	0	0,0%	3	100%	0,3%
470	43,3%	129	11,9%	162	14,9%	19	1,8%	1.085	100%	100,0%

Tipo di istituto	Proprietà							
	Stato		Univers.		Regione		Provincia	
Museo d'arte	20	15,6%	0	0,0%	3	2,3%	4	3,1%
Museo d'archeologia	52	25,0%	1	0,5%	25	12,0%	13	6,3%
Museo d'arte e archeologia	0	0,0%	0	0,0%	2	9,5%	1	4,8%
Museo di scienza e tecnica	13	19,4%	32	47,8%	2	3,0%	0	0,0%
Museo etnograf. e/o antropolog.	1	7,1%	1	7,1%	0	0,0%	0	0,0%
Museo di storia	3	15,0%	0	0,0%	1	5,0%	0	0,0%
Museo territoriale	2	2,9%	2	2,9%	3	4,3%	1	1,4%
Museo specializzato	6	7,6%	3	3,8%	5	6,3%	3	3,8%
Sub-totale	97	16,0%	39	6,4%	41	6,8%	22	3,6%
Giardino zoolog. botan. naturale	1	12,5%	7	87,5%	0	0,0%	0	0,0%
Acquario	0	0,0%	0	0,0%	0	0,0%	1	25,0%
Totale	98	15,9%	46	7,4%	41	6,6%	23	3,7%

Tabella 7 - Proprietà dei musei per tipologia (Italia meridionale).

Comune		Privata		Eccles.		Altre		Totale		% sul totale
51	39,8%	11	8,6%	38	29,7%	1	0,8%	128	100%	20,7%
89	42,8%	19	9,1%	7	3,4%	2	1,0%	208	100%	33,7%
13	61,9%	4	19,0%	1	4,8%	0	0,0%	21	100%	3,4%
10	14,9%	6	9,0%	1	1,5%	3	4,5%	67	100%	10,8%
7	50,0%	3	21,4%	2	14,3%	0	0,0%	14	100%	2,3%
13	65,0%	1	5,0%	0	0,0%	2	10,0%	20	100%	3,2%
42	60,9%	15	21,7%	0	0,0%	4	5,8%	69	100%	11,2%
19	24,1%	9	11,4%	31	39,2%	3	3,8%	79	100%	12,8%
244	40,3%	68	11,2%	80	13,2%	15	2,5%	606	100%	98,1%
0	0,0%	0	0,0%	0	0,0%	0	0,0%	8	100%	1,3%
3	75,0%	0	0,0%	0	0,0%	0	0,0%	4	100%	0,6%
247	40,0%	68	11,0%	80	12,9%	15	2,4%	618	100%	100,0%

	0			16 - 20
	1 - 5			21 - 30
	6 - 10			31 - 50
	11 - 15			51 - 110

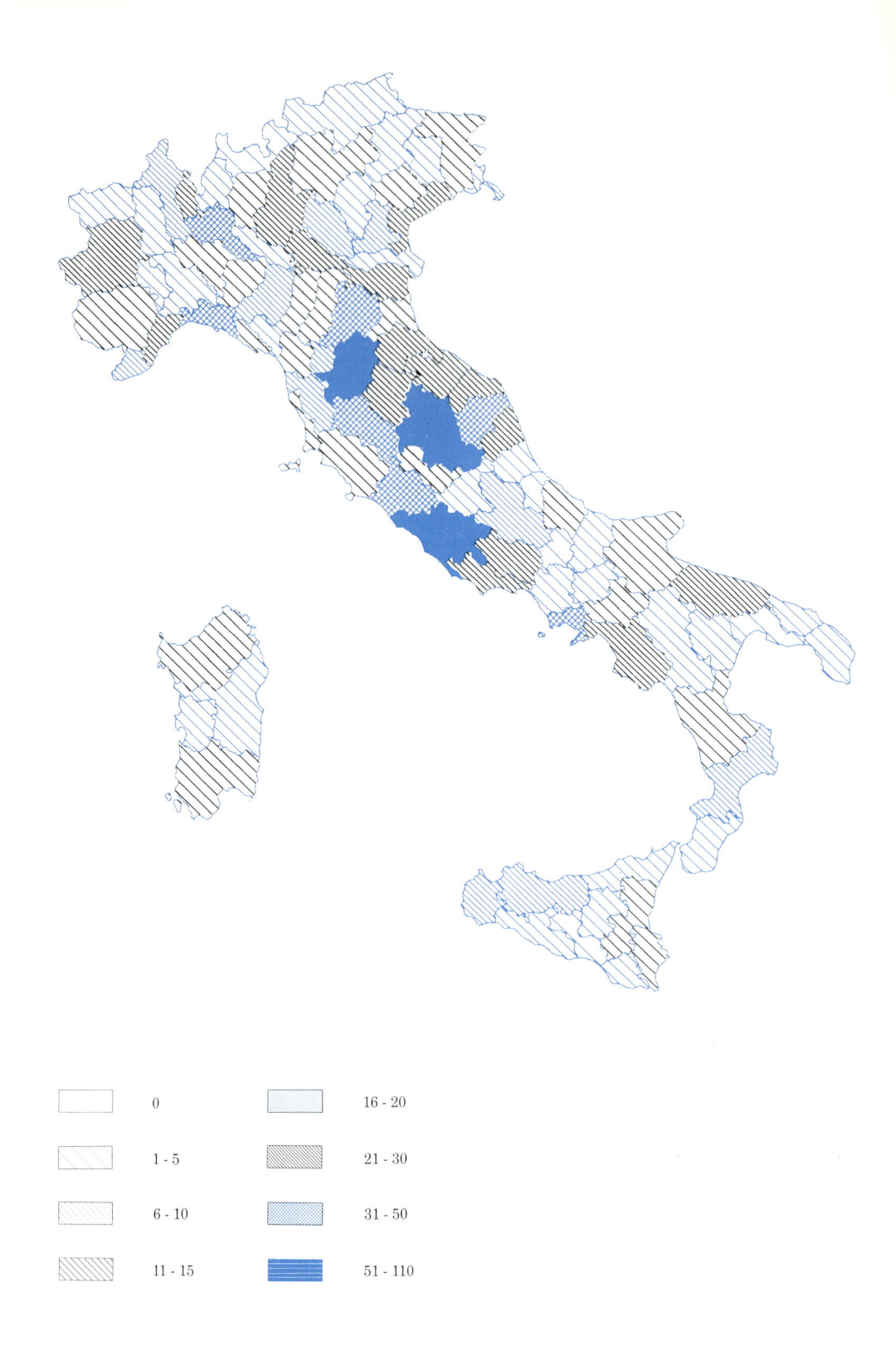

Grafico VII – Musei d'arte e archeologia: distribuzione per provincia.

Regione	Provincia	N. Musei	Regione	Provincia	N. Musei
Abruzzo	Chieti	15	Molise	Campobasso	8
Abruzzo	L'Aquila	18	Molise	Isernia	5
Abruzzo	Pescara	5	Piemonte	Alessandria	10
Abruzzo	Teramo	9	Piemonte	Asti	6
Basilicata	Matera	6	Piemonte	Cuneo	15
Basilicata	Potenza	10	Piemonte	Novara	16
Calabria	Catanzaro	19	Piemonte	Torino	29
Calabria	Cosenza	14	Piemonte	Vercelli	10
Calabria	Reggio Calabria	8	Puglia	Bari	27
Campania	Avellino	12	Puglia	Brindisi	7
Campania	Benevento	9	Puglia	Foggia	14
Campania	Caserta	10	Puglia	Lecce	10
Campania	Napoli	32	Puglia	Taranto	2
Campania	Salerno	24	Sardegna	Cagliari	15
Emilia R.	Bologna	33	Sardegna	Nuoro	8
Emilia R.	Ferrara	22	Sardegna	Oristano	8
Emilia R.	Forlì	30	Sardegna	Sassari	15
Emilia R.	Modena	15	Sicilia	Agrigento	10
Emilia R.	Parma	18	Sicilia	Caltanissetta	4
Emilia R.	Piacenza	11	Sicilia	Catania	12
Emilia R.	Ravenna	15	Sicilia	Enna	7
Emilia R.	Reggio Emilia	15	Sicilia	Messina	8
Friuli V. G.	Gorizia	7	Sicilia	Palermo	17
Friuli V. G.	Pordenone	7	Sicilia	Ragusa	6
Friuli V. G.	Trieste	9	Sicilia	Siracusa	11
Friuli V. G.	Udine	15	Sicilia	Trapani	19
Lazio	Frosinone	27	Toscana	Arezzo	21
Lazio	Latina	24	Toscana	Firenze	79
Lazio	Rieti	7	Toscana	Grosseto	13
Lazio	Roma	78	Toscana	Livorno	13
Lazio	Viterbo	38	Toscana	Lucca	12
Liguria	Genova	32	Toscana	Massa Carrara	9
Liguria	Imperia	20	Toscana	Pisa	16
Liguria	La Spezia	12	Toscana	Pistoia	16
Liguria	Savona	26	Toscana	Siena	39
Lombardia	Bergamo	12	Trentino A. A.	Bolzano	9
Lombardia	Brescia	25	Trentino A. A.	Trento	14
Lombardia	Como	10	Umbria	Perugia	58
Lombardia	Cremona	8	Umbria	Terni	12
Lombardia	Mantova	22	Valle d'Aosta	Aosta	7
Lombardia	Milano	45	Veneto	Belluno	8
Lombardia	Pavia	11	Veneto	Padova	16
Lombardia	Sondrio	5	Veneto	Rovigo	7
Lombardia	Varese	29	Veneto	Treviso	12
Marche	Ancona	22	Veneto	Venezia	29
Marche	Ascoli Piceno	21	Veneto	Verona	18
Marche	Macerata	33	Veneto	Vicenza	8
Marche	Pesaro e Urbino	30			

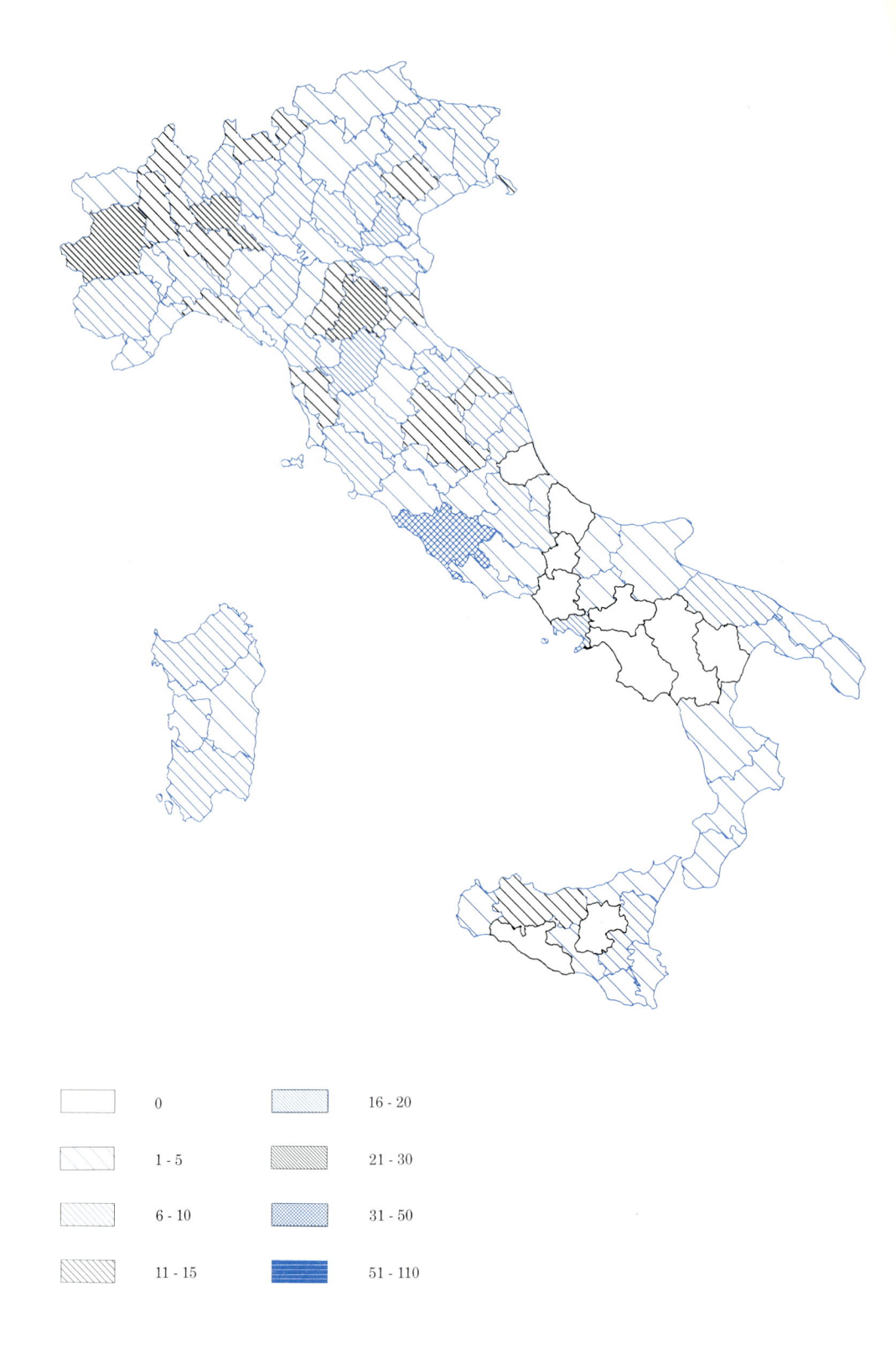

Grafico VIII – Musei tecnico-scientifici: distribuzione per provincia.

Regione	Provincia	N. Musei	Regione	Provincia	N. Musei
Abruzzo	Chieti	0	Molise	Campobasso	1
Abruzzo	L'Aquila	7	Molise	Isernia	0
Abruzzo	Pescara	1	Piemonte	Alessandria	6
Abruzzo	Teramo	0	Piemonte	Asti	2
Basilicata	Matera	0	Piemonte	Cuneo	10
Basilicata	Potenza	0	Piemonte	Novara	15
Calabria	Catanzaro	3	Piemonte	Torino	24
Calabria	Cosenza	2	Piemonte	Vercelli	11
Calabria	Reggio Calabria	2	Puglia	Bari	9
Campania	Avellino	0	Puglia	Brindisi	1
Campania	Benevento	1	Puglia	Foggia	3
Campania	Caserta	0	Puglia	Lecce	4
Campania	Napoli	18	Puglia	Taranto	3
Campania	Salerno	0	Sardegna	Cagliari	8
Emilia R.	Bologna	29	Sardegna	Nuoro	1
Emilia R.	Ferrara	7	Sardegna	Oristano	3
Emilia R.	Forlì	4	Sardegna	Sassari	6
Emilia R.	Modena	12	Sicilia	Agrigento	0
Emilia R.	Parma	10	Sicilia	Caltanissetta	1
Emilia R.	Piacenza	4	Sicilia	Catania	8
Emilia R.	Ravenna	13	Sicilia	Enna	0
Emilia R.	Reggio Emilia	5	Sicilia	Messina	2
Friuli V. G.	Gorizia	1	Sicilia	Palermo	14
Friuli V. G.	Pordenone	3	Sicilia	Ragusa	1
Friuli V. G.	Trieste	11	Sicilia	Siracusa	1
Friuli V. G.	Udine	9	Sicilia	Trapani	1
Lazio	Frosinone	5	Toscana	Arezzo	3
Lazio	Latina	2	Toscana	Firenze	20
Lazio	Rieti	2	Toscana	Grosseto	7
Lazio	Roma	32	Toscana	Livorno	4
Lazio	Viterbo	3	Toscana	Lucca	6
Liguria	Genova	12	Toscana	Massa Carrara	3
Liguria	Imperia	3	Toscana	Pisa	12
Liguria	La Spezia	1	Toscana	Pistoia	4
Liguria	Savona	4	Toscana	Siena	9
Lombardia	Bergamo	6	Trentino A. A.	Bolzano	1
Lombardia	Brescia	10	Trentino A. A.	Trento	5
Lombardia	Como	10	Umbria	Perugia	14
Lombardia	Cremona	3	Umbria	Terni	2
Lombardia	Mantova	3	Valle d'Aosta	Aosta	3
Lombardia	Milano	26	Veneto	Belluno	6
Lombardia	Pavia	13	Veneto	Padova	16
Lombardia	Sondrio	14	Veneto	Rovigo	1
Lombardia	Varese	9	Veneto	Treviso	11
Marche	Ancona	11	Veneto	Venezia	3
Marche	Ascoli Piceno	6	Veneto	Verona	6
Marche	Macerata	8	Veneto	Vicenza	7
Marche	Pesaro e Urbino	10			

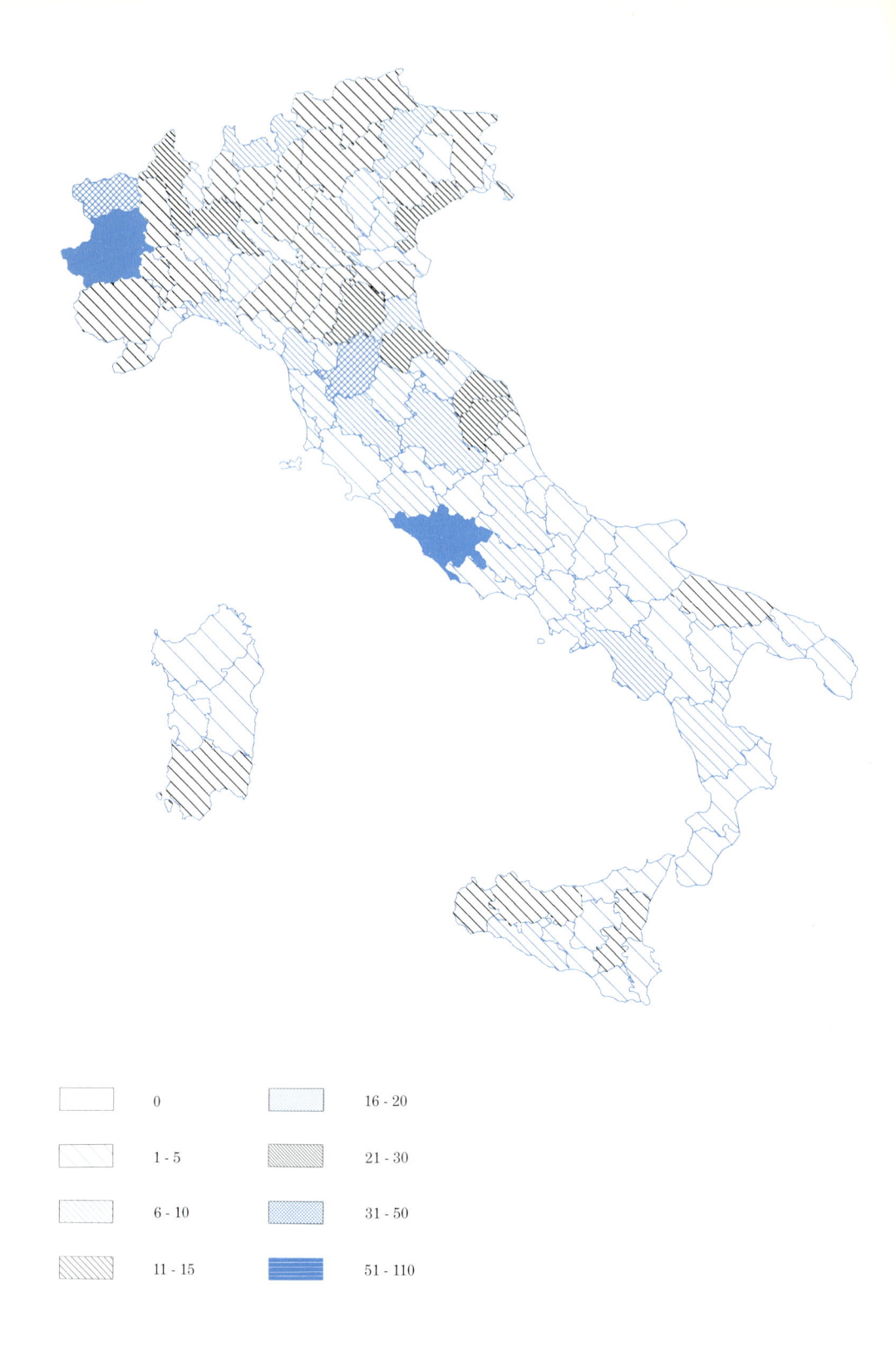

Grafico IX – Musei storico-territoriali: distribuzione per provincia.

Regione	Provincia	N. Musei
Abruzzo	Chieti	2
Abruzzo	L'Aquila	8
Abruzzo	Pescara	4
Abruzzo	Teramo	5
Basilicata	Matera	1
Basilicata	Potenza	4
Calabria	Catanzaro	2
Calabria	Cosenza	7
Calabria	Reggio Calabria	3
Campania	Avellino	3
Campania	Benevento	4
Campania	Caserta	2
Campania	Napoli	10
Campania	Salerno	18
Emilia R.	Bologna	22
Emilia R.	Ferrara	12
Emilia R.	Forlì	22
Emilia R.	Modena	14
Emilia R.	Parma	14
Emilia R.	Piacenza	9
Emilia R.	Ravenna	18
Emilia R.	Reggio Emilia	15
Friuli V. G.	Gorizia	6
Friuli V. G.	Pordenone	4
Friuli V. G.	Trieste	14
Friuli V. G.	Udine	12
Lazio	Frosinone	9
Lazio	Latina	5
Lazio	Rieti	3
Lazio	Roma	63
Lazio	Viterbo	9
Liguria	Genova	19
Liguria	Imperia	12
Liguria	La Spezia	4
Liguria	Savona	4
Lombardia	Bergamo	13
Lombardia	Brescia	14
Lombardia	Como	12
Lombardia	Cremona	5
Lombardia	Mantova	15
Lombardia	Milano	30
Lombardia	Pavia	6
Lombardia	Sondrio	16
Lombardia	Varese	9
Marche	Ancona	21
Marche	Ascoli Piceno	13
Marche	Macerata	21
Marche	Pesaro e Urbino	9
Molise	Campobasso	2
Molise	Isernia	3
Piemonte	Alessandria	11
Piemonte	Asti	13
Piemonte	Cuneo	15
Piemonte	Novara	25
Piemonte	Torino	51
Piemonte	Vercelli	15
Puglia	Bari	13
Puglia	Brindisi	2
Puglia	Foggia	5
Puglia	Lecce	5
Puglia	Taranto	3
Sardegna	Cagliari	12
Sardegna	Nuoro	5
Sardegna	Oristano	5
Sardegna	Sassari	5
Sicilia	Agrigento	6
Sicilia	Caltanissetta	1
Sicilia	Catania	11
Sicilia	Enna	2
Sicilia	Messina	3
Sicilia	Palermo	13
Sicilia	Ragusa	2
Sicilia	Siracusa	1
Sicilia	Trapani	15
Toscana	Arezzo	8
Toscana	Firenze	39
Toscana	Grosseto	4
Toscana	Livorno	7
Toscana	Lucca	16
Toscana	Massa Carrara	2
Toscana	Pisa	7
Toscana	Pistoia	7
Toscana	Siena	18
Trentino A. A.	Bolzano	13
Trentino A. A.	Trento	13
Umbria	Perugia	17
Umbria	Terni	2
Valle d'Aosta	Aosta	32
Veneto	Belluno	19
Veneto	Padova	8
Veneto	Rovigo	2
Veneto	Treviso	12
Veneto	Venezia	21
Veneto	Verona	11
Veneto	Vicenza	9

	0 %		51 - 60 %
	1 - 20 %		61 - 70 %
	21 - 40 %		71 - 80 %
	41 - 50 %		81 - 100 %

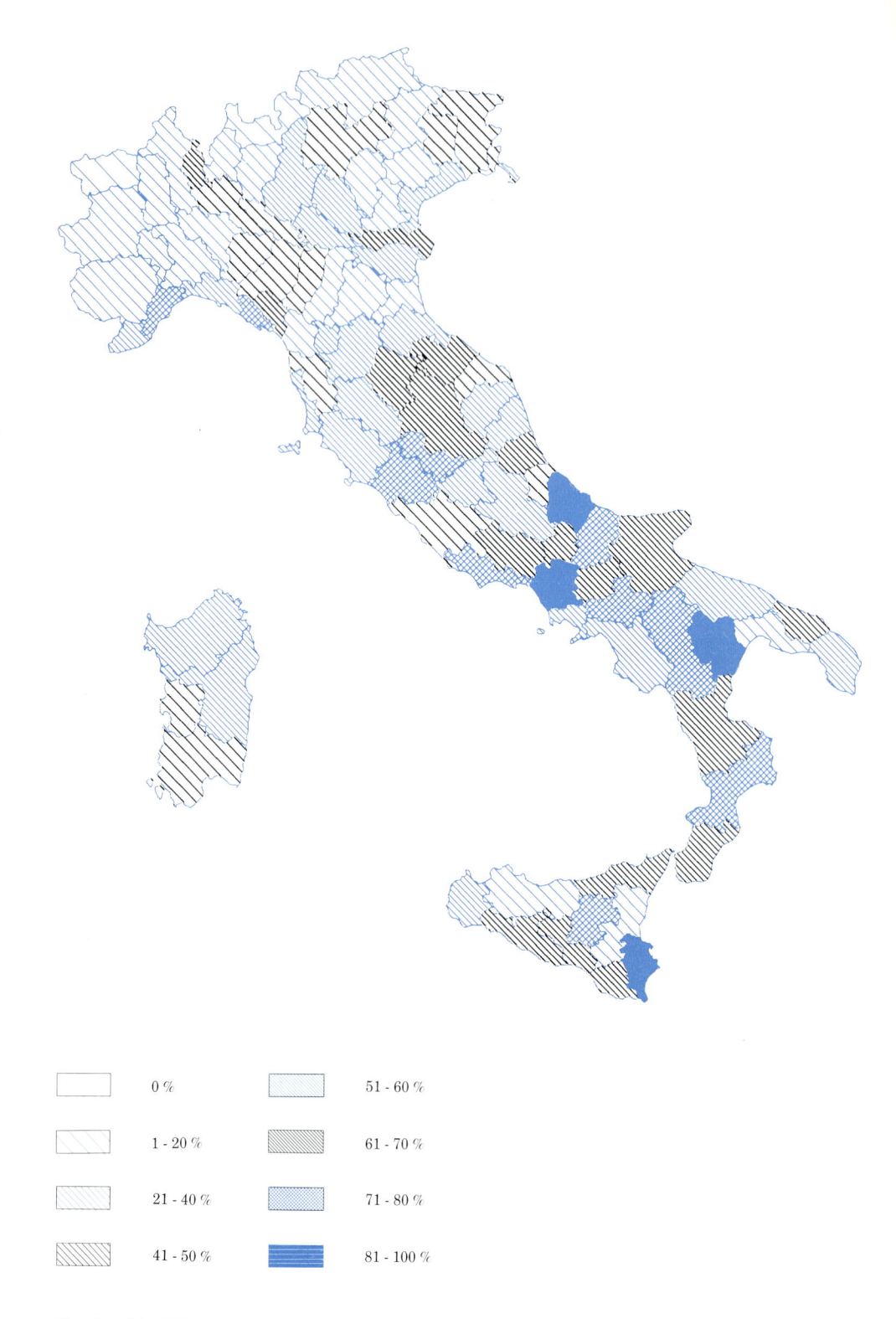

Grafico X − Musei d'arte e archeologia: incidenza percentuale sul totale dei musei della provincia.

Regione	Provincia	% Musei	Regione	Provincia	% Musei
Abruzzo	Chieti	88%	Molise	Campobasso	73%
Abruzzo	L'Aquila	55%	Molise	Isernia	63%
Abruzzo	Pescara	50%	Piemonte	Alessandria	37%
Abruzzo	Teramo	64%	Piemonte	Asti	29%
Basilicata	Matera	86%	Piemonte	Cuneo	38%
Basilicata	Potenza	71%	Piemonte	Novara	29%
Calabria	Catanzaro	79%	Piemonte	Torino	28%
Calabria	Cosenza	61%	Piemonte	Vercelli	28%
Calabria	Reggio Calabria	62%	Puglia	Bari	55%
Campania	Avellino	80%	Puglia	Brindisi	70%
Campania	Benevento	64%	Puglia	Foggia	64%
Campania	Caserta	83%	Puglia	Lecce	53%
Campania	Napoli	53%	Puglia	Taranto	25%
Campania	Salerno	57%	Sardegna	Cagliari	43%
Emilia R.	Bologna	39%	Sardegna	Nuoro	57%
Emilia R.	Ferrara	54%	Sardegna	Oristano	50%
Emilia R.	Forlì	54%	Sardegna	Sassari	58%
Emilia R.	Modena	37%	Sicilia	Agrigento	63%
Emilia R.	Parma	43%	Sicilia	Caltanissetta	67%
Emilia R.	Piacenza	46%	Sicilia	Catania	39%
Emilia R.	Ravenna	33%	Sicilia	Enna	78%
Emilia R.	Reggio Emilia	43%	Sicilia	Messina	62%
Friuli V. G.	Gorizia	50%	Sicilia	Palermo	39%
Friuli V. G.	Pordenone	50%	Sicilia	Ragusa	67%
Friuli V. G.	Trieste	26%	Sicilia	Siracusa	85%
Friuli V. G.	Udine	42%	Sicilia	Trapani	54%
Lazio	Frosinone	66%	Toscana	Arezzo	66%
Lazio	Latina	77%	Toscana	Firenze	57%
Lazio	Rieti	58%	Toscana	Grosseto	54%
Lazio	Roma	45%	Toscana	Livorno	54%
Lazio	Viterbo	76%	Toscana	Lucca	35%
Liguria	Genova	51%	Toscana	Massa Carrara	64%
Liguria	Imperia	57%	Toscana	Pisa	46%
Liguria	La Spezia	71%	Toscana	Pistoia	59%
Liguria	Savona	76%	Toscana	Siena	59%
Lombardia	Bergamo	39%	Trentino A. A.	Bolzano	39%
Lombardia	Brescia	51%	Trentino A. A.	Trento	44%
Lombardia	Como	31%	Umbria	Perugia	65%
Lombardia	Cremona	50%	Umbria	Terni	75%
Lombardia	Mantova	55%	Valle d'Aosta	Aosta	17%
Lombardia	Milano	45%	Veneto	Belluno	24%
Lombardia	Pavia	37%	Veneto	Padova	40%
Lombardia	Sondrio	14%	Veneto	Rovigo	70%
Lombardia	Varese	62%	Veneto	Treviso	34%
Marche	Ancona	41%	Veneto	Venezia	55%
Marche	Ascoli Piceno	53%	Veneto	Verona	51%
Marche	Macerata	53%	Veneto	Vicenza	33%
Marche	Pesaro e Urbino	61%			

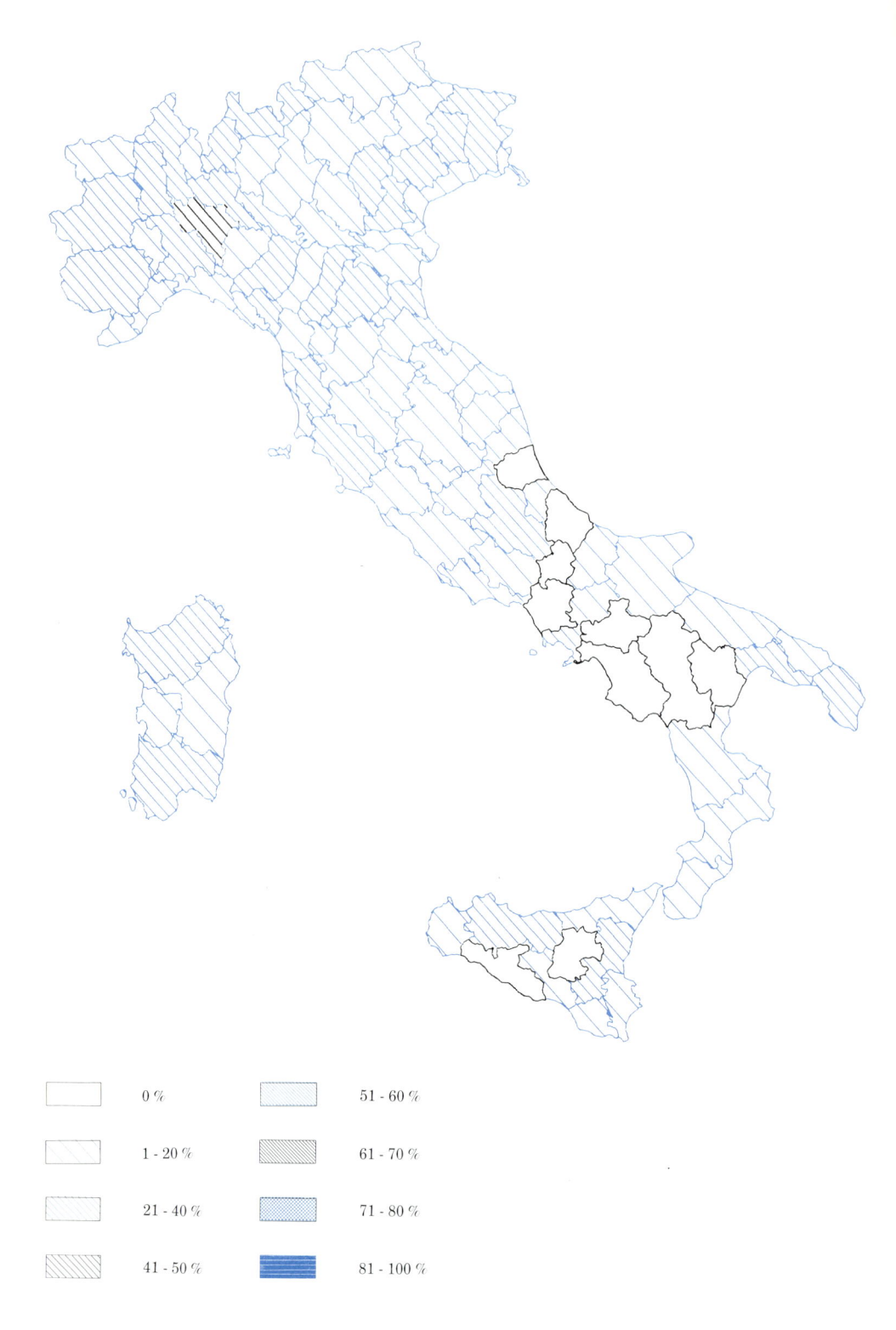

Grafico XI – *Musei tecnico-scientifici: incidenza percentuale sul totale dei musei della provincia.*

Regione	Provincia	%Musei	Regione	Provincia	%Musei
Abruzzo	Chieti	0%	Molise	Campobasso	9%
Abruzzo	L'Aquila	21%	Molise	Isernia	0%
Abruzzo	Pescara	10%	Piemonte	Alessandria	22%
Abruzzo	Teramo	0%	Piemonte	Asti	10%
Basilicata	Matera	0%	Piemonte	Cuneo	25%
Basilicata	Potenza	0%	Piemonte	Novara	27%
Calabria	Catanzaro	13%	Piemonte	Torino	23%
Calabria	Cosenza	9%	Piemonte	Vercelli	31%
Calabria	Reggio Calabria	15%	Puglia	Bari	18%
Campania	Avellino	0%	Puglia	Brindisi	10%
Campania	Benevento	7%	Puglia	Foggia	14%
Campania	Caserta	0%	Puglia	Lecce	21%
Campania	Napoli	30%	Puglia	Taranto	38%
Campania	Salerno	0%	Sardegna	Cagliari	23%
Emilia R.	Bologna	35%	Sardegna	Nuoro	7%
Emilia R.	Ferrara	17%	Sardegna	Oristano	19%
Emilia R.	Forlì	7%	Sardegna	Sassari	23%
Emilia R.	Modena	29%	Sicilia	Agrigento	0%
Emilia R.	Parma	24%	Sicilia	Caltanissetta	17%
Emilia R.	Piacenza	17%	Sicilia	Catania	26%
Emilia R.	Ravenna	28%	Sicilia	Enna	0%
Emilia R.	Reggio Emilia	14%	Sicilia	Messina	15%
Friuli V. G.	Gorizia	7%	Sicilia	Palermo	32%
Friuli V. G.	Pordenone	21%	Sicilia	Ragusa	11%
Friuli V .G.	Trieste	32%	Sicilia	Siracusa	8%
Friuli V. G.	Udine	25%	Sicilia	Trapani	3%
Lazio	Frosinone	12%	Toscana	Arezzo	9%
Lazio	Latina	6%	Toscana	Firenze	14%
Lazio	Rieti	17%	Toscana	Grosseto	29%
Lazio	Roma	18%	Toscana	Livorno	17%
Lazio	Viterbo	6%	Toscana	Lucca	18%
Liguria	Genova	19%	Toscana	Massa Carrara	21%
Liguria	Imperia	9%	Toscana	Pisa	34%
Liguria	La Spezia	6%	Toscana	Pistoia	15%
Liguria	Savona	12%	Toscana	Siena	14%
Lombardia	Bergamo	19%	Trentino A. A.	Bolzano	4%
Lombardia	Brescia	20%	Trentino A. A.	Trento	16%
Lombardia	Como	31%	Umbria	Perugia	16%
Lombardia	Cremona	19%	Umbria	Terni	13%
Lombardia	Mantova	8%	Valle d'Aosta	Aosta	7%
Lombardia	Milano	26%	Veneto	Belluno	18%
Lombardia	Pavia	43%	Veneto	Padova	40%
Lombardia	Sondrio	40%	Veneto	Rovigo	10%
Lombardia	Varese	19%	Veneto	Treviso	31%
Marche	Ancona	20%	Veneto	Venezia	6%
Marche	Ascoli Piceno	15%	Veneto	Verona	17%
Marche	Macerata	13%	Veneto	Vicenza	29%
Marche	Pesaro e Urbino	20%			

	0 %		51 - 60 %
	1 - 20 %		61 - 70 %
	21 - 40 %		71 - 80 %
	41 - 50 %		81 - 100 %

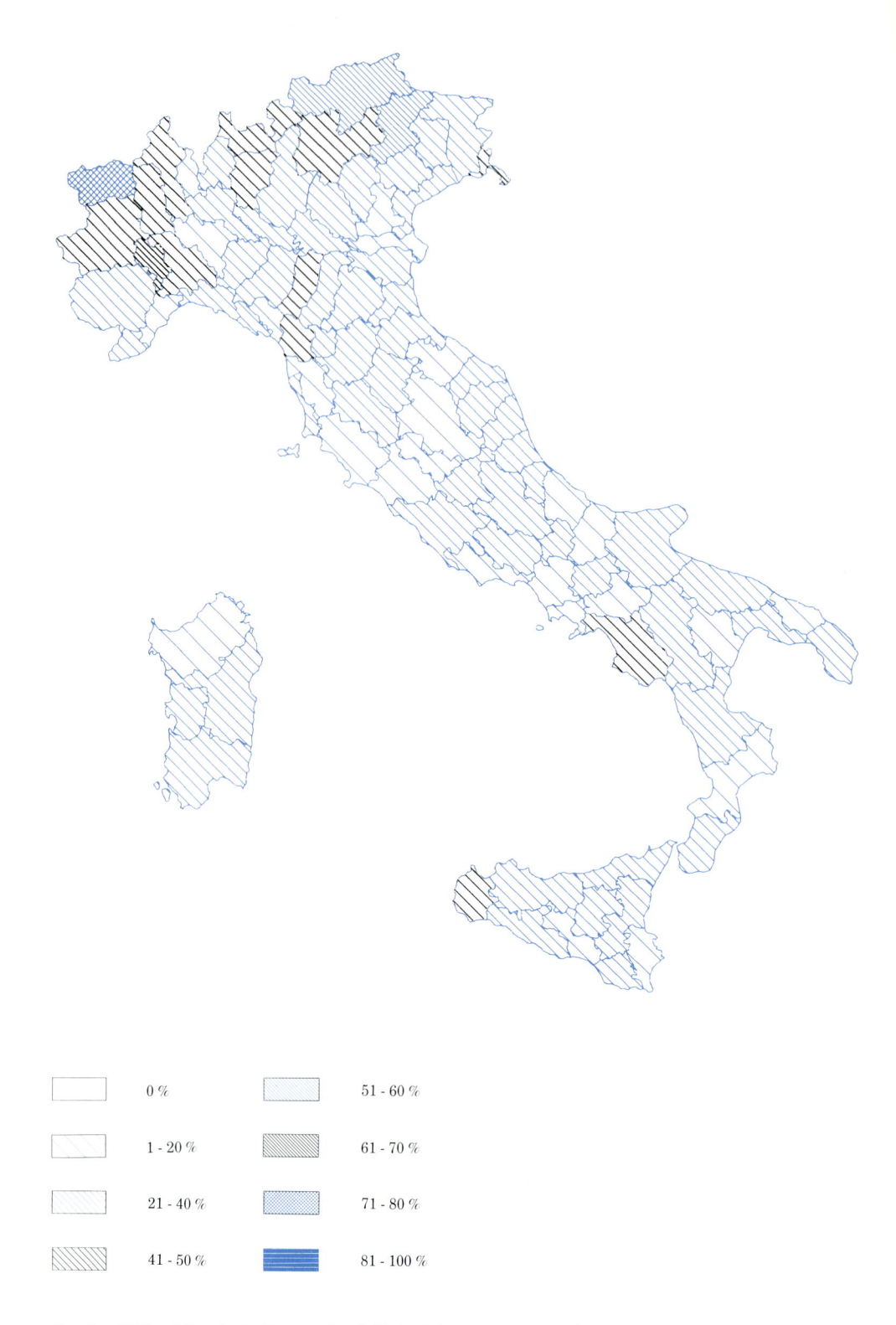

Grafico XII – Musei storico-territoriali: incidenza percentuale sul totale dei musei della provincia.

Regione	Provincia	% Musei	Regione	Provincia	N. Musei
Abruzzo	Chieti	12%	Molise	Campobasso	18%
Abruzzo	L'Aquila	24%	Molise	Isernia	38%
Abruzzo	Pescara	40%	Piemonte	Alessandria	41%
Abruzzo	Teramo	36%	Piemonte	Asti	62%
Basilicata	Matera	14%	Piemonte	Cuneo	38%
Basilicata	Potenza	29%	Piemonte	Novara	45%
Calabria	Catanzaro	8%	Piemonte	Torino	49%
Calabria	Cosenza	30%	Piemonte	Vercelli	42%
Calabria	Reggio Calabria	23%	Puglia	Bari	27%
Campania	Avellino	20%	Puglia	Brindisi	20%
Campania	Benevento	29%	Puglia	Foggia	23%
Campania	Caserta	17%	Puglia	Lecce	26%
Campania	Napoli	17%	Puglia	Taranto	38%
Campania	Salerno	43%	Sardegna	Cagliari	34%
Emilia R.	Bologna	26%	Sardegna	Nuoro	36%
Emilia R.	Ferrara	29%	Sardegna	Oristano	31%
Emilia R.	Forlì	39%	Sardegna	Sassari	19%
Emilia R.	Modena	34%	Sicilia	Agrigento	38%
Emilia R.	Parma	33%	Sicilia	Caltanissetta	17%
Emilia R.	Piacenza	38%	Sicilia	Catania	35%
Emilia R.	Ravenna	39%	Sicilia	Enna	22%
Emilia R.	Reggio Emilia	43%	Sicilia	Messina	23%
Friuli V. G.	Gorizia	43%	Sicilia	Palermo	30%
Friuli V. G.	Pordenone	29%	Sicilia	Ragusa	22%
Friuli V. G.	Trieste	41%	Sicilia	Siracusa	8%
Friuli V. G.	Udine	33%	Sicilia	Trapani	43%
Lazio	Frosinone	22%	Toscana	Arezzo	25%
Lazio	Latina	16%	Toscana	Firenze	28%
Lazio	Rieti	25%	Toscana	Grosseto	17%
Lazio	Roma	36%	Toscana	Livorno	29%
Lazio	Viterbo	18%	Toscana	Lucca	47%
Liguria	Genova	30%	Toscana	Massa Carrara	14%
Liguria	Imperia	43%	Toscana	Pisa	20%
Liguria	La Spezia	24%	Toscana	Pistoia	26%
Liguria	Savona	12%	Toscana	Siena	27%
Lombardia	Bergamo	42%	Trentino A. A.	Bolzano	57%
Lombardia	Brescia	29%	Trentino A. A.	Trento	41%
Lombardia	Como	38%	Umbria	Perugia	19%
Lombardia	Cremona	31%	Umbria	Terni	13%
Lombardia	Mantova	38%	Valle d'Aosta	Aosta	76%
Lombardia	Milano	30%	Veneto	Belluno	58%
Lombardia	Pavia	20%	Veneto	Padova	20%
Lombardia	Sondrio	46%	Veneto	Rovigo	20%
Lombardia	Varese	19%	Veneto	Treviso	34%
Marche	Ancona	39%	Veneto	Venezia	40%
Marche	Ascoli Piceno	33%	Veneto	Verona	31%
Marche	Macerata	34%	Veneto	Vicenza	38%
Marche	Pesaro e Urbino	18%			

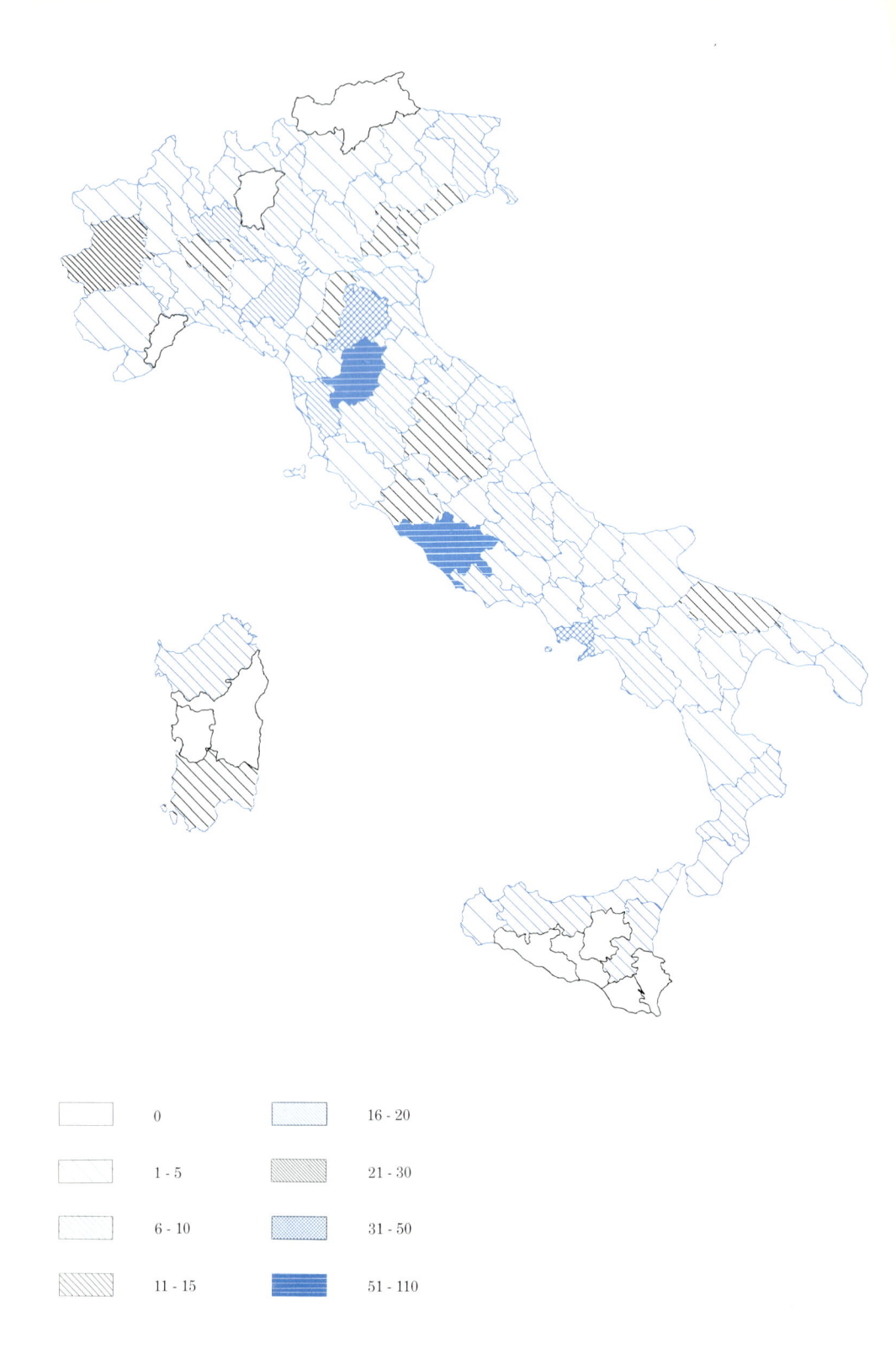

Grafico XIII – Musei di proprietà dello Stato: distribuzione per provincia.

Regione	Provincia	N. Musei
Abruzzo	Chieti	1
Abruzzo	L'Aquila	8
Abruzzo	Pescara	2
Abruzzo	Teramo	1
Basilicata	Matera	4
Basilicata	Potenza	3
Calabria	Catanzaro	7
Calabria	Cosenza	5
Calabria	Reggio Calabria	3
Campania	Avellino	3
Campania	Benevento	2
Campania	Caserta	3
Campania	Napoli	39
Campania	Salerno	9
Emilia R.	Bologna	33
Emilia R.	Ferrara	9
Emilia R.	Forlì	2
Emilia R.	Modena	13
Emilia R.	Parma	17
Emilia R.	Piacenza	4
Emilia R.	Ravenna	8
Emilia R.	Reggio Emilia	3
Friuli V. G.	Gorizia	2
Friuli V. G.	Pordenone	1
Friuli V. G.	Trieste	9
Friuli V. G.	Udine	10
Lazio	Frosinone	5
Lazio	Latina	8
Lazio	Rieti	1
Lazio	Roma	89
Lazio	Viterbo	14
Liguria	Genova	6
Liguria	Imperia	4
Liguria	La Spezia	4
Liguria	Savona	0
Lombardia	Bergamo	0
Lombardia	Brescia	6
Lombardia	Como	3
Lombardia	Cremona	1
Lombardia	Mantova	4
Lombardia	Milano	16
Lombardia	Pavia	12
Lombardia	Sondrio	2
Lombardia	Varese	2
Marche	Ancona	7
Marche	Ascoli Piceno	4
Marche	Macerata	7
Marche	Pesaro e Urbino	8

Regione	Provincia	N. Musei
Molise	Campobasso	2
Molise	Isernia	2
Piemonte	Alessandria	2
Piemonte	Asti	1
Piemonte	Cuneo	5
Piemonte	Novara	4
Piemonte	Torino	28
Piemonte	Vercelli	2
Puglia	Bari	11
Puglia	Brindisi	1
Puglia	Foggia	3
Puglia	Lecce	4
Puglia	Taranto	3
Sardegna	Cagliari	13
Sardegna	Nuoro	0
Sardegna	Oristano	0
Sardegna	Sassari	9
Sicilia	Agrigento	0
Sicilia	Caltanissetta	0
Sicilia	Catania	9
Sicilia	Enna	0
Sicilia	Messina	1
Sicilia	Palermo	7
Sicilia	Ragusa	0
Sicilia	Siracusa	0
Sicilia	Trapani	1
Toscana	Arezzo	7
Toscana	Firenze	61
Toscana	Grosseto	4
Toscana	Livorno	4
Toscana	Lucca	4
Toscana	Massa Carrara	1
Toscana	Pisa	19
Toscana	Pistoia	3
Toscana	Siena	10
Trentino A. A.	Bolzano	0
Trentino A. A.	Trento	1
Umbria	Perugia	12
Umbria	Terni	2
Valle d'Aosta	Aosta	1
Veneto	Belluno	4
Veneto	Padova	15
Veneto	Rovigo	1
Veneto	Treviso	1
Veneto	Venezia	11
Veneto	Verona	1
Veneto	Vicenza	3

	0		16 - 20
	1 - 5		21 - 30
	6 - 10		31 - 50
	11 - 15		51 - 110

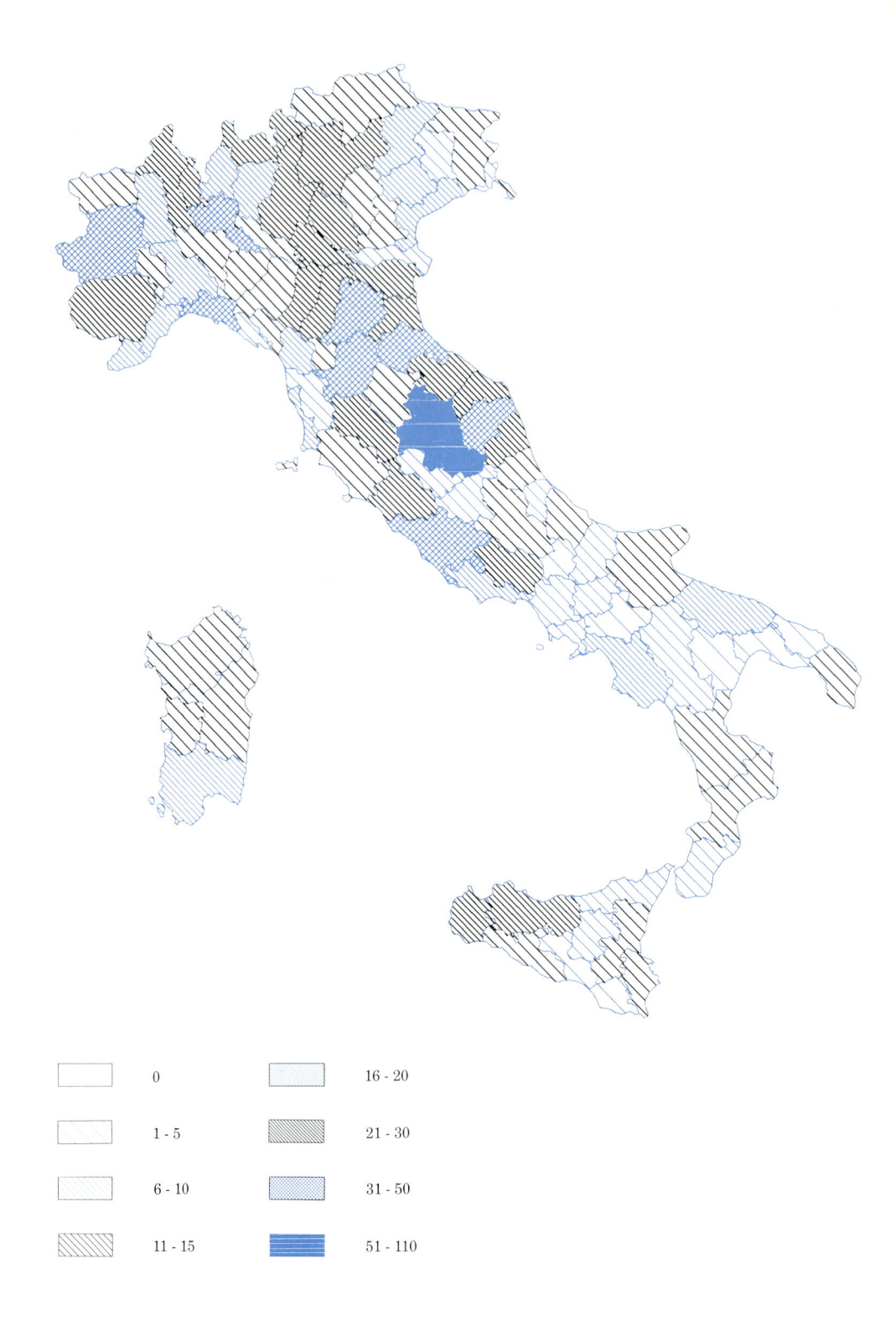

Grafico XIV – Musei di proprietà degli Enti locali: distribuzione per provincia.

Regione	Provincia	N. Musei	Regione	Provincia	N. Musei
Abruzzo	Chieti	12	Molise	Campobasso	8
Abruzzo	L'Aquila	13	Molise	Isernia	5
Abruzzo	Pescara	6	Piemonte	Alessandria	18
Abruzzo	Teramo	11	Piemonte	Asti	12
Basilicata	Matera	1	Piemonte	Cuneo	22
Basilicata	Potenza	6	Piemonte	Novara	23
Calabria	Catanzaro	11	Piemonte	Torino	40
Calabria	Cosenza	13	Piemonte	Vercelli	20
Calabria	Reggio Calabria	6	Puglia	Bari	19
Campania	Avellino	5	Puglia	Brindisi	4
Campania	Benevento	9	Puglia	Foggia	12
Campania	Caserta	6	Puglia	Lecce	11
Campania	Napoli	7	Puglia	Taranto	3
Campania	Salerno	19	Sardegna	Cagliari	17
Emilia R.	Bologna	31	Sardegna	Nuoro	14
Emilia R.	Ferrara	24	Sardegna	Oristano	11
Emilia R.	Forlì	40	Sardegna	Sassari	13
Emilia R.	Modena	23	Sicilia	Agrigento	14
Emilia R.	Parma	15	Sicilia	Caltanissetta	4
Emilia R.	Piacenza	11	Sicilia	Catania	13
Emilia R.	Ravenna	28	Sicilia	Enna	6
Emilia R.	Reggio Emilia	24	Sicilia	Messina	10
Friuli V. G.	Gorizia	8	Sicilia	Palermo	24
Friuli V. G.	Pordenone	10	Sicilia	Ragusa	5
Friuli V. G.	Trieste	14	Sicilia	Siracusa	12
Friuli V. G.	Udine	12	Sicilia	Trapani	23
Lazio	Frosinone	25	Toscana	Arezzo	12
Lazio	Latina	17	Toscana	Firenze	39
Lazio	Rieti	7	Toscana	Grosseto	15
Lazio	Roma	42	Toscana	Livorno	16
Lazio	Viterbo	29	Toscana	Lucca	19
Liguria	Genova	37	Toscana	Massa Carrara	11
Liguria	Imperia	20	Toscana	Pisa	7
Liguria	La Spezia	9	Toscana	Pistoia	12
Liguria	Savona	20	Toscana	Siena	21
Lombardia	Bergamo	20	Trentino A. A.	Bolzano	12
Lombardia	Brescia	29	Trentino A. A.	Trento	21
Lombardia	Como	17	Umbria	Perugia	54
Lombardia	Cremona	11	Umbria	Terni	10
Lombardia	Mantova	23	Valle d'Aosta	Aosta	11
Lombardia	Milano	38	Veneto	Belluno	19
Lombardia	Pavia	14	Veneto	Padova	13
Lombardia	Sondrio	22	Veneto	Rovigo	7
Lombardia	Varese	23	Veneto	Treviso	19
Marche	Ancona	27	Veneto	Venezia	18
Marche	Ascoli Piceno	30	Veneto	Verona	26
Marche	Macerata	36	Veneto	Vicenza	11
Marche	Pesaro e Urbino	22			

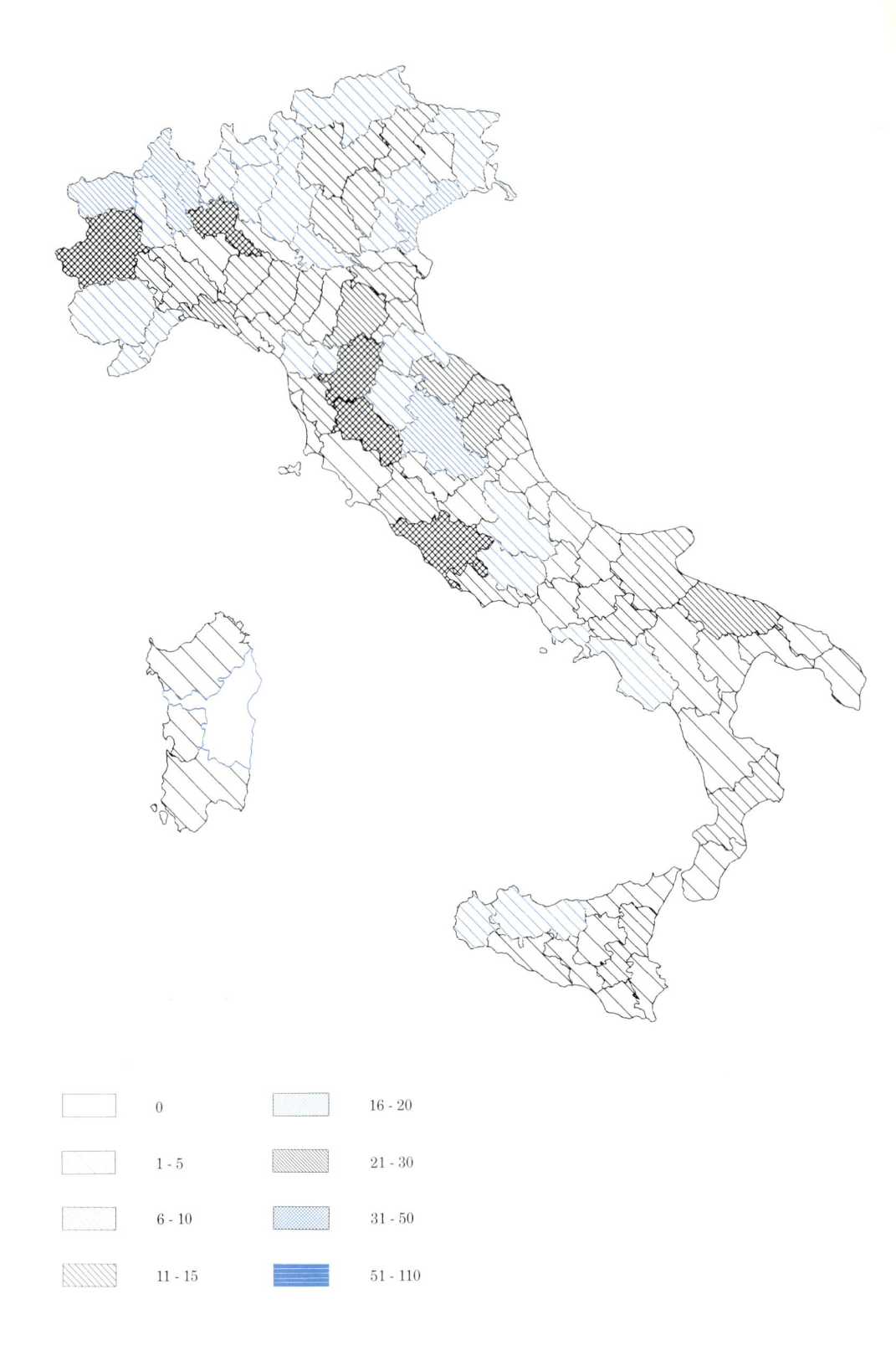

Grafico XV – Musei privati e altri: distribuzione per provincia.

Regione	Provincia	N. Musei
Abruzzo	Chieti	4
Abruzzo	L'Aquila	12
Abruzzo	Pescara	2
Abruzzo	Teramo	2
Basilicata	Matera	2
Basilicata	Potenza	5
Calabria	Catanzaro	6
Calabria	Cosenza	5
Calabria	Reggio Calabria	4
Campania	Avellino	7
Campania	Benevento	3
Campania	Caserta	3
Campania	Napoli	14
Campania	Salerno	14
Emilia R.	Bologna	20
Emilia R.	Ferrara	8
Emilia R.	Forlì	14
Emilia R.	Modena	5
Emilia R.	Parma	10
Emilia R.	Piacenza	9
Emilia R.	Ravenna	10
Emilia R.	Reggio Emilia	8
Friuli V. G.	Gorizia	4
Friuli V. G.	Pordenone	3
Friuli V. G.	Trieste	11
Friuli V. G.	Udine	14
Lazio	Frosinone	11
Lazio	Latina	6
Lazio	Rieti	4
Lazio	Roma	42
Lazio	Viterbo	7
Liguria	Genova	20
Liguria	Imperia	11
Liguria	La Spezia	4
Liguria	Savona	14
Lombardia	Bergamo	11
Lombardia	Brescia	14
Lombardia	Como	12
Lombardia	Cremona	4
Lombardia	Mantova	13
Lombardia	Milano	47
Lombardia	Pavia	4
Lombardia	Sondrio	11
Lombardia	Varese	22
Marche	Ancona	20
Marche	Ascoli Piceno	6
Marche	Macerata	19
Marche	Pesaro e Urbino	19
Molise	Campobasso	1
Molise	Isernia	1
Piemonte	Alessandria	7
Piemonte	Asti	8
Piemonte	Cuneo	13
Piemonte	Novara	29
Piemonte	Torino	36
Piemonte	Vercelli	14
Puglia	Bari	19
Puglia	Brindisi	5
Puglia	Foggia	7
Puglia	Lecce	4
Puglia	Taranto	2
Sardegna	Cagliari	5
Sardegna	Nuoro	0
Sardegna	Oristano	5
Sardegna	Sassari	4
Sicilia	Agrigento	2
Sicilia	Caltanissetta	2
Sicilia	Catania	9
Sicilia	Enna	3
Sicilia	Messina	2
Sicilia	Palermo	13
Sicilia	Ragusa	4
Sicilia	Siracusa	1
Sicilia	Trapani	11
Toscana	Arezzo	13
Toscana	Firenze	38
Toscana	Grosseto	5
Toscana	Livorno	4
Toscana	Lucca	11
Toscana	Massa Carrara	2
Toscana	Pisa	9
Toscana	Pistoia	12
Toscana	Siena	35
Trentino A. A.	Bolzano	11
Trentino A. A.	Trento	10
Umbria	Perugia	23
Umbria	Terni	4
Valle d'Aosta	Aosta	30
Veneto	Belluno	10
Veneto	Padova	12
Veneto	Rovigo	2
Veneto	Treviso	15
Veneto	Venezia	24
Veneto	Verona	8
Veneto	Vicenza	10

	0 %		51 - 60 %
	1 - 20 %		61 - 70 %
	21 - 40 %		71 - 80 %
	41 - 50 %		81 - 100 %

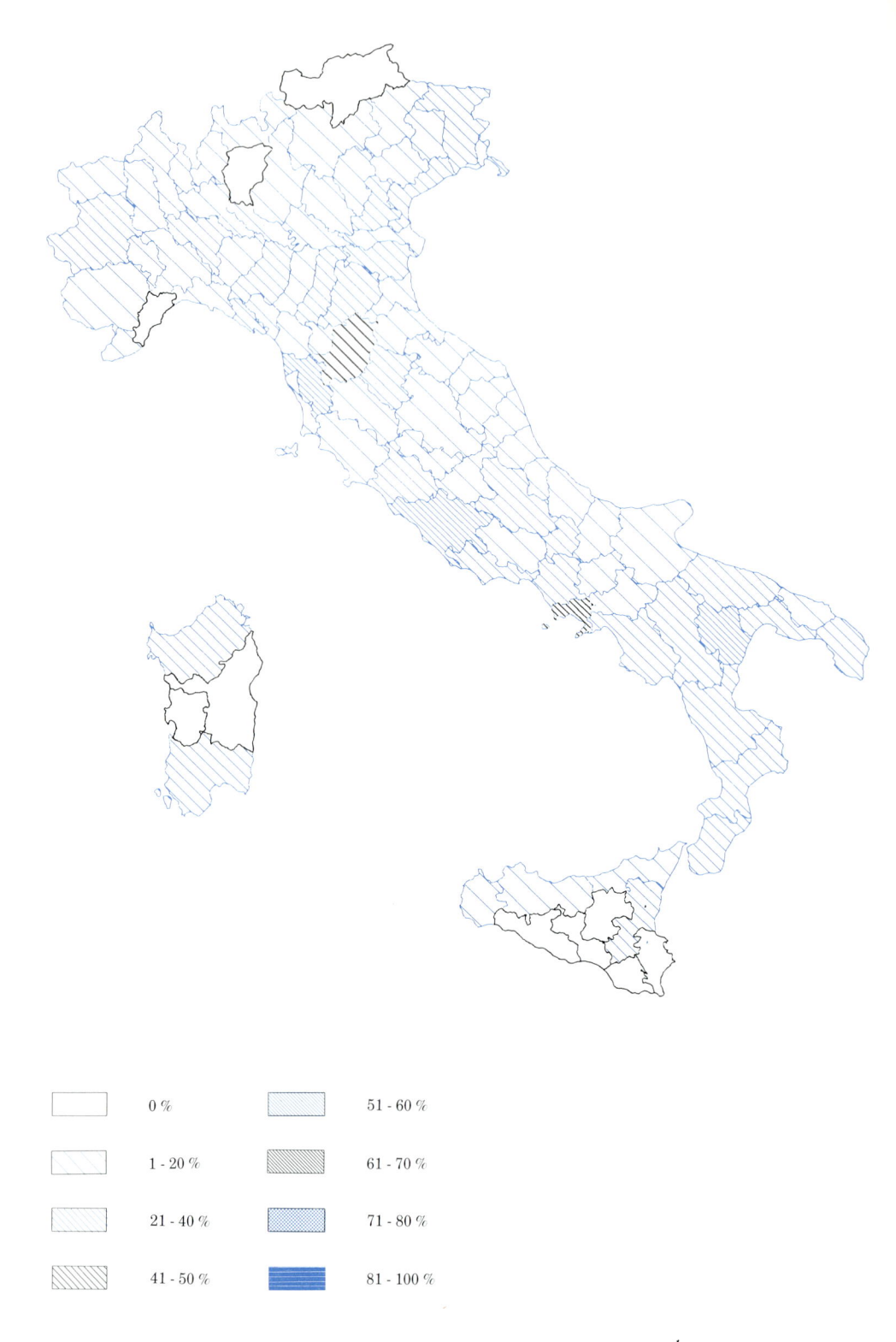

Grafico XVI – Musei di proprietà dello Stato: incidenza percentuale sul totale dei musei della provincia.

Regione	Provincia	% Musei
Abruzzo	Chieti	6%
Abruzzo	L'Aquila	24%
Abruzzo	Pescara	20%
Abruzzo	Teramo	7%
Basilicata	Matera	57%
Basilicata	Potenza	21%
Calabria	Catanzaro	29%
Calabria	Cosenza	22%
Calabria	Reggio Calabria	23%
Campania	Avellino	20%
Campania	Benevento	14%
Campania	Caserta	25%
Campania	Napoli	65%
Campania	Salerno	21%
Emilia R.	Bologna	39%
Emilia R.	Ferrara	22%
Emilia R.	Forlì	4%
Emilia R.	Modena	32%
Emilia R.	Parma	40%
Emilia R.	Piacenza	17%
Emilia R.	Ravenna	17%
Emilia R.	Reggio Emilia	9%
Friuli V. G.	Gorizia	14%
Friuli V. G.	Pordenone	7%
Friuli V. G.	Trieste	26%
Friuli V. G.	Udine	28%
Lazio	Frosinone	12%
Lazio	Latina	26%
Lazio	Rieti	8%
Lazio	Roma	51%
Lazio	Viterbo	28%
Liguria	Genova	10%
Liguria	Imperia	11%
Liguria	La Spezia	24%
Liguria	Savona	0%
Lombardia	Bergamo	0%
Lombardia	Brescia	12%
Lombardia	Como	9%
Lombardia	Cremona	6%
Lombardia	Mantova	10%
Lombardia	Milano	16%
Lombardia	Pavia	40%
Lombardia	Sondrio	6%
Lombardia	Varese	4%
Marche	Ancona	13%
Marche	Ascoli Piceno	10%
Marche	Macerata	11%
Marche	Pesaro e Urbino	16%

Regione	Provincia	% Musei
Molise	Campobasso	18%
Molise	Isernia	25%
Piemonte	Alessandria	7%
Piemonte	Asti	5%
Piemonte	Cuneo	13%
Piemonte	Novara	7%
Piemonte	Torino	27%
Piemonte	Vercelli	6%
Puglia	Bari	22%
Puglia	Brindisi	10%
Puglia	Foggia	14%
Puglia	Lecce	21%
Puglia	Taranto	38%
Sardegna	Cagliari	37%
Sardegna	Nuoro	0%
Sardegna	Oristano	0%
Sardegna	Sassari	35%
Sicilia	Agrigento	0%
Sicilia	Caltanissetta	0%
Sicilia	Catania	29%
Sicilia	Enna	0%
Sicilia	Messina	8%
Sicilia	Palermo	16%
Sicilia	Ragusa	0%
Sicilia	Siracusa	0%
Sicilia	Trapani	3%
Toscana	Arezzo	22%
Toscana	Firenze	44%
Toscana	Grosseto	17%
Toscana	Livorno	17%
Toscana	Lucca	12%
Toscana	Massa Carrara	7%
Toscana	Pisa	54%
Toscana	Pistoia	11%
Toscana	Siena	15%
Trentino A. A.	Bolzano	0%
Trentino A. A.	Trento	3%
Umbria	Perugia	13%
Umbria	Terni	13%
Valle d'Aosta	Aosta	2%
Veneto	Belluno	12%
Veneto	Padova	38%
Veneto	Rovigo	10%
Veneto	Treviso	3%
Veneto	Venezia	21%
Veneto	Verona	3%
Veneto	Vicenza	13%

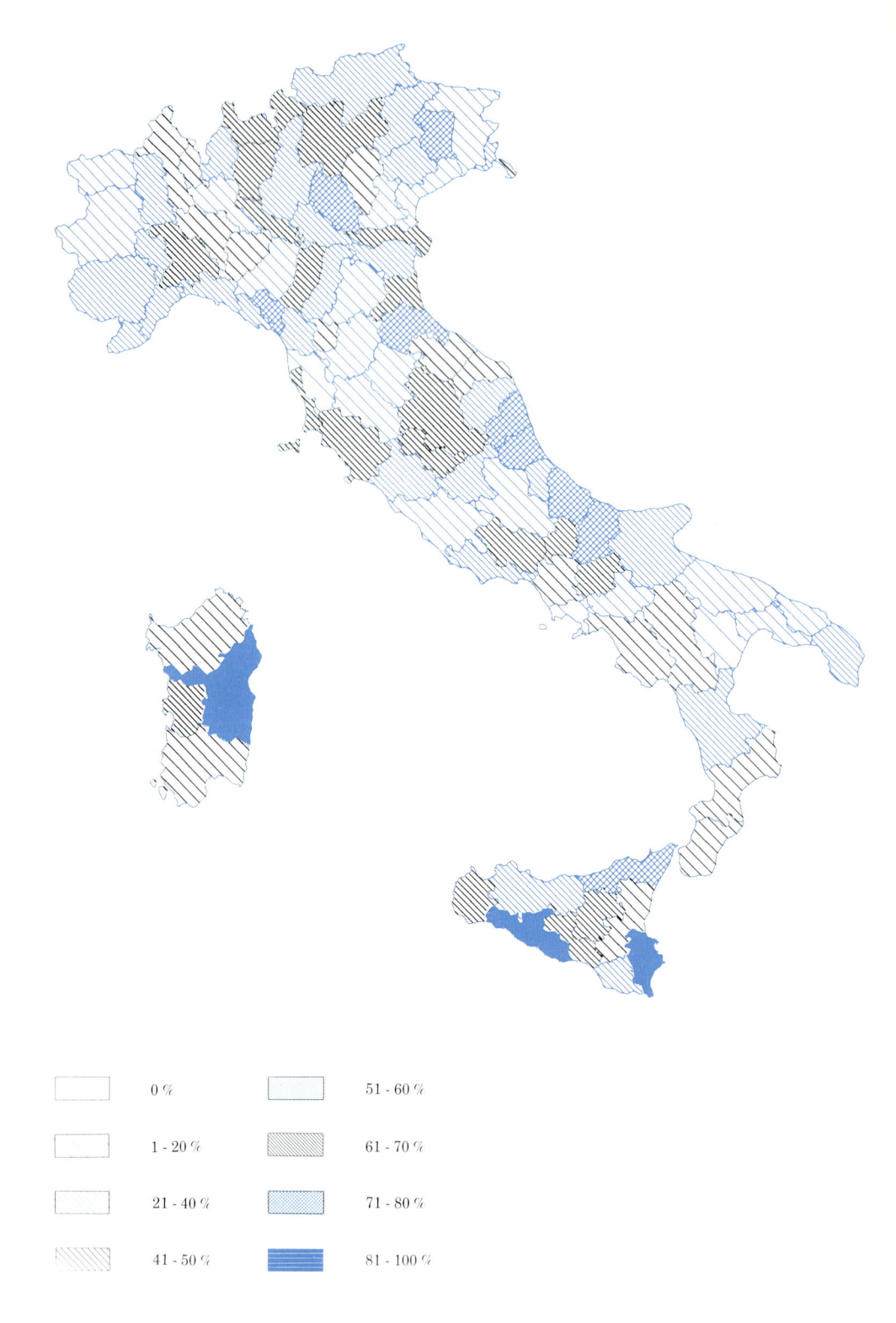

☐	0 %	▦	51 - 60 %
☐	1 - 20 %	▨	61 - 70 %
☐	21 - 40 %	▦	71 - 80 %
▨	41 - 50 %	■	81 - 100 %

Grafico XVII – Musei degli Enti locali: incidenza percentuale sul totale dei musei della provincia.

Regione	Provincia	%Musei
Abruzzo	Chieti	71%
Abruzzo	L'Aquila	39%
Abruzzo	Pescara	60%
Abruzzo	Teramo	79%
Basilicata	Matera	14%
Basilicata	Potenza	43%
Calabria	Catanzaro	46%
Calabria	Cosenza	57%
Calabria	Reggio Calabria	46%
Campania	Avellino	33%
Campania	Benevento	64%
Campania	Caserta	50%
Campania	Napoli	12%
Campania	Salerno	45%
Emilia R.	Bologna	37%
Emilia R.	Ferrara	59%
Emilia R.	Forlì	71%
Emilia R.	Modena	56%
Emilia R.	Parma	36%
Emilia R.	Piacenza	46%
Emilia R.	Ravenna	61%
Emilia R.	Reggio Emilia	69%
Friuli V. G.	Gorizia	57%
Friuli V. G.	Pordenone	71%
Friuli V .G.	Trieste	41%
Friuli V. G.	Udine	33%
Lazio	Frosinone	61%
Lazio	Latina	55%
Lazio	Rieti	58%
Lazio	Roma	24%
Lazio	Viterbo	58%
Liguria	Genova	59%
Liguria	Imperia	57%
Liguria	La Spezia	53%
Liguria	Savona	59%
Lombardia	Bergamo	65%
Lombardia	Brescia	59%
Lombardia	Como	53%
Lombardia	Cremona	69%
Lombardia	Mantova	58%
Lombardia	Milano	38%
Lombardia	Pavia	47%
Lombardia	Sondrio	63%
Lombardia	Varese	49%
Marche	Ancona	50%
Marche	Ascoli Piceno	75%
Marche	Macerata	58%
Marche	Pesaro e Urbino	45%

Regione	Provincia	%Musei
Molise	Campobasso	73%
Molise	Isernia	63%
Piemonte	Alessandria	67%
Piemonte	Asti	57%
Piemonte	Cuneo	55%
Piemonte	Novara	41%
Piemonte	Torino	38%
Piemonte	Vercelli	56%
Puglia	Bari	39%
Puglia	Brindisi	40%
Puglia	Foggia	55%
Puglia	Lecce	58%
Puglia	Taranto	38%
Sardegna	Cagliari	49%
Sardegna	Nuoro	100%
Sardegna	Oristano	69%
Sardegna	Sassari	50%
Sicilia	Agrigento	88%
Sicilia	Caltanissetta	67%
Sicilia	Catania	42%
Sicilia	Enna	67%
Sicilia	Messina	77%
Sicilia	Palermo	55%
Sicilia	Ragusa	56%
Sicilia	Siracusa	92%
Sicilia	Trapani	66%
Toscana	Arezzo	38%
Toscana	Firenze	28%
Toscana	Grosseto	63%
Toscana	Livorno	67%
Toscana	Lucca	56%
Toscana	Massa Carrara	79%
Toscana	Pisa	20%
Toscana	Pistoia	44%
Toscana	Siena	32%
Trentino A. A.	Bolzano	52%
Trentino A. A.	Trento	66%
Umbria	Perugia	61%
Umbria	Terni	53%
Valle d'Aosta	Aosta	26%
Veneto	Belluno	58%
Veneto	Padova	33%
Veneto	Rovigo	70%
Veneto	Treviso	54%
Veneto	Venezia	34%
Veneto	Verona	74%
Veneto	Vicenza	46%

	0 %		51 - 60 %
	1 - 20 %		61 - 70 %
	21 - 40 %		71 - 80 %
	41 - 50 %		81 - 100 %

Grafico XVIII − Musei privati e altri: incidenza percentuale sul totale dei musei della provincia

Regione	Provincia	N. Musei	Regione	Provincia	N. Musei
Abruzzo	Chieti	24%	Molise	Campobasso	9%
Abruzzo	L'Aquila	36%	Molise	Isernia	13%
Abruzzo	Pescara	20%	Piemonte	Alessandria	26%
Abruzzo	Teramo	14%	Piemonte	Asti	38%
Basilicata	Matera	29%	Piemonte	Cuneo	33%
Basilicata	Potenza	36%	Piemonte	Novara	52%
Calabria	Catanzaro	25%	Piemonte	Torino	35%
Calabria	Cosenza	22%	Piemonte	Vercelli	39%
Calabria	Reggio Calabria	31%	Puglia	Bari	39%
Campania	Avellino	47%	Puglia	Brindisi	50%
Campania	Benevento	21%	Puglia	Foggia	32%
Campania	Caserta	25%	Puglia	Lecce	21%
Campania	Napoli	23%	Puglia	Taranto	25%
Campania	Salerno	33%	Sardegna	Cagliari	14%
Emilia R.	Bologna	24%	Sardegna	Nuoro	0%
Emilia R.	Ferrara	20%	Sardegna	Oristano	31%
Emilia R.	Forlì	25%	Sardegna	Sassari	15%
Emilia R.	Modena	12%	Sicilia	Agrigento	13%
Emilia R.	Parma	24%	Sicilia	Caltanissetta	33%
Emilia R.	Piacenza	38%	Sicilia	Catania	29%
Emilia R.	Ravenna	22%	Sicilia	Enna	33%
Emilia R.	Reggio Emilia	23%	Sicilia	Messina	15%
Friuli V. G.	Gorizia	29%	Sicilia	Palermo	30%
Friuli V. G.	Pordenone	21%	Sicilia	Ragusa	44%
Friuli V. G.	Trieste	32%	Sicilia	Siracusa	8%
Friuli V. G.	Udine	39%	Sicilia	Trapani	31%
Lazio	Frosinone	27%	Toscana	Arezzo	41%
Lazio	Latina	19%	Toscana	Firenze	28%
Lazio	Rieti	33%	Toscana	Grosseto	21%
Lazio	Roma	24%	Toscana	Livorno	17%
Lazio	Viterbo	14%	Toscana	Lucca	32%
Liguria	Genova	32%	Toscana	Massa Carrara	14%
Liguria	Imperia	31%	Toscana	Pisa	26%
Liguria	La Spezia	24%	Toscana	Pistoia	44%
Liguria	Savona	41%	Toscana	Siena	53%
Lombardia	Bergamo	35%	Trentino A. A.	Bolzano	48%
Lombardia	Brescia	29%	Trentino A. A.	Trento	31%
Lombardia	Como	38%	Umbria	Perugia	26%
Lombardia	Cremona	25%	Umbria	Terni	25%
Lombardia	Mantova	33%	Valle d'Aosta	Aosta	71%
Lombardia	Milano	47%	Veneto	Belluno	30%
Lombardia	Pavia	13%	Veneto	Padova	30%
Lombardia	Sondrio	31%	Veneto	Rovigo	20%
Lombardia	Varese	47%	Veneto	Treviso	43%
Marche	Ancona	37%	Veneto	Venezia	45%
Marche	Ascoli Piceno	15%	Veneto	Verona	23%
Marche	Macerata	31%	Veneto	Vicenza	42%
Marche	Pesaro e Urbino	39%			

Tipo di istituto	Condizione					
	Aperto		Chiuso		Aperto a richiesta	
Museo d'arte	492	58,1%	45	5,3%	202	23,8%
Museo d'archeologia	329	53,5%	35	5,7%	122	19,8%
Museo d'arte e archeologia	114	64,0%	10	5,6%	32	18,0%
Museo di scienza e tecnica	143	31,9%	14	3,1%	233	52,0%
Museo etnograf. e/o antropolog.	54	62,8%	8	9,3%	13	15,1%
Museo di storia	96	60,4%	5	3,1%	30	18,9%
Museo territoriale	128	42,0%	7	2,3%	117	38,4%
Museo specializzato	303	51,0%	26	4,4%	183	30,8%
Sub-totale	1.659	51,3%	150	4,6%	932	28,8%
Giardino zoolog. botan. naturale	49	72,1%	0	0,0%	13	19,1%
Acquario	10	90,9%	0	0,0%	1	9,1%
Totale	1.718	51,9%	150	4,5%	946	28,6%

Tabella 8 - Fruibilità dei musei per tipologia (Italia).

In lestimento		In progettazione		In restauro		Altro		Totale		% sul totale
39	4,6%	12	1,4%	48	5,7%	9	1,1%	847	100%	25,6%
59	9,6%	23	3,7%	36	5,9%	11	1,8%	615	100%	18,6%
11	6,2%	0	0,0%	10	5,6%	1	0,6%	178	100%	5,4%
17	3,8%	2	0,4%	8	1,8%	31	6,9%	448	100%	13,5%
8	9,3%	1	1,2%	2	2,3%	0	0,0%	86	100%	2,6%
14	8,8%	2	1,3%	9	5,7%	3	1,9%	159	100%	4,8%
20	6,6%	9	3,0%	17	5,6%	7	2,3%	305	100%	9,2%
32	5,4%	12	2,0%	18	3,0%	20	3,4%	594	100%	17,9%
00	6,2%	61	1,9%	148	4,6%	82	2,5%	3.232	100%	97,6%
2	2,9%	2	2,9%	1	1,5%	1	1,5%	68	100%	2,1%
0	0,0%	0	0,0%	0	0,0%	0	0,0%	11	100%	0,3%
02	6,1%	63	1,9%	149	4,5%	83	2,5%	3.311	100%	100,0%

Tipo di istituto	Condizione					
	Aperto		Chiuso		Aperto a richiesta	
Museo d'arte	246	63,7%	9	2,3%	81	21,0%
Museo d'archeologia	106	58,2%	6	3,3%	35	19,2%
Museo d'arte e archeologia	66	66,0%	2	2,0%	17	17,0%
Museo di scienza e tecnica	88	34,9%	7	2,8%	123	48,8%
Museo etnograf. e/o antropolog.	37	67,3%	4	7,3%	8	14,5%
Museo di storia	68	63,0%	2	1,9%	24	22,2%
Museo territoriale	72	42,6%	1	0,6%	76	45,0%
Museo specializzato	169	53,8%	10	3,2%	93	29,6%
Sub-totale	852	54,4%	41	2,6%	457	29,2%
Giardino zoolog. botan. naturale	28	73,7%	0	0,0%	6	15,8%
Acquario	4	100,0%	0	0,0%	0	0,0%
Totale	884	55,0%	41	2,5%	463	28,8%

Tabella 9 - Fruibilità dei musei per tipologia (Italia settentrionale).

In llestimento		In progettazione		In restauro		Altro		Totale		% sul totale
18	4,7%	5	1,3%	24	6,2%	3	0,8%	386	100%	24,0%
19	10,4%	4	2,2%	11	6,0%	1	0,5%	182	100%	11,3%
8	8,0%	0	0,0%	6	6,0%	1	1,0%	100	100%	6,2%
12	4,8%	1	0,4%	5	2,0%	16	6,3%	252	100%	15,7%
5	9,1%	0	0,0%	1	1,8%	0	0,0%	55	100%	3,4%
7	6,5%	0	0,0%	7	6,5%	0	0,0%	108	100%	6,7%
10	5,9%	4	2,4%	6	3,6%	0	0,0%	169	100%	10,5%
20	6,4%	7	2,2%	8	2,5%	7	2,2%	314	100%	19,5%
99	6,3%	21	1,3%	68	4,3%	28	1,8%	1.566	100%	97,4%
1	2,6%	2	5,3%	0	0,0%	1	2,6%	38	100%	2,4%
0	0,0%	0	0,0%	0	0,0%	0	0,0%	4	100%	0,2%
00	6,2%	23	1,4%	68	4,2%	29	1,8%	1.608	100%	100,0%

Tipo di istituto		Condizione				Aperto a richiesta	
		Aperto		Chiuso			
Museo d'arte	195	58,6%	23	6,9%	85	25,5%
Museo d'archeologia	110	48,9%	19	8,4%	46	20,4%
Museo d'arte e archeologia	33	57,9%	8	14,0%	9	15,8%
Museo di scienza e tecnica	40	31,0%	3	2,3%	68	52,7%
Museo etnograf. e/o antropolog.	10	58,8%	2	11,8%	1	5,9%
Museo di storia	18	58,1%	1	3,2%	4	12,9%
Museo territoriale	31	46,3%	3	4,5%	16	23,9%
Museo specializzato	103	51,2%	11	5,5%	68	33,8%
Sub-totale	540	50,9%	70	6,6%	297	28,0%
Giardino zoolog. botan. naturale	16	72,7%	0	0,0%	4	18,2%
Acquario	2	66,7%	0	0,0%	1	33,3%
Totale	558	51,4%	70	6,5%	302	27,8%

Tabella 10 - Fruibilità dei musei per tipologia (Italia centrale).

In allestimento		In progettazione		In restauro		Altro		Totale		% sul totale
9	2,7%	6	1,8%	15	4,5%	0	0,0%	333	100%	30,7%
22	9,8%	14	6,2%	10	4,4%	4	1,8%	225	100%	20,7%
3	5,3%	0	0,0%	4	7,0%	0	0,0%	57	100%	5,3%
3	2,3%	1	0,8%	3	2,3%	11	8,5%	129	100%	11,9%
2	11,8%	1	5,9%	1	5,9%	0	0,0%	17	100%	1,6%
5	16,1%	2	6,5%	1	3,2%	0	0,0%	31	100%	2,9%
7	10,4%	3	4,5%	7	10,4%	0	0,0%	67	100%	6,2%
6	3,0%	4	2,0%	3	1,5%	6	3,0%	201	100%	18,5%
57	5,4%	31	2,9%	44	4,2%	21	2,0%	1.060	100%	97,7%
1	4,5%	0	0,0%	1	4,5%	0	0,0%	22	100%	2,0%
0	0,0%	0	0,0%	0	0,0%	0	0,0%	3	100%	0,3%
58	5,3%	31	2,9%	45	4,1%	21	1,9%	1.085	100%	100,0%

Tipo di istituto	Condizione					
	Aperto		Chiuso		Aperto a richiesta	
Museo d'arte	51	39,8%	13	10,2%	36	28,1%
Museo d'archeologia	113	54,3%	10	4,8%	41	19,7%
Museo d'arte e archeologia	15	71,4%	0	0,0%	6	28,6%
Museo di scienza e tecnica	15	22,4%	4	6,0%	42	62,7%
Museo etnograf. e/o antropolog.	7	50,0%	2	14,3%	4	28,6%
Museo di storia	10	50,0%	2	10,0%	2	10,0%
Museo territoriale	25	36,2%	3	4,3%	25	36,2%
Museo specializzato	31	39,2%	5	6,3%	22	27,8%
Sub-totale	267	44,1%	39	6,4%	178	29,4%
Giardino zoolog. botan. naturale	5	62,5%	0	0,0%	3	37,5%
Acquario	4	100,0%	0	0,0%	0	0,0%
Totale	276	44,7%	39	6.3%	181	29,3%

Tabella 11 - Fruibilità dei musei per tipologia (Italia meridionale).

In allestimento		In progettazione		In restauro		Altro		Totale		% sul totale
12	9,4%	1	0,8%	9	7,0%	6	4,7%	128	100%	20,7%
18	8,7%	5	2,4%	15	7,2%	6	2,9%	208	100%	33,7%
0	0,0%	0	0,0%	0	0,0%	0	0,0%	21	100%	3,4%
2	3,0%	0	0,0%	0	0,0%	4	6,0%	67	100%	10,8%
1	7,1%	0	0,0%	0	0,0%	0	0,0%	14	100%	2,3%
2	10,0%	0	0,0%	1	5,0%	3	15,0%	20	100%	3,2%
3	4,3%	2	2,9%	4	5,8%	7	10,1%	69	100%	11,2%
6	7,6%	1	1,3%	7	8,9%	7	8,9%	79	100%	12,8%
44	7,3%	9	1,5%	36	5,9%	33	5,4%	606	100%	98,1%
0	0,0%	0	0,0%	0	0,0%	0	0,0%	8	100%	1,3%
0	0,0%	0	0,0%	0	0,0%	0	0,0%	4	100%	0,6%
44	7,1%	9	1,5%	36	5,8%	33	5,3%	618	100%	100,0%

Proprietà	Condizione					
	Aperto		Chiuso		Aperto a richiesta	
Stato	297	61,5%	15	3,1%	98	20,3%
Università	53	27,3%	6	3,1%	129	66,5%
Regione	57	62,6%	5	5,5%	8	8,8%
Provincia	47	82,5%	1	1,8%	5	8,8%
Comune	829	56,4%	77	5,2%	313	21,3%
Privata	250	47,8%	22	4,2%	207	39,6%
Ecclesiastica	180	41,7%	24	5,6%	181	41,9%
Altra	5	8,3%	0	0,0%	5	8,3%
Totale	1.718	51,9%	150	4,5%	946	28,6%

Tabella 12 - Fruibilità dei musei per tipo di proprietà (Italia).

	In allestimento		In progettazione		In restauro		Altro		Totale		% sul totale
	30	6,2%	8	1,7%	35	7,2%	0	0,0%	483	100%	14,6%
	5	2,6%	1	0,5%	0	0,0%	0	0,0%	194	100%	5,9%
	5	5,5%	9	9,9%	6	6,6%	1	1,1%	91	100%	2,7%
	2	3,5%	1	1,8%	1	1,8%	0	0,0%	57	100%	1,7%
	115	7,8%	31	2,1%	85	5,8%	21	1,4%	1.471	100%	44,4%
	26	5,0%	2	0,4%	7	1,3%	9	1,7%	523	100%	15,8%
	18	4,2%	11	2,5%	15	3,5%	3	0,7%	432	100%	13,0%
	1	1,7%	0	0,0%	0	0,0%	49	81,7%	60	100%	1,8%
	202	6,1%	63	1,9%	149	4,5%	83	2,5%	3.311	100%	100,0%

Proprietà	Condizione					
	Aperto		Chiuso		Aperto a richiesta	
Stato	92	55,8%	2	1,2%	50	30,3%
Università	19	22,1%	5	5,8%	58	67,4%
Regione	18	52,9%	4	11,8%	6	17,6%
Provincia	22	81,5%	0	0,0%	3	11,1%
Comune	465	61,7%	16	2,1%	156	20,7%
Privata	175	53,7%	9	2,8%	114	35,0%
Ecclesiastica	92	48,4%	5	2,6%	75	39,5%
Altra	1	3,8%	0	0,0%	1	3,8%
Totale	884	55,0%	41	2,5%	463	28,8%

Tabella 13 - Fruibilità dei musei per tipo di proprietà (Italia settentrionale).

In allestimento		In progettazione		In restauro		Altro		Totale		% sul totale
4	2,4%	3	1,8%	14	8,5%	0	0,0%	165	100%	10,3%
3	3,5%	1	1,2%	0	0,0%	0	0,0%	86	100%	5,3%
4	11,8%	1	2,9%	1	2,9%	0	0,0%	34	100%	2,1%
0	0,0%	1	3,7%	1	3,7%	0	0,0%	27	100%	1,7%
61	8,1%	9	1,2%	43	5,7%	4	0,5%	754	100%	46,9%
20	6,1%	2	0,6%	5	1,5%	1	0,3%	326	100%	20,3%
8	4,2%	6	3,2%	4	2,1%	0	0,0%	190	100%	11,8%
0	0,0%	0	0,0%	0	0,0%	24	92,3%	26	100%	1,6%
00	6,2%	23	1,4%	68	4,2%	29	1,8%	1.608	100%	100,0%

Proprietà	Condizione					
	Aperto		Chiuso		Aperto a richiesta	
Stato	152	69,1%	11	5,0%	30	13,6%
Università	21	33,9%	0	0,0%	41	66,1%
Regione	4	25,0%	0	0,0%	0	0,0%
Provincia	5	71,4%	0	0,0%	1	14,3%
Comune	252	53,6%	43	9,1%	95	20,2%
Privata	53	41,1%	8	6,2%	61	47,3%
Ecclesiastica	69	42,6%	8	4,9%	72	44,4%
Altra	2	10,5%	0	0,0%	2	10,5%
Totale	558	51,4%	70	6,5%	302	27,8%

Tabella 14 - Fruibilità dei musei per tipo di proprietà (Italia centrale).

In allestimento		In progettazione		In restauro		Altro		Totale		% sul totale
13	5,9%	3	1,4%	11	5,0%	0	0,0%	220	100%	20,3%
0	0,0%	0	0,0%	0	0,0%	0	0,0%	62	100%	5,7%
0	0,0%	8	50,0%	4	25,0%	0	0,0%	16	100%	1,5%
1	14,3%	0	0,0%	0	0,0%	0	0,0%	7	100%	0,6%
38	8,1%	16	3,4%	23	4,9%	3	0,6%	470	100%	43,3%
4	3,1%	0	0,0%	1	0,8%	2	1,6%	129	100%	11,9%
2	1,2%	4	2,5%	6	3,7%	1	0,6%	162	100%	14,9%
0	0,0%	0	0,0%	0	0,0%	15	78,9%	19	100%	1,8%
58	5,3%	31	2,9%	45	4,1%	21	1,9%	1.085	100%	100,0%

Proprietà	Aperto		Chiuso		Aperto a richiesta	
Stato	53	54,1%	2	2,0%	18	18,4%
Università	13	28,3%	1	2,2%	30	65,2%
Regione	35	85,4%	1	2,4%	2	4,9%
Provincia	20	87,0%	1	4,3%	1	4,3%
Comune	112	45,3%	18	7,3%	62	25,1%
Privata	22	32,4%	5	7,4%	32	47,1%
Ecclesiastica	19	23,8%	11	13,8%	34	42,5%
Altra	2	13,3%	0	0,0%	2	13,3%
Totale	276	44,7%	39	6,3%	181	29,3%

Tabella 15 - Fruibilità dei musei per tipo di proprietà (Italia meridionale).

In allestimento		In progettazione		In restauro		Altro		Totale		% sul totale
13	13,3%	2	2,0%	10	10,2%	0	0,0%	98	100%	15,9%
2	4,3%	0	0,0%	0	0,0%	0	0,0%	46	100%	7,4%
1	2,4%	0	0,0%	1	2,4%	1	2,4%	41	100%	6,6%
1	4,3%	0	0,0%	0	0,0%	0	0,0%	23	100%	3,7%
16	6,5%	6	2,4%	19	7,7%	14	5,7%	247	100%	40,0%
2	2,9%	0	0,0%	1	1,5%	6	8,8%	68	100%	11,0%
8	10,0%	1	1,3%	5	6,3%	2	2,5%	80	100%	12,9%
1	6,7%	0	0,0%	0	0,0%	10	66,7%	15	100%	2,4%
44	7,1%	9	1,5%	36	5,8%	33	5,3%	618	100%	100,0%

	0		16 - 20
	1 - 5		21 - 30
	6 - 10		31 - 50
	11 - 15		51 - 110

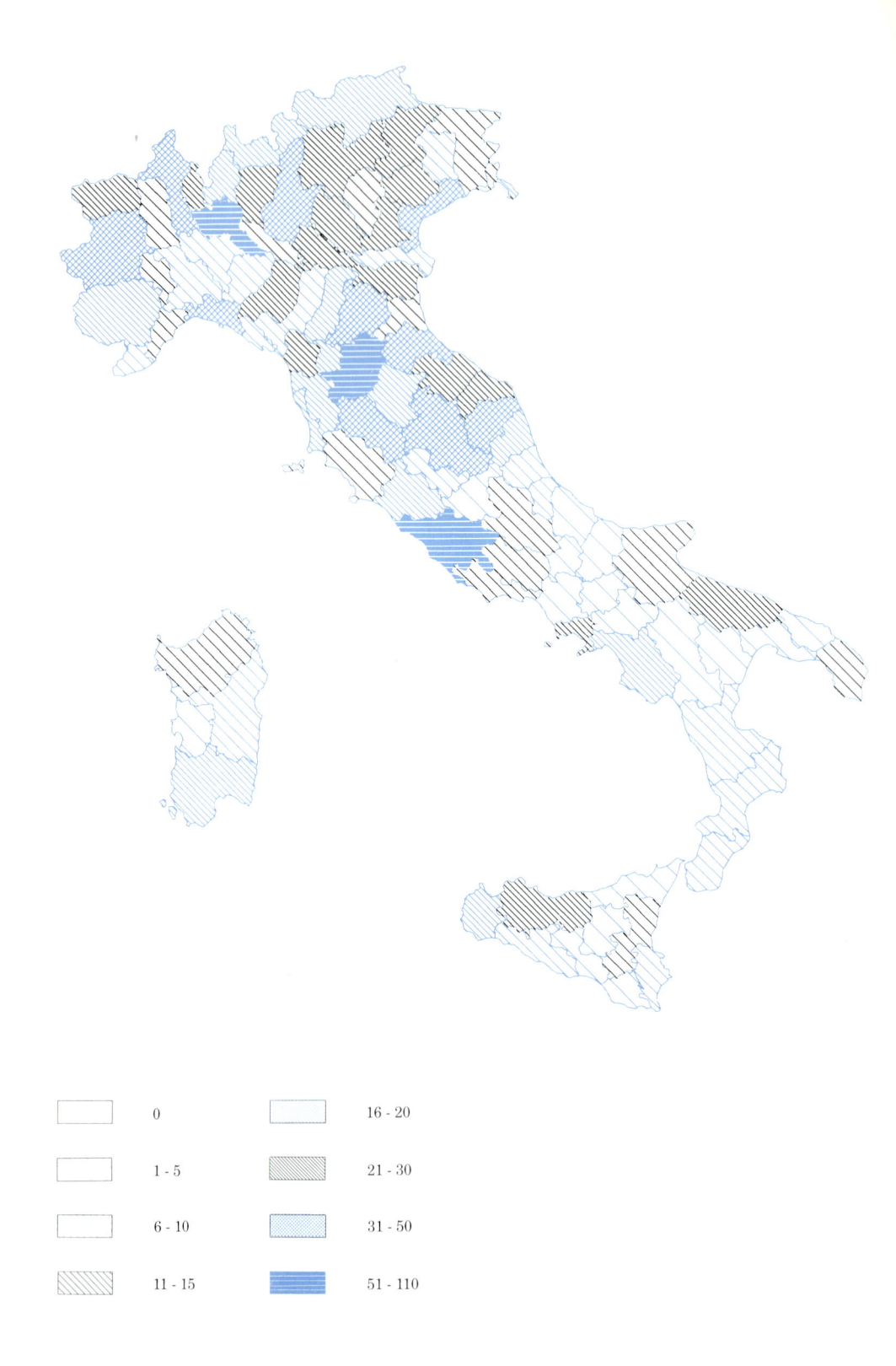

Grafico XIX – Musei aperti per provincia.

Regione	Provincia	N. Musei
Abruzzo	Chieti	4
Abruzzo	L'Aquila	11
Abruzzo	Pescara	7
Abruzzo	Teramo	6
Basilicata	Matera	4
Basilicata	Potenza	2
Calabria	Catanzaro	6
Calabria	Cosenza	8
Calabria	Reggio Calabria	8
Campania	Avellino	4
Campania	Benevento	3
Campania	Caserta	4
Campania	Napoli	29
Campania	Salerno	17
Emilia R.	Bologna	43
Emilia R.	Ferrara	23
Emilia R.	Forlì	36
Emilia R.	Modena	18
Emilia R.	Parma	25
Emilia R.	Piacenza	10
Emilia R.	Ravenna	14
Emilia R.	Reggio Emilia	19
Friuli V. G.	Gorizia	12
Friuli V. G.	Pordenone	6
Friuli V. G.	Trieste	19
Friuli V. G.	Udine	13
Lazio	Frosinone	14
Lazio	Latina	12
Lazio	Rieti	4
Lazio	Roma	102
Lazio	Viterbo	20
Liguria	Genova	37
Liguria	Imperia	9
Liguria	La Spezia	8
Liguria	Savona	12
Lombardia	Bergamo	24
Lombardia	Brescia	36
Lombardia	Como	17
Lombardia	Cremona	11
Lombardia	Mantova	23
Lombardia	Milano	56
Lombardia	Pavia	9
Lombardia	Sondrio	18
Lombardia	Varese	27
Marche	Ancona	26
Marche	Ascoli Piceno	19
Marche	Macerata	31
Marche	Pesaro e Urbino	23

Regione	Provincia	N. Musei
Molise	Campobasso	3
Molise	Isernia	2
Piemonte	Alessandria	10
Piemonte	Asti	11
Piemonte	Cuneo	16
Piemonte	Novara	37
Piemonte	Torino	49
Piemonte	Vercelli	14
Puglia	Bari	25
Puglia	Brindisi	4
Puglia	Foggia	13
Puglia	Lecce	13
Puglia	Taranto	3
Sardegna	Cagliari	16
Sardegna	Nuoro	7
Sardegna	Oristano	5
Sardegna	Sassari	13
Sicilia	Agrigento	10
Sicilia	Caltanissetta	4
Sicilia	Catania	12
Sicilia	Enna	3
Sicilia	Messina	5
Sicilia	Palermo	25
Sicilia	Ragusa	2
Sicilia	Siracusa	7
Sicilia	Trapani	19
Toscana	Arezzo	19
Toscana	Firenze	92
Toscana	Grosseto	11
Toscana	Livorno	17
Toscana	Lucca	24
Toscana	Massa Carrara	6
Toscana	Pisa	18
Toscana	Pistoia	17
Toscana	Siena	32
Trentino A. A.	Bolzano	17
Trentino A. A.	Trento	24
Umbria	Perugia	36
Umbria	Terni	7
Valle d'Aosta	Aosta	27
Veneto	Belluno	22
Veneto	Padova	22
Veneto	Rovigo	6
Veneto	Treviso	22
Veneto	Venezia	45
Veneto	Verona	25
Veneto	Vicenza	12

	0 %		51 - 60 %
	1 - 20 %		61 - 70 %
	21 - 40 %		71 - 80 %
	41 - 50 %		81 - 100 %

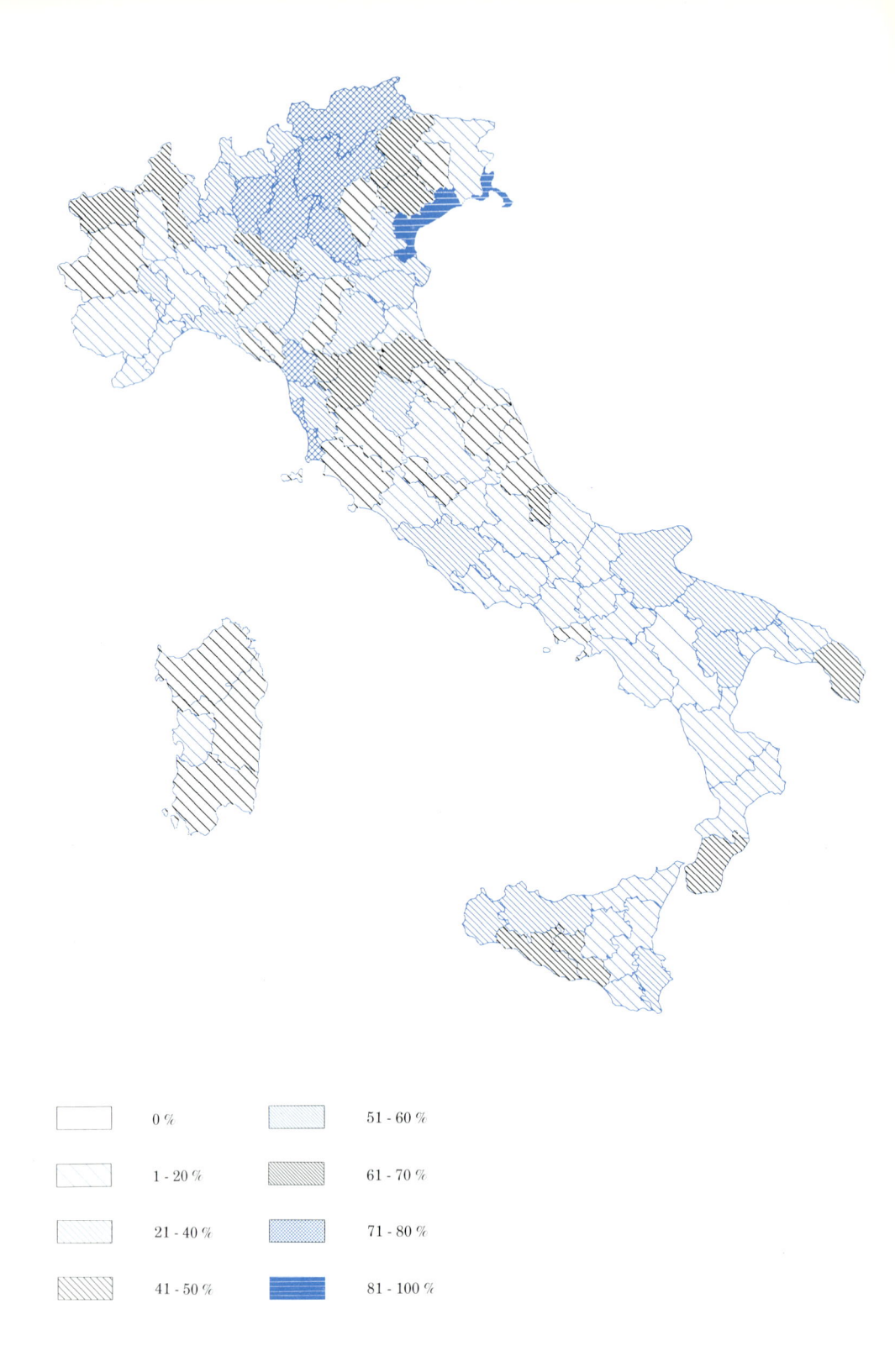

Grafico XX – *Percentuale dei musei aperti sul totale dei musei della provincia.*

Regione	Provincia	% Musei	Regione	Provincia	N. Musei
Abruzzo	Chieti	24%	Molise	Campobasso	27%
Abruzzo	L'Aquila	33%	Molise	Isernia	25%
Abruzzo	Pescara	70%	Piemonte	Alessandria	37%
Abruzzo	Teramo	43%	Piemonte	Asti	52%
Basilicata	Matera	57%	Piemonte	Cuneo	40%
Basilicata	Potenza	14%	Piemonte	Novara	66%
Calabria	Catanzaro	25%	Piemonte	Torino	47%
Calabria	Cosenza	35%	Piemonte	Vercelli	39%
Calabria	Reggio Calabria	62%	Puglia	Bari	51%
Campania	Avellino	27%	Puglia	Brindisi	40%
Campania	Benevento	21%	Puglia	Foggia	59%
Campania	Caserta	33%	Puglia	Lecce	68%
Campania	Napoli	48%	Puglia	Taranto	38%
Campania	Salerno	40%	Sardegna	Cagliari	46%
Emilia R.	Bologna	51%	Sardegna	Nuoro	50%
Emilia R.	Ferrara	56%	Sardegna	Oristano	31%
Emilia R.	Forlì	64%	Sardegna	Sassari	50%
Emilia R.	Modena	44%	Sicilia	Agrigento	63%
Emilia R.	Parma	60%	Sicilia	Caltanissetta	67%
Emilia R.	Piacenza	42%	Sicilia	Catania	39%
Emilia R.	Ravenna	30%	Sicilia	Enna	33%
Emilia R.	Reggio Emilia	54%	Sicilia	Messina	38%
Friuli V. G.	Gorizia	86%	Sicilia	Palermo	57%
Friuli V. G.	Pordenone	43%	Sicilia	Ragusa	22%
Friuli V. G.	Trieste	56%	Sicilia	Siracusa	54%
Friuli V. G.	Udine	36%	Sicilia	Trapani	54%
Lazio	Frosinone	34%	Toscana	Arezzo	59%
Lazio	Latina	39%	Toscana	Firenze	67%
Lazio	Rieti	33%	Toscana	Grosseto	46%
Lazio	Roma	59%	Toscana	Livorno	71%
Lazio	Viterbo	40%	Toscana	Lucca	71%
Liguria	Genova	59%	Toscana	Massa Carrara	43%
Liguria	Imperia	26%	Toscana	Pisa	51%
Liguria	La Spezia	47%	Toscana	Pistoia	63%
Liguria	Savona	35%	Toscana	Siena	48%
Lombardia	Bergamo	77%	Trentino A. A.	Bolzano	74%
Lombardia	Brescia	73%	Trentino A. A.	Trento	75%
Lombardia	Como	53%	Umbria	Perugia	40%
Lombardia	Cremona	69%	Umbria	Terni	44%
Lombardia	Mantova	58%	Valle d'Aosta	Aosta	64%
Lombardia	Milano	55%	Veneto	Belluno	67%
Lombardia	Pavia	30%	Veneto	Padova	55%
Lombardia	Sondrio	51%	Veneto	Rovigo	60%
Lombardia	Varese	57%	Veneto	Treviso	63%
Marche	Ancona	48%	Veneto	Venezia	85%
Marche	Ascoli Piceno	48%	Veneto	Verona	71%
Marche	Macerata	50%	Veneto	Vicenza	50%
Marche	Pesaro e Urbino	47%			

	0		16 - 20
	1 - 5		21 - 30
	6 - 10		31 - 50
	11 - 15		51 - 110

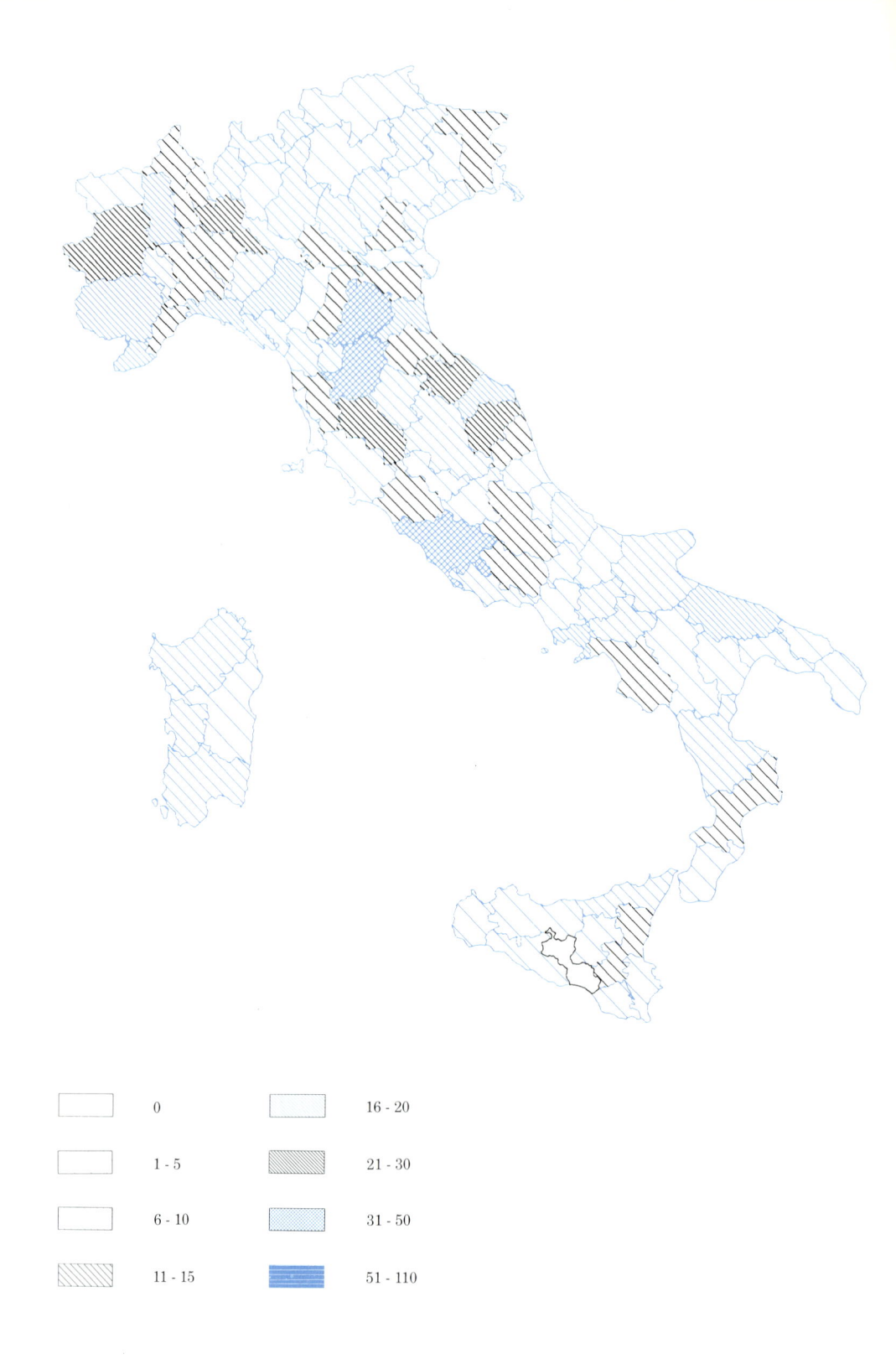

Grafico XXI – Musei "aperti a richiesta" per provincia.

Regione	Provincia	N. Musei	Regione	Provincia	N. Musei
Abruzzo	Chieti	9	Molise	Campobasso	4
Abruzzo	L'Aquila	13	Molise	Isernia	3
Abruzzo	Pescara	1	Piemonte	Alessandria	15
Abruzzo	Teramo	1	Piemonte	Asti	10
Basilicata	Matera	1	Piemonte	Cuneo	16
Basilicata	Potenza	2	Piemonte	Novara	14
Calabria	Catanzaro	14	Piemonte	Torino	29
Calabria	Cosenza	9	Piemonte	Vercelli	19
Calabria	Reggio Calabria	4	Puglia	Bari	17
Campania	Avellino	8	Puglia	Brindisi	3
Campania	Benevento	8	Puglia	Foggia	7
Campania	Caserta	4	Puglia	Lecce	3
Campania	Napoli	16	Puglia	Taranto	3
Campania	Salerno	15	Sardegna	Cagliari	10
Emilia R.	Bologna	33	Sardegna	Nuoro	4
Emilia R.	Ferrara	12	Sardegna	Oristano	6
Emilia R.	Forlì	15	Sardegna	Sassari	8
Emilia R.	Modena	14	Sicilia	Agrigento	1
Emilia R.	Parma	16	Sicilia	Caltanissetta	0
Emilia R.	Piacenza	9	Sicilia	Catania	11
Emilia R.	Ravenna	20	Sicilia	Enna	1
Emilia R.	Reggio Emilia	10	Sicilia	Messina	7
Friuli V. G.	Gorizia	1	Sicilia	Palermo	5
Friuli V. G.	Pordenone	5	Sicilia	Ragusa	3
Friuli V. G.	Trieste	7	Sicilia	Siracusa	2
Friuli V. G.	Udine	12	Sicilia	Trapani	2
Lazio	Frosinone	12	Toscana	Arezzo	6
Lazio	Latina	6	Toscana	Firenze	34
Lazio	Rieti	4	Toscana	Grosseto	4
Lazio	Roma	44	Toscana	Livorno	3
Lazio	Viterbo	13	Toscana	Lucca	6
Liguria	Genova	20	Toscana	Massa Carrara	3
Liguria	Imperia	16	Toscana	Pisa	15
Liguria	La Spezia	6	Toscana	Pistoia	8
Liguria	Savona	11	Toscana	Siena	25
Lombardia	Bergamo	4	Trentino A. A.	Bolzano	4
Lombardia	Brescia	6	Trentino A. A.	Trento	5
Lombardia	Como	9	Umbria	Perugia	10
Lombardia	Cremona	2	Umbria	Terni	3
Lombardia	Mantova	11	Valle d'Aosta	Aosta	3
Lombardia	Milano	24	Veneto	Belluno	9
Lombardia	Pavia	12	Veneto	Padova	13
Lombardia	Sondrio	6	Veneto	Rovigo	3
Lombardia	Varese	15	Veneto	Treviso	5
Marche	Ancona	18	Veneto	Venezia	6
Marche	Ascoli Piceno	15	Veneto	Verona	8
Marche	Macerata	28	Veneto	Vicenza	8
Marche	Pesaro e Urbino	21			

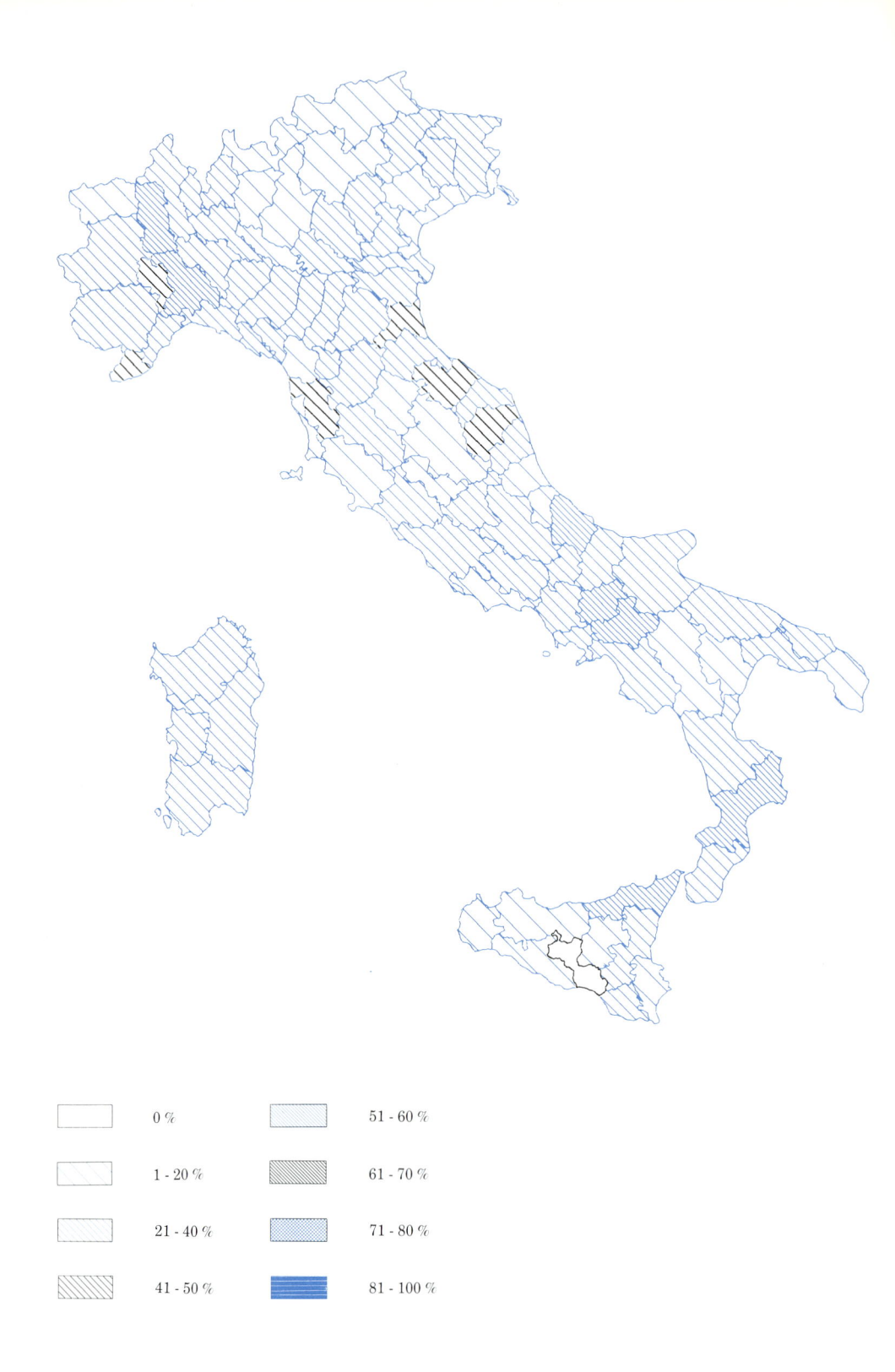

Grafico XXII – Incidenza dei musei "aperti a richiesta" sul totale dei musei della provincia.

Regione	Provincia	% Musei	Regione	Provincia	% Musei
Abruzzo	Chieti	53%	Molise	Campobasso	36%
Abruzzo	L'Aquila	39%	Molise	Isernia	38%
Abruzzo	Pescara	10%	Piemonte	Alessandria	56%
Abruzzo	Teramo	7%	Piemonte	Asti	48%
Basilicata	Matera	14%	Piemonte	Cuneo	40%
Basilicata	Potenza	14%	Piemonte	Novara	25%
Calabria	Catanzaro	58%	Piemonte	Torino	28%
Calabria	Cosenza	39%	Piemonte	Vercelli	53%
Calabria	Reggio Calabria	31%	Puglia	Bari	35%
Campania	Avellino	53%	Puglia	Brindisi	30%
Campania	Benevento	57%	Puglia	Foggia	32%
Campania	Caserta	33%	Puglia	Lecce	16%
Campania	Napoli	27%	Puglia	Taranto	38%
Campania	Salerno	36%	Sardegna	Cagliari	29%
Emilia R.	Bologna	39%	Sardegna	Nuoro	29%
Emilia R.	Ferrara	29%	Sardegna	Oristano	38%
Emilia R.	Forlì	27%	Sardegna	Sassari	31%
Emilia R.	Modena	34%	Sicilia	Agrigento	6%
Emilia R.	Parma	38%	Sicilia	Caltanissetta	0%
Emilia R.	Piacenza	38%	Sicilia	Catania	35%
Emilia R.	Ravenna	43%	Sicilia	Enna	11%
Emilia R.	Reggio Emilia	29%	Sicilia	Messina	54%
Friuli V. G.	Gorizia	7%	Sicilia	Palermo	11%
Friuli V. G.	Pordenone	36%	Sicilia	Ragusa	33%
Friuli V. G.	Trieste	21%	Sicilia	Siracusa	15%
Friuli V. G.	Udine	33%	Sicilia	Trapani	6%
Lazio	Frosinone	29%	Toscana	Arezzo	19%
Lazio	Latina	19%	Toscana	Firenze	25%
Lazio	Rieti	33%	Toscana	Grosseto	17%
Lazio	Roma	25%	Toscana	Livorno	13%
Lazio	Viterbo	26%	Toscana	Lucca	18%
Liguria	Genova	32%	Toscana	Massa Carrara	21%
Liguria	Imperia	46%	Toscana	Pisa	43%
Liguria	La Spezia	35%	Toscana	Pistoia	30%
Liguria	Savona	32%	Toscana	Siena	38%
Lombardia	Bergamo	13%	Trentino A. A.	Bolzano	17%
Lombardia	Brescia	12%	Trentino A. A.	Trento	16%
Lombardia	Como	28%	Umbria	Perugia	11%
Lombardia	Cremona	13%	Umbria	Terni	19%
Lombardia	Mantova	28%	Valle d'Aosta	Aosta	7%
Lombardia	Milano	24%	Veneto	Belluno	27%
Lombardia	Pavia	40%	Veneto	Padova	33%
Lombardia	Sondrio	17%	Veneto	Rovigo	30%
Lombardia	Varese	32%	Veneto	Treviso	14%
Marche	Ancona	33%	Veneto	Venezia	11%
Marche	Ascoli Piceno	38%	Veneto	Verona	23%
Marche	Macerata	45%	Veneto	Vicenza	33%
Marche	Pesaro e Urbino	43%			

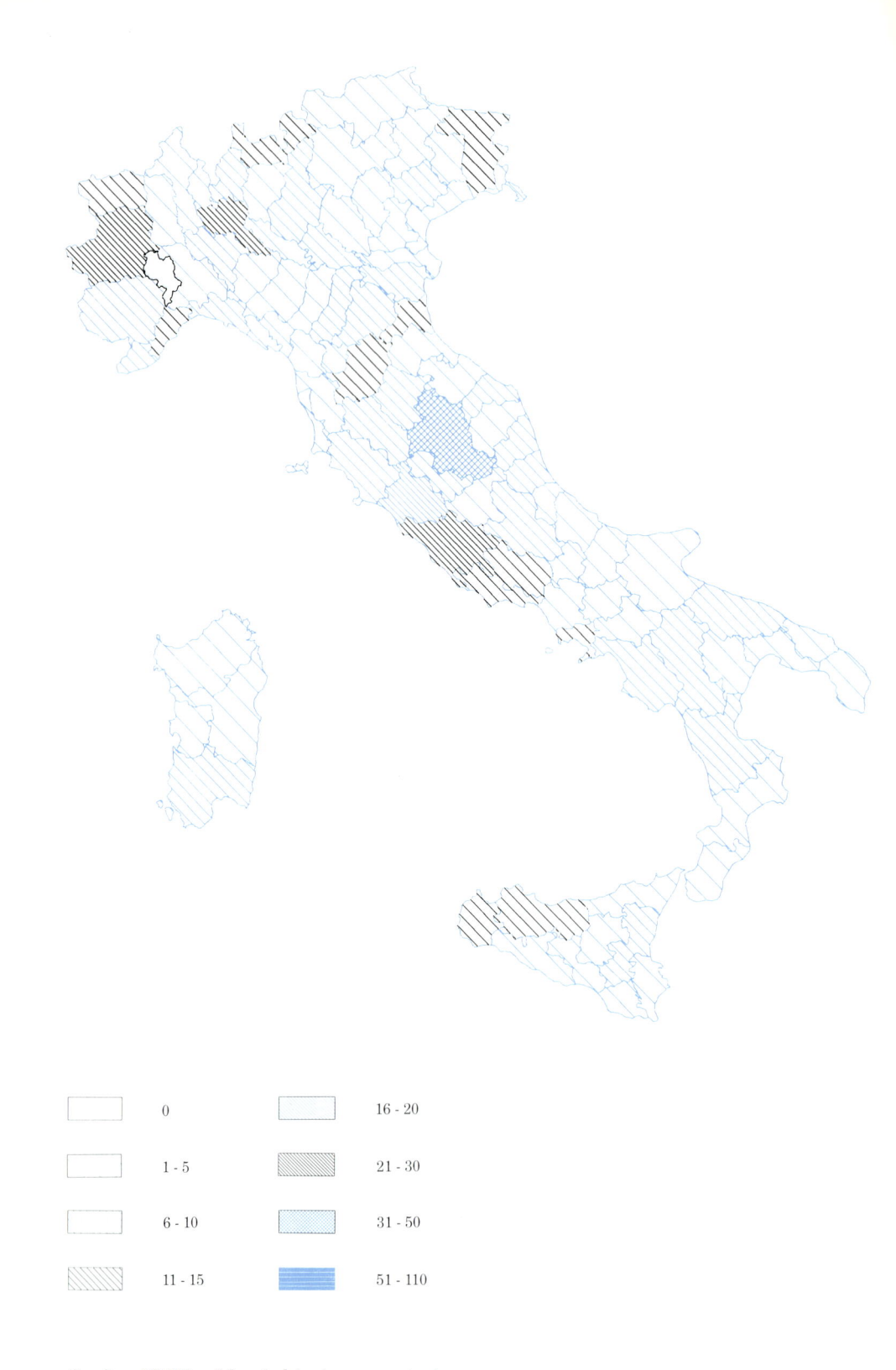

Grafico XXIII – *Musei chiusi per provincia.*

Regione	Provincia	N. Musei	Regione	Provincia	N. Musei
Abruzzo	Chieti	4	Molise	Campobasso	4
Abruzzo	L'Aquila	9	Molise	Isernia	3
Abruzzo	Pescara	2	Piemonte	Alessandria	2
Abruzzo	Teramo	7	Piemonte	Asti	0
Basilicata	Matera	2	Piemonte	Cuneo	8
Basilicata	Potenza	10	Piemonte	Novara	5
Calabria	Catanzaro	4	Piemonte	Torino	26
Calabria	Cosenza	6	Piemonte	Vercelli	3
Calabria	Reggio Calabria	1	Puglia	Bari	7
Campania	Avellino	3	Puglia	Brindisi	3
Campania	Benevento	3	Puglia	Foggia	2
Campania	Caserta	4	Puglia	Lecce	3
Campania	Napoli	15	Puglia	Taranto	2
Campania	Salerno	10	Sardegna	Cagliari	9
Emilia R.	Bologna	8	Sardegna	Nuoro	3
Emilia R.	Ferrara	6	Sardegna	Oristano	5
Emilia R.	Forlì	5	Sardegna	Sassari	5
Emilia R.	Modena	9	Sicilia	Agrigento	5
Emilia R.	Parma	1	Sicilia	Caltanissetta	2
Emilia R.	Piacenza	5	Sicilia	Catania	8
Emilia R.	Ravenna	12	Sicilia	Enna	5
Emilia R.	Reggio Emilia	6	Sicilia	Messina	1
Friuli V. G.	Gorizia	1	Sicilia	Palermo	14
Friuli V. G.	Pordenone	3	Sicilia	Ragusa	4
Friuli V .G.	Trieste	8	Sicilia	Siracusa	4
Friuli V. G.	Udine	11	Sicilia	Trapani	14
Lazio	Frosinone	15	Toscana	Arezzo	7
Lazio	Latina	13	Toscana	Firenze	12
Lazio	Rieti	4	Toscana	Grosseto	9
Lazio	Roma	27	Toscana	Livorno	4
Lazio	Viterbo	17	Toscana	Lucca	4
Liguria	Genova	6	Toscana	Massa Carrara	5
Liguria	Imperia	10	Toscana	Pisa	2
Liguria	La Spezia	3	Toscana	Pistoia	2
Liguria	Savona	11	Toscana	Siena	9
Lombardia	Bergamo	3	Trentino A. A.	Bolzano	2
Lombardia	Brescia	7	Trentino A. A.	Trento	3
Lombardia	Como	6	Umbria	Perugia	43
Lombardia	Cremona	3	Umbria	Terni	6
Lombardia	Mantova	6	Valle d'Aosta	Aosta	12
Lombardia	Milano	21	Veneto	Belluno	2
Lombardia	Pavia	9	Veneto	Padova	5
Lombardia	Sondrio	11	Veneto	Rovigo	1
Lombardia	Varese	5	Veneto	Treviso	8
Marche	Ancona	10	Veneto	Venezia	2
Marche	Ascoli Piceno	6	Veneto	Verona	2
Marche	Macerata	3	Veneto	Vicenza	4
Marche	Pesaro e Urbino	5			

| 0 % |
| 1 - 20 % |
| 21 - 40 % |
| 41 - 50 % |
| 51 - 60 % |
| 61 - 70 % |
| 71 - 80 % |
| 81 - 100 % |

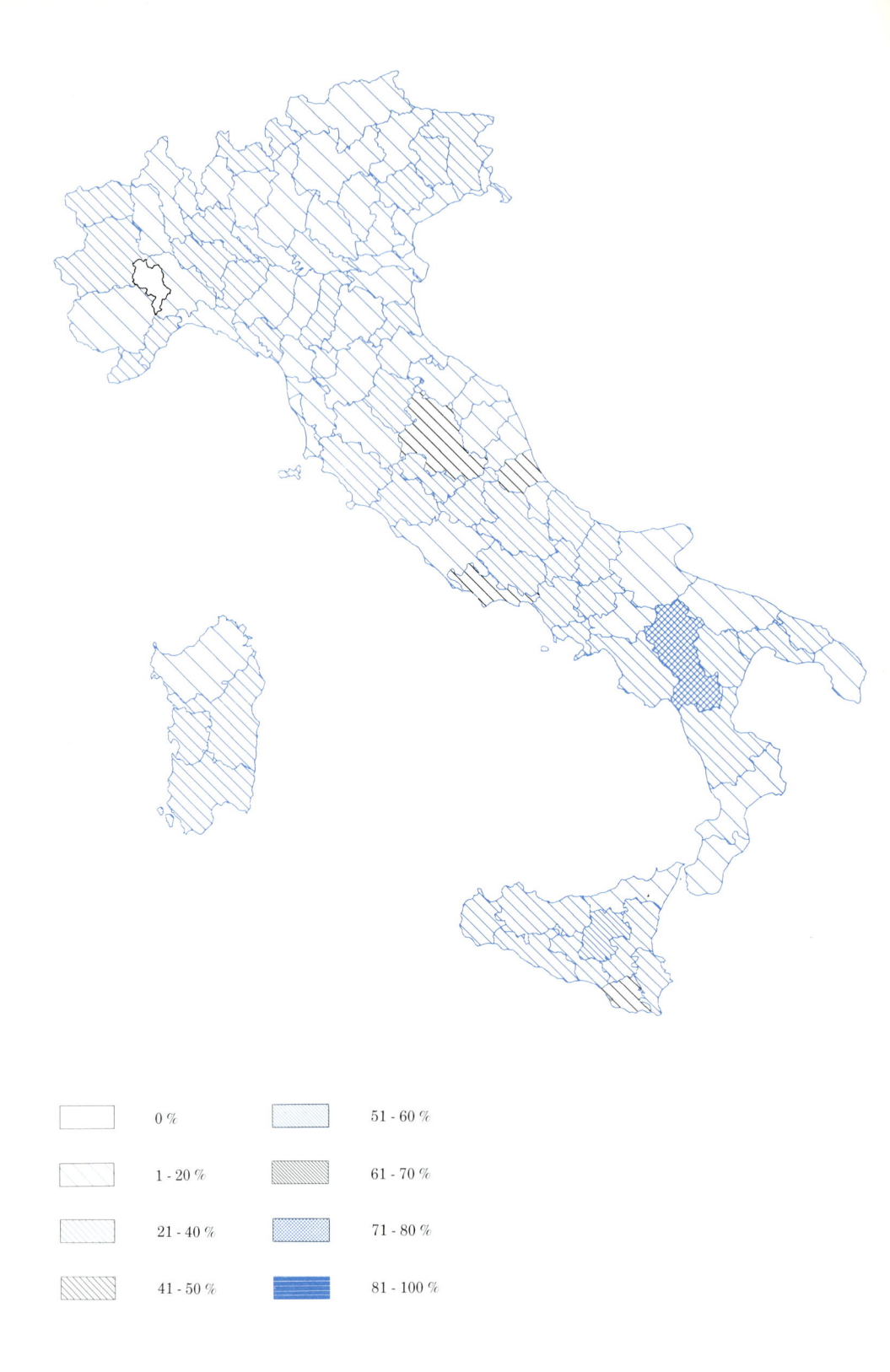

Grafico XXIV – Incidenza percentuale dei musei chiusi sul totale dei musei della provincia.

Regione	Provincia	% Musei	Regione	Provincia	% Musei
Abruzzo	Chieti	24%	Molise	Campobasso	36%
Abruzzo	L'Aquila	27%	Molise	Isernia	38%
Abruzzo	Pescara	20%	Piemonte	Alessandria	7%
Abruzzo	Teramo	50%	Piemonte	Asti	0%
Basilicata	Matera	29%	Piemonte	Cuneo	20%
Basilicata	Potenza	71%	Piemonte	Novara	9%
Calabria	Catanzaro	17%	Piemonte	Torino	25%
Calabria	Cosenza	26%	Piemonte	Vercelli	85
Calabria	Reggio Calabria	8%	Puglia	Bari	145
Campania	Avellino	20%	Puglia	Brindisi	30%
Campania	Benevento	21%	Puglia	Foggia	9%
Campania	Caserta	33%	Puglia	Lecce	16%
Campania	Napoli	25%	Puglia	Taranto	25%
Campania	Salerno	24%	Sardegna	Cagliari	26%
Emilia R.	Bologna	10%	Sardegna	Nuoro	21%
Emilia R.	Ferrara	15%	Sardegna	Oristano	31%
Emilia R.	Forlì	9%	Sardegna	Sassari	19%
Emilia R.	Modena	22%	Sicilia	Agrigento	31%
Emilia R.	Parma	2%	Sicilia	Caltanissetta	33%
Emilia R.	Piacenza	21%	Sicilia	Catania	26%
Emilia R.	Ravenna	26%	Sicilia	Enna	56%
Emilia R.	Reggio Emilia	17%	Sicilia	Messina	8%
Friuli V. G.	Gorizia	7%	Sicilia	Palermo	32%
Friuli V. G.	Pordenone	21%	Sicilia	Ragusa	44%
Friuli V .G.	Trieste	24%	Sicilia	Siracusa	31%
Friuli V. G.	Udine	31%	Sicilia	Trapani	40%
Lazio	Frosinone	37%	Toscana	Arezzo	22%
Lazio	Latina	42%	Toscana	Firenze	9%
Lazio	Rieti	33%	Toscana	Grosseto	38%
Lazio	Roma	16%	Toscana	Livorno	17%
Lazio	Viterbo	34%	Toscana	Lucca	12%
Liguria	Genova	10%	Toscana	Massa Carrara	36%
Liguria	Imperia	29%	Toscana	Pisa	6%
Liguria	La Spezia	18%	Toscana	Pistoia	7%
Liguria	Savona	32%	Toscana	Siena	145
Lombardia	Bergamo	10%	Trentino A. A.	Bolzano	9%
Lombardia	Brescia	14%	Trentino A. A.	Trento	9%
Lombardia	Como	19%	Umbria	Perugia	48%
Lombardia	Cremona	19%	Umbria	Terni	38%
Lombardia	Mantova	15%	Valle d'Aosta	Aosta	295
Lombardia	Milano	21%	Veneto	Belluno	6%
Lombardia	Pavia	30%	Veneto	Padova	13%
Lombardia	Sondrio	31%	Veneto	Rovigo	10%
Lombardia	Varese	11%	Veneto	Treviso	23%
Marche	Ancona	19%	Veneto	Venezia	4%
Marche	Ascoli Piceno	15%	Veneto	Verona	6%
Marche	Macerata	5%	Veneto	Vicenza	17%
Marche	Pesaro e Urbino	10%			

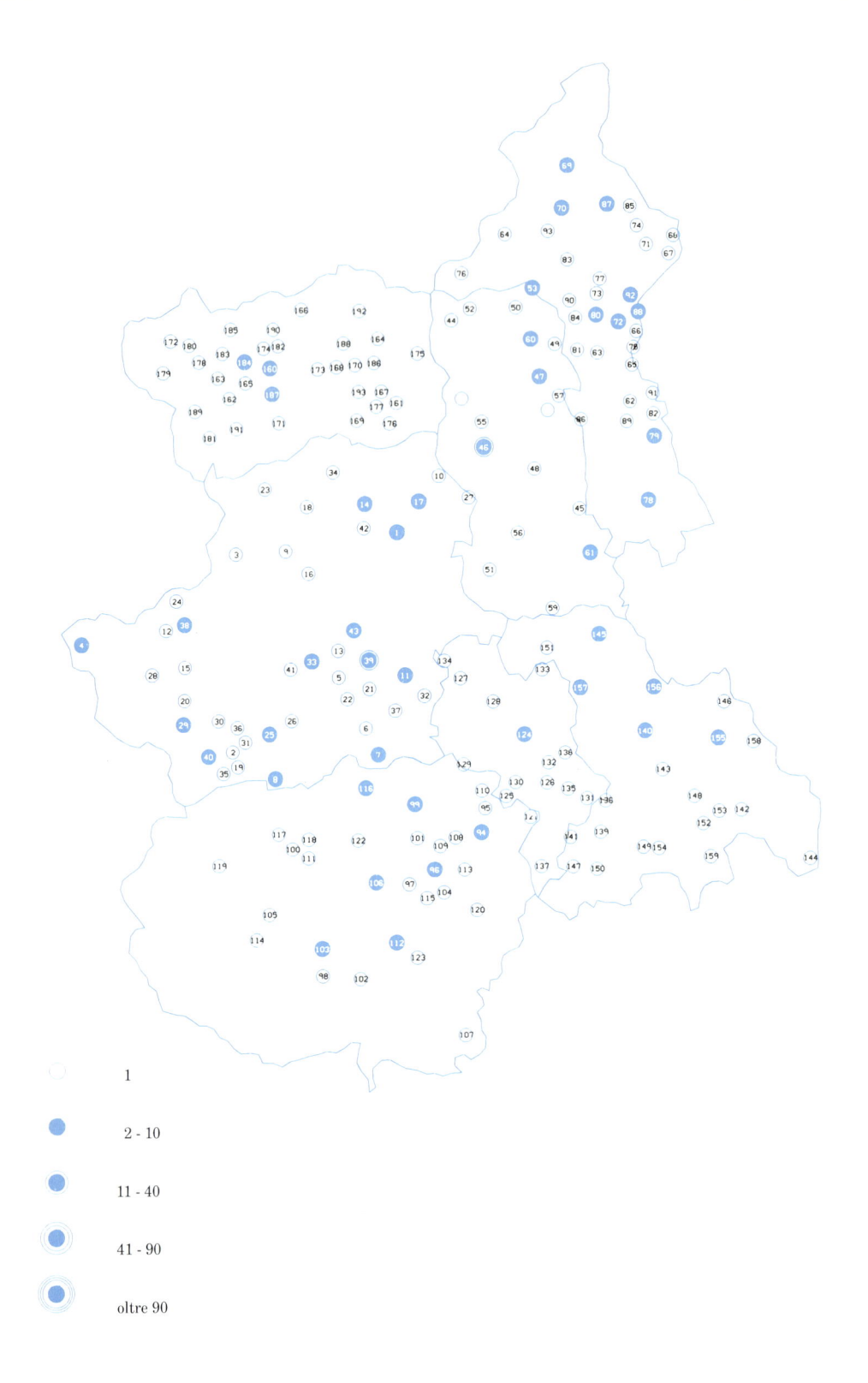

Piemonte - Valle d'Aosta: distribuzione dei musei per Comune.

Codice	Località	Codice	Località	Codice	Località
1	Agliè	68	Cannobio	135	Nizza Monferrato
2	Angrogna	69	Crodo	136	Quaranti
3	Balme	70	Domodossola	137	Roccaverano
4	Bardonecchia	71	Falmenta	138	Rocchetta Tanaro
5	Beinasco	72	Gignese	139	Acqui Terme
6	Carignano	73	Gravellona Toce	140	Alessandria
7	Carmagnola	74	Gurro	141	Bistagno
8	Cavour	75	Lesa	142	Borghetto di Borbera
9	Ceres	76	Macugnaga	143	Bosco Marengo
10	Chiaverano	77	Mergozzo	144	Carrega Ligure
11	Chieri	78	Novara	145	Casale Monferrato
12	Chiomonte	79	Oleggio	146	Castelnuovo Scrivia
13	Collegno	80	Omegna	147	Montechiaro d'Acqui
14	Cuorgnè	81	Orta San Giulio	148	Novi Ligure
15	Fenestrelle	82	Pombia	149	Ovada
16	Germagnano	83	Premosello-Chiovenda	150	Ponzone
17	Ivrea	84	Quarna Sotto	151	Serralunga di Crea
18	Locana	85	Re	152	Serravalle Scrivia
19	Luserna San Giovanni	86	Romagnano Sesia	153	Stazzano
20	Massello	87	Santa Maria Maggiore	154	Tagliolo Monferrato
21	Moncalieri	88	Stresa	155	Tortona
22	Nichelino	89	Suno	156	Valenza
23	Noasca	90	Valstrona	157	Vignale Monferrato
24	Novalesa	91	Varallo Pombia	158	Volpedo
25	Pinerolo	92	Verbania	159	Voltaggio
26	Piscina	93	Villadossola	160	Aosta
27	Piverone	94	Alba	161	Arnad
28	Pragelato	95	Barbaresco	162	Arvier
29	Prali	96	Barolo	163	Avise
30	Pramollo	97	Bene Vagienna	164	Ayas
31	Prarostino	98	Boves	165	Aymavilles
32	Riva presso Chieri	99	Bra	166	Bionaz
33	Rivoli	100	Castellar	167	Challand-Saint-Victor
34	Ronco Canavese	101	Cherasco	168	Chambave
35	Rorà	102	Chiusa di Pesio	169	Champorcher
36	San Germano Chisone	103	Cuneo	170	Chatillon
37	Santena	104	Dogliani	171	Cogne
38	Susa	105	Dronero	172	Courmayeur
39	Torino	106	Fossano	173	Fenis
40	Torre Pellice	107	Garessio	174	Gignod
41	Trana	108	Grinzane Cavour	175	Gressoney-Saint-Jean
42	Valperga	109	La Morra	176	Hone
43	Venaria	110	Magliano Alfieri	177	Issogne
44	Alagna Valsesia	111	Manta	178	La Salle
45	Albano Vercellese	112	Mondovì	179	La Thuile
46	Biella	113	Monforte d'Alba	180	Morgex
47	Borgosesia	114	Monterosso Grana	181	Rhemes-Notre-Dame
48	Castelletto Cervo	115	Piozzo	182	Roisan
49	Civiasco	116	Racconigi	183	Saint-Nicolas
50	Fobello	117	Revello	184	Saint-Pierre
51	Livorno Ferraris	118	Saluzzo	185	Saint-Rhemy
52	Rima San Giuseppe	119	Sampeyre	186	Saint-Vincent
53	Rimella	120	San Benedetto Belbo	187	Sarre
54	Rosazza	121	Santo Stefano Belbo	188	Torgnon
55	Sagliano Micca	122	Savigliano	189	Valgrisenche
56	Santhià	123	Vicoforte	190	Valpelline
57	Serravalle Sesia	124	Asti	191	Valsavarenche
58	Sostegno	125	Castagnole delle Lanze	192	Valtournenche
59	Trino	126	Castelnuovo Calcea	193	Verres
60	Varallo	127	Castelnuovo Don Bosco		
61	Vercelli	128	Cinaglio		
62	Agrate Conturbia	129	Cisterna d'Asti		
63	Ameno	130	Costigliole d'Asti		
64	Antrona Schieranco	131	Fontanile		
65	Arona	132	Mombercelli		
66	Belgirate	133	Moncalvo		
67	Cannero Riviera	134	Moncucco Torinese		

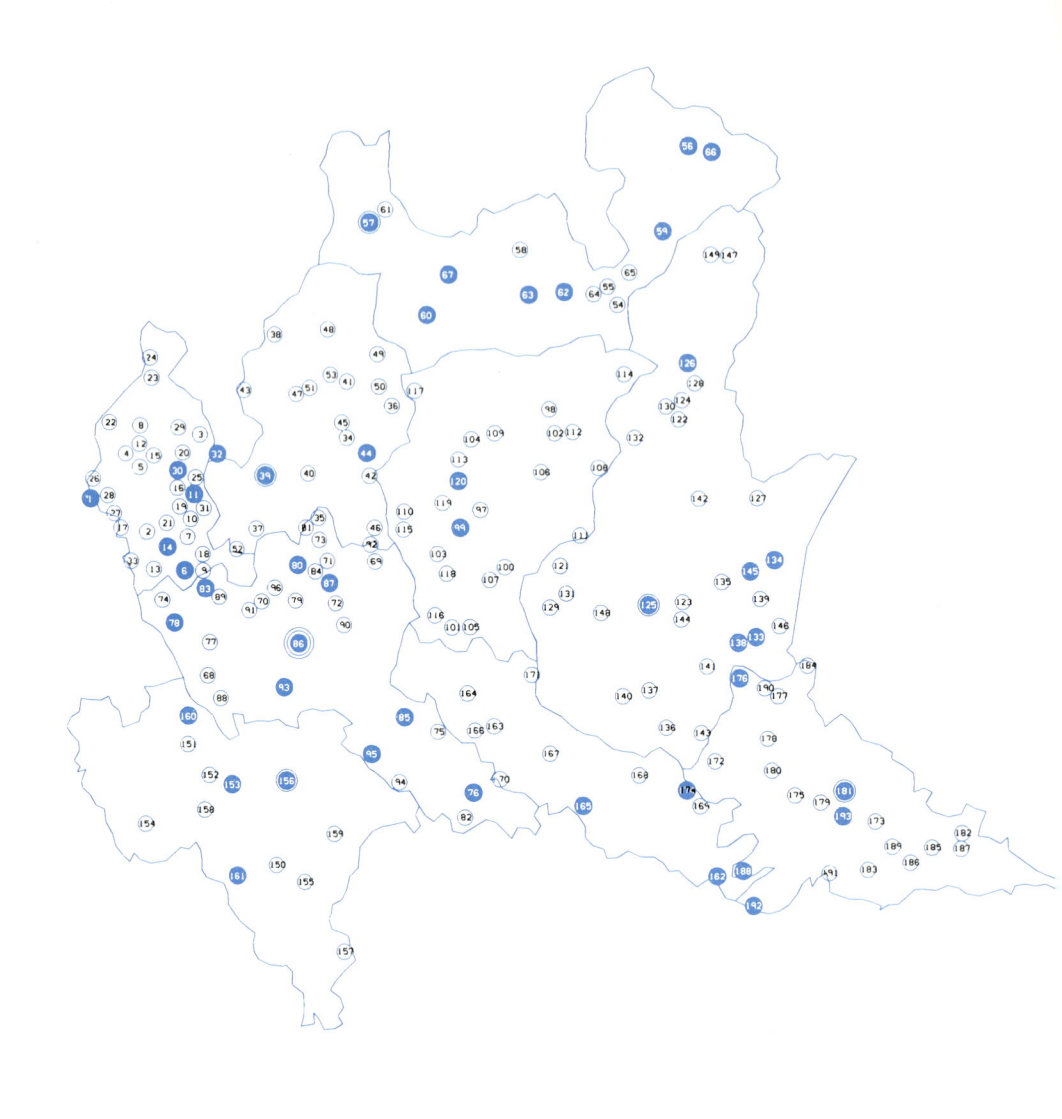

○   1

●   2 - 10

●   11 - 40

◉   41 - 90

◉   oltre 90

Lombardia: distribuzione dei musei per Comune.

Codice	Località	Codice	Località	Codice	Località
1	Angera	68	Abbiategrasso	134	Gardone Riviera
2	Arsago Seprio	69	Aicurzio	135	Gavardo
3	Besano	70	Arese	136	Gottolengo
4	Besozzo	71	Biassono	137	Leno
5	Biandronno	72	Brugherio	138	Lonato
6	Busto Arsizio	73	Carate Brianza	139	Manerba del Garda
7	Cairate	74	Castano Primo	140	Manerbio
8	Casalzuigno	75	Cavenago d'Adda	141	Montichiari
9	Castellanza	76	Codogno	142	Pertica Bassa
10	Castelseprio	77	Corbetta	143	Remedello
11	Castiglione Olona	78	Cuggiono	144	Rezzato
12	Cocquio-Trevisago	79	Cusano Milanino	145	Salò
13	Ferno	80	Desio	146	Sirmione
14	Gallarate	81	Giussano	147	Temù
15	Gavirate	82	Guardamiglio	148	Travagliato
16	Gazzada Schianno	83	Legnano	149	Vione
17	Golasecca	84	Lissone	150	Casteggio
18	Gorla Minore	85	Lodi	151	Gambolò
19	Gornate Olona	86	Milano	152	Garlasco
20	Induno Olona	87	Monza	153	Gropello Cairoli
21	Jerago con Orago	88	Morimondo	154	Mede
22	Laveno Mombello	89	Parabiago	155	Montalto Pavese
23	Luino	90	Pioltello	156	Pavia
24	Maccagno	91	Rho	157	Romagnese
25	Malnate	92	Ronco Briantino	158	Scaldasole
26	Ranco	93	Rozzano	159	Stradella
27	Sesto Calende	94	S.Colombano al Lambro	160	Vigevano
28	Taino	95	Sant'Angelo Lodigiano	161	Voghera
29	Valganna	96	Senago	162	Casalmaggiore
30	Varese	97	Alzano Lombardo	163	Castellone
31	Venegono Inferiore	98	Ardesio	164	Crema
32	Vigggiù	99	Bergamo	165	Cremona
33	Vizzola Ticino	100	Calcinate	166	Montodine
34	Abbadia Lariana	101	Caravaggio	167	Paderno Ponchielli
35	Arosio	102	Clusone	168	Pescarolo e Uniti
36	Barzio	103	Dalmine	169	Piadena
37	Bregnano	104	Dossena	170	Pizzighettone
38	Cavargna	105	Fornovo San Giovanni	171	Soncino
39	Como	106	Gandino	172	Asola
40	Erba	107	Ghisalba	173	Bagnolo San Vito
41	Esino Lario	108	Lovere	174	Canneto sull'Oglio
42	Garlate	109	Oltre il Colle	175	Castellucchio
43	Lanzo d'Intelvi	110	Pontida	176	Castiglione delle Stiviere
44	Lecco	111	Predore	177	Cavriana
45	Mandello del Lario	112	Rovetta	178	Ceresara
46	Merate	113	San Pellegrino Terme	179	Curtatone
47	Ossuccio	114	Schilpario	180	Gazzolo degli Ippoliti
48	Pianello del Lario	115	Sotto il Monte Giovanni XXIII	181	Mantova
49	Premana			182	Ostiglia
50	Primaluna	116	Treviglio	183	Pegognaga
51	Tremezzo	117	Valtorta	184	Ponti sul Mincio
52	Turate	118	Verdello	185	Quingentole
53	Varenna	119	Villa d'Almè	186	Quistello
54	Aprica	120	Zogno	187	Revere
55	Bianzone	121	Adro	188	Sabbioneta
56	Bormio	122	Bienno	189	San Benedetto Po
57	Chiavenna	123	Botticino	190	Solferino
58	Chiesa in Valmalenco	124	Breno	191	Suzzara
59	Grosio	125	Brescia	192	Viadana
60	Morbegno	126	Capo di Ponte	193	Virgilio
61	Piuro	127	Capovalle		
62	Ponte in Valtellina	128	Ceto		
63	Sondrio	129	Chiari		
64	Teglio	130	Cividate Camuno		
65	Tirano	131	Coccaglio		
66	Valfurva	132	Darfo Boario Terme		
67	Val Masino	133	Desenzano del Garda		

○ 1

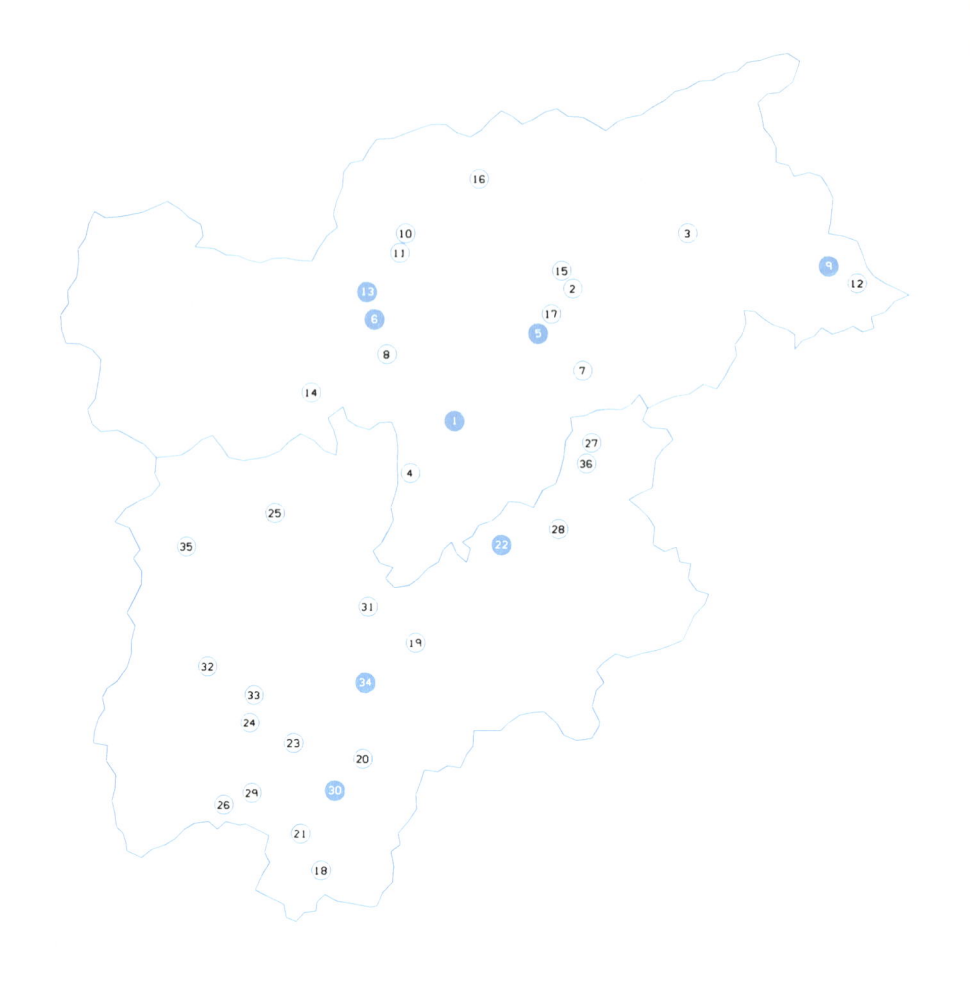

● 2 - 10

● 11 - 40

◉ 41 - 90

◎ oltre 90

Trentino - Alto Adige: distribuzione dei musei per Comune.

Codice	Località
1	Bolzano
2	Bressanone
3	Brunico
4	Caldaro sulla Strada del Vino
5	Chiusa
6	Merano
7	Ortisei
8	Postal
9	San Candido
10	San Leonardo in Passiria
11	San Martino in Passiria
12	Sesto
13	Tirolo
14	Ultimo
15	Varna
16	Vipiteno
17	Velturno
18	Ala
19	Baselga di Pinè
20	Besenello
21	Brentonico
22	Cavalese
23	Drena
24	Fiavè
25	Malè
26	Molina di Ledro
27	Pozza di Fassa
28	Predazzo
29	Riva del Garda
30	Rovereto
31	San Michele all'Adige
32	Spiazzo
33	Stenico
34	Trento
35	Vermiglio
36	Vico di Fassa

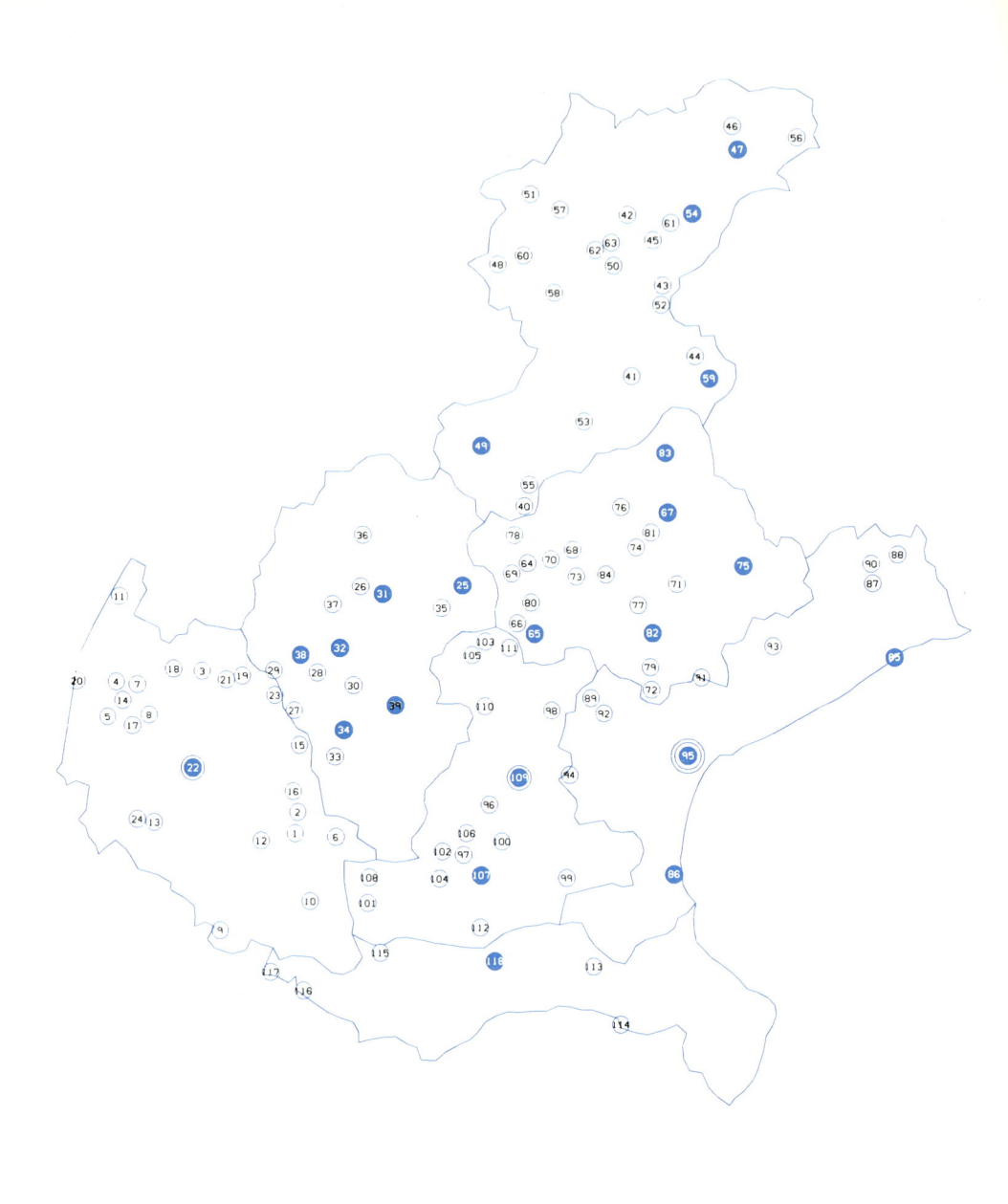

Veneto: distribuzione dei musei per Comune.

Codice	Località
1	Albaredo d'Adige
2	Arcole
3	Bosco Chiesanuova
4	Caprino Veronese
5	Cavaion Veronese
6	Cologna Veneta
7	Dolcè
8	Fumane
9	Gazzo Veronese
10	Legnago
11	Malcesine
12	Oppeano
13	Povegliano Veronese
14	Rivoli Veronese
15	Roncà
16	San Bonifacio
17	Sant'Ambrogio di
18	Valpolicella
17	Sant'Anna d'Alfaedo
18	Selva di Progno
19	Torri del Benaco
20	Velo Veronese
21	Verona
22	Vestenanova
23	Villafranca di Verona
24	Bassano del Grappa
25	Caltrano
26	Chiampo
27	Cornedo Vicentino
28	Crespadoro
29	Gambugliano
30	Lugo di Vicenza
31	Malo
32	Montebello Vicentino
33	Montecchio Maggiore
34	Nove
35	Roana
36	Santorso
37	Valdagno
38	Vicenza
39	Alano di Piave
40	Belluno
41	Borca di Cadore
42	Castello Lavazzo
43	Chies d'Alpago
44	Cibiana di Cadore
45	Comelico Superiore
46	Danta
47	Falcade
48	Fonzaso
49	Forno di Zoldo
50	Livinallongo del Col di
51	Lana
52	Longarone
53	Mel
54	Pieve di Cadore
55	Quero
56	Sappada
57	Selva di Cadore
58	Taibon Agordino
59	Tambre
60	Vallada Agordina
61	Valle di Cadore
62	Zoldo Alto
63	Zoppè di Cadore
64	Asolo
65	Castelfranco Veneto

Codice	Località
66	Castello di Godego
67	Conegliano
68	Crocetta del Montello
69	Fonte
70	Maser
71	Maserada sul Piave
72	Mogliano Veneto
73	Montebelluna
74	Nervesa della Battaglia
75	Oderzo
76	Pieve di Soligo
77	Ponzano Veneto
78	Possagno
79	Preganziol
80	Riese Pio X
81	Susegana
82	Treviso
83	Vittorio Veneto
84	Volpago del Montello
85	Caorle
86	Chioggia
87	Concordia Sagittaria
88	Fossalta di Portogruaro
89	Noale
90	Portogruaro
91	Quarto d'Altino
92	Salzano
93	San Donà di Piave
94	Stra
95	Venezia
96	Abano Terme
97	Arquà Petrarca
98	Borgoricco
99	Candiana
100	Carrara San Giorgio
101	Casale di Scodosia
102	Cinto Euganeo
103	Cittadella
104	Este
105	Fontaniva
106	Galzignano
107	Monselice
108	Montagnana
109	Padova
110	Piazzola sul Brenta
111	San Martino di Lupari
112	Stanghella
113	Adria
114	Ariano nel Polesine
115	Badia Polesine
116	Castelnovo Bariano
117	Melara
118	Rovigo

Friuli - Venezia Giulia: distribuzione dei musei per Comune.

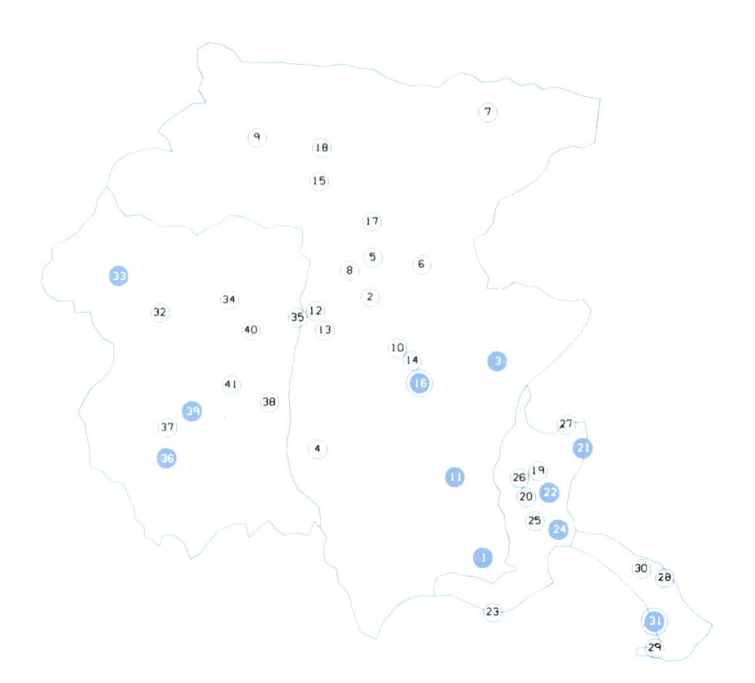

Codice	Località
1	Aquileia
2	Buia
3	Cividale del Friuli
4	Codroipo
5	Gemona del Friuli
6	Lusevera
7	Malborghetto Valbruna
8	Osoppo
9	Ovaro
10	Pagnacco
11	Palmanova
12	Ragogna
13	San Daniele del Friuli
14	Tavagnacco
15	Tolmezzo
16	Udine
17	Venzone
18	Zuglio
19	Farra d'Isonzo
20	Fogliano Redipuglia
21	Gorizia
22	Gradisca d'Isonzo
23	Grado
24	Monfalcone
25	Ronchi dei Legionari
26	Sagrado
27	San Floriano del Collio
28	Monrupino
29	Muggia
30	Sgonigo
31	Trieste
32	Andreis
33	Claut
34	Meduno
35	Pinzano al Tagliamento
36	Porcia
37	Roveredo in Piano
38	San Giorgio della Richinvelda
39	San Quirino
40	Sequals
41	Vivaro

○ 1

● 2 - 10

● 11 - 40

◉ 41 - 90

◉ oltre 90

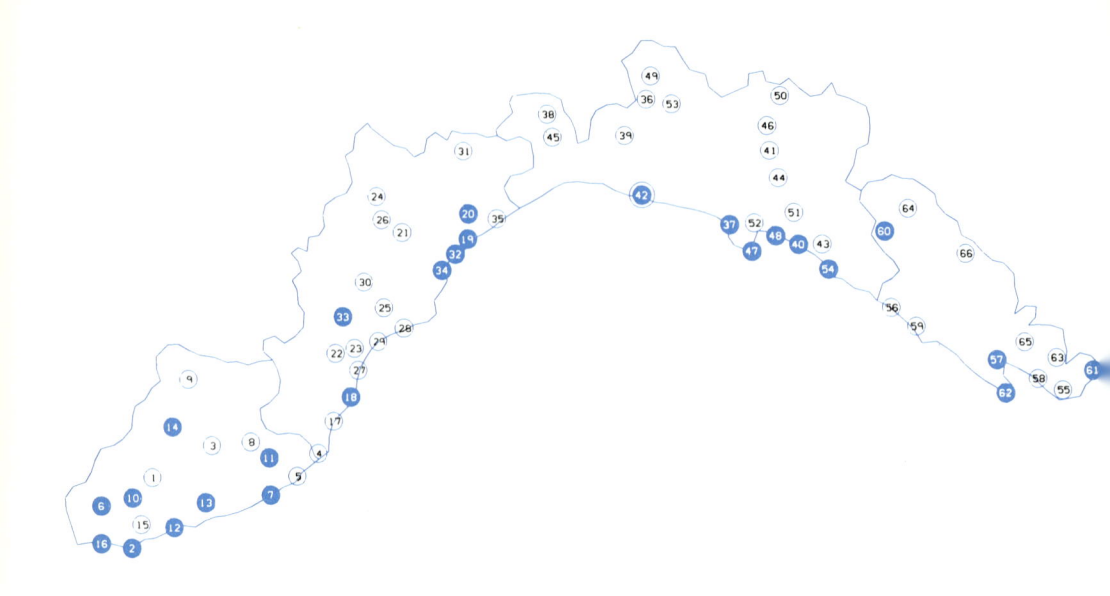

Liguria: distribuzione dei musei per Comune.

Codice	Località
1	Baiardo
2	Bordighera
3	Carpasio
4	Cervo
5	Diano Marina
6	Dolceaqua
7	Imperia
8	Lucinasco
9	Mendatica
10	Perinaldo
11	Pontedassio
12	San Remo
13	Taggia
14	Triora
15	Vallecrosia
16	Ventimiglia
17	Alassio
18	Albenga
19	Albissola Marina
20	Albissola Superiore
21	Altare
22	Balestrino
23	Boissano
24	Cairo Montenotte
25	Calice Ligure
26	Carcare
27	Ceriale
28	Finale Ligure
29	Loano
30	Rialto
31	Sassello
32	Savona
33	Toirano
34	Vado Ligure
35	Varazze
36	Busalla
37	Camogli
38	Campo Ligure
39	Campomorone
40	Chiavari
41	Favale di Malvaro
42	Genova
43	Lavagna
44	Lorsica
45	Masone
46	Montebruno
47	Portofino
48	Rapallo
49	Ronco Scrivia
50	Rovegno
51	San Colombano Certenoli
52	Santa Margherita Ligure
53	Savignone
54	Sestri Levante
55	Ameglia
56	Bonassola
57	La Spezia
58	Lerici
59	Levanto
60	Maissana
61	Ortonovo
62	Portovenere
63	Sarzana
64	Varese Ligure
65	Vezzano Ligure
66	Zignago

○ 1
● 2 - 10
● 11 - 40
◉ 41 - 90
◎ oltre 90

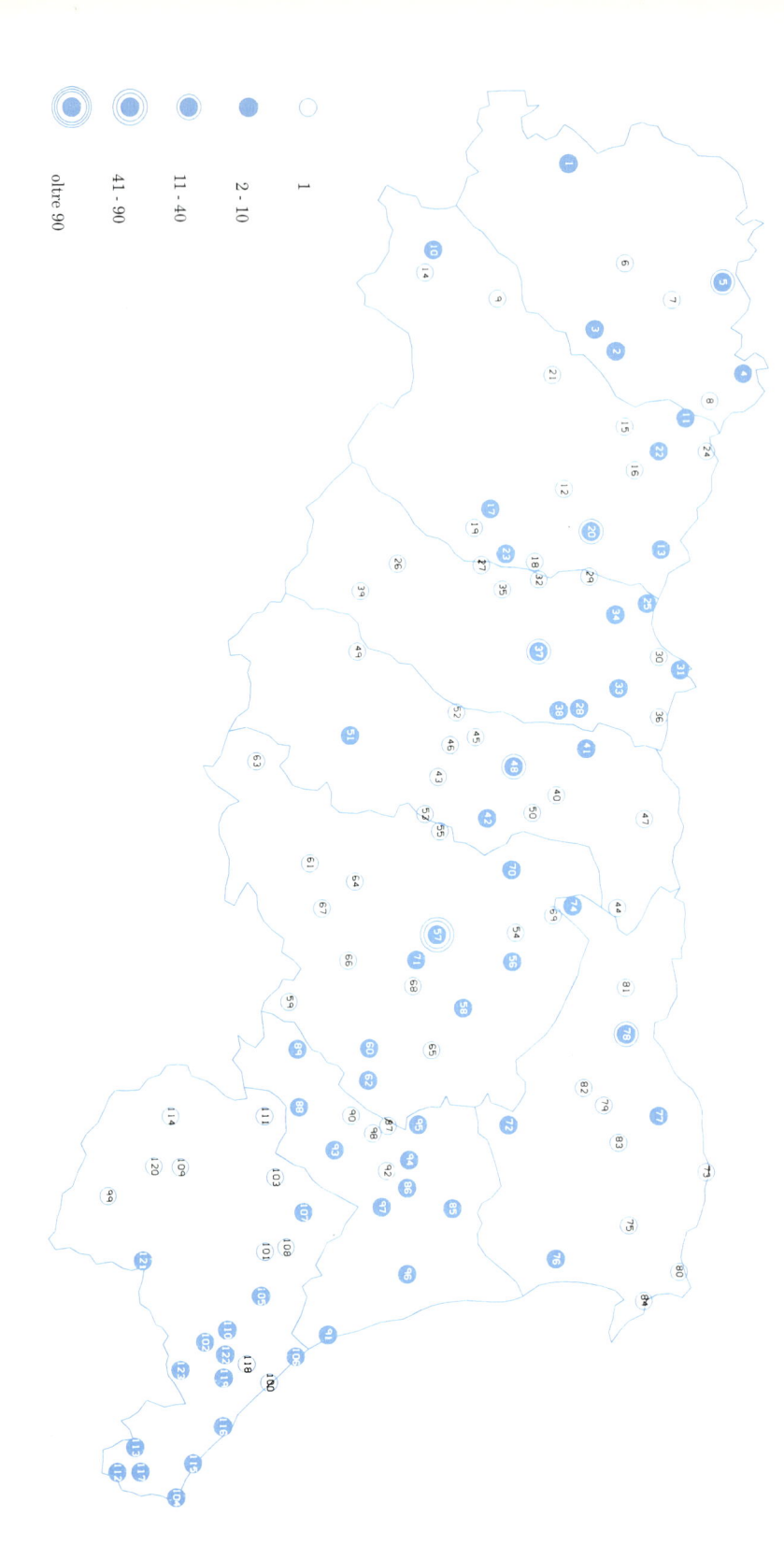

Emilia Romagna: distribuzione dei musei per Comune.

Codice	Località	Codice	Località
1	Bobbio	68	Ozzano dell'Emilia
2	Castell'Arquato	69	Pieve di Cento
3	Lugagnano Val d'Arda	70	San Giovanni in Persiceto
4	Monticelli d'Ongina	71	San Lazzaro di Savena
5	Piacenza	72	Argenta
6	Ponte dell'Olio	73	Berra
7	San Giorgio Piacentino	74	Cento
8	Villanova sull'Arda	75	Codigoro
9	Bardi	76	Comacchio
10	Bedonia	77	Copparo
11	Busseto	78	Ferrara
12	Collecchio	79	Masi Torello
13	Colorno	80	Mesola
14	Compiano	81	Vigarano Mainarda
15	Fidenza	82	Voghiera
16	Fontanellato	83	Tresigallo
17	Langhirano	84	Goro
18	Montechiarugolo	85	Alfonsine
19	Neviano degli Arduini	86	Bagnacavallo
20	Parma	87	Bagnara di Romagna
21	Pellegrino Parmese	88	Brisighella
22	Soragna	89	Casola Valsenio
23	Traversetolo	90	Castel Bolognese
24	Zibello	91	Cervia
25	Brescello	92	Cotignola
26	Castelnovo ne' Monti	93	Faenza
27	Ciano d'Enza	94	Lugo
28	Correggio	95	Massa Lombarda
29	Gattatico	96	Ravenna
30	Guastalla	97	Russi
31	Luzzara	98	Solarolo
32	Montecchio Emilia	99	Bagno di Romagna
33	Novellara	100	Bellaria Igea Marina
34	Poviglio	101	Bertinoro
35	Quattro Castella	102	Borghi
36	Reggiolo	103	Castrocaro Terme e Terra del Sole
37	Reggio Emilia		
38	San Martino in Rio	104	Cattolica
39	Villa Minozzo	105	Cesena
40	Bastiglia	106	Cesenatico
41	Carpi	107	Forlì
42	Castelfranco Emilia	108	Forlimpopoli
43	Castelvetro in Modena	109	Galeata
44	Finale Emilia	110	Longiano
45	Formigine	111	Modigliana
46	Maranello	112	Mondaino
47	Mirandola	113	Montefiore Conca
48	Modena	114	Premilcuore
49	Montefiorino	115	Riccione
50	Nonantola	116	Rimini
51	Pavullo nel Frignano	117	Saludecio
52	Sassuolo	118	San Mauro Pascoli
53	Savignano sul Panaro	119	Santarcangelo di Romagna
54	Argelato		
55	Bazzano	120	Santa Sofia
56	Bentivoglio	121	Sarsina
57	Bologna	122	Savigliano sul Rubicone
58	Budrio	123	Verucchio
59	Castel del Rio		
60	Dozza		
61	Grizzana		
62	Imola		
63	Lizzano in Belvedere		
64	Marzabotto		
65	Medicina		
66	Monterenzio		
67	Monzuno		

1

2 - 10

11 - 40

41 - 90

oltre 90

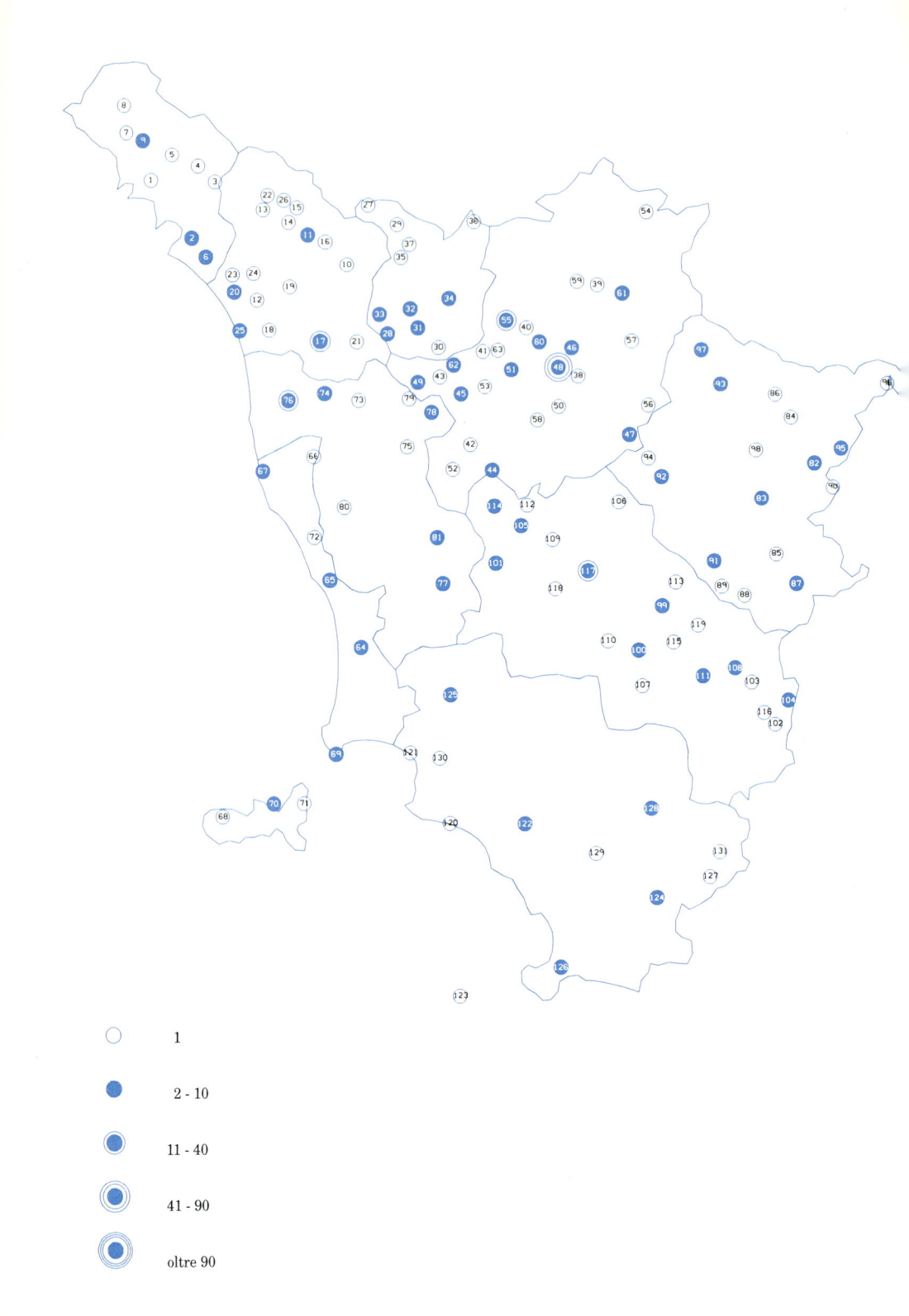

Toscana: distribuzione dei musei per Comune.

Codice	Località	Codice	Località	Codice	Località
1	Aulla	64	Castagneto Carducci	131	Sorano
2	Carrara	65	Cecina		
3	Casola in Lunigiana	66	Collesalvetti		
4	Fivizzano	67	Livorno		
5	Licciana Nardi	68	Marciana		
6	Massa	69	Piombino		
7	Mulazzo	70	Portoferraio		
8	Pontremoli	71	Rio Marina		
9	Villafranca in Lunigiana	72	Rosignano Marittimo		
10	Bagni di Lucca	73	Bientina		
11	Barga	74	Calci		
12	Camaiore	75	Palaia		
13	Camporgiano	76	Pisa		
14	Castelnuovo di Garfagnana	77	Pomarance		
		78	San Miniato		
15	Castiglione di Garfagnana	79	Santa Croce sull'Arno		
		80	Santa Luce		
16	Coreglia Antelminelli	81	Volterra		
17	Lucca	82	Anghiari		
18	Massarosa	83	Arezzo		
19	Pescaglia	84	Caprese Michelangelo		
20	Pietrasanta	85	Castiglion Fiorentino		
21	Porcari	86	Chiusi della Verna		
22	San Romano in Garfagnana	87	Cortona		
		88	Foiano della Chiana		
23	Seravezza	89	Lucignano		
24	Stazzema	90	Monterchi		
25	Viareggio	91	Monte San Savino		
26	Villa Collemandina	92	Montevarchi		
27	Abetone	93	Poppi		
28	Buggiano	94	San Giovanni Valdarno		
29	Cutigliano	95	Sansepolcro		
30	Larciano	96	Sestino		
31	Monsummano Terme	97	Stia		
32	Montecatini Terme	98	Subbiano		
33	Pescia	99	Asciano		
34	Pistoia	100	Buonconvento		
35	Piteglio	101	Casole d'Elsa		
36	Sambuca Pistoiese	102	Cetona		
37	San Marcello Pistoiese	103	Chianciano Terme		
38	Bagno a Ripoli	104	Chiusi		
39	Borgo San Lorenzo	105	Colle di Val d'Elsa		
40	Calenzano	106	Gaiole in Chianti		
41	Carmignano	107	Montalcino		
42	Castelfiorentino	108	Montepulciano		
43	Cerreto Guidi	109	Monteriggioni		
44	Certaldo	110	Murlo		
45	Empoli	111	Pienza		
46	Fiesole	112	Poggibonsi		
47	Figline Valdarno	113	Rapolano Terme		
48	Firenze	114	San Gimignano		
49	Fucecchio	115	San Giovanni d'Asso		
50	Impruneta	116	Sarteano		
51	Lastra a Signa	117	Siena		
52	Montaione	118	Sovicille		
53	Montelupo Fiorentino	119	Trequanda		
54	Palazzuolo sul Senio	120	Castiglione della Pescaia		
55	Prato	121	Follonica		
56	Reggello	122	Grosseto		
57	Rufina	123	Isola del Giglio		
58	San Casciano in Val di Pesa	124	Manciano		
		125	Massa Marittima		
59	San Pietro a Sieve	126	Orbetello		
60	Sesto Fiorentino	127	Pitigliano		
61	Vicchio	128	Roccalbegna		
62	Vinci	129	Scansano		
63	Poggio a Caiano	130	Scarlino		

1

2 - 10

11 - 40

41 - 90

oltre 90

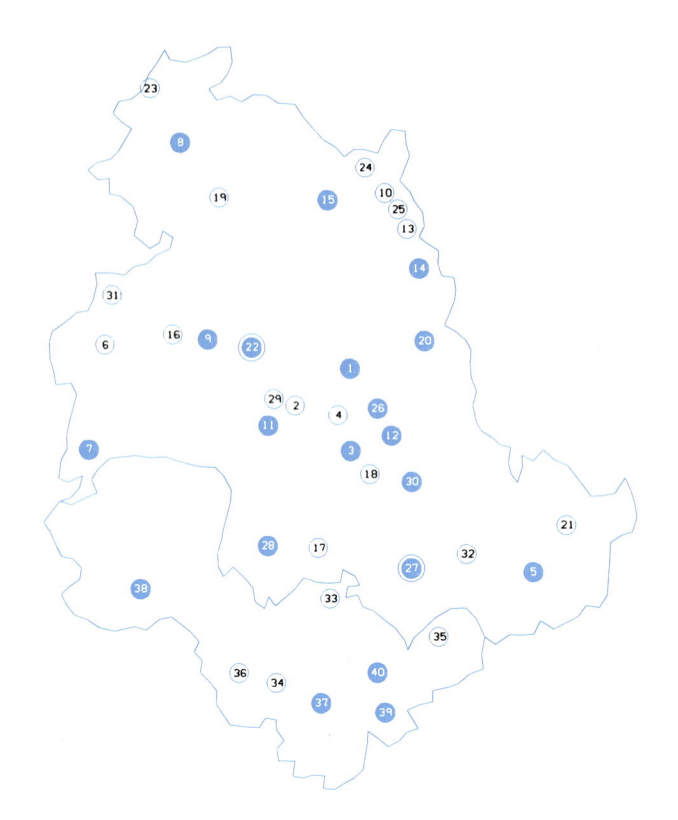

Umbria: distribuzione dei musei per Comune.

Codice	Località
1	Assisi
2	Bettona
3	Bevagna
4	Cannara
5	Cascia
6	Castiglione del Lago
7	Città della Pieve
8	Città di Castello
9	Corciano
10	Costacciaro
11	Deruta
12	Foligno
13	Fossato di Vico
14	Gualdo Tadino
15	Gubbio
16	Magione
17	Massa Martana
18	Montefalco
19	Montone
20	Nocera Umbra
21	Norcia
22	Perugia
23	San Giustino
24	Scheggia e Pascelupo
25	Sigillo
26	Spello
27	Spoleto
28	Todi
29	Torgiano
30	Trevi
31	Tuoro sul Trasimeno
32	Vallo di Nera
33	Acquasparta
34	Amelia
35	Ferentillo
36	Lugnano in Teverina
37	Narni
38	Orvieto
39	Stroncone
40	Terni

1

2 - 10

11 - 40

41 - 90

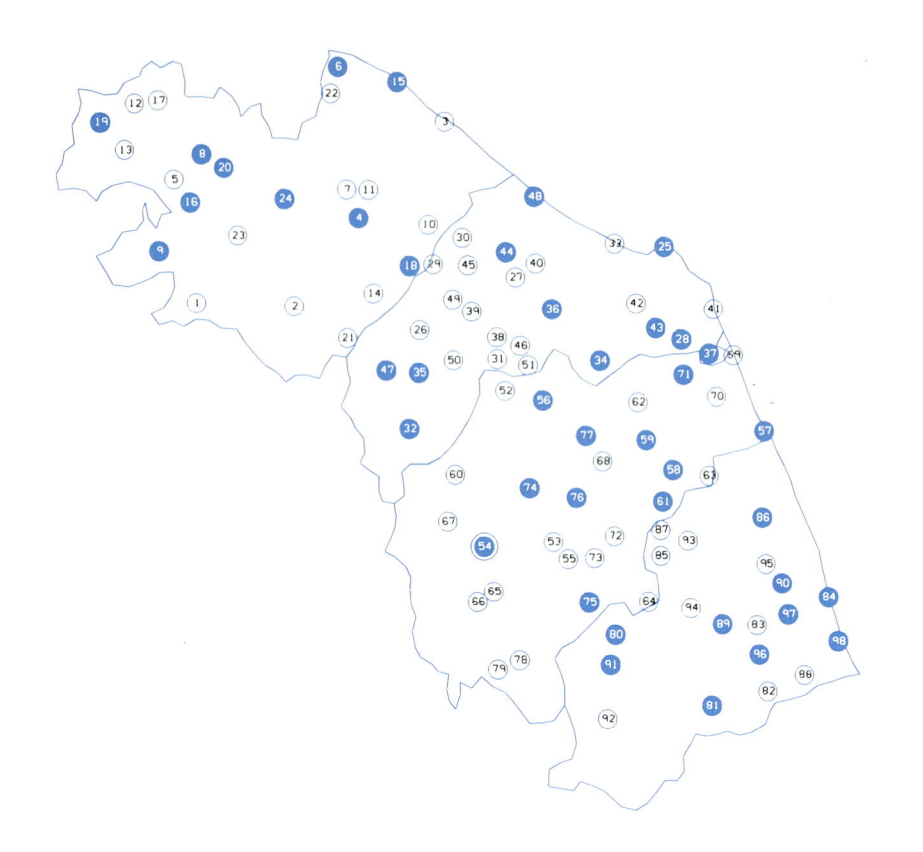

oltre 90

Marche: distribuzione dei musei per Comune.

Codice	Località	Codice	Località
1	Apecchio	68	Pollenza
2	Cagli	69	Porto Recanati
3	Fano	70	Potenza Picena
4	Fossombrone	71	Recanati
5	Frontino	72	Ripe San Ginesio
6	Gradara	73	San Ginesio
7	Isola del Piano	74	San Severino Marche
8	Macerata Feltria	75	Sarnano
9	Mercatello sul Metauro	76	Tolentino
10	Mondavio	77	Treia
11	Montefelcino	78	Ussita
12	Novafeltria	79	Visso
13	Pennabilli	80	Amandola
14	Pergola	81	Ascoli Piceno
15	Pesaro	82	Castel di Lama
16	Piandimeleto	83	Cossignano
17	San Leo	84	Cupra Marittima
18	San Lorenzo in Campo	85	Falerone
19	Sant'Agata Feltraia	86	Fermo
20	Sassocorvaro	87	Massa Fermana
21	Serra Sant'Abbondio	88	Monsampolo del Tronto
22	Tavullia	89	Montalto delle Marche
23	Urbania	90	Montefiore dell'Aso
24	Urbino	91	Montefortino
25	Ancona	92	Montegallo
26	Arcevia	93	Montegiorgio
27	Belvedere Ostrense	94	Montelparo
28	Castelfidardo	95	Monterubbiano
29	Castelleone di Suasa	96	Offida
30	Corinaldo	97	Ripatransone
31	Cupramontana	98	San Benedetto del Tronto
32	Fabriano		
33	Falconara Marittima		
34	Filottrano		
35	Genga		
36	Jesi		
37	Loreto		
38	Maiolati Spontini		
39	Montecarotto		
40	Morro d'Alba		
41	Numana		
42	Offagna		
43	Osimo		
44	Ostra		
45	Ostra Vetere		
46	San Paolo di Jesi		
47	Sassoferrato		
48	Senigallia		
49	Serra de' Conti		
50	Serra San Quirico		
51	Staffolo		
52	Apiro		
53	Caldarola		
54	Camerino		
55	Cessapalombo		
56	Cingoli		
57	Civitanova Marche		
58	Corridonia		
59	Macerata		
60	Matelica		
61	Mogliano		
62	Montecassiano		
63	Monte San Giusto		
64	Monte San Martino		
65	Pievebovigliana		
66	Pieve Torina		
67	Pioraco		

Lazio: distribuzione dei musei per Comune.

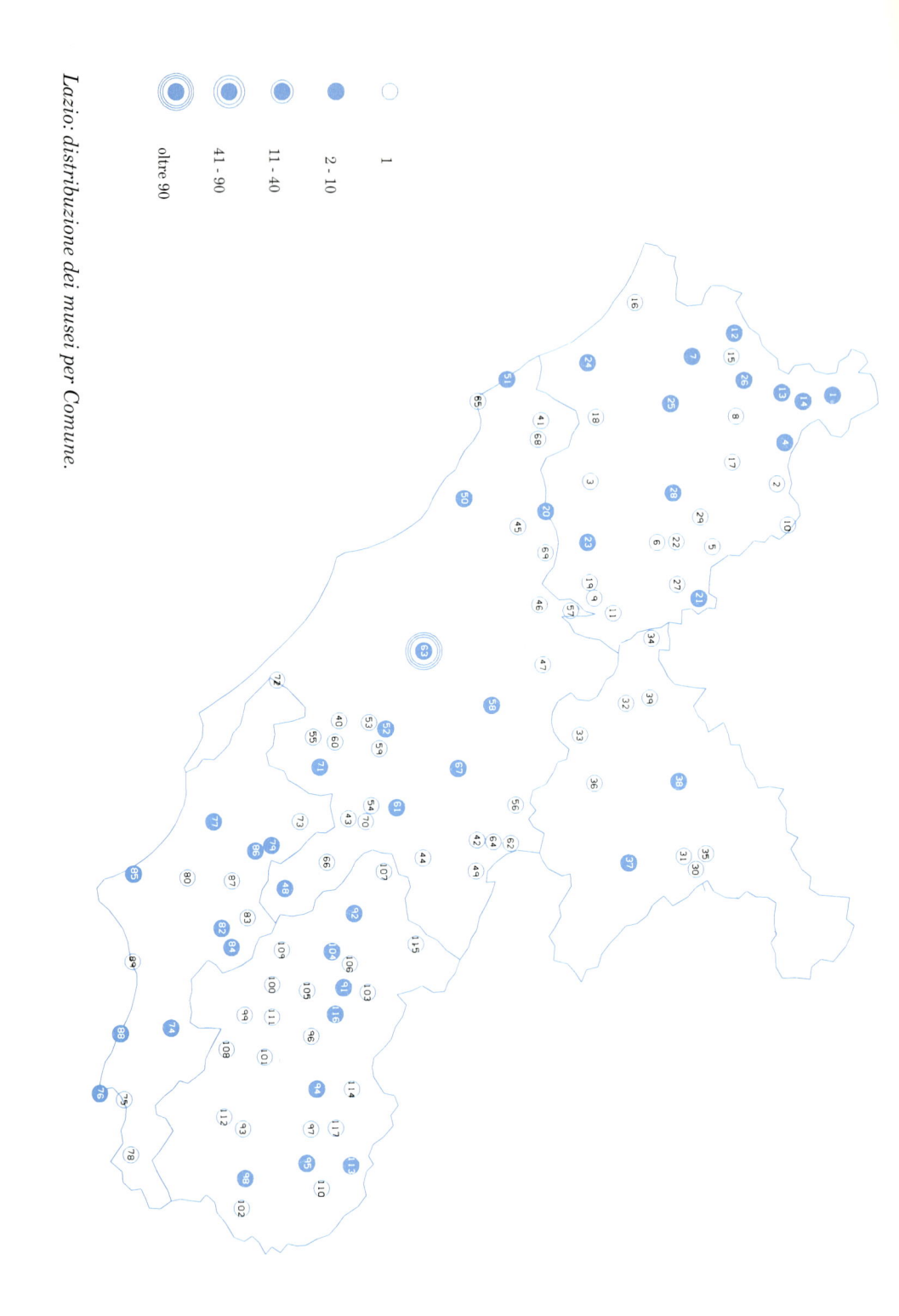

Codice	Località	Codice	Località
1	Acquapendente	68	Tolfa
2	Bagnoregio	69	Trevignano Romano
3	Barbarano Romano	70	Valmontone
4	Bolsena	71	Velletri
5	Bomarzo	72	Ardea
6	Canepina	73	Cori
7	Canino	74	Fondi
8	Capodimonte	75	Formia
9	Castel Sant'Elia	76	Gaeta
10	Castiglione in Teverina	77	Latina
11	Civita Castellana	78	Minturno
12	Farnese	79	Norma
13	Gradoli	80	Pontinia
14	Grotte di Castro	81	Ponza
15	Ischia di Castro	82	Priverno
16	Montalto di Castro	83	Roccagorca
17	Montefiascone	84	Roccasecca dei Volsci
18	Monte Romano	85	Sabaudia
19	Nepi	86	Sermoneta
20	Oriolo Romano	87	Sezze
21	Orte	88	Sperlonga
22	Soriano nel Cimino	89	Terracina
23	Sutri	90	Ventotene
24	Tarquinia	91	Alatri
25	Tuscania	92	Anagni
26	Valentano	93	Aquino
27	Vasanello	94	Arpino
28	Viterbo	95	Atina
29	Vitorchiano	96	Boville Ernica
30	Antrodoco	97	Casalvieri
31	Borgo Velino	98	Cassino
32	Cantalupo in Sabina	99	Castro dei Volsci
33	Fara in Sabina	100	Ceccano
34	Magliano Sabina	101	Ceprano
35	Micigliano	102	Cervaro
36	Monteleone Sabino	103	Collepardo
37	Petrella Salto	104	Ferentino
38	Rieti	105	Frosinone
39	Torri in Sabina	106	Fumone
40	Albano Laziale	107	Paliano
41	Allumiere	108	Pastena
42	Anticoli Corrado	109	Patrica
43	Artena	110	Picinisco
44	Bellegra	111	Pofi
45	Bracciano	112	Pontecorvo
46	Campagnano di Roma	113	San Donato Val di Comino
47	Capena	114	Sora
48	Carpineto Romano	115	Trevi nel Lazio
49	Cervara di Roma	116	Veroli
50	Cerveteri	117	Vicalvi
51	Civitavecchia		
52	Frascati		
53	Grottaferrata		
54	Labico		
55	Lanuvio		
56	Licenza		
57	Mazzano Romano		
58	Mentana		
59	Montecompatri		
60	Nemi		
61	Palestrina		
62	Riofreddo		
63	Roma		
64	Roviano		
65	Santa Marinella		
66	Segni		
67	Tivoli		

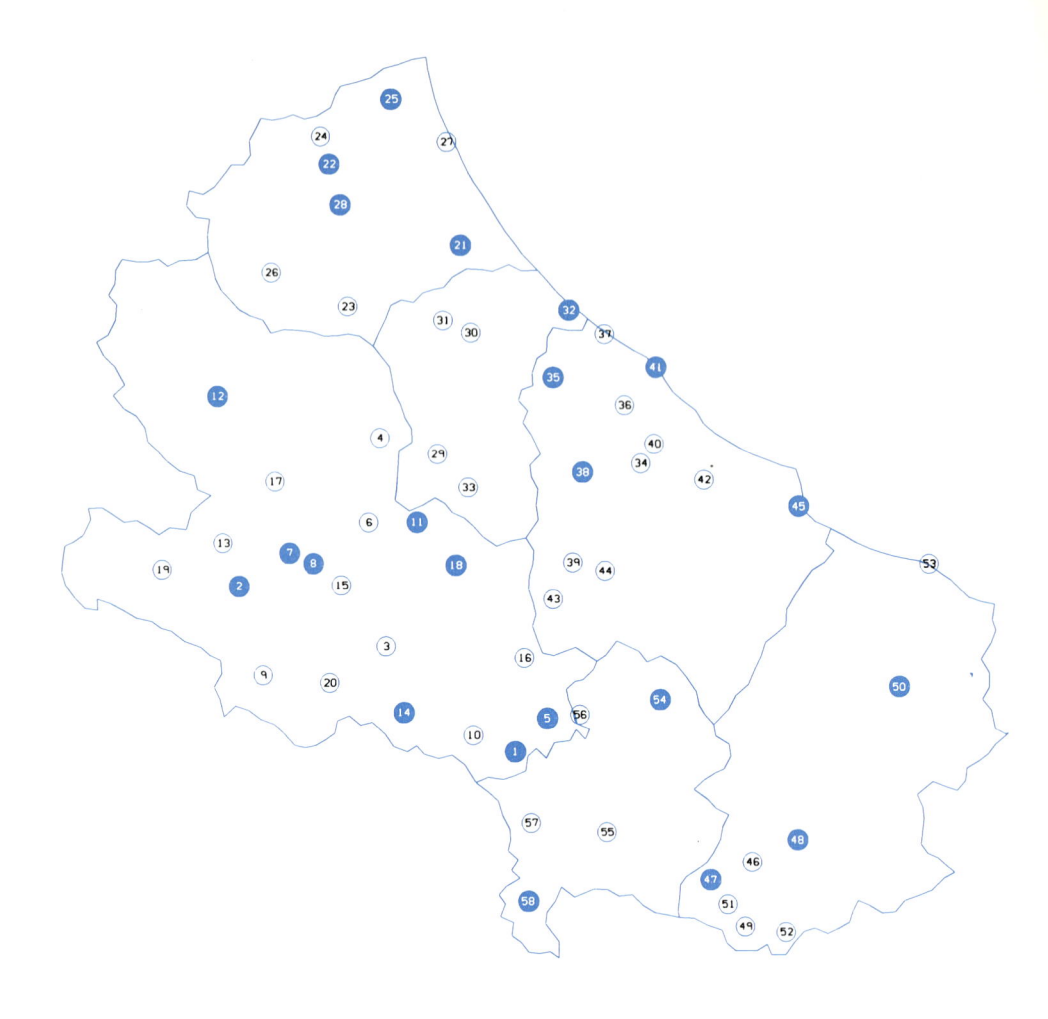

Abruzzo - Molise: distribuzione dei musei per Comune.

Codice	Località
1	Alfedena
2	Avezzano
3	Bisegna
4	Capestrano
5	Castel di Sangro
6	Castelvecchio Subequo
7	Celano
8	Cerchio
9	Civita d'Antino
10	Civitella Alfedena
11	Corfinio
12	L'Aquila
13	Massa d'Albe
14	Pescasseroli
15	Pescina
16	Pescocostanzo
17	Rocca di Mezzo
18	Sulmona
19	Tagliacozzo
20	Villavallelonga
21	Atri
22	Campli
23	Castelli
24	Civitella del Tronto
25	Corropoli
26	Fano Adriano
27	Giulianova
28	Teramo
29	Castiglione a Casauria
30	Loreto Aprutino
31	Penne
32	Pescara
33	Salle
34	Castel Frentano
35	Chieti
36	Crecchio
37	Francavilla al Mare
38	Guardiagrele
39	Lama dei Peligni
40	Lanciano
41	Ortona
42	Paglieta
43	Palena
44	Torricella Peligna
45	Vasto
46	Baranello
47	Bojano
48	Campobasso
49	Campochiaro
50	Larino
51	San Polomatese
52	Sepino
53	Termoli
54	Agnone
55	Isernia
56	San Pietro Avellana
57	Scapoli
58	Venafro

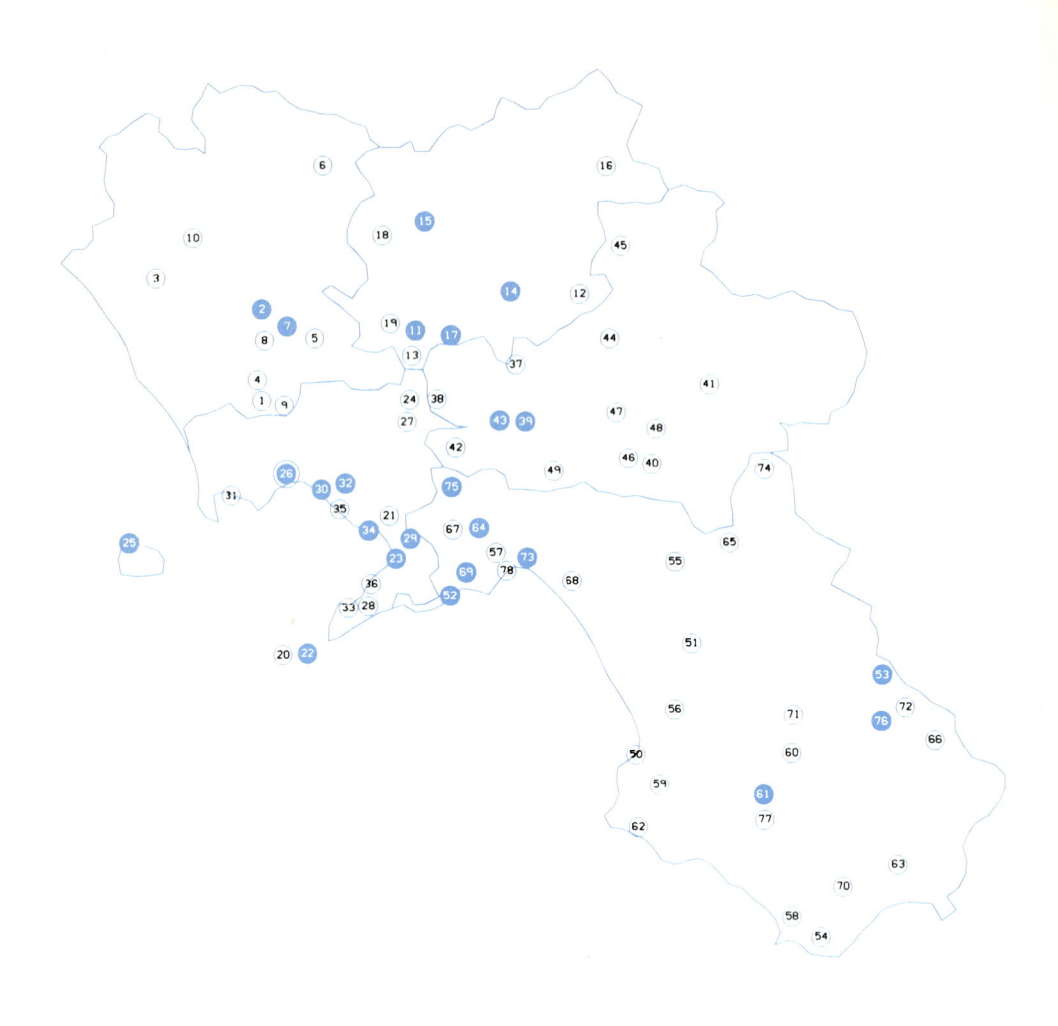

1

2 - 10

11 - 40

41 - 90

oltre 90

Campania: distribuzione dei musei per Comune.

Codice	Località	Codice	Località
1	Aversa	66	Padula
2	Capua	67	Pagani
3	Carinola	68	Pontecagnano Faiano
4	Casaluce	69	Ravello
5	Caserta	70	Roccagloriosa
6	Piedimonte Matese	71	Roscigno
7	Santa Maria Capua Vetere	72	Sala Consilina
		73	Salerno
8	San Tammaro	74	Santomenna
9	Succivo	75	Sarno
10	Teano	76	Teggiano
11	Airola	77	Vallo della Lucania
12	Apice	78	Vietri sul Mare
13	Arpaia		
14	Benevento		
15	Guardia Sanframondi		
16	Montefalcone di Val Fortore		
17	Montesarchio		
18	San Salvatore Telesino		
19	Sant'Agata de' Goti		
20	Anacapri		
21	Boscoreale		
22	Capri		
23	Castellamare di Stabia		
24	Cicciano		
25	Lacco Ameno		
26	Napoli		
27	Nola		
28	Piano di Sorrento		
29	Pompei		
30	Portici		
31	Pozzuoli		
32	Ercolano		
33	Sorrento		
34	Torre Annunziata		
35	Torre del Greco		
36	Vico Equense		
37	Altavilla Irpina		
38	Avella		
39	Avellino		
40	Bagnoli Irpino		
41	Guardia Lombardi		
42	Lauro		
43	Mercogliano		
44	Mirabella Eclano		
45	Montecalvo Irpino		
46	Montella		
47	Montemarano		
48	Nusco		
49	Solofra		
50	Agropoli		
51	Altavilla Silentina		
52	Amalfi		
53	Atena Lucana		
54	Camerota		
55	Campagna		
56	Capaccio		
57	Cava de' Tirreni		
58	Centola		
59	Laureana Cilento		
60	Laurino		
61	Moio della Civitella		
62	Montecorice		
63	Morigerati		
64	Nocera Inferiore		
65	Oliveto Citra		

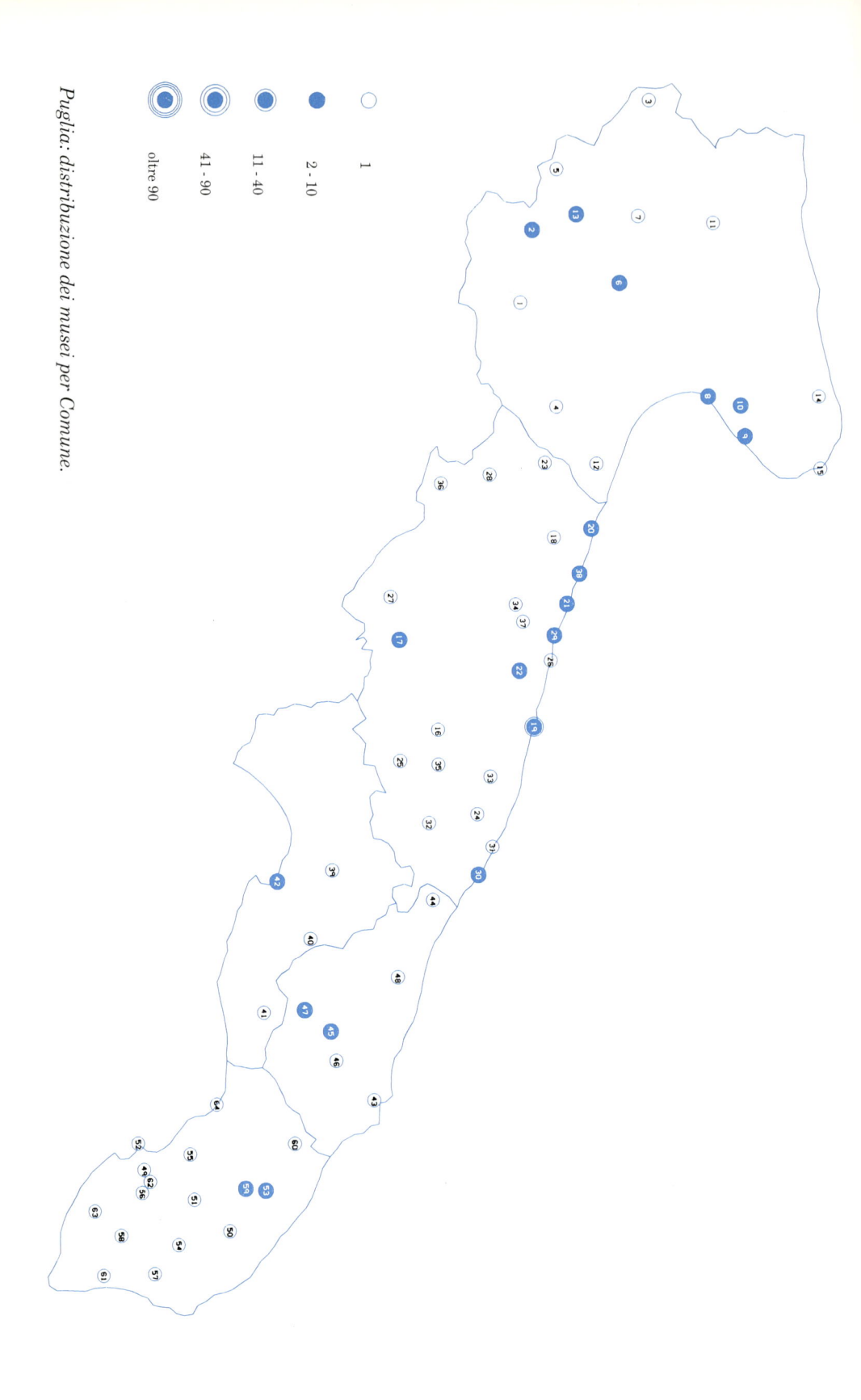

Puglia: distribuzione dei musei per Comune.

Codice	Località
1	Ascoli Satriano
2	Bovino
3	Celenza Valfortore
4	Cerignola
5	Faeto
6	Foggia
7	Lucera
8	Manfredonia
9	Mattinata
10	Monte Sant'Angelo
11	San Severo
12	Trinitapoli
13	Troia
14	Vico del Gargano
15	Vieste
16	Acquaviva delle Fonti
17	Altamura
18	Andria
19	Bari
20	Barletta
21	Bisceglie
22	Bitonto
23	Canosa di Puglia
24	Conversano
25	Gioia del Colle
26	Giovinazzo
27	Gravina in Puglia
28	Minervino Murge
29	Molfetta
30	Monopoli
31	Polignano a Mare
32	Putignano
33	Rutigliano
34	Ruvo di Puglia
35	Sammichele di Bari
36	Spinazzola
37	Terlizzi
38	Trani
39	Crispiano
40	Grottaglie
41	Manduria
42	Taranto
43	Brindisi
44	Fasano
45	Latiano
46	Mesagne
47	Oria
48	Ostuni
49	Alezio
50	Calimera
51	Galatina
52	Gallipoli
53	Lecce
54	Maglie
55	Nardò
56	Parabita
57	Poggiardo
58	Ruffano
59	San Cesario di Lecce
60	Squinzano
61	Tricase
62	Tuglie
63	Ugento
64	Porto Cesareo

1
2 - 10
11 - 40
41 - 90
oltre 90

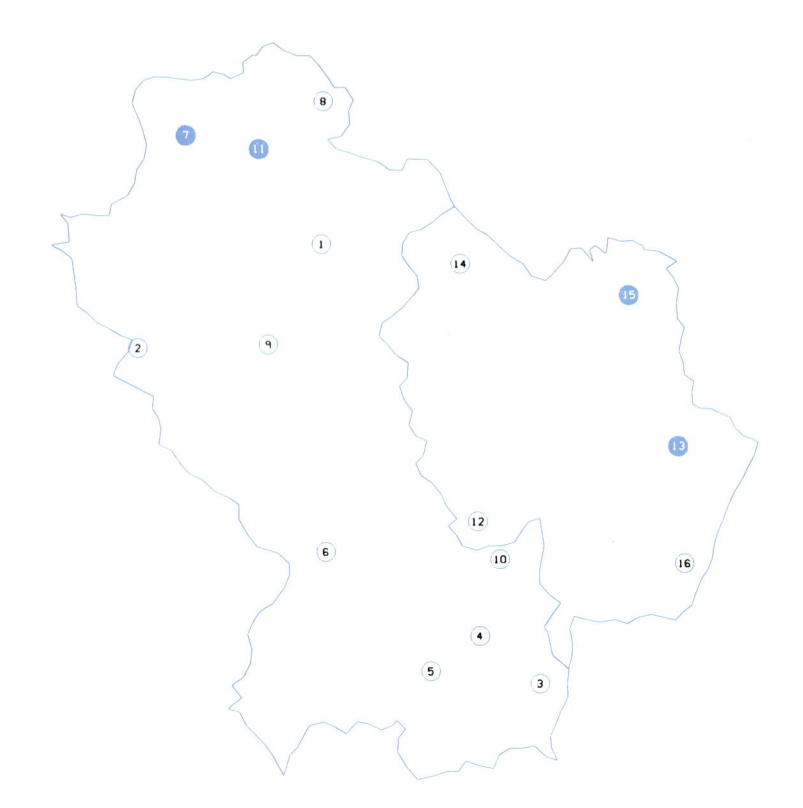

Basilicata: distribuzione dei musei per Comune.

Codice	Località
1	Acerenza
2	Balvano
3	San Paolo Albanese
4	Chiaromonte
5	Episcopia
6	Grumento Nova
7	Melfi
8	Montemilione
9	Potenza
10	Sant'Arcangelo
11	Venosa
12	Aliano
13	Bernalda
14	Irsina
15	Matera
16	Policoro

1
2 - 10
11 - 40
41 - 90
oltre 90

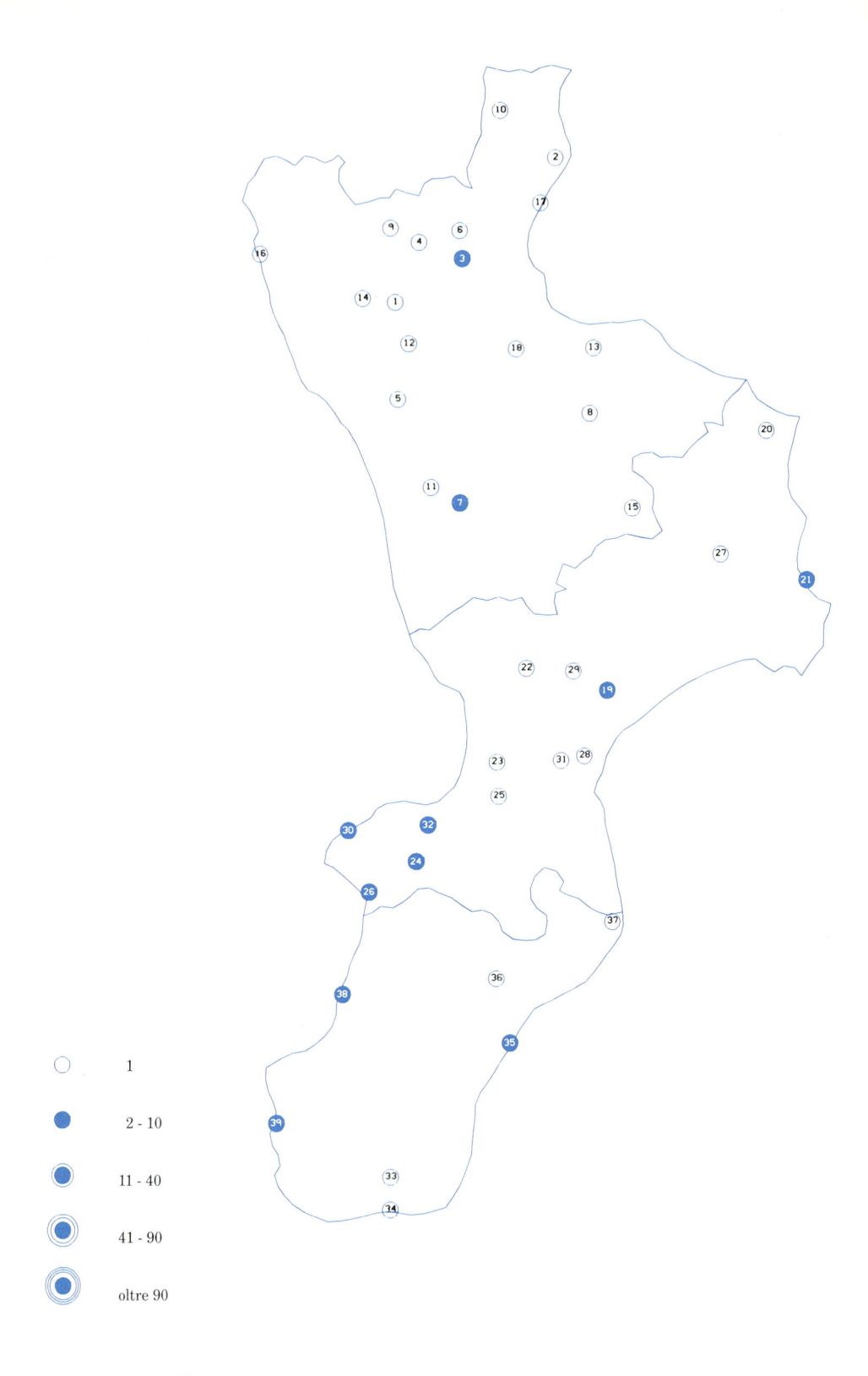

Calabria: distribuzione dei musei per Comune.

Codice	Località
1	Altomonte
2	Amendolara
3	Cassano allo Ionio
4	Castrovillari
5	Cerzeto
6	Civita
7	Cosenza
8	Longobucco
9	Morano Calabro
10	Oriolo
11	Rende
12	Roggiano Gravina
13	Rossano
14	San Donato di Ninea
15	San Giovanni in Fiore
16	Scalea
17	Trebisacce
18	Vaccarizzo Albanese
19	Catanzaro
20	Cirò
21	Crotone
22	Feroleto Antico
23	Filadelfia
24	Mileto
25	Monterosso Calabro
26	Nicotera
27	Santa Severina
28	Squillace
29	Tiriolo
30	Tropea
31	Vallefiorita
32	Vibo Valentia
33	Bova
34	Bova Marina
35	Locri
36	Mammola
37	Monasterace
38	Palmi
39	Reggio Calabria

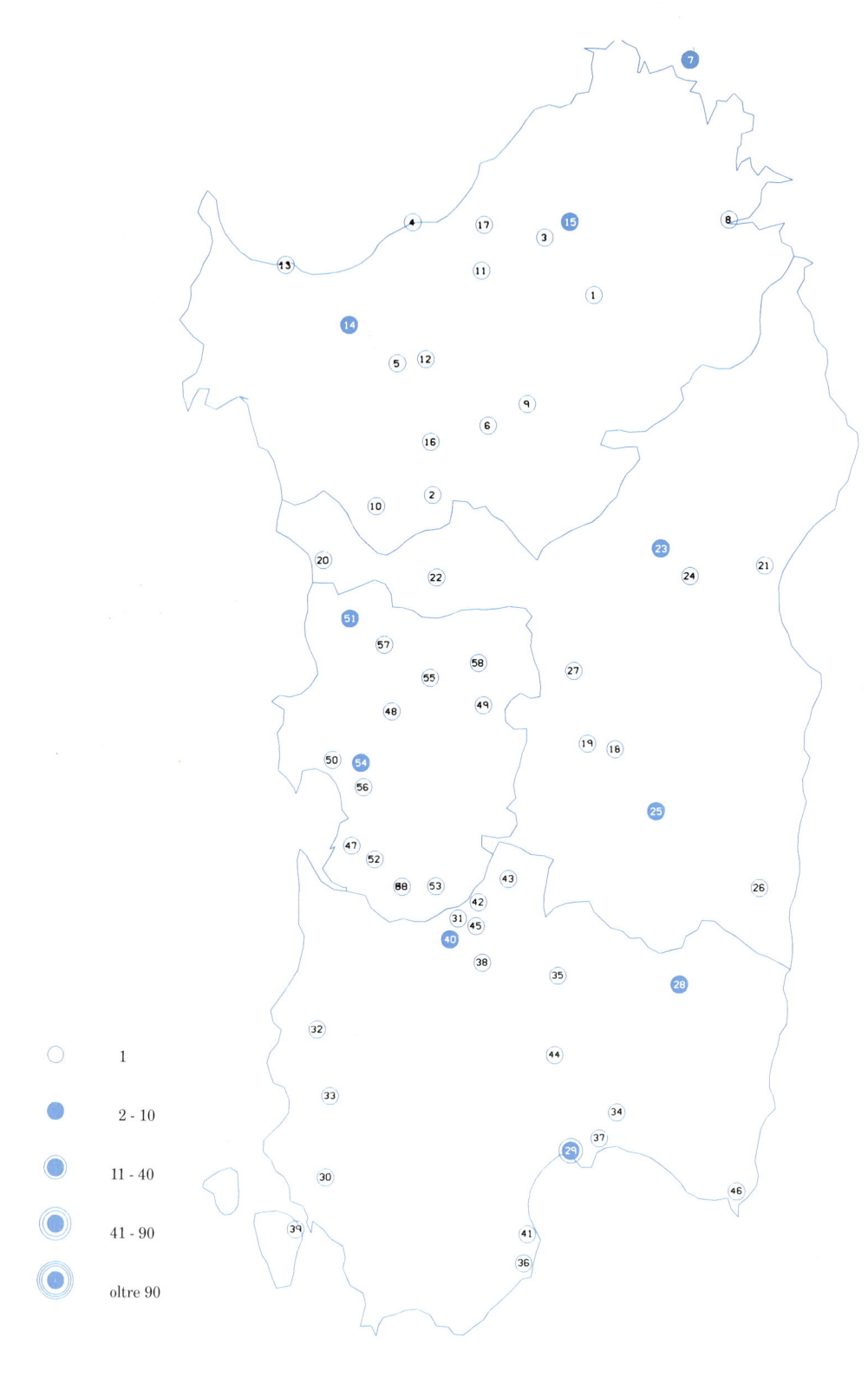

Sardegna: distribuzione dei musei per Comune.

Codice	Località
1	Berchidda
2	Bonorva
3	Bortigiadas
4	Castelsardo
5	Codrongianos
6	Ittireddu
7	La Maddalena
8	Olbia
9	Ozieri
10	Padria
11	Perfugas
12	Ploaghe
13	Porto Torres
14	Sassari
15	Tempio Pausania
16	Torralba
17	Viddalba
18	Aritzo
19	Belvi
20	Bosa
21	Dorgali
22	Macomer
23	Nuoro
24	Oliena
25	Seui
26	Tertenia
27	Teti
28	Armungia
29	Cagliari
30	Carbonia
31	Collinas
32	Fluminimaggiore
33	Iglesias
34	Maracalagonis
35	Ortacesus
36	Pula
37	Quartu Sant'Elena
38	Sanluri
39	Sant'Antioco
40	Sardara
41	Sarroch
42	Siddi
43	Tuili
44	Ussana
45	Villanovaforru
46	Villasimius
47	Arborea
48	Bauladu
49	Busachi
50	Cabras
51	Cuglieri
52	Marrubiu
53	Masullas
54	Oristano
55	Paulilatino
56	Santa Giusta
57	Santu Lussurgiu
58	Tadasuni
59	Uras
60	Uras

Sicilia: distribuzione dei musei per Comune.

Codice	Località	Codice	Località
1	Alcamo	68	Nicolosi
2	Buseto Palizzolo	69	Ramacca
3	Calatafimi	70	Randazzo
4	Campobello di Mazara	71	Giarratana
5	Castelvetrano	72	Modica
6	Erice	73	Ragusa
7	Favignana	74	Santa Croce Camerina
8	Gibellina	75	Avola
9	Marsala	76	Lentini
10	Mazara del Vallo	77	Noto
11	Paceco	78	Palazzolo Acreide
12	Salemi	79	Siracusa
13	Trapani		
14	Bagheria		
15	Balestrate		
16	Bisacquino		
17	Bolognetta		
18	Cefalù		
19	Ciminna		
20	Contessa Entellina		
21	Gangi		
22	Geraci Siculo		
23	Godrano		
24	Monreale		
25	Palazzo Adriano		
26	Palermo		
27	Partinico		
28	Petralia Sottana		
29	Roccapalumba		
30	San Cipirello		
31	San Mauro Castelverde		
32	Santa Flavia		
33	Termini Imerese		
34	Terrasini		
35	Giardini		
36	Lipari		
37	Messina		
38	Mistretta		
39	Patti		
40	Santa Lucia del Mela		
41	Savoca		
42	Scaletta Zanclea		
43	Taormina		
44	Agrigento		
45	Cattolica Eraclea		
46	Favara		
47	Licata		
48	Sambuca di Sicilia		
49	Santo Stefano Quisquina		
50	Sciacca		
51	Caltanissetta		
52	Gela		
53	Marianopoli		
54	Aidone		
55	Calascibetta		
56	Centuripe		
57	Enna		
58	Piazza Armerina		
59	Aci Castello		
60	Acireale		
61	Aci Sant'Antonio		
62	Adrano		
63	Bronte		
64	Caltagirone		
65	Catania		
66	Militello in Val di Catania		
67	Mineo		

I musei italiani*

* Gli indirizzi e soprattutto i numeri telefonici dei musei censiti in questo elenco possono avere subito variazioni nel corso degli ultimi mesi.

Regione Abruzzo

PROVINCIA DI CHIETI

Provincia di Chieti
Comune di Castel Frentano
MUSEO CIVICO
Categoria: musei d'arte
Fonte/i: Min. Beni culturali
Proprietà: Comune
Condizione attuale: in restauro

Provincia di Chieti
Comune di Chieti
MUSEO DIOCESANO TEATINO
Indirizzo: chiesa di San Domenico, corso Marrucino 133, tel. 0871/66349
Categoria: musei d'arte
Fonte/i: Istat / Enit / Regione / Guida Monaci / Touring Club / Assess. Cultura Bologna / Guida Regioni d'Italia
Proprietà: ecclesiastica
Condizione attuale: aperto a richiesta

Provincia di Chieti
Comune di Chieti
MUSEO NAZIONALE ARCHEOLOGICO
Indirizzo: Villa comunale, tel. 0871/65704-2909
Categoria: musei d'archeologia
Fonte/i: Istat / Enit / Regione / Guida Monaci / Touring Club / Min. Beni Culturali / Assess. Cultura Bologna / Dir. gen. Min. Beni culturali / Guida Regioni d'Italia
Proprietà: Stato
Condizione attuale: aperto

Provincia di Chieti
Comune di Chieti
PINACOTECA "C. BARBELLA"
Indirizzo: palazzo Martinetti, via C. De Lollis 10, tel. 0871/67554
Categoria: musei d'arte
Fonte/i: Istat / Enit / Regione / Guida Monaci / Touring Club / Guida Regioni d'Italia / Assess. Cultura Bologna
Proprietà: Provincia
Condizione attuale: aperta

Provincia di Chieti
Comune di Crecchio
DEPOSITO COMUNALE DI BENI CULTURALI
Indirizzo: Castello ducale
Categoria: musei d'archeologia
Fonte/i: Min. Interni
Proprietà: Comune
Condizione attuale: aperto a richiesta

Provincia di Chieti
Comune di Francavilla al mare
GALLERIA MUNICIPALE
Indirizzo: palazzo del Comune
Categoria: musei d'arte
Fonte/i: Guida Monaci
Proprietà: Comune
Condizione attuale: aperta a richiesta

Provincia di Chieti
Comune di Guardiagrele
MUSEO CIVICO
Indirizzo: via M. Della Porta, tel. 0871/83445
Categoria: musei d'archeologia
Fonte/i: Enit / Regione / Guida Monaci / Min. Interni / Assess. Cultura Bologna / Guida Regioni d'Italia
Proprietà: Comune
Condizione attuale: aperto

Provincia di Chieti
Comune di Guardiagrele
MUSEO PARROCCHIALE
Indirizzo: piazza Santa Maria Maggiore
Categoria: musei specializzati
Fonte/i: Enit / Min. Interni
Proprietà: ecclesiastica
Condizione attuale: aperto a richiesta

Provincia di Chieti
Comune di Lama dei Peligni
MUSEO
Indirizzo: località Colle Madonna
Categoria: musei d'archeologia
Fonte/i: Min. Interni
Proprietà: Comune
Condizione attuale: in allestimento

Provincia di Chieti
Comune di Lanciano
MUSEO CIVICO
Indirizzo: salita Madrigale 20, tel. 0872/32245-32123
Categoria: musei d'arte e archeologia
Fonte/i: Istat / Enit / Regione / Guida Monaci / Touring Club / Assess. Cultura Bologna / Guida regioni D'Italia
Proprietà: Comune
Condizione attuale: aperto

Provincia di Chieti
Comune di Ortona

MUSEO CAPITOLARE
Indirizzo: Cattedrale, piazza San Tommaso, tel. 085/913077
Categoria: musei d'arte
Fonte/i: Istat / Enit / Regione / Guida Monaci / Guida Regioni d'Italia
Proprietà: ecclesiastica
Condizione attuale: aperto a richiesta

Provincia di Chieti
Comune di Ortona
MUSEO CIVICO E PINACOTECA "CASCELLA"
Indirizzo: palazzo Farnese, largo Farnese, tel. 085/914443-9067233
Categoria: musei d'arte
Fonte/i: Istat / Enit / Regione / Guida Monaci / Touring Club / Assess. Cultura Bologna / Guida Regioni d'Italia
Proprietà: Comune
Condizione attuale: aperti a richiesta

Provincia di Chieti
Comune di Paglieta
MUSEO CIVILTÀ CONTADINA
Indirizzo: largo Castello 2
Categoria: musei territoriali
Fonte/i: Istat / Assess. Cultura Bologna
Proprietà: Comune
Condizione attuale: in allestimento

Provincia di Chieti
Comune di Palena
RACCOLTA "RECCHIONE"
Categoria: musei d'arte
Fonte/i: Istat / Guida Monaci
Proprietà: privata
Condizione attuale: aperta a richiesta

Provincia di Chieti
Comune di Torricella Peligna
ANTIQUARIUM
Indirizzo: corso Umberto
Categoria: musei d'archeologia
Fonte/i: Min. Interni
Proprietà: Comune
Condizione attuale: aperto a richiesta

Provincia di Chieti
Comune di Vasto
MUSEO ARCHEOLOGICO E PINACOTECA
Indirizzo: palazzo D'Avalos, tel. 0871/2773-51345
Categoria: musei d'arte e archeologia
Fonte/i: Istat / Enit / Regione / Guida Monaci / Touring Club / Legge 64 / Assess. Cultura Bologna / Guida Regioni d'Italia
Proprietà: Comune
Condizione attuale: aperti a richiesta

Provincia di Chieti
Comune di Vasto
PALAZZO "PALMIERI": MUSEO ARCHEOLOGICO
Categoria: musei d'archeologia
Fonte/i: Fio
Proprietà: Regione
Condizione attuale: in progettazione

PROVINCIA DI L'AQUILA

Provincia di L'Aquila
Comune di Alfedena
MUSEO CIVICO AUFIDENATE
Indirizzo: Municipio, tel. 0864/87114
Categoria: musei d'archeologia
Fonte/i: Istat / Enit / Regione / Guida Monaci / Touring Club / Assess. Cultura Bologna / Guida Regioni d'Italia
Proprietà: Comune
Condizione attuale: aperto

Provincia di L'Aquila
Comune di Alfedena
MUSEO DELLA NECROPOLI DI ALFEDENA
Categoria: musei d'archeologia
Fonte/i: Fio
Proprietà: Regione
Condizione attuale: in progettazione

Provincia di L'Aquila
Comune di Avezzano
MOSTRA DELLA CIVILTÀ CONTADINA E PASTORALE
Indirizzo: Ente regionale di sviluppo agricolo, via A.Torlonia, tel. 0863/20941
Categoria: musei territoriali
Fonte/i: Enit / Regione / Guida Monaci
Proprietà: privata
Condizione attuale: aperta a richiesta

Provincia di L'Aquila
Comune di Avezzano
MUSEO LAPIDARIO MARSICANO
Indirizzo: Palazzo comunale, tel. 0863/36148
Categoria: musei d'archeologia
Fonte/i: Istat / Enit / Regione / Guida Monaci / Touring Club / Guida Regioni d'Italia
Proprietà: Comune
Condizione attuale: aperto a richiesta

Provincia di L'Aquila
Comune di Bisegna
MUSEO DEL CAMOSCIO
Indirizzo: Centro visita parco, tel. 0863/91955
Categoria: musei specializzati
Fonte/i: Enit / Guida Monaci / Assess.
Cultura Bologna / Guida Regioni d'Italia
Proprietà: Stato
Condizione attuale: aperto

Provincia di L'Aquila
Comune di Capestrano
MUSEO DEGLI ITALICI
Categoria: musei d'archeologia
Fonte/i: Fio
Proprietà: Regione
Condizione attuale: in progettazione

Provincia di L'Aquila
Comune di Castel di Sangro
MUSEO DEL SANGRO
Categoria: musei d'archeologia
Fonte/i: Fio
Proprietà: Regione
Condizione attuale: in progettazione

Provincia di L'Aquila
Comune di Castel di Sangro
RACCOLTA MUNICIPALE
Indirizzo: piazza Plebiscito, tel. 0864/85876
Categoria: musei d'archeologia
Fonte/i: Istat / Enit / Regione / Guida Monaci / Touring Club / Assess. Cultura Bologna / Guida Regioni d'Italia
Proprietà: Comune
Condizione attuale: aperta a richiesta

Provincia di L'Aquila
Comune di Castelvecchio Subequo
ANTIQUARIUM E MUSEO DIOCESANO
Indirizzo: convento di San Francesco, tel. 0864/79135
Categoria: musei d'archeologia
Fonte/i: Guida Monaci / Guida Regioni d'Italia
Proprietà: ecclesiastica
Condizione attuale: aperti a richiesta

Provincia di L'Aquila
Comune di Celano
MUSEO ARTE MEDIEVALE E MODERNA
Indirizzo: castello Piccolomini, tel. 0863/792922
Categoria: musei d'arte
Fonte/i: Istat / Enit / Regione / Dir. gen. Min. Beni culturali
Proprietà: Stato
Condizione attuale: in allestimento

Provincia di L'Aquila
Comune di Celano
MUSEO PREISTORICO DEL FUCINO
Categoria: musei d'archeologia
Fonte/i: Fio
Proprietà: Regione
Condizione attuale: in progettazione

Provincia di L'Aquila
Comune di Cerchio
MUSEO DI SCIENZE NATURALI
Indirizzo: ex convento degli Agostiniani
Categoria: musei di scienza e tecnica
Fonte/i: Guida Monaci
Proprietà: ecclesiastica
Condizione attuale: aperto a richiesta

Provincia di L'Aquila
Comune di Cerchio
MUSEO ETNOGRAFICO
Indirizzo: Municipio
Categoria: musei etnograf. e/o antropolog.
Fonte/i: Min. Interni
Proprietà: Comune
Condizione attuale: aperto

Provincia di L'Aquila
Comune di Civita D'Antino
CASA "CERRONI"
Indirizzo: porta Flora
Categoria: musei d'arte
Fonte/i: Istat / Enit
Proprietà: privata
Condizione attuale: aperta a richiesta

Provincia di L'Aquila
Comune di Civitella Alfedena
MUSEO DEL LUPO APPENNINICO
Indirizzo: Centro visita parco, tel. 0863/91955
Categoria: musei specializzati
Fonte/i: Istat / Enit / Regione / Guida Monaci / Touring Club / Assess. Cultura Bologna / Guida Regioni d'Italia
Proprietà: Stato
Condizione attuale: aperto

Provincia di L'Aquila
Comune di Corfinio
MUSEO CAPITOLARE DELLE ANTICHITÀ CORFINIESI
Indirizzo: basilica Valvense, tel. 0864/728120-1
Categoria: musei d'archeologia

Fonte/i: Istat / Enit / Regione / Guida Monaci / Touring Club / Assess. Cultura Bologna / Guida Regioni d'Italia
Proprietà: ecclesiastica
Condizione attuale: aperto a richiesta

Provincia di L'Aquila
Comune di Corfinio
MUSEO CITTÀ DI CORFINIUM
Indirizzo: palazzo Trippitelli
Categoria: musei d'archeologia
Fonte/i: Fio
Proprietà: Regione
Condizione attuale: in progettazione

Provincia di L'Aquila
Comune di L'Aquila
GIARDINO ALPINO DEL GRAN SASSO
Indirizzo: Gran Sasso, Campo Imperatore
Categoria: giardini zoolog. botan. naturali
Fonte/i: Istat / Regione / Guida Regioni d'Italia
Proprietà: Università
Condizione attuale: aperto a richiesta

Provincia di L'Aquila
Comune di L'Aquila
MUSEO DI SPELEOLOGIA "V. RIVERA"
Indirizzo: via Svolte della Misericordia 2, tel. 0862/25149-20090
Categoria: musei etnograf. e/o antropolog.
Fonte/i: Istat / Enit / Regione / Guida Monaci / Touring Club / Assess. Cultura Bologna / Guida Regioni d'Italia
Proprietà: privata
Condizione attuale: in restauro

Provincia di L'Aquila
Comune di L'Aquila
MUSEO DI STORIA NATURALE ED ETNOLOGICO ARTISTICO
Indirizzo: convento di San Giuliano, tel. 0862/22201-314201
Categoria: musei etnograf. e/o antropolog.
Fonte/i: Istat / Enit / Regione / Guida Monaci / Assess. Cultura Bologna / Guida Regioni d'Italia
Proprietà: ecclesiastica
Condizione attuale: aperto

Provincia di L'Aquila
Comune di L'Aquila
MUSEO ERBARIO REGIONALE
Indirizzo: palazzo dell'Università piazza dell'Annunziata 1
Categoria: musei di scienza e tecnica

Fonte/i: Istat / Guida Monaci
Proprietà: Università
Condizione attuale: aperto a richiesta

Provincia di L'Aquila
Comune di L'Aquila
MUSEO NAZIONALE D'ABRUZZO
Indirizzo: piazza Castello, tel. 0862/64043
Categoria: musei d'arte e archeologia
Fonte/i: Istat / Enit / Regione / Guida Monaci / Touring Club / Assess. Cultura Bologna / Dir. gen. Min. Beni culturali / Guida Regioni d'Italia
Proprietà: Stato
Condizione attuale: aperto

Provincia di L'Aquila
Comune di Massa D'Albe
ANTIQUARIUM EX CONVENTO DI SAN PIETRO
Categoria: musei d'archeologia
Fonte/i: Istat / Enit / Regione / Fio
Proprietà: Comune
Condizione attuale: in progettazione

Provincia di L'Aquila
Comune di Pescasseroli
MUSEO DEL PARCO NAZIONALE D'ABRUZZO
Indirizzo: viale Cabinovia, tel. 0863/91955
Categoria: musei territoriali
Fonte/i: Istat / Enit / Regione / Guida Monaci / Touring Club / Min. Interni / Assess. Cultura Bologna / Guida Regioni d'Italia
Proprietà: Stato
Condizione attuale: aperto

Provincia di L'Aquila
Comune di Pescasseroli
RACCOLTE DEL CENTRO STUDI ECOLOGICI APPENNINICI
Indirizzo: Parco nazionale
Categoria: musei di scienza e tecnica
Fonte/i: Istat / Regione
Proprietà: privata
Condizione attuale: aperte a richiesta

Provincia di L'Aquila
Comune di Pescina
CASA MUSEO "G. MAZZARINO"
Indirizzo: viale Francia, tel. 0863/81163-82156
Categoria: musei specializzati
Fonte/i: Istat / Enit / Regione / Guida Monaci / Touring Club / Min. Interni / Assess. Cultura Bologna / Guida Regioni d'Italia

Proprietà: Comune
Condizione attuale: aperta

Provincia di L'Aquila
Comune di Pescocostanzo
**MUSEO DELLA BASILICA
DI SANTA MARIA DEL COLLE**
Indirizzo: basilica di Santa Maria del Colle, tel. 0864/66130
Categoria: musei d'arte
Fonte/i: Istat / Enit / Regione / Guida Monaci / Touring Club / Assess. Cultura Bologna / Guida Regioni d'Italia
Proprietà: ecclesiastica
Condizione attuale: aperto

Provincia di L'Aquila
Comune di Rocca di Mezzo
**MUSEO D'ARTE SACRA
"CARDINALE AGNIFILI"**
Indirizzo: chiesa di Santa Maria della Neve, tel. 0862/91457-91396
Categoria: musei d'arte
Fonte/i: Istat / Enit / Regione / Guida Monaci / Touring Club / Assess. Cultura Bologna / Guida Regioni d'Italia
Proprietà: ecclesiastica
Condizione attuale: aperto a richiesta

Provincia di L'Aquila
Comune di Sulmona
MUSEO CIVICO
Indirizzo: palazzo dell'Annunziata, tel. 0864/52333
Categoria: musei d'arte e archeologia
Fonte/i: Istat / Enit / Regione / Guida Monaci / Touring Club / Assess. Cultura Bologna / Guida Regioni d'Italia
Proprietà: Comune
Condizione attuale: aperto

Provincia di L'Aquila
Comune di Sulmona
MUSEO DELLA CATTEDRALE
Indirizzo: basilica di San Panfilo, tel. 0864/52049
Categoria: musei d'arte
Fonte/i: Istat / Enit / Regione / Guida Monaci / Assess. Cultura Bologna / Guida Regioni d'Italia
Proprietà: ecclesiastica
Condizione attuale: aperto a richiesta

Provincia di L'Aquila
Comune di Sulmona
**MUSEO EX CONVENTO
DI SANTA CHIARA**
Categoria: musei territoriali
Fonte/i: Fio
Proprietà: Comune
Condizione attuale: in restauro

Provincia di L'Aquila
Comune di Tagliacozzo
MUSEO ORIENTALE
Indirizzo: santuario di Santa Maria dell'Oriente, tel. 0863/6257
Categoria: musei specializzati
Fonte/i: Istat / Enit / Regione / Guida Monaci / Touring Club / Assess. Cultura Bologna / Guida Regioni d'Italia
Proprietà: ecclesiastica
Condizione attuale: aperto

Provincia di L'Aquila
Comune di Villavallelonga
MUSEO DEL CERVO
Indirizzo: Centro visita del parco, tel. 0863/91955
Categoria: musei specializzati
Fonte/i: Enit /Guida Monaci / Assess. Cultura Bologna / Guida Regioni d'Italia
Proprietà: Stato
Condizione attuale: aperto a richiesta

PROVINCIA DI PESCARA

Provincia di Pescara
Comune di Castiglione a Casauria
MUSEO DELL'ABBAZIA
Indirizzo: abbazia di San Clemente a Casauria, tel. 085/8884168
Categoria: musei d'arte
Fonte/i: Istat / Enit / Regione / Guida Monaci / Touring Club / Min. Interni / Assess. Cultura Bologna / Dir. gen. Min. Beni culturali
Proprietà: Stato
Condizione attuale: aperto

Provincia di Pescara
Comune di Loreto Aprutino
**MUSEO CERAMICHE ABRUZZESI
COLLEZIONE "ACERBO"**
Indirizzo: palazzo Acerbo, via del Baio, tel. 085/826589-826195-826112-826325
Categoria: musei specializzati
Fonte/i: Istat / Enit / Regione / Guida Monaci / Touring Club / Min. Beni Culturali / Min. Interni / Assess. Cultura Bologna
Proprietà: privata
Condizione attuale: aperto a richiesta

Provincia di Pescara
Comune di Penne
MUSEO DIOCESANO D'ARTE SACRA
Indirizzo: Palazzo vescovile,
piazza Duomo
Categoria: musei d'arte
Fonte/i: Enit / Regione / Guida Monaci / Guida Regioni d'Italia
Proprietà: ecclesiastica
Condizione attuale: in allestimento

Provincia di Pescara
Comune di Pescara
MOSTRA ARCHEOLOGICA DIDATTICA PERMANENTE
Indirizzo: corso Manthoné,
tel. 085/690656
Categoria: musei d'archeologia
Fonte/i: Enit / Regione / Guida Monaci
Proprietà: Comune
Condizione attuale: aperta

Provincia di Pescara
Comune di Pescara
MUSEO CIVICO E PINACOTECA "CASCELLA"
Indirizzo: via G. Marconi 45,
tel. 085/67005
Categoria: musei d'arte
Fonte/i: Istat / Enit / Regione / Guida Monaci / Touring Club / Assess. Cultura Bologna / Guida Regioni d'Italia
Proprietà: Comune
Condizione attuale: aperti

Provincia di Pescara
Comune di Pescara
MUSEO DELLA FONDAZIONE "G. D'ANNUNZIO"
Indirizzo: corso Manthoné,
tel. 085/690656-60391
Categoria: musei specializzati
Fonte/i: Istat / Enit / Regione / Guida Monaci / Touring Club / Dir. gen. Min. Beni culturali / Guida Regioni d'Italia
Proprietà: Stato
Condizione attuale: aperto

Provincia di Pescara
Comune di Pescara
MUSEO DELLE GENTI D'ABRUZZO
Indirizzo: ex bagno penale borbonico,
via delle Caserme 22, tel. 085/693549
Categoria: musei territoriali
Fonte/i: Istat / Enit / Regione / Guida Monaci / Touring Club / Assess. Cultura Bologna /
Guida Regioni d'Italia
Proprietà: Comune
Condizione attuale: in allestimento

Provincia di Pescara
Comune di Pescara
MUSEO DELLE TRADIZIONI POPOLARI ABRUZZESI
Indirizzo: corso Manthoné,
tel. 085/690656
Categoria: musei territoriali
Fonte/i: Enit / Regione / Guida Monaci
Proprietà: Comune
Condizione attuale: aperto

Provincia di Pescara
Comune di Pescara
MUSEO ITTICO (ACQUARIO)
Indirizzo: via R. Paolucci,
tel. 085/21240-378233
Categoria: acquari
Fonte/i: Istat / Enit / Regione / Guida Monaci / Touring Club / Assess. Cultura Bologna / Guida Regioni d'Italia
Proprietà: Comune
Condizione attuale: aperto

Provincia di Pescara
Comune di Salle
MUSEO CIVICO
Indirizzo: Castello, tel. 085/928265-928248
Categoria: musei d'arte
Fonte/i: Regione / Guida Monaci / Guida Regioni d'Italia
Proprietà: Comune
Condizione attuale: aperto

PROVINCIA DI TERAMO

Provincia di Teramo
Comune di Atri
MUSEO ARCHEOLOGICO
Indirizzo: via Roma
Categoria: musei d'archeologia
Fonte/i: Regione
Proprietà: ecclesiastica
Condizione attuale: in progettazione

Provincia di Teramo
Comune di Atri
MUSEO CAPITOLARE
Indirizzo: via L. d'Atri,
tel. 085/87241
Categoria: musei d'arte
Fonte/i: Istat / Enit / Regione / Guida Monaci / Touring Club / Assess. Cultura Bologna /

Guida Regioni d'Italia
Proprietà: ecclesiastica
Condizione attuale: aperto

Provincia di Teramo
Comune di Atri
**MUSEO DI PALAZZO
"CARDINAL CICADA"**
Categoria: musei territoriali
Fonte/i: Fio
Proprietà: Regione
Condizione attuale: in restauro

Provincia di Teramo
Comune di Atri
**MUSEO DI PALAZZO
"DE ALBERTIIS"**
Categoria: musei territoriali
Fonte/i: Fio / Min. Beni Culturali
Proprietà: Regione
Condizione attuale: in restauro

Provincia di Teramo
Comune di Campli
MUSEO ARCHEOLOGICO
Indirizzo: piazza San Francesco,
tel. 0861/569158
Categoria: musei d'archeologia
Fonte/i: Istat / Guida Monaci / Min. Beni Culturali / Dir. gen. Min. Beni culturali / Guida Regioni d'Italia
Proprietà: Stato
Condizione attuale: aperto

Provincia di Teramo
Comune di Campli
MUSEO DI CAMPOVALANO
Categoria: musei d'archeologia
Fonte/i: Fio
Proprietà: Regione
Condizione attuale: in restauro

Provincia di Teramo
Comune di Castelli
MUSEO DELLA CERAMICA
Indirizzo: ex convento francescano,
tel. 0861/979142-979388
Categoria: musei specializzati
Fonte/i: Istat / Enit / Regione / Guida Monaci / Touring Club / Min. Interni / Assess. Cultura Bologna / Guida Regioni d'Italia
Proprietà: Comune
Condizione attuale: aperto

Provincia di Teramo
Comune di Civitella del Tronto
MUSEO DEL TRONTO
Categoria: musei territoriali
Fonte/i: Fio
Proprietà: Regione
Condizione attuale: in progettazione

Provincia di Teramo
Comune di Corropoli
MUSEO COMUNALE
Categoria: musei d'arte
Fonte/i: Min. Interni
Proprietà: Comune
Condizione attuale: aperto

Provincia di Teramo
Comune di Corropoli
**MUSEO PREISTORICO
DELLA VAL VIBRATA**
Categoria: musei d'archeologia
Fonte/i: Fio
Proprietà: Regione
Condizione attuale: in progettazione

Provincia di Teramo
Comune di Fano Adriano
**MUSEO DELLE ARTI E
TRADIZIONI POPOLARI**
Indirizzo: Cerqueto,
tel. 0861/95195-59504
Categoria: musei territoriali
Fonte/i: Regione / Guida Monaci / Guida Regioni d'Italia
Proprietà: Comune
Condizione attuale: aperto a richiesta

Provincia di Teramo
Comune di Giulianova
PINACOTECA "V. BINDI"
Indirizzo: corso Garibaldi 14,
tel. 085/862414-865425
Categoria: musei d'arte
Fonte/i: Istat / Enit / Regione / Guida Monaci / Touring Club / Assess. Cultura Bologna / Guida Regioni d'Italia
Proprietà: Comune
Condizione attuale: aperta

Provincia di Teramo
Comune di Teramo
MUSEO ARCHEOLOGICO
Indirizzo: Palazzo ex tribunale
Categoria: musei d'archeologia
Fonte/i: Fio / Min. Beni Culturali
Proprietà: Comune
Condizione attuale: in restauro

Provincia di Teramo
Comune di Teramo
MUSEO E PINACOTECA CIVICI
Indirizzo: Villa comunale, piazza Garibaldi, tel. 0861/50772
Categoria: musei d'arte
Fonte/i: Istat / Enit / Regione / Guida Monaci / Touring Club / Assess. Cultura Bologna / Guida Regioni d'Italia
Proprietà: Comune
Condizione attuale: aperti

Regione Basilicata

PROVINCIA DI MATERA

Provincia di Matera
Comune di Aliano
MUSEO DELLA CIVILTÀ CONTADINA
Indirizzo: via Collina
Categoria: musei territoriali
Fonte/i: Min. Interni
Condizione attuale: aperto

Provincia di Matera
Comune di Bernalda
ANTIQUARIUM STATALE DI METAPONTO
Indirizzo: strada statale Jonica 106, tel. 0835/745141-731141
Categoria: musei d'archeologia
Fonte/i: Istat / Enit / Guida Monaci / Touring Club / Min. Interni / Guida Regioni d'Italia / Assess. Cultura Bologna / Dir. gen. Min. Beni culturali
Proprietà: Stato
Condizione attuale: aperto

Provincia di Matera
Comune di Bernalda
MUSEO NAZIONALE DI METAPONTO
Indirizzo: Metaponto borgo
Categoria: musei d'archeologia
Fonte/i: Min. Interni
Proprietà: Stato
Condizione attuale: aperto

Provincia di Matera
Comune di Irsina
MUSEO "M. IANORA"
Indirizzo: via Roma 12, tel. 0835/629146
Categoria: musei d'archeologia
Fonte/i: Istat / Enit / Guida Monaci / Touring Club / Min. Interni / Guida Regioni d'Italia / Assess. Cultura Bologna
Proprietà: privata
Condizione attuale: chiuso

Provincia di Matera
Comune di Matera
MUSEO "DOMENICO RIDOLA"
Indirizzo: via Ridola 24, tel. 0835/211239
Categoria: musei d'archeologia
Fonte/i: Istat / Enit / Guida Monaci / Touring Club / Min. Beni Culturali / Guida Regioni d'Italia / Assess. Cultura Bologna / Dir. gen. Min. Beni culturali

Proprietà: Stato
Condizione attuale: in restauro

Provincia di Matera
Comune di Matera
PINACOTECA "D'ERRICO"
Indirizzo: piazza Pascoli,
tel. 0835/210372-211188
Categoria: musei d'arte
Fonte/i: Istat / Enit / Guida Monaci / Touring Club / Min. Beni Culturali / Guida Regioni d'Italia / Assess. Cultura Bologna
Proprietà: Comune
Condizione attuale: aperta a richiesta

Provincia di Matera
Comune di Policoro
MUSEO DELLA SIRITIDE
Indirizzo: via Colombo 8, tel. 0835/972154
Categoria: musei d'archeologia
Fonte/i: Istat / Enit / Guida Monaci / Touring Club / Min. Beni Culturali / Min. Interni / Guida Regioni d'Italia / Assess. Cultura Bologna / Dir. gen. Min. Beni culturali
Proprietà: Stato
Condizione attuale: aperto

PROVINCIA DI POTENZA

Provincia di Potenza
Comune di Acerenza
MUSEO DIOCESANO
Indirizzo: Vescovado, tel. 0971/54827-8
Categoria: musei d'arte
Fonte/i: Istat / Enit / Touring Club / Assess. Cultura Bologna
Proprietà: ecclesiastica
Condizione attuale: chiuso

Provincia di Potenza
Comune di Balvano
CASTELLO DI BALVANO
Categoria: musei territoriali
Fonte/i: Fio
Proprietà: Comune
Condizione attuale: in progettazione

Provincia di Potenza
Comune di Chiaromonte
MUSEO ARCHEOLOGICO
Indirizzo: palazzo principi Sanseverino
Categoria: musei d'archeologia
Fonte/i: Min. Beni Culturali
Proprietà: ecclesiastica
Condizione attuale: in allestimento

Provincia di Potenza
Comune di Episcopia
MUSEO DEL MONACHESIMO ITALO-GRECO
Indirizzo: Santa Maria del Piano
Categoria: musei specializzati
Fonte/i: Min. Beni Culturali
Proprietà: ecclesiastica
Condizione attuale: in allestimento

Provincia di Potenza
Comune di Grumento Nova
ANTIQUARIUM
Categoria: musei d'archeologia
Fonte/i: Istat / Enit / Min. Beni Culturali / Min. Interni / Dir. gen. Min. Beni culturali
Proprietà: Stato
Condizione attuale: aperto

Provincia di Potenza
Comune di Melfi
MUSEO DIOCESANO
Indirizzo: Palazzo vescovile, tel. 0971/54827-8
Categoria: musei d'arte
Fonte/i: Istat / Touring Club / Guida Regioni d'Italia / Assess. Cultura Bologna
Proprietà: ecclesiastica
Condizione attuale: chiuso

Provincia di Potenza
Comune di Melfi
MUSEO NAZIONALE DEL MELFESE
Indirizzo: Castello normanno, tel. 0972/65726
Categoria: musei d'archeologia
Fonte/i: Istat / Enit / Guida Monaci / Fio / Touring Club / Guida Regioni d'Italia / Assess. Cultura Bologna / Dir. gen. Min. Beni culturali / Insud
Proprietà: Stato
Condizione attuale: aperto

Provincia di Potenza
Comune di Montemilone
MUSEO LAPIDARIO
Indirizzo: via Napoli 5
Categoria: musei d'archeologia
Fonte/i: Min. Interni
Proprietà: ecclesiastica
Condizione attuale: aperto a richiesta

Provincia di Potenza
Comune di Potenza
MUSEO ARCHEOLOGICO PROVINCIALE
Indirizzo: via Lazio 18, tel. 0971/25559
Categoria: musei d'archeologia

Fonte/i: Istat / Enit / Guida Monaci / Touring Club / Guida Regioni d'Italia / Assess. Cultura Bologna
Proprietà: Provincia
Condizione attuale: chiuso

Provincia di Potenza
Comune di San Paolo Albanese
MUSEO DELLA CIVILTÀ LOCALE "ARBERESH"
Indirizzo: via Regina Margherita
Categoria: musei territoriali
Fonte/i: Min. Interni
Proprietà: Comune
Condizione attuale: aperto a richiesta

Provincia di Potenza
Comune di Sant'Arcangelo
MUSEO DELLA VAL D'AGIO
Indirizzo: complesso monastico Santa Maria D'Orsoleo
Categoria: musei specializzati
Fonte/i: Min. Beni Culturali
Proprietà: Regione
Condizione attuale: in allestimento

Provincia di Potenza
Comune di Venosa
CASTELLO "PIRRO DEL BALZO": MUSEO ARCHEOLOGICO
Categoria: musei d'archeologia
Fonte/i: Dir. gen. Min. Beni culturali
Proprietà: Stato
Condizione attuale: in allestimento

Provincia di Potenza
Comune di Venosa
MUSEO PREISTORICO "BRISCESE"
Indirizzo: via Castello, tel. 0972/36095
Categoria: musei d'archeologia
Fonte/i: Enit / Regione / Guida Monaci / Min. Beni Culturali / Guida Regioni d'Italia
Proprietà: Comune
Condizione attuale: chiuso

Provincia di Potenza
Comune di Venosa
PINACOTECA CIVICA
Indirizzo: via Castello
Categoria: musei d'arte
Fonte/i: Enit
Proprietà: Comune
Condizione attuale: chiusa

Regione Calabria

PROVINCIA DI CATANZARO

Provincia di Catanzaro
Comune di Catanzaro
COLLEZIONE ENTOMOLOGICA DELL'ISTITUTO TECNICO AGRARIO
Categoria: musei di scienza e tecnica
Fonte/i: Com. it. Icom.
Proprietà: Stato
Condizione attuale: aperta a richiesta

Provincia di Catanzaro
Comune di Catanzaro
COLLEZIONE MINERALOGICA PALEONTOLOGICA LICEO SCIENTIF.
Categoria: musei di scienza e tecnica
Fonte/i: Com; it. Icom.
Proprietà: Stato
Condizione attuale: aperta a richiesta

Provincia di Catanzaro
Comune di Catanzaro
MUSEO PROVINCIALE
Indirizzo: villa Trieste, tel. 0961/25434
Categoria: musei d'arte
Fonte/i: Istat / Enit / Guida Monaci / Touring Club / Assess. Cultura Bologna
Proprietà: Provincia
Condizione attuale: aperto

Provincia di Catanzaro
Comune di Cirò
MUSEO COMUNALE
Indirizzo: corso Lilio
Categoria: musei d'archeologia
Fonte/i: Min. Interni
Proprietà: Comune
Condizione attuale: aperto a richiesta

Provincia di Catanzaro
Comune di Crotone
ANTIQUARIUM DI CAPO COLONNA
Categoria: musei d'archeologia
Fonte/i: Dir. gen. Min. Beni culturali
Proprietà: Stato
Condizione attuale: in allestimento

Provincia di Catanzaro
Comune di Crotone
MUSEO ARCHEOLOGICO NAZIONALE
Indirizzo: via Risorgimento, tel. 0962/23082
Categoria: musei d'archeologia
Fonte/i: Istat / Enit / Touring Club / Guida

Regioni d'Italia / Assess. Cultura Bologna / Dir. gen. Min. Beni culturali
Proprietà: Stato
Condizione attuale: aperto

Provincia di Catanzaro
Comune di Crotone
RACCOLTE DELL'ISTIT. PROFESS. INDUSTRIA E ARTIGIANATO
Categoria: musei di scienza e tecnica
Fonte/i: Com. it. Icom
Proprietà: Stato
Condizione attuale: aperte a richiesta

Provincia di Catanzaro
Comune di Feroleto Antico
MUSEO COMUNALE
Indirizzo: via Castello
Categoria: musei d'archeologia
Fonte/i: Min. Interni
Proprietà: Comune
Condizione attuale: aperto a richiesta

Provincia di Catanzaro
Comune di Filadelfia
MUSEO CIVICO
Indirizzo: corso Italia
Categoria: musei d'arte
Fonte/i: Istat / Min. Interni
Proprietà: Comune
Condizione attuale: aperto

Provincia di Catanzaro
Comune di Mileto
MUSEO CIVICO
Indirizzo: via Episcopio
Categoria: musei d'arte
Fonte/i: Istat / Min. Interni
Proprietà: Comune
Condizione attuale: aperto

Provincia di Catanzaro
Comune di Mileto
MUSEO DIOCESANO D'ARTE SACRA
Indirizzo: Palazzo vescovile, via Episcopio, tel. 0963/338397
Categoria: musei d'arte
Fonte/i: Istat / Enit / Touring Club / Guida Regioni d'Italia / Assess. Cultura Bologna
Proprietà: ecclesiastica
Condizione attuale: chiuso

Provincia di Catanzaro
Comune di Monterosso Calabro
MUSEO DELLA CIVILTÀ CONTADINA E ARTIGIANA
Indirizzo: via Marconi
Categoria: musei territoriali
Fonte/i: Enit / Min. Interni
Proprietà: Comune
Condizione attuale: aperto a richiesta

Provincia di Catanzaro
Comune di Nicotera
MUSEO CIVICO ARCHEOLOGICO
Indirizzo: palazzo Ruffo, via Umberto, tel. 0963/886166
Categoria: musei d'archeologia
Fonte/i: Istat / Enit / Touring Club / Min. Interni / Guida Regioni d'Italia / Assess. Cultura Bologna
Proprietà: Comune
Condizione attuale: aperto a richiesta

Provincia di Catanzaro
Comune di Nicotera
MUSEO DIOCESANO D'ARTE SACRA
Indirizzo: piazza Duomo 10, tel. 0963/81308
Categoria: musei d'arte
Fonte/i: Istat / Enit / Touring Club / Min. Interni / Guida Regioni d'Italia / Assess. Cultura Bologna
Proprietà: ecclesiastica
Condizione attuale: aperto a richiesta

Provincia di Catanzaro
Comune di Santa Severina
CASTELLO DI SANTA SEVERINA
Categoria: musei territoriali
Fonte/i: Fio / Legge 64
Proprietà: Comune
Condizione attuale: in restauro

Provincia di Catanzaro
Comune di Squillace
MUSEO DIOCESANO
Indirizzo: piazza Duomo
Categoria: musei d'arte
Fonte/i: Min. Interni
Proprietà: ecclesiastica
Condizione attuale: aperto a richiesta

Provincia di Catanzaro
Comune di Tiriolo
ANTIQUARIUM COMUNALE
Indirizzo: viale Pitagora
Categoria: musei d'archeologia
Fonte/i: Min. Interni
Proprietà: Comune
Condizione attuale: aperto a richiesta

Provincia di Catanzaro

Comune di Tropea
MUSEO CIVICO DIOCESANO
Categoria: musei d'arte
Fonte/i: Istat / Min. Beni Culturali
Proprietà: Comune
Condizione attuale: aperto a richiesta

Provincia di Catanzaro
Comune di Tropea
RACCOLTA "TORALDO DI FRANCIA"
Indirizzo: palazzo Toraldo di Francia,
via Lauro, tel. 0963/61388-62059
Categoria: musei d'archeologia
Fonte/i: Istat / Enit / Touring Club / Guida Regioni d'Italia / Assess. Cultura Bologna
Proprietà: privata
Condizione attuale: aperta a richiesta

Provincia di Catanzaro
Comune di Vallefiorita
MUSEO COMUNALE DI ARTE CONTEMPORANEA
Indirizzo: corso Italia, vico 2
Categoria: musei d'arte
Fonte/i: Min. Interni
Proprietà: Comune
Condizione attuale: aperto a richiesta

Provincia di Catanzaro
Comune di Vibo Valentia
ARCHIVIO DEI CONTI "CAPIALBI"
Indirizzo: via Ruggero il Normanno 10, tel. 0963/41016
Categoria: musei d'archeologia
Fonte/i: Touring Club / Assess. Cultura Bologna
Proprietà: privata
Condizione attuale: aperto a richiesta

Provincia di Catanzaro
Comune di Vibo Valentia
CASTELLO NORMANNO SVEVO
Categoria: musei d'archeologia
Fonte/i: Min. Beni Culturali / Insud
Proprietà: Stato
Condizione attuale: in restauro

Provincia di Catanzaro
Comune di Vibo Valentia
MUSEO ARCHEOLOGICO NAZIONALE
Indirizzo: palazzo Gagliardi,
piazza Garibaldi, tel. 0963/43350
Categoria: musei d'archeologia
Fonte/i: Istat / Enit / Touring Club / Guida Regioni d'Italia / Assess. Cultura Bologna / Dir. gen. Min. Beni culturali

Proprietà: Stato
Condizione attuale: aperto

PROVINCIA DI COSENZA

Provincia di Cosenza
Comune di Altomonte
MUSEO CIVICO DI SANTA MARIA DELLA CONSOLAZIONE
Indirizzo: piazza T. Campanella, tel. 0981/948185-948464
Categoria: musei d'arte
Fonte/i: Istat / Enit / Touring Club / Min. Interni / Guida Regioni d'Italia / Assess. Cultura Bologna
Proprietà: Comune
Condizione attuale: aperto

Provincia di Cosenza
Comune di Amendolara
ANTIQUARIUM: DEPOSITO
Categoria: musei d'archeologia
Fonte/i: Enit / Min. Beni Culturali / Min. Interni
Proprietà: Stato
Condizione attuale: in allestimento

Provincia di Cosenza
Comune di Cassano allo Jonio
MUSEO ARCHEOLOGICO DELLA SIBARITIDE
Indirizzo: via Taranto, Sibari, tel. 0981/74077
Categoria: musei d'archeologia
Fonte/i: Istat / Enit / Touring Club / Min. Beni Culturali / Guida Regioni d'Italia / Assess. Cultura Bologna / Dir. gen. Min. Beni culturali
Proprietà: Stato
Condizione attuale: aperto

Provincia di Cosenza
Comune di Cassano allo Jonio
MUSEO DIOCESANO
Indirizzo: piazza Sant'Eusebio, tel. 0981/71048
Categoria: musei d'arte
Fonte/i: Istat / Enit / Touring Club / Guida Regioni d'Italia / Assess. Cultura Bologna
Proprietà: ecclesiastica
Condizione attuale: chiuso

Provincia di Cosenza
Comune di Castrovillari
MUSEO CIVICO
Indirizzo: palazzo Gallo, piazza Vittorio Emanuele, tel. 0981/22260-21907

Categoria: musei d'archeologia
Fonte/i: Istat / Enit / Touring Club / Guida Regioni d'Italia / Assess. Cultura Bologna
Proprietà: Comune
Condizione attuale: aperto

Provincia di Cosenza
Comune di Cerzeto
MUSEO SCOLASTICO COMUNALE
Indirizzo: San Giacomo
Categoria: musei territoriali
Fonte/i: Min. Interni
Proprietà: Comune
Condizione attuale: aperto a richiesta

Provincia di Cosenza
Comune di Civita
MUSEO ETNICO "ARBERESH"
Indirizzo: via Trento
Categoria: musei etnograf. e/o antropolog.
Fonte/i: Min. Interni
Proprietà: privata
Condizione attuale: aperto a richiesta

Provincia di Cosenza
Comune di Cosenza
MUSEO CIVICO ARCHEOLOGICO
Indirizzo: piazza XV Marzo, tel. 0984/73387
Categoria: musei d'archeologia
Fonte/i: Istat / Enit / Touring Club / Guida Regioni d'Italia / Assess. Cultura Bologna
Proprietà: Comune
Condizione attuale: aperto

Provincia di Cosenza
Comune di Cosenza
MUSEO DEI VIGILI URBANI
Indirizzo: piazza dei Bruzi, tel. 0984/26802
Categoria: musei specializzati
Fonte/i: Enit / Guida Regioni d'Italia / Assess. Cultura Bologna / Piccoli
Proprietà: Comune
Condizione attuale: aperto a richiesta

Provincia di Cosenza
Comune di Cosenza
MUSEO DIOCESANO
Indirizzo: Arcivescovado, piazza Parrasio, tel. 0984/24438
Categoria: musei d'arte
Fonte/i: Enit / Guida Regioni d'Italia / Assess. Cultura Bologna / Insud
Proprietà: ecclesiastica
Condizione attuale: aperto a richiesta

Provincia di Cosenza
Comune di Cosenza
PINACOTECA NAZIONALE PALAZZO "ARNONE"
Indirizzo: tel. 0984/73282
Categoria: musei d'arte
Fonte/i: Dir. gen. Min. Beni culturali
Proprietà: Stato
Condizione attuale: in allestimento

Provincia di Cosenza
Comune di Cosenza
RACCOLTA DI OPERE D'ARTE
Indirizzo: ex convento San Francesco, via Grotte di San Francesco, tel. 0984/21983
Categoria: musei d'arte
Fonte/i: Istat / Enit / Guida Regioni d'Italia
Proprietà: Stato
Condizione attuale: aperta a richiesta

Provincia di Cosenza
Comune di Longobucco
MUSEO ETNOGRAFICO
Categoria: musei etnograf. e/o antropolog.
Fonte/i: Min. Interni
Proprietà: Comune
Condizione attuale: aperto a richiesta

Provincia di Cosenza
Comune di Morano Calabro
MUSEO DEL FOLCLORE, DELL'AGRICOLTURA E PASTORIZIA
Indirizzo: edificio della scuola elementare
Categoria: musei territoriali
Fonte/i: Istat / Min. Interni
Proprietà: Comune
Condizione attuale: aperto a richiesta

Provincia di Cosenza
Comune di Oriolo
CASTELLO MEDIEVALE
Categoria: musei d'arte
Fonte/i: Min. Beni Culturali
Proprietà: Comune
Condizione attuale: in progettazione

Provincia di Cosenza
Comune di Rende
MUSEO CIVICO
Indirizzo: via R. De Bartolo, tel. 0984/443593
Categoria: musei d'archeologia
Fonte/i: Enit / Assess. Cultura Bologna
Proprietà: Comune
Condizione attuale: aperto

Provincia di Cosenza
Comune di Roggioano Gravina

MUSEO COMUNALE
Indirizzo: Municipio
Categoria: musei d'archeologia
Fonte/i: Enit / Min. Interni
Proprietà: Comune
Condizione attuale: aperto a richiesta

Provincia di Cosenza
Comune di Rossano
MUSEO DIOCESANO D'ARTE SACRA
Indirizzo: piazza Duomo, tel. 0983/31282
Categoria: musei d'arte
Fonte/i: Istat / Enit / Touring Club / Guida Regioni d'Italia / Assess. Cultura Bologna
Proprietà: ecclesiastica
Condizione attuale: aperto

Provincia di Cosenza
Comune di San Donato di Ninea
MUSEO DELLA CHIESA SANTISSIMA TRINITÀ
Categoria: musei specializzati
Fonte/i: Min. Beni Culturali
Proprietà: ecclesiastica
Condizione attuale: in progettazione

Provincia di Cosenza
Comune di San Giovanni in Fiore
MUSEO DELL'ECONOMIA LAVORO E STORIA SOCIALE SILANA
Indirizzo: presso abbazia Florense, tel. 0984/991825-992791
Categoria: musei territoriali
Fonte/i: Guida Regioni d'Italia / Assess. Cultura Bologna
Proprietà: Comune
Condizione attuale: aperto

Provincia di Cosenza
Comune di Scalea
ANTIQUARIUM POSTO DI GUARDIA TORRE CIMALONGA
Indirizzo: largo Nazionale
Categoria: musei d'archeologia
Fonte/i: Istat / Min. Interni
Proprietà: Stato
Condizione attuale: aperto

Provincia di Cosenza
Comune di Trebisacce
MUSEO ETNOGRAFICO
Indirizzo: tel. 0981/58300
Categoria: musei territoriali
Fonte/i: Assess. Cultura Bologna
Proprietà: Comune
Condizione attuale: in allestimento

Provincia di Cosenza
Comune di Vaccarizzo Albanese
MOSTRA PERMANENTE DEL COSTUME "ARBERESH"
Indirizzo: via Croinusevet 2
Categoria: musei territoriali
Fonte/i: Min. Interni
Proprietà: Comune
Condizione attuale: aperta a richiesta

Provincia di Reggio Calabria

Provincia di Reggio Calabria
Comune di Bova
MUSEO DI PALEONTOLOGIA
Categoria: musei di scienza e tecnica
Fonte/i: Min. Interni
Proprietà: Comune
Condizione attuale: aperto a richiesta

Provincia di Reggio Calabria
Comune di Bova Marina
MUSEO PASTORALE
Indirizzo: via Piave
Categoria: musei territoriali
Fonte/i: Min. Interni
Proprietà: Comune
Condizione attuale: aperto

Provincia di Reggio Calabria
Comune di Locri
ANTIQUARIUM
Indirizzo: contrada Marasà, via Nazionale, tel. 0964/390023
Categoria: musei d'archeologia
Fonte/i: Istat / Enit / Touring Club / Assess. Cultura Bologna / Dir. gen. Min. Beni culturali
Proprietà: Stato
Condizione attuale: aperto

Provincia di Reggio Calabria
Comune di Locri
RACCOLTA PRIVATA "SCAGLIONE"
Indirizzo: via Candida 6, tel. 0964/20207-20344
Categoria: musei d'archeologia
Fonte/i: Istat / Enit / Touring Club / Assess. Cultura Bologna
Proprietà: privata
Condizione attuale: aperta a richiesta

Provincia di Reggio Calabria
Comune di Mammola
MUSEO DELLA FONDAZIONE ARTISTICA DI SANTA BARBARA

Indirizzo: contrada Santa Barbara, tel. 0964/414220
Categoria: musei d'arte
Fonte/i: Enit / Min. Interni / Assess. Cultura Bologna
Proprietà: privata
Condizione attuale: aperto

Provincia di Reggio Calabria
Comune di Monasterace
ANTIQUARIUM
Indirizzo: nell'area archeologica
Categoria: musei d'archeologia
Fonte/i: Min. Beni Culturali / Dir. gen. Min. Beni culturali
Proprietà: Stato
Condizione attuale: in allestimento

Provincia di Reggio Calabria
Comune di Palmi
ANTIQUARIUM
Indirizzo: via San Giorgio, tel. 0966/23530
Categoria: musei d'archeologia
Fonte/i: Istat / Enit / Guida Regioni d'Italia
Proprietà: Comune
Condizione attuale: aperto

Provincia di Reggio Calabria
Comune di Palmi
CASA DELLA CULTURA "L. REPACI"
Categoria: musei d'arte
Fonte/i: Assess. Cultura Bologna
Proprietà: privata
Condizione attuale: aperta

Provincia di Reggio Calabria
Comune di Palmi
MUSEO "F. CILEA"
Indirizzo: via San Giorgio, tel. 0966/23530
Categoria: musei specializzati
Fonte/i: Istat / Enit / Touring Club / Guida Regioni d'Italia / Assess. Cultura Bologna
Proprietà: Comune
Condizione attuale: aperto a richiesta

Provincia di Reggio Calabria
Comune di Palmi
MUSEO CIVICO DELLE TRADIZIONI POPOLARI CALABRESI
Indirizzo: via San Giorgio, tel. 0966/23530
Categoria: musei territoriali
Fonte/i: Istat / Enit / Touring Club / Min. Interni / Guida Regioni d'Italia / Insud
Proprietà: Comune
Condizione attuale: aperto

Provincia di Reggio Calabria
Comune di Palmi
MUSEO DI ARTE MODERNA "M. GUERRISI"
Indirizzo: via San Giorgio, tel. 0966/23530
Categoria: musei d'arte
Fonte/i: Istat / Enit / Guida Regioni d'Italia
Proprietà: Comune
Condizione attuale: aperto

Provincia di Reggio Calabria
Comune di Reggio Calabria
MUSEO NAZIONALE DELLA MAGNA GRECIA
Indirizzo: piazza dei Nava 26, tel. 0965/25164-22005
Categoria: musei d'archeologia
Fonte/i: Istat / Enit / Touring Club / Min. Beni Culturali / Guida Regioni d'Italia / Assess. Cultura Bologna / Dir. gen. Min. Beni culturali / Insud
Proprietà: Stato
Condizione attuale: aperto

Provincia di Reggio Calabria
Comune di Reggio Calabria
RACCOLTA ORNITOLOGICA SOCIETÀ DI TIRO A VOLO
Categoria: musei di scienza e tecnica
Fonte/i: Com. it. Icom
Proprietà: privata
Condizione attuale: aperta a richiesta

Regione Campania

PROVINCIA DI AVELLINO

Provincia di Avellino
Comune di Altavilla Irpina
CENTRO DOCUMENTAZIONE STORICA
Indirizzo: viale San Francesco d'Assisi 12
Categoria: musei di storia
Fonte/i: Min. Interni
Proprietà: Comune
Condizione attuale: aperto a richiesta

Provincia di Avellino
Comune di Avella
MUSEO COMUNALE
Indirizzo: palazzo baronale dei Colonna, tel. 081/8251246
Categoria: musei d'archeologia
Fonte/i: Enit
Proprietà: Comune
Condizione attuale: aperto a richiesta

Provincia di Avellino
Comune di Avellino
MUSEO DIOCESANO DEL DUOMO
Indirizzo: via Duomo, tel. 0825/30706
Categoria: musei d'arte
Fonte/i: Enit / Dir. gen. Min. Beni culturali
Proprietà: ecclesiastica
Condizione attuale: chiuso

Provincia di Avellino
Comune di Avellino
MUSEO IRPINO
Indirizzo: corso Europa, tel. 0825/38582
Categoria: musei d'arte e archeologia
Fonte/i: Istat / Enit / Guida Monaci / Touring Club / Assess. Cultura Bologna
Proprietà: Provincia
Condizione attuale: aperto

Provincia di Avellino
Comune di Bagnoli Irpino
MUSEO ETNOGRAFICO DELLA COMUNITÀ MONTANA
Indirizzo: località Laceno
Categoria: musei territoriali
Fonte/i: Min. Interni
Proprietà: privata
Condizione attuale: aperto a richiesta

Provincia di Avellino
Comune di Caposele
MUSEO DI SAN GERARDO
Indirizzo: Mater Domini, santuario di San Gerardo
Categoria: musei specializzati
Fonte/i: Regione
Proprietà: ecclesiastica
Condizione attuale: in allestimento

Provincia di Avellino
Comune di Guardia Lombardi
MUSEO COMUNALE
Indirizzo: via Roma
Categoria: musei d'archeologia
Fonte/i: Min. Interni
Proprietà: Comune
Condizione attuale: aperto a richiesta

Provincia di Avellino
Comune di Lauro
MUSEO CIVICO
Indirizzo: piazza Municipio
Categoria: musei d'archeologia
Fonte/i: Min. Interni
Proprietà: Comune
Condizione attuale: aperto

Provincia di Avellino
Comune di Mercogliano
MOSTRA PERMANENTE DEI MUSEI NEL MONDO
Indirizzo: Montevergine, tel. 0825/73424
Categoria: musei d'arte
Fonte/i: Enit / Min. Beni culturali
Proprietà: ecclesiastica
Condizione attuale: aperta a richiesta

Provincia di Avellino
Comune di Mercogliano
MUSEO DEL SANTUARIO DI MONTEVERGINE
Indirizzo: Montevergine, tel. 0825/73424
Categoria: musei d'arte
Fonte/i: Istat / Enit / Guida Monaci / Touring Club / Min. Beni culturali / Min. Interni / Assess. Cultura Bologna
Proprietà: Stato
Condizione attuale: aperto

Provincia di Avellino
Comune di Mirabella Eclano
ANTIQUARIUM
Indirizzo: Passo di Mirabella, tel. 0825/449175
Categoria: musei d'archeologia
Fonte/i: Istat / Enit / Dir. gen. Min. Beni culturali
Proprietà: Stato

Condizione attuale: aperto a richiesta

Provincia di Avellino
Comune di Montecalvo Irpino
SACRARIO-MUSEO "PIRROTTI"
Indirizzo: piazza Pompilio
Categoria: musei specializzati
Fonte/i: Min. Interni
Proprietà: privata
Condizione attuale: aperto a richiesta

Provincia di Avellino
Comune di Montella
MUSEO DI SAN FRANCESCO
Indirizzo: Folloni di Montella, tel. 0827/69221
Categoria: musei d'arte
Fonte/i: Istat / Enit / Min. Interni / Dir. gen. Min. Beni culturali
Proprietà: Stato
Condizione attuale: chiuso

Provincia di Avellino
Comune di Montemarano
MUSEO EX-CHIESA DEL PURGATORIO
Indirizzo: piazza del Mercato
Categoria: musei d'arte
Fonte/i: Min. Beni culturali / Min. Interni
Proprietà: ecclesiastica
Condizione attuale: aperto

Provincia di Avellino
Comune di Nusco
ANTIQUARIUM
Indirizzo: Fontiliano
Categoria: musei d'archeologia
Fonte/i: Min. Interni
Proprietà: ecclesiastica
Condizione attuale: aperto a richiesta

Provincia di Avellino
Comune di Solofra
COLLEGIATA DI SAN MICHELE
Indirizzo: piazza Orsini, tel. 0825/583330
Categoria: musei d'arte
Fonte/i: Istat / Enit
Proprietà: ecclesiastica
Condizione attuale: aperta a richiesta

Provincia di Benevento

Provincia di Benevento
Comune di Airola
MUSEO COMUNALE: SEZIONE ARCHEOLOGICA
Indirizzo: via del Lavatoio
Categoria: musei d'archeologia
Fonte/i: Min. Interni
Proprietà: Comune
Condizione attuale: aperta a richiesta

Provincia di Benevento
Comune di Airola
MUSEO COMUNALE: SEZIONE ARTISTICA
Indirizzo: via Caudisi
Categoria: musei d'arte
Fonte/i: Min. Interni
Proprietà: Comune
Condizione attuale: aperta a richiesta

Provincia di Benevento
Comune di Apice
MUSEO CIVICO
Indirizzo: Castello
Categoria: musei d'archeologia
Fonte/i: Min. Interni
Proprietà: Comune
Condizione attuale: aperto a richiesta

Provincia di Benevento
Comune di Arpaia
MUSEO TORRE SAN FORTUNATO
Indirizzo: tel. 0824/950711
Categoria: musei specializzati
Fonte/i: Regione / Min. Beni culturali
Proprietà: ecclesiastica
Condizione attuale: aperto a richiesta

Provincia di Benevento
Comune di Benevento
EX CONVENTO DI SANT'AGOSTINO
Indirizzo: via G. De Nicastro
Categoria: musei territoriali
Fonte/i: Fio / Min. Beni culturali / Legge 64
Proprietà: Stato
Condizione attuale: in restauro

Provincia di Benevento
Comune di Benevento
MUSEO DEL SANNIO
Indirizzo: piazza Santa Sofia, tel. 0824/28831-21818
Categoria: musei d'arte
Fonte/i: Istat / Enit / Guida Monaci / Touring Club / Assess. Cultura Bologna
Proprietà: Provincia
Condizione attuale: aperto

Provincia di Benevento
Comune di Guardia Sanframondi
MUSEO CIVICO
Indirizzo: vico Castello

Categoria: musei di scienza e tecnica
Fonte/i: Min. Interni
Proprietà: Comune
Condizione attuale: aperto a richiesta

Provincia di Benevento
Comune di Guardia Sanframondi
MUSEO DEL SANTUARIO DELL'ASSUNTA
Indirizzo: casa dei Filippini, tel. 0824/864575
Categoria: musei d'arte
Fonte/i: Istat / Enit / Guida Monaci / Touring Club / Assess. Cultura Bologna
Proprietà: ecclesiastica
Condizione attuale: in allestimento

Provincia di Benevento
Comune di Montefalcone di Val Fortore
MUSEO DELLA CIVILTÀ CONTADINA
Indirizzo: presso la Scuola elementare
Categoria: musei territoriali
Fonte/i: Min. Interni
Proprietà: Comune
Condizione attuale: aperto

Provincia di Benevento
Comune di Montesarchio
LAPIDARIO COMUNALE
Indirizzo: Villa comunale, tel. 0824/831122-832870
Categoria: musei d'archeologia
Fonte/i: Min. Interni
Proprietà: Comune
Condizione attuale: aperto a richiesta

Provincia di Benevento
Comune di Montesarchio
MUSEO ARCHEOLOGICO
Indirizzo: palazzo Foglia, tel. 0824/831122
Categoria: musei d'archeologia
Fonte/i: Min. Interni
Proprietà: Stato
Condizione attuale: aperto a richiesta

Provincia di Benevento
Comune di Montesarchio
MUSEO COMUNALE
Indirizzo: convento delle Clarisse, tel. 0824/831122-832870
Categoria: musei di storia
Fonte/i: Min. Interni
Proprietà: Comune
Condizione attuale: in allestimento

Provincia di Benevento
Comune di San Salvatore Telesino
MUSEO CIVICO
Indirizzo: piazza Plebiscito
Categoria: musei d'archeologia
Fonte/i: Min. Interni
Proprietà: Comune
Condizione attuale: aperto

Provincia di Benevento
Comune di Sant'Agata de' Goti
MUSEO DIOCESANO
Indirizzo: chiesa di Santa Maria del Carmine, tel. 0823/953107
Categoria: musei d'arte
Fonte/i: Istat / Enit / Touring Club / Assess. Cultura Bologna
Proprietà: ecclesiastica
Condizione attuale: aperto a richiesta

PROVINCIA DI CASERTA

Provincia di Caserta
Comune di Aversa
MUSEO DI SAN FRANCESCO
Indirizzo: chiesa di San Francesco, tel. 081/8141228
Categoria: musei d'arte
Fonte/i: Istat / Enit / Guida Monaci / Touring Club / Assess. Cultura Bologna
Proprietà: ecclesiastica
Condizione attuale: aperto a richiesta

Provincia di Caserta
Comune di Capua
CAPPELLA DI SAN BARTOLOMEO
Indirizzo: corso Granpriorato di Malta, tel. 0823/963757
Categoria: musei d'arte
Fonte/i: Regione / Min. Beni culturali
Proprietà: ecclesiastica
Condizione attuale: in restauro

Provincia di Caserta
Comune di Capua
MUSEO PROVINCIALE CAMPANO
Indirizzo: via Roma 85, tel. 0823/961402
Categoria: musei d'archeologia
Fonte/i: Istat / Enit / Guida Monaci / Touring Club / Assess. Cultura Bologna
Proprietà: Provincia
Condizione attuale: aperto

Provincia di Caserta
Comune di Carinola
CASA MARZANA
Categoria: musei d'arte
Fonte/i: Min. Beni culturali

Proprietà: Comune
Condizione attuale: in restauro

Provincia di Caserta
Comune di Casaluce
CASTELLO MEDIEVALE
Categoria: musei d'arte
Fonte/i: Min. Beni culturali
Proprietà: privata
Condizione attuale: chiuso

Provincia di Caserta
Comune di Caserta
PALAZZO REALE, PARCO E MUSEO
Indirizzo: tel. 0823/321127
Categoria: musei d'arte
Fonte/i: Istat / Enit / Guida Monaci / Touring Club / Assess. Cultura Bologna
Proprietà: Stato
Condizione attuale: aperti

Provincia di Caserta
Comune di Piedimonte Matese
MUSEO CIVICO
Indirizzo: largo San Domenico, tel. 0823/911360
Categoria: musei d'arte e archeologia
Fonte/i: Istat / Enit / Touring Club / Assess. Cultura Bologna
Proprietà: Comune
Condizione attuale: aperto a richiesta

Provincia di Caserta
Comune di San Tammaro
MUSEO DELL'AGRICOLTURA MERIDIONALE
Indirizzo: Casino reale di Carditello, tel. 0823/3264
Categoria: musei specializzati
Fonte/i: Istat / Enit / Guida Monaci / Fio / Touring Club
Proprietà: Provincia
Condizione attuale: aperto

Provincia di Caserta
Comune di Santa Maria Capua Vetere
ANTIQUARIUM DELL'ANFITEATRO ROMANO
Indirizzo: piazza I ottobre, tel. 0823/845564
Categoria: musei d'archeologia
Fonte/i: Istat / Enit / Guida Monaci / Dir. gen. Min. Beni culturali
Proprietà: Stato
Condizione attuale: aperto a richiesta

Provincia di Caserta
Comune di Santa Maria Capua Vetere
MUSEO DEL RISORGIMENTO
Indirizzo: piazza Bovio, tel. 0823/848702
Categoria: musei di storia
Fonte/i: Istat / Enit / Guida Monaci / Touring Club / Assess. Cultura Bologna
Proprietà: Comune
Condizione attuale: aperto

Provincia di Caserta
Comune di Succivo
MUSEO ATELLANO
Indirizzo: via Roma
Categoria: musei d'archeologia
Fonte/i: Min. Interni
Proprietà: Regione
Condizione attuale: aperto a richiesta

Provincia di Caserta
Comune di Teano
MUSEO ARCHEOLOGICO "IL LOGGIONE"
Categoria: musei d'archeologia
Fonte/i: Dir. gen. Min. Beni culturali
Proprietà: Stato
Condizione attuale: in progettazione

PROVINCIA DI NAPOLI

Provincia di Napoli
Comune di Anacapri
VILLA SAN MICHELE
Indirizzo: tel. 081/8371401
Categoria: musei d'archeologia
Fonte/i: Istat / Enit / Guida Monaci / Touring Club / Assess. Cultura Bologna
Proprietà: privata
Condizione attuale: aperta

Provincia di Napoli
Comune di Boscoreale
ANTIQUARIUM
Indirizzo: tel. 081/8610744
Categoria: musei d'archeologia
Fonte/i: Fio / Dir. gen. Min. Beni culturali
Proprietà: Stato
Condizione attuale: in allestimento

Provincia di Napoli
Comune di Capri
MUSEO "DIEFENBACH"
Indirizzo: certosa di San Giacomo, piazzetta San Giacomo, tel. 081/8370381-8376218
Categoria: musei d'arte
Fonte/i: Istat / Enit / Guida Monaci / Touring Club / Min. Beni culturali / Min. Interni / Dir.

gen. Min. Beni culturali / Assess. Cultura Bologna
Proprietà: Stato
Condizione attuale: aperto

Provincia di Napoli
Comune di Capri
MUSEO DEL CENTRO CAPRENSE "I. CERIO"
Indirizzo: piazzetta I. Cerio, tel. 081/8370858
Categoria: musei d'archeologia
Fonte/i: Istat / Enit / Touring Club / Min. Interni / Assess. Cultura Bologna
Proprietà: privata
Condizione attuale: aperto

Provincia di Napoli
Comune di Castellammare di Stabia
ANTIQUARIUM STABIANO
Indirizzo: via Marco Mario 2, tel. 081/87071228-8712122
Categoria: musei d'archeologia
Fonte/i: Istat / Enit / Guida Monaci / Touring Club / Dir. gen. Min. Beni culturali / Assess. Cultura Bologna
Proprietà: Stato
Condizione attuale: aperto

Provincia di Napoli
Comune di Castellammare di Stabia
EX REGGIA QUISISANA
Categoria: musei d'archeologia
Fonte/i: Fio
Proprietà: Comune
Condizione attuale: in restauro

Provincia di Napoli
Comune di Cicciano
MUSEO LABORATORIO
Indirizzo: via G. Marconi 106, tel. 081/8248673
Categoria: musei specializzati
Fonte/i: Istat / Enit / Assess. Cultura Bologna
Proprietà: Comune
Condizione attuale: aperto a richiesta

Provincia di Napoli
Comune di Ercolano
ANTIQUARIUM
Indirizzo: piazza Museo 1, tel. 081/7390963
Categoria: musei d'archeologia
Fonte/i: Istat / Enit / Touring Club / Assess. Cultura Bologna
Proprietà: Stato
Condizione attuale: in allestimento

Provincia di Napoli
Comune di Ercolano
OSSERVATORIO VESUVIANO
Indirizzo: via del Vesuvio 16, tel. 081/7695904
Categoria: musei di scienza e tecnica
Fonte/i: Istat / Enit / Guida Monaci / Touring Club / Assess. Cultura Bologna
Proprietà: Stato
Condizione attuale: aperto a richiesta

Provincia di Napoli
Comune di Lacco Ameno
MUSEO DEL SANTUARIO DI SANTA RESTITUTA
Indirizzo: piazza Santa Restituta, tel. 081/986313
Categoria: musei d'archeologia
Fonte/i: Istat / Enit / Guida Monaci / Touring Club / Min. Interni / Assess. Cultura Bologna
Proprietà: ecclesiastica
Condizione attuale: aperto a richiesta

Provincia di Napoli
Comune di Lacco Ameno
MUSEO DI VILLA "ARBUSTO"
Indirizzo: corso Rizzoli
Categoria: musei d'arte
Fonte/i: Enit / Min. Interni
Proprietà: Comune
Condizione attuale: aperto a richiesta

Provincia di Napoli
Comune di Napoli
ACQUARIO E MUSEO ZOOLOGICO "DOHRN"
Indirizzo: Villa comunale, via Caracciolo, tel. 081/406222
Categoria: acquari
Fonte/i: Istat / Enit / Guida Monaci / Touring Club / Assess. Cultura Bologna
Proprietà: Comune
Condizione attuale: aperti

Provincia di Napoli
Comune di Napoli
CAPPELLA SANSEVERO
Indirizzo: via F. De Sanctis 19
Categoria: musei d'arte
Fonte/i: Enit / Guida Monaci / Piccoli
Proprietà: privata
Condizione attuale: aperta

Provincia di Napoli
Comune di Napoli
COLLEZIONI DEL PRESEPIO "CATELLO"

Indirizzo: via Cimarosa 79, tel. 081/361239
Categoria: musei specializzati
Fonte/i: Istat / Guida Monaci
Proprietà: privata
Condizione attuale: chiuse

Provincia di Napoli
Comune di Napoli
COLLEZIONI DELL'ISTITUTO UNIVERSITARIO ORIENTALE
Indirizzo: piazza San Giovanni Maggiore 30
Categoria: musei specializzati
Fonte/i: Istat / Enit / Guida Monaci
Proprietà: Università
Condizione attuale: aperte a richiesta

Provincia di Napoli
Comune di Napoli
GALLERIA DELL'ACCADEMIA DI BELLE ARTI
Indirizzo: via Bellini 37, tel. 081/418744
Categoria: musei d'arte
Fonte/i: Istat / Enit / Guida Monaci / Touring Club / Assess. Cultura Bologna
Proprietà: Stato
Condizione attuale: in allestimento

Provincia di Napoli
Comune di Napoli
MUSEO "PRINCIPE D. ARAGONA PIGNATELLI CORTES"
Indirizzo: riviera di Chiaia 200, tel. 081/669675
Categoria: musei d'arte
Fonte/i: Istat / Enit / Guida Monaci / Touring Club / Dir. gen. Min. Beni culturali / Assess. Cultura Bologna
Proprietà: Stato
Condizione attuale: aperto

Provincia di Napoli
Comune di Napoli
MUSEO ANATOMICO FACOLTÀ DI MEDICINA VETERINARIA
Indirizzo: via Delpino 1, tel. 081/440120
Categoria: musei di scienza e tecnica
Fonte/i: Istat / Guida Monaci / Touring Club / Assess. Cultura Bologna
Proprietà: Università
Condizione attuale: aperto a richiesta

Provincia di Napoli
Comune di Napoli
MUSEO ANATOMICO ISTITUTO DI ANATOMIA UMANA NORMALE
Indirizzo: via Armanni 5

Categoria: musei di scienza e tecnica
Fonte/i: Istat
Proprietà: Università
Condizione attuale: aperto a richiesta

Provincia di Napoli
Comune di Napoli
MUSEO ARCHEOLOGICO NAZIONALE
Indirizzo: piazza Museo 35, tel. 081/440874-440166
Categoria: musei d'archeologia
Fonte/i: Istat / Enit / Guida Monaci / Touring Club / Dir. gen. Min. Beni culturali / Legge 64 / Assess. Cultura Bologna
Proprietà: Stato
Condizione attuale: aperto

Provincia di Napoli
Comune di Napoli
MUSEO ARTISTICO DELLE CERAMICHE
Indirizzo: Istituto d'arte, piazzetta D. Salazar, tel. 081/416096
Categoria: musei specializzati
Fonte/i: Guida Monaci / Touring Club / Assess. Cultura Bologna
Proprietà: Stato
Condizione attuale: aperto

Provincia di Napoli
Comune di Napoli
MUSEO ARTISTICO INDUSTRIALE
Indirizzo: Istituto d'arte, piazzetta D. Salazar, tel. 081/416096-416397
Categoria: musei d'arte
Fonte/i: Istat / Enit / Guida Monaci / Touring Club / Assess. Cultura Bologna
Proprietà: Stato
Condizione attuale: aperto

Provincia di Napoli
Comune di Napoli
MUSEO CIVICO "PRINCIPE G. FILANGIERI"
Indirizzo: via Duomo 288, tel. 081/203175
Categoria: musei d'arte
Fonte/i: Istat / Enit / Guida Monaci / Touring Club / Assess. Cultura Bologna
Proprietà: Comune
Condizione attuale: aperto

Provincia di Napoli
Comune di Napoli
MUSEO DELL'APPARTAMENTO STORICO DEL PALAZZO REALE
Indirizzo: piazza Plebiscito,

tel. 081/402693-413888
Categoria: musei d'arte
Fonte/i: Istat / Enit / Guida Monaci / Touring Club / Dir. gen. Min. Beni culturali / Assess. Cultura Bologna
Proprietà: Stato
Condizione attuale: aperto

Provincia di Napoli
Comune di Napoli
**MUSEO DELLE CARROZZE
"M. D'ALESSANDRO"**
Indirizzo: riviera di Chiaia 200,
tel. 081/669675
Categoria: musei specializzati
Fonte/i: Istat / Enit / Guida Monaci / Assess. Cultura Bologna
Proprietà: Stato
Condizione attuale: aperto

Provincia di Napoli
Comune di Napoli
**MUSEO DI ANTROPOLOGIA
DELL'UNIVERSITÀ**
Indirizzo: via Mezzocannone 8,
tel. 081/206828
Categoria: musei di scienza e tecnica
Fonte/i: Istat / Enit / Guida Monaci / Touring Club / Assess. Cultura Bologna
Proprietà: Università
Condizione attuale: aperto a richiesta

Provincia di Napoli
Comune di Napoli
MUSEO DI GEOLOGIA
Indirizzo: largo San Marcellino 10,
tel. 081/204398
Categoria: musei di scienza e tecnica
Fonte/i: Istat / Enit / Guida Monaci / Assess. Cultura Bologna
Proprietà: Università
Condizione attuale: aperto a richiesta

Provincia di Napoli
Comune di Napoli
**MUSEO DI MINERALOGIA
DELL'UNIVERSITÀ**
Indirizzo: via Mezzocannone 8,
tel. 081/206801
Categoria: musei di scienza e tecnica
Fonte/i: Istat / Enit / Guida Monaci / Assess. Cultura Bologna
Proprietà: Università
Condizione attuale: aperto

Provincia di Napoli

Comune di Napoli
MUSEO DI PALEONTOLOGIA
Indirizzo: largo San Marcellino 10,
tel. 081/204242
Categoria: musei di scienza e tecnica
Fonte/i: Istat / Enit / Guida Monaci / Assess. Cultura Bologna
Proprietà: Università
Condizione attuale: aperto

Provincia di Napoli
Comune di Napoli
MUSEO DI SANTA CHIARA
Indirizzo: via B. Croce, tel. 081/418744
Categoria: musei d'arte
Fonte/i: Istat / Enit / Touring Club / Assess. Cultura Bologna
Proprietà: ecclesiastica
Condizione attuale: in allestimento

Provincia di Napoli
Comune di Napoli
MUSEO DI ZOOLOGIA
Indirizzo: via Mezzocannone 8,
tel. 081/206318
Categoria: musei di scienza e tecnica
Fonte/i: Istat / Enit / Guida Monaci / Assess. Cultura Bologna
Proprietà: Università
Condizione attuale: aperto a richiesta

Provincia di Napoli
Comune di Napoli
**MUSEO E GALLERIA NAZIONALE
DI CAPODIMONTE**
Indirizzo: palazzo di Capodimonte,
tel. 081/7410801-741881
Categoria: musei d'arte
Fonte/i: Istat / Enit / Guida Monaci / Touring Club / Dir. gen. Min. Beni culturali / Assass. Cultura Bologna
Proprietà: Stato
Condizione attuale: aperti

Provincia di Napoli
Comune di Napoli
MUSEO FERROVIARIO NAZIONALE
Indirizzo: corso San Giovanni a Teduccio,
tel. 081/472003
Categoria: musei di scienza e tecnica
Fonte/i: Enit / Guida Monaci / Touring Club / Assess. Cultura Bologna
Proprietà: Stato
Condizione attuale: aperto

Provincia di Napoli

Comune di Napoli
MUSEO NAVALE
Indirizzo: via Acton 33, tel. 081/5512249
Categoria: musei specializzati
Fonte/i: Istat / Enit / Guida Monaci / Touring Club / Assess. Cultura Bologna
Proprietà: Università
Condizione attuale: in allestimento

Provincia di Napoli
Comune di Napoli
MUSEO NAZIONALE DELLA CERAMICA "DUCA DI MARTINA"
Indirizzo: villa Floridiana, via Cimarosa 96, tel. 081/3788418-377315
Categoria: musei specializzati
Fonte/i: Istat / Enit / Guida Monaci / Touring Club / Dir. gen. Min. Beni culturali / Assess. Cultura Bologna
Proprietà: Stato
Condizione attuale: aperto

Provincia di Napoli
Comune di Napoli
MUSEO NAZIONALE DI SAN MARTINO
Indirizzo: largo San Martino, tel. 081/377005
Categoria: musei d'arte
Fonte/i: Istat / Enit / Guida Monaci / Touring Club / Dir. gen. Min. Beni culturali / Assess. Cultura Bologna
Proprietà: Stato
Condizione attuale: aperto

Provincia di Napoli
Comune di Napoli
MUSEO STORICO DIPLOMATICO DELL'ARCHIVIO DI STATO
Indirizzo: via Grande Archivio 5, tel. 081/204594
Categoria: musei di storia
Fonte/i: Istat / Enit / Guida Monaci / Touring Club / Assess. Cultura Bologna
Proprietà: Stato
Condizione attuale: aperto

Provincia di Napoli
Comune di Napoli
MUSEO STORICO MUSICALE DEL CONSERVATORIO
Indirizzo: via San Pietro a Maiella 35, tel. 081/459255-459920
Categoria: musei d'arte
Fonte/i: Istat / Enit / Guida Monaci / Touring Club / Assess. Cultura Bologna
Proprietà: Stato
Condizione attuale: aperto a richiesta

Provincia di Napoli
Comune di Napoli
ORTO BOTANICO
Indirizzo: via Foria 223, tel. 081/449759
Categoria: giardini zoolog. botan. naturali
Fonte/i: Istat / Enit / Guida Monaci / Touring Club / Min. Beni culturali / Assess. Cultura Bologna
Proprietà: Università
Condizione attuale: aperto a richiesta

Provincia di Napoli
Comune di Napoli
OSSERVATORIO ASTRONOMICO DI CAPODIMONTE
Indirizzo: via Moiariello 13, tel. 081/440124
Categoria: musei di scienza e tecnica
Fonte/i: Istat / Enit / Touring Club / Assess. Cultura Bologna
Proprietà: Stato
Condizione attuale: aperto a richiesta

Provincia di Napoli
Comune di Napoli
PARCO DI CAPODIMONTE
Categoria: giardini zoolog. botan. naturali
Fonte/i: Min. Beni culturali / Dir. gen. Min. Beni culturali / Legge 64
Proprietà: Stato
Condizione attuale: aperto

Provincia di Napoli
Comune di Napoli
PINACOTECA DEI GIROLAMINI
Indirizzo: via Duomo 142, tel. 081/449139
Categoria: musei d'arte
Fonte/i: Istat / Enit / Guida Monaci / Touring Club / Assess. Cultura Bologna
Proprietà: Stato
Condizione attuale: in allestimento

Provincia di Napoli
Comune di Napoli
PINACOTECA DEL PIO MONTE DELLA MISERICORDIA
Indirizzo: via Tribunali 253, tel. 081/446973
Categoria: musei d'arte
Fonte/i: Istat / Enit / Guida Monaci / Touring Club / Assess. Cultura Bologna
Proprietà: privata
Condizione attuale: in allestimento

Provincia di Napoli
Comune di Napoli
PINACOTECA PERMANENTE DELL'800
Categoria: musei d'arte

Fonte/i: Min. Beni culturali
Proprietà: privata
Condizione attuale: in allestimento

Provincia di Napoli
Comune di Napoli
**RACCOLTA D'ARTE
FONDAZIONE "PAGLIARA"**
Indirizzo: corso Vittorio Emanuele 290,
tel. 081/412908
Categoria: musei d'arte
Fonte/i: Istat / Enit / Guida Monaci / Touring Club / Assess. Cultura Bologna
Proprietà: privata
Condizione attuale: aperta a richiesta

Provincia di Napoli
Comune di Nola
ANTIQUARIUM DEL SEMINARIO VESCOVILE
Indirizzo: via Seminario 29, tel. 081/8235374
Categoria: musei d'archeologia
Fonte/i: Istat / Enit / Guida Monaci / Touring Club / Assess. Cultura Bologna
Proprietà: ecclesiastica
Condizione attuale: aperto

Provincia di Napoli
Comune di Piano di Sorrento
MUSEO ARCHEOLOGICO
Indirizzo: villa "De Sangro"
Categoria: musei d'archeologia
Fonte/i: Fio
Proprietà: Comune
Condizione attuale: in progettazione

Provincia di Napoli
Comune di Pompei
ANTIQUARIUM NAZIONALE
Indirizzo: Pompei scavi,
tel. 081/8610744-0828/811023
Categoria: musei d'archeologia
Fonte/i: Istat / Enit / Guida Monaci / Touring Club / Assess. Cultura Bologna
Proprietà: Stato
Condizione attuale: in restauro

Provincia di Napoli
Comune di Pompei
MUSEO VESUVIANO "G. B. ALFANO"
Indirizzo: piazza B. Longo 1, tel. 081/8631041
Categoria: musei d'arte
Fonte/i: Istat / Enit / Guida Monaci / Touring Club / Assess. Cultura Bologna
Proprietà: ecclesiastica
Condizione attuale: aperto

Provincia di Napoli
Comune di Pompei
SALA DEL TESORO DEL SANTUARIO MADONNA DEL ROSARIO
Indirizzo: piazza del Santuario,
tel. 081/8631960
Categoria: musei specializzati
Fonte/i: Istat / Enit / Guida Monaci / Touring Club / Assess. Cultura Bologna
Proprietà: ecclesiastica
Condizione attuale: aperta

Provincia di Napoli
Comune di Portici
COLLEZIONI DELL'ISTITUTO DI ENTOMOLOGIA AGRARIA
Indirizzo: via Università 100, tel. 081/274134
Categoria: musei di scienza e tecnica
Fonte/i: Istat / Enit / Guida Monaci / Touring Club / Assess. Cultura Bologna
Proprietà: Università
Condizione attuale: aperte a richiesta

Provincia di Napoli
Comune di Portici
MUSEO "ORAZIO COMES"
Indirizzo: Istituto di botanica, Facoltà di agraria, via Università
Categoria: musei di scienza e tecnica
Fonte/i: Istat
Proprietà: Università
Condizione attuale: aperto

Provincia di Napoli
Comune di Portici
ORTO BOTANICO
Indirizzo: Istituto di botanica, Facoltà di agraria, via Università
Categoria: giardini zoolog. botan. naturali
Fonte/i: Istat / Enit / Guida Monaci / Touring Club / Assess. Cultura Bologna
Proprietà: Università
Condizione attuale: aperto

Provincia di Napoli
Comune di Pozzuoli
ANTIQUARIUM FLEGREO
Indirizzo: via Celle, tel. 081/8676007
Categoria: musei d'archeologia
Fonte/i: Istat / Enit
Proprietà: Stato
Condizione attuale: chiuso

Provincia di Napoli
Comune di Sorrento
MUSEO "CORREALE DI TERRANOVA"

Indirizzo: via Correale 50, tel. 081/8781846
Categoria: musei d'arte
Fonte/i: Istat / Enit / Guida Monaci / Touring Club / Assess. Cultura Bologna
Proprietà: privata
Condizione attuale: aperto

Provincia di Napoli
Comune di Torre Annunziata
MUSEO DELL'ENERGIA SOLARE
Indirizzo: via Fiume 8, tel. 081/8612538
Categoria: musei di scienza e tecnica
Fonte/i: Guida Monaci
Proprietà: privata
Condizione attuale: aperto a richiesta

Provincia di Napoli
Comune di Torre Annunziata
MUSEO OPLONTINO
Indirizzo: edificio dell'ex orfanotrofio
Categoria: musei d'archeologia
Fonte/i: Fio
Proprietà: Comune
Condizione attuale: in progettazione

Provincia di Napoli
Comune di Torre del Greco
MUSEO DEL CORALLO
Indirizzo: piazza L. Palomba 6, tel. 081/8811360
Categoria: musei specializzati
Fonte/i: Istat / Enit / Guida Monaci / Touring Club / Assess. Cultura Bologna / Piccoli
Proprietà: Stato
Condizione attuale: aperto

Provincia di Napoli
Comune di Vico Equense
ANTIQUARIUM
Indirizzo: via Vescovado 1, tel. 081/8798343
Categoria: musei d'archeologia
Fonte/i: Istat / Enit / Touring Club / Assess. Cultura Bologna
Proprietà: Stato
Condizione attuale: aperto

Provincia di Salerno

Provincia di Salerno
Comune di Agropoli
ANTIQUARIUM
Indirizzo: via C. Pisacane
Categoria: musei d'archeologia
Fonte/i: Min. Interni
Proprietà: Comune
Condizione attuale: in allestimento

Provincia di Salerno
Comune di Altavilla Silentina
MUSEO DEL CASTELLO
Indirizzo: piazza Umberto I
Categoria: musei d'arte
Fonte/i: Min. Interni
Proprietà: privata
Condizione attuale: aperto a richiesta

Provincia di Salerno
Comune di Amalfi
MUSEO CIVICO
Indirizzo: piazza Municipio, tel. 089/871066
Categoria: musei di storia
Fonte/i: Istat / Enit / Guida Monaci / Touring Club / Assess. Cultura Bologna
Proprietà: Comune
Condizione attuale: aperto

Provincia di Salerno
Comune di Amalfi
MUSEO DELLA CARTA
Indirizzo: valle dei Mulini, tel. 089/872615
Categoria: musei specializzati
Fonte/i: Istat / Enit / Guida Monaci / Touring Club / Assess. Cultura Bologna / Piccoli
Proprietà: Comune
Condizione attuale: in allestimento

Provincia di Salerno
Comune di Amalfi
MUSEO DIOCESANO DELLA BASILICA DEL CROCIFISSO
Categoria: musei specializzati
Fonte/i: Min. Beni culturali
Proprietà: ecclesiastica
Condizione attuale: in restauro

Provincia di Salerno
Comune di Ascea
ANTIQUARIUM SCAVI DI VELIA
Indirizzo: tel. 0974/972134
Categoria: musei d'archeologia
Fonte/i: Enit / Dir. gen. Min. Beni culturali / Assess. Cultura Bologna
Proprietà: Stato
Condizione attuale: chiuso

Provincia di Salerno
Comune di Atena Lucana
ANTIQUARIUM
Indirizzo: viale Kennedy, tel. 0975/76001
Categoria: musei d'archeologia
Fonte/i: Istat / Enit / Guida Monaci / Assess. Cultura Bologna
Proprietà: Comune

Condizione attuale: aperto a richiesta

Provincia di Salerno
Comune di Atena Lucana
MUSEO COMUNALE
Indirizzo: via Santa Maria, tel. 0975/76001
Categoria: musei d'archeologia
Fonte/i: Assess. Cultura Bologna
Proprietà: Comune
Condizione attuale: in allestimento

Provincia di Salerno
Comune di Camerota
MOSTRA DELL'ATTREZZO CONTADINO
Indirizzo: Licusati
Categoria: musei territoriali
Fonte/i: Min. Interni
Proprietà: privata
Condizione attuale: chiusa

Provincia di Salerno
Comune di Campagna
MUSEO CIVICO "GIORDANO BRUNO"
Indirizzo: via San Bartolomeo 126
Categoria: musei territoriali
Fonte/i: Min. Interni
Proprietà: Comune
Condizione attuale: aperto a richiesta

Provincia di Salerno
Comune di Capaccio
MUSEO ARCHEOLOGICO NAZIONALE DI PAESTUM
Indirizzo: via Nazionale, tel. 0828/811023
Categoria: musei d'archeologia
Fonte/i: Istat / Enit / Guida Monaci / Fio / Touring Club / Min. Interni / Dir. gen. Min. Beni culturali / Assess. Cultura Bologna
Proprietà: Stato
Condizione attuale: aperto

Provincia di Salerno
Comune di Cava de' Tirreni
MUSEO DELL'ABBAZIA DELLA SANTISSIMA TRINITÀ
Indirizzo: via Morcaldi 16, tel. 089/463922
Categoria: musei d'archeologia
Fonte/i: Istat / Enit / Guida Monaci / Touring Club / Assess. Cultura Bologna
Proprietà: Stato
Condizione attuale: aperto

Provincia di Salerno
Comune di Centola
ANTIQUARIUM DI PALINURO
Indirizzo: località Ficocella

Categoria: musei d'archeologia
Fonte/i: Enit / Guida Monaci / Min. Interni
Condizione attuale: in allestimento

Provincia di Salerno
Comune di Laureana Cilento
MUSEO DI STORIA NATURALE DEL CILENTO
Indirizzo: via del Mercato
Categoria: musei territoriali
Fonte/i: Guida Monaci / Min. Interni
Condizione attuale: aperto a richiesta

Provincia di Salerno
Comune di Laurino
ANTIQUARIUM
Indirizzo: via dell'Immacolata
Categoria: musei d'archeologia
Fonte/i: Min. Interni
Proprietà: Stato
Condizione attuale: in restauro

Provincia di Salerno
Comune di Maiori
MUSEO DELLA CHIESA DI SANTA MARIA A MARE
Categoria: musei specializzati
Fonte/i: Enit
Proprietà: ecclesiastica
Condizione attuale: aperto

Provincia di Salerno
Comune di Minori
ANTIQUARIUM
Categoria: musei di storia
Fonte/i: Dir. gen. Min. Beni culturali
Proprietà: Stato
Condizione attuale: aperto

Provincia di Salerno
Comune di Moio della Civitella
MOSTRA-MUSEO DELLA CIVILTÀ CONTADINA
Indirizzo: Scuola media, frazione Pellare
Categoria: musei territoriali
Fonte/i: Enit / Guida Monaci / Touring Club / Min. Interni / Assess. Cultura Bologna
Proprietà: Comune
Condizione attuale: aperta

Provincia di Salerno
Comune di Moio della Civitella
MUSEO EX CONVENTO S. FRANCESCO
Indirizzo: tel. 0974/66036-66118
Categoria: musei specializzati
Fonte/i: Min. Beni culturali

Proprietà: Comune
Condizione attuale: aperto a richiesta

Provincia di Salerno
Comune di Montecorice
MUSEO CIVILTÀ CONTADINA CILENTO
Indirizzo: frazione Ortodonico, tel. 0974/824159
Categoria: musei territoriali
Fonte/i: Enit / Guida Monaci / Touring Club / Min. Interni / Assess. Cultura Bologna
Proprietà: privata
Condizione attuale: aperto

Provincia di Salerno
Comune di Morigerati
MUSEO ETNOGRAFICO AGRO-SILVO-PASTORALE
Indirizzo: via Granatelli 5, tel. 0974/982024
Categoria: musei territoriali
Fonte/i: Istat / Enit / Guida Monaci / Touring Club / Min. Interni / Assess. Cultura Bologna
Proprietà: privata
Condizione attuale: aperto

Provincia di Salerno
Comune di Nocera Inferiore
MUSEO ARCHEOLOGICO DELL'AGRO NOCERINO
Indirizzo: piazza Sant'Antonio, tel. 081/929880
Categoria: musei d'archeologia
Fonte/i: Istat / Enit / Guida Monaci / Touring Club / Assess. Cultura Bologna
Proprietà: Provincia
Condizione attuale: aperto

Provincia di Salerno
Comune di Nocera Inferiore
RACCOLTA "FIENGA"
Indirizzo: parco Fienga, tel. 081/225578
Categoria: musei specializzati
Fonte/i: Istat / Enit
Proprietà: privata
Condizione attuale: aperta a richiesta

Provincia di Salerno
Comune di Oliveto Citra
MUSEO ARCHEOLOGICO VALLE DEL SELE
Indirizzo: tel. 0828/793162-793029
Categoria: musei d'archeologia
Fonte/i: Istat
Proprietà: Comune
Condizione attuale: aperto a richiesta
Provincia di Salerno

Comune di Padula
MUSEO ARCHEOLOGICO DELLA LUCANIA OCCIDENTALE
Indirizzo: certosa di Padula, tel. 0975/77117
Categoria: musei d'archeologia
Fonte/i: Istat / Enit / Guida Monaci / Touring Club / Min. Interni / Dir. gen. Min. Beni culturali / Assess. Cultura Bologna
Proprietà: Provincia
Condizione attuale: aperto

Provincia di Salerno
Comune di Pagani
MUSEO ALFONSIANO
Indirizzo: basilica di Sant'Alfonso, tel. 081/916054
Categoria: musei specializzati
Fonte/i: Istat / Enit / Guida Monaci / Touring Club / Assess. Cultura Bologna
Proprietà: ecclesiastica
Condizione attuale: aperto a richiesta

Provincia di Salerno
Comune di Pontecagnano Faiano
MUSEO NAZIONALE DELL'AGRO PICENTINO
Indirizzo: piazza del Risorgimento 14, tel. 089/383505
Categoria: musei d'archeologia
Fonte/i: Istat / Enit / Guida Monaci / Touring Club / Dir. gen. Min. Beni culturali / Assess. Cultura Bologna
Proprietà: Stato
Condizione attuale: aperto

Provincia di Salerno
Comune di Ravello
ANTIQUARIUM VILLA "RUFOLO"
Indirizzo: piazza Vescovado, tel. 089/857866
Categoria: musei d'archeologia
Fonte/i: Istat / Enit / Guida Monaci / Min. Interni / Assess. Cultura Bologna
Proprietà: Stato
Condizione attuale: aperto a richiesta

Provincia di Salerno
Comune di Ravello
MUSEO DEL DUOMO
Indirizzo: piazza Vescovado, tel. 089/857096
Categoria: musei d'arte
Fonte/i: Istat / Enit / Guida Monaci / Touring Club / Min. Interni / Dir. gen. Min. Beni culturali / Assess. Cultura Bologna
Proprietà: Stato
Condizione attuale: aperto a richiesta
Provincia di Salerno

Comune di Roccagloriosa
MUSEO CIVICO ARCHEOLOGICO
Indirizzo: ex municipio, tel. 0974/981113
Categoria: musei d'archeologia
Fonte/i: Istat / Touring Club / Min. Interni / Assess. Cultura Bologna
Proprietà: Comune
Condizione attuale: aperto a richiesta

Provincia di Salerno
Comune di Roscigno
MUSEO DELLA CULTURA CONTADINA
Indirizzo: Roscigno vecchio
Categoria: musei territoriali
Fonte/i: Min. Interni
Proprietà: Comune
Condizione attuale: aperto a richiesta

Provincia di Salerno
Comune di Sala Consilina
ANTIQUARIUM
Indirizzo: via Cappuccini 10, tel. 0975/21052
Categoria: musei d'archeologia
Fonte/i: Istat / Enit / Guida Monaci / Touring Club / Min. Interni / Dir. gen. Min. Beni culturali / Assess. Cultura Bologna
Proprietà: Stato
Condizione attuale: aperto

Provincia di Salerno
Comune di Salerno
MUSEO ARCHEOLOGICO PROVINCIALE
Indirizzo: via San Benedetto 28, tel. 089/231135
Categoria: musei d'archeologia
Fonte/i: Istat / Enit / Guida Monaci / Touring Club / Assess. Cultura Bologna
Proprietà: Provincia
Condizione attuale: aperto

Provincia di Salerno
Comune di Salerno
MUSEO DEL DUOMO
Indirizzo: via Monsignor Monterisi, tel. 089/224322
Categoria: musei d'arte
Fonte/i: Istat / Enit / Guida Monaci / Touring Club / Assess. Cultura Bologna
Proprietà: ecclesiastica
Condizione attuale: in allestimento

Provincia di Salerno
Comune di Salerno
MUSEO DELLA SCUOLA MEDICA SALERNITANA
Indirizzo: chiesa di San Gregorio, via Mercanti
Categoria: musei specializzati
Fonte/i: Istat / Min. Beni culturali
Proprietà: ecclesiastica
Condizione attuale: in restauro

Provincia di Salerno
Comune di Salerno
MUSEO DIOCESANO EX CHIESA DI SAN BENEDETTO
Indirizzo: ex seminario, largo Plebiscito, tel. 089/241292-251723
Categoria: musei specializzati
Fonte/i: Min. Beni culturali
Proprietà: ecclesiastica
Condizione attuale: aperto a richiesta

Provincia di Salerno
Comune di Salerno
MUSEO PARR. SANTA MARIA DELLE GRAZIE (SALA SCACCO-VACCARO)
Indirizzo: via Trotula di Ruggero, tel. 089/233021
Categoria: musei d'arte
Fonte/i: Istat / Enit / Guida Monaci / Touring Club / Assess. Cultura Bologna
Proprietà: ecclesiastica
Condizione attuale: aperto a richiesta

Provincia di Salerno
Comune di Salerno
PINACOTECA PROVINCIALE
Indirizzo: palazzo della Provincia, tel. 089/614111
Categoria: musei d'arte
Fonte/i: Istat
Proprietà: Provincia
Condizione attuale: aperta

Provincia di Salerno
Comune di Santomenna
MUSEO DI SANTOMENNA
Indirizzo: palazzo De Ruggeri, via Roma
Categoria: musei di storia
Fonte/i: Min. Interni
Proprietà: Comune
Condizione attuale: aperto

Provincia di Salerno
Comune di Sarno
MUSEO DELLA VALLE DEL SARNO
Indirizzo: convento di Santa Maria della Foce, tel. 081/844677
Categoria: musei d'archeologia
Fonte/i: Istat / Enit / Guida Monaci / Touring Club / Assess. Cultura Bologna

Proprietà: Comune
Condizione attuale: aperto

Provincia di Salerno
Comune di Sarno
MUSEO DI PALAZZO "CAPUA"
Indirizzo: tel. 081/941177
Categoria: musei d'archeologia
Fonte/i: Min. Beni culturali / Dir. gen. Min. Beni culturali
Proprietà: Stato
Condizione attuale: in progettazione

Provincia di Salerno
Comune di Teggiano
MUSEO CIVICO DIANENSE
Indirizzo: chiesa di San Pietro, piazza IV novembre, tel. 0975/79001
Categoria: musei d'arte e archeologia
Fonte/i: Istat / Enit / Guida Monaci / Min. Interni / Dir. gen. Min. Beni culturali / Assess. Cultura Bologna
Proprietà: Comune
Condizione attuale: aperto

Provincia di Salerno
Comune di Teggiano
MUSEO DELLA CIVILTÀ CONTADINA
Indirizzo: largo San Pietro, tel. 0975/79540
Categoria: musei territoriali
Fonte/i: Min. Interni / Dir. gen. Min. Beni culturali
Proprietà: Comune
Condizione attuale: aperto a richiesta

Provincia di Salerno
Comune di Vallo della Lucania
MUSEO E PINACOTECA DIOCESANI
Indirizzo: via Cammarota, tel. 0974/4139
Categoria: musei d'arte
Fonte/i: Istat / Enit / Min. Interni / Dir. gen. Min. Beni culturali
Proprietà: Stato
Condizione attuale: aperti

Provincia di Salerno
Comune di Vietri sul mare
MUSEO PROVINCIALE DELLA CERAMICA VIETRESE
Indirizzo: villa Guariglia, Raito, tel. 089/210946
Categoria: musei specializzati
Fonte/i: Istat / Enit / Guida Monaci / Touring Club / Assess. Cultura Bologna
Proprietà: Provincia
Condizione attuale: aperto

Regione Emilia Romagna

Provincia di Bologna

Provincia di Bologna
Comune di Argelato
MUSEO DELLE CIVILTÀ CONTADINE DI FUNO
Indirizzo: frazione Funo, via Fratelli Rosselli 26, tel. 051/861504-861802
Categoria: musei territoriali
Fonte/i: Istat / Regione / Touring Club / Guida Regioni d'Italia / Assess. Cultura Bologna
Proprietà: privata
Condizione attuale: aperto a richiesta

Provincia di Bologna
Comune di Bazzano
MUSEO CIVICO ARCHEOLOGICO "ARSENIO CRESPELLANI"
Indirizzo: via Contessa Matilde 1, tel. 051/831452
Categoria: musei d'archeologia
Fonte/i: Istat / Enit / Regione / Touring Club / Min. Interni / Guida Regioni d'Italia / Assess. Cultura Bologna
Proprietà: Comune
Condizione attuale: aperto

Provincia di Bologna
Comune di Bentivoglio
MUSEO DELLA CIVILTÀ CONTADINA
Indirizzo: frazione San Marino di Bentivoglio, villa Smeraldi, tel. 051/891050
Categoria: musei territoriali
Fonte/i: Istat / Enit / Regione / Touring Club / Min. Interni / Assess. Cultura Bologna
Proprietà: Provincia
Condizione attuale: aperto

Provincia di Bologna
Comune di Bentivoglio
MUSEO DELLA CIVILTÀ CONTADINA E DELLA CANAPA
Indirizzo: frazione Castagnolo Minore
Categoria: musei specializzati
Fonte/i: Istat / Enit
Proprietà: privata
Condizione attuale: aperto a richiesta

Provincia di Bologna
Comune di Bologna
COLLEZIONI COMUNALI D'ARTE
Indirizzo: palazzo D'Accursio,

piazza Maggiore 6, tel. 051/228912-290526
Categoria: musei d'arte
Fonte/i: Istat / Enit / Regione / Touring Club / Guida Regioni d'Italia / Assess. Cultura Bologna
Proprietà: Comune
Condizione attuale: in restauro

Provincia di Bologna
Comune di Bologna
COLLEZIONI D'ARTE E STORIA DELLA CASSA DI RISPARMIO
Indirizzo: chiesa di San Giorgio in Poggiale, via G. B. Morgagni 3, tel. 051/220574-230727
Categoria: musei d'arte
Fonte/i: Istat / Regione / Touring Club / Assess. Cultura Bologna
Proprietà: privata
Condizione attuale: aperte

Provincia di Bologna
Comune di Bologna
COLLEZIONI DELL'ACCADEMIA CLEMENTINA DI BELLE ARTI
Indirizzo: via delle Belle Arti 54, tel. 051/237956-243064
Categoria: musei d'arte
Fonte/i: Istat / Regione / Touring Club / Guida Regioni d'Italia / Assess. Cultura Bologna
Proprietà: Stato
Condizione attuale: aperte a richiesta

Provincia di Bologna
Comune di Bologna
FONDAZIONE "V. PUTTI" E MUSEO "RIZZOLI-CODIVILLA"
Indirizzo: Istituti ortopedici Rizzoli, via Codivilla 9, tel. 051/581515-6366315
Categoria: musei di scienza e tecnica
Fonte/i: Regione / Assess. Cultura Bologna
Proprietà: Stato
Condizione attuale: aperti a richiesta

Provincia di Bologna
Comune di Bologna
GALLERIA COMUNALE D'ARTE MODERNA
Indirizzo: piazza della Costituzione 3, tel. 051/502264-502869
Categoria: musei d'arte
Fonte/i: Istat / Enit / Regione / Touring Club / Guida Regioni d'Italia / Assess. Cultura Bologna
Proprietà: Comune
Condizione attuale: aperta

Provincia di Bologna
Comune di Bologna
MUSEO "ALDROVANDI"
Indirizzo: Biblioteca universitaria, via Zamboni 35, tel. 051/231183-259021
Categoria: musei di scienza e tecnica
Fonte/i: Istat / Enit / Regione / Guida Regioni d'Italia / Assess. Cultura Bologna
Proprietà: Università
Condizione attuale: aperto

Provincia di Bologna
Comune di Bologna
MUSEO "L. F. MARSILI"
Indirizzo: Biblioteca universitaria, via Zamboni 35, tel. 051/231183
Categoria: musei specializzati
Fonte/i: Istat / Enit / Regione / Guida Regioni d'Italia
Proprietà: Università
Condizione attuale: aperto

Provincia di Bologna
Comune di Bologna
MUSEO ALDINI VALERIANI: MACCHINE SCUOLA INDUSTRIA
Indirizzo: Istituto tecn. ind. Aldini Valeriani, via Bassanelli 9, tel. 051/370367-367930
Categoria: musei di scienza e tecnica
Fonte/i: Enit / Regione / Assess. Cultura Bologna
Proprietà: Comune
Condizione attuale: aperto

Provincia di Bologna
Comune di Bologna
MUSEO CARDUCCIANO
Indirizzo: piazza G. Carducci 5, tel. 051/347592
Categoria: musei specializzati
Fonte/i: Istat / Enit / Regione / Touring Club / Guida Regioni d'Italia / Assess. Cultura Bologna
Proprietà: Comune
Condizione attuale: in restauro

Provincia di Bologna
Comune di Bologna
MUSEO CIVICO ARCHEOLOGICO
Indirizzo: via dell'Archiginnasio 2, tel. 051/221896-233849
Categoria: musei d'archeologia
Fonte/i: Istat / Enit / Regione / Fio / Touring Club / Guida Regioni d'Italia / Assess. Cultura Bologna
Proprietà: Comune

Condizione attuale: aperto

Provincia di Bologna
Comune di Bologna
**MUSEO CIVICO MEDIEVALE
E DEL RINASCIMENTO**
Indirizzo: palazzo Ghisilardi Fava,
via Manzoni 6, tel. 051/228912
Categoria: musei d'arte
Fonte/i: Istat / Enit / Regione / Touring Club /
Assess. Cultura Bologna
Proprietà: Comune
Condizione attuale: aperto

Provincia di Bologna
Comune di Bologna
**MUSEO D'ARTE INDUSTRIALE
E GALLERIA "DAVIA BARGELLINI"**
Indirizzo: strada Maggiore 44,
tel. 051/236708
Categoria: musei d'arte
Fonte/i: Istat / Enit / Regione / Touring Club /
Guida Regioni d'Italia / Assess. Cultura
Bologna
Proprietà: Comune
Condizione attuale: aperti

Provincia di Bologna
Comune di Bologna
**MUSEO DEL PRIMO E SECONDO
RISORGIMENTO**
Indirizzo: piazza G. Carducci 5,
tel. 051/347592
Categoria: musei di storia
Fonte/i: Istat / Enit / Regione / Touring Club /
Guida Regioni d'Italia / Assess. Cultura
Bologna
Proprietà: Comune
Condizione attuale: aperto

Provincia di Bologna
Comune di Bologna
MUSEO DELL'OTTOCENTO
Indirizzo: villa delle Rose, via Saragozza 232,
tel. 051/423433
Categoria: musei d'arte
Fonte/i: Regione
Proprietà: Comune
Condizione attuale: aperto

Provincia di Bologna
Comune di Bologna
MUSEO DELLA SANTA
Indirizzo: convento del Corpus Domini,
via Tagliapietre 19, tel. 051/331277
Categoria: musei specializzati

Fonte/i: Regione / Assess. Cultura Bologna
Proprietà: ecclesiastica
Condizione attuale: aperto a richiesta

Provincia di Bologna
Comune di Bologna
**MUSEO DELLE ARMI
E DELLE MUNIZIONI "P. COMITO"**
Indirizzo: piazza di Porta San Mamolo 2,
tel. 051/583050-583950
Categoria: musei di storia
Fonte/i: Regione / Assess. Cultura Bologna
Proprietà: Stato
Condizione attuale: aperto a richiesta

Provincia di Bologna
Comune di Bologna
**MUSEO DELLE NAVI
E DELLE CARTE GEOGRAFICHE**
Indirizzo: palazzo Poggi-Rettorato,
via Zamboni 35, tel. 051/269820-259020-1
Categoria: musei specializzati
Fonte/i: Istat / Enit / Touring Club / Guida
Regioni d'Italia / Assess. Cultura Bologna
Proprietà: Università
Condizione attuale: aperto

Provincia di Bologna
Comune di Bologna
MUSEO DI ANATOMIA COMPARATA
Indirizzo: Istituto di anatomia comparata,
via Salemi 4, tel. 051/237301
Categoria: musei di scienza e tecnica
Fonte/i: Enit / Regione / Assess. Cultura
Bologna
Proprietà: Università
Condizione attuale: aperto a richiesta

Provincia di Bologna
Comune di Bologna
**MUSEO DI ANATOMIA
DEGLI ANIMALI DOMESTICI**
Indirizzo: Facoltà di medicina veterinaria,
via Belmeloro 12, tel. 051/231178-243414
Categoria: musei di scienza e tecnica
Fonte/i: Enit / Regione / Assess. Cultura
Bologna
Proprietà: Università
Condizione attuale: aperto a richiesta

Provincia di Bologna
Comune di Bologna
**MUSEO DI ANATOMIA PATOLOGICA
"C. TARUFFI"**
Indirizzo: Politecnico Sant'Orsola,
via Massarenti 9, tel. 051/391540-6363111

Categoria: musei di scienza e tecnica
Fonte/i: Enit / Assess. Cultura Bologna
Proprietà: Università
Condizione attuale: aperto a richiesta

Provincia di Bologna
Comune di Bologna
MUSEO DI ANATOMIA PATOLOGICA VETERINARIA
Indirizzo: Istituto di anatomia patologica, via Belmeloro 10, tel. 051/232580-243078
Categoria: musei di scienza e tecnica
Fonte/i: Istat / Enit / Regione / Guida Regioni d'Italia / Assess. Cultura Bologna
Proprietà: Università
Condizione attuale: aperto a richiesta

Provincia di Bologna
Comune di Bologna
MUSEO DI ANATOMIA UMANA NORMALE
Indirizzo: Istituto di anatomia umana normale, via Irnerio 48, tel. 051/235259-244467
Categoria: musei di scienza e tecnica
Fonte/i: Istat / Enit / Regione / Assess. Cultura Bologna
Proprietà: Università
Condizione attuale: aperto

Provincia di Bologna
Comune di Bologna
MUSEO DI ANTROPOLOGIA
Indirizzo: Istituto di antropologia, via Selmi 1, tel. 051/221534-243272
Categoria: musei di scienza e tecnica
Fonte/i: Istat / Enit / Regione / Assess. Cultura Bologna
Proprietà: Università
Condizione attuale: aperto a richiesta

Provincia di Bologna
Comune di Bologna
MUSEO DI ARCHITETTURA MILITARE
Indirizzo: via Zamboni 33, tel. 051/259020-1
Categoria: musei specializzati
Fonte/i: Touring Club / Assess. Cultura Bologna
Proprietà: Università
Condizione attuale: aperto a richiesta

Provincia di Bologna
Comune di Bologna
MUSEO DI ASTRONOMIA E SPECOLA
Indirizzo: via Zamboni 33, tel. 051/222956-259021

Categoria: musei di scienza e tecnica
Fonte/i: Istat / Enit / Regione / Guida Regioni d'Italia / Assess. Cultura Bologna
Proprietà: Università
Condizione attuale: aperto

Provincia di Bologna
Comune di Bologna
MUSEO DI FISICA
Indirizzo: via Irnerio 46, tel. 051/260991-351099
Categoria: musei di scienza e tecnica
Fonte/i: Enit / Regione / Fio / Assess. Cultura Bologna
Proprietà: Università
Condizione attuale: aperto a richiesta

Provincia di Bologna
Comune di Bologna
MUSEO DI GEOLOGIA E PALEONTOLOGIA "G. CAPPELLINI"
Indirizzo: via Zamboni 63, tel. 051/228810-354555-6
Categoria: musei di scienza e tecnica
Fonte/i: Istat / Enit / Regione / Fio / Guida Regioni d'Italia / Assess. Cultura Bologna
Proprietà: Università
Condizione attuale: aperto a richiesta

Provincia di Bologna
Comune di Bologna
MUSEO DI MINERALOGIA E PETROGRAFIA
Indirizzo: piazza di Porta Ravegnana 1, tel. 051/243556
Categoria: musei di scienza e tecnica
Fonte/i: Istat / Enit / Regione / Fio / Assess. Cultura Bologna
Proprietà: Università
Condizione attuale: aperto a richiesta

Provincia di Bologna
Comune di Bologna
MUSEO DI RONZANO
Indirizzo: via di Gaibola 18, tel. 051/881433
Categoria: musei d'arte
Fonte/i: Regione / Assess. Cultura Bologna
Proprietà: ecclesiastica
Condizione attuale: aperto a richiesta

Provincia di Bologna
Comune di Bologna
MUSEO DI SAN DOMENICO
Indirizzo: basilica di San Domenico, piazza San Domenico 13, tel. 051/231598-237017
Categoria: musei d'arte

Fonte/i: Istat / Enit / Regione / Touring Club / Guida Regioni d'Italia / Assess. Cultura Bologna
Proprietà: ecclesiastica
Condizione attuale: aperto a richiesta

Provincia di Bologna
Comune di Bologna
MUSEO DI SAN GIUSEPPE
Indirizzo: chiesa San Giuseppe dei Cappuccini, via Bellinzona 6, tel. 051/410545
Categoria: musei d'arte
Fonte/i: Istat / Enit / Regione / Touring Club / Guida Regioni d'Italia / Assess. Cultura Bologna
Proprietà: ecclesiastica
Condizione attuale: aperto a richiesta

Provincia di Bologna
Comune di Bologna
MUSEO DI SAN PETRONIO
Indirizzo: basilica di San Petronio, piazza Maggiore, tel. 051/234264
Categoria: musei d'arte
Fonte/i: Istat / Enit / Regione / Touring Club / Guida Regioni d'Italia / Assess. Cultura Bologna
Proprietà: ecclesiastica
Condizione attuale: aperto

Provincia di Bologna
Comune di Bologna
MUSEO DI SANTO STEFANO
Indirizzo: basilica di Santo Stefano, via Santo Stefano, tel. 051/223256
Categoria: musei d'arte
Fonte/i: Istat / Enit / Regione / Touring Club / Guida Regioni d'Italia / Assess. Cultura Bologna
Proprietà: ecclesiastica
Condizione attuale: aperto

Provincia di Bologna
Comune di Bologna
MUSEO DI ZOOLOGIA
Indirizzo: via Selmi 3, tel. 051/243093
Categoria: musei di scienza e tecnica
Fonte/i: Istat / Enit / Regione / Fio / Guida Regioni d'Italia / Assess. Cultura Bologna
Proprietà: Università
Condizione attuale: aperto

Provincia di Bologna
Comune di Bologna
MUSEO MISSIONARIO D'ARTE CINESE
Indirizzo: convento di San Paolo al Monte, via dell'Osservanza 88, tel. 051/580597
Categoria: musei etnogr. e/o antropolog.
Fonte/i: Enit / Regione / Touring Club / Guida Regioni d'Italia / Assess. Cultura Bologna
Proprietà: ecclesiastica
Condizione attuale: aperto

Provincia di Bologna
Comune di Bologna
MUSEO OSTETRICO "G. A. GALLI"
Indirizzo: via Zamboni 33, tel. 051/259031
Categoria: musei di scienza e tecnica
Fonte/i: Assess. Cultura Bologna
Proprietà: Università
Condizione attuale: aperto a richiesta

Provincia di Bologna
Comune di Bologna
MUSEO PALAZZO "PEPOLI CAMPOGRANDE" (SEZ. PIN. NAZ.)
Indirizzo: via Castiglione 7
Categoria: musei d'arte
Fonte/i: Istat / Enit / Regione / Min. Beni culturali / Dir. gen. Min. Beni culturali
Proprietà: Stato
Condizione attuale: aperto

Provincia di Bologna
Comune di Bologna
MUSEO STORICO DEL SOLDATINO
Indirizzo: piazza dei Calderini 2/2, tel. 051/226116
Categoria: musei specializzati
Fonte/i: Enit / Regione / Touring Club / Assess. Cultura Bologna
Proprietà: privata
Condizione attuale: aperto

Provincia di Bologna
Comune di Bologna
MUSEO STORICO DELLO STUDIO
Indirizzo: Rettorato, palazzo Poggi, via Zamboni 33, tel. 051/269820
Categoria: musei specializzati
Fonte/i: Istat / Enit / Regione / Guida Regioni d'Italia
Proprietà: Università
Condizione attuale: aperto

Provincia di Bologna
Comune di Bologna
MUSEO STORICO DIDATTICO DELLA TAPPEZZERIA
Indirizzo: villa Spada
Categoria: musei specializzati
Fonte/i: Istat / Enit / Regione / Touring Club /

Guida Regioni d'Italia / Assess. Cultura Bologna / Piccoli
Proprietà: privata
Condizione attuale: aperto

Provincia di Bologna
Comune di Bologna
ORTO BOTANICO
Indirizzo: via Irnerio 42, tel. 051/234376-351299
Categoria: giardini zoolog. botan. naturali
Fonte/i: Enit / Fio / Touring Club / Guida Regioni d'Italia / Assess. Cultura Bologna
Proprietà: Università
Condizione attuale: aperto a richiesta

Provincia di Bologna
Comune di Bologna
PINACOTECA NAZIONALE
Indirizzo: via delle Belle Arti 56, tel. 051/223774-243249
Categoria: musei d'arte
Fonte/i: Istat / Enit / Regione / Touring Club / Dir. gen. Min. Beni culturali / Guida Regioni d'Italia / Assess. Cultura Bologna
Proprietà: Stato
Condizione attuale: aperta

Provincia di Bologna
Comune di Bologna
QUADRERIA CONSERVATORIO "MARTINI" E MUSEO MUSICALE
Indirizzo: piazza Rossini 2, tel. 051/238633-221117
Categoria: musei specializzati
Fonte/i: Istat / Enit / Regione / Touring Club / Assess. Cultura Bologna
Proprietà: Comune
Condizione attuale: aperti

Provincia di Bologna
Comune di Bologna
RACCOLTA DELL'ISTITUTO CHIMICO "CIAMICIAN"
Indirizzo: via Selmi 2, tel. 051/235292-259450
Categoria: musei di scienza e tecnica
Fonte/i: Regione / Assess. Cultura Bologna
Proprietà: Università
Condizione attuale: aperta

Provincia di Bologna
Comune di Bologna
RACCOLTA DELL'ISTITUTO DI FISIOLOGIA UMANA
Indirizzo: piazza di Porta San Donato 2, tel. 051/243026
Categoria: musei di scienza e tecnica
Fonte/i: Assess. Cultura Bologna
Proprietà: Università
Condizione attuale: aperta a richiesta

Provincia di Bologna
Comune di Bologna
RACCOLTA DELL'ISTITUTO DI TOPOGRAFIA, GEODESIA ECC.
Indirizzo: via Risorgimento 2, tel. 051/582252-6443101
Categoria: musei di scienza e tecnica
Fonte/i: Regione / Assess. Cultura Bologna
Proprietà: Università
Condizione attuale: aperta

Provincia di Bologna
Comune di Bologna
RACCOLTA DELLA CLINICA ODONTOIATRICA
Indirizzo: via San Vitale 59, tel. 051/279501-232394
Categoria: musei di scienza e tecnica
Fonte/i: Regione / Assess. Cultura Bologna
Proprietà: Università
Condizione attuale: aperta a richiesta

Provincia di Bologna
Comune di Bologna
RACCOLTA DI REPERTI ANATOMICI-ISTITUTO DI MEDICINA LEGALE
Indirizzo: via Irnerio 49, tel. 051/221760
Categoria: musei di scienza e tecnica
Fonte/i: Regione / Assess. Cultura Bologna
Proprietà: Università
Condizione attuale: chiusa

Provincia di Bologna
Comune di Bologna
RACCOLTA DI STRUMENTI DI OFTALMOLOGIA
Indirizzo: Clinica oculistica ospedale Sant'Orsola, via Massarenti 9, tel. 051/342516
Categoria: musei di scienza e tecnica
Fonte/i: Regione / Assess. Cultura Bologna
Proprietà: Università
Condizione attuale: aperta a richiesta

Provincia di Bologna
Comune di Bologna
RACCOLTE DELLA CLINICA ORTOPEDICA
Categoria: musei di scienza e tecnica
Fonte/i: Com. it. Icom.
Proprietà: Università

Condizione attuale: aperte a richiesta

Provincia di Bologna
Comune di Bologna
**RACCOLTE ZOOLOGICHE
"ROVERO-BUSACCHI"**
Categoria: musei di scienza e tecnica
Fonte/i: Com. it. Icom

Provincia di Bologna
Comune di Budrio
**MUSEO CIVICO ARCHEOLOGICO
E PALEOAMBIENTALE**
Indirizzo: via Mentana 9, tel. 051/801126
Categoria: musei d'archeologia
Fonte/i: Enit / Touring Club / Assess. Cultura Bologna
Proprietà: Comune
Condizione attuale: aperto

Provincia di Bologna
Comune di Budrio
MUSEO DELL'OCARINA
Indirizzo: via Golinelli 5, tel. 051/801126
Categoria: musei territoriali
Fonte/i: Assess. Cultura Bologna
Proprietà: privata
Condizione attuale: aperto a richiesta

Provincia di Bologna
Comune di Budrio
PINACOTECA "D. INZAGHI"
Indirizzo: via Mentana 9,
tel. 051/801507-801126
Categoria: musei d'arte
Fonte/i: Istat / Enit / Regione / Touring Club / Guida Regioni d'Italia / Assess. Cultura Bologna
Proprietà: Comune
Condizione attuale: aperta

Provincia di Bologna
Comune di Castel del Rio
MUSEO DELLA GUERRA
Indirizzo: piazza Repubblica 96,
tel. 0542/95938-95906
Categoria: musei di storia
Fonte/i: Regione / Touring Club / Min. Interni / Assess. Cultura Bologna
Proprietà: Comune
Condizione attuale: aperto

Provincia di Bologna
Comune di Costonzo
MUSEO DEL CASTELLO
Indirizzo: Castello

Categoria: musei specializzati
Fonte/i: Regione
Proprietà: privata
Condizione attuale: aperto a richiesta

Provincia di Bologna
Comune di Dozza
MUSEO DELLA ROCCA
Indirizzo: Rocca sforzesca, tel. 0542/678089
Categoria: musei d'arte
Fonte/i: Istat / Enit / Regione / Touring Club / Guida Regioni d'Italia / Assess. Cultura Bologna
Proprietà: Comune
Condizione attuale: aperto

Provincia di Bologna
Comune di Dozza
**MUSEO PARROCCHIALE
D'ARTE SACRA**
Categoria: musei d'arte
Fonte/i: Regione / Assess. Cultura Bologna
Proprietà: ecclesiastica
Condizione attuale: aperto a richiesta

Provincia di Bologna
Comune di Grizzana Morandi
**CENTRO DI DOCUMENTAZIONE
"GIORGIO MORANDI"**
Indirizzo: via Pietrafitta, tel. 051/913532
Categoria: musei specializzati
Fonte/i: Regione / Assess. Cultura Bologna
Proprietà: Comune
Condizione attuale: aperto

Provincia di Bologna
Comune di Imola
**CHIOSTRO SANTI NICOLÒ
E DOMENICO**
Categoria: musei d'arte
Fonte/i: Fio
Proprietà: ecclesiastica
Condizione attuale: in progettazione

Provincia di Bologna
Comune di Imola
**COLLEZIONI D'ARTE
DI PALAZZO "TOZZONI"**
Indirizzo: via Cavour, tel. 0542/35856
Categoria: musei d'arte
Fonte/i: Enit / Regione / Assess. Cultura Bologna
Proprietà: Comune
Condizione attuale: aperte

Provincia di Bologna

Comune di Imola
**MUSEI CIVICI:
SEZIONE RISORGIMENTO**
Indirizzo: ex convento di San Francesco, via Emilia 80, tel. 0542/23332-34714
Categoria: musei di storia
Fonte/i: Enit / Regione / Touring Club
Proprietà: Comune
Condizione attuale: aperta

Provincia di Bologna
Comune di Imola
MUSEI CIVICI: SEZIONE STORIA NATURALE E ARCHEOLOGIA
Indirizzo: ex convento di San Francesco, via Emilia 80, tel. 0542/23332-34714
Categoria: musei di scienza e tecnica
Fonte/i: Enit / Regione / Assess. Cultura Bologna
Proprietà: Comune
Condizione attuale: aperta

Provincia di Bologna
Comune di Imola
MUSEO DELLA ROCCA
Indirizzo: piazzale Giovanni dalle bande nere, tel. 0542/23472
Categoria: musei d'arte
Fonte/i: Istat / Enit / Regione / Touring Club / Min. Beni culturali / Assess. Cultura Bologna
Proprietà: Comune
Condizione attuale: aperto

Provincia di Bologna
Comune di Imola
MUSEO DIOCESANO
Indirizzo: piazza Duomo, tel. 0542/22197
Categoria: musei specializzati
Fonte/i: Istat / Enit / Regione / Touring Club / Assess. Cultura Bologna
Proprietà: ecclesiastica
Condizione attuale: aperto

Provincia di Bologna
Comune di Imola
PINACOTECA CIVICA
Indirizzo: via Emilia 80, tel. 0542/23332-34714
Categoria: musei d'arte
Fonte/i: Istat / Enit / Regione / Touring Club / Guida Regioni d'Italia / Assess. Cultura Bologna
Proprietà: Comune
Condizione attuale: aperta

Provincia di Bologna

Comune di Imola
RACCOLTA DELL'ISTITUTO TECNICO "G. SCARABELLI"
Indirizzo: via Ascari 15
Categoria: musei di scienza e tecnica
Fonte/i: Istat
Proprietà: Stato
Condizione attuale: aperta a richiesta

Provincia di Bologna
Comune di Imola
VILLA CLELIA
Categoria: musei d'archeologia
Fonte/i: Fio
Proprietà: Comune
Condizione attuale: in progettazione

Provincia di Bologna
Comune di Lizzano in Belvedere
CENTRO DI DOCUMENTAZIONE DELLA CULTURA MONTANA
Indirizzo: frazione Poggiolforato, Scuole elementari
Categoria: musei territoriali
Fonte/i: Regione / Min. Interni / Assess. Cultura Bologna
Proprietà: Comune
Condizione attuale: aperto a richiesta

Provincia di Bologna
Comune di Marzabotto
MUSEO NAZIONALE ETRUSCO "POMPEO ARIA"
Indirizzo: via Porrettana Sud 13, tel. 051/932353
Categoria: musei d'archeologia
Fonte/i: Istat / Enit / Regione / Touring Club / Min. Interni / Dir. gen. Min. Beni culturali / Guida Regioni d'Italia / Assess. Cultura Bologna
Proprietà: Stato
Condizione attuale: aperto

Provincia di Bologna
Comune di Medicina
RACCOLTE CIVICHE
Indirizzo: palazzo della Comunità, tel. 051/851097-851107
Categoria: musei d'arte
Fonte/i: Istat / Enit / Regione / Touring Club / Min. Beni culturali / Guida Regioni d'Italia / Assess. Cultura Bologna
Proprietà: Comune
Condizione attuale: in restauro

Provincia di Bologna

Comune di Monterenzio
MUSEO CIVICO "LUIGI FANTINI"
Indirizzo: via Idice 235,
tel. 051/929914-929002
Categoria: musei d'archeologia
Fonte/i: Min. Interni / Assess. Cultura Bologna
Proprietà: Comune
Condizione attuale: aperto

Provincia di Bologna
Comune di Monzuno
RACCOLTA GEOLOGICA
Indirizzo: Biblioteca comunale
Categoria: musei di scienza e tecnica
Fonte/i: Istat
Proprietà: privata
Condizione attuale: aperta a richiesta

Provincia di Bologna
Comune di Ozzano dell'Emilia
ISTITUTO NAZIONALE DI BIOLOGIA DELLA SELVAGGINA
Indirizzo: tel. 051/798746
Categoria: musei di scienza e tecnica
Fonte/i: Min. Interni / Assess. Cultura Bologna
Proprietà: Stato
Condizione attuale: aperto a richiesta

Provincia di Bologna
Comune di Pieve di Cento
PINACOTECA CIVICA
Indirizzo: piazza A. Costa 10, tel. 051/975533
Categoria: musei d'arte
Fonte/i: Istat / Enit / Regione / Touring Club / Min. Interni / Guida Regioni d'Italia / Assess. Cultura Bologna
Proprietà: Comune
Condizione attuale: aperta

Provincia di Bologna
Comune di San Giovanni in Persiceto
MUSEO DEL RISORGIMENTO
Categoria: musei di storia
Fonte/i: Istat
Proprietà: Comune
Condizione attuale: aperto a richiesta

Provincia di Bologna
Comune di San Giovanni in Persiceto
PINACOTECA CIVICA
Indirizzo: via Crevalcore,
tel. 051/821201-821878
Categoria: musei d'arte
Fonte/i: Istat / Enit / Touring Club / Guida Regioni d'Italia / Assess. Cultura Bologna
Proprietà: Comune
Condizione attuale: aperta

Provincia di Bologna
Comune di San Lazzaro di Savena
MUSEO ARCHEOLOGICO "LUIGI DONINI"
Indirizzo: via Fratelli Canova 49,
tel. 051/465132
Categoria: musei d'archeologia
Fonte/i: Assess. Cultura Bologna
Proprietà: Comune
Condizione attuale: aperto

Provincia di Bologna
Comune di San Lazzaro di Savena
MUSEO DELL'ABBAZIA DI SANTA CECILIA
Indirizzo: frazione Croara, tel. 0542/459111
Categoria: musei d'arte
Fonte/i: Istat / Enit / Regione / Touring Club / Guida Regioni d'Italia / Assess. Cultura Bologna
Proprietà: ecclesiastica
Condizione attuale: aperto a richiesta

PROVINCIA DI FERRARA

Provincia di Ferrara
Comune di Argenta
CENTRO DOCUMENTAZIONE STOR./NATURAL. ARGENTA E MARMORTA
Indirizzo: casino Campotto, tel. 0532/808058
Categoria: musei etnogr. e/o antropolog.
Fonte/i: Assess. Cultura Bologna
Proprietà: Provincia
Condizione attuale: aperto

Provincia di Ferrara
Comune di Argenta
PINACOTECA COMUNALE
Indirizzo: via G. B. Aleotti,
tel. 0532/854326-804326
Categoria: musei d'arte
Fonte/i: Istat / Enit / Regione / Touring Club / Guida Regioni d'Italia / Assess. Cultura Bologna
Proprietà: Comune
Condizione attuale: aperta a richiesta

Provincia di Ferrara
Comune di Berra
MUSEO DELLA CIVILTÀ CONTADINA "S. PERON"

Indirizzo: via Albersano 139, tel. 0532/831320
Categoria: musei territoriali
Fonte/i: Regione / Assess. Cultura Bologna
Proprietà: privata
Condizione attuale: aperto

Provincia di Ferrara
Comune di Cento
GALLERIA D'ARTE MODERNA "A. BONZAGNI"
Indirizzo: piazza Guercino, palazzo del Governatore, tel. 051/902001
Categoria: musei d'arte
Fonte/i: Enit / Guida Regioni d'Italia
Proprietà: Comune
Condizione attuale: aperta

Provincia di Ferrara
Comune di Cento
MUSEO DEL TEATRO "GIUSEPPE BORGATTI"
Indirizzo: Teatro comunale, via Campagnoli, tel. 051/901710
Categoria: musei specializzati
Fonte/i: Enit / Regione / Assess. Cultura Bologna
Proprietà: Comune
Condizione attuale: aperto a richiesta

Provincia di Ferrara
Comune di Cento
PINACOTECA CIVICA
Indirizzo: via Matteotti, tel. 051/903163-903509
Categoria: musei d'arte
Fonte/i: Istat / Enit / Regione / Touring Club / Guida Regioni d'Italia / Assess. Cultura Bologna
Proprietà: Comune
Condizione attuale: aperta

Provincia di Ferrara
Comune di Codigoro
MUSEO DELL'ABBAZIA DI POMPOSA
Indirizzo: abbazia di Pomposa, tel. 0533/710100-710028
Categoria: musei d'arte e archeologia
Fonte/i: Istat / Enit / Regione / Fio / Touring Club / Min. Beni culturali / Dir. gen. Min. Beni culturali / Guida Regioni d'Italia / Assess. Cultura Bologna
Proprietà: Stato
Condizione attuale: aperto

Provincia di Ferrara
Comune di Comacchio
ANTIQUARIUM VALLE DEL MEZZANO
Indirizzo: località Valle del Mezzano
Categoria: musei d'archeologia
Fonte/i: Dir. gen. Min. Beni culturali
Proprietà: Stato
Condizione attuale: aperto a richiesta

Provincia di Ferrara
Comune di Comacchio
EX OSPEDALE SAN CAMILLO
Categoria: musei territoriali
Fonte/i: Fio
Proprietà: Comune
Condizione attuale: in progettazione

Provincia di Ferrara
Comune di Comacchio
MUSEO ALTERNATIVO "REMO BRINDISI"
Indirizzo: villa Brindisi, via Niccolò Pisano, Lido di Spina, tel. 0533/80116
Categoria: musei d'arte
Fonte/i: Enit / Regione / Guida Regioni d'Italia / Assess. Cultura Bologna
Proprietà: privata
Condizione attuale: aperto a richiesta

Provincia di Ferrara
Comune di Comacchio
MUSEO MARIANO DI ARTE SACRA CONTEMPORANEA
Indirizzo: convento dei Cappuccini, via Mazzini 215, tel. 0533/81234
Categoria: musei d'arte
Fonte/i: Enit / Regione / Touring Club / Assess. Cultura Bologna
Proprietà: ecclesiastica
Condizione attuale: aperto a richiesta

Provincia di Ferrara
Comune di Comacchio
PARCO STORICO-AMBIENTALE
Categoria: giardini zoolog. botan. naturali
Fonte/i: Fio
Proprietà: Comune
Condizione attuale: in progettazione

Provincia di Ferrara
Comune di Copparo
GALLERIA D'ARTE MODERNA "O. MARCHESI"
Indirizzo: Palazzo comunale, via Roma 26, tel. 0552/860271-864634
Categoria: musei d'arte
Fonte/i: Istat / Regione / Assess. Cultura

Bologna
Proprietà: Comune
Condizione attuale: in allestimento

Provincia di Ferrara
Comune di Copparo
MUSEO DELLA CIVILTÀ CONTADINA
Indirizzo: piazzetta Marchesi,
tel. 0532/831320-864648
Categoria: musei territoriali
Fonte/i: Touring Club / Assess. Cultura Bologna
Proprietà: Comune
Condizione attuale: aperto a richiesta

Provincia di Ferrara
Comune di Ferrara
CASA DELL'ARIOSTO
Indirizzo: via Ariosto 170, tel. 0532/40784
Categoria: musei specializzati
Fonte/i: Istat / Enit / Touring Club / Assess. Cultura Bologna
Proprietà: Comune
Condizione attuale: aperta

Provincia di Ferrara
Comune di Ferrara
CASA ROMEI
Indirizzo: via Savonarola 30, tel. 0532/40341
Categoria: musei d'arte e archeologia
Fonte/i: Istat / Enit / Regione / Dir. gen. Min. Beni culturali / Guida Regioni d'Italia / Assess. Cultura Bologna
Proprietà: Stato
Condizione attuale: aperta

Provincia di Ferrara
Comune di Ferrara
CASTELLO ESTENSE
Indirizzo: tel. 0532/34301
Categoria: musei d'arte
Fonte/i: Enit / Regione / Fio
Proprietà: Comune
Condizione attuale: aperto

Provincia di Ferrara
Comune di Ferrara
CENTRO DI DOCUMENTAZIONE DEL MONDO AGRICOLO FERRARESE
Indirizzo: frazione San Bartolomeo in Bosco, via Imperiale 265, tel. 0532/725163-200207
Categoria: musei territoriali
Fonte/i: Regione / Assess. Cultura Bologna
Proprietà: privata
Condizione attuale: aperto

Provincia di Ferrara
Comune di Ferrara
CIVICA RACCOLTA LAPIDARIA
Indirizzo: chiesa di Santa Libera,
via Camposabbionario, tel. 0532/62038
Categoria: musei d'arte e archeologia
Fonte/i: Istat / Enit / Regione / Touring Club / Guida Regioni d'Italia / Assess. Cultura Bologna
Proprietà: Comune
Condizione attuale: aperta

Provincia di Ferrara
Comune di Ferrara
EX CONVENTO DI SANTO ANTONIO IN POLESINE
Categoria: musei d'arte
Fonte/i: Enit / Fio
Proprietà: Comune
Condizione attuale: in progettazione

Provincia di Ferrara
Comune di Ferrara
GALLERIA CIVICA D'ARTE MODERNA
Indirizzo: palazzo dei Diamanti,
corso Ercole I d'Este 21, tel. 0532/48045
Categoria: musei d'arte
Fonte/i: Istat / Enit / Touring Club / Guida Regioni d'Italia / Assess. Cultura Bologna
Proprietà: Comune
Condizione attuale: aperta

Provincia di Ferrara
Comune di Ferrara
MUSEO ARCHEOLOGICO NAZIONALE
Indirizzo: palazzo Ludovico il Moro,
via XX Settembre 124, tel. 0532/62093-66299
Categoria: musei d'archeologia
Fonte/i: Istat / Enit / Regione / Touring Club / Min. Beni culturali / Dir. gen. Min. Beni culturali / Guida Regioni d'Italia / Assess. Cultura Bologna
Proprietà: Stato
Condizione attuale: in restauro

Provincia di Ferrara
Comune di Ferrara
MUSEO CIVICO D'ARTE ANTICA
Indirizzo: palazzo Schifanoia,
via Scandiana 23, tel. 0532/62038
Categoria: musei d'arte e archeologia
Fonte/i: Istat / Enit / Regione / Fio / Touring Club / Min. Beni culturali / Guida Regioni d'Italia / Assess. Cultura Bologna
Proprietà: Comune
Condizione attuale: aperto

Provincia di Ferrara
Comune di Ferrara
MUSEO CIVICO D'ARTE MODERNA: L'OTTOCENTO FERRARESE
Indirizzo: palazzo Bevilacqua Massari, corso Porta Mare 9, tel. 0532/37237-37816
Categoria: musei d'arte
Fonte/i: Istat / Enit / Regione / Touring Club / Guida Regioni d'Italia / Assess. Cultura Bologna
Proprietà: Comune
Condizione attuale: aperto

Provincia di Ferrara
Comune di Ferrara
MUSEO CIVICO D'ARTE MODERNA: MUSEO BOLDINI
Indirizzo: palazzo Bevilacqua Massari, corso Porta Mare 9, tel. 0532/37237-37816
Categoria: musei d'arte
Fonte/i: Istat / Enit / Regione / Touring Club / Guida Regioni d'Italia
Proprietà: Comune
Condizione attuale: aperto

Provincia di Ferrara
Comune di Ferrara
MUSEO CIVICO D'ARTE MODERNA: MUSEO DELLA METAFISICA
Indirizzo: palazzo Bevilacqua Massari, corso Porta Mare 9, tel. 0532/37237-37816
Categoria: musei specializzati
Fonte/i: Regione / Touring Club / Guida Regioni d'Italia / Assess. Cultura Bologna
Proprietà: Comune
Condizione attuale: aperto

Provincia di Ferrara
Comune di Ferrara
MUSEO CIVICO DI STORIA NATURALE
Indirizzo: via De Pisis 24, tel. 0532/35194-36468
Categoria: musei di scienza e tecnica
Fonte/i: Istat / Enit / Regione / Guida Monaci / Touring Club / Guida Regioni d'Italia / Assess. Cultura Bologna
Proprietà: Comune
Condizione attuale: aperto

Provincia di Ferrara
Comune di Ferrara
MUSEO DEL MODELLISMO STORICO
Indirizzo: via Romei 24, tel. 0532/60977
Categoria: musei specializzati
Fonte/i: Enit / Regione / Touring Club / Assess. Cultura Bologna

Proprietà: privata
Condizione attuale: aperto

Provincia di Ferrara
Comune di Ferrara
MUSEO DEL RISORGIMENTO E DELLA RESISTENZA
Indirizzo: palazzo dei Diamanti, corso Ercole I d'Este 19, tel. 0532/21454
Categoria: musei di storia
Fonte/i: Istat / Enit / Regione / Touring Club / Guida Regioni d'Italia / Assess. Cultura Bologna
Proprietà: Comune
Condizione attuale: aperto

Provincia di Ferrara
Comune di Ferrara
MUSEO DELLA CATTEDRALE
Indirizzo: piazza Cattedrale, tel. 0532/32969-38294
Categoria: musei d'arte
Fonte/i: Istat / Enit / Regione / Touring Club / Guida Regioni d'Italia / Assess. Cultura Bologna
Proprietà: ecclesiastica
Condizione attuale: aperto

Provincia di Ferrara
Comune di Ferrara
MUSEO GEO-PALEONTOLOGICO
Indirizzo: Istituto di geologia, corso Ercole I d'Este 32, tel. 0532/33968
Categoria: musei di scienza e tecnica
Fonte/i: Istat / Enit / Regione
Proprietà: Università
Condizione attuale: aperto a richiesta

Provincia di Ferrara
Comune di Ferrara
ORTO BOTANICO DELL'UNIVERSITÀ
Indirizzo: corso Porta Mare 67, tel. 0532/21151
Categoria: giardini zoolog. botan. naturali
Fonte/i: Istat / Enit / Touring Club / Assess. Cultura Bologna
Proprietà: Università
Condizione attuale: aperto

Provincia di Ferrara
Comune di Ferrara
PALAZZINA DI MARFISA D'ESTE
Indirizzo: corso Giovecca 174, tel. 0532/36923
Categoria: musei d'arte
Fonte/i: Istat / Enit / Regione / Guida Monaci / Fio / Guida Regioni d'Italia / Assess. Cultura

Bologna
Proprietà: Comune
Condizione attuale: aperta

Provincia di Ferrara
Comune di Ferrara
PALAZZO CESARE D'ESTE
Categoria: musei d'arte
Fonte/i: Fio
Proprietà: Comune
Condizione attuale: in progettazione

Provincia di Ferrara
Comune di Ferrara
PINACOTECA NAZIONALE
Indirizzo: palazzo dei Diamanti,
corso Ercole I d'Este 21, tel. 0532/21831
Categoria: musei d'arte
Fonte/i: Istat / Enit / Regione / Guida Monaci /
Fio / Touring Club / Dir. gen. Min. Beni
culturali / Guida Regioni d'Italia / Assess.
Cultura Bologna
Proprietà: Stato
Condizione attuale: aperta

Provincia di Ferrara
Comune di Goro
MUSEO ITTICO
Indirizzo: presso Scuola media statale di Goro
Categoria: musei di scienza e tecnica
Fonte/i: Min. Interni
Proprietà: Stato
Condizione attuale: aperto a richiesta

Provincia di Ferrara
Comune di Masi Torello
**RACCOLTA PARROCCHIALE
DI MASI SAN GIACOMO**
Indirizzo: località Masi San Giacomo
Categoria: musei territoriali
Fonte/i: fonti varie
Proprietà: ecclesiastica
Condizione attuale: aperta a richiesta

Provincia di Ferrara
Comune di Mesola
CENTRO EDUCAZIONE AMBIENTALE
Indirizzo: Castello estense delle Robinie,
strada Romea, tel. 0533/993483
Categoria: musei etnogr. e/o antropolog.
Fonte/i: Enit / Assess. Cultura Bologna
Proprietà: Comune
Condizione attuale: aperto

Provincia di Ferrara
Comune di Tresigallo
RACCOLTA COMUNALE
Categoria: musei territoriali
Fonte/i: fonti varie
Proprietà: Comune
Condizione attuale: aperta a richiesta

Provincia di Ferrara
Comune di Vigarano Mainarda
**ESPOSIZIONE DEL PROGRESSO
AGRICOLO**
Indirizzo: località Diamantina,
tel. 0532/412203
Categoria: musei territoriali
Fonte/i: Regione / Assess. Cultura Bologna
Proprietà: privata
Condizione attuale: aperta a richiesta

Provincia di Ferrara
Comune di Voghiera
ANTIQUARIUM DI VOGHENZA
Indirizzo: località Voghenza, via Europa 8,
tel. 0532/815395-818125
Categoria: musei d'archeologia
Fonte/i: Istat / Enit / Regione / Dir. gen. Min.
Beni culturali / Assess. Cultura Bologna
Proprietà: Stato
Condizione attuale: aperto a richiesta

PROVINCIA DI FORLÌ

Provincia di Forlì
Comune di Bagno di Romagna
**MUSEO DEI MAMMIFERI
DELLA ROMAGNA**
Indirizzo: frazione Ridracoli, tel. 0543/917570
Categoria: musei etnogr. e/o antropolog.
Fonte/i: Assess. Cultura Bologna
Proprietà: Comune
Condizione attuale: aperto

Provincia di Forlì
Comune di Bellaria-Igea Marina
**MUSEO CONCHIGLIOLOGICO
E DELLA CARTA MONETA**
Indirizzo: Torre saracena, tel. 0541/47417
Categoria: musei specializzati
Fonte/i: Regione / Min. Interni
Proprietà: Comune
Condizione attuale: aperto a richiesta

Provincia di Forlì
Comune di Bertinoro
MUSEO DIOCESANO D'ARTE SACRA
Indirizzo: via Frangipane 19,
tel. 0543/445106
Categoria: musei specializzati

Fonte/i: Istat / Touring Club / Min. Interni / Assess. Cultura Bologna
Proprietà: ecclesiastica
Condizione attuale: aperto a richiesta

Provincia di Forlì
Comune di Borghi
MUSEO "RENZI"
Indirizzo: frazione San Giovanni in Galilea, via Matteotti 27, tel. 0541/947411-947405
Categoria: musei d'arte e archeologia
Fonte/i: Istat / Enit / Touring Club / Min. Interni / Guida Regioni d'Italia / Assess. Cultura Bologna
Proprietà: Comune
Condizione attuale: aperto

Provincia di Forlì
Comune di Borghi
MUSEO DELLA CIVILTÀ CONTADINA
Indirizzo: frazione Masrola, via G. Di Vittorio 21, tel. 0541/939112
Categoria: musei territoriali
Fonte/i: Assess. Cultura Bologna
Proprietà: privata
Condizione attuale: aperto a richiesta

Provincia di Forlì
Comune di Castrocaro Terme-Terra del Sole
MUSEO ETNOGRAFICO DELLA TERRA DEL SOLE
Indirizzo: piazza D'Armi 2, tel. 0543/766766-767395
Categoria: musei etnogr. e/o antropolog.
Fonte/i: Istat / Enit / Touring Club / Min. Interni / Guida Regioni d'Italia / Assess. Cultura Bologna
Proprietà: Comune
Condizione attuale: aperto

Provincia di Forlì
Comune di Cattolica
ANTIQUARIUM COMUNALE
Indirizzo: piazza Repubblica 2, tel. 0541/967802-962672
Categoria: musei d'archeologia
Fonte/i: Istat / Enit / Regione / Touring Club / Min. Interni / Guida Regioni d'Italia / Assess. Cultura Bologna
Proprietà: Comune
Condizione attuale: aperto

Provincia di Forlì
Comune di Cattolica
GALLERIA COMUNALE "SANTA CROCE"
Indirizzo: via Pascoli 19, tel. 0541/967577
Categoria: musei d'arte
Fonte/i: Guida Regioni d'Italia
Proprietà: Comune
Condizione attuale: aperta

Provincia di Forlì
Comune di Cesena
MUSEO DELLA CIVILTÀ CONTADINA ROMAGNOLA
Indirizzo: Rocca malatestiana, via Malatesta Novello, tel. 0547/22409
Categoria: musei territoriali
Fonte/i: Istat / Enit / Regione / Touring Club / Guida Regioni d'Italia / Assess. Cultura Bologna
Proprietà: Comune
Condizione attuale: aperto

Provincia di Forlì
Comune di Cesena
MUSEO STORICO DELL'ANTICHITÀ
Indirizzo: Biblioteca malatestiana, piazza Bufalini 2, tel. 0547/21297
Categoria: musei d'archeologia
Fonte/i: Istat / Enit / Regione / Touring Club / Guida Regioni d'Italia / Assess. Cultura Bologna
Proprietà: Comune
Condizione attuale: aperto

Provincia di Forlì
Comune di Cesena
PINACOTECA CIVICA E RACCOLTE COMUNALI D'ARTE
Indirizzo: via Aldini 28, tel. 0547/24762-24674
Categoria: musei d'arte
Fonte/i: Istat / Enit / Regione / Touring Club / Guida Regioni d'Italia / Assess. Cultura Bologna
Proprietà: Comune
Condizione attuale: aperte

Provincia di Forlì
Comune di Cesena
RACCOLTA DI EX-VOTO
Indirizzo: abbazia di Santa Maria del Monte, tel. 0547/302061
Categoria: musei specializzati
Fonte/i: Enit / Touring Club / Assess. Cultura Bologna
Proprietà: ecclesiastica
Condizione attuale: aperta a richiesta

Provincia di Forlì

Comune di Cesenatico
ANTIQUARIUM
Indirizzo: Biblioteca comunale "M. Moretti", viale Leonardo da Vinci 2, tel. 0547/83390
Categoria: musei d'archeologia
Fonte/i: Regione / Dir. gen. Min. Beni culturali / Assess. Cultura Bologna
Proprietà: Comune
Condizione attuale: aperto

Provincia di Forlì
Comune di Cesenatico
CASA "MORETTI"
Indirizzo: via Moretti 1, tel. 0547/82397
Categoria: musei specializzati
Fonte/i: Assess. Cultura Bologna
Proprietà: privata
Condizione attuale: aperta

Provincia di Forlì
Comune di Cesenatico
MUSEO GALLEGGIANTE DELLA MARINERIA
Indirizzo: Porto Canale
Categoria: musei specializzati
Fonte/i: Enit / Regione / Assess. Cultura Bologna / Piccoli
Proprietà: Comune
Condizione attuale: aperto

Provincia di Forlì
Comune di Forlì
MUSEO ARCHEOLOGICO "A. SANTARELLI"
Indirizzo: corso della Repubblica 72, tel. 0543/32771
Categoria: musei d'archeologia
Fonte/i: Istat / Enit / Regione / Touring Club / Guida Regioni d'Italia / Assess. Cultura Bologna
Proprietà: Comune
Condizione attuale: aperto

Provincia di Forlì
Comune di Forlì
MUSEO DEL RISORGIMENTO
Indirizzo: corso Garibaldi 96, tel. 0543/32771
Categoria: musei di storia
Fonte/i: Istat / Enit / Regione / Touring Club / Guida Regioni d'Italia / Assess. Cultura Bologna
Proprietà: Comune
Condizione attuale: aperto

Provincia di Forlì
Comune di Forlì

MUSEO DI SAN MERCURIALE
Indirizzo: piazza Saffi 4, tel. 0543/25653
Categoria: musei d'arte
Fonte/i: Istat / Enit / Assess. Cultura Bologna
Proprietà: ecclesiastica
Condizione attuale: aperto

Provincia di Forlì
Comune di Forlì
MUSEO ETNOGRAFICO ROMAGNOLO
Indirizzo: corso della Repubblica 72, tel. 0543/32771
Categoria: musei territoriali
Fonte/i: Istat / Enit / Regione / Guida Regioni d'Italia / Assess. Cultura Bologna
Proprietà: Comune
Condizione attuale: aperto

Provincia di Forlì
Comune di Forlì
MUSEO EX CHIESA SAN DOMENICO
Categoria: musei d'arte
Fonte/i: Min. Beni culturali
Proprietà: Comune
Condizione attuale: aperto a richiesta

Provincia di Forlì
Comune di Forlì
MUSEO ROMAGNOLO DEL TEATRO
Indirizzo: corso Garibaldi 96, tel. 0543/21109
Categoria: musei specializzati
Fonte/i: Istat / Enit / Regione / Touring Club / Guida Regioni d'Italia / Assess. Cultura Bologna
Proprietà: Comune
Condizione attuale: aperto

Provincia di Forlì
Comune di Forlì
PINACOTECA CIVICA
Indirizzo: corso della Repubblica 72, tel. 0543/32771
Categoria: musei d'arte
Fonte/i: Istat / Enit / Regione / Touring Club / Guida Regioni d'Italia / Assess. Cultura Bologna
Proprietà: Comune
Condizione attuale: aperta

Provincia di Forlì
Comune di Forlì
PINACOTECA CIVICA: SEZIONE MUSEO DELLE CERAMICHE
Indirizzo: corso della Repubblica 72, tel. 0543/32771
Categoria: musei specializzati

Fonte/i: Istat / Enit / Regione / Guida Regioni d'Italia / Assess. Cultura Bologna
Proprietà: Comune
Condizione attuale: in allestimento

Provincia di Forlì
Comune di Forlì
**PINACOTECA CIVICA:
SEZIONE ARMERIA "ALBICINI"**
Indirizzo: corso della Repubblica 72, tel. 0543/32771
Categoria: musei specializzati
Fonte/i: Regione
Proprietà: Comune
Condizione attuale: aperta

Provincia di Forlì
Comune di Forlimpopoli
MUSEO ARCHEOLOGICO
Indirizzo: piazza Fratti, tel. 0543/740740
Categoria: musei d'archeologia
Fonte/i: Istat / Enit / Regione / Touring Club / Min. Interni / Guida Regioni d'Italia / Assess. Cultura Bologna
Proprietà: Comune
Condizione attuale: aperto

Provincia di Forlì
Comune di Galeata
MUSEO "MONSIGNOR MAMBRINI"
Indirizzo: Palazzo pretorio, via Zanetti 10, tel. 0549/981648
Categoria: musei d'arte e archeologia
Fonte/i: Istat / Enit / Regione / Touring Club / Min. Interni / Guida Regioni d'Italia / Assess. Cultura Bologna
Proprietà: Comune
Condizione attuale: aperto

Provincia di Forlì
Comune di Longiano
FONDAZIONE "TITO BALESTRA"
Indirizzo: piazza Malatestiana, tel. 0547/55021-55850
Categoria: musei d'arte
Fonte/i: Regione / Min. Interni / Assess. Cultura Bologna
Proprietà: privata
Condizione attuale: in allestimento

Provincia di Forlì
Comune di Longiano
MUSEO D'ARTE CONTADINA
Indirizzo: piazza Malatestiana
Categoria: musei territoriali
Fonte/i: Min. Interni

Proprietà: Comune
Condizione attuale: aperto

Provincia di Forlì
Comune di Longiano
MUSEO D'ARTE SACRA
Indirizzo: via Borgo Fausto
Categoria: musei specializzati
Fonte/i: Min. Interni
Proprietà: ecclesiastica
Condizione attuale: aperto

Provincia di Forlì
Comune di Modigliana
MUSEO STORICO ARCHEOLOGICO "DON G. VERITÀ"
Indirizzo: corso Garibaldi 32, tel. 0546/91017
Categoria: musei d'arte e archeologia
Fonte/i: Istat / Enit / Regione / Touring Club / Min. Interni / Guida Regioni d'Italia / Assess. Cultura Bologna
Proprietà: Comune
Condizione attuale: aperto a richiesta

Provincia di Forlì
Comune di Mondaino
MUSEO DI SAN MICHELE
Indirizzo: via Roma 56
Categoria: musei d'arte
Fonte/i: Min. Interni

Provincia di Forlì
Comune di Mondaino
MUSEO PALEONTOLOGICO "TRIPOLI"
Indirizzo: piazza Maggiore 1, tel. 0541/981674
Categoria: musei di scienza e tecnica
Fonte/i: Regione / Min. Interni / Assess. Cultura Bologna
Proprietà: Comune
Condizione attuale: aperto

Provincia di Forlì
Comune di Montefiore Conca
MUSEO DELLA LINEA GOTICA
Indirizzo: via XI Febbraio
Categoria: musei specializzati
Fonte/i: Min. Interni
Proprietà: ecclesiastica
Condizione attuale: aperto a richiesta

Provincia di Forlì
Comune di Montefiore Conca
MUSEO MINERARIO
Indirizzo: Rocca malatestiana
Categoria: musei di scienza e tecnica

Fonte/i: Min. Interni
Proprietà: Regione
Condizione attuale: aperto a richiesta

Provincia di Forlì
Comune di Premilcuore
**MUSEO DI FAUNA
E FLORA AUTOCTONE**
Indirizzo: via Roma 32, tel. 0543/956945
Categoria: musei specializzati
Fonte/i: Regione / Touring Club / Min. Interni / Assess. Cultura Bologna
Proprietà: Comune
Condizione attuale: aperto a richiesta

Provincia di Forlì
Comune di Riccione
**ANTIQUARIUM ARCHEOLOGICO,
MUSEO PALEONTOLOGICO**
Indirizzo: viale Sirtori 7, tel. 0541/600504
Categoria: musei d'archeologia
Fonte/i: Istat / Enit / Regione / Touring Club
Proprietà: Comune
Condizione attuale: aperti

Provincia di Forlì
Comune di Riccione
MUSEO DEL TERRITORIO
Indirizzo: via Lazio 6,
tel. 0541/600113-608285
Categoria: musei territoriali
Fonte/i: Assess. Cultura Bologna
Proprietà: Comune
Condizione attuale: aperto

Provincia di Forlì
Comune di Rimini
LAPIDARIO ROMANO
Indirizzo: Vecchio ospedale, via Cavalieri 16,
tel. 0541/23667-704325-6
Categoria: musei d'archeologia
Fonte/i: Enit / Regione / Assess. Cultura Bologna
Proprietà: Comune
Condizione attuale: chiuso

Provincia di Forlì
Comune di Rimini
**MUSEO DELLE ARTI PRIMITIVE
"DELFINO DINZ RIALTO"**
Indirizzo: palazzo del Podestà, piazza Cavour,
tel. 0541/23667-704320
Categoria: musei specializzati
Fonte/i: Istat / Enit / Regione / Touring Club / Assess. Cultura Bologna
Proprietà: Comune

Condizione attuale: in restauro

Provincia di Forlì
Comune di Rimini
MUSEO E PINACOTECA CIVICA
Indirizzo: palazzo Gambalunga, via Tempio malatestiano, tel. 0541/23667-704320
Categoria: musei d'arte e archeologia
Fonte/i: Istat / Enit / Regione / Touring Club / Guida Regioni d'Italia / Assess. Cultura Bologna
Proprietà: Comune
Condizione attuale: aperti

Provincia di Forlì
Comune di Rimini
**MUSEO MISSIONARIO
DEL SANTUARIO DELLE GRAZIE**
Indirizzo: frazione Covignano, via Santa Maria delle Grazie, tel. 0541/751061
Categoria: musei d'arte
Fonte/i: Istat / Enit / Regione / Touring Club / Guida Regioni d'Italia / Assess. Cultura Bologna
Proprietà: ecclesiastica
Condizione attuale: aperto a richiesta

Provincia di Forlì
Comune di Saludecio
COLLEZIONE DI ARTE SACRA
Indirizzo: chiesa di San Biagio,
piazza B. A. Ronconi, tel. 0541/981741
Categoria: musei specializzati
Fonte/i: Min. Interni / Assess. Cultura Bologna
Proprietà: ecclesiastica
Condizione attuale: aperta

Provincia di Forlì
Comune di Saludecio
PINACOTECA E MUSEO CIVICO
Indirizzo: Palazzo municipale,
piazza B. A. Ronconi, tel. 0541/981621
Categoria: musei d'arte
Fonte/i: Istat / Regione
Proprietà: Comune
Condizione attuale: aperti

Provincia di Forlì
Comune di San Mauro Pascoli
CASA NATALE DI G. PASCOLI
Indirizzo: tel. 0541/945583-931412
Categoria: musei specializzati
Fonte/i: Istat / Enit / Regione / Touring Club / Dir. gen. Min. Beni culturali / Guida Regioni d'Italia / Assess. Cultura Bologna

Proprietà: Stato
Condizione attuale: aperta

Provincia di Forlì
Comune di Santa Sofia
**PINACOTECA D'ARTE
CONTEMPORANEA**
Categoria: musei d'arte
Fonte/i: Min. Beni culturali
Proprietà: Comune
Condizione attuale: aperta a richiesta

Provincia di Forlì
Comune di Santarcangelo di Romagna
**MUSEO DEGLI USI E COSTUMI DELLA
GENTE DI ROMAGNA**
Indirizzo: via Montevecchi 41,
tel. 0541/626173-624703
Categoria: musei territoriali
Fonte/i: Istat / Enit / Regione / Touring Club /
Min. Interni / Guida Regioni d'Italia / Assess.
Cultura Bologna
Proprietà: Comune
Condizione attuale: aperto

Provincia di Forlì
Comune di Santarcangelo di Romagna
MUSEO DELLA ROCCA
Indirizzo: Rocca
Categoria: musei d'arte
Fonte/i: Regione
Proprietà: privata
Condizione attuale: aperto a richiesta

Provincia di Forlì
Comune di Santarcangelo di Romagna
PINACOTECA CIVICA
Indirizzo: piazza Ganganelli,
tel. 0541/626173-624362
Categoria: musei d'arte
Fonte/i: Istat / Enit / Regione / Touring Club /
Guida Regioni d'Italia / Assess. Cultura
Bologna
Proprietà: Comune
Condizione attuale: aperta a richiesta

Provincia di Forlì
Comune di Sarsina
MUSEO ARCHEOLOGICO SARSINATE
Indirizzo: via C. Sabino 39,
tel. 0547/94641
Categoria: musei d'archeologia
Fonte/i: Istat / Enit / Regione / Touring Club /
Min. Beni culturali / Min. Interni / Dir. gen.
Min. Beni culturali / Guida Regioni d'Italia /
Assess. Cultura Bologna

Proprietà: Stato
Condizione attuale: aperto

Provincia di Forlì
Comune di Sarsina
MUSEO DIOCESANO
Indirizzo: Curia vescovile,
piazza T. M. Plauto, tel. 0547/94818
Categoria: musei d'arte
Fonte/i: Istat / Enit / Regione / Touring Club /
Min. Interni / Guida Regioni d'Italia / Assess.
Cultura Bologna
Proprietà: ecclesiastica
Condizione attuale: aperto a richiesta

Provincia di Forlì
Comune di Savignano sul Rubicone
**MUSEO ARCHEOLOGICO
DEL COMPITO**
Indirizzo: pieve di San Giovanni Battista,
tel. 0541/946637
Categoria: musei d'archeologia
Fonte/i: Istat / Enit / Regione / Touring Club /
Guida Regioni d'Italia / Assess. Cultura
Bologna
Proprietà: ecclesiastica
Condizione attuale: aperto a richiesta

Provincia di Forlì
Comune di Savignano sul Rubicone
PINACOTECA E MUSEO COMUNALE
Indirizzo: piazza Borghesi 11,
tel. 0541/944017
Categoria: musei d'arte
Fonte/i: Regione / Guida Regioni d'Italia
Proprietà: Comune
Condizione attuale: aperti

Provincia di Forlì
Comune di Savignano sul Rubicone
**RACCOLTE DELLA RUBICONIA
ACCADEMIA DEI FILOPATRIDI**
Indirizzo: piazza Borghesi 11,
tel. 0541/945107
Categoria: musei specializzati
Fonte/i: Enit / Guida Regioni d'Italia
Proprietà: Comune
Condizione attuale: aperte

Provincia di Forlì
Comune di Verucchio
**GALLERIA COMUNALE
D'ARTE MODERNA**
Indirizzo: via Sant'Agostino 21,
tel. 0541/668236-668708
Categoria: musei d'arte

Fonte/i: Istat / Enit / Regione / Touring Club / Min. Interni / Guida Regioni d'Italia / Assess. Cultura Bologna
Proprietà: Comune
Condizione attuale: aperta

Provincia di Forlì
Comune di Verucchio
MUSEO CIVICO ARCHEOLOGICO
Indirizzo: via Sant'Agostino, tel. 0541/668652
Categoria: musei d'archeologia
Fonte/i: Istat / Enit / Regione / Touring Club / Min. Interni / Guida Regioni d'Italia / Assess. Cultura Bologna
Proprietà: Comune
Condizione attuale: aperto

Provincia di Forlì
Comune di Verucchio
ROCCA MALATESTIANA
Indirizzo: via della Rocca, tel. 0541/668172
Categoria: musei d'arte e archeologia
Fonte/i: Regione / Assess. Cultura Bologna
Proprietà: Comune
Condizione attuale: aperta

Provincia di Modena

Provincia di Modena
Comune di Bastiglia
MUSEO DI STORIA LOCALE E CIVILTÀ CONTADINA
Indirizzo: piazza Repubblica 57, tel. 059/904063
Categoria: musei territoriali
Fonte/i: Istat / Enit / Regione / Touring Club / Min. Interni / Guida Regioni d'Italia / Assess. Cultura Bologna
Proprietà: Comune
Condizione attuale: aperto a richiesta

Provincia di Modena
Comune di Campogalliano
MUSEO DELLA BILANCIA
Indirizzo: tel. 059/527021
Categoria: Musei specializzati
Fonte/i: Provincia
Proprietà: Comune
Condizione attuale: aperto

Provincia di Modena
Comune di Carpi
MUSEO CIVICO "GIULIO FERRARI"
Indirizzo: castello dei Pio, piazza dei Martiri 68, tel. 059/693096
Categoria: musei d'arte e archeologia

Fonte/i: Istat / Enit / Fio / Regione / Touring Club / Guida Regioni d'Italia / Assess. Cultura Bologna
Proprietà: Comune
Condizione attuale: aperto

Provincia di Modena
Comune di Carpi
MUSEO DI ARTI E TRADIZIONI POPOLARI
Indirizzo: viale Peruzzi 44, tel. 059/685025
Categoria: musei territoriali
Fonte/i: Enit / Regione / Guida Regioni d'Italia
Proprietà: privata
Condizione attuale: aperto a richiesta

Provincia di Modena
Comune di Carpi
MUSEO/MONUMENTO AL DEPORTATO NEI CAMPI NAZISTI
Indirizzo: castello dei Pio, piazza dei Martiri, tel. 059/690368
Categoria: musei specializzati
Fonte/i: Enit / Regione / Assess. Cultura Bologna
Proprietà: Comune
Condizione attuale: aperto

Provincia di Modena
Comune di Carpi
RACCOLTA DELL'ISTITUTO NAZARENO
Categoria: musei di scienza e tecnica
Fonte/i: Istat
Proprietà: privata
Condizione attuale: aperta

Provincia di Modena
Comune di Castelfranco Emilia
MUSEO DI STORIA DELLA CIVILTÀ CONTADINA
Indirizzo: villa Sorra, frazione Gaggio di Piano, tel. 059/223892
Categoria: musei territoriali
Fonte/i: Istat / Enit / Regione / Touring Club / Assess. Cultura Bologna
Proprietà: Comune
Condizione attuale: in allestimento

Provincia di Modena
Comune di Castelfranco Emilia
RACCOLTA CIVICA
Indirizzo: chiesa di Santa Croce, corso dei Martiri 152, tel. 059/926724-926626
Categoria: musei d'arte e archeologia

Fonte/i: Istat / Enit / Regione / Touring Club / Guida Regioni d'Italia / Assess. Cultura Bologna
Proprietà: Comune
Condizione attuale: aperta

Provincia di Modena
Comune di Castelvetro di Modena
RACCOLTA ETNOGRAFICA
Categoria: musei territoriali
Fonte/i: fonti varie
Proprietà: Comune
Condizione attuale: aperta a richiesta

Provincia di Modena
Comune di Finale Emilia
MUSEO DI STORIA NATURALE
Indirizzo: via Trento e Trieste 4, tel. 0535/93509
Categoria: musei di scienza e tecnica
Fonte/i: Istat / Enit / Regione / Touring Club / Min. Interni / Assess. Cultura Bologna
Proprietà: Comune
Condizione attuale: aperto

Provincia di Modena
Comune di Formigine
MUSEO ARCHEOLOGICO E NATURALISTICO
Indirizzo: via Sant'Antonio, tel. 059/558141
Categoria: musei d'archeologia
Fonte/i: Istat / Enit / Regione / Touring Club / Guida Regioni d'Italia / Assess. Cultura Bologna
Proprietà: Comune
Condizione attuale: aperto

Provincia di Modena
Comune di Maranello
GALLERIA "FERRARI"
Indirizzo: via D. Ferrari
Categoria: musei specializzati
Fonte/i: Min. Interni
Proprietà: Comune
Condizione attuale: aperta

Provincia di Modena
Comune di Mirandola
PINACOTECA E MUSEO ARCHEOLOGICO
Indirizzo: via Montanari 5, tel. 0535/21470
Categoria: musei d'arte e archeologia
Fonte/i: Istat / Enit / Regione / Touring Club / Guida Regioni d'Italia / Assess. Cultura Bologna
Proprietà: Comune

Condizione attuale: aperti

Provincia di Modena
Comune di Modena
GALLERIA "CAMPORI"
Indirizzo: palazzo dei Musei, piazza Sant'Agostino, tel. 059/243263
Categoria: musei d'arte
Fonte/i: Istat / Regione / Assess. Cultura Bologna
Proprietà: Comune
Condizione attuale: aperta

Provincia di Modena
Comune di Modena
GALLERIA "POLETTI"
Indirizzo: palazzo dei Musei, piazza Sant'Agostino, tel. 059/243263
Categoria: musei d'arte
Fonte/i: Istat / Regione / Assess. Cultura Bologna
Proprietà: Comune
Condizione attuale: in allestimento

Provincia di Modena
Comune di Modena
GALLERIA CIVICA
Indirizzo: viale V. Veneto 5, tel. 059/237475
Categoria: musei d'arte
Fonte/i: Guida Regioni d'Italia / Assess. Cultura Bologna
Proprietà: Comune
Condizione attuale: aperta

Provincia di Modena
Comune di Modena
GALLERIA DELLA PROVINCIA
Indirizzo: palazzo della Provincia, viale Martiri della Libertà, tel. 059/237561-222360
Categoria: musei d'arte
Fonte/i: Enit
Proprietà: Provincia
Condizione attuale: aperta a richiesta

Provincia di Modena
Comune di Modena
GALLERIA MUSEO MEDAGLIERE ESTENSE
Indirizzo: palazzo dei Musei, piazza Sant'Agostino, tel. 059/222145-243263
Categoria: musei d'arte e archeologia
Fonte/i: Istat / Enit / Regione / Touring Club / Min. Beni culturali / Guida Regioni d'Italia / Dir. gen. Min. Beni culturali / Assess. Cultura Bologna

Proprietà: Stato
Condizione attuale: aperta

Provincia di Modena
Comune di Modena
GIPSOTECA "G. GRAZIOSI"
Indirizzo: via Selmi 67, tel. 059/243263
Categoria: musei specializzati
Fonte/i: Enit / Guida Monaci / Touring Club / Guida Regioni d'Italia / Assess. Cultura Bologna
Proprietà: Comune
Condizione attuale: in allestimento

Provincia di Modena
Comune di Modena
**MOSTRA PERMANENTE
BIBLIOTECA ESTENSE**
Indirizzo: palazzo dei Musei,
piazza Sant'Agostino, tel. 059/222248
Categoria: musei specializzati
Fonte/i: Enit / Regione / Guida Regioni d'Italia / Assess. Cultura Bologna
Proprietà: Stato
Condizione attuale: aperta

Provincia di Modena
Comune di Modena
**MUSEO ARCHEOLOGICO
ETNOLOGICO**
Indirizzo: palazzo dei Musei,
piazza Sant'Agostino, tel. 059/243263
Categoria: musei d'archeologia
Fonte/i: Istat / Enit / Regione / Guida Regioni d'Italia / Assess. Cultura Bologna
Proprietà: Comune
Condizione attuale: aperto

Provincia di Modena
Comune di Modena
**MUSEO CIVICO DI STORIA
E ARTE MEDIEVALE E MODERNA**
Indirizzo: palazzo dei Musei,
piazza Sant'Agostino, tel. 059/243263
Categoria: musei d'arte
Fonte/i: Regione / Touring Club / Guida Regioni d'Italia / Assess. Cultura Bologna
Proprietà: Comune
Condizione attuale: aperto

Provincia di Modena
Comune di Modena
MUSEO DEL RISORGIMENTO
Indirizzo: palazzo dei Musei,
piazza Sant'Agostino, tel. 059/243263
Categoria: musei di storia

Fonte/i: Istat / Enit / Regione / Touring Club / Guida Regioni d'Italia / Assess. Cultura Bologna
Proprietà: Comune
Condizione attuale: in allestimento

Provincia di Modena
Comune di Modena
MUSEO DELLA FIGURINA "PANNI"
Indirizzo: via Po 380
Categoria: musei specializzati
Fonte/i: Enit / Piccoli
Proprietà: privato
Condizione attuale: aperto a richiesta

Provincia di Modena
Comune di Modena
MUSEO DI ANATOMIA COMPARATA
Indirizzo: via Berengario 14,
tel. 059/218302-243566
Categoria: musei di scienza e tecnica
Fonte/i: Istat / Regione / Assess. Cultura Bologna
Proprietà: Università
Condizione attuale: aperto a richiesta

Provincia di Modena
Comune di Modena
**MUSEO DI ANATOMIA UMANA
NORMALE**
Indirizzo: via Berengario 16, tel. 059/243566
Categoria: musei di scienza e tecnica
Fonte/i: Istat / Regione / Assess. Cultura Bologna
Proprietà: Università
Condizione attuale: in allestimento

Provincia di Modena
Comune di Modena
MUSEO DI MINERALOGIA
Indirizzo: via Sant'Eufemia 19,
tel. 059/218062
Categoria: musei di scienza e tecnica
Fonte/i: Istat / Regione / Assess. Cultura Bologna
Proprietà: Università
Condizione attuale: aperto a richiesta

Provincia di Modena
Comune di Modena
MUSEO DI PALEONTOLOGIA
Indirizzo: palazzo dell'Università,
via Università 4, tel. 059/217084
Categoria: musei di scienza e tecnica
Fonte/i: Istat / Regione / Guida Regioni d'Italia / Assess. Cultura Bologna

Proprietà: Università
Condizione attuale: aperto a richiesta

Provincia di Modena
Comune di Modena
**MUSEO DI PALEOZOOLOGIA
E GEOLOGIA**
Indirizzo: Istituto di geologia,
corso Vittorio Emanuele II 59, tel. 059/230394
Categoria: musei di scienza e tecnica
Fonte/i: Istat / Regione
Proprietà: Università
Condizione attuale: aperto

Provincia di Modena
Comune di Modena
MUSEO DI ZOOLOGIA
Indirizzo: via dell'Università 41,
tel. 059/218302
Categoria: musei di scienza e tecnica
Fonte/i: Istat / Regione / Assess. Cultura Bologna
Proprietà: Università
Condizione attuale: aperto a richiesta

Provincia di Modena
Comune di Modena
**MUSEO LABORATORIO DEL
BURATTINO E DELLA MARIONETTA
"MALETTI"**
Indirizzo: Teatro delle maschere,
via Livizzani 38
Categoria: musei specializzati
Fonte/i: Enit
Proprietà: privata
Condizione attuale: aperto a richiesta

Provincia di Modena
Comune di Modena
MUSEO LAPIDARIO DEL DUOMO
Indirizzo: via Lanfranco 6,
tel. 059/223474-216078
Categoria: musei d'archeologia
Fonte/i: Istat / Regione / Touring Club / Guida Regioni d'Italia / Assess. Cultura Bologna
Proprietà: ecclesiastica
Condizione attuale: in allestimento

Provincia di Modena
Comune di Modena
MUSEO LAPIDARIO ESTENSE
Indirizzo: palazzo dei Musei,
piazza Sant'Agostino, tel. 059/23504
Categoria: musei d'archeologia
Fonte/i: Regione / Guida Regioni d'Italia /

Dir. gen. Min. Beni culturali
Proprietà: Stato
Condizione attuale: aperto

Provincia di Modena
Comune di Modena
**MUSEO MURATORIANO,
AEDES MURATORIANA**
Indirizzo: via della Pomposa 1,
tel. 059/241104
Categoria: musei specializzati
Fonte/i: Istat / Regione / Touring Club / Guida Regioni d'Italia / Assess. Cultura Bologna
Proprietà: Comune
Condizione attuale: aperto a richiesta

Provincia di Modena
Comune di Modena
**MUSEO STORICO
DELL'ACCADEMIA MILITARE**
Indirizzo: Palazzo ducale, piazza Roma,
tel. 059/225040
Categoria: musei specializzati
Fonte/i: Regione / Assess. Cultura Bologna
Proprietà: Stato
Condizione attuale: aperto a richiesta

Provincia di Modena
Comune di Modena
ORTO BOTANICO ED ERBARIO
Indirizzo: viale Caduti in guerra 127,
tel. 059/236132
Categoria: musei di scienza e tecnica
Fonte/i: Istat / Touring Club / Guida Regioni d'Italia / Assess. Cultura Bologna
Proprietà: Università
Condizione attuale: aperti a richiesta

Provincia di Modena
Comune di Modena
**RACCOLTA CLINICA DI MALATTIE
INFETTIVE E TROPICALI**
Categoria: musei di scienza e tecnica
Fonte/i: Com. it. Icom
Proprietà: Università
Condizione attuale: aperta a richiesta

Provincia di Modena
Comune di Montefiorino
**MUSEO DELLA REPUBBLICA
PARTIGIANA DI MONTEFIORINO**
Indirizzo: Rocca comunale, tel. 059/965139
Categoria: musei di storia
Fonte/i: Istat / Enit / Regione / Touring Club / Guida Regioni d'Italia / Assess. Cultura

Bologna
Proprietà: Comune
Condizione attuale: aperto a richiesta

Provincia di Modena
Comune di Nonantola
**TESORO DELL'ABBAZIA
DI SAN SILVESTRO**
Indirizzo: piazza Caduti Partigiani,
tel. 059/549025
Categoria: musei d'arte e archeologia
Fonte/i: Istat / Enit / Regione / Guida Regioni d'Italia / Assess. Cultura Bologna
Proprietà: ecclesiastica
Condizione attuale: aperto a richiesta

Provincia di Modena
Comune di Nonantola
MUSEO COMUNALE
Indirizzo: Municipio, sala delle colonne,
tel. 059/549024
Categoria: musei d'archeologia
Fonte/i: Provincia
Proprietà: Comune
Condizione attuale: aperto

Provincia di Modena
Comune di Pavullo nel Frignano
MUSEO CIVICO "CORTELLONI"
Indirizzo: Palazzo ducale, via Giardini
Categoria: musei d'archeologia
Fonte/i: Istat / Enit / Regione / Guida Regioni d'Italia
Proprietà: Comune
Condizione attuale: in allestimento

Provincia di Modena
Comune di Pavullo nel Frignano
**MUSEO NATURALISTICO
FRIGNANESE**
Indirizzo: via Rainaudo, tel. 0536/20922 (059/390179)
Categoria: musei etnogr. e/o antropolog.
Fonte/i: Touring Club / Assess. Cultura Bologna
Proprietà: Comune
Condizione attuale: aperto

Provincia di Modena
Comune di San Felice sul Panaro
**MUSEO ARCHEOLOGICO
"VENTURINI"**
Indirizzo: tel. 0535/84628-051/221219
Categoria: musei d'archeologia
Fonte/i: Provincia
Proprietà: Comune

Condizione attuale: in allestimento
Provincia di Modena
Comune di Sassuolo
**MOSTRA PERMANENTE DELLA
CERAMICA ITALIANA**
Indirizzo: via Cavallotti
Categoria: musei specializzati
Fonte/i: Enit
Proprietà: privata
Condizione attuale: aperta

Provincia di Modena
Comune di Sassuolo
**RACCOLTA SCUOLA MEDIA
"LEONARDO DA VINCI"**
Indirizzo: via Mazzini 112
Categoria: musei di scienza e tecnica
Fonte/i: Istat
Proprietà: Stato
Condizione attuale: aperta a richiesta

Provincia di Modena
Comune di Savignano sul Panaro
**RACCOLTA ETNOGRAFICA
COMUNALE**
Indirizzo: Biblioteca civica
Categoria: musei territoriali
Fonte/i: Regione
Proprietà: Comune
Condizione attuale: aperta

Provincia di Modena
Comune di Sestola
MUSEO DELLA CIVILTÀ MONTANARA
Indirizzo: tel. 0535/62324
Categoria: musei territoriali
Fonte/i: Provincia
Proprietà: Comune
Condizione attuale: in allestimento

Provincia di Modena
Comune di Vignola
**MUSEO CIVICO DI MINERALI
E FOSSILI**
Indirizzo: tel. 059/772873
Categoria: musei di scienza e tecnica
Fonte/i: Provincia
Proprietà: Comune
Condizione attuale: aperto

PROVINCIA DI PARMA

Provincia di Parma
Comune di Bardi
MUSEO DELLA CIVILTÀ VALLIGIANA
Indirizzo: Castello, tel. 0521/71368

Categoria: musei territoriali
Fonte/i: Regione / Min. Interni / Assess. Cultura Bologna
Proprietà: Comune
Condizione attuale: aperto

Provincia di Parma
Comune di Bedonia
MUSEO "ROMEO MUSA"
Indirizzo: via Caduti per la Patria, tel. 0521/82224-84424
Categoria: musei d'arte
Fonte/i: Regione / Assess. Cultura Bologna
Proprietà: Comune
Condizione attuale: aperto a richiesta

Provincia di Parma
Comune di Bedonia
MUSEO DEL SEMINARIO: SEZIONE GEOLOGICO-NATURALISTA
Indirizzo: Seminario vescovile, via Raffi, tel. 0525/82220-84424
Categoria: musei di scienza e tecnica
Fonte/i: Istat / Enit / Regione / Touring Club / Guida Regioni d'Italia / Assess. Cultura Bologna
Proprietà: ecclesiastica
Condizione attuale: aperta a richiesta

Provincia di Parma
Comune di Bedonia
MUSEO DEL SEMINARIO: SEZIONE QUADRERIA
Indirizzo: Seminario vescovile, via Raffi, tel. 0525/82220-84424
Categoria: musei d'arte
Fonte/i: Istat / Enit / Regione / Touring Club / Guida Regioni d'Italia / Assess. Cultura Bologna
Proprietà: ecclesiastica
Condizione attuale: aperta a richiesta

Provincia di Parma
Comune di Busseto
CASA DI G. VERDI
Indirizzo: frazione Roncole
Categoria: musei specializzati
Fonte/i: Guida Regioni d'Italia
Proprietà: Comune
Condizione attuale: aperta a richiesta

Provincia di Parma
Comune di Busseto
MUSEO CIVICO
Indirizzo: villa Pallavicino, via Provesi 35, tel. 0524/92239
Categoria: musei d'arte e archeologia
Fonte/i: Istat / Enit / Regione / Touring Club / Min. Interni / Guida Regioni d'Italia / Assess. Cultura Bologna
Proprietà: Comune
Condizione attuale: aperto

Provincia di Parma
Comune di Collecchio
RACCOLTA ETNOGRAFICA "GUATELLI"
Indirizzo: frazione Ozzano Taro, via Nazionale 138, tel. 0521/809100
Categoria: musei territoriali
Fonte/i: Istat / Enit / Regione / Touring Club / Assess. Cultura Bologna
Proprietà: privata
Condizione attuale: aperta a richiesta

Provincia di Parma
Comune di Colorno
MUSEO ETNOGRAFICO DELLA CIVILTÀ CONTADINA
Indirizzo: piazzale Vittorio Veneto, tel. 0521/815418-816939
Categoria: musei territoriali
Fonte/i: Istat / Enit / Regione / Touring Club / Guida Regioni d'Italia / Assess. Cultura Bologna
Proprietà: Comune
Condizione attuale: aperto a richiesta

Provincia di Parma
Comune di Colorno
REGGIA DEI GONZAGA
Categoria: musei d'arte
Fonte/i: Fio
Proprietà: Comune
Condizione attuale: in restauro

Provincia di Parma
Comune di Compiano
MUSEO DI ARTE E STORIA
Indirizzo: via Sidoli
Categoria: musei d'arte
Fonte/i: Min. Interni
Proprietà: Stato
Condizione attuale: aperto

Provincia di Parma
Comune di Fidenza
MUSEO DEL RISORGIMENTO "L. MUSINI"
Indirizzo: piazza Garibaldi, tel. 0524/526365-523370
Categoria: musei di storia

Fonte/i: Istat / Regione / Touring Club / Guida Regioni d'Italia / Assess. Cultura Bologna
Proprietà: Comune
Condizione attuale: aperto

Provincia di Parma
Comune di Fontanellato
MUSEO DELLA ROCCA SANVITALE
Indirizzo: piazza Matteotti, tel. 0521/821188
Categoria: musei d'arte
Fonte/i: Istat / Enit / Regione / Touring Club / Min. Interni / Guida Regioni d'Italia / Assess. Cultura Bologna
Proprietà: Comune
Condizione attuale: aperto

Provincia di Parma
Comune di Langhirano
CASTELLO MUSEO DI TORRECHIARA
Indirizzo: località Torrechiara, tel. 0521/33309-855255
Categoria: musei d'arte
Fonte/i: Istat / Enit / Regione / Min. Beni culturali / Assess. Cultura Bologna / Dir. gen. Min. Beni culturali
Proprietà: Stato
Condizione attuale: aperto

Provincia di Parma
Comune di Langhirano
MUSEO DEL RISORGIMENTO "F. TANARA"
Indirizzo: Palazzo municipale, piazza del Municipio 1, tel. 0521/852107-853641
Categoria: musei di storia
Fonte/i: Enit / Regione / Touring Club / Min. Interni / Assess. Cultura Bologna
Proprietà: Comune
ondizione attuale: aperto

Provincia di Parma
Comune di Montechiarugolo
RACCOLTA ARCHEOLOGICA
Indirizzo: Castello, tel. 0521/659343
Categoria: musei d'arte e archeologia
Fonte/i: Istat / Enit / Regione / Touring Club / Guida Regioni d'Italia / Assess. Cultura Bologna
Proprietà: Comune
Condizione attuale: aperta

Provincia di Parma
Comune di Neviano degli Arduini
MUSEO STORICO DELLA RESISTENZA
Indirizzo: frazione di Sasso
Categoria: musei di storia
Fonte/i: Min. Interni
Proprietà: privata
Condizione attuale: aperto a richiesta

Provincia di Parma
Comune di Parma
CAMERA DI SAN PAOLO
Indirizzo: via Melloni 3
Categoria: musei d'arte
Fonte/i: Istat / Enit / Min. Beni culturali / Dir. gen. Min. Beni culturali
Proprietà: Stato
Condizione attuale: aperta

Provincia di Parma
Comune di Parma
CELLA DI SANTA CATERINA
Indirizzo: via Giordani
Categoria: musei d'arte
Fonte/i: Min. Beni culturali / Dir. gen. Min. Beni culturali
Proprietà: Stato
Condizione attuale: aperta a richiesta

Provincia di Parma
Comune di Parma
CENTRO STUDI E ARCHIVIO COMUNICAZIONE
Indirizzo: Padiglione Nervi, tel. 0521/27248
Categoria: musei specializzati
Fonte/i: Regione
Proprietà: Università
Condizione attuale: aperto

Provincia di Parma
Comune di Parma
COLLEZIONE DI MARIONETTE "FERRARI" E "ZAFFARDI"
Indirizzo: via Crisopoli 2 e via Imbriani 4, tel. 0521/795690
Categoria: musei specializzati
Fonte/i: Regione
Proprietà: Università
Condizione attuale: aperta

Provincia di Parma
Comune di Parma
GALLERIA NAZIONALE
Indirizzo: palazzo della Pilotta, piazza della Pilotta 5, tel. 0521/233617
Categoria: musei d'arte
Fonte/i: Istat / Enit / Regione / Touring Club / Guida Regioni d'Italia / Dir. gen. Min. Beni culturali / Assess. Cultura Bologna
Proprietà: Stato

Condizione attuale: aperta
Provincia di Parma
Comune di Parma
MUSEO "GLAUCO LOMBARDI"
Indirizzo: via Garibaldi 15, tel. 0521/33727
Categoria: musei d'arte
Fonte/i: Istat / Enit / Regione / Touring Club / Guida Regioni d'Italia / Assess. Cultura Bologna
Proprietà: privata
Condizione attuale: aperto

Provincia di Parma
Comune di Parma
MUSEO BODONIANO, BIBLIOTECA PALATINA
Indirizzo: palazzo della Pilotta, piazza della Pilotta 5, tel. 0521/282217
Categoria: musei di scienza e tecnica
Fonte/i: Istat / Regione / Touring Club / Guida Regioni d'Italia / Assess. Cultura Bologna / Piccoli
Proprietà: Stato
Condizione attuale: aperti

Provincia di Parma
Comune di Parma
MUSEO CASA NATALE DI A. TOSCANINI
Indirizzo: via R. Tanzi 13, tel. 0521/35964-285499
Categoria: musei specializzati
Fonte/i: Istat / Enit / Regione / Touring Club / Guida Regioni d'Italia / Assess. Cultura Bologna
Proprietà: Comune
Condizione attuale: aperto

Provincia di Parma
Comune di Parma
MUSEO DI ANATOMIA UMANA NORMALE
Indirizzo: via Università 12
Categoria: musei di scienza e tecnica
Fonte/i: Com. it. Icom
Proprietà: Università
Condizione attuale: aperto a richiesta

Provincia di Parma
Comune di Parma
MUSEO DI ANATOMIA VETERINARIA
Indirizzo: via Università 12
Categoria: musei di scienza e tecnica
Fonte/i: Istat
Proprietà: Università
Condizione attuale: aperto a richiesta

Provincia di Parma
Comune di Parma
MUSEO DI MINERALOGIA E PETROGRAFIA
Indirizzo: viale delle Scienze 78, tel. 0521/580323
Categoria: musei di scienza e tecnica
Fonte/i: Istat / Assess. Cultura Bologna
Proprietà: Università
Condizione attuale: aperto

Provincia di Parma
Comune di Parma
MUSEO DI STORIA NATURALE (COLL. PIOLA, DEL PRATO, ECC.)
Indirizzo: palazzo dell'Università, via Università 12, tel. 0521/208855
Categoria: musei di scienza e tecnica
Fonte/i: Regione
Proprietà: Università
Condizione attuale: aperto a richiesta

Provincia di Parma
Comune di Parma
MUSEO E ARCHIVIO STORICO DEL TEATRO REGIO
Indirizzo: via D'Azeglio 45, tel. 0521/31549
Categoria: musei specializzati
Fonte/i: Enit / Guida Regioni d'Italia
Proprietà: Comune
Condizione attuale: aperti

Provincia di Parma
Comune di Parma
MUSEO ERITREO "V. BOTTEGO", RACCOLTE DI ZOOLOGIA
Indirizzo: palazzo dell'Università, via Università 12, 0521/234082
Categoria: musei di scienza e tecnica
Fonte/i: Istat / Enit / Guida Regioni d'Italia / Assess. Cultura Bologna / Piccoli
Proprietà: Università
Condizione attuale: aperti

Provincia di Parma
Comune di Parma
MUSEO ETNOGRAFICO E DI ARTE CINESE
Indirizzo: via San Martino 8, tel. 0521/54341
Categoria: musei d'arte
Fonte/i: Istat / Enit / Regione / Touring Club / Guida Regioni d'Italia / Assess. Cultura Bologna
Proprietà: privata
Condizione attuale: aperto

Provincia di Parma
Comune di Parma
MUSEO NAZIONALE ARCHEOLOGICO
Indirizzo: palazzo della Pilotta,
piazza della Pilotta, tel. 0521/233718-282787
Categoria: musei d'archeologia
Fonte/i: Istat / Enit / Regione / Touring Club /
Min. Beni culturali / Guida Regioni d'Italia /
Dir. gen. Min. Beni culturali / Assess. Cultura
Bologna
Proprietà: Stato
Condizione attuale: aperto

Provincia di Parma
Comune di Parma
MUSEO PALEONTOLOGICO PARMENSE
Indirizzo: Istituto di geologia, via delle
Scienze 78, tel. 0521/580353-580367
Categoria: musei di scienza e tecnica
Fonte/i: Istat / Guida Regioni d'Italia /
Assess. Cultura Bologna
Proprietà: Università
Condizione attuale: aperto a richiesta

Provincia di Parma
Comune di Parma
ORTO BOTANICO
Indirizzo: via Farini 90, tel. 0521/233524
Categoria: giardini zoolog. botan. naturali
Fonte/i: Istat / Touring Club / Assess. Cultura
Bologna
Proprietà: Stato
Condizione attuale: aperto

Provincia di Parma
Comune di Parma
PINACOTECA "G. STUARD"
Indirizzo: via Cavestro 14,
tel. 0521/22680-208101
Categoria: musei d'arte
Fonte/i: Istat / Enit / Regione / Touring Club /
Guida Regioni d'Italia / Assess. Cultura
Bologna
Proprietà: privata
Condizione attuale: aperta

Provincia di Parma
Comune di Parma
RACCOLTA DELL'ISTITUTO TECNICO "M. MELLONI"
Indirizzo: viale Maria Luigia 9
Categoria: musei di scienza e tecnica
Fonte/i: Istat
Proprietà: Stato
Condizione attuale: aperta a richiesta

Provincia di Parma
Comune di Parma
SPEZIERIA STORICA SAN GIOVANNI EVANGELISTA
Indirizzo: borgo Pipa 1, tel. 0521/233617
Categoria: musei specializzati
Fonte/i: Istat / Enit / Regione / Min. Beni
culturali / Assess. Cultura Bologna / Dir. gen.
Min. Beni culturali
Proprietà: Stato
Condizione attuale: aperta

Provincia di Parma
Comune di Pellegrino Parmense
RACCOLTA ETNOGRAFICA
Categoria: musei territoriali
Fonte/i: fonti varie
Proprietà: Comune
Condizione attuale: aperta a richiesta

Provincia di Parma
Comune di Soragna
MUSEO DELLA ROCCA
Indirizzo: piazza Meli Lupi, tel. 0524/69161
Categoria: musei d'arte
Fonte/i: Enit / Regione / Assess. Cultura
Bologna
Proprietà: privata
Condizione attuale: aperto

Provincia di Parma
Comune di Soragna
MUSEO EBRAICO
Indirizzo: via Cavour
Categoria: musei specializzati
Fonte/i: Enit / Min. Interni
Proprietà: privata
Condizione attuale: aperto a richiesta

Provincia di Parma
Comune di Traversetolo
FONDAZIONE "MAGNANI ROCCA"
Indirizzo: Corte di Mamiano, via Vecchia di
Sala 18, tel. 0521/848148-848327
Categoria: musei d'arte
Fonte/i: Touring Club / Assess. Cultura
Bologna / fonti varie
Proprietà: privata
Condizione attuale: aperta

Provincia di Parma
Comune di Traversetolo
MUSEO "RENATO BROZZI"
Indirizzo: Palazzo municipale,
piazza Veneto 30, tel. 0521/842841
Categoria: musei d'arte

Fonte/i: Regione / Min. Interni / Assess.
Cultura Bologna
Proprietà: Comune
Condizione attuale: aperto

Provincia di Parma
Comune di Zibello
MUSEO DELLA CIVILTÀ CONTADINA
Indirizzo: Scuola "Barezzi", via Roma 29,
tel. 0524/99124
Categoria: musei territoriali
Fonte/i: Assess. Cultura Bologna
Proprietà: Comune
Condizione attuale: aperto a richiesta

PROVINCIA DI PIACENZA

Provincia di Piacenza
Comune di Bobbio
**MUSEO DELL'ABBAZIA
DI SAN COLOMBANO**
Indirizzo: piazza S. Fara 5, tel. 0523/936018
Categoria: musei d'arte e archeologia
Fonte/i: Istat / Enit / Regione / Touring Club /
Min. Beni culturali / Min. Interni / Guida
Regioni d'Italia / Assess. Cultura Bologna
Proprietà: ecclesiastica
Condizione attuale: aperto a richiesta

Provincia di Piacenza
Comune di Bobbio
**MUSEO NAZIONALE DEL
CASTELLO MALASPINA**
Indirizzo: tel. 0523/936069
Categoria: musei d'arte
Fonte/i: Istat / Min. Beni culturali / Dir. gen.
Min. Beni culturali
Proprietà: Stato
Condizione attuale: aperto

Provincia di Piacenza
Comune di Castell'Arquato
MUSEO DELLA COLLEGIATA
Indirizzo: chiostro della chiesa dell'Assunta,
piazzetta Don Cagnoni, tel. 0523/803151
Categoria: musei d'arte e archeologia
Fonte/i: Istat / Enit / Regione / Touring Club /
Min. Beni culturali / Min. Interni / Guida
Regioni d'Italia / Assess. Cultura Bologna
Proprietà: ecclesiastica
Condizione attuale: aperto a richiesta

Provincia di Piacenza
Comune di Castell'Arquato
MUSEO GEOLOGICO
Indirizzo: giardini Torrione, tel. 0523/803161

Categoria: musei di scienza e tecnica
Fonte/i: Istat / Enit / Regione / Touring Club /
Min. Interni / Guida Regioni d'Italia / Assess.
Cultura Bologna
Proprietà: Comune
Condizione attuale: aperto

Provincia di Piacenza
Comune di Castell'Arquato
MUSEO ILLICHIANO
Indirizzo: palazzo Vigevani Gravaghi, piazza
del Comune, tel. 0523/803161
Categoria: musei di scienza e tecnica
Fonte/i: Enit / Touring Club / Guida Regioni
d'Italia / Assess. Cultura Bologna
Proprietà: Comune
Condizione attuale: chiuso

Provincia di Piacenza
Comune di Lugagnano Val D'Arda
ANTIQUARIUM DI VELLEIA
Indirizzo: frazione Velleia, tel. 0523/897113
Categoria: musei d'archeologia
Fonte/i: Istat / Enit / Regione / Touring Club /
Min. Interni / Guida Regioni d'Italia / Assess.
Cultura Bologna / Dir. gen. Min. Beni
culturali
Proprietà: Stato
Condizione attuale: aperto

Provincia di Piacenza
Comune di Lugagnano Val D'Arda
MUSEO DEL CALCIDICO
Indirizzo: frazione Velleia, tel. 0523/897113
Categoria: musei specializzati
Fonte/i: Guida Regioni d'Italia
Proprietà: Stato
Condizione attuale: aperto

Provincia di Piacenza
Comune di Monticelli D'Ongina
MUSEO CIVICO
Indirizzo: Rocca Pallavicino, piazza Casali 1,
tel. 0523/827229
Categoria: musei d'arte
Fonte/i: Enit /Touring Club / Min. Interni /
Assess. Cultura Bologna
Proprietà: Comune
Condizione attuale: aperto

Provincia di Piacenza
Comune di Monticelli D'Ongina
**MUSEO ETNOGRAFICO DEL PO
E DELLA CIVILTÀ CONTADINA**
Indirizzo: Rocca Pallavicino, piazza Casali 7,
tel. 0523/827185

Categoria: musei territoriali
Fonte/i: Istat / Enit / Regione / Touring Club / Min. Interni / Guida Regioni d'Italia / Assess. Cultura Bologna
Proprietà: privata
Condizione attuale: aperto a richiesta

Provincia di Piacenza
Comune di Piacenza
GALLERIA D'ARTE "ALBERONI"
Indirizzo: via Emilia Parmense 77, tel. 0523/63198
Categoria: musei d'arte
Fonte/i: Istat / Enit / Regione / Touring Club / Assess. Cultura Bologna
Proprietà: ecclesiastica
Condizione attuale: aperta a richiesta

Provincia di Piacenza
Comune di Piacenza
GALLERIA D'ARTE MODERNA "RICCI ODDI"
Indirizzo: via San Siro 13, tel. 0523/20742
Categoria: musei d'arte
Fonte/i: Istat / Enit / Regione / Guida Monaci / Touring Club / Guida Regioni d'Italia / Assess. Cultura Bologna
Proprietà: Comune
Condizione attuale: aperta

Provincia di Piacenza
Comune di Piacenza
MUSEO CIVICO: COLLEZIONI VARIE
Indirizzo: palazzo Farnese, piazza Cittadella, tel. 0523/28270
Categoria: musei d'arte
Fonte/i: Istat / Enit / Regione / Touring Club / Guida Regioni d'Italia / Assess. Cultura Bologna
Proprietà: Comune
Condizione attuale: in allestimento

Provincia di Piacenza
Comune di Piacenza
MUSEO CIVICO: MUSEO DEL RISORGIMENTO
Indirizzo: palazzo Farnese, piazza Cittadella, tel. 0523/28270
Categoria: musei di storia
Fonte/i: Istat / Enit / Regione / Touring Club / Guida Regioni d'Italia / Assess. Cultura Bologna
Proprietà: Comune
Condizione attuale: aperto

Provincia di Piacenza
Comune di Piacenza
MUSEO CIVICO: QUADRERIA
Indirizzo: palazzo Farnese, piazza Cittadella, tel. 0523/28270
Categoria: musei d'arte
Fonte/i: Istat / Enit / Regione / Touring Club / Guida Regioni d'Italia / Assess. Cultura Bologna
Proprietà: Comune
Condizione attuale: aperta

Provincia di Piacenza
Comune di Piacenza
MUSEO CIVICO: RACCOLTA NUMISMATICA
Indirizzo: palazzo Farnese, piazza Cittadella, tel. 0523/28270
Categoria: musei specializzati
Fonte/i: Istat / Regione / Touring Club / Guida Regioni d'Italia / Assess. Cultura Bologna
Proprietà: Comune
Condizione attuale: in allestimento

Provincia di Piacenza
Comune di Piacenza
MUSEO CIVICO: SEZIONE ARCHEOLOGICA
Indirizzo: palazzo Farnese, piazza Cittadella, tel. 0523/28270
Categoria: musei d'archeologia
Fonte/i: Istat / Enit / Regione / Touring Club / Guida Regioni d'Italia / Assess. Cultura Bologna
Proprietà: Comune
Condizione attuale: in allestimento

Provincia di Piacenza
Comune di Piacenza
MUSEO CIVICO: SEZIONE DELLE CARROZZE
Indirizzo: palazzo Farnese, piazza Cittadella, tel. 0523/28270
Categoria: musei specializzati
Fonte/i: Istat / Enit / Regione / Touring Club / Guida Regioni d'Italia / Assess. Cultura Bologna
Proprietà: Comune
Condizione attuale: aperta

Provincia di Piacenza
Comune di Piacenza
MUSEO DEL TEATRO "VERDI"
Indirizzo: via Verdi 41, tel. 0523/492253
Categoria: musei specializzati
Fonte/i: Istat / Enit / Touring Club

Proprietà: Comune
Condizione attuale: aperto

Provincia di Piacenza
Comune di Piacenza
MUSEO DI SANT'ANTONINO
Indirizzo: piazza Sant'Antonino,
tel. 0523/20653
Categoria: musei specializzati
Fonte/i: Istat / Enit / Regione / Touring Club / Guida Regioni d'Italia / Assess. Cultura Bologna
Proprietà: ecclesiastica
Condizione attuale: aperto a richiesta

Provincia di Piacenza
Comune di Piacenza
MUSEO DI STORIA NATURALE
Indirizzo: via Taverna 37, tel. 0523/34980
Categoria: musei di scienza e tecnica
Fonte/i: Assess. Cultura Bologna
Proprietà: privata
Condizione attuale: in allestimento

Provincia di Piacenza
Comune di Piacenza
MUSEO DIOCESANO
Indirizzo: Palazzo vescovile, piazza del Duomo, tel. 0523/384679
Categoria: musei d'arte e archeologia
Fonte/i: Enit / Regione / Touring Club / Guida Regioni d'Italia / Assess. Cultura Bologna
Proprietà: ecclesiastica
Condizione attuale: aperto a richiesta

Provincia di Piacenza
Comune di Ponte dell'Olio
RACCOLTA DELLA SCUOLA MEDIA "VACCARI"
Indirizzo: via S. Bono 3
Categoria: musei di scienza e tecnica
Fonte/i: Istat
Proprietà: Stato
Condizione attuale: aperta a richiesta

Provincia di Piacenza
Comune di San Giorgio Piacentino
RACCOLTA DELLE ANTICHE MACCHINE AGRICOLE
Indirizzo: tel. 0523/539423
Categoria: musei specializzati
Fonte/i: Enit / Assess. Cultura Bologna
Proprietà: privata
Condizione attuale: aperta a richiesta

Provincia di Piacenza

Comune di Villanova sull'Arda
VILLA VERDI
Indirizzo: Sant'Agata, via Verdi 22, tel. 0523/830210
Categoria: musei specializzati
Fonte/i: Enit / Min. Interni / Guida Regioni d'Italia
Proprietà: privata
Condizione attuale: aperta a richiesta

PROVINCIA DI RAVENNA

Provincia di Ravenna
Comune di Alfonsine
CASA NATALE DI VINCENZO MONTI
Indirizzo: località Ortarro, via Passetto, tel. 0544/83585
Categoria: musei specializzati
Fonte/i: Regione / Assess. Cultura Bologna
Proprietà: Comune
Condizione attuale: aperta a richiesta

Provincia di Ravenna
Comune di Alfonsine
MUSEO DELLA BATTAGLIA SUL SENIO
Indirizzo: piazza della Resistenza 2, tel. 0544/83585
Categoria: musei specializzati
Fonte/i: Regione / Min. Interni / Assess. Cultura Bologna
Proprietà: Comune
Condizione attuale: aperto

Provincia di Ravenna
Comune di Bagnacavallo
MUSEO CIVICO
Indirizzo: convento delle Cappuccine, via Vittorio Veneto 1/A, tel. 0545/61256
Categoria: musei d'arte e archeologia
Fonte/i: Istat / Enit / Regione / Touring Club / Min. Interni / Assess. Cultura Bologna
Proprietà: Comune
Condizione attuale: aperto

Provincia di Ravenna
Comune di Bagnacavallo
MUSEO CIVILTÀ DELLE ERBE PALUSTRI
Indirizzo: ex scuole elementari, Villanova
Categoria: musei di scienza e tecnica
Fonte/i: Min. Interni
Proprietà: Comune
Condizione attuale: aperto a richiesta

Provincia di Ravenna
Comune di Bagnara di Romagna

**MUSEO PARROCCHIALE
E SALA MASCAGNI**
Indirizzo: piazza IV Novenbre 2,
tel. 0545/76054
Categoria: musei d'arte
Fonte/i: Istat / Enit / Regione / Touring Club /
Min. Interni / Assess. Cultura Bologna
Proprietà: ecclesiastica
Condizione attuale: aperti a richiesta

Provincia di Ravenna
Comune di Brisighella
MUSEO DEL LAVORO CONTADINO
Indirizzo: Rocca comunale,
tel. 0546/81066-81225
Categoria: musei territoriali
Fonte/i: Istat / Enit / Regione / Touring Club /
Min. Interni / Guida Regioni d'Italia / Assess.
Cultura Bologna
Proprietà: Comune
Condizione attuale: aperto

Provincia di Ravenna
Comune di Brisighella
MUSEO DEL TEMPO
Indirizzo: via Torre, tel. 0546/81225
Categoria: musei di scienza e tecnica
Fonte/i: Min. Interni / Assess. Cultura
Bologna
Proprietà: Comune
Condizione attuale: aperto

Provincia di Ravenna
Comune di Brisighella
MUSEO DELLA GRAFICA "G .UGONIA"
Indirizzo: piazzetta Porta Gabolo,
tel. 0546/81225
Categoria: musei specializzati
Fonte/i: Assess. Cultura Bologna
Proprietà: Comune
Condizione attuale: aperto

Provincia di Ravenna
Comune di Brisighella
MUSEO DELLA PIEVE DEL THO
Indirizzo: tel. 0546/813441
Categoria: musei d'archeologia
Fonte/i: Assess. Cultura Bologna
Proprietà: ecclesiastica
Condizione attuale: aperto a richiesta

Provincia di Ravenna
Comune di Brisighella
MUSEO DELLA VAL LAMONE
Indirizzo: piazza Marconi 1, tel. 0546/81225
Categoria: musei d'archeologia

Fonte/i: Istat / Enit / Min. Interni / Guida
Regioni d'Italia / Assess. Cultura Bologna
Proprietà: Comune
Condizione attuale: aperto

Provincia di Ravenna
Comune di Casola Valsenio
MUSEO DEL LAVORO CONTADINO
Indirizzo: (sezione del museo di Brisighella)
Categoria: musei territoriali
Fonte/i: Regione
Proprietà: Provincia
Condizione attuale: aperto a richiesta

Provincia di Ravenna
Comune di Casola Valsenio
**RACCOLTE SCIENTIFICHE
SCUOLA MEDIA "ORIANI"**
Categoria: musei di scienza e tecnica
Fonte/i: Com. it. Icom
Proprietà: Stato
Condizione attuale: aperte a richiesta

Provincia di Ravenna
Comune di Castel Bolognese
ANTIQUARIUM COMUNALE
Indirizzo: via Garavini
Categoria: musei d'archeologia
Fonte/i: Min. Interni
Proprietà: Comune
Condizione attuale: aperto a richiesta

Provincia di Ravenna
Comune di Cervia
**MUSEO DEI BURATTINI
E DELLE FIGURE**
Indirizzo: via XX Settembre 165,
tel. 0544/971958-971922
Categoria: musei specializzati
Fonte/i: Assess. Cultura Bologna
Proprietà: Comune
Condizione attuale: aperto a richiesta

Provincia di Ravenna
Comune di Cervia
**MUSEO DI STRUMENTI MUSICALI
MECCANICI**
Indirizzo: frazione Savio, via Romea 481,
tel. 0544/560547
Categoria: musei specializzati
Fonte/i: Istat / Enit / Regione / Guida Regioni
d'Italia / Assess. Cultura Bologna / Piccoli
Proprietà: privata
Condizione attuale: aperto

Provincia di Ravenna

Comune di Cotignola
MUSEO "L. VAROLI"
Indirizzo: corso Sforza 24, tel. 0545/40111
Categoria: musei d'arte e archeologia
Fonte/i: Istat / Enit / Regione / Touring Club / Min. Interni / Assess. Cultura Bologna
Proprietà: Comune
Condizione attuale: in restauro

Provincia di Ravenna
Comune di Faenza
MUSEO ARCHEOLOGICO
Indirizzo: palazzo Mazzolani, corso Mazzini 97, tel. 0546/25231
Categoria: musei d'archeologia
Fonte/i: Istat / Enit / Regione / Touring Club / Guida Regioni d'Italia / Assess. Cultura Bologna
Proprietà: Comune
Condizione attuale: in allestimento

Provincia di Ravenna
Comune di Faenza
MUSEO DEL RISORGIMENTO
Indirizzo: via Manfredi 14, tel. 0546/21541-25231
Categoria: musei di storia
Fonte/i: Istat / Regione / Touring Club / Guida Regioni d'Italia / Assess. Cultura Bologna
Proprietà: Comune
Condizione attuale: in allestimento

Provincia di Ravenna
Comune di Faenza
MUSEO DELL'ETÀ NEOCLASSICA
Indirizzo: palazzo Milzetti, via Tonducci 15, tel. 0546/26493
Categoria: musei specializzati
Fonte/i: Istat / Regione / Fio / Touring Club / Min. Beni culturali / Assess. Cultura Bologna / Dir. gen. Min. Beni culturali
Proprietà: Stato
Condizione attuale: aperto a richiesta

Provincia di Ravenna
Comune di Faenza
MUSEO DI SCIENZE NATURALI "MALMERENDI"
Indirizzo: via Medaglie d'oro, tel. 0546/662425
Categoria: musei di scienza e tecnica
Fonte/i: Enit / Regione / Assess. Cultura Bologna
Proprietà: Comune
Condizione attuale: aperto

Provincia di Ravenna
Comune di Faenza
MUSEO DI SCIENZE NATURALI DEL LICEO "E. TORRICELLI"
Indirizzo: via Santa Maria dell'Angelo 1, tel. 0546/21740-28652
Categoria: musei di scienza e tecnica
Fonte/i: Istat / Enit / Regione / Assess. Cultura Bologna
Proprietà: Stato
Condizione attuale: aperto

Provincia di Ravenna
Comune di Faenza
MUSEO DIOCESANO
Indirizzo: palazzo del Vescovado, piazza XI Febbraio 3, tel. 0546/21642
Categoria: musei specializzati
Fonte/i: Istat / Enit / Regione / Guida Regioni d'Italia / Assess. Cultura Bologna
Proprietà: ecclesiastica
Condizione attuale: in allestimento

Provincia di Ravenna
Comune di Faenza
MUSEO INTERNAZIONALE DELLE CERAMICHE
Indirizzo: via Campidori 2, tel. 0546/21541-25240
Categoria: musei specializzati
Fonte/i: Istat / Enit / Regione / Fio / Touring Club / Guida Regioni d'Italia / Assess. Cultura Bologna
Proprietà: Comune
Condizione attuale: aperto

Provincia di Ravenna
Comune di Faenza
MUSEO TEATRALE
Indirizzo: via Manfredi 6, tel. 0546/21541-25231
Categoria: musei specializzati
Fonte/i: Istat / Enit / Regione / Touring Club / Guida Regioni d'Italia / Assess. Cultura Bologna
Proprietà: Comune
Condizione attuale: in allestimento

Provincia di Ravenna
Comune di Faenza
MUSEO TORRICELLIANO
Indirizzo: via Manfredi 6, tel. 0546/21541-22482
Categoria: musei di scienza e tecnica
Fonte/i: Istat / Enit / Regione / Touring Club / Guida Regioni d'Italia / Assess. Cultura

Bologna
Proprietà: Comune
Condizione attuale: in restauro

Provincia di Ravenna
Comune di Faenza
**PINACOTECA COMUNALE
D'ARTE ANTICA E MODERNA**
Indirizzo: via Santa Maria dell'Angelo 1, corso Matteotti 2, tel. 0546/28376-660799
Categoria: musei d'arte
Fonte/i: Istat / Enit / Regione / Touring Club / Guida Regioni d'Italia / Assess. Cultura Bologna
Proprietà: Comune
Condizione attuale: in restauro

Provincia di Ravenna
Comune di Lugo
ANTIQUARIUM
Indirizzo: casa Baracca, via Baracca 65, tel. 0545/24361
Categoria: musei d'archeologia
Fonte/i: Regione / Assess. Cultura Bologna
Proprietà: Comune
Condizione attuale: aperto a richiesta

Provincia di Ravenna
Comune di Lugo
**MOSTRA PERMANENTE
DELLA RESISTENZA**
Indirizzo: casa Baracca, via Baracca 65, tel. 0545/24361
Categoria: musei di storia
Fonte/i: Regione / Assess. Cultura Bologna
Proprietà: privata
Condizione attuale: aperta a richiesta

Provincia di Ravenna
Comune di Lugo
MUSEO CIVICO "F. BARACCA"
Indirizzo: Castello estense, piazza dei Martiri, tel. 0545/22065-38111
Categoria: musei specializzati
Fonte/i: Istat / Enit / Regione / Touring Club / Guida Regioni d'Italia / Assess. Cultura Bologna
Proprietà: Comune
Condizione attuale: in allestimento

Provincia di Ravenna
Comune di Lugo
**RACCOLTA ETNOGRAFICA
COMUNALE**
Categoria: musei etnogr. e/o antropolog.
Fonte/i: fonti varie

Proprietà: Comune
Condizione attuale: chiusa

Provincia di Ravenna
Comune di Massa Lombarda
MUSEO "C. VENTURINI"
Indirizzo: Municipio, tel. 0545/81388-83534
Categoria: musei etnogr. e/o antropolog.
Fonte/i: Istat / Regione / Touring Club / Min. Interni / Assess. Cultura Bologna
Proprietà: Comune
Condizione attuale: aperto a richiesta

Provincia di Ravenna
Comune di Massa Lombarda
**MUSEO DELLA FRUTTICOLTURA
E AGRICOLTURA RAVENNATE**
Indirizzo: via Amendola 40, tel. 0545/83534
Categoria: musei territoriali
Fonte/i: Enit / Min. Interni / Guida Regioni d'Italia / Assess. Cultura Bologna
Proprietà: Comune
Condizione attuale: aperto a richiesta

Provincia di Ravenna
Comune di Massa Lombarda
PINACOTECA CIVICA
Indirizzo: piazza Matteotti 16, tel. 0545/83534
Categoria: musei d'arte
Fonte/i: Enit / Guida Regioni d'Italia / Assess. Cultura Bologna
Proprietà: Comune
Condizione attuale: aperta a richiesta

Provincia di Ravenna
Comune di Ravenna
MUSEO ARCHEOLOGICO DI CLASSE
Categoria: musei d'archeologia
Fonte/i: Fio
Proprietà: Stato
Condizione attuale: in restauro

Provincia di Ravenna
Comune di Ravenna
MUSEO ARCIVESCOVILE
Indirizzo: piazza Arcivescovado 1, tel. 0544/30323
Categoria: musei d'archeologia
Fonte/i: Istat / Enit / Regione / Fio / Touring Club / Min. Beni culturali / Guida Regioni d'Italia / Assess. Cultura Bologna
Proprietà: ecclesiastica
Condizione attuale: aperto

Provincia di Ravenna

Comune di Ravenna
MUSEO DANTESCO
Indirizzo: via D. Alighieri, tel. 0544/482208
Categoria: musei specializzati
Fonte/i: Istat / Enit / Regione / Touring Club / Guida Regioni d'Italia / Assess. Cultura Bologna
Proprietà: ecclesiastica
Condizione attuale: chiuso

Provincia di Ravenna
Comune di Ravenna
MUSEO NAZIONALE
Indirizzo: monastero benedettino di San Vitale, via San Vitale 17, tel. 0544/34424
Categoria: musei d'arte e archeologia
Fonte/i: Istat / Enit / Regione / Fio / Touring Club / Min. Beni culturali / Guida Regioni d'Italia / Dir. gen. Min. Beni culturali / Assess. Cultura Bologna
Proprietà: Stato
Condizione attuale: aperto

Provincia di Ravenna
Comune di Ravenna
MUSEO ORNITOLOGICO "BRANDOLINI"
Indirizzo: Loggetta Lombardesca, via Roma 13, tel. 0544/23935-35625
Categoria: musei di scienza e tecnica
Fonte/i: Istat / Enit / Regione / Touring Club / Assess. Cultura Bologna
Proprietà: Comune
Condizione attuale: aperto

Provincia di Ravenna
Comune di Ravenna
PINACOTECA COMUNALE
Indirizzo: Loggetta Lombardesca, via Roma 13, tel. 0544/30178-35625
Categoria: musei d'arte
Fonte/i: Istat / Enit / Regione / Assess. Cultura Bologna
Proprietà: Comune
Condizione attuale: aperta

Provincia di Ravenna
Comune di Ravenna
RACCOLTA SCUOLA ELEMENTARE DI VIA PAVIRANI
Indirizzo: via Pavirani
Categoria: musei di scienza e tecnica
Fonte/i: Istat
Proprietà: Stato
Condizione attuale: aperta a richiesta

Provincia di Ravenna
Comune di Ravenna
RACCOLTA SCUOLA ELEMENTARE SAN PIETRO IN CAMPIANO
Indirizzo: San Pietro in Campiano
Categoria: musei di scienza e tecnica
Fonte/i: Istat
Proprietà: Stato
Condizione attuale: aperta a richiesta

Provincia di Ravenna
Comune di Russi
MUSEO DELL'ARREDO CONTEMPORANEO
Indirizzo: strada statale San Vitale
Categoria: musei specializzati
Fonte/i: Min. Interni
Proprietà: privata
Condizione attuale: aperto a richiesta

Provincia di Ravenna
Comune di Russi
MUSEO ETNOGRAFICO ROMAGNOLO
Indirizzo: via M. D'Azeglio 9, tel. 0544/580187
Categoria: musei etnogr. e/o antropolog.
Fonte/i: Istat / Enit / Regione / Touring Club / Guida Regioni d'Italia / Assess. Cultura Bologna
Proprietà: privata
Condizione attuale: aperto a richiesta

Provincia di Ravenna
Comune di Russi
MUSEO ETNOLOGICO ROMAGNOLO
Indirizzo: frazione San Pancrazio, ex scuola elementare, tel. 0544/534303
Categoria: musei territoriali
Fonte/i: Istat / Regione / Min. Interni / Assess. Cultura Bologna
Proprietà: Stato
Condizione attuale: aperto a richiesta

Provincia di Ravenna
Comune di Russi
RACCOLTA ORNITOLOGICA "E. GARAVINI"
Indirizzo: frazione San Pancrazio
Categoria: musei di scienza e tecnica
Fonte/i: Com. it. Icom

Provincia di Ravenna
Comune di Solarolo
MUSEO DELLA CONFRATERNITA DELLA SANTISSIMA ANNUNZIATA
Indirizzo: chiesa dell'Annunziata, via Martino Foschi 2, tel. 0546/51111

Categoria: musei d'arte e archeologia
Fonte/i: Istat / Enit / Regione / Min. Interni / Assess. Cultura Bologna
Proprietà: Comune
Condizione attuale: aperto a richiesta

PROVINCIA DI REGGIO EMILIA

Provincia di Reggio Emilia
Comune di Brescello
ANTIQUARIUM
Indirizzo: via Cavallotti 31, tel. 0522/687526
Categoria: musei d'archeologia
Fonte/i: Istat / Enit / Regione / Touring Club / Min. Interni / Guida Regioni d'Italia / Assess. Cultura Bologna
Proprietà: Comune
Condizione attuale: in restauro

Provincia di Reggio Emilia
Comune di Brescello
MUSEO DI PEPPONE E DON CAMILLO
Indirizzo: tel. 0522/687526-687889
Categoria: musei specializzati
Fonte/i: Assess. Cultura Bologna
Proprietà: Comune
Condizione attuale: aperto

Provincia di Reggio Emilia
Comune di Castelnovo ne' Monti
MUSEO DELL'AGRICOLTURA "A. MOTTI"
Indirizzo: Istituto agrario "A. Motti", via Piave, tel. 0522/812111
Categoria: musei specializzati
Fonte/i: Touring Club / Assess. Cultura Bologna
Proprietà: Stato
Condizione attuale: aperto

Provincia di Reggio Emilia
Comune di Ciano D'Enza
MUSEO NAZIONALE "N. CAMPANINI"
Indirizzo: Canossa, via Castello, tel. 0522/878295-877104
Categoria: musei d'archeologia
Fonte/i: Istat / Enit / Regione / Touring Club / Guida Regioni d'Italia / Assess. Cultura Bologna
Proprietà: Stato
Condizione attuale: aperto

Provincia di Reggio Emilia
Comune di Correggio
MUSEO CIVICO
Indirizzo: palazzo dei Principi, corso Mazzini, tel. 0522/693296
Categoria: musei d'arte e archeologia
Fonte/i: Istat / Enit / Regione / Touring Club / Min. Interni / Guida Regioni d'Italia / Assess. Cultura Bologna
Proprietà: Comune
Condizione attuale: in restauro

Provincia di Reggio Emilia
Comune di Correggio
MUSEO DELLE ARTI E TRADIZIONI POPOLARI
Indirizzo: via Bottegone 16, San Martino Piccolo, tel. 0522/685025
Categoria: musei d'arte
Fonte/i: Touring Club / Min. Interni / Assess. Cultura Bologna
Proprietà: privata
Condizione attuale: aperto a richiesta

Provincia di Reggio Emilia
Comune di Gattatico
MUSEO CASA "CERVI"
Indirizzo: via Fratelli Cervi, Praticello, tel. 0522/678356
Categoria: musei di storia
Fonte/i: Enit / Regione / Touring Club / Min. Interni / Assess. Cultura Bologna
Proprietà: Comune
Condizione attuale: aperto

Provincia di Reggio Emilia
Comune di Guastalla
MUSEO DELLA BIBLIOTECA "MALDOTTI"
Indirizzo: corso Garibaldi 54, tel. 0522/826294
Categoria: musei d'arte
Fonte/i: Istat / Enit / Regione / Touring Club / Guida Regioni d'Italia / Assess. Cultura Bologna
Proprietà: Comune
Condizione attuale: aperto a richiesta

Provincia di Reggio Emilia
Comune di Luzzara
MUSEO DEI PITTORI NAIF ITALIANI
Indirizzo: ex convento di San Felice, Villa superiore, tel. 0522/977283
Categoria: musei d'arte
Fonte/i: Istat / Enit / Regione / Touring Club / Min. Interni / Guida Regioni d'Italia / Assess. Cultura Bologna / Piccoli
Proprietà: Comune
Condizione attuale: aperto

Provincia di Reggio Emilia
Comune di Luzzara
RACCOLTA PRIVATA
Indirizzo: località Casoni
Categoria: musei territoriali
Fonte/i: fonti varie
Proprietà: privata
Condizione attuale: aperta a richiesta

Provincia di Reggio Emilia
Comune di Montecchio Emilia
**MUSEO ETNOGRAFICO
"LA BARCHESSA"**
Indirizzo: frazione Aiola, via Capellini 13, tel. 0522/871115-871271
Categoria: musei territoriali
Fonte/i: Enit / Regione / Touring Club / Min. Interni / Assess. Cultura Bologna
Proprietà: privata
Condizione attuale: aperto

Provincia di Reggio Emilia
Comune di Novellara
MUSEO CIVICO "GONZAGA"
Indirizzo: piazzale Marconi 1, tel. 0522/654242
Categoria: musei d'arte
Fonte/i: Istat / Enit / Regione / Touring Club / Min. Interni / Guida Regioni d'Italia / Assess. Cultura Bologna
Proprietà: Comune
Condizione attuale: aperto a richiesta

Provincia di Reggio Emilia
Comune di Novellara
MUSEO DELLA CIVILTÀ CONTADINA
Indirizzo: piazzale Marconi 1, tel. 0522/654242
Categoria: musei territoriali
Fonte/i: Istat / Enit / Regione / Touring Club / Min. Interni / Guida Regioni d'Italia / Assess. Cultura Bologna
Proprietà: Comune
Condizione attuale: in restauro

Provincia di Reggio Emilia
Comune di Poviglio
**MOSTRA PERMANENTE
SULL'ETÀ DEL BRONZO**
Indirizzo: Centro culturale, via Parma 1, tel. 0522/681718
Categoria: musei d'archeologia
Fonte/i: Assess. Cultura Bologna
Proprietà: privata
Condizione attuale: in allestimento

Provincia di Reggio Emilia
Comune di Poviglio
**MUSEO DEGLI STRUMENTI
E ATTREZZI AGRICOLI**
Indirizzo: via Parma 1, tel. 0522/681718
Categoria: musei territoriali
Fonte/i: Istat / Enit / Assess. Cultura Bologna
Proprietà: Comune
Condizione attuale: aperto

Provincia di Reggio Emilia
Comune di Quattro Castella
PARCO DI RONCOLO
Categoria: giardini zoolog. botan. naturali
Fonte/i: Fio
Proprietà: Comune
Condizione attuale: in progettazione

Provincia di Reggio Emilia
Comune di Reggio Emilia
MOSTRA STORICA DI PSICHIATRIA
Indirizzo: ex ospedale San Lazzaro, via Amendola 2, tel. 0522/295280
Categoria: musei specializzati
Fonte/i: Regione / Assess. Cultura Bologna
Proprietà: Regione
Condizione attuale: aperta

Provincia di Reggio Emilia
Comune di Reggio Emilia
MUSEI CIVICI: GLITTOTECA
Indirizzo: via Spallanzani 1, tel. 0522/437775
Categoria: musei d'arte
Fonte/i: Istat / Regione / Touring Club / Guida Regioni d'Italia / Assess. Cultura Bologna
Proprietà: Comune
Condizione attuale: aperta

Provincia di Reggio Emilia
Comune di Reggio Emilia
MUSEI CIVICI: SEZIONE "CHIERICI"
Indirizzo: via Spallanzani 1, tel. 0522/437775
Categoria: musei d'archeologia
Fonte/i: Istat / Enit / Regione / Touring Club / Guida Regioni d'Italia / Assess. Cultura Bologna
Proprietà: Comune
Condizione attuale: aperta

Provincia di Reggio Emilia
Comune di Reggio Emilia
**MUSEI CIVICI: SEZIONE
"SPALLANZANI"**

Indirizzo: via Spallanzani 1,
tel. 0522/437775
Categoria: musei di scienza e tecnica
Fonte/i: Istat / Enit / Regione / Touring Club / Guida Regioni d'Italia / Assess. Cultura Bologna
Proprietà: Comune
Condizione attuale: aperta

Provincia di Reggio Emilia
Comune di Reggio Emilia
MUSEI CIVICI: SEZIONE ARCHEOLOGICA-NUMISMATICA
Indirizzo: via Spallanzani 1,
tel. 0522/437775
Categoria: musei d'archeologia
Fonte/i: Istat / Enit / Regione / Touring Club / Guida Regioni d'Italia / Assess. Cultura Bologna
Proprietà: Comune
Condizione attuale: aperta

Provincia di Reggio Emilia
Comune di Reggio Emilia
MUSEI CIVICI: SEZIONE COLLEZIONI ETNOGRAFICHE
Indirizzo: via Spallanzani 1,
tel. 0522/437775
Categoria: musei etnogr. e/o antropolog.
Fonte/i: Istat / Regione / Touring Club / Guida Regioni d'Italia / Assess. Cultura Bologna
Proprietà: Comune
Condizione attuale: aperta

Provincia di Reggio Emilia
Comune di Reggio Emilia
MUSEI CIVICI: SEZIONE GALLERIA "FONTANESI"
Indirizzo: via Spallanzani 1,
tel. 0522/437775
Categoria: musei d'arte
Fonte/i: Istat / Enit / Regione / Touring Club / Guida Regioni d'Italia / Assess. Cultura Bologna
Proprietà: Comune
Condizione attuale: aperta

Provincia di Reggio Emilia
Comune di Reggio Emilia
MUSEI CIVICI: SEZIONE GALLERIA "PARMEGGIANI"
Indirizzo: via Cairoli 2, tel. 0522/437775
Categoria: musei d'arte
Fonte/i: Istat / Enit / Regione / Touring Club / Assess. Cultura Bologna
Proprietà: Comune
Condizione attuale: aperta

Provincia di Reggio Emilia
Comune di Reggio Emilia
MUSEI CIVICI: SEZIONE RISORGIMENTO
Indirizzo: via Spallanzani 1, tel. 0522/437775
Categoria: musei di storia
Fonte/i: Istat / Enit / Regione / Touring Club / Guida Regioni d'Italia / Assess. Cultura Bologna
Proprietà: Comune
Condizione attuale: aperta

Provincia di Reggio Emilia
Comune di Reggio Emilia
MUSEO DEL TRICOLORE
Indirizzo: piazza Prampolini,
tel. 0522/79822-437775
Categoria: musei di storia
Fonte/i: Touring Club / Assess. Cultura Bologna
Proprietà: Comune
Condizione attuale: aperto

Provincia di Reggio Emilia
Comune di Reggio Emilia
MUSEO DIOCESANO
Indirizzo: Palazzo vescovile
Categoria: musei d'arte
Fonte/i: Min. Beni culturali
Proprietà: ecclesiastica
Condizione attuale: aperto a richiesta

Provincia di Reggio Emilia
Comune di Reggio Emilia
MUSEO E TESORO DELLA GHIARA
Indirizzo: santuario della Ghiara,
corso Garibaldi, tel. 0522/439707
Categoria: musei specializzati
Fonte/i: Regione / Touring Club / Assess. Cultura Bologna
Proprietà: ecclesiastica
Condizione attuale: aperti

Provincia di Reggio Emilia
Comune di Reggio Emilia
MUSEO FRANCESCANO MISSIONARIO
Indirizzo: via Ferrari Bonini, tel. 0522/33201
Categoria: musei specializzati
Fonte/i: Istat / Regione / Touring Club / Assess. Cultura Bologna
Proprietà: ecclesiastica
Condizione attuale: aperto a richiesta

Provincia di Reggio Emilia
Comune di Reggio Emilia
MUSEO MAURIZIANO, CASA ARIOSTO
Indirizzo: Ospizio San Maurizio, via Emilia
Categoria: musei specializzati
Fonte/i: Istat
Proprietà: Comune
Condizione attuale: aperti

Provincia di Reggio Emilia
Comune di Reggio Emilia
RACCOLTA DELL'ARCHIVIO DI STATO
Indirizzo: corso Cairoli 6
Categoria: musei specializzati
Fonte/i: Istat
Proprietà: Stato
Condizione attuale: aperta a richiesta

Provincia di Reggio Emilia
Comune di Reggiolo
MUSEO "A. R. GIORGI"
Indirizzo: piazza Martiri, tel. 0522/971129
Categoria: musei d'arte
Fonte/i: Min. Interni / Assess. Cultura Bologna
Proprietà: Comune
Condizione attuale: aperto a richiesta

Provincia di Reggio Emilia
Comune di San Martino in Rio
MUSEO DELL'AUTOMOBILE
Indirizzo: via A. Barbieri 12
Categoria: musei di scienza e tecnica
Fonte/i: Regione / Assess. Cultura Bologna
Proprietà: privata
Condizione attuale: aperto a richiesta

Provincia di Reggio Emilia
Comune di San Martino in Rio
MUSEO DELLA CIVILTÀ CONTADINA
Indirizzo: corso Umberto I, tel. 0522/698112
Categoria: musei territoriali
Fonte/i: Istat / Enit / Regione / Touring Club / Min. Interni / Guida Regioni d'Italia / Assess. Cultura Bologna
Proprietà: Regione
Condizione attuale: in restauro

Provincia di Reggio Emilia
Comune di Scandiano
CASA MUSEO DI LAZZARO SPALLANZANI
Indirizzo: corso Magati, tel. 0522/856741
Categoria: musei specializzati
Fonte/i: Enit
Condizione attuale: aperto a richiesta

Provincia di Reggio Emilia
Comune di Villa Minozzo
MUSEO DEL MAGGIO
Indirizzo: piazza della Pace, tel. 0522/801557
Categoria: musei territoriali
Fonte/i: Touring Club
Proprietà: Comune
Condizione attuale: aperto a richiesta

Regione Friuli Venezia Giulia

PROVINCIA DI GORIZIA

Provincia di Gorizia
Comune di Farra d'Isonzo
MUSEO DOCUMENTAZIONE CIVILTÀ CONTADINA FRIULANA
Indirizzo: via Borgo Grotta
Categoria: musei territoriali
Fonte/i: Regione
Proprietà: Provincia
Condizione attuale: in progettazione

Provincia di Gorizia
Comune di Fogliano Redipuglia
MUSEO DELLA GUERRA
Indirizzo: Sacrario militare di Redipuglia, via Terza Armata, tel. 0481/489024
Categoria: musei di storia
Fonte/i: Istat / Regione / Touring Club / Guida Regioni d'Italia / Assess. Cultura Bologna
Proprietà: Stato
Condizione attuale: aperto

Provincia di Gorizia
Comune di Gorizia
MUSEO DI PALAZZO "ATTEMS"
Indirizzo: piazza De Amicis 2, tel. 0481/83438-84798
Categoria: musei d'arte e archeologia
Fonte/i: Istat / Enit / Regione / Guida Monaci / Touring Club / Guida Regioni d'Italia / Assess. Cultura Bologna
Proprietà: Provincia
Condizione attuale: aperto

Provincia di Gorizia
Comune di Gorizia
MUSEO DI STORIA E ARTE
Indirizzo: borgo Castello 15, tel. 0481/83926
Categoria: musei d'arte e archeologia
Fonte/i: Istat / Enit / Regione / Guida Monaci / Touring Club / Guida Regioni d'Italia / Assess. Cultura Bologna
Proprietà: Provincia
Condizione attuale: aperto

Provincia di Gorizia
Comune di Gorizia
MUSEO STORIA NATURALE, ORTO BOTANICO E BIBLIOTECA "COMEL"
Indirizzo: via degli Orzoni 58, tel. 0481/84445
Categoria: musei di scienza e tecnica
Fonte/i: Istat / Enit / Regione / Guida Monaci / Guida Regioni d'Italia / Assess. Cultura Bologna
Proprietà: privata
Condizione attuale: aperti

Provincia di Gorizia
Comune di Gorizia
MUSEO STORICO DELLA GUERRA 1915-18
Indirizzo: borgo Castello, tel. 0481/83926
Categoria: musei di storia
Fonte/i: Istat / Enit / Regione / Guida Monaci / Touring Club / Assess. Cultura Bologna
Proprietà: Provincia
Condizione attuale: aperto

Provincia di Gorizia
Comune di Gradisca d'Isonzo
GALLERIA D'ARTE CONTEMPORANEA "L. SPAZZAPAN"
Indirizzo: via Battisti 36, tel. 0481/99180
Categoria: musei d'arte
Fonte/i: Istat / Enit / Regione / Touring Club / Guida Regioni d'Italia / Assess. Cultura Bologna
Proprietà: Regione
Condizione attuale: aperta

Provincia di Gorizia
Comune di Gradisca d'Isonzo
MUSEO CIVICO LAPIDARIO
Indirizzo: palazzo Torriani, via Bergama, tel. 0481/99122
Categoria: musei d'archeologia
Fonte/i: Istat / Enit / Regione / Touring Club / Min. Interni / Assess. Cultura Bologna
Proprietà: Comune
Condizione attuale: aperto

Provincia di Gorizia
Comune di Grado
MUSEO LAPIDARIO DEL DUOMO
Indirizzo: campo Patriarca Elia
Categoria: musei d'archeologia
Fonte/i: Min. Interni
Proprietà: ecclesiastica
Condizione attuale: aperto

Provincia di Gorizia
Comune di Monfalcone
MUSEO CIVICO
Categoria: musei d'arte
Fonte/i: Istat
Proprietà: Comune

Condizione attuale: aperto

Provincia di Gorizia
Comune di Monfalcone
MUSEO SPELEO-PALEONTOLOGICO DELLA ROCCA
Indirizzo: via Sant'Ambrogio 25, tel. 0481/798925
Categoria: musei d'archeologia
Fonte/i: Istat / Enit / Regione / Touring Club / Guida Regioni d'Italia / Assess. Cultura Bologna
Proprietà: privata
Condizione attuale: aperto a richiesta

Provincia di Gorizia
Comune di Ronchi dei Legionari
MUSEO DI STORIA AMBIENTALE
Indirizzo: Centro culturale pubblico, via XXIV Maggio 8, tel. 0481/778605
Categoria: musei territoriali
Fonte/i: Istat / Enit / Regione / Assess. Cultura Bologna
Proprietà: Comune
Condizione attuale: aperto

Provincia di Gorizia
Comune di Sagrado
MUSEO DEL SAN MICHELE
Indirizzo: piazzale Cima 3, tel. 0481/92002
Categoria: musei di storia
Fonte/i: Istat / Enit / Regione / Touring Club / Min. Interni / Guida Regioni d'Italia / Assess. Cultura Bologna
Proprietà: Stato
Condizione attuale: aperto

Provincia di Gorizia
Comune di San Floriano del Collio
MUSEO DEL VINO
Indirizzo: via Oslavia 5, tel. 0481/884131
Categoria: musei specializzati
Fonte/i: Regione
Proprietà: privata
Condizione attuale: aperto

PROVINCIA DI PORDENONE

Provincia di Pordenone
Comune di Andreis
MUSEO CIVICO
Indirizzo: via Centrale
Categoria: musei d'arte
Fonte/i: Min. Interni
Proprietà: Comune
Condizione attuale: aperto a richiesta

Provincia di Pordenone
Comune di Claut
MUSEO DELLE TRADIZIONI POPOLARI
Indirizzo: piazza San Giorgio
Categoria: musei territoriali
Fonte/i: Min. Interni
Proprietà: ecclesiastica
Condizione attuale: aperto a richiesta

Provincia di Pordenone
Comune di Claut
MUSEO DI ARTE CONTEMPORANEA
Indirizzo: piazza San Giorgio
Categoria: musei d'arte
Fonte/i: Min. Interni
Proprietà: ecclesiastica
Condizione attuale: aperto

Provincia di Pordenone
Comune di Montereale Valcellina
MUSEO DEI MOTI GARIBALDINI
Indirizzo: via delle Scuole
Categoria: musei di storia
Fonte/i: Min. Interni
Proprietà: Comune
Condizione attuale: aperto a richiesta

Provincia di Pordenone
Comune di Polcenigo
RACCOLTA SCUOLA MEDIA "G. PASCOLI"
Indirizzo: via Gorgazzo
Categoria: musei di scienza e tecnica
Fonte/i: Istat
Proprietà: Stato
Condizione attuale: aperta a richiesta

Provincia di Pordenone
Comune di Pordenone
MUSEO ARCHEOLOGICO
Indirizzo: castello di Torre
Categoria: musei d'archeologia
Fonte/i: Istat / Guida Regioni d'Italia
Proprietà: Comune
Condizione attuale: aperto

Provincia di Pordenone
Comune di Pordenone
MUSEO CIVICO DI PALAZZO "RICCHIERI"
Indirizzo: corso Vittorio Emanuele, tel. 0434/522507
Categoria: musei d'arte
Fonte/i: Istat / Enit / Regione / Guida Monaci / Touring Club / Guida Regioni d'Italia / Assess.

Cultura Bologna
Proprietà: Comune
Condizione attuale: in restauro

Provincia di Pordenone
Comune di Pordenone
MUSEO DI STORIA NATURALE
Indirizzo: piazza Giustiniano,
tel. 0434/208173-26396
Categoria: musei di scienza e tecnica
Fonte/i: Istat / Enit / Regione / Touring Club / Guida Regioni d'Italia / Assess. Cultura Bologna
Proprietà: Comune
Condizione attuale: in restauro

Provincia di Pordenone
Comune di Sacile
MUSEO CIVICO
Indirizzo: palazzo Flangini-Bilia,
tel. 0434/71030-735014
Categoria: musei di scienza e tecnica
Fonte/i: Istat / Enit / Regione / Guida Regioni d'Italia / Assess. Cultura Bologna
Proprietà: Comune
Condizione attuale: in allestimento

Provincia di Pordenone
Comune di San Martino al Tagliamento
MUSEO DELLA CIVILTÀ CONTADINA
Indirizzo: piazza Sant'Urbano
Categoria: musei territoriali
Fonte/i: Min. Interni
Proprietà: Comune
Condizione attuale: aperto a richiesta

Provincia di Pordenone
Comune di San Vito al Tagliamento
MUSEO CIVICO TORRE RAIMONDA
Indirizzo: piazza del Popolo, tel. 0434/80405
Categoria: musei d'arte e archeologia
Fonte/i: Istat / Enit / Regione / Touring Club / Min. Interni / Guida Regioni d'Italia / Assess. Cultura Bologna
Proprietà: Comune
Condizione attuale: aperto

Provincia di Pordenone
Comune di San Vito al Tagliamento
MUSEO DELLA VITA CONTADINA
Indirizzo: palazzo "Falcon-Vial", piazza IV Novembre
Categoria: musei territoriali
Fonte/i: Istat / Enit / Regione / Touring Club / Guida Regioni d'Italia / Assess. Cultura Bologna

Proprietà: Provincia
Condizione attuale: aperto

Provincia di Pordenone
Comune di Sesto al Reghena
MUSEO ABBAZIA BENEDETTINA DI SANTA MARIA IN SYLVIS
Indirizzo: piazza Castello, tel. 0434/689014
Categoria: musei d'arte
Fonte/i: Istat / Enit / Regione / Touring Club / Guida Regioni d'Italia / Assess. Cultura Bologna
Proprietà: ecclesiastica
Condizione attuale: aperto

Provincia di Pordenone
Comune di Vivaro
ANTIQUARIUM COMUNALE
Indirizzo: frazione Tesis
Categoria: musei d'arte
Fonte/i: Regione
Proprietà: Comune
Condizione attuale: aperto

PROVINCIA DI TRIESTE

Provincia di Trieste
Comune di Monrupino
CASA CARSICA
Indirizzo: frazione Rupingrande,
tel. 040/60261
Categoria: musei territoriali
Fonte/i: Istat / Enit / Regione / Touring Club / Min. Interni / Guida Regioni d'Italia / Assess. Cultura Bologna
Proprietà: privata
Condizione attuale: aperta

Provincia di Trieste
Comune di Muggia
MUSEO DI MUGGIA E DEL TERRITORIO
Indirizzo: Casa veneta, calle Oberdan
Categoria: musei d'archeologia
Fonte/i: Min. Interni
Proprietà: Comune
Condizione attuale: in allestimento

Provincia di Trieste
Comune di Sgonico
MUSEO SPELEOLOGICO
Indirizzo: borgo Grotta Gigante,
tel. 040/227312
Categoria: musei di scienza e tecnica
Fonte/i: Istat / Enit / Regione / Touring Club / Min. Interni / Assess. Cultura Bologna /

Guida Regioni d'Italia / Piccoli
Proprietà: privata
Condizione attuale: aperto

Provincia di Trieste
Comune di Trieste
ACQUARIO MARINO
Indirizzo: riva N. Sauro 1, tel. 040/306201
Categoria: acquari
Fonte/i: Istat / Enit / Regione / Guida Monaci / Touring Club / Assess. Cultura Bologna / Guida Regioni d'Italia
Proprietà: Comune
Condizione attuale: aperto

Provincia di Trieste
Comune di Trieste
ANTIQUARIUM
Indirizzo: via Donata
Categoria: musei d'archeologia
Fonte/i: Istat / Enit / Dir. gen. Min. Beni culturali
Proprietà: Stato
Condizione attuale: aperto

Provincia di Trieste
Comune di Trieste
COLLEZIONE DEL LLOYD TRIESTINO
Indirizzo: piazza Unità d'Italia, tel. 040/7785493
Categoria: musei d'arte
Fonte/i: Enit / Touring Club / Assess. Cultura Bologna
Proprietà: privata
Condizione attuale: aperta a richiesta

Provincia di Trieste
Comune di Trieste
GALLERIA NAZIONALE D'ARTE ANTICA
Indirizzo: piazza della Libertà 7, tel. 040/43631
Categoria: musei d'arte
Fonte/i: Istat / Enit / Regione / Guida Monaci / Min. Beni culturali / Dir. gen. Min. Beni culturali / Guida Regioni d'Italia
Proprietà: Stato
Condizione attuale: aperta

Provincia di Trieste
Comune di Trieste
ISTITUTO STORIA DEL MOVIMENTO DI LIBERAZIONE
Indirizzo: piazza Verdi 1
Categoria: musei di storia
Fonte/i: Istat

Proprietà: privata
Condizione attuale: aperto a richiesta

Provincia di Trieste
Comune di Trieste
LABORATORIO DELL'IMMAGINARIO SCIENTIFICO
Indirizzo: piazzale De Gasperi, tel. 040/390785
Categoria: musei di scienza e tecnica
Fonte/i: Regione / Assess. Cultura Bologna
Proprietà: privata
Condizione attuale: aperto

Provincia di Trieste
Comune di Trieste
MOSTRA STORICA DELL'ASSICURAZIONE
Indirizzo: Riunione adriatica di sicurtà, piazza Repubblica 1, tel. 040/7692
Categoria: musei specializzati
Fonte/i: Guida Regioni d'Italia
Proprietà: privata
Condizione attuale: aperta a richiesta

Provincia di Trieste
Comune di Trieste
MUSEO "MORPURGO"
Indirizzo: via Imbriani 5, tel. 040/773713
Categoria: musei d'arte
Fonte/i: Istat / Enit / Regione / Guida Monaci / Touring Club / Assess. Cultura Bologna / Guida Regioni d'Italia
Proprietà: Comune
Condizione attuale: in restauro

Provincia di Trieste
Comune di Trieste
MUSEO "REVOLTELLA" E GALLERIA D'ARTE MODERNA
Indirizzo: via A. Diaz 27, tel. 040/302742
Categoria: musei d'arte
Fonte/i: Istat / Enit / Regione / Guida Monaci / Touring Club / Assess. Cultura Bologna / Guida Regioni d'Italia
Proprietà: Comune
Condizione attuale: in restauro

Provincia di Trieste
Comune di Trieste
MUSEO "SARTORIO"
Indirizzo: largo Papa Giovanni XXIII 1, tel. 040/301479
Categoria: musei d'arte
Fonte/i: Istat / Enit / Regione / Guida Monaci / Touring Club / Assess. Cultura Bologna /

Guida Regioni d'Italia
Proprietà: Comune
Condizione attuale: aperto

Provincia di Trieste
Comune di Trieste
MUSEO DEL CASTELLO DI MIRAMARE
Indirizzo: viale Miramare, tel. 040/224143
Categoria: musei d'arte
Fonte/i: Istat / Enit / Regione / Guida Monaci / Fio / Touring Club / Min. Beni culturali / Assess. Cultura Bologna / Guida Regioni d'Italia
Proprietà: Stato
Condizione attuale: aperto

Provincia di Trieste
Comune di Trieste
MUSEO DEL CASTELLO DI SAN GIUSTO
Indirizzo: piazza Cattedrale 3, tel. 040/766956
Categoria: musei d'arte
Fonte/i: Istat / Enit / Regione / Guida Monaci / Fio / Touring Club / Min. Beni culturali / Assess. Cultura Bologna / Guida Regioni d'Italia
Proprietà: Comune
Condizione attuale: aperto

Provincia di Trieste
Comune di Trieste
MUSEO DEL MARE
Indirizzo: via Campo Marzio 5, tel. 040/304885-304987
Categoria: musei specializzati
Fonte/i: Istat / Enit / Regione / Guida Monaci / Touring Club / Assess. Cultura Bologna / Guida Regioni d'Italia
Proprietà: Comune
Condizione attuale: aperto

Provincia di Trieste
Comune di Trieste
MUSEO DEL RISORGIMENTO E SACRARIO OBERDAN
Indirizzo: via XXIV Maggio 4, tel. 040/60236
Categoria: musei di storia
Fonte/i: Istat / Enit / Regione / Guida Monaci / Touring Club / Assess. Cultura Bologna / Guida Regioni d'Italia
Proprietà: Comune
Condizione attuale: aperti

Provincia di Trieste
Comune di Trieste

MUSEO DELLA FONDAZIONE "SCARAMANGÀ DI ALTOMONTE"
Indirizzo: via F. Filzi 1, tel. 040/631585
Categoria: musei di storia
Fonte/i: Istat / Enit / Regione / Guida Monaci / Touring Club / Assess. Cultura Bologna / Guida Regioni d'Italia
Proprietà: privata
Condizione attuale: aperto

Provincia di Trieste
Comune di Trieste
MUSEO DELLA RISIERA DI S. SABBA (MONUMENTO NAZIONALE)
Indirizzo: Ratto della Pileria 1, tel. 040/826202
Categoria: musei di storia
Fonte/i: Istat / Enit / Guida Monaci / Touring Club / Assess. Cultura Bologna / Guida Regioni d'Italia
Proprietà: Comune
Condizione attuale: aperto

Provincia di Trieste
Comune di Trieste
MUSEO DI MINERALOGIA E PETROGRAFIA DELL'UNIVERSITÀ
Indirizzo: piazzale Europa
Categoria: musei di scienza e tecnica
Fonte/i: Istat / Com. it. Icom
Proprietà: Università
Condizione attuale: aperto

Provincia di Trieste
Comune di Trieste
MUSEO DI STORIA E ARTE E ORTO LAPIDARIO
Indirizzo: via Cattedrale 15, tel. 040/725316
Categoria: musei d'arte e archeologia
Fonte/i: Istat / Enit / Regione / Guida Monaci / Touring Club / Assess. Cultura Bologna / Guida Regioni d'Italia
Proprietà: Comune
Condizione attuale: aperti

Provincia di Trieste
Comune di Trieste
MUSEO DI STORIA NATURALE
Indirizzo: piazza Hortis 4, tel. 040/301821-302563
Categoria: musei di scienza e tecnica
Fonte/i: Istat / Enit / Regione / Guida Monaci / Touring Club / Assess. Cultura Bologna / Guida Regioni d'Italia
Proprietà: Comune
Condizione attuale: aperto

Provincia di Trieste
Comune di Trieste
**MUSEO E ARCHIVIO
DEGLI SLOVENI IN ITALIA**
Indirizzo: via San Francesco 20/1,
tel. 040/774333 (si trasferirà in via Petronio 4)
Categoria: musei di storia
Fonte/i: Regione
Proprietà: privata
Condizione attuale: in allestimento

Provincia di Trieste
Comune di Trieste
MUSEO ETNOGRAFICO DI SERVOLA
Indirizzo: Servola, via del Pane Bianco 52,
tel. 040/827248
Categoria: musei territoriali
Fonte/i: Istat / Enit / Regione / Guida Monaci /
Touring Club / Assess. Cultura Bologna /
Guida Regioni d'Italia
Proprietà: privata
Condizione attuale: aperto

Provincia di Trieste
Comune di Trieste
MUSEO FERROVIARIO
Indirizzo: Campo Marzio, via Giulio Cesare 1,
tel. 040/35881
Categoria: musei di scienza e tecnica
Fonte/i: Enit / Regione / Touring Club /
Assess. Cultura Bologna
Proprietà: privata
Condizione attuale: aperto

Provincia di Trieste
Comune di Trieste
**MUSEO MERCEOLOGICO
DELL'UNIVERSITÀ**
Indirizzo: piazzale Europa
Categoria: musei di scienza e tecnica
Fonte/i: Istat / Guida Regioni d'Italia
Proprietà: Università
Condizione attuale: aperto a richiesta

Provincia di Trieste
Comune di Trieste
MUSEO PROVINCIALE DEL CARSO
Indirizzo: Rupingrande 20
Categoria: musei territoriali
Fonte/i: Regione
Proprietà: Provincia
Condizione attuale: aperto a richiesta

Provincia di Trieste
Comune di Trieste
MUSEO STATALE D'ARTE APPLICATA
Indirizzo: Grignano, via Miramare 345
Categoria: musei specializzati
Fonte/i: Guida Monaci / Guida Regioni
d'Italia
Proprietà: Stato
Condizione attuale: aperto

Provincia di Trieste
Comune di Trieste
**MUSEO STORIA PATRIA
E RACCOLTE "STAVROPULOS"**
Indirizzo: via Imbriani 5, tel. 040/773713
Categoria: musei d'arte
Fonte/i: Istat / Enit / Regione / Guida Monaci /
Touring Club / Assess. Cultura Bologna /
Guida Regioni d'Italia
Proprietà: Comune
Condizione attuale: in restauro

Provincia di Trieste
Comune di Trieste
**MUSEO STORICO DI GUERRA
"DIEGO DE HENRIQUEZ"**
Indirizzo: via del Teatro 5, tel. 040/6754613
Categoria: musei di storia
Fonte/i: Istat / Regione / Guida Monaci /
Touring Club / Assess. Cultura Bologna
Proprietà: privata
Condizione attuale: in allestimento

Provincia di Trieste
Comune di Trieste
MUSEO TEATRALE "C. SCHMIDL"
Indirizzo: piazza Verdi 1, tel. 040/61980
Categoria: musei specializzati
Fonte/i: Istat / Enit / Regione / Guida Monaci /
Touring Club / Assess. Cultura Bologna /
Guida Regioni d'Italia
Proprietà: Comune
Condizione attuale: chiuso

Provincia di Trieste
Comune di Trieste
**MUSEO TECNOLOGICO
DELL'UNIVERSITÀ**
Categoria: musei di scienza e tecnica
Fonte/i: Com. it. Icom
Proprietà: Università
Condizione attuale: aperto a richiesta

Provincia di Trieste
Comune di Trieste
ORTO BOTANICO CIVICO
Indirizzo: via Marchesetti 2, tel. 040/360068
Categoria: giardini zoolog. botan. naturali
Fonte/i: Istat / Enit / Regione / Guida Monaci /

Touring Club / Assess. Cultura Bologna /
Guida Regioni d'Italia
Proprietà: Comune
Condizione attuale: aperto

Provincia di Trieste
Comune di Trieste
ORTO BOTANICO DELL'UNIVERSITÀ
Indirizzo: via A. Valerio 30
Categoria: giardini zoolog. botan. naturali
Fonte/i: Istat
Proprietà: Università
Condizione attuale: aperto a richiesta

Provincia di Trieste
Comune di Trieste
**RACCOLTA DI FOSSILI
LICEO "F. PLESEREN"**
Indirizzo: strada di Guardiella 13
Categoria: musei di scienza e tecnica
Fonte/i: Istat
Proprietà: Stato
Condizione attuale: aperta a richiesta

Provincia di Trieste
Comune di Trieste
**RACCOLTA ENTOMOLOGICA
"E. SAULI"**
Categoria: musei di scienza e tecnica
Fonte/i: Com. it. Icom

Provincia di Trieste
Comune di Trieste
**RACCOLTA ENTOMOLOGICA
"G. SPRINGER"**
Categoria: musei di scienza e tecnica
Fonte/i: Com. it. Icom

Provincia di Udine

Provincia di Udine
Comune di Aquileia
ANTIQUARIUM DEL FORO
Categoria: musei d'archeologia
Fonte/i: Fio / Dir. gen. Min. Beni culturali
Proprietà: Stato
Condizione attuale: in restauro

Provincia di Udine
Comune di Aquileia
CASA "EX PASQUALIS"
Categoria: musei specializzati
Fonte/i: Fio / Min. Beni culturali / Dir. gen.
Min. Beni culturali
Proprietà: Stato
Condizione attuale: in restauro

Provincia di Udine
Comune di Aquileia
MUSEO DIDATTICO
Categoria: musei specializzati
Fonte/i: Fio
Proprietà: Stato
Condizione attuale: in progettazione

Provincia di Udine
Comune di Aquileia
MUSEO NAZIONALE ARCHEOLOGICO
Indirizzo: via Roma 1, tel. 0431/91016
Categoria: musei d'archeologia
Fonte/i: Istat / Enit / Regione / Fio / Touring
Club / Dir. gen. Min. Beni culturali / Assess.
Cultura Bologna / Guida Regioni d'Italia
Proprietà: Stato
Condizione attuale: in restauro

Provincia di Udine
Comune di Aquileia
**MUSEO NAZIONALE
PALEOCRISTIANO**
Indirizzo: piazza Monastero, tel. 0431/91131
Categoria: musei d'archeologia
Fonte/i: Istat / Enit / Regione / Fio / Touring
Club / Dir. gen. Min. Beni culturali / Assess.
Cultura Bologna / Guida Regioni d'Italia
Proprietà: Stato
Condizione attuale: in restauro

Provincia di Udine
Comune di Buia
**RACCOLTA ORNITOLOGICA
"MARANGOLI"**
Categoria: musei di scienza e tecnica
Fonte/i: Com. it. Icom

Provincia di Udine
Comune di Cividale del Friuli
MUSEO ARCHEOLOGICO NAZIONALE
Indirizzo: piazza Duomo 5, tel. 0432/731119
Categoria: musei d'archeologia
Fonte/i: Istat / Enit / Regione / Touring Club /
Min. Interni / Dir. gen. Min. Beni culturali /
Assess. Cultura Bologna / Guida Regioni
d'Italia
Proprietà: Stato
Condizione attuale: aperto

Provincia di Udine
Comune di Cividale del Friuli
**MUSEO CRISTIANO E
TESORO DEL DUOMO**
Indirizzo: cortile del Duomo, tel. 0432/731144
Categoria: musei d'arte

Fonte/i: Istat / Enit / Regione / Touring Club / Min. Interni / Assess. Cultura Bologna / Guida Regioni d'Italia
Proprietà: ecclesiastica
Condizione attuale: aperti

Provincia di Udine
Comune di Codroipo
VILLA "MANIN"
Categoria: musei d'arte
Fonte/i: Enit / fonti varie
Proprietà: Comune
Condizione attuale: aperta

Provincia di Udine
Comune di Gemona del Friuli
PINACOTECA D'ARTE ANTICA
Indirizzo: palazzo Elti, via Bini, tel. 0434/97359
Categoria: musei d'arte
Fonte/i: Istat / Touring Club / Guida Regioni d'Italia / Assess. Cultura Bologna
Proprietà: ecclesiastica
Condizione attuale: in restauro

Provincia di Udine
Comune di Lusevera
MUSEO ETNOGRAFICO
Categoria: musei territoriali
Fonte/i: Min. Interni
Proprietà: privata
Condizione attuale: aperto a richiesta

Provincia di Udine
Comune di Malborghetto Valbruna
MUSEO DEL PALAZZO VENEZIANO
Indirizzo: Malborghetto
Categoria: musei etnograf. e/o antropolog.
Fonte/i: Min. Interni
Proprietà: privata
Condizione attuale: in allestimento

Provincia di Udine
Comune di Osoppo
MUSEO STORICO DEL FORTE
Categoria: musei di storia
Fonte/i: Istat / Enit / Guida Regioni d'Italia
Proprietà: privata
Condizione attuale: aperto a richiesta

Provincia di Udine
Comune di Ovaro
MUSEO DELLA PIEVE DI GORTO
Indirizzo: pieve di Gorto
Categoria: musei specializzati
Fonte/i: Min. Interni

Provincia di Udine
Comune di Pagnacco
MUSEO CIVILTÀ E LAVORO CONTADINO E ARTIGIANO
Indirizzo: località Fontanabona, via del Buret 10, tel. 0432/660318-660532
Categoria: musei territoriali
Fonte/i: Regione / Min. Interni
Proprietà: Regione
Condizione attuale: aperto a richiesta

Provincia di Udine
Comune di Palmanova
MUSEO PALAZZO DEL RAGIONATO
Categoria: musei d'arte
Fonte/i: Min. Beni culturali
Proprietà: Stato
Condizione attuale: in progettazione

Provincia di Udine
Comune di Palmanova
MUSEO STORICO
Indirizzo: via Udine, 4, tel. 0432/929106
Categoria: musei di storia
Fonte/i: Istat / Enit / Regione / Touring Club / Min. Interni / Assess. Cultura Bologna / Guida Regioni d'Italia
Proprietà: Comune
Condizione attuale: aperto

Provincia di Udine
Comune di Prato Carnico
MUSEO DELLA CASA CARNICA
Indirizzo: frazione Pesariis
Categoria: musei territoriali
Fonte/i: Regione
Condizione attuale: aperto

Provincia di Udine
Comune di Ragogna
MUSEO CIVICO
Indirizzo: San Giacomo di Ragogna, via Roma, tel. 0432/955226
Categoria: musei d'archeologia
Fonte/i: Enit / Regione / Touring Club / Min. Interni / Assess. Cultura Bologna / Guida Regioni d'Italia
Proprietà: Comune
Condizione attuale: aperto

Provincia di Udine
Comune di San Daniele del Friuli
MUSEO CIVICO
Indirizzo: via San Sebastiano, tel. 0432/957016
Categoria: musei d'arte e archeologia

Fonte/i: Enit /Touring Club / Min. Interni /
Assess. Cultura Bologna
Proprietà: Comune
Condizione attuale: aperto a richiesta

Provincia di Udine
Comune di Tavagnacco
VILLA DI PRAMPERO
Indirizzo: via Matteotti 37, tel. 0432/25633
Categoria: musei d'arte
Fonte/i: Guida Regioni d'Italia
Proprietà: privata
Condizione attuale: aperta a richiesta

Provincia di Udine
Comune di Tolmezzo
**MUSEO DELLE ARTI E TRADIZIONI
CARNICHE "GORTANI"**
Indirizzo: piazza Garibaldi 2, tel. 0433/43233
Categoria: musei territoriali
Fonte/i: Istat / Enit / Regione / Touring Club /
Assess. Cultura Bologna / Guida Regioni
d'Italia
Proprietà: privata
Condizione attuale: aperto

Provincia di Udine
Comune di Udine
**MUSEO DEL RISORGIMENTO
E DELLA RESISTENZA**
Indirizzo: via Girardini 22, tel. 0432/293984
Categoria: musei di storia
Fonte/i: Enit / Guida Monaci / Touring Club /
Assess. Cultura Bologna / Guida Regioni
d'Italia
Proprietà: Comune
Condizione attuale: aperto

Provincia di Udine
Comune di Udine
MUSEO DELLA CITTÀ
Indirizzo: palazzo Taviani, via Zanon 24,
tel. 0432/21193
Categoria: musei d'arte
Fonte/i: Enit / Guida Monaci
Proprietà: Comune
Condizione attuale: aperto

Provincia di Udine
Comune di Udine
**MUSEO DI STORIA E ARTE:
GALLERIA D'ARTE ANTICA**
Indirizzo: Castello, tel. 0432/502872-501824
Categoria: musei d'arte
Fonte/i: Istat / Enit / Regione / Guida Monaci /
Touring Club / Assess. Cultura Bologna /
Guida Regioni d'Italia
Proprietà: Comune
Condizione attuale: aperta

Provincia di Udine
Comune di Udine
**MUSEO DI STORIA E ARTE:
GALLERIA D'ARTE MODERNA**
Indirizzo: piazzale Diacono 22,
tel. 0432/295891-208754
Categoria: musei d'arte
Fonte/i: Istat / Regione / Guida Monaci /
Touring Club / Assess. Cultura Bologna /
Guida Regioni d'Italia
Proprietà: Comune
Condizione attuale: aperta

Provincia di Udine
Comune di Udine
MUSEO DIOCESANO
Indirizzo: piazza del Patriarcato,
tel. 0432/291941
Categoria: musei specializzati
Fonte/i: Istat / Enit / Regione / Touring Club /
Guida Regioni d'Italia / Assess. Cultura
Bologna
Proprietà: ecclesiastica
Condizione attuale: aperto

Provincia di Udine
Comune di Udine
**MUSEO FRIULANO DI ARTI E
TRADIZIONI POPOLARI**
Indirizzo: via Viola 3, tel. 0432/507861
Categoria: musei territoriali
Fonte/i: Istat / Enit / Guida Monaci / Touring
Club / Assess. Cultura Bologna / Guida
Regioni d'Italia
Proprietà: Comune
Condizione attuale: aperto

Provincia di Udine
Comune di Udine
**MUSEO FRIULANO
DI STORIA NATURALE**
Indirizzo: via Grazzano 1,
tel. 0432/293821-504256
Categoria: musei di scienza e tecnica
Fonte/i: Istat / Enit / Regione / Guida Monaci /
Touring Club / Assess. Cultura Bologna /
Guida Regioni d'Italia
Proprietà: Comune
Condizione attuale: aperto

Provincia di Udine
Comune di Udine

**RACCOLTA SCUOLA MEDIA
"G. BEARZI"**
Indirizzo: via Don Bosco 2
Categoria: musei di scienza e tecnica
Fonte/i: Istat
Proprietà: Stato
Condizione attuale: aperta a richiesta

Provincia di Udine
Comune di Udine
**RACCOLTE DI FOSSILI,
STAZIONE DI CHIMICA AGRARIA**
Categoria: musei di scienza e tecnica
Fonte/i: Com. it. Icom
Proprietà: Stato
Condizione attuale: aperte a richiesta

Provincia di Udine
Comune di Udine
**RACCOLTE ORNITOLOGICHE
DELLA FEDERAZ. ITAL. CACCIA**
Categoria: musei di scienza e tecnica
Fonte/i: Com. it. Icom
Proprietà: privata
Condizione attuale: aperte a richiesta

Provincia di Udine
Comune di Udine
**RACCOLTE ORNITOLOGICHE ETC.
SEMINARIO ARCIVESCOVILE**
Categoria: musei di scienza e tecnica
Fonte/i: Com. it. Icom
Proprietà: ecclesiastica
Condizione attuale: aperte a richiesta

Provincia di Udine
Comune di Udine
**RACCOLTE ZOOLOGICHE DEL
COMITATO PROV. CACCIA**
Categoria: musei di scienza e tecnica
Fonte/i: Com. it. Icom
Proprietà: privata
Condizione attuale: aperte a richiesta

Provincia di Udine
Comune di Udine
**RACCOLTE ZOOLOGICHE ETC.
DEL LICEO "STELLINI"**
Categoria: musei di scienza e tecnica
Fonte/i: Com. it. Icom
Proprietà: Stato
Condizione attuale: aperte a richiesta

Provincia di Udine
Comune di Venzone
MUSEO DELLA TERRA DI VENZONE
Categoria: musei territoriali
Fonte/i: Min. Interni
Proprietà: privata
Condizione attuale: aperto a richiesta

Provincia di Udine
Comune di Zuglio
MUSEO LAPIDARIO
Categoria: musei d'archeologia
Fonte/i: Istat / Regione
Proprietà: Comune
Condizione attuale: in allestimento

Regione Lazio

PROVINCIA DI FROSINONE

Provincia di Frosinone
Comune di Alatri
MUSEO CIVICO
Indirizzo: corso Vittorio Emanuele II, tel. 0775/45485
Categoria: musei d'arte e archeologia
Fonte/i: Istat / Enit / Guida Monaci / Assess. Cultura Bologna / Guida Regioni d'Italia
Proprietà: Comune
Condizione attuale: aperto

Provincia di Frosinone
Comune di Alatri
RACCOLTA DELLA CHIESA DI SANTA MARIA MAGGIORE
Indirizzo: piazza Santa Maria Maggiore, tel. 0775/450280
Categoria: musei d'arte
Fonte/i: Enit / Guida Monaci / Min. Beni culturali
Proprietà: ecclesiastica
Condizione attuale: aperta a richiesta

Provincia di Frosinone
Comune di Anagni
MUSEO "BONIFACIO VIII" DEL LAZIO MERIDIONALE
Indirizzo: via Vittorio Emanuele 236, tel. 0775/727053
Categoria: musei d'archeologia
Fonte/i: Istat / Enit / Guida Monaci / Touring Club / Min. Beni culturali / Assess. Cultura Bologna / Guida Regioni d'Italia
Proprietà: ecclesiastica
Condizione attuale: aperto a richiesta

Provincia di Frosinone
Comune di Anagni
MUSEO DEL TESORO DEL DUOMO
Indirizzo: via Leone XIII, tel. 0775/727053-727228
Categoria: musei d'arte
Fonte/i: Istat / Enit / Guida Monaci / Touring Club / Min. Beni culturali / Assess. Cultura Bologna / Guida Regioni d'Italia
Proprietà: ecclesiastica
Condizione attuale: aperto a richiesta

Provincia di Frosinone
Comune di Anagni
MUSEO PALEONTOLOGICO
Indirizzo: palazzo Monte Frumentario
Categoria: musei d'archeologia
Fonte/i: Min. Beni culturali
Proprietà: Comune
Condizione attuale: in progettazione

Provincia di Frosinone
Comune di Aquino
TESORO DEL DUOMO
Indirizzo: via Cavour 12
tel. 0776/788016-728016
Categoria: musei specializzati
Fonte/i: Guida Monaci / Guida Regioni d'Italia
Proprietà: ecclesiastica
Condizione attuale: aperto

Provincia di Frosinone
Comune di Arpino
FONDAZIONE MASTROIANNI
Indirizzo: castello di Ladislao, tel. 0776/84212
Categoria: musei d'arte
Fonte/i: Regione
Proprietà: Comune
Condizione attuale: in allestimento

Provincia di Frosinone
Comune di Arpino
MUSEO ARCHEOLOGICO INDUSTRIALE ARTE DELLA LANA
Categoria: musei specializzati
Fonte/i: Min. Beni culturali
Proprietà: Comune
Condizione attuale: in allestimento

Provincia di Frosinone
Comune di Arpino
MUSEO DI PALAZZO "SPACCAMELA"
Indirizzo: via Civitavecchia 55, tel. 0776/84212
Categoria: musei d'archeologia
Fonte/i: Enit / Guida Monaci / Min. Interni / Assess. Cultura Bologna
Proprietà: privata
Condizione attuale: aperto a richiesta

Provincia di Frosinone
Comune di Arpino
MUSEO DI STRUMENTI MUSICALI
Indirizzo: chiesa San Domenico
Categoria: musei specializzati
Fonte/i: Min. Beni culturali
Proprietà: Comune
Condizione attuale: in progettazione

Provincia di Frosinone

Comune di Atina
MUSEO CIVICO
Indirizzo: piazza Saturno 1, tel. 0776/60162
Categoria: musei d'arte e archeologia
Fonte/i: Istat / Enit / Guida Monaci / Touring Club / Min. Interni / Min. Beni culturali / Assess. Cultura Bologna / Guida Regioni d'Italia
Proprietà: Comune
Condizione attuale: aperto

Provincia di Frosinone
Comune di Atina
MUSEO INTERNAZIONALE DEL FOLKLORE E CIVILTÀ CONTADINA
Indirizzo: via Ponte Melfa, tel. 0776/603779
Categoria: musei territoriali
Fonte/i: Guida Monaci
Proprietà: Comune
Condizione attuale: aperto

Provincia di Frosinone
Comune di Boville Ernica
MUSEO CIVICO
Indirizzo: chiesa San Francesco, piazza San Francesco
Categoria: musei d'arte
Fonte/i: Min. Beni culturali / Min. Interni
Proprietà: Comune
Condizione attuale: in allestimento

Provincia di Frosinone
Comune di Casalvieri
MUSEO CIVICO "PADRE M. JACOBELLI"
Indirizzo: contrada Jacobelli, tel. 0766/617130-63327
Categoria: musei d'archeologia
Fonte/i: Istat / Enit / Guida Monaci / Min. Interni / Min. Beni culturali / Assess. Cultura Bologna / Guida Regioni d'Italia
Proprietà: Comune
Condizione attuale: aperto

Provincia di Frosinone
Comune di Cassino
MUSEO ARCHEOLOGICO
Indirizzo: tel. 0776/301168
Categoria: musei d'archeologia
Fonte/i: Istat / Enit / Assess. Cultura Bologna / Dir. gen. Min. Beni culturali
Proprietà: Stato
Condizione attuale: aperto

Provincia di Frosinone
Comune di Cassino
MUSEO STORICO ARTISTICO ABBAZIA DI MONTECASSINO
Categoria: musei d'arte
Fonte/i: Enit / Min. Beni culturali
Proprietà: ecclesiastica
Condizione attuale: aperto

Provincia di Frosinone
Comune di Castro dei Volsci
MUSEO ARCHEOLOGICO
Categoria: musei d'archeologia
Fonte/i: Min. Beni culturali
Proprietà: Comune
Condizione attuale: in progettazione

Provincia di Frosinone
Comune di Ceccano
RACCOLTA ARCHEOLOGICA CHIESA DI SAN GIOVANNI BATTISTA
Indirizzo: piazza Vecchia, tel. 0775/600207
Categoria: musei d'archeologia
Fonte/i: Enit / Guida Monaci / Min. Beni culturali
Proprietà: ecclesiastica
Condizione attuale: aperta a richiesta

Provincia di Frosinone
Comune di Ceprano
MUSEO CIVICO ARCHEOLOGICO
Indirizzo: piazza Umberto I
Categoria: musei d'archeologia
Fonte/i: Min. Beni culturali / Min. Interni
Proprietà: Comune
Condizione attuale: aperto

Provincia di Frosinone
Comune di Cervaro
MUSEO DEMOANTROPOLOGICO CON SEZIONE ARTE ORAFA
Categoria: musei territoriali
Fonte/i: Min. Beni culturali
Proprietà: Comune
Condizione attuale: in progettazione

Provincia di Frosinone
Comune di Collepardo
MUSEO DELL'ABBAZIA DI TRISULTI
Categoria: musei d'arte
Fonte/i: Istat / Enit / Min. Beni culturali / Dir. gen. Min. Beni culturali
Proprietà: Stato
Condizione attuale: aperto

Provincia di Frosinone
Comune di Ferentino
MUSEO CIVICO

Indirizzo: piazzale del Collegio,
tel. 0775/244001-244292
Categoria: musei d'archeologia
Fonte/i: Istat / Enit / Guida Monaci / Min.
Beni culturali / Touring Club / Assess.
Cultura Bologna / Guida Regioni d'Italia
Proprietà: Comune
Condizione attuale: chiuso

Provincia di Frosinone
Comune di Ferentino
MUSEO DELLA CATTEDRALE
Indirizzo: piazza Duomo
Categoria: musei d'arte
Fonte/i: Istat
Proprietà: ecclesiastica
Condizione attuale: aperto

Provincia di Frosinone
Comune di Frosinone
**MUSEO ARCHEOLOGICO
PALEONTOLOGICO**
Indirizzo: Palazzo comunale,
via XX Settembre
Categoria: musei d'archeologia
Fonte/i: Min. Beni culturali
Proprietà: Comune
Condizione attuale: in allestimento

Provincia di Frosinone
Comune di Fumone
**MUSEO "ADA E GIUSEPPE
MARCHETTI"**
Categoria: musei di storia
Fonte/i: Min. Interni
Proprietà: Comune
Condizione attuale: aperto a richiesta

Provincia di Frosinone
Comune di Paliano
RACCOLTA DEI PADRI PASSIONISTI
Indirizzo: località Santa Maria di Pugliano
Categoria: musei d'arte
Fonte/i: Min. Beni culturali
Proprietà: ecclesiastica
Condizione attuale: aperta a richiesta

Provincia di Frosinone
Comune di Pastena
MUSEO GEOLOGICO
Categoria: musei di scienza e tecnica
Fonte/i: Min. Beni culturali
Proprietà: Comune
Condizione attuale: in progettazione

Provincia di Frosinone

Comune di Patrica
**MUSEO DI STORIA NATURALE
DI CARATTERE LOCALE**
Indirizzo: via G. B. Vitelli
Categoria: musei di scienza e tecnica
Fonte/i: Min. Beni culturali / Min. Interni
Proprietà: Comune
Condizione attuale: aperto a richiesta

Provincia di Frosinone
Comune di Picinisco
MUSEO NATURALISTICO
Indirizzo: piazza Capocci
Categoria: musei di scienza e tecnica
Fonte/i: Min. Beni culturali / Min. Interni
Proprietà: Comune
Condizione attuale: in allestimento

Provincia di Frosinone
Comune di Pofi
MUSEO CIVICO
Indirizzo: tel. 0775/380013
Categoria: musei d'archeologia
Fonte/i: Istat / Enit / Guida Monaci / Min.
Beni culturali / Touring Club / Min. Interni /
Assess. Cultura Bologna / Guida Regioni
d'Italia
Proprietà: Comune
Condizione attuale: aperto

Provincia di Frosinone
Comune di Pontecorvo
MUSEO CIVICO
Indirizzo: via XXIV Maggio, tel. 0776/70121
Categoria: musei d'arte e archeologia
Fonte/i: Istat / Guida Monaci / Guida Regioni
d'Italia
Proprietà: Comune
Condizione attuale: in allestimento

Provincia di Frosinone
Comune di San Donato Val di Comino
MUSEO DEL CAPRIOLO
Indirizzo: tel. 0776/91315
Categoria: musei specializzati
Fonte/i: Enit / Guida Monaci
Proprietà: privata
Condizione attuale: aperto

Provincia di Frosinone
Comune di San Donato Val di Comino
RACCOLTA SCUOLA MEDIA STATALE
Indirizzo: via Roma
Categoria: musei di scienza e tecnica
Fonte/i: Istat
Proprietà: Stato

Condizione attuale: aperta a richiesta

Provincia di Frosinone
Comune di Sora
MUSEO STORICO TOPOGRAFICO
Indirizzo: palazzo ex Pretura
Categoria: musei di storia
Fonte/i: Min. Beni culturali
Proprietà: Comune
Condizione attuale: in progettazione

Provincia di Frosinone
Comune di Trevi nel Lazio
MUSEO STORICO NATURALISTICO
Indirizzo: Castello comunale
Categoria: musei di storia
Fonte/i: Min. Beni culturali
Proprietà: Comune
Condizione attuale: in allestimento

Provincia di Frosinone
Comune di Veroli
MUSEO ARCHEOLOGICO
Indirizzo: piazza Cesare Baronio
Categoria: musei d'archeologia
Fonte/i: Min. Interni
Proprietà: Comune
Condizione attuale: aperto

Provincia di Frosinone
Comune di Veroli
MUSEO DEL TESORO DEL DUOMO
Indirizzo: piazza Vittorio Veneto,
tel. 0775/365059-3655024
Categoria: musei d'arte
Fonte/i: Istat / Enit / Touring Club / Min. Beni culturali / Assess. Cultura Bologna / Guida Regioni d'Italia
Proprietà: ecclesiastica
Condizione attuale: aperto a richiesta

Provincia di Frosinone
Comune di Veroli
MUSEO DELL'ABBAZIA DI CASAMARI
Indirizzo: tel. 0775/332371
Categoria: musei d'arte e archeologia
Fonte/i: Istat / Enit / Guida Monaci / Touring Club / Min. Beni culturali / Assess. Cultura Bologna / Guida Regioni d'Italia
Proprietà: Stato
Condizione attuale: aperto

Provincia di Frosinone
Comune di Veroli
MUSEO DELLE ERBE
Indirizzo: piazza Santa Maria Salomè

Categoria: musei di scienza e tecnica
Fonte/i: Min. Interni
Proprietà: Comune
Condizione attuale: aperto a richiesta

Provincia di Frosinone
Comune di Vicalvi
MUSEO ARCHEOLOGICO
Indirizzo: chiesa di San Pietro
Categoria: musei d'archeologia
Fonte/i: Min. Beni culturali
Proprietà: Comune
Condizione attuale: in progettazione

PROVINCIA DI LATINA

Provincia di Latina
Comune di Cori
MUSEO ARCHEOLOGICO
Indirizzo: chiostro Santa Oliva
Categoria: musei d'archeologia
Fonte/i: Istat / Enit / Guida Monaci / Min. Beni culturali / Guida Regioni d'Italia
Proprietà: Stato
Condizione attuale: in allestimento

Provincia di Latina
Comune di Fondi
MUSEO CIVICO ARCHEOLOGICO
Indirizzo: chiostro di San Francesco,
piazza IV Novembre, tel. 0771/531211
Categoria: musei d'archeologia
Fonte/i: Istat / Enit / Guida Monaci / Min. Beni culturali / Guida Regioni d'Italia
Proprietà: Comune
Condizione attuale: aperto

Provincia di Latina
Comune di Formia
ANTIQUARIUM
Indirizzo: piazza della Vittoria,
tel. 0771/21490
Categoria: musei d'archeologia
Fonte/i: Istat / Enit / Guida Monaci / Touring Club / Assess. Cultura Bologna / Dir. gen. Min. Beni culturali / Guida Regioni d'Italia
Proprietà: Stato
Condizione attuale: aperto

Provincia di Latina
Comune di Gaeta
MOSTRA PERMANENTE DI PALAZZO "DE VIO"
Indirizzo: piazza Cardinale De Vio 9
Categoria: musei d'arte
Fonte/i: Enit / Min. Beni culturali

Proprietà: privata
Condizione attuale: aperta a richiesta

Provincia di Latina
Comune di Gaeta
MUSEO CIVICO
Categoria: musei d'arte e archeologia
Fonte/i: Enit
Proprietà: Comune
Condizione attuale: aperto

Provincia di Latina
Comune di Gaeta
MUSEO DIOCESANO
Indirizzo: piazza Duomo,
tel. 0771/461458-442255
Categoria: musei d'arte e archeologia
Fonte/i: Istat / Enit / Guida Monaci / Touring Club / Min. Beni culturali / Assess. Cultura Bologna / Guida Regioni d'Italia
Proprietà: ecclesiastica
Condizione attuale: aperto a richiesta

Provincia di Latina
Comune di Latina
MUSEO "SESSANO 50"
Indirizzo: borgo Podgora, via Acque Alte
Categoria: musei territoriali
Fonte/i: Enit / Min. Beni culturali
Proprietà: ecclesiastica
Condizione attuale: aperto a richiesta

Provincia di Latina
Comune di Latina
RACCOLTA ARCHEOLOGICA E D'ARTE PONTINA
Indirizzo: corso Repubblica 134,
tel. 0773/40695
Categoria: musei d'arte e archeologia
Fonte/i: Istat / Enit / Guida Monaci / Min. Beni culturali / Guida Regioni d'Italia
Proprietà: Comune
Condizione attuale: chiusa

Provincia di Latina
Comune di Minturno
ANTIQUARIUM
Indirizzo: via Appia Km 156,
tel. 0771/61540-680093
Categoria: musei d'archeologia
Fonte/i: Istat / Enit / Guida Monaci / Touring Club / Min. Beni culturali / Min. Interni / Assess. Cultura Bologna / Dir. gen. Min. Beni culturali / Guida Regioni d'Italia
Proprietà: Stato
Condizione attuale: aperto

Provincia di Latina
Comune di Norma
CITTÀ MORTA DI NINFA
Categoria: giardini zoolog. botan. naturali
Fonte/i: Enit
Proprietà: privata
Condizione attuale: aperta a richiesta

Provincia di Latina
Comune di Norma
MUSEO ARCHEOLOGICO
Indirizzo: edificio ex frantoio
Categoria: musei d'archeologia
Fonte/i: Min. Beni culturali
Proprietà: Comune
Condizione attuale: in allestimento

Provincia di Latina
Comune di Pontinia
**MUSEO STORICO
(MUSEO DELLA MALARIA)**
Indirizzo: Palazzo comunale
Categoria: musei specializzati
Fonte/i: Min. Beni culturali
Proprietà: Comune
Condizione attuale: in progettazione

Provincia di Latina
Comune di Ponza
MUSEO ARCHEOLOGICO MALACOLOGICO
Indirizzo: locali denominati "Cameroni"
Categoria: musei d'archeologia
Fonte/i: Min. Beni culturali
Proprietà: Stato
Condizione attuale: in allestimento

Provincia di Latina
Comune di Priverno
MUSEO ARCHEOLOGICO
Indirizzo: palazzo dell'Arcivescovado
Categoria: musei d'archeologia
Fonte/i: Min. Beni culturali
Proprietà: Comune
Condizione attuale: in allestimento

Provincia di Latina
Comune di Priverno
MUSEO DELL'ABBAZIA DI FOSSANOVA
Indirizzo: Fossanova
Categoria: musei d'arte
Fonte/i: Istat / Enit / Dir. gen. Min. Beni culturali
Proprietà: Stato
Condizione attuale: in restauro

Provincia di Latina
Comune di Priverno
**MUSEO STORICO
ARTISTICO MEDIEVALE**
Indirizzo: edificio ex granaio
Categoria: musei d'arte
Fonte/i: Min. Beni culturali
Proprietà: Comune
Condizione attuale: in allestimento

Provincia di Latina
Comune di Roccagorga
MUSEO STORICO ANTROPOLOGICO
Indirizzo: Palazzo baronale
Categoria: musei etnograf. e/o antropolog.
Fonte/i: Min. Beni culturali
Proprietà: Comune
Condizione attuale: in allestimento

Provincia di Latina
Comune di Roccasecca dei Volsci
MUSEO CIVICO
Categoria: musei d'arte
Fonte/i: Istat
Proprietà: Comune
Condizione attuale: aperto

Provincia di Latina
Comune di Roccasecca dei Volsci
**MUSEO DELLA MASSONERIA
E DELLE SOCIETÀ SEGRETE**
Indirizzo: Edificio scolastico, via Roma 47, tel. 0773/920151
Categoria: musei specializzati
Fonte/i: Enit / Guida Monaci / Min. Beni culturali / Piccoli
Proprietà: privata
Condizione attuale: chiuso

Provincia di Latina
Comune di Sabaudia
**MUSEO ARCHEOLOGICO
NATURALISTICO**
Indirizzo: Parco nazionale del Circeo
Categoria: musei d'archeologia
Fonte/i: Enit / Fio / Min. Beni culturali
Proprietà: Comune
Condizione attuale: in allestimento

Provincia di Latina
Comune di Sabaudia
MUSEO CIVICO
Indirizzo: piazza Mafalda di Savoia, tel. 0773/57791
Categoria: musei d'archeologia
Fonte/i: Guida Monaci
Proprietà: Comune
Condizione attuale: aperto a richiesta

Provincia di Latina
Comune di Sabaudia
**MUSEO DI ARTE CONTEMPORANEA
"EMILIO GRECO"**
Indirizzo: Palazzo comunale
Categoria: musei d'arte
Fonte/i: Enit / Min. Beni culturali / Legge 64
Proprietà: Comune
Condizione attuale: aperto

Provincia di Latina
Comune di Sermoneta
CASTELLO "CAETANI"
Categoria: musei d'arte
Fonte/i: Enit
Proprietà: privata
Condizione attuale: aperto

Provincia di Latina
Comune di Sermoneta
MUSEO "C. MANCIOCCHI"
Indirizzo: palazzo del Comune
Categoria: musei d'arte e archeologia
Fonte/i: Istat
Proprietà: Comune
Condizione attuale: aperto

Provincia di Latina
Comune di Sezze
ANTIQUARIUM
Indirizzo: largo B. Buozzi, tel. 0773/88179
Categoria: musei d'arte e archeologia
Fonte/i: Istat / Enit / Guida Monaci / Touring Club / Min. Beni culturali / Assess. Cultura Bologna / Guida Regioni d'Italia
Proprietà: Comune
Condizione attuale: aperto

Provincia di Latina
Comune di Sperlonga
MUSEO ARCHEOLOGICO NAZIONALE
Indirizzo: via Flacca Km 16,300, tel. 0771/54028
Categoria: musei d'archeologia
Fonte/i: Istat / Enit / Guida Monaci / Fio / Touring Club / Min. Beni culturali / Min. Interni / Assess. Cultura Bologna / Dir. gen. Min. Beni culturali / Guida Regioni d'Italia
Proprietà: Stato
Condizione attuale: aperto

Provincia di Latina
Comune di Terracina

MUSEO ARCHEOLOGICO
Indirizzo: Torre frumentaria,
piazza Municipio, tel. 0773/752220
Categoria: musei d'archeologia
Fonte/i: Istat / Enit / Guida Monaci / Touring
Club / Assess. Cultura Bologna / Guida
Regioni d'Italia
Proprietà: Comune
Condizione attuale: aperto

Provincia di Latina
Comune di Ventotene
MUSEO ARCHEOLOGICO
Indirizzo: piazza Castello 1, tel. 0771/85014
Categoria: musei d'archeologia
Fonte/i: Istat / Enit / Guida Monaci / Touring
Club / Min. Interni / Legge 64 / Assess.
Cultura Bologna / Guida Regioni d'Italia
Proprietà: Comune
Condizione attuale: in allestimento

Provincia di Rieti

Provincia di Rieti
Comune di Antrodoco
MUSEO STORICO
Indirizzo: ex convento Santa Chiara
Categoria: musei di storia
Fonte/i: Min. Beni culturali
Proprietà: Comune
Condizione attuale: in allestimento

Provincia di Rieti
Comune di Borgo Velino
**MUSEO NATURALISTICO
ETNO-ANTROPOLOGICO**
Indirizzo: piazza Umberto I, tel. 0746/56273
Categoria: musei etnograf. e/o antropolog.
Fonte/i: Touring Club / Min. Beni culturali /
Min. Interni / Assess. Cultura Bologna
Proprietà: Comune
Condizione attuale: aperto

Provincia di Rieti
Comune di Cantalupo in Sabina
COLLEZIONE "CAMUCCINI"
Indirizzo: piazza Camuccini
Categoria: musei d'arte
Fonte/i: Istat / Min. Interni
Proprietà: privata
Condizione attuale: aperta a richiesta

Provincia di Rieti
Comune di Fara in Sabina
MUSEO DELL'ABBAZIA DI FARFA
Indirizzo: abbazia di Farfa, tel. 0765/27065

Categoria: musei d'arte
Fonte/i: Istat / Min. Beni culturali / Min.
Interni / Dir. gen. Min. Beni culturali
Proprietà: Stato
Condizione attuale: aperto

Provincia di Rieti
Comune di Magliano Sabina
MUSEO CIVICO
Indirizzo: palazzo Gori, via Sabina,
tel. 0744/91391-919541
Categoria: musei d'archeologia
Fonte/i: Istat / Enit / Guida Monaci / Touring
Club / Min. Beni culturali / Min. Interni /
Assess. Cultura Bologna / Guida Regioni
d'Italia
Proprietà: Comune
Condizione attuale: aperto

Provincia di Rieti
Comune di Micigliano
**MUSEO DELLE
TRADIZIONI POPOLARI**
Indirizzo: ex edificio scolastico,
via del Terminillo, tel. 0746/56393
Categoria: musei territoriali
Fonte/i: Touring Club / Min. Beni culturali /
Min. Interni / Assess. Cultura Bologna
Proprietà: Comune
Condizione attuale: aperto

Provincia di Rieti
Comune di Monteleone Sabino
MUSEO CIVICO
Indirizzo: Palazzo comunale, tel. 0765/84014
Categoria: musei d'arte e archeologia
Fonte/i: Istat / Enit / Guida Monaci / Touring
Club / Min. Beni culturali / Assess. Cultura
Bologna / Guida Regioni d'Italia
Proprietà: Comune
Condizione attuale: in allestimento

Provincia di Rieti
Comune di Petrella Salto
**MUSEO DEL MONASTERO
DELLA BEATA FILIPPA MARERI**
Indirizzo: borgo San Pietro
Categoria: musei d'arte
Fonte/i: Istat / Enit / Min. Beni culturali /
Min. Interni
Proprietà: ecclesiastica
Condizione attuale: aperto a richiesta

Provincia di Rieti
Comune di Petrella Salto
MUSEO NATURALISTICO

IN LOCALITÀ AQUILENTE
Categoria: musei di scienza e tecnica
Fonte/i: Min. Beni culturali
Proprietà: Comune
Condizione attuale: in allestimento

Provincia di Rieti
Comune di Rieti
MUSEO CIVICO
Indirizzo: Palazzo comunale,
piazza Vittorio Emanuele II, tel. 0746/4871
Categoria: musei d'arte e archeologia
Fonte/i: Istat / Enit / Guida Monaci / Touring Club / Min. Beni culturali / Assess. Cultura Bologna / Guida Regioni d'Italia
Proprietà: Comune
Condizione attuale: aperto a richiesta

Provincia di Rieti
Comune di Rieti
TESORO DEL DUOMO
Indirizzo: piazza C. Battisti, tel. 0746/482720
Categoria: musei d'arte
Fonte/i: Istat / Enit / Guida Monaci / Touring Club / Min. Beni culturali / Assess. Cultura Bologna / Guida Regioni d'Italia
Proprietà: ecclesiastica
Condizione attuale: aperto a richiesta

Provincia di Rieti
Comune di Torri in Sabina
MUSEO TERRITORIALE AGROFORONOVANO
Indirizzo: ex casa cantoniera Vescovio
Categoria: musei territoriali
Fonte/i: Min. Beni culturali / Min. Interni
Proprietà: privata
Condizione attuale: in allestimento

PROVINCIA DI ROMA

Provincia di Roma
Comune di Albano Laziale
MUSEO CIVICO
Indirizzo: villa Ferraioli, viale Risorgimento, tel. 06/9323490
Categoria: musei d'archeologia
Fonte/i: Istat / Enit / Guida Monaci / Touring Club / Min. Beni culturali / Assess. Cultura Bologna / Guida Regioni d'Italia
Proprietà: Comune
Condizione attuale: aperto

Provincia di Roma
Comune di Allumiere
MUSEO "KLITSCHE DE LA GRANGE"
Indirizzo: piazza della Repubblica, tel. 0766/96010-96122
Categoria: musei d'archeologia
Fonte/i: Istat / Enit / Guida Monaci / Touring Club / Min. Beni culturali / Min. Interni / Assess. Cultura Bologna / Guida Regioni d'Italia
Proprietà: Comune
Condizione attuale: aperto

Provincia di Roma
Comune di Anticoli Corrado
GALLERIA COMUNALE D'ARTE MODERNA
Indirizzo: piazza della Vittoria, tel. 0774/96318-96379
Categoria: musei d'arte
Fonte/i: Istat / Enit / Guida Monaci / Touring Club / Min. Beni culturali / Min. Interni / Assess. Cultura Bologna / Guida Regioni d'Italia
Proprietà: Comune
Condizione attuale: aperta a richiesta

Provincia di Roma
Comune di Ardea
RACCOLTA "AMICI DI MANZÙ"
Indirizzo: frazione Sant'Antonio, tel. 06/9161022
Categoria: musei specializzati
Fonte/i: Istat / Enit / Guida Monaci / Touring Club / Assess. Cultura Bologna / Dir. gen. Min. Beni culturali / Guida Regioni d'Italia
Proprietà: Stato
Condizione attuale: aperta

Provincia di Roma
Comune di Artena
MUSEO ARCHEOLOGICO
Indirizzo: Palazzo comunale
Categoria: musei d'archeologia
Fonte/i: Min. Beni culturali
Proprietà: Comune
Condizione attuale: aperto

Provincia di Roma
Comune di Bellegra
RACCOLTA DEL CONVENTO DI SAN FRANCESCO
Indirizzo: tel. 06/9565292
Categoria: musei d'arte
Fonte/i: Guida Monaci / Min. Beni culturali
Proprietà: ecclesiastica
Condizione attuale: aperta a richiesta

Provincia di Roma

Comune di Bracciano
MUSEO STORICO DELL'AERONAUTICA MILITARE
Indirizzo: Vigna di Valle, 06/9024034-9023975
Categoria: musei specializzati
Fonte/i: Enit / Touring Club / Guida Regioni d'Italia / Assess. Cultura Bologna / Guida Regioni d'Italia
Proprietà: Stato
Condizione attuale: aperto

Provincia di Roma
Comune di Campagnano di Roma
MUSEO CIVICO ARCHEOLOGICO
Indirizzo: villa Venturi, corso Vittorio Emanuele 2
Categoria: musei d'archeologia
Fonte/i: Min. Beni culturali / Min. Interni
Proprietà: Comune
Condizione attuale: aperto

Provincia di Roma
Comune di Capena
LUCUS FERONIAE: ANTIQUARIUM
Indirizzo: via Tiberina Km. 18, tel. 06/9085173
Categoria: musei d'archeologia
Fonte/i: Istat / Enit / Guida Monaci / Touring Club / Assess. Cultura Bologna / Dir. gen. Min. Beni culturali / Guide archeol. Laterza / Guida Regioni d'Italia
Proprietà: Stato
Condizione attuale: aperto a richiesta

Provincia di Roma
Comune di Carpineto Romano
MUSEO LEONIANO
Indirizzo: palazzo Pecci, via Castello, tel. 06/979002
Categoria: musei specializzati
Fonte/i: Enit / Guida Monaci / Min. Interni / Guida Regioni d'Italia
Proprietà: ecclesiastica
Condizione attuale: aperto

Provincia di Roma
Comune di Cervara di Roma
MUSEO ARTE PER LA PACE
Indirizzo: via Aldo Moro
Categoria: musei d'arte
Fonte/i: Min. Interni
Proprietà: Comune
Condizione attuale: aperto a richiesta

Provincia di Roma
Comune di Cerveteri
ANTIQUARIUM DELLA NECROPOLI DELLA BANDITACCIA
Indirizzo: tel. 06/9950003
Categoria: musei d'archeologia
Fonte/i: Dir. gen. Min. Beni culturali
Proprietà: Stato
Condizione attuale: aperto

Provincia di Roma
Comune di Cerveteri
MUSEO ARCHEOLOGICO NAZIONALE ETRUSCO
Indirizzo: piazza Santa Maria, tel. 06/9950003-9941354
Categoria: musei d'archeologia
Fonte/i: Istat / Enit / Guida Monaci / Touring Club / Assess. Cultura Bologna / Dir. gen. Min. Beni culturali / Guide archeol. Laterza / Guida Regioni d'Italia
Proprietà: Stato
Condizione attuale: aperto

Provincia di Roma
Comune di Civitavecchia
MUSEO ARCHEOLOGICO NAZIONALE - EX DOGANA PONTIFICIA
Indirizzo: largo Cavour, tel. 0766/23604
Categoria: musei d'archeologia
Fonte/i: Istat / Enit / Guida Monaci / Fio / Assess. Cultura Bologna / Dir. gen. Min. Beni culturali / Guide archeol. Laterza
Proprietà: Stato
Condizione attuale: aperto

Provincia di Roma
Comune di Civitavecchia
MUSEO CIVICO ETRUSCO-ROMANO
Indirizzo: piazza Vittorio Veneto, tel. 0766/9003-9004
Categoria: musei d'archeologia
Fonte/i: Guida Monaci / Touring Club / Guida Regioni d'Italia
Proprietà: Comune
Condizione attuale: aperto

Provincia di Roma
Comune di Frascati
MUSEO ETIOPICO
Indirizzo: convento dei Cappuccini, via Cardinale Massaia 26, tel. 06/9420400
Categoria: musei etnograf. e/o antropolog.
Fonte/i: Istat / Enit / Guida Monaci / Touring Club / Min. Beni culturali / Assess. Cultura Bologna / Guida Regioni d'Italia
Proprietà: ecclesiastica
Condizione attuale: aperto a richiesta

Provincia di Roma
Comune di Frascati
MUSEO TUSCOLANO
Indirizzo: Palazzo vescovile, piazza Paolo III, tel. 06/9420463
Categoria: musei d'arte e archeologia
Fonte/i: Enit / Guida Monaci / Min. Beni culturali / Assess. Cultura Bologna / Guida Regioni d'Italia
Proprietà: Comune
Condizione attuale: chiuso

Provincia di Roma
Comune di Grottaferrata
MUSEO DELL'ABBAZIA DI SAN NILO
Indirizzo: corso del Popolo 128, tel. 06/9459309
Categoria: musei d'arte e archeologia
Fonte/i: Istat / Enit / Guida Monaci / Touring Club / Dir. gen. Min. Beni culturali / Assess. Cultura Bologna / Guida Regioni d'Italia
Proprietà: Stato
Condizione attuale: aperto

Provincia di Roma
Comune di Labico
MUSEO DELLA CHIESA
Indirizzo: piazza della Chiesa 1
Categoria: musei specializzati
Fonte/i: Min. Interni
Proprietà: ecclesiastica
Condizione attuale: aperto a richiesta

Provincia di Roma
Comune di Lanuvio
ANTIQUARIUM COMUNALE
Indirizzo: villa Sforza Cesarini, via Roma, tel. 06/9375202
Categoria: musei d'archeologia
Fonte/i: Istat / Enit / Guida Monaci / Touring Club / Min. Beni culturali / Min. Interni / Assess. Cultura Bologna / Guida Regioni d'Italia
Proprietà: Comune
Condizione attuale: chiuso

Provincia di Roma
Comune di Licenza
MUSEO ORAZIANO
Indirizzo: Palazzo baronale, piazza del Palazzo 3, tel. 0774/46031
Categoria: musei d'archeologia
Fonte/i: Istat / Enit / Guida Monaci / Touring Club / Min. Beni culturali / Min. Interni / Assess. Cultura Bologna / Guida Regioni d'Italia
Proprietà: Stato
Condizione attuale: aperto a richiesta

Provincia di Roma
Comune di Mazzano Romano
PARCO DELLA VALLE DEL TREIA
Categoria: giardini zoolog. botan. naturali
Fonte/i: fonti varie
Proprietà: Regione
Condizione attuale: aperto

Provincia di Roma
Comune di Mentana
ANTIQUARIUM
Indirizzo: palazzo Crescenzio
Categoria: musei d'archeologia
Fonte/i: Min. Beni culturali
Proprietà: Comune
Condizione attuale: in allestimento

Provincia di Roma
Comune di Mentana
MUSEO GARIBALDINO
Indirizzo: Ara dei Caduti, via Roma, tel. 06/9090010
Categoria: musei di storia
Fonte/i: Istat / Enit / Guida Monaci / Touring Club / Assess. Cultura Bologna / Dir. gen. Min. Beni culturali / Guida Regioni d'Italia
Proprietà: Stato
Condizione attuale: aperto a richiesta

Provincia di Roma
Comune di Montecompatri
PINACOTECA DI SAN SILVESTRO
Indirizzo: convento dei Padri Carmelitani
Categoria: musei d'arte
Fonte/i: Istat
Proprietà: ecclesiastica
Condizione attuale: aperta a richiesta

Provincia di Roma
Comune di Nemi
MUSEO DELLE NAVI
Indirizzo: via delle Navi di Tiberio, tel. 06/9378140
Categoria: musei d'archeologia
Fonte/i: Istat / Enit / Guida Monaci / Fio / Min. Interni / Assess. Cultura Bologna / Dir. gen. Min. Beni culturali / Guida Regioni d'Italia
Proprietà: Stato
Condizione attuale: in restauro

Provincia di Roma
Comune di Palestrina

MUSEO NAZIONALE ARCHEOLOGICO
Indirizzo: palazzo Barberini,
piazza della Cortina, tel. 06/9558100
Categoria: musei d'archeologia
Fonte/i: Istat / Enit / Guida Monaci / Fio /
Touring Club / Assess. Cultura Bologna / Dir.
gen. Min. Beni culturali / Guida Regioni
d'Italia
Proprietà: Stato
Condizione attuale: aperto

Provincia di Roma
Comune di Riofreddo
MUSEO COMUNALE
Indirizzo: piazza Santissima Annunziata
Categoria: musei d'arte
Fonte/i: Min. Interni
Proprietà: Comune
Condizione attuale: aperto a richiesta

Provincia di Roma
Comune di Roma
"KEATS-SHELLEY MEMORIAL HOUSE"
Indirizzo: piazza di Spagna 26,
tel. 06/6784235
Categoria: musei specializzati
Fonte/i: Istat / Enit / Guida Monaci / Assess.
Cultura Bologna / Guida Regioni d'Italia
Proprietà: privata
Condizione attuale: aperta

Provincia di Roma
Comune di Roma
ANTIQUARIUM COMUNALE
Indirizzo: piazza Caffarelli 3,
tel. 06/67102475
Categoria: musei d'archeologia
Fonte/i: Istat / Enit / Guida Monaci / Touring
Club / Assess. Cultura Bologna / Guida
Regioni d'Italia
Proprietà: Comune
Condizione attuale: in restauro

Provincia di Roma
Comune di Roma
ANTIQUARIUM DEL FORO ROMANO
Indirizzo: piazza Santa Maria Nova 53,
tel. 06/678325-6790333
Categoria: musei d'archeologia
Fonte/i: Istat / Enit / Guida Monaci / Touring
Club / Dir. gen. Min. Beni culturali / Assess.
Cultura Bologna / Guida Regioni d'Italia
Proprietà: Stato
Condizione attuale: aperto

Provincia di Roma
Comune di Roma
ANTIQUARIUM DEL PALATINO
Indirizzo: piazza Santa Maria Nova 53,
tel. 06/678235-6790333
Categoria: musei d'archeologia
Fonte/i: Istat / Enit / Guida Monaci / Dir. gen.
Min. Beni culturali / Assess. Cultura Bologna /
Guida Regioni d'Italia
Proprietà: Stato
Condizione attuale: chiuso

Provincia di Roma
Comune di Roma
**ANTIQUARIUM FORO DI AUGUSTO
E CASA CAVALIERI RODI**
Indirizzo: via IV Novembre 94,
tel. 06/6786325-67102475
Categoria: musei d'archeologia
Fonte/i: Istat / Enit / Guida Monaci / Touring
Club / Guida Regioni d'Italia / Assess.
Cultura Bologna
Proprietà: Comune
Condizione attuale: aperti

Provincia di Roma
Comune di Roma
ARCHIVIO FOTOGRAFICO COMUNALE
Indirizzo: piazza San Pantaleo 10,
tel. 06/6875345
Categoria: musei specializzati
Fonte/i: Istat / Guida Monaci / Assess.
Cultura Bologna
Proprietà: Comune
Condizione attuale: aperto

Provincia di Roma
Comune di Roma
**ARCHIVIO STOR. CONFRATER.
SAN GIOVANNI B. DEI GENOVESI**
Indirizzo: via Anicia 12, tel. 06/582416
Categoria: musei specializzati
Fonte/i: Guida Monaci / Guida Regioni
d'Italia
Proprietà: ecclesiastica
Condizione attuale: aperto

Provincia di Roma
Comune di Roma
**BIBLIOTECA LANCISIANA E
QUADRERIA, SANTO SPIRITO**
Indirizzo: palazzo del Commendatore, borgo
Santo Spirito 3, tel. 06/6565656
Categoria: musei d'arte
Fonte/i: Guida Monaci / Min. Beni culturali /
Guida Regioni d'Italia
Proprietà: Comune

Condizione attuale: aperte a richiesta

Provincia di Roma
Comune di Roma
**CALCOGRAFIA NAZIONALE
(IST. NAZ. DELLA GRAFICA)**
Indirizzo: via della Stamperia 6,
tel. 06/6798958
Categoria: musei specializzati
Fonte/i: Istat / Enit / Guida Monaci / Fio /
Touring Club / Min. Beni culturali / Assess.
Cultura Bologna / Dir. gen. Min. Beni
culturali / Guida Regioni d'Italia
Proprietà: Stato
Condizione attuale: aperta

Provincia di Roma
Comune di Roma
**CAMERA STORICA CONFRATERNITA
SAN GIOVANNI DECOLLATO**
Indirizzo: via di San Giovanni Decollato 22,
tel. 06/6791890
Categoria: musei specializzati
Fonte/i: Guida Monaci
Proprietà: ecclesiastica
Condizione attuale: aperta a richiesta

Provincia di Roma
Comune di Roma
CASA DEL CARDINALE BESSARIONE
Indirizzo: via di Porta San Sebastiano 8,
tel. 06/777124
Categoria: musei d'arte
Fonte/i: Istat / Min. Beni culturali / Assess.
Cultura Bologna
Proprietà: Comune
Condizione attuale: chiusa

Provincia di Roma
Comune di Roma
CASA DI PIRANDELLO
Indirizzo: via Bosio 15, tel. 06/858047
Categoria: musei specializzati
Fonte/i: Istat / Enit / Guida Monaci / Touring
Club / Assess. Cultura Bologna / Guida
Regioni d'Italia
Proprietà: Stato
Condizione attuale: aperta

Provincia di Roma
Comune di Roma
**COLLEZIONE DI CARTOLINE
ILLUSTRATE "E. STURANI"**
Indirizzo: via del Cardello 4, tel. 06/486970
Categoria: musei specializzati
Fonte/i: Enit / Piccoli

Proprietà: privata
Condizione attuale: aperta a richiesta

Provincia di Roma
Comune di Roma
**COLLEZIONE DI LAMETTE DA BARBA
"R. ROVERE"**
Indirizzo: via F. Pinelli 3, tel. 06/8778342
Categoria: musei specializzati
Fonte/i: Enit / Piccoli
Proprietà: privata
Condizione attuale: aperta a richiesta

Provincia di Roma
Comune di Roma
**ERBARI DELL'ISTITUTO
DI BOTANICA DELL'UNIVERSITÀ**
Indirizzo: piazzale A. Moro 5,
tel. 06/49912358
Categoria: musei di scienza e tecnica
Fonte/i: Istat / Enit / Guida Regioni d'Italia
Proprietà: Università
Condizione attuale: aperti

Provincia di Roma
Comune di Roma
**GABINETTO COMUNALE DELLE
STAMPE PALAZZO "BRASCHI"**
Indirizzo: piazza San Pantaleo 10,
tel. 06/6875345
Categoria: musei specializzati
Fonte/i: Istat / Enit / Guida Monaci / Assess.
Cultura Bologna
Proprietà: Comune
Condizione attuale: aperto

Provincia di Roma
Comune di Roma
**GABINETTO NAZIONALE
DELLE STAMPE**
Indirizzo: via della Lungara 230,
tel. 06/6861375-6540565
Categoria: musei specializzati
Fonte/i: Istat / Enit / Guida Monaci / Touring
Club / Assess. Cultura Bologna / Dir. gen.
Min. Beni culturali / Guida Regioni d'Italia
Proprietà: Stato
Condizione attuale: aperto

Provincia di Roma
Comune di Roma
**GALLERIA "ALBANI"
E COLLEZIONE ARCHEOLOGICA**
Indirizzo: villa Albani-Torlonia,
via Salaria, tel. 06/6861044
Categoria: musei d'archeologia

Fonte/i: Enit / Guida Monaci / Touring Club / Assess. Cultura Bologna / Guida Regioni d'Italia
Proprietà: privata
Condizione attuale: chiuse

Provincia di Roma
Comune di Roma
GALLERIA "COLONNA"
Indirizzo: via della Pilotta 17, tel. 06/6794362
Categoria: musei d'arte
Fonte/i: Istat / Enit / Guida Monaci / Touring Club / Assess. Cultura Bologna / Guida Regioni d'Italia
Proprietà: privata
Condizione attuale: aperta

Provincia di Roma
Comune di Roma
GALLERIA "DORIA PAMPHILI"
Indirizzo: piazza Collegio Romano 1/A, tel. 06/5794365
Categoria: musei d'arte
Fonte/i: Istat / Enit / Guida Monaci / Touring Club / Assess. Cultura Bologna / Guida Regioni d'Italia
Proprietà: privata
Condizione attuale: aperta

Provincia di Roma
Comune di Roma
GALLERIA "PALLAVICINI": CASINO DELL'AURORA
Indirizzo: via XXIV Maggio 43, tel. 06/4751224
Categoria: musei d'arte
Fonte/i: Istat / Enit / Guida Monaci / Touring Club / Assess. Cultura Bologna / Guida Regioni d'Italia
Proprietà: privata
Condizione attuale: aperta a richiesta

Provincia di Roma
Comune di Roma
GALLERIA "SPADA"
Indirizzo: piazza Capo di Ferro 13, tel. 06/6861158
Categoria: musei d'arte
Fonte/i: Istat / Enit / Guida Monaci / Touring Club / Min. Beni culturali / Dir. gen. Min. Beni culturali / Assess. Cultura Bologna / Guida Regioni d'Italia
Proprietà: Stato
Condizione attuale: aperta

Provincia di Roma
Comune di Roma
GALLERIA COMUNALE D'ARTE MODERNA: PALAZZO BRASCHI
Indirizzo: piazza San Pantaleo 10, tel. 06/6865562
Categoria: musei d'arte
Fonte/i: Istat / Enit / Guida Monaci / Touring Club / Assess. Cultura Bologna / Guida Regioni d'Italia
Proprietà: Comune
Condizione attuale: aperto

Provincia di Roma
Comune di Roma
GALLERIA D'ARTE ANTICA PALAZZO "BARBERINI"
Indirizzo: via Quattro Fontane 13, tel. 06/4824184
Categoria: musei d'arte
Fonte/i: Istat / Enit / Guida Monaci / Fio / Touring Club / Min. Beni culturali / Assess. Cultura Bologna / Dir. gen. Min. Beni culturali / Guida Regioni d'Italia
Proprietà: Stato
Condizione attuale: aperta

Provincia di Roma
Comune di Roma
GALLERIA D'ARTE ANTICA PALAZZO "CORSINI"
Indirizzo: via della Lungara 10, tel. 06/6542323
Categoria: musei d'arte
Fonte/i: Istat / Enit / Guida Monaci / Fio / Touring Club / Min. Beni culturali / Assess. Cultura Bologna / Dir. gen. Min. Beni culturali / Guida Regioni d'Italia
Proprietà: Stato
Condizione attuale: aperta

Provincia di Roma
Comune di Roma
GALLERIA DELL'ACCADEMIA DI SAN LUCA
Indirizzo: piazza Accademia di San Luca 77, tel. 06/6798850
Categoria: musei d'arte
Fonte/i: Istat / Enit / Guida Monaci / Touring Club / Assess. Cultura Bologna / Guida Regioni d'Italia
Proprietà: privata
Condizione attuale: aperta

Provincia di Roma
Comune di Roma
GALLERIA E PINACOTECA

"TEMPLARI"
Indirizzo: via Sant'Anselmo 34,
tel. 06/5757893
Categoria: musei d'arte
Fonte/i: Guida Monaci / Touring Club / Guida Regioni d'Italia
Proprietà: privata
Condizione attuale: aperte a richiesta

Provincia di Roma
Comune di Roma
**GALLERIA NAZIONALE
D'ARTE MODERNA**
Indirizzo: viale Belle Arti 131, tel. 06/3224151
Categoria: musei d'arte
Fonte/i: Istat / Enit / Guida Monaci / Fio / Touring Club / Assess. Cultura Bologna / Dir. gen. Min. Beni culturali / Guida Regioni d'Italia
Proprietà: Stato
Condizione attuale: aperta

Provincia di Roma
Comune di Roma
GIARDINO ZOOLOGICO
Indirizzo: viale del Giardino Zoologico 20
Categoria: giardini zoolog. botan. naturali
Fonte/i: Istat / Guida Monaci
Proprietà: Comune
Condizione attuale: aperto

Provincia di Roma
Comune di Roma
MAUSOLEO OSSARIO GARIBALDINO
Indirizzo: largo di Porta San Pancrazio,
tel. 06/5896368
Categoria: musei di storia
Fonte/i: Assess. Cultura Bologna
Proprietà: Stato
Condizione attuale: aperto

Provincia di Roma
Comune di Roma
**MOSTRA PERMANENTE
COMUNITÀ ISTRAELITICA**
Indirizzo: lungotevere Cenci
tel. 06/6875051
Categoria: musei specializzati
Fonte/i: Istat / Enit / Guida Monaci / Touring Club / Assess. Cultura Bologna / Guida Regioni d'Italia
Proprietà: privata
Condizione attuale: aperta

Provincia di Roma
Comune di Roma

MOSTRA PERMANENTE DEL PANE
Indirizzo: Fao, via delle Terme di Caracalla,
tel. 06/57973732
Categoria: musei specializzati
Fonte/i: Enit / Guida Regioni d'Italia / Piccoli
Proprietà: privata
Condizione attuale: aperta

Provincia di Roma
Comune di Roma
MUSEI CAPITOLINI: MEDAGLIERE
Indirizzo: piazza del Campidoglio
tel. 06/6782862
Categoria: musei specializzati
Fonte/i: Istat / Enit / Guida Monaci / Touring Club / Assess. Cultura Bologna / Guida Regioni d'Italia
Proprietà: Comune
Condizione attuale: aperto

Provincia di Roma
Comune di Roma
**MUSEI CAPITOLINI:
MUSEO CAPITOLINO**
Indirizzo: piazza del Campidoglio
tel. 06/6782862
Categoria: musei d'arte
Fonte/i: Istat / Enit / Guida Monaci / Touring Club / Assess. Cultura Bologna / Guida Regioni d'Italia
Proprietà: Comune
Condizione attuale: aperto

Provincia di Roma
Comune di Roma
MUSEI CAPITOLINI: MUSEO NUOVO
Indirizzo: piazza del Campidoglio
tel. 06/6782862
Categoria: musei d'arte
Fonte/i: Istat / Enit / Guida Monaci / Touring Club / Assess. Cultura Bologna / Guida Regioni d'Italia
Proprietà: Comune
Condizione attuale: aperto

Provincia di Roma
Comune di Roma
**MUSEI CAPITOLINI:
MUSEO PALAZZO DEI CONSERVATORI**
Indirizzo: piazza del Campidoglio
tel. 06/6782862
Categoria: musei d'archeologia
Fonte/i: Istat / Enit / Guida Monaci / Touring Club / Assess. Cultura Bologna / Guida Regioni d'Italia
Proprietà: Comune

Condizione attuale: aperto

Provincia di Roma
Comune di Roma
MUSEI CAPITOLINI: PINACOTECA
Indirizzo: piazza del Campidoglio
tel. 06/6782862
Categoria: musei d'arte
Fonte/i: Istat / Enit / Guida Monaci / Touring Club / Assess. Cultura Bologna / Guida Regioni d'Italia
Proprietà: Comune
Condizione attuale: aperta

Provincia di Roma
Comune di Roma
MUSEI CAPITOLINI: PROTOMOTECA
Indirizzo: piazza del Campidoglio
tel. 06/6782862
Categoria: musei d'arte
Fonte/i: Istat / Enit / Guida Monaci / Touring Club / Assess. Cultura Bologna / Guida Regioni d'Italia
Proprietà: Comune
Condizione attuale: aperta

Provincia di Roma
Comune di Roma
MUSEO "BARRACCO"
Indirizzo: corso Vittorio Emanuele 168, tel. 06/6540848
Categoria: musei d'archeologia
Fonte/i: Istat / Enit / Guida Monaci / Touring Club / Assess. Cultura Bologna / Guida Regioni d'Italia
Proprietà: Comune
Condizione attuale: aperto

Provincia di Roma
Comune di Roma
MUSEO "CANONICA"
Indirizzo: villa Borghese, viale P. Canonica, tel. 06/8449533-8842279
Categoria: musei d'arte
Fonte/i: Istat / Guida Monaci / Touring Club / Assess. Cultura Bologna / Guida Regioni d'Italia
Proprietà: Comune
Condizione attuale: aperto

Provincia di Roma
Comune di Roma
MUSEO "GOETHE"
Indirizzo: via del Corso 18
Categoria: musei specializzati
Fonte/i: Min. Beni culturali

Proprietà: privata
Condizione attuale: aperto

Provincia di Roma
Comune di Roma
MUSEO "TORLONIA"
Indirizzo: vicolo Corsini 5
Categoria: musei d'archeologia
Fonte/i: Enit / Guida Monaci / Touring Club / Guida Regioni d'Italia
Proprietà: privata
Condizione attuale: chiuso

Provincia di Roma
Comune di Roma
MUSEO AERONAUTICO "CAPRONI DI TALIEDO"
Indirizzo: via Azuni 13, tel. 06/380058
Categoria: musei di scienza e tecnica
Fonte/i: Guida Monaci / Guida Regioni d'Italia
Proprietà: privata
Condizione attuale: aperto a richiesta

Provincia di Roma
Comune di Roma
MUSEO AFRICANO
Indirizzo: via Aldovrandi 16, tel. 06/3216712
Categoria: musei etnograf. e/o antropolog.
Fonte/i: Istat / Enit / Guida Monaci / Touring Club / Assess. Cultura Bologna / Guida Regioni d'Italia
Proprietà: Stato
Condizione attuale: chiuso

Provincia di Roma
Comune di Roma
MUSEO ASTRONOMICO E COPERNICANO
Indirizzo: via Trionfale 204, tel. 06/347056
Categoria: musei di scienza e tecnica
Fonte/i: Istat / Enit / Guida Monaci / Touring Club / Assess. Cultura Bologna / Guida Regioni d'Italia
Proprietà: Stato
Condizione attuale: aperto

Provincia di Roma
Comune di Roma
MUSEO CENTRALE DEL RISORGIMENTO
Indirizzo: Vittoriano, via S. Pietro in Carcere, tel. 06/6793526-6793598
Categoria: musei di storia
Fonte/i: Istat / Enit / Guida Monaci / Touring Club / Assess. Cultura Bologna / Guida

Regioni d'Italia
Proprietà: Stato
Condizione attuale: aperto

Provincia di Roma
Comune di Roma
MUSEO CIVICO DI ZOOLOGIA
Indirizzo: via Aldovrandi 18, tel. 06/3216586
Categoria: musei di scienza e tecnica
Fonte/i: Istat / Enit / Guida Monaci / Touring Club / Assess. Cultura Bologna / Guida Regioni d'Italia
Proprietà: Comune
Condizione attuale: aperto a richiesta

Provincia di Roma
Comune di Roma
MUSEO DEGLI STRUMENTI DI RIPRODUZIONE DEL SUONO
Indirizzo: palazzo Antici Mattei, via Caetani 32, tel. 06/6868364
Categoria: musei specializzati
Fonte/i: Istat / Enit / Guida Monaci / Touring Club / Assess. Cultura Bologna / Piccoli / Guida Regioni d'Italia
Proprietà: Stato
Condizione attuale: aperto

Provincia di Roma
Comune di Roma
MUSEO DEI GESSI
Indirizzo: Facoltà di lettere, piazzale A. Moro, tel. 06/4991-3960
Categoria: musei specializzati
Fonte/i: Istat / Enit / Guida Monaci / Touring Club / Assess. Cultura Bologna / Guida Regioni d'Italia
Proprietà: Università
Condizione attuale: aperto a richiesta

Provincia di Roma
Comune di Roma
MUSEO DEL FOLCLORE E DEI POETI ROMANESCHI
Indirizzo: piazza Sant'Egidio 1/B, tel. 06/5899359
Categoria: musei territoriali
Fonte/i: Istat / Enit / Guida Monaci / Touring Club / Assess. Cultura Bologna / Guida Regioni d'Italia
Proprietà: Comune
Condizione attuale: aperto

Provincia di Roma
Comune di Roma
MUSEO DEL SOVRANO ORDINE MILITARE CAVALIERI DI MALTA
Indirizzo: piazza dei Cavalieri di Malta 3
Categoria: musei d'arte
Fonte/i: Guida Monaci / Guida Regioni d'Italia
Proprietà: privata
Condizione attuale: chiuso

Provincia di Roma
Comune di Roma
MUSEO DEL TASSO
Indirizzo: piazza Sant'Onofrio 2, tel. 06/6861571
Categoria: musei specializzati
Fonte/i: Istat / Enit / Guida Monaci / Touring Club / Assess. Cultura Bologna / Guida Regioni d'Italia
Proprietà: privata
Condizione attuale: aperto a richiesta

Provincia di Roma
Comune di Roma
MUSEO DELL'ALTO MEDIOEVO
Indirizzo: viale Lincoln 3, tel. 06/5925806
Categoria: musei d'archeologia
Fonte/i: Istat / Enit / Guida Monaci / Touring Club / Assess. Cultura Bologna / Dir. gen. Min. Beni culturali / Guida Regioni d'Italia
Proprietà: Stato
Condizione attuale: aperto

Provincia di Roma
Comune di Roma
MUSEO DELL'ENERGIA ELETTRICA
Indirizzo: piazza E. Rufino, tel. 06/5141686-5135685
Categoria: musei di scienza e tecnica
Fonte/i: Guida Monaci / Touring Club / Assess. Cultura Bologna
Proprietà: Stato
Condizione attuale: aperto

Provincia di Roma
Comune di Roma
MUSEO DELL'ISTITUTO DI ANATOMIA COMPARATA
Indirizzo: via Borelli 50, tel. 06/442250-440123
Categoria: musei di scienza e tecnica
Fonte/i: Istat / Enit / Guida Monaci / Assess. Cultura Bologna / Guida Regioni d'Italia
Proprietà: Università
Condizione attuale: aperto a richiesta

Provincia di Roma
Comune di Roma

**MUSEO DELL'ISTITUTO
DI ANATOMIA PATOLOGICA**
Indirizzo: viale della Regina 324,
tel. 06/440526
Categoria: musei di scienza e tecnica
Fonte/i: Istat / Enit / Guida Monaci
Proprietà: Università
Condizione attuale: aperto a richiesta

Provincia di Roma
Comune di Roma
**MUSEO DELL'ISTITUTO
DI ANTROPOLOGIA**
Indirizzo: piazzale A. Moro 5, tel. 06/4452637
Categoria: musei di scienza e tecnica
Fonte/i: Istat / Enit / Guida Monaci / Guida Regioni d'Italia
Proprietà: Università
Condizione attuale: aperto a richiesta

Provincia di Roma
Comune di Roma
**MUSEO DELL'ISTITUTO
DI PATOLOGIA DEL LIBRO**
Indirizzo: via Milano 76, tel. 06/4884474
Categoria: musei di scienza e tecnica
Fonte/i: Istat / Enit / Guida Monaci / Touring Club / Assess. Cultura Bologna / Piccoli / Guida Regioni d'Italia
Proprietà: Stato
Condizione attuale: aperto a richiesta

Provincia di Roma
Comune di Roma
**MUSEO DELL'ISTITUTO STORICO
DELL'ARMA DEL GENIO**
Indirizzo: lungotevere della Vittoria 31,
tel. 06/3595446
Categoria: musei di storia
Fonte/i: Istat / Enit / Guida Monaci / Touring Club / Assess. Cultura Bologna / Guida Regioni d'Italia
Proprietà: Stato
Condizione attuale: aperto

Provincia di Roma
Comune di Roma
**MUSEO DELLA BASILICA
DI SAN PANCRAZIO**
Indirizzo: piazza San Pancrazio 5/D,
tel. 06/5810458
Categoria: musei d'archeologia
Fonte/i: Istat / Enit / Guida Monaci / Touring Club / Min. Beni culturali / Assess. Cultura Bologna / Guida Regioni d'Italia
Proprietà: ecclesiastica

Condizione attuale: aperto

Provincia di Roma
Comune di Roma
**MUSEO DELLA CARTA, DELLA
STAMPA E DELL'INFORMAZIONE**
Indirizzo: Società Siva, Ente nazionale cellulosa e carta, via Salaria 971,
tel. 06/8402041
Categoria: musei specializzati
Fonte/i: Enit
Proprietà: privata
Condizione attuale: aperto a richiesta

Provincia di Roma
Comune di Roma
MUSEO DELLA CIVILTÀ ROMANA
Indirizzo: piazza G. Agnelli 10,
tel. 06/5926135
Categoria: musei d'archeologia
Fonte/i: Istat / Enit / Guida Monaci / Touring Club / Assess. Cultura Bologna / Guida Regioni d'Italia
Proprietà: Comune
Condizione attuale: aperto

Provincia di Roma
Comune di Roma
**MUSEO DELLA SOCIETÀ
GEOGRAFICA ITALIANA**
Indirizzo: villa Celimontana, via della Navicella 12, tel. 06/7315793-7008297
Categoria: musei specializzati
Fonte/i: Istat / Enit / Guida Monaci / Touring Club / Assess. Cultura Bologna / Guida Regioni d'Italia
Proprietà: privata
Condizione attuale: chiuso

Provincia di Roma
Comune di Roma
**MUSEO DELLA VIA OSTIENSE
A PORTA SAN PAOLO**
Indirizzo: piazza di Porta San Paolo,
tel. 06/5650022
Categoria: musei specializzati
Fonte/i: Istat / Enit / Guida Monaci / Touring Club / Assess. Cultura Bologna / Dir. gen. Min. Beni culturali / Guida Regioni d'Italia
Proprietà: Stato
Condizione attuale: aperto

Provincia di Roma
Comune di Roma
**MUSEO DELLE CATACOMBE
DI SAN SEBASTIANO**

Indirizzo: via Appia Antica 136
Categoria: musei di archeologia
Fonte/i: Guida Monaci / Touring Club / Guida Regioni d'Italia / Assess. Cultura Bologna / Min. Beni Culturali
Proprietà: ecclesiastica
Condizione attuale: aperto a richiesta

Provincia di Roma
Comune di Roma
MUSEO DELLE CELEBRITÀ
Indirizzo: piazza Repubblica 12
Categoria: musei specializzati
Fonte/i: Min. Beni culturali
Proprietà: privata
Condizione attuale: aperto

Provincia di Roma
Comune di Roma
MUSEO DELLE CERE
Indirizzo: piazza Santi Apostoli 67, tel. 06/6796482
Categoria: musei specializzati
Fonte/i: Istat / Enit / Guida Monaci / Touring Club / Assess. Cultura Bologna / Piccoli / Guida Regioni d'Italia
Proprietà: privata
Condizione attuale: aperto

Provincia di Roma
Comune di Roma
MUSEO DELLE MURA DI ROMA
Indirizzo: via di Porta San Sebastiano, tel. 06/7575284
Categoria: musei specializzati
Fonte/i: Istat / Enit / Guida Monaci / Assess. Cultura Bologna
Proprietà: Comune
Condizione attuale: aperto

Provincia di Roma
Comune di Roma
MUSEO DELLE NAVI
Indirizzo: Fiumicino, via Guidoni tel. 06/6011089
Categoria: musei d'archeologia
Fonte/i: Istat / Enit / Guida Monaci / Touring Club / Dir. gen. Min. Beni culturali
Proprietà: Stato
Condizione attuale: aperto

Provincia di Roma
Comune di Roma
MUSEO DELLE ORIGINI
Indirizzo: Facoltà di lettere, piazzale A. Moro 5, tel. 06/4457988

Categoria: musei d'archeologia
Fonte/i: Istat / Enit / Guida Monaci / Assess. Cultura Bologna / Guida Regioni d'Italia
Proprietà: Università
Condizione attuale: aperto

Provincia di Roma
Comune di Roma
MUSEO DI ANTICHITÀ ETRUSCHE E ITALICHE
Indirizzo: Facoltà di lettere, piazzale A. Moro 5, tel. 06/4452239
Categoria: musei d'archeologia
Fonte/i: Istat / Enit / Guida Monaci / Assess. Cultura Bologna / Guida Regioni d'Italia
Proprietà: Università
Condizione attuale: aperto a richiesta

Provincia di Roma
Comune di Roma
MUSEO DI CRIMINOLOGIA
Indirizzo: via del Gonfalone 29, tel. 06/6868849
Categoria: musei specializzati
Fonte/i: Istat / Enit / Guida Monaci / Touring Club / Assess. Cultura Bologna / Piccoli / Guida Regioni d'Italia
Proprietà: Stato
Condizione attuale: chiuso

Provincia di Roma
Comune di Roma
MUSEO DI FISICA
Indirizzo: piazzale A. Moro 5, tel. 06/4991-3447
Categoria: musei di scienza e tecnica
Fonte/i: Enit / Guida Monaci / Guida Regioni d'Italia
Proprietà: Università
Condizione attuale: aperto a richiesta

Provincia di Roma
Comune di Roma
MUSEO DI GEOLOGIA
Indirizzo: piazzale A. Moro 5, tel. 06/4991/290-44573866
Categoria: musei di scienza e tecnica
Fonte/i: Istat / Enit / Guida Monaci / Assess. Cultura Bologna / Guida Regioni d'Italia
Proprietà: Università
Condizione attuale: aperto a richiesta

Provincia di Roma
Comune di Roma
MUSEO DI MINERALOGIA
Indirizzo: piazzale A. Moro 5, tel. 06/4463866

Categoria: musei di scienza e tecnica
Fonte/i: Istat / Enit / Guida Monaci / Assess.
Cultura Bologna / Guida Regioni d'Italia
Proprietà: Università
Condizione attuale: aperto

Provincia di Roma
Comune di Roma
MUSEO DI PALAZZO VENEZIA
Indirizzo: via del Plebiscito 118,
tel. 06/6798865
Categoria: musei d'arte
Fonte/i: Istat / Enit / Guida Monaci / Fio /
Touring Club / Min. Beni culturali / Assess.
Cultura Bologna / Dir. gen. Min. Beni
culturali / Guida Regioni d'Italia
Proprietà: Stato
Condizione attuale: aperto

Provincia di Roma
Comune di Roma
MUSEO DI PALEONTOLOGIA
Indirizzo: piazzale A. Moro 5,
tel. 06/4991/4315244
Categoria: musei di scienza e tecnica
Fonte/i: Istat / Enit / Guida Monaci / Assess.
Cultura Bologna / Guida Regioni d'Italia
Proprietà: Università
Condizione attuale: aperto

Provincia di Roma
Comune di Roma
MUSEO DI ROMA
Indirizzo: palazzo Braschi,
piazza San Pantaleo 10, tel. 06/6865562
Categoria: musei specializzati
Fonte/i: Istat / Enit / Guida Monaci / Touring
Club / Assess. Cultura Bologna / Guida
Regioni d'Italia
Proprietà: Comune
Condizione attuale: aperto

Provincia di Roma
Comune di Roma
MUSEO DI STORIA DELLA MEDICINA
Indirizzo: viale dell'Università 34/A,
tel. 06/4451721
Categoria: musei di scienza e tecnica
Fonte/i: Istat / Enit / Guida Monaci / Touring
Club / Assess. Cultura Bologna / Guida
Regioni d'Italia
Proprietà: Università
Condizione attuale: aperto

Provincia di Roma
Comune di Roma

MUSEO E GALLERIA "BORGHESE"
Indirizzo: piazzale Museo Borghese,
tel. 06/858577
Categoria: musei d'arte
Fonte/i: Istat / Enit / Guida Monaci / Fio /
Touring Club / Min. Beni culturali / Assess.
Cultura Bologna / Dir. gen. Min. Beni
culturali / Guida Regioni d'Italia
Proprietà: Stato
Condizione attuale: aperti

Provincia di Roma
Comune di Roma
**MUSEO E PINACOTECA DELLA
BASILICA DI SAN PAOLO**
Indirizzo: via Ostiense 186, tel. 06/5410341
Categoria: musei d'arte
Fonte/i: Enit / Guida Monaci / Touring Club /
Min. Beni culturali / Assess. Cultura Bologna /
Guida Regioni d'Italia
Proprietà: ecclesiastica
Condizione attuale: aperti

Provincia di Roma
Comune di Roma
**MUSEO FRANCESCANO
DEI CAPPUCCINI**
Indirizzo: via Vittorio Veneto 27,
tel. 06/462850
Categoria: musei specializzati
Fonte/i: Guida Monaci / Min. Beni culturali /
Piccoli
Proprietà: ecclesiastica
Condizione attuale: aperto

Provincia di Roma
Comune di Roma
**MUSEO FRANCESCANO
ISTITUTO STORICO DEI CAPPUCCINI**
Indirizzo: grande raccordo anulare Km 65,
tel. 06/6251961-6251949
Categoria: musei specializzati
Fonte/i: Enit / Guida Monaci / Touring Club /
Assess. Cultura Bologna / Guida Regioni
d'Italia
Proprietà: ecclesiastica
Condizione attuale: aperto a richiesta

Provincia di Roma
Comune di Roma
**MUSEO LITO-MINERALOGICO DEL
SERVIZIO GEOLOGICO**
Indirizzo: largo Santa Susanna 13,
tel. 06/460982-4744903
Categoria: musei di scienza e tecnica
Fonte/i: Istat / Enit / Guida Monaci / Touring

Club / Assess. Cultura Bologna / Guida
Regioni d'Italia
Proprietà: Stato
Condizione attuale: in restauro

Provincia di Roma
Comune di Roma
**MUSEO MINERALOGICO DEL
COLLEGIO NAZARENO**
Indirizzo: largo del Nazareno 25,
tel. 06/6790771
Categoria: musei specializzati
Fonte/i: Guida Monaci / Guida Regioni
d'Italia
Proprietà: privata
Condizione attuale: aperto a richiesta

Provincia di Roma
Comune di Roma
MUSEO NAPOLEONICO
Indirizzo: piazza di Ponte Umberto I 1,
tel. 06/6540286
Categoria: musei di storia
Fonte/i: Istat / Enit / Guida Monaci / Touring
Club / Assess. Cultura Bologna / Guida
Regioni d'Italia
Proprietà: Comune
Condizione attuale: aperto

Provincia di Roma
Comune di Roma
**MUSEO NAZIONALE ARTE
ORIENTALE PALAZZO "BRANCACCIO"**
Indirizzo: via Merulana 248, tel. 06/735946
Categoria: musei d'arte
Fonte/i: Istat / Enit / Guida Monaci / Touring
Club / Min. Beni culturali / Assess. Cultura
Bologna / Dir. gen. Min. Beni culturali /
Guida Regioni d'Italia
Proprietà: Stato
Condizione attuale: aperto

Provincia di Roma
Comune di Roma
**MUSEO NAZIONALE DEGLI
STRUMENTI MUSICALI**
Indirizzo: piazza Santa Croce in
Gerusalemme 9/A, tel. 06/7575936
Categoria: musei specializzati
Fonte/i: Istat / Enit / Guida Monaci / Fio /
Touring Club / Min. Beni culturali / Assess.
Cultura Bologna / Dir. gen. Min. Beni
culturali / Piccoli / Guida Regioni d'Italia
Proprietà: Stato
Condizione attuale: aperto

Provincia di Roma
Comune di Roma
**MUSEO NAZIONALE DELLE ARTI
E TRADIZIONI POPOLARI**
Indirizzo: piazza Marconi 10, tel. 06/5911848
Categoria: musei territoriali
Fonte/i: Istat / Enit / Guida Monaci / Touring
Club / Min. Beni culturali / Assess. Cultura
Bologna / Dir. gen. Min. Beni culturali /
Guida Regioni d'Italia
Proprietà: Stato
Condizione attuale: aperto

Provincia di Roma
Comune di Roma
**MUSEO NAZIONALE DI
CASTEL SANT'ANGELO**
Indirizzo: lungotevere Castello 1,
tel. 06/655036
Categoria: musei d'arte
Fonte/i: Istat / Enit / Guida Monaci / Touring
Club / Min. Beni culturali / Assess. Cultura
Bologna / Dir. gen. Min. Beni culturali /
Guida Regioni d'Italia
Proprietà: Stato
Condizione attuale: aperto

Provincia di Roma
Comune di Roma
**MUSEO NAZIONALE ETRUSCO
DI VILLA GIULIA**
Indirizzo: piazzale di Villa Giulia 9,
tel. 06/3201993-3201951
Categoria: musei d'archeologia
Fonte/i: Istat / Enit / Guida Monaci / Touring
Club / Min. Beni culturali / Assess. Cultura
Bologna / Dir. gen. Min. Beni culturali /
Guida Regioni d'Italia
Proprietà: Stato
Condizione attuale: aperto

Provincia di Roma
Comune di Roma
**MUSEO NAZIONALE ROMANO:
PALAZZO ALTEMPS**
Indirizzo: piazza Sant'Apollinaire
tel. 06/4824181-460530
Categoria: musei d'archeologia
Fonte/i: Istat / Enit / Guida Monaci / Fio /
Min. Beni culturali / Assess. Cultura Bologna /
Dir. gen. Min. Beni culturali
Proprietà: Stato
Condizione attuale: in allestimento

Provincia di Roma
Comune di Roma

MUSEO NAZIONALE ROMANO: PALAZZO MASSIMO
Indirizzo: piazza dei Cinquecento
tel. 06/4824181-460530
Categoria: musei d'archeologia
Fonte/i: Istat / Enit / Guida Monaci / Fio / Min. Beni culturali / Assess. Cultura Bologna / Dir. gen. Min. Beni culturali
Proprietà: Stato
Condizione attuale: aperto

Provincia di Roma
Comune di Roma
MUSEO NAZIONALE ROMANO: TERME DI DIOCLEZIANO
Indirizzo: via delle Terme di Diocleziano, tel. 06/4824181-460530
Categoria: musei d'archeologia
Fonte/i: Istat / Enit / Guida Monaci / Fio / Min. Beni culturali / Assess. Cultura Bologna / Dir. gen. Min. Beni culturali
Proprietà: Stato
Condizione attuale: aperte

Provincia di Roma
Comune di Roma
MUSEO NUMISMATICO DELLA ZECCA
Indirizzo: Ministero del Tesoro, via XX Settembre 97, tel. 06/47613317
Categoria: musei specializzati
Fonte/i: Istat / Enit / Guida Monaci / Assess. Cultura Bologna / Piccoli
Proprietà: Stato
Condizione attuale: aperto

Provincia di Roma
Comune di Roma
MUSEO PREISTORICO ED ETNOGRAFICO "PIGORINI"
Indirizzo: viale Lincoln 1, tel. 06/5923057
Categoria: musei etnograf. e/o antropolog.
Fonte/i: Istat / Enit / Guida Monaci / Touring Club / Min. Beni culturali / Assess. Cultura Bologna / Dir. gen. Min. Beni culturali / Guida Regioni d'Italia
Proprietà: Stato
Condizione attuale: aperto

Provincia di Roma
Comune di Roma
MUSEO SACRARIO BANDIERE DELLE FORZE ARMATE
Indirizzo: piazza Venezia, tel. 06/47355651-47355002
Categoria: musei di storia
Fonte/i: Istat / Enit / Assess. Cultura Bologna / Guida Regioni d'Italia
Proprietà: Stato
Condizione attuale: aperto

Provincia di Roma
Comune di Roma
MUSEO STORICO DEI BERSAGLIERI
Indirizzo: porta Pia 2, tel. 06/486723
Categoria: musei di storia
Fonte/i: Istat / Enit / Touring Club / Assess. Cultura Bologna / Guida Regioni d'Italia
Proprietà: Stato
Condizione attuale: aperto

Provincia di Roma
Comune di Roma
MUSEO STORICO DEI GRANATIERI DI SARDEGNA
Indirizzo: piazza Santa Croce in Gerusalemme 7, tel. 06/7028287
Categoria: musei di storia
Fonte/i: Istat / Enit / Guida Monaci / Guida Regioni d'Italia
Proprietà: Stato
Condizione attuale: aperto

Provincia di Roma
Comune di Roma
MUSEO STORICO DEL TEATRO ARGENTINA
Indirizzo: largo di Torre Argentina
Categoria: musei specializzati
Fonte/i: Istat / Enit / Min. Beni culturali
Proprietà: Comune
Condizione attuale: aperto a richiesta

Provincia di Roma
Comune di Roma
MUSEO STORICO DELL'ARMA DEI CARABINIERI
Indirizzo: piazza Risorgimento 46, tel. 06/6896696
Categoria: musei di storia
Fonte/i: Istat / Enit / Guida Monaci / Touring Club / Assess. Cultura Bologna / Guida Regioni d'Italia
Proprietà: Stato
Condizione attuale: aperto

Provincia di Roma
Comune di Roma
MUSEO STORICO DELL'ARTE SANITARIA
Indirizzo: lungotevere in Sassia 3, tel. 06/650901
Categoria: musei specializzati

Fonte/i: Istat / Enit / Guida Monaci / Touring Club / Assess. Cultura Bologna / Piccoli / Guida Regioni d'Italia
Proprietà: privata
Condizione attuale: aperto

Provincia di Roma
Comune di Roma
MUSEO STORICO DELLA FANTERIA
Indirizzo: piazza Santa Croce in Gerusalemme 9, tel. 06/778524
Categoria: musei di storia
Fonte/i: Istat / Enit / Guida Monaci / Touring Club / Assess. Cultura Bologna / Guida Regioni d'Italia
Proprietà: Stato
Condizione attuale: aperto

Provincia di Roma
Comune di Roma
MUSEO STORICO DELLA GUARDIA DI FINANZA
Indirizzo: piazza Armellini 20, tel. 06/428841
Categoria: musei di storia
Fonte/i: Istat / Enit / Guida Monaci / Touring Club / Assess. Cultura Bologna / Guida Regioni d'Italia
Proprietà: Stato
Condizione attuale: aperto

Provincia di Roma
Comune di Roma
MUSEO STORICO DELLA LIBERAZIONE DI ROMA
Indirizzo: via Tasso 145, tel. 06/7553866-7003866
Categoria: musei di storia
Fonte/i: Istat / Enit / Guida Monaci / Touring Club / Assess. Cultura Bologna / Guida Regioni d'Italia
Proprietà: Stato
Condizione attuale: aperto

Provincia di Roma
Comune di Roma
MUSEO STORICO DELLA MOTORIZZAZIONE MILITARE
Indirizzo: via dell'Esercito 86, tel. 06/5011885
Categoria: musei di storia
Fonte/i: Istat / Enit / Guida Monaci / Touring Club / Assess. Cultura Bologna / Guida Regioni d'Italia
Proprietà: Stato
Condizione attuale: aperto

Provincia di Roma
Comune di Roma
MUSEO STORICO DELLE POSTE E TELECOMUNICAZIONI
Indirizzo: viale Europa, tel. 06/54602092
Categoria: musei di scienza e tecnica
Fonte/i: Enit / Guida Monaci / Touring Club / Assess. Cultura Bologna / Piccoli / Guida Regioni d'Italia
Proprietà: Stato
Condizione attuale: aperto

Provincia di Roma
Comune di Roma
MUSEO TEATRALE DEL "BURCARDO"
Indirizzo: via del Sudario 44, tel. 06/6540755
Categoria: musei specializzati
Fonte/i: Istat / Enit / Guida Monaci / Touring Club / Assess. Cultura Bologna / Piccoli / Guida Regioni d'Italia
Proprietà: Stato
Condizione attuale: aperto

Provincia di Roma
Comune di Roma
MUSEO TIPOLOGICO INTERNAZIONALE DEL PRESEPIO
Indirizzo: via Tor de' Conti 31
Categoria: musei specializzati
Fonte/i: Istat / Enit
Proprietà: ecclesiastica
Condizione attuale: aperto

Provincia di Roma
Comune di Roma
MUSEO UCRAINO
Indirizzo: piazza della Madonna dei Monti 3
Categoria: musei d'arte
Fonte/i: Min. Beni culturali
Proprietà: ecclesiastica
Condizione attuale: aperto a richiesta

Provincia di Roma
Comune di Roma
MUSEO DELL'ISTITUTO DI ZOOLOGIA
Indirizzo: I sezione, viale Università 32, II sezione, via Catone 34
Categoria: musei di scienza e tecnica
Fonte/i: Istat / Enit / Guida Regioni d'Italia
Proprietà: Università
Condizione attuale: aperto a richiesta

Provincia di Roma
Comune di Roma
ORTO BOTANICO
Indirizzo: largo Cristina di Svezia 24, tel. 06/6864193

Categoria: giardini zoolog. botan. naturali
Fonte/i: Istat / Enit / Guida Monaci / Touring Club / Assess. Cultura Bologna / Guida Regioni d'Italia
Proprietà: Università
Condizione attuale: aperto

Provincia di Roma
Comune di Roma
**OSTIA ANTICA,
CASTELLO DI GIULIO II**
Indirizzo: tel. 06/5650022
Categoria: musei d'archeologia
Fonte/i: Istat / Enit / Guida Monaci / Fio / Touring Club / Assess. Cultura Bologna / Dir. gen. Min. Beni culturali / Guida Regioni d'Italia
Proprietà: Stato
Condizione attuale: aperto

Provincia di Roma
Comune di Roma
OSTIA ANTICA: MUSEO
Indirizzo: tel. 06/5650012
Categoria: musei d'archeologia
Fonte/i: Istat / Enit / Guida Monaci / Fio / Touring Club / Dir. gen. Min. Beni culturali / Assess. Cultura Bologna / Guida Regioni d'Italia
Proprietà: Stato
Condizione attuale: aperto

Provincia di Roma
Comune di Roma
**PICCOLO MUSEO DELLE ANIME
DEL PURGATORIO**
Indirizzo: lungotevere Prati 12,
tel. 06/6540517
Categoria: musei specializzati
Fonte/i: Istat / Enit / Guida Monaci / Touring Club / Min. Beni culturali / Assess. Cultura Bologna / Piccoli / Guida Regioni d'Italia
Proprietà: ecclesiastica
Condizione attuale: aperto

Provincia di Roma
Comune di Roma
**PICCOLO MUSEO DI
SANTA MARIA SOPRA MINERVA**
Indirizzo: piazza Santa Maria sopra Minerva 42
Categoria: musei specializzati
Fonte/i: Istat / Min. Beni culturali
Proprietà: ecclesiastica
Condizione attuale: aperto a richiesta

Provincia di Roma
Comune di Roma
**QUADRERIA DELL'ACCADEMIA
DELL'ARCADIA**
Indirizzo: piazza Sant'Agostino 8,
tel. 06/6568041
Categoria: musei d'arte
Fonte/i: Guida Monaci / Guida Regioni d'Italia
Proprietà: Stato
Condizione attuale: aperta a richiesta

Provincia di Roma
Comune di Roma
**QUADRERIA DELLA
CASSA DEPOSITI E PRESTITI**
Indirizzo: piazza Monte di Pietà, tel. 06/47231
Categoria: musei d'arte
Fonte/i: Touring Club / Assess. Cultura Bologna
Proprietà: Stato
Condizione attuale: chiusa

Provincia di Roma
Comune di Roma
**RACCOLTA DEL PIO ISTITUTO
"CATEL"**
Indirizzo: viale Trastevere 85
Categoria: musei specializzati
Fonte/i: Min. Beni culturali
Proprietà: privata
Condizione attuale: aperta a richiesta

Provincia di Roma
Comune di Roma
**RACCOLTA DELL'ISTITUTO
CLINICA MALATTIE TROPICALI**
Indirizzo: viale del Policlinico, tel. 06/490623
Categoria: musei di scienza e tecnica
Fonte/i: Istat / Guida Monaci / Guida Regioni d'Italia
Proprietà: Università
Condizione attuale: aperta a richiesta

Provincia di Roma
Comune di Roma
**RACCOLTA DELL'ISTITUTO
DI CLINICA OTORINOLARINGOIATRICA**
Indirizzo: viale del Policlinico, tel. 06/490051
Categoria: musei di scienza e tecnica
Fonte/i: Guida Monaci / Guida Regioni d'Italia
Proprietà: Università
Condizione attuale: aperta a richiesta

Provincia di Roma
Comune di Roma

RACCOLTA DELL'ISTITUTO DI CLINICA UROLOGICA
Indirizzo: viale del Policlinico, tel. 06/4956841
Categoria: musei di scienza e tecnica
Fonte/i: Guida Regioni d'Italia
Proprietà: Università
Condizione attuale: aperta

Provincia di Roma
Comune di Roma
RACCOLTA DELL'ISTITUTO DI GEOGRAFIA
Indirizzo: Facoltà di lettere, piazzale A. Moro 5, tel. 06/4956249
Categoria: musei di scienza e tecnica
Fonte/i: Guida Monaci / Guida Regioni d'Italia
Proprietà: Università
Condizione attuale: aperta a richiesta

Provincia di Roma
Comune di Roma
RACCOLTA DELL'ISTITUTO DI MERCEOLOGIA
Indirizzo: via del Castro Laurenziano 9, tel. 06/4463740
Categoria: musei specializzati
Fonte/i: Istat / Enit / Guida Monaci / Assess. Cultura Bologna / Guida Regioni d'Italia
Proprietà: Università
Condizione attuale: aperta a richiesta

Provincia di Roma
Comune di Roma
RACCOLTA DELL'ISTITUTO DI PARASSITOLOGIA
Indirizzo: piazzale A. Moro 5, tel. 06/4991
Categoria: musei di scienza e tecnica
Fonte/i: Guida Monaci / Guida Regioni d'Italia
Proprietà: Università
Condizione attuale: aperta a richiesta

Provincia di Roma
Comune di Roma
RACCOLTA DELL'ISTITUTO DI RADIOLOGIA MEDICA
Indirizzo: viale del Policlinico, tel. 06/4453710
Categoria: musei di scienza e tecnica
Fonte/i: Guida Monaci
Proprietà: Università
Condizione attuale: aperta a richiesta

Provincia di Roma
Comune di Roma
RACCOLTA SCUOLA NAZIONALE

MECCANICA AGRARIA
Indirizzo: via Appia Nuova 1251
Categoria: musei di scienza e tecnica
Fonte/i: Istat
Proprietà: Stato
Condizione attuale: aperta a richiesta

Provincia di Roma
Comune di Roma
VATICANO: APPARTAMENTO E SALETTE BORGIA
Indirizzo: Città del Vaticano, tel. 06/6983332-49
Categoria: musei d'arte
Fonte/i: Enit / Touring Club / Assess. Cultura Bologna / Direzione Musei Vaticani
Proprietà: ecclesiastica
Condizione attuale: aperti

Provincia di Roma
Comune di Roma
VATICANO: CAPPELLA SISTINA
Indirizzo: Città del Vaticano, tel. 06/6983332-49
Categoria: musei d'arte
Fonte/i: Enit / Touring Club / Assess. Cultura Bologna / Direzione Musei Vaticani
Proprietà: ecclesiastica
Condizione attuale: aperta

Provincia di Roma
Comune di Roma
VATICANO: GALLERIE SUPERIORI (ARAZZI, CANDELABRI, CARTE)
Indirizzo: Città del Vaticano, tel. 06/6983332-49
Categoria: musei d'arte
Fonte/i: Enit / Touring Club / Assess. Cultura Bologna
Proprietà: ecclesiastica
Condizione attuale: aperte

Provincia di Roma
Comune di Roma
VATICANO: GALLERIA D'ARTE MODERNA (GARM)
Indirizzo: Città del Vaticano, tel. 06/6983332-49
Categoria: musei d'arte
Fonte/i: Enit / Touring Club / Assess. Cultura Bologna / Direzione Musei Vaticani
Proprietà: ecclesiastica
Condizione attuale: aperta

Provincia di Roma
Comune di Roma
VATICANO: MUSEO CHIARAMONTI DI SCULTURA
Indirizzo: Città del Vaticano, tel. 06/6983332-49
Categoria: musei d'arte

Fonte/i: Enit / Direzione Musei Vaticani
Proprietà: ecclesiastica
Condizione attuale: aperto

Provincia di Roma
Comune di Roma
VATICANO: MUSEO DEL COLLEGIO TEUTONICO E CAMPOSANTO
Indirizzo: piazza dei Protomartiri Romani, tel. 06/6983923
Categoria: musei d'archeologia
Fonte/i: Enit / Touring Club / Assess. Cultura Bologna
Proprietà: ecclesiastica
Condizione attuale: chiusi

Provincia di Roma
Comune di Roma
VATICANO: MUSEO DEL MOSAICO
Indirizzo: Città del Vaticano, via del Governatorato, tel. 06/6983332-49
Categoria: musei specializzati
Fonte/i: Direzione Musei Vaticani
Proprietà: ecclesiastica
Condizione attuale: aperto

Provincia di Roma
Comune di Roma
VATICANO: MUSEO DELLE ARMI PONTIFICIE
Indirizzo: basilica di San Giovanni in Laterano
Categoria: musei specializzati
Fonte/i: Direzione Musei Vaticani
Proprietà: ecclesiastica
Condizione attuale: aperto

Provincia di Roma
Comune di Roma
VATICANO: MUSEO DELLE CARROZZE
Indirizzo: Città del Vaticano, tel. 06/6983332-49
Categoria: musei specializzati
Fonte/i: Enit / Touring Club / Assess. Cultura Bologna / Direzione Musei Vaticani
Proprietà: ecclesiastica
Condizione attuale: in allestimento

Provincia di Roma
Comune di Roma
VATICANO: MUSEO GREGORIANO EGIZIO
Indirizzo: Città del Vaticano, tel. 06/6983332-49
Categoria: musei d'archeologia
Fonte/i: Enit / Regione / Touring Club / Assess. Cultura Bologna
Proprietà: ecclesiastica
Condizione attuale: aperto

Provincia di Roma
Comune di Roma
VATICANO: MUSEO GREGORIANO ETRUSCO
Indirizzo: Città del Vaticano, tel. 06/6983332-49
Categoria: musei d'archeologia
Fonte/i: Enit / Touring Club / Assess. Cultura Bologna
Proprietà: ecclesiastica
Condizione attuale: in restauro

Provincia di Roma
Comune di Roma
VATICANO: MUSEO GREGORIANO PROFANO
Indirizzo: Città del Vaticano, tel. 06/6983332-49
Categoria: musei d'arte
Fonte/i: Enit / Touring Club / Assess. Cultura Bologna / Direzione Musei Vaticani
Proprietà: ecclesiastica
Condizione attuale: aperto

Provincia di Roma
Comune di Roma
VATICANO: MUSEO MISSIONARIO ETNOGRAFICO
Indirizzo: Città del Vaticano, tel. 06/6983332-49
Categoria: musei etnograf. e/o antropolog.
Fonte/i: Enit / Touring Club / Assess. Cultura Bologna / Direzione Musei Vativani
Proprietà: ecclesiastica
Condizione attuale: aperto

Provincia di Roma
Comune di Roma
VATICANO: MUSEO NUMISMATICO
Indirizzo: Città del Vaticano
Categoria: musei specializzati
Fonte/i: Direzione Musei Vaticani
Proprietà: ecclesiastica
Condizione attuale: aperto

Provincia di Roma
Comune di Roma
VATICANO: MUSEO PIO CLEMENTINO DI SCULTURA
Indirizzo: Città del Vaticano, tel. 06/6983332-49
Categoria: musei d'arte
Fonte/i: Enit / Touring Club / Assess. Cultura Bologna
Proprietà: ecclesiastica
Condizione attuale: aperto

Provincia di Roma

Comune di Roma
VATICANO: MUSEO PIO CRISTIANO
Indirizzo: Città del Vaticano, tel. 06/6983332-49
Categoria: musei d'arte
Fonte/i: Enit / Touring Club / Assess. Cultura Bologna / Direzione Musei Vaticani
Proprietà: ecclesiastica
Condizione attuale: aperto

Provincia di Roma
Comune di Roma
VATICANO: MUSEO POSTALE
Indirizzo: Città del Vaticano
Categoria: musei specializzati
Fonte/i: Direzione Musei Vaticani
Proprietà: ecclesiastica
Condizione attuale: aperto

Provincia di Roma
Comune di Roma
VATICANO: MUSEO PROFANO DELLA BIBLIOTECA VATICANA
Indirizzo: Città del Vaticano, tel. 06/6983332-49
Categoria: musei d'archeologia
Fonte/i: Enit / Touring Club / Assess. Cultura Bologna / Direzione Musei Vaticani
Proprietà: ecclesiastica
Condizione attuale: aperto

Provincia di Roma
Comune di Roma
VATICANO: MUSEO SACRO DELLA BIBLIOTECA VATICANA
Indirizzo: Città del Vaticano, tel. 06/6983332-49
Categoria: musei specializzati
Fonte/i: Enit / Touring Club / Assess. Cultura Bologna / Direzione Musei Vaticani
Proprietà: ecclesiastica
Condizione attuale: aperto

Provincia di Roma
Comune di Roma
VATICANO: PINACOTECA
Indirizzo: Città del Vaticano, tel. 06/6893332-49
Categoria: musei d'arte
Fonte/i: Enit / Touring Club / Assess. Cultura Bologna / Direzione Musei Vaticani
Proprietà: ecclesiastica
Condizione attuale: aperta

Provincia di Roma
Comune di Roma
VATICANO: STANZE DI RAFFAELLO
Indirizzo: Città del Vaticano, tel. 06/6983332-49
Categoria: musei d'arte
Fonte/i: Enit / Touring Club / Assess. Cultura Bologna / Direzione Musei Vaticani
Proprietà: ecclesiastica
Condizione attuale: aperte

Provincia di Roma
Comune di Roma
VATICANO: TESORO DEL CAPITOLO VATICANO
Indirizzo: basilica di San Pietro, tel. 06/6983332/49
Categoria: musei specializzati
Fonte/i: Touring Club / Assess. Cultura Bologna / Direzione Musei Vaticani
Proprietà: ecclesiastica
Condizione attuale: aperto

Provincia di Roma
Comune di Roviano
MUSEO DELLA CIVILTÀ CONTADINA
Indirizzo: via Mazzini, tel. 0774/90143
Categoria: musei territoriali
Fonte/i: Istat / Enit / Guida Monaci / Min. Interni / Assess. Cultura Bologna / Guida Regioni d'Italia
Proprietà: Comune
Condizione attuale: aperto

Provincia di Roma
Comune di Santa Marinella
PYRGI: ANTIQUARIUM
Indirizzo: località Santa Severa, via del Castello, tel. 0766/740194
Categoria: musei d'archeologia
Fonte/i: Istat / Enit / Dir. gen. Min. Beni culturali / Guide archeol. Laterza
Proprietà: Stato
Condizione attuale: chiuso

Provincia di Roma
Comune di Segni
MUSEO ARCHEOLOGICO
Indirizzo: via della Pretura
Categoria: musei d'archeologia
Fonte/i: Min. Beni culturali
Proprietà: Stato
Condizione attuale: in progettazione

Provincia di Roma
Comune di Subiaco
MUSEO DELL'ABBAZIA DI SANTA SCOLASTICA
Categoria: musei d'arte e archeologia
Fonte/i: Min. Beni culturali
Proprietà: ecclesiastica
Condizione attuale: aperto a richiesta

Provincia di Roma
Comune di Tivoli
COMPLESSO DELL'ANNUNZIATA
Categoria: musei d'arte
Fonte/i: Fio
Proprietà: ecclesiastica
Condizione attuale: in progettazione

Provincia di Roma
Comune di Tivoli
EX SEMINARIO ARCIVESCOVILE
Categoria: musei specializzati
Fonte/i: Fio
Proprietà: ecclesiastica
Condizione attuale: in progettazione

Provincia di Roma
Comune di Tivoli
MUSEO COMUNALE
Indirizzo: Rocca Pia, tel. 0774/20051
Categoria: musei d'arte
Fonte/i: Guida Monaci / Guida Regioni d'Italia
Proprietà: Comune
Condizione attuale: aperto

Provincia di Roma
Comune di Tivoli
PALAZZO DEI SIGNORI DELLA MISSIONE
Indirizzo: via della Missione
Categoria: musei d'arte
Fonte/i: Fio
Proprietà: Stato
Condizione attuale: in restauro

Provincia di Roma
Comune di Tivoli
ROCCA PIA
Categoria: musei d'archeologia
Fonte/i: Fio
Proprietà: Stato
Condizione attuale: in restauro

Provincia di Roma
Comune di Tivoli
VILLA ADRIANA: ANTIQUARIUM DEL SERAPEO
Indirizzo: tel. 0774/530203
Categoria: musei d'archeologia
Fonte/i: Enit / Guida Monaci / Touring Club / Dir. gen. Min. Beni culturali / Assess. Cultura Bologna / Guida Regioni d'Italia
Proprietà: Stato
Condizione attuale: aperto
Provincia di Roma

Comune di Tivoli
VILLA ADRIANA: MUSEO DIDATTICO
Indirizzo: tel. 0774/530203
Categoria: musei d'archeologia
Fonte/i: Touring Club / Dir. gen. Min. Beni culturali / Assess. Cultura Bologna
Proprietà: Stato
Condizione attuale: aperto

Provincia di Roma
Comune di Tolfa
MUSEO CIVICO
Indirizzo: piazza Vittorio Veneto, 0766/92003-92058
Categoria: musei d'archeologia
Fonte/i: Istat / Enit / Guida Monaci / Touring Club / Min. Beni culturali / Min. Interni / Assess. Cultura Bologna / Guide archeol. Laterza / Guida Regioni d'Italia
Proprietà: Comune
Condizione attuale: aperto

Provincia di Roma
Comune di Trevignano Romano
MUSEO ETRUSCO
Indirizzo: piazza Vittorio Emanuele, tel. 06/9019031
Categoria: musei d'archeologia
Fonte/i: Istat / Enit / Guida Monaci / Touring Club / Min. Beni culturali / Assess. Cultura Bologna / Guide archeol. Laterza / Guida Regioni d'Italia
Proprietà: Comune
Condizione attuale: aperto

Provincia di Roma
Comune di Valmontone
MUSEO ARCHEOLOGICO "DORIA PAMPHILI"
Categoria: musei d'archeologia
Fonte/i: Min. Beni culturali
Proprietà: Comune
Condizione attuale: aperto

Provincia di Roma
Comune di Velletri
MUSEO CAPITOLARE
Indirizzo: cattedrale di San Clemente, 06/9638176-9630051
Categoria: musei d'arte
Fonte/i: Istat / Enit / Guida Monaci / Touring Club / Min. Beni culturali / Assess. Cultura Bologna / Guida Regioni d'Italia
Proprietà: ecclesiastica
Condizione attuale: aperto a richiesta
Provincia di Roma

Comune di Velletri
MUSEO CIVICO
Indirizzo: via G. Mameli, tel. 06/9631836
Categoria: musei d'archeologia
Fonte/i: Istat / Enit / Guida Monaci / Touring Club / Min. Beni culturali / Assess. Cultura Bologna / Guida Regioni d'Italia
Proprietà: Comune
Condizione attuale: aperto

PROVINCIA DI VITERBO

Provincia di Viterbo
Comune di Acquapendente
MUSEO DI TRADIZIONI POPOLARI
Indirizzo: località Torre Giulia
Categoria: musei territoriali
Fonte/i: Min. Beni culturali
Proprietà: Comune
Condizione attuale: in allestimento

Provincia di Viterbo
Comune di Acquapendente
**MUSEO, GIARDINO
E RISERVA DI MONTERUFENO**
Categoria: giardini zoolog. botan. naturali
Fonte/i: Min. Beni culturali
Proprietà: Comune
Condizione attuale: in allestimento

Provincia di Viterbo
Comune di Bagnoregio
MUSEO SCIENTIFICO-GEOLOGICO
Indirizzo: palazzo Alemanni
Categoria: musei di scienza e tecnica
Fonte/i: Min. Beni culturali
Proprietà: Stato
Condizione attuale: in allestimento

Provincia di Viterbo
Comune di Barbarano Romano
ANTIQUARIUM CIVICO
Indirizzo: piazza Marconi 21, tel. 0761/474507
Categoria: musei d'archeologia
Fonte/i: Istat / Enit / Guida Monaci / Touring Club / Min. Beni culturali / Min. Interni / Assess. Cultura Bologna / Guida Regioni d'Italia
Proprietà: Comune
Condizione attuale: aperto

Provincia di Viterbo
Comune di Bolsena
MUSEO DEL LAGO DI BOLSENA
Indirizzo: Rocca Monaldeschi, corso Repubblica 60, tel. 0761/799601-799890
Categoria: musei d'archeologia
Fonte/i: Istat / Enit / Guida Monaci / Min. Interni / Assess. Cultura Bologna
Proprietà: Comune
Condizione attuale: aperto

Provincia di Viterbo
Comune di Bolsena
SANTUARIO EUCARISTICO
Indirizzo: basilica Santa Cristina, via Mazzini 1, tel. 0761/799067
Categoria: musei d'arte e archeologia
Fonte/i: Enit / Assess. Cultura Bologna
Proprietà: ecclesiastica
Condizione attuale: aperto

Provincia di Viterbo
Comune di Bomarzo
PARCO DEI MOSTRI
Indirizzo: località Giardino, tel. 0761/924029-341901
Categoria: giardini zoolog. botan. naturali
Fonte/i: Enit / Guida Monaci / Assess. Cultura Bologna
Proprietà: Stato
Condizione attuale: aperto

Provincia di Viterbo
Comune di Canepina
MUSEO DI TRADIZIONI POPOLARI
Indirizzo: convento dei Carmelitani, largo De Mattias 7, tel. 0761/750051
Categoria: musei territoriali
Fonte/i: Touring Club / Min. Interni / Assess. Cultura Bologna
Proprietà: ecclesiastica
Condizione attuale: aperto

Provincia di Viterbo
Comune di Canino
**CENTRO DOCUMENTAZIONE
SULL'AREA DI VULCI**
Categoria: musei d'archeologia
Fonte/i: Min. Beni culturali
Proprietà: Stato
Condizione attuale: in allestimento

Provincia di Viterbo
Comune di Canino
**MUSEO ARCHEOLOGICO NAZIONALE
DI VULCI**
Indirizzo: località Vulci, castello della Badia, tel. 0761/4377787
Categoria: musei d'archeologia
Fonte/i: Istat / Enit / Guida Monaci / Touring

Club / Min. Interni / Dir. gen. Min. Beni culturali / Assess. Cultura Bologna / Guida Regioni d'Italia
Proprietà: Stato
Condizione attuale: aperto

Provincia di Viterbo
Comune di Capodimonte
MUSEO CIVICO
Categoria: musei d'archeologia
Fonte/i: Istat
Proprietà: Comune
Condizione attuale: aperto a richiesta

Provincia di Viterbo
Comune di Castel Sant'Elia
MUSEO DEGLI ARREDI SACRI
Indirizzo: santuario Santa Maria ad Rupes, piazza Cardinal Gasparri, tel. 0761/557729
Categoria: musei specializzati
Fonte/i: Istat / Enit / Guida Monaci / Touring Club / Min. Beni culturali / Min. Interni / Assess. Cultura Bologna / Guida Regioni d'Italia
Proprietà: ecclesiastica
Condizione attuale: aperto

Provincia di Viterbo
Comune di Castiglione in Teverina
DEPOSITO DI MATERIALE ARCHEOLOGICO
Indirizzo: via Orvietana
Categoria: musei d'archeologia
Fonte/i: Min. Interni
Proprietà: Comune
Condizione attuale: aperto a richiesta

Provincia di Viterbo
Comune di Civita Castellana
MUSEO DELL'AGRO FALISCO
Indirizzo: forte Sangallo, via del Forte, tel. 0761/53735
Categoria: musei d'archeologia
Fonte/i: Istat / Enit / Guida Monaci / Touring Club / Min. Interni / Dir. gen. Min. Beni culturali / Assess. Cultura Bologna / Guide archeol. Laterza / Guida Regioni d'Italia
Proprietà: Stato
Condizione attuale: aperto

Provincia di Viterbo
Comune di Farnese
MOSTRA PERMANENTE SORGENTI DELLA NOVA
Indirizzo: corso Vittorio Emanuele 395
Categoria: musei d'archeologia

Fonte/i: Min. Interni
Proprietà: Comune
Condizione attuale: aperta a richiesta

Provincia di Viterbo
Comune di Farnese
MUSEO COMUNALE
Indirizzo: via Colle San Martino, tel. 0761/458381
Categoria: musei d'archeologia
Fonte/i: Guida Monaci / Min. Interni
Proprietà: Comune
Condizione attuale: in allestimento

Provincia di Viterbo
Comune di Gradoli
MUSEO CIVICO FARMENIANO
Indirizzo: palazzo Farnese, piazza L. Palombini, tel. 0761/456082
Categoria: musei d'arte
Fonte/i: Guida Monaci / Min. Interni
Proprietà: Comune
Condizione attuale: aperto a richiesta

Provincia di Viterbo
Comune di Gradoli
MUSEO DELLA CHIESA DI SANTA MARIA MADDALENA
Indirizzo: piazza L. Palombini, tel. 0761/456107
Categoria: musei d'arte
Fonte/i: Enit / Guida Monaci / Min. Beni culturali
Proprietà: ecclesiastica
Condizione attuale: aperto a richiesta

Provincia di Viterbo
Comune di Grotte di Castro
MUSEO DELLA BASILICA
Indirizzo: chiesa di Santa Maria del Suffragio
Categoria: musei d'arte
Fonte/i: Min. Beni culturali
Proprietà: ecclesiastica
Condizione attuale: aperto a richiesta

Provincia di Viterbo
Comune di Grotte di Castro
MUSEO STORICO DIDATTICO
Indirizzo: Palazzo comunale, piazza Matteotti 4
Categoria: musei d'archeologia
Fonte/i: Min. Beni culturali
Proprietà: Comune
Condizione attuale: aperto a richiesta

Provincia di Viterbo
Comune di Ischia di Castro

ANTIQUARIUM "PIETRO LOTTI"
Indirizzo: Municipio, via Roma 5,
tel. 0761/455455-455456
Categoria: musei d'archeologia
Fonte/i: Istat / Enit / Guida Monaci / Touring Club / Min. Beni culturali / Min. Interni / Assess. Cultura Bologna / Guida Regioni d'Italia
Proprietà: Comune
Condizione attuale: aperto

Provincia di Viterbo
Comune di Montalto di Castro
CENTRO DI DOCUMENTAZIONE SULL'AREA DI VULCI
Categoria: musei d'archeologia
Fonte/i: Min. Beni culturali
Proprietà: Stato
Condizione attuale: in allestimento

Provincia di Viterbo
Comune di Monte Romano
ANTIQUARIUM
Indirizzo: via Piave 6, tel. 0766/80021
Categoria: musei d'archeologia
Fonte/i: Guida Monaci / Min. Interni / Assess. Cultura Bologna
Proprietà: Comune
Condizione attuale: aperto a richiesta

Provincia di Viterbo
Comune di Montefiascone
MUSEO DOCUMENTARIO SU SANGALLO IL GIOVANE
Categoria: musei specializzati
Fonte/i: Min. Beni culturali
Proprietà: Stato
Condizione attuale: in allestimento

Provincia di Viterbo
Comune di Nepi
ANTIQUARIUM
Indirizzo: piazza del Comune
Categoria: musei d'archeologia
Fonte/i: Min. Beni culturali / Min. Interni
Proprietà: Comune
Condizione attuale: in allestimento

Provincia di Viterbo
Comune di Oriolo Romano
MUSEO DELL'AGRO FALISCO
Categoria: musei d'archeologia
Fonte/i: Enit
Proprietà: Comune
Condizione attuale: aperto a richiesta
Provincia di Viterbo

Comune di Oriolo Romano
MUSEO DI PALAZZO "ALTIERI"
Indirizzo: piazza Umberto I, tel. 06/9027145
Categoria: musei d'arte
Fonte/i: Istat / Enit / Dir. gen. Min. Beni culturali
Proprietà: Stato
Condizione attuale: aperto

Provincia di Viterbo
Comune di Orte
MUSEO COMUNALE
Indirizzo: via Pie' di Marmo
Categoria: musei d'archeologia
Fonte/i: Min. Interni
Proprietà: Comune
Condizione attuale: aperto

Provincia di Viterbo
Comune di Orte
MUSEO DIOCESANO D'ARTE SACRA
Indirizzo: chiesa di San Silvestro,
piazza Colonna, tel. 0761/494062
Categoria: musei d'arte
Fonte/i: Istat / Enit / Guida Monaci / Touring Club / Min. Beni culturali / Min. Interni / Assess. Cultura Bologna / Guida Regioni d'Italia
Proprietà: ecclesiastica
Condizione attuale: aperto a richiesta

Provincia di Viterbo
Comune di Soriano nel Cimino
MUSEO STORICO
Indirizzo: palazzo Catalani
Categoria: musei di storia
Fonte/i: Min. Beni culturali
Proprietà: Comune
Condizione attuale: in allestimento

Provincia di Viterbo
Comune di Sutri
ANTIQUARIUM COMUNALE
Indirizzo: Palazzo comunale, tel. 0761/68012
Categoria: musei d'archeologia
Fonte/i: Guida Monaci / Min. Beni culturali / Assess. Cultura Bologna / Guida Regioni d'Italia
Proprietà: Comune
Condizione attuale: aperto

Provincia di Viterbo
Comune di Sutri
RACCOLTA DEL DUOMO
Indirizzo: piazza Duomo, tel. 0761/68026
Categoria: musei d'arte

Fonte/i: Guida Monaci / Min. Beni culturali
Proprietà: ecclesiastica
Condizione attuale: aperta a richiesta

Provincia di Viterbo
Comune di Tarquinia
MUSEO ARCHEOLOGICO NAZIONALE
Indirizzo: palazzo "Vitelleschi",
piazza Cavour, tel. 0766/856036
Categoria: musei d'archeologia
Fonte/i: Istat / Enit / Guida Monaci / Touring
Club / Min. Beni culturali / Min. Interni /
Dir. gen. Min. Beni culturali / Assess. Cultura
Bologna / Guide archeol. Laterza / Guida
Regioni d'Italia
Proprietà: Stato
Condizione attuale: aperto

Provincia di Viterbo
Comune di Tuscania
**MUSEO ARCHEOLOGICO
DELLA CHIESA DI SAN BIAGIO**
Categoria: musei d'archeologia
Fonte/i: Min. Beni culturali
Proprietà: Comune
Condizione attuale: in allestimento

Provincia di Viterbo
Comune di Tuscania
**MUSEO ARCHEOLOGICO NAZIONALE
SANTA MARIA DEL RIPOSO**
Indirizzo: località Madonna del Riposo,
tel. 0761/436209-436196
Categoria: musei d'archeologia
Fonte/i: Istat / Enit / Guida Monaci / Touring
Club / Min. Interni / Dir. gen. Min. Beni
culturali / Assess. Cultura Bologna / Guida
Regioni d'Italia
Proprietà: Stato
Condizione attuale: aperto

Provincia di Viterbo
Comune di Tuscania
MUSEO CIVICO
Indirizzo: chiesa di San Pietro
Categoria: musei d'arte
Fonte/i: Istat / Enit / Guida Monaci
Proprietà: Comune
Condizione attuale: aperto

Provincia di Viterbo
Comune di Valentano
MUSEO DELLA ROCCA
Indirizzo: piazza Vittorio
Categoria: musei d'archeologia
Fonte/i: Min. Interni

Proprietà: Comune
Condizione attuale: aperto a richiesta

Provincia di Viterbo
Comune di Valentano
MUSEO DELLE CERAMICHE
Indirizzo: località Mezzano
Categoria: musei d'archeologia
Fonte/i: Fio / Min. Beni culturali
Proprietà: Comune
Condizione attuale: in allestimento

Provincia di Viterbo
Comune di Vasanello
ANTIQUARIUM
Indirizzo: Palazzo comunale, via Roma 30,
tel. 0761/499712
Categoria: musei d'archeologia
Fonte/i: Istat / Enit / Guida Monaci / Min.
Beni culturali / Min. Interni
Proprietà: Comune
Condizione attuale: aperto a richiesta

Provincia di Viterbo
Comune di Viterbo
**MUSEO ARCHEOLOGICO NAZIONALE,
ROCCA "ALBORNOZ"**
Indirizzo: piazza della Rocca,
tel. 0761/225929
Categoria: musei d'archeologia
Fonte/i: Istat / Enit / Fio / Touring Club / Min.
Beni culturali / Assess. Cultura Bologna / Dir.
gen. Min. Beni culturali
Proprietà: Stato
Condizione attuale: aperto

Provincia di Viterbo
Comune di Viterbo
MUSEO CIVICO
Indirizzo: piazza Crispi 2, tel. 0761/340810
Categoria: musei d'arte e archeologia
Fonte/i: Istat / Enit / Guida Monaci / Touring
Club / Min. Beni culturali / Assess. Cultura
Bologna / Guida Regioni d'Italia
Proprietà: Comune
Condizione attuale: in restauro

Provincia di Viterbo
Comune di Viterbo
MUSEO D'ARTE SACRA
Indirizzo: palazzo dei Papi,
piazza San Lorenzo, tel. 0761/341124
Categoria: musei d'arte e archeologia
Fonte/i: Enit / Guida Monaci / Touring Club /
Assess. Cultura Bologna
Proprietà: Stato

Condizione attuale: aperto

Provincia di Viterbo
Comune di Viterbo
MUSEO DEGLI EX VOTO
Indirizzo: località Santa Maria della Quercia, tel. 0761/226161
Categoria: musei specializzati
Fonte/i: Istat / Enit / Guida Monaci / Min. Beni culturali
Proprietà: ecclesiastica
Condizione attuale: aperto

Provincia di Viterbo
Comune di Viterbo
MUSEO DELLE CONFRATERNITE
Indirizzo: Loggia San Tommaso, piazza della Morte, tel. 0761/340092
Categoria: musei specializzati
Fonte/i: Enit / Guida Monaci / Touring Club / Assess. Cultura Bologna / Guida Regioni d'Italia
Proprietà: Comune
Condizione attuale: aperto a richiesta

Provincia di Viterbo
Comune di Viterbo
VILLA "LANTE" A BAGNAIA
Indirizzo: via Jacopo Barozzi 71, tel. 0761/288008
Categoria: musei d'arte
Fonte/i: Istat / Enit / Dir. gen. Min. Beni culturali
Proprietà: Stato
Condizione attuale: aperta

Provincia di Viterbo
Comune di Vitorchiano
ANTIQUARIUM
Categoria: musei d'archeologia
Fonte/i: Min. Beni culturali
Proprietà: Comune
Condizione attuale: in allestimento

Regione Liguria

PROVINCIA DI GENOVA

Provincia di Genova
Comune di Camogli
ACQUARIO TIRRENICO
Indirizzo: castello della Dragonara, via Isola, tel. 0185/770235
Categoria: acquari
Fonte/i: Istat / Enit / Regione / Touring Club / Assess. Cultura Bologna
Proprietà: Provincia
Condizione attuale: aperto

Provincia di Genova
Comune di Camogli
MUSEO ARCHEOLOGICO
Indirizzo: via G. B. Ferrari 41, tel. 0185/771570
Categoria: musei d'archeologia
Fonte/i: Istat / Enit / Regione / Guida Monaci / Touring Club / Min. Interni / Guida Regioni d'Italia / Assess. Cultura Bologna
Proprietà: Comune
Condizione attuale: aperto

Provincia di Genova
Comune di Camogli
MUSEO DEL MONTE DI PORTOFINO
Indirizzo: località Ruta di Camogli, via Gaggini 8, tel. 0185/772283
Categoria: musei d'arte
Fonte/i: Enit / Regione / Guida Monaci / Guida Regioni d'Italia / Assess. Cultura Bologna
Proprietà: privata
Condizione attuale: aperto a richiesta

Provincia di Genova
Comune di Camogli
**MUSEO MARINARO
"GIO-BONO FERRARI"**
Indirizzo: via G. B. Ferrari 41, tel. 0185/771570
Categoria: musei specializzati
Fonte/i: Istat / Enit / Regione / Guida Monaci / Touring Club / Min. Interni / Guida Regioni d'Italia / Assess. Cultura Bologna
Proprietà: Comune
Condizione attuale: aperto

Provincia di Genova
Comune di Campo Ligure
CENTRO DI DOCUMENTAZIONE

SULLA FILIGRANA
Indirizzo: via della Giustizia 5, tel. 010/921003
Categoria: musei specializzati
Fonte/i: Enit / Regione / Min. Interni
Proprietà: Comune
Condizione attuale: aperto

Provincia di Genova
Comune di Campomorone
MUSEO DI PALEONTOLOGIA E MINERALOGIA
Indirizzo: palazzo Balbi, via Gavino 106, tel. 010/781630
Categoria: musei di scienza e tecnica
Fonte/i: Enit / Regione / Guida Monaci / Min. Interni / Guida Regioni d'Italia
Proprietà: Comune
Condizione attuale: aperto

Provincia di Genova
Comune di Chiavari
MUSEO ARCHEOLOGICO NAZIONALE PALAZZO "ROCCA"
Indirizzo: via Costaguta 4, tel. 0185/320829
Categoria: musei d'archeologia
Fonte/i: Istat / Enit / Regione / Guida Monaci / Touring Club / Dir. gen. Min. Beni culturali / Assess. Cultura Bologna / Guida Regioni d'Italia
Proprietà: Stato
Condizione attuale: aperto

Provincia di Genova
Comune di Chiavari
MUSEO DIOCESANO DI ARTE SACRA
Indirizzo: Palazzo vescovile, piazza Nostra Signora dell'Orto, tel. 0185/314651
Categoria: musei d'arte
Fonte/i: Enit / Regione / Min. Beni culturali
Proprietà: ecclesiastica
Condizione attuale: aperto

Provincia di Genova
Comune di Chiavari
MUSEO STORICO DI CHIAVARI E QUADRERIA
Indirizzo: palazzo della Società economica, via Ravaschieri 15, tel. 0185/309941
Categoria: musei d'arte
Fonte/i: Regione
Proprietà: privata
Condizione attuale: aperti a richiesta

Provincia di Genova
Comune di Chiavari

PINACOTECA CIVICA DI PALAZZO "ROCCA"
Indirizzo: via Costaguta 2, tel. 0185/304641
Categoria: musei d'arte
Fonte/i: Regione
Proprietà: Comune
Condizione attuale: aperta

Provincia di Genova
Comune di Chiavari
QUADRERIA DI PALAZZO "TORRIGLIA"
Indirizzo: piazza Mazzini 1, tel. 0185/310241
Categoria: musei d'arte
Fonte/i: Istat / Enit / Regione / Guida Monaci / Touring Club / Assess. Cultura Bologna / Guida Regioni d'Italia
Proprietà: privata
Condizione attuale: aperta

Provincia di Genova
Comune di Chiavari
RACCOLTA SCIENTIFICA DEL SEMINARIO VESCOVILE
Indirizzo: piazza Nostra Signora dell'Orto, tel. 0185/308056
Categoria: musei di scienza e tecnica
Fonte/i: Regione
Proprietà: ecclesiastica
Condizione attuale: aperta a richiesta

Provincia di Genova
Comune di Favale di Malvaro
MUSEO DELL'EMIGRANTE CASA "GIANNINI"
Indirizzo: via Accereto 16, tel. 0185/95639
Categoria: musei specializzati
Fonte/i: Regione / Min. Interni
Proprietà: privata
Condizione attuale: aperto a richiesta

Provincia di Genova
Comune di Genova
CENTRO ARTI VISIVE E MUSEO D'ARTE CONTEMPORANEA
Indirizzo: villa Croce, via J. Ruffini 3, tel. 010/580069-585772
Categoria: musei d'arte
Fonte/i: Enit / Regione / Guida Regioni d'Italia
Proprietà: Comune
Condizione attuale: aperti

Provincia di Genova
Comune di Genova
COLLEZIONI D'ARTE

DELLA CASSA DI RISPARMIO
Indirizzo: via Cassa di Risparmio 15,
tel. 010/20911
Categoria: musei d'arte
Fonte/i: Regione
Proprietà: privata
Condizione attuale: chiuse

Provincia di Genova
Comune di Genova
**GALLERIA D'ARTE MODERNA
VILLA "SERRA"**
Indirizzo: Nervi, via Capoluogo 3,
tel. 010/326025
Categoria: musei d'arte
Fonte/i: Istat / Enit / Regione / Guida Monaci /
Touring Club / Assess. Cultura Bologna /
Guida Regioni d'Italia
Proprietà: Comune
Condizione attuale: aperta

Provincia di Genova
Comune di Genova
GALLERIA DI PALAZZO "SPINOLA"
Indirizzo: piazza di Pellicceria 1,
tel. 010/294661-294611
Categoria: musei d'arte
Fonte/i: Istat / Enit / Regione / Guida Monaci /
Touring Club / Min. Beni culturali / Dir. gen.
Min. Beni culturali / Assess. Cultura Bologna /
Guida Regioni d'Italia
Proprietà: Stato
Condizione attuale: aperta

Provincia di Genova
Comune di Genova
GALLERIA DI PALAZZO BIANCO
Indirizzo: via Garibaldi 11, tel. 010/291803
Categoria: musei d'arte
Fonte/i: Istat / Enit / Regione / Guida Monaci /
Touring Club / Guida Regioni d'Italia / Assess.
Cultura Bologna
Proprietà: Comune
Condizione attuale: aperta

Provincia di Genova
Comune di Genova
GALLERIA DI PALAZZO REALE
Indirizzo: via Balbi 10, tel. 010/206851
Categoria: musei d'arte
Fonte/i: Istat / Enit / Regione / Guida Monaci /
Touring Club / Dir. gen. Min. Beni culturali /
Assess. Cultura Bologna / Guida Regioni
d'Italia
Proprietà: Stato
Condizione attuale: aperta

Provincia di Genova
Comune di Genova
GALLERIA DI PALAZZO ROSSO
Indirizzo: via Garibaldi 18, tel. 010/282641
Categoria: musei d'arte
Fonte/i: Istat / Enit / Regione / Guida Monaci /
Touring Club / Assess. Cultura Bologna /
Guida Regioni d'Italia
Proprietà: Comune
Condizione attuale: aperta

Provincia di Genova
Comune di Genova
**GIARDINO BOTANICO
"CLELIA DURAZZO GRIMALDI"**
Indirizzo: Pegli, villa Durazzo Pallavicini,
via B. Martino 9, tel. 010/221331
Categoria: giardini zoolog. botan. naturali
Fonte/i: Istat / Regione
Proprietà: Comune
Condizione attuale: aperto a richiesta

Provincia di Genova
Comune di Genova
**MUSEO AMERICANISTICO
"F. LUNARDI"**
Indirizzo: villa "De Mari-Gruber",
corso Solferino 29, tel. 010/814737
Categoria: musei etnograf. e/o antropolog.
Fonte/i: Istat / Enit / Regione / Guida Monaci /
Touring Club / Assess. Cultura Bologna /
Guida Regioni d'Italia
Proprietà: privata
Condizione attuale: aperto

Provincia di Genova
Comune di Genova
**MUSEO ARCHEOLOGICO DI
S. GIULIANO IN ALBARO**
Indirizzo: abbazia di S. Giuliano in Albaro
Categoria: musei d'archeologia
Fonte/i: Min. Beni culturali
Proprietà: Stato
Condizione attuale: in restauro

Provincia di Genova
Comune di Genova
**MUSEO BIBLIOTECA DELL'ATTORE
DEL TEATRO DI GENOVA**
Indirizzo: villetta Serra, viale IV Novembre 3,
tel. 010/586681
Categoria: musei specializzati
Fonte/i: Enit / Regione / Guida Monaci /
Touring Club / Guida Regioni d'Italia
Proprietà: Comune
Condizione attuale: in allestimento

Provincia di Genova
Comune di Genova
**MUSEO D'ARTE ORIENTALE
"E. CHIOSSONE"**
Indirizzo: villetta di Negro, piazzale Mazzini, tel. 010/542285
Categoria: musei d'arte
Fonte/i: Istat / Enit / Regione / Guida Monaci / Touring Club / Assess. Cultura Bologna / Guida Regioni d'Italia
Proprietà: Comune
Condizione attuale: aperto

Provincia di Genova
Comune di Genova
**MUSEO DEGLI OSPEDALI CIVILI
DI SAN MARTINO**
Indirizzo: viale Benedetto XV 10, tel. 010/54841
Categoria: musei d'arte
Fonte/i: Istat / Enit / Regione / Guida Regioni d'Italia
Proprietà: Comune
Condizione attuale: aperto

Provincia di Genova
Comune di Genova
**MUSEO DEL RISORGIMENTO E
DELL'ISTITUTO MAZZINIANO**
Indirizzo: via Lomellini 11, tel. 010/207553
Categoria: musei di storia
Fonte/i: Istat / Enit / Regione / Guida Monaci / Touring Club / Assess. Cultura Bologna / Guida Regioni d'Italia
Proprietà: Comune
Condizione attuale: aperto

Provincia di Genova
Comune di Genova
**MUSEO DEL TESORO
DI SAN LORENZO**
Indirizzo: Cattedrale, piazza San Lorenzo, tel. 010/296695
Categoria: musei specializzati
Fonte/i: Istat / Enit / Regione / Guida Monaci / Touring Club / Assess. Cultura Bologna / Guida Regioni d'Italia
Proprietà: ecclesiastica
Condizione attuale: aperto

Provincia di Genova
Comune di Genova
**MUSEO DELL'ACCADEMIA
LIGUSTICA DI BELLE ARTI**
Indirizzo: piazza R. De Ferrari 5, tel. 010/581957
Categoria: musei d'arte
Fonte/i: Istat / Enit / Regione / Touring Club / Assess. Cultura Bologna / Guida Regioni d'Italia
Proprietà: privata
Condizione attuale: aperto

Provincia di Genova
Comune di Genova
MUSEO DI ARCHEOLOGIA LIGURE
Indirizzo: Pegli, villa Durazzo Pallavicini, via Pallavicini, tel. 010/680204
Categoria: musei d'archeologia
Fonte/i: Istat / Enit / Regione / Guida Monaci / Touring Club / Assess. Cultura Bologna / Guida Regioni d'Italia
Proprietà: Comune
Condizione attuale: aperto

Provincia di Genova
Comune di Genova
**MUSEO DI PALEONTOLOGIA
E GEOLOGIA**
Indirizzo: corso Europa 30
Categoria: musei di scienza e tecnica
Fonte/i: Istat
Proprietà: Stato
Condizione attuale: aperto

Provincia di Genova
Comune di Genova
**MUSEO DI SANTA MARIA
DI CASTELLO**
Indirizzo: salita Santa Maria di Castello 15, tel. 010/292986-296776
Categoria: musei d'arte
Fonte/i: Istat / Enit / Regione / Guida Monaci / Touring Club / Assess. Cultura Bologna / Guida Regioni d'Italia
Proprietà: ecclesiastica
Condizione attuale: aperto

Provincia di Genova
Comune di Genova
**MUSEO DI SCULTURA E
ARCHITETTURA LIGURE S. AGOSTINO**
Indirizzo: piazza Sarzano 21, tel. 010/201661
Categoria: musei specializzati
Fonte/i: Istat / Enit / Regione / Guida Monaci / Touring Club / Assess. Cultura Bologna / Guida Regioni d'Italia
Proprietà: Comune
Condizione attuale: aperto

Provincia di Genova
Comune di Genova

**MUSEO DI SPELEOLOGIA
DEL MONTE GAZZO**
Indirizzo: Sestri Ponente, piazza Nostra Signora del Gazzo 3, tel. 010/625918
Categoria: musei di scienza e tecnica
Fonte/i: Regione
Proprietà: ecclesiastica
Condizione attuale: aperto a richiesta

Provincia di Genova
Comune di Genova
**MUSEO DI STORIA E CIVILTÀ
CONTADINA GENOVESE**
Indirizzo: Rivarolo, salita al Garbo 47, tel. 010/442079
Categoria: musei territoriali
Fonte/i: Enit / Regione / Guida Regioni d'Italia
Proprietà: Comune
Condizione attuale: aperto

Provincia di Genova
Comune di Genova
**MUSEO DI STORIA NATURALE
"G. DORIA"**
Indirizzo: via Brigata Liguria 9, tel. 010/564567
Categoria: musei di scienza e tecnica
Fonte/i: Istat / Enit / Regione / Guida Monaci / Touring Club / Assess. Cultura Bologna / Guida Regioni d'Italia
Proprietà: Comune
Condizione attuale: aperto

Provincia di Genova
Comune di Genova
MUSEO DI VITA CAPPUCCINA
Indirizzo: convento di Santa Caterina di Portoria, via IV Novembre 5, tel. 010/580652
Categoria: musei specializzati
Fonte/i: Regione
Proprietà: ecclesiastica
Condizione attuale: aperto a richiesta

Provincia di Genova
Comune di Genova
MUSEO DONAZIONE "G. LUXORO"
Indirizzo: Nervi, via Aurelia 29, tel. 010/322673
Categoria: musei d'arte
Fonte/i: Istat / Enit / Regione / Guida Monaci / Touring Club / Assess. Cultura Bologna / Guida Regioni d'Italia
Proprietà: Comune
Condizione attuale: aperto

Provincia di Genova
Comune di Genova
**MUSEO ETNOGRAFICO
CASTELLO "D'ALBERTIS"**
Indirizzo: corso Dogali 18, tel. 010/280104
Categoria: musei etnograf. e/o antropolog.
Fonte/i: Enit / Regione / Guida Monaci / Touring Club / Assess. Cultura Bologna / Guida Regioni d'Italia
Proprietà: Comune
Condizione attuale: in restauro

Provincia di Genova
Comune di Genova
MUSEO GARIBALDINO
Indirizzo: Quarto, via L. Sartorio 1, tel. 010/385493
Categoria: musei di storia
Fonte/i: Enit / Regione
Proprietà: privata
Condizione attuale: aperto a richiesta

Provincia di Genova
Comune di Genova
MUSEO NAVALE
Indirizzo: Pegli, villa Doria, piazza C. Bonavino 7, tel. 010/680022
Categoria: musei specializzati
Fonte/i: Istat / Enit / Regione / Guida Monaci / Touring Club / Assess. Cultura Bologna / Guida Regioni d'Italia / Piccoli
Proprietà: Comune
Condizione attuale: aperto a richiesta

Provincia di Genova
Comune di Genova
**MUSEO STORICO TECNOLOGICO
DEL PORTO DI GENOVA**
Indirizzo: Magazzino merci ponte Spinola, porto di Genova, tel. 010/2690-2866
Categoria: musei specializzati
Fonte/i: Regione
Proprietà: privata
Condizione attuale: aperto a richiesta

Provincia di Genova
Comune di Genova
ORTO BOTANICO
Indirizzo: corso Dogali 1, tel. 010/280903
Categoria: giardini zoolog. botan. naturali
Fonte/i: Enit / Touring Club / Guida Regioni d'Italia
Proprietà: Università
Condizione attuale: aperto

Provincia di Genova

Comune di Genova
**RACCOLTA INGHINIANA,
ISTITUTO CALASANZIO**
Indirizzo: Cornigliano, via N. Cervetto 40, tel. 010/6459131
Categoria: musei di scienza e tecnica
Fonte/i: Enit / Regione / Assess. Cultura Bologna
Proprietà: privata
Condizione attuale: aperti a richiesta

Provincia di Genova
Comune di Genova
RACCOLTE "FRUGONE"
Indirizzo: Nervi, villa Grimaldi, via Capolungo 9, tel. 010/322396
Categoria: musei d'arte
Fonte/i: Enit / Regione
Proprietà: Comune
Condizione attuale: aperte

Provincia di Genova
Comune di Genova
**RACCOLTE DEL COMUNE
IN PALAZZO "TURSI"**
Indirizzo: via Garibaldi 9, tel. 010/20981
Categoria: musei d'arte
Fonte/i: Enit / Regione / Guida Monaci
Proprietà: Comune
Condizione attuale: aperte

Provincia di Genova
Comune di Genova
**RACCOLTE DELL'ISTITUTO NAVALE
FACOLTÀ INGEGNERIA**
Categoria: musei di scienza e tecnica
Fonte/i: Com. it. Icom
Proprietà: Università
Condizione attuale: aperte a richiesta

Provincia di Genova
Comune di Lavagna
COLLEZIONE "ALLOISIO"
Indirizzo: palazzo Rocca, piazza Cordeviola 18, tel. 0185/393224
Categoria: musei d'archeologia
Fonte/i: Enit / Regione
Proprietà: Comune
Condizione attuale: aperta

Provincia di Genova
Comune di Lorsica
MUSEO DI ANTROPOLOGIA
Indirizzo: località Monteghirfo 9, tel. 0185/95726
Categoria: musei territoriali
Fonte/i: Regione
Proprietà: privata
Condizione attuale: aperto a richiesta

Provincia di Genova
Comune di Lumarzo
**MUSEO ITINERARIO VAL
FONTANABUONA: SEZ. ETNOGRAFICA**
Categoria: musei territoriali
Fonte/i: Regione
Proprietà: Comune
Condizione attuale: aperta

Provincia di Genova
Comune di Masone
**MUSEO DEGLI USI E COSTUMI
DELLA VALLE STURA**
Indirizzo: ex convento Agostiniani, piazza Castello 2, tel. 010/926003
Categoria: musei territoriali
Fonte/i: Regione / Min. Interni
Proprietà: Comune
Condizione attuale: aperto

Provincia di Genova
Comune di Montebruno
**MUSEO DELLA CULTURA CONTADINA
DELL'ALTA VALTREBBIA**
Indirizzo: via Santuario 78
Categoria: musei territoriali
Fonte/i: Min. Interni
Proprietà: ecclesiastica
Condizione attuale: aperto a richiesta

Provincia di Genova
Comune di Portofino
**GALLERIA D'ARTE
CITTÀ DI PORTOFINO**
Indirizzo: piazza Magnoglia 2, tel. 0185/269498
Categoria: musei d'arte
Fonte/i: Regione
Proprietà: Comune
Condizione attuale: aperta

Provincia di Genova
Comune di Portofino
**MUSEO DEL CASTELLO
DI PORTOFINO**
Indirizzo: castello di San Giorgio, via della Penisola 13, tel. 0185/269046
Categoria: musei d'arte
Fonte/i: Regione
Proprietà: Comune
Condizione attuale: aperto

Provincia di Genova
Comune di Rapallo
MUSEO CIVICO
Indirizzo: piazza delle Nazioni, tel. 0185/6801
Categoria: musei d'arte
Fonte/i: Istat / Enit / Regione / Guida Monaci / Touring Club / Guida Regioni d'Italia / Assess. Cultura Bologna
Proprietà: Comune
Condizione attuale: in restauro

Provincia di Genova
Comune di Rapallo
MUSEO DEL TESSUTO, DEL PIZZO E DEL TOMBOLO
Indirizzo: villa Tigullio, parco Casale, tel. 0185/63304
Categoria: musei specializzati
Fonte/i: Regione / Assess. Cultura Bologna
Proprietà: Comune
Condizione attuale: in allestimento

Provincia di Genova
Comune di Rapallo
RACCOLTA DELL'OSPEDALE CIVILE
Indirizzo: piazza Molfino 10, tel. 0185/50231
Categoria: musei d'arte
Fonte/i: Regione
Proprietà: Comune
Condizione attuale: aperta a richiesta

Provincia di Genova
Comune di Ronco Scrivia
MUSEO ALTA VALLE SCRIVIA: SEZIONE FOTOGRAFICA
Indirizzo: presso Centro servizi culturali (amministrazione a Busalla)
Categoria: musei specializzati
Fonte/i: Regione / Min. Interni
Proprietà: Comune
Condizione attuale: aperta

Provincia di Genova
Comune di Rovegno
MUSEO CONTADINO DELLA VALTREBBIA
Indirizzo: Palazzo comunale, tel. 010/955033
Categoria: musei territoriali
Fonte/i: Enit / Regione / Min. Interni
Proprietà: Comune
Condizione attuale: aperto a richiesta

Provincia di Genova
Comune di San Colombano Certenoli
MUSEO ITINERARIO DI VAL FONTANABUONA
Indirizzo: località Calvari, via D. Cuneo 96, tel. 0185/358060
Categoria: musei d'arte
Fonte/i: Istat / Regione / Min. Interni
Proprietà: Comune
Condizione attuale: aperto a richiesta

Provincia di Genova
Comune di Santa Margherita Ligure
MUSEO "VITTORIO G. ROSSI"
Indirizzo: villa Durazzo Centurione, piazza San Giacomo, tel. 0185/288086
Categoria: musei d'arte
Fonte/i: Enit / Regione / Guida Monaci / Guida Regioni d'Italia
Proprietà: Comune
Condizione attuale: aperto

Provincia di Genova
Comune di Savignone
MUSEO ALTA VALLE SCRIVIA: SEZIONE ARCHEOLOGICA
Indirizzo: località San Bartolomeo di Vallecalda (amministrazione a Busalla)
Categoria: musei d'archeologia
Fonte/i: Enit / Regione / Min. Interni
Proprietà: Comune
Condizione attuale: aperta a richiesta

Provincia di Genova
Comune di Sestri Levante
GALLERIA COLLEZIONI "V. RIZZI"
Indirizzo: via Cappuccini 8, tel. 0185/41300
Categoria: musei d'arte
Fonte/i: Istat / Enit / Regione / Guida Monaci / Touring Club / Min. Beni culturali / Assess. Cultura Bologna / Guida Regioni d'Italia
Proprietà: privata
Condizione attuale: aperta

Provincia di Genova
Comune di Sestri Levante
RACCOLTA MINERALOGICA "E. TRAVERSARO STUPPIN"
Indirizzo: località Villa Tassani, centro sociale Acli, tel. 0185/466530
Categoria: musei di scienza e tecnica
Fonte/i: Regione
Proprietà: privata
Condizione attuale: aperta a richiesta

Provincia di Genova
Comune di Valbrevenna
MUSEO ALTA VALLE SCRIVIA: SEZIONE ETNOLOGICA
Indirizzo: frazione Senarega, Parrocchia

(amministrazione a Busalla)
Categoria: musei territoriali
Fonte/i: Regione
Proprietà: Comune
Condizione attuale: aperta a richiesta

Provincia di Imperia

Provincia di Imperia
Comune di Baiardo
PINACOTECA CIVICA
Indirizzo: via Roma, tel. 0184/93054
Categoria: musei d'arte
Fonte/i: Regione
Proprietà: Comune
Condizione attuale: aperta a richiesta

Provincia di Imperia
Comune di Bordighera
COLLEZIONE D'ARTE CONTEMPORANEA
Indirizzo: tel. 0184/263792
Categoria: musei d'arte
Fonte/i: Regione
Proprietà: Comune
Condizione attuale: aperta a richiesta

Provincia di Imperia
Comune di Bordighera
COLLEZIONE ORNITOLOGICA "GIRIBALDI"
Categoria: musei di scienza e tecnica
Fonte/i: Com. it. Icom

Provincia di Imperia
Comune di Bordighera
GIARDINO ESOTICO PALLANCA
Indirizzo: via Migliarese
Categoria: giardini zoolog. botan. naturali
Fonte/i: Min. Interni
Proprietà: privata
Condizione attuale: aperto

Provincia di Imperia
Comune di Bordighera
MUSEO "BICKNELL"
Indirizzo: via Bicknell 3, tel. 0184/263601
Categoria: musei d'arte
Fonte/i: Istat / Enit / Regione / Guida Monaci / Touring Club / Min. Interni / Assess. Cultura Bologna / Guida Regioni d'Italia
Proprietà: privata
Condizione attuale: aperto

Provincia di Imperia
Comune di Bordighera
PINACOTECA CIVICA
Categoria: musei d'arte
Fonte/i: Regione
Proprietà: Comune
Condizione attuale: in progettazione

Provincia di Imperia
Comune di Carpasio
MUSEO DELLA CIVILTÀ CONTADINA
Categoria: musei territoriali
Fonte/i: Regione
Proprietà: Comune
Condizione attuale: in progettazione

Provincia di Imperia
Comune di Carpasio
MUSEO PARTIGIANO
Indirizzo: frazione Costa, tel. 0184/49017 (0183/650755, Ist. stor. Resistenza)
Categoria: musei di storia
Fonte/i: Regione
Proprietà: privata
Condizione attuale: aperto

Provincia di Imperia
Comune di Cervo
MUSEO ETNOGRAFICO DEL PONENTE LIGURE
Indirizzo: Castello, piazza Santa Caterina 1, tel. 0183/408197
Categoria: musei territoriali
Fonte/i: Enit / Regione / Guida Monaci / Min. Interni / Assess. Cultura Bologna / Guida Regioni d'Italia
Proprietà: Comune
Condizione attuale: aperto

Provincia di Imperia
Comune di Diano Marina
MUSEO CIVICO DELLA "COMMUNITAS DIANI"
Indirizzo: corso Garibaldi, tel. 0183/496112
Categoria: musei d'archeologia
Fonte/i: Istat / Enit / Regione / Guida Monaci / Min. Interni / Assess. Cultura Bologna / Guida Regioni d'Italia
Proprietà: Comune
Condizione attuale: aperto a richiesta

Provincia di Imperia
Comune di Dolceacqua
CASTELLO "DORIA"
Categoria: musei d'archeologia
Fonte/i: Enit / Fio
Proprietà: Comune
Condizione attuale: in progettazione

Provincia di Imperia
Comune di Dolceacqua
PINACOTECA "G. MORSCIO"
Indirizzo: via Patrioti Martiri 30,
tel. 0184/36444-206689
Categoria: musei d'arte
Fonte/i: Istat / Enit / Regione / Touring Club / Min. Interni / Assess. Cultura Bologna
Proprietà: Comune
Condizione attuale: aperta a richiesta

Provincia di Imperia
Comune di Imperia
MUSEO CENTRALE DELL'ISTITUTO STORICO DELLA RESISTENZA
Indirizzo: via Cascione 96, tel. 0183/650755
Categoria: musei di storia
Fonte/i: Regione
Proprietà: privata
Condizione attuale: aperto a richiesta

Provincia di Imperia
Comune di Imperia
MUSEO CIVICO PALAZZO "PAGLIARI"
Indirizzo: piazza Pagliari
Categoria: musei d'arte
Fonte/i: Regione / Guida Regioni d'Italia
Proprietà: Comune
Condizione attuale: in restauro

Provincia di Imperia
Comune di Imperia
MUSEO NAVALE INTERNAZIONALE DEL PONENTE LIGURE
Indirizzo: piazza Duomo 11,
tel. 0183/651541-64550
Categoria: musei specializzati
Fonte/i: Regione / Guida Monaci / Touring Club / Assess. Cultura Bologna
Proprietà: privata
Condizione attuale: aperto

Provincia di Imperia
Comune di Imperia
PINACOTECA CIVICA
Indirizzo: piazza Duomo, tel. 0183/61136
Categoria: musei d'arte
Fonte/i: Istat / Enit / Regione / Guida Monaci / Touring Club / Assess. Cultura Bologna / Guida Regioni d'Italia
Proprietà: Comune
Condizione attuale: aperta a richiesta

Provincia di Imperia
Comune di Lucinasco
MUSEO D'ARTE SACRA
"LAZZARO ACQUARONE"
Indirizzo: piazza Sant'Antonino,
tel. 0183/38713
Categoria: musei d'arte
Fonte/i: Enit / Regione / Min. Interni
Proprietà: ecclesiastica
Condizione attuale: aperto a richiesta

Provincia di Imperia
Comune di Mendatica
MUSEO STOR. AMBIENT. DELLA CULTURA DELLE ALPI LIGURI
Indirizzo: via Mazzini, tel. 0183/38713
Categoria: musei territoriali
Fonte/i: Regione
Proprietà: Comune
Condizione attuale: aperto a richiesta

Provincia di Imperia
Comune di Perinaldo
MUSEO "G. B. CASSINI"
Indirizzo: Municipio
Categoria: musei di storia
Fonte/i: Min. Interni
Proprietà: Comune
Condizione attuale: in allestimento

Provincia di Imperia
Comune di Perinaldo
MUSEO DEGLI ARTIGIANI DELL'800 E '900
Indirizzo: Municipio
Categoria: musei d'arte
Fonte/i: Min. Interni
Proprietà: Comune
Condizione attuale: in allestimento

Provincia di Imperia
Comune di Pigna
MUSEO CIVICO ETNOGRAFICO
Categoria: musei territoriali
Fonte/i: Regione
Proprietà: Comune
Condizione attuale: in progettazione

Provincia di Imperia
Comune di Pontedassio
MUSEO STORICO DEGLI SPAGHETTI
Indirizzo: via Garibaldi 96, tel. 0183/21651
Categoria: musei specializzati
Fonte/i: Istat / Enit / Regione / Guida Monaci / Touring Club / Min. Interni / Assess. Cultura Bologna / Piccoli / Guida Regioni d'Italia
Proprietà: privata
Condizione attuale: aperto a richiesta

Provincia di Imperia
Comune di Pontedassio
RACCOLTA ETNOGRAFICA DEL CASTELLO DEI CLAVESANA
Indirizzo: frazione Bestagno, via Principale 89, tel. 0183/279091
Categoria: musei territoriali
Fonte/i: Regione
Proprietà: ecclesiastica
Condizione attuale: aperta a richiesta

Provincia di Imperia
Comune di San Remo
FONDO COMUNALE DI PITTURA E STORIA DELLA MEDICINA
Indirizzo: via Carli 1, tel. 0184/80304
Categoria: musei d'arte
Fonte/i: Regione
Proprietà: Comune
Condizione attuale: in allestimento

Provincia di Imperia
Comune di San Remo
MUSEO ARCHEOLOGICO
Indirizzo: palazzo Borea D'Olmo, via Matteotti 143, tel. 0184/883918-80304
Categoria: musei d'archeologia
Fonte/i: Istat / Enit / Regione / Guida Monaci / Touring Club / Assess. Cultura Bologna / Guida Regioni d'Italia
Proprietà: Comune
Condizione attuale: aperto a richiesta

Provincia di Imperia
Comune di San Remo
MUSEO PERMANENTE DI VILLA "NOBEL"
Indirizzo: corso Cavallotti 116, tel. 0184/77585
Categoria: musei specializzati
Fonte/i: Enit / Regione
Proprietà: Provincia
Condizione attuale: aperto

Provincia di Imperia
Comune di San Remo
PINACOTECA "RAMBALDI"
Indirizzo: località Coldirodi, piazza San Sebastiano 18, tel. 0184/80304-670131
Categoria: musei d'arte
Fonte/i: Istat / Enit / Regione / Guida Monaci / Touring Club / Assess. Cultura Bologna / Guida Regioni d'Italia
Proprietà: Comune
Condizione attuale: aperta a richiesta

Provincia di Imperia
Comune di San Remo
QUADRERIA DELL'OSPEDALE CIVILE
Indirizzo: via Borea 56
Categoria: musei d'arte
Fonte/i: Regione
Proprietà: Comune
Condizione attuale: in progettazione

Provincia di Imperia
Comune di Taggia
MUSEO CIVICO PALAZZO "LERCARI"
Indirizzo: via Spagnoli
Categoria: musei d'arte e archeologia
Fonte/i: Istat / Regione
Proprietà: Comune
Condizione attuale: in allestimento

Provincia di Imperia
Comune di Taggia
MUSEO DI SAN DOMENICO
Indirizzo: piazza Beato Cristoforo, tel. 0184/45154
Categoria: musei d'arte
Fonte/i: Istat / Enit / Regione / Guida Monaci / Touring Club / Min. Beni culturali / Assess. Cultura Bologna / Guida Regioni d'Italia
Proprietà: ecclesiastica
Condizione attuale: chiuso

Provincia di Imperia
Comune di Triora
MUSEO ETNOGRAFICO DELL'ALTA VALLE ARGENTINA
Indirizzo: corso Italia 9, tel. 0184/94049
Categoria: musei territoriali
Fonte/i: Istat / Regione / Touring Club / Min. Interni
Proprietà: Comune
Condizione attuale: aperto a richiesta

Provincia di Imperia
Comune di Vallecrosia
MUSEO DELLA CANZONE E DELLA RIPRODUZIONE SONORA
Indirizzo: frazione Garibbe, via Roma 108, tel. 0184/291000
Categoria: musei specializzati
Fonte/i: Regione
Proprietà: privata
Condizione attuale: aperto a richiesta

Provincia di Imperia
Comune di Ventimiglia
ANTIQUARIUM DI NERVIA
Indirizzo: località Nervia, corso Genova 134,

tel. 0184/252320
Categoria: musei d'archeologia
Fonte/i: Dir. gen. Min. Beni culturali
Proprietà: Stato
Condizione attuale: aperto a richiesta

Provincia di Imperia
Comune di Ventimiglia
GIARDINI DI VILLA "HANBURY"
Indirizzo: località La Mortola,
corso Montecarlo 5,
tel. 0184/39507-39852-39440
Categoria: giardini zoolog. botan. naturali
Fonte/i: Istat / Enit / Regione / Guida Monaci / Touring Club / Guida Regioni d'Italia / Assess. Cultura Bologna
Proprietà: Stato
Condizione attuale: aperti

Provincia di Imperia
Comune di Ventimiglia
MUSEO ARCHEOLOGICO "GEROLAMO ROSSI"
Indirizzo: forte dell'Annunziata, via Verdi 15, tel. 0184/263601
Categoria: musei d'archeologia
Fonte/i: Enit / Regione / Assess. Cultura Bologna
Proprietà: Comune
Condizione attuale: in restauro

Provincia di Imperia
Comune di Ventimiglia
MUSEO ARCHEOLOGICO DI VILLA "HANBURY"
Indirizzo: località La Mortola, corso Montecarlo 5, tel. 0184/39507-398520-39440
Categoria: musei d'archeologia
Fonte/i: Regione / Dir. gen. Min. Beni culturali
Proprietà: Stato
Condizione attuale: in allestimento

Provincia di Imperia
Comune di Ventimiglia
MUSEO PREISTORICO DEI BALZI ROSSI
Indirizzo: località Grimaldi, tel. 0184/38113
Categoria: musei d'archeologia
Fonte/i: Istat / Enit / Regione / Guida Monaci / Touring Club / Min. Beni culturali / Dir. gen. Min. Beni culturali / Guida Regioni d'Italia / Assess. Cultura Bologna
Proprietà: Stato
Condizione attuale: aperto

Provincia di La Spezia

Provincia di La Spezia
Comune di Ameglia
ANTIQUARIUM DELLA NECROPOLI DI CAFAGGIO
Categoria: musei d'archeologia
Fonte/i: Fio / Min. Beni culturali
Proprietà: Comune
Condizione attuale: in progettazione

Provincia di La Spezia
Comune di Bonassola
GALLERIA D'ARTE MODERNA "ANTONIO DISCOVOLO"
Indirizzo: Palazzo comunale, via I. Beverino 1, tel. 0187/813630
Categoria: musei d'arte
Fonte/i: Regione
Proprietà: Comune
Condizione attuale: aperta

Provincia di La Spezia
Comune di La Spezia
MUSEO CIVICO "U. FORMENTINI"
Indirizzo: via Curtatone 9, tel. 0187/27228
Categoria: musei d'archeologia
Fonte/i: Istat / Enit / Regione / Guida Monaci / Touring Club / Assess. Cultura Bologna / Guida Regioni d'Italia
Proprietà: Comune
Condizione attuale: aperto

Provincia di La Spezia
Comune di La Spezia
MUSEO TECNICO NAVALE
Indirizzo: viale Amendola 1, tel. 0187/36151-717600
Categoria: musei specializzati
Fonte/i: Istat / Enit / Regione / Guida Monaci / Touring Club / Assess. Cultura Bologna / Guida Regioni d'Italia
Proprietà: Stato
Condizione attuale: aperto

Provincia di La Spezia
Comune di Lerici
COLLEZIONI DEL COMUNE DI LERICI
Indirizzo: tel. 0187/966053
Categoria: musei d'arte
Fonte/i: Regione
Proprietà: Comune
Condizione attuale: aperte a richiesta

Provincia di La Spezia
Comune di Lerici

MUSEO DI SHELLEY
Indirizzo: villa Magni, località San Terenzo
Categoria: musei specializzati
Fonte/i: Enit
Proprietà: privata
Condizione attuale: aperto a richiesta

Provincia di La Spezia
Comune di Levanto
**MUSEO PERMANENTE
DELLA CULTURA MATERIALE**
Indirizzo: piazza Massola 4, tel. 0187/808496
Categoria: musei territoriali
Fonte/i: Enit / Regione / Min. Interni
Proprietà: privata
Condizione attuale: aperto a richiesta

Provincia di La Spezia
Comune di Maissana
**ESPOSIZIONE DI MINERALI
DELLA ZONA**
Categoria: musei di scienza e tecnica
Fonte/i: Min. Interni
Proprietà: Comune
Condizione attuale: aperta a richiesta

Provincia di La Spezia
Comune di Maissana
**ESPOSIZIONE DI REPERTI
ARCHEOLOGICI**
Categoria: musei d'archeologia
Fonte/i: Min. Interni
Proprietà: Comune
Condizione attuale: aperta a richiesta

Provincia di La Spezia
Comune di Ortonovo
MUSEO ARCHEOLOGICO DI LUNI
Indirizzo: frazione Luni, via San Pero,
tel. 0187/66811
Categoria: musei d'archeologia
Fonte/i: Istat / Enit / Regione / Guida Monaci /
Fio / Touring Club / Min. Beni culturali / Min.
Interni / Dir. gen. Min. Beni culturali /
Assess. Cultura Bologna / Guida Regioni
d'Italia
Proprietà: Stato
Condizione attuale: aperto

Provincia di La Spezia
Comune di Ortonovo
**MUSEO DELLA CIVILTÀ CONTADINA
VALLE DEL PARMIGNOLA**
Indirizzo: frazione Casano, via Cannetolo,
tel. 0187/66883
Categoria: musei territoriali

Fonte/i: Regione
Proprietà: Comune
Condizione attuale: in allestimento

Provincia di La Spezia
Comune di Portovenere
ANTIQUARIUM DEL VARIGNANO
Indirizzo: frazione Le Grazie,
via del Varignano Vecchio, tel. 010/295466
Categoria: musei d'archeologia
Fonte/i: Enit / Regione / Dir. gen. Min. Beni
culturali
Proprietà: Stato
Condizione attuale: aperto

Provincia di La Spezia
Comune di Portovenere
**MUSEO ARCHEOLOGICO
DELL'ISOLA DEL TINO**
Indirizzo: tel. 010/295466
Categoria: musei d'archeologia
Fonte/i: Regione
Proprietà: Stato
Condizione attuale: aperto a richiesta

Provincia di La Spezia
Comune di Portovenere
**MUSEO DELLA CHIESA
PARROCCHIALE DI SAN LORENZO**
Indirizzo: via dell'Oratorio 6, tel. 0187/900684
Categoria: musei d'arte
Fonte/i: Enit / Regione / Min. Beni culturali
Proprietà: ecclesiastica
Condizione attuale: aperto a richiesta

Provincia di La Spezia
Comune di Sarzana
**MUSEO DIOCESANO EX ORATORIO
DELLA MISERICORDIA**
Categoria: musei d'arte
Fonte/i: Min. Beni culturali
Proprietà: ecclesiastica
Condizione attuale: in restauro

Provincia di La Spezia
Comune di Varese Ligure
MUSEO CONTADINO
Indirizzo: località Cassego,
via Provinciale 150 (Scuola elementare)
Categoria: musei territoriali
Fonte/i: Istat / Enit / Regione / Guida Monaci /
Min. Interni / Guida Regioni d'Italia
Proprietà: privata
Condizione attuale: aperto

Provincia di La Spezia

Comune di Vezzano Ligure
PINACOTECA
Indirizzo: Palazzo comunale, via Goito 2, tel. 0187/994132
Categoria: musei d'arte
Fonte/i: Regione
Proprietà: Comune
Condizione attuale: aperta

Provincia di La Spezia
Comune di Zignago
MOSTRA PERMANENTE STORICO-ARCHEOLOGICA
Indirizzo: località Sasseta
Categoria: musei d'archeologia
Fonte/i: Enit / Regione / Min. Interni
Proprietà: Comune
Condizione attuale: aperta

Provincia di Savona

Provincia di Savona
Comune di Alassio
MUSEO NATURALISTICO DEL LICEO GINNASIO "DON BOSCO"
Indirizzo: Istituto Salesiani, via San G. Bosco 12
Categoria: musei di scienza e tecnica
Fonte/i: Min. Interni / Com. it. Icom
Proprietà: ecclesiastica
Condizione attuale: aperto a richiesta

Provincia di Savona
Comune di Albenga
MUSEO DIOCESANO
Indirizzo: via Episcopio 5, tel. 0182/50288
Categoria: musei d'arte
Fonte/i: Istat / Enit / Regione / Guida Monaci / Touring Club / Min. Beni culturali / Assess. Cultura Bologna / Guida Regioni d'Italia
Proprietà: ecclesiastica
Condizione attuale: aperto

Provincia di Savona
Comune di Albenga
MUSEO INGAUNO
Indirizzo: palazzo vecchio del Comune, via B. Ricci, tel. 0182/51215
Categoria: musei d'archeologia
Fonte/i: Istat / Enit / Regione / Guida Monaci / Touring Club / Assess. Cultura Bologna / Guida Regioni d'Italia
Proprietà: Comune
Condizione attuale: aperto

Provincia di Savona

Comune di Albenga
MUSEO NAVALE ROMANO
Indirizzo: palazzo Peloso Cepolla, piazza San Michele 1, tel. 0182/51215
Categoria: musei d'archeologia
Fonte/i: Istat / Enit / Regione / Guida Monaci / Touring Club / Assess. Cultura Bologna / Guida Regioni d'Italia
Proprietà: Comune
Condizione attuale: aperto

Provincia di Savona
Comune di Albisola Marina
CASA FABBRICA MUSEO "G. MAZZOTTI" 1903
Indirizzo: viale Matteotti 29, tel. 019/489872
Categoria: musei d'arte
Fonte/i: Assess. Cultura Bologna
Proprietà: privata
Condizione attuale: aperta

Provincia di Savona
Comune di Albisola Marina
MUSEO D'ARTE CONTEMPORANEA
Indirizzo: via dell'Oratorio, tel. 019/482341
Categoria: musei d'arte
Fonte/i: Regione / Min. Interni
Proprietà: Comune
Condizione attuale: in allestimento

Provincia di Savona
Comune di Albisola Marina
MUSEO DEL CENTRO STUDI "ASGER JORN"
Indirizzo: casa Jorn, via D'Annunzio 6, tel. 019/482341
Categoria: musei d'arte
Fonte/i: Regione
Proprietà: Comune
Condizione attuale: chiuso

Provincia di Savona
Comune di Albisola Marina
VILLA "FARAGGIANA"
Indirizzo: via Salomoni 117, tel. 019/480622
Categoria: musei d'arte
Fonte/i: Istat / Enit / Regione / Assess. Cultura Bologna
Proprietà: Comune
Condizione attuale: aperta

Provincia di Savona
Comune di Albisola Superiore
COLLEZIONE ARCHEOLOGICA "G. SCHIAPPAPIETRA"
Indirizzo: sacrestia oratorio Santa Maria

Maggiore, via San Nicolò, tel. 019/42728
Categoria: musei d'archeologia
Fonte/i: Enit / Regione
Proprietà: ecclesiastica
Condizione attuale: chiusa

Provincia di Savona
Comune di Albisola Superiore
MUSEO "MANLIO TRUCCO"
Indirizzo: villa Trucco, corso Ferrari 191, tel. 019/482741
Categoria: musei d'arte
Fonte/i: Regione / Touring Club / Assess. Cultura Bologna
Proprietà: Comune
Condizione attuale: in allestimento

Provincia di Savona
Comune di Altare
MUSEO DEL VETRO E DELL'ARTE VETRARIA
Indirizzo: via Roma, tel. 019/58005
Categoria: musei specializzati
Fonte/i: Regione / Min. Interni
Proprietà: Comune
Condizione attuale: in allestimento

Provincia di Savona
Comune di Balestrino
MUSEO DEL CASTELLO
Categoria: musei d'arte
Fonte/i: Min. Beni culturali
Proprietà: privata
Condizione attuale: in restauro

Provincia di Savona
Comune di Boissano
COLLEZIONE CENTRO INTERNAZIONALE "M. L. JEANNERET"
Indirizzo: via Mogli, tel. 0182/98167
Categoria: musei d'arte
Fonte/i: Regione
Proprietà: privata
Condizione attuale: aperta a richiesta

Provincia di Savona
Comune di Borgio Verezzi
MUSEO GROTTE VALDEMINO
Categoria: musei d'archeologia
Fonte/i: Regione
Proprietà: Comune
Condizione attuale: in allestimento

Provincia di Savona
Comune di Cairo Montenotte
CENTRO ARCHEOLOGICO DELLA VAL BORMIDA
Indirizzo: Torre di Porta Soprana, via Roma, tel. 019/504215
Categoria: musei d'archeologia
Fonte/i: Istat / Regione / Guida Monaci / Min. Interni / Assess. Cultura Bologna / Guida Regioni d'Italia
Proprietà: Comune
Condizione attuale: aperto a richiesta

Provincia di Savona
Comune di Calice Ligure
RACCOLTA D'ARTE CONTEMPORANEA "R. PASTORI"
Indirizzo: Casa del Console, via Roma 61, tel. 019/65433
Categoria: musei d'arte
Fonte/i: Regione
Proprietà: Comune
Condizione attuale: aperta a richiesta

Provincia di Savona
Comune di Carcare
MUSEO CENTRO STUDI "ANTON GIULIO BARRILI"
Indirizzo: villa Maura, via Barrili 12, tel. 019/518729
Categoria: musei d'arte
Fonte/i: Regione
Proprietà: privata
Condizione attuale: in allestimento

Provincia di Savona
Comune di Ceriale
MUSEO PALEONTOLOGICO
Indirizzo: via Nuova di Peagna 115
Categoria: musei di scienza e tecnica
Fonte/i: Min. Interni
Proprietà: Comune
Condizione attuale: in allestimento

Provincia di Savona
Comune di Finale Ligure
MUSEO CIVICO DEL FINALE
Indirizzo: frazione Finalborgo, chiostro di Santa Caterina, tel. 019/690020
Categoria: musei d'archeologia
Fonte/i: Istat / Enit / Regione / Guida Monaci / Touring Club / Assess. Cultura Bologna / Guida Regioni d'Italia
Proprietà: Comune
Condizione attuale: aperto

Provincia di Savona
Comune di Loano
MUSEO NATURALISTICO

Indirizzo: piazza Italia 2, tel. 019/669304
Categoria: musei di scienza e tecnica
Fonte/i: Regione
Proprietà: Comune
Condizione attuale: aperto a richiesta

Provincia di Savona
Comune di Rialto
MOSTRA DI CIVILTÀ CONTADINA
Indirizzo: località Chiesa, tel. 019/65114
Categoria: musei territoriali
Fonte/i: Regione / Min. Interni
Proprietà: privata
Condizione attuale: in allestimento

Provincia di Savona
Comune di Sassello
MUSEO "PERRANDO"
Indirizzo: palazzo Perrando, via Perrando 33, tel. 019/724100
Categoria: musei d'arte
Fonte/i: Istat / Enit / Regione / Min. Interni
Proprietà: privata
Condizione attuale: aperto a richiesta

Provincia di Savona
Comune di Savona
COLLEZIONI D'ARTE DELLA CASSA DI RISPARMIO
Indirizzo: presso archivio della Cassa di risparmio, via A. Aonzo 21, tel. 019/26898
Categoria: musei d'arte
Fonte/i: Regione
Proprietà: privata
Condizione attuale: aperte a richiesta

Provincia di Savona
Comune di Savona
MUSEO DEL TESORO DEL SANTUARIO DELLA MISERICORDIA
Indirizzo: località Santuario, piazza Santuario, tel. 019/879025
Categoria: musei d'arte
Fonte/i: Istat / Enit / Regione / Guida Monaci / Touring Club / Min. Beni culturali / Assess. Cultura Bologna / Guida Regioni d'Italia
Proprietà: ecclesiastica
Condizione attuale: aperto

Provincia di Savona
Comune di Savona
MUSEO DEL TESORO DELLA CATTEDRALE
Indirizzo: piazza Duomo, tel. 019/825960
Categoria: musei d'arte
Fonte/i: Istat / Enit / Regione / Touring Club / Assess. Cultura Bologna / Guida Regioni d'Italia
Proprietà: ecclesiastica
Condizione attuale: aperto a richiesta

Provincia di Savona
Comune di Savona
MUSEO DI SCIENZE NATURALI
Indirizzo: palazzo Pozzobonello, via Quarda Superiore 7, tel. 019/821972-821973
Categoria: musei di scienza e tecnica
Fonte/i: Regione / Guida Monaci / Touring Club
Proprietà: Comune
Condizione attuale: aperto

Provincia di Savona
Comune di Savona
MUSEO STORICO ARCHEOLOGICO
Indirizzo: fortezza del Priamar, corso Mazzini, tel. 019/821972-821973
Categoria: musei d'archeologia
Fonte/i: Regione
Proprietà: Comune
Condizione attuale: in allestimento

Provincia di Savona
Comune di Savona
PINACOTECA CIVICA
Indirizzo: palazzo Pozzobonello, via Quarda Superiore 7, tel. 019/828601
Categoria: musei d'arte
Fonte/i: Istat / Enit / Regione / Guida Monaci / Touring Club / Assess. Cultura Bologna / Guida Regioni d'Italia
Proprietà: Comune
Condizione attuale: aperta

Provincia di Savona
Comune di Savona
QUADRERIA DEL SEMINARIO VESCOVILE
Indirizzo: via Ponzone 5, tel. 019/821998
Categoria: musei d'arte
Fonte/i: Enit / Regione
Proprietà: ecclesiastica
Condizione attuale: aperta a richiesta

Provincia di Savona
Comune di Toirano
MUSEO PREISTORICO VAL VARATELLA "N. LAMBOGLIA"
Indirizzo: Grotte di Toirano, tel. 0182/98062
Categoria: musei d'archeologia
Fonte/i: Istat / Enit / Regione / Guida Monaci / Min. Interni / Assess. Cultura Bologna /

Guida Regioni d'Italia
Proprietà: Comune
Condizione attuale: aperto

Provincia di Savona
Comune di Toirano
MUSEO STORIA CULTURA E TRADIZIONI VAL VARATELLA
Indirizzo: palazzo del Comune vecchio, via G. B. Parodi, tel. 0182/98062-98065
Categoria: musei territoriali
Fonte/i: Regione / Min. Interni
Proprietà: Comune
Condizione attuale: aperto

Provincia di Savona
Comune di Vado Ligure
MUSEO CIVICO "DON C. QUEIROLO"
Indirizzo: piazza San Giovanni Battista 10, tel. 019/880138-880139
Categoria: musei d'arte e archeologia
Fonte/i: Istat / Enit / Regione / Guida Monaci / Min. Interni / Assess. Cultura Bologna / Guida Regioni d'Italia
Proprietà: Comune
Condizione attuale: aperto a richiesta

Provincia di Savona
Comune di Vado Ligure
MUSEO DI VILLA "GROPPALLO"
Indirizzo: via Aurelia 72, tel. 019/883914
Categoria: musei d'arte
Fonte/i: Istat / Enit / Regione / Guida Monaci / Touring Club / Min. Interni / Guida Regioni d'Italia
Proprietà: Comune
Condizione attuale: aperto

Provincia di Savona
Comune di Varazze
ESPOSIZIONE PERMANENTE DI MATERIALI PREISTORICI
Indirizzo: località Alpicella, piazza IV Novembre, tel. 019/98641
Categoria: musei d'archeologia
Fonte/i: Regione
Proprietà: Comune
Condizione attuale: in allestimento

Regione Lombardia

PROVINCIA DI BERGAMO

Provincia di Bergamo
Comune di Alzano Lombardo
MUSEO DELLA BASILICA DI SAN MARTINO
Indirizzo: piazza Italia 2, tel. 035/5111234
Categoria: musei d'arte
Fonte/i: Istat / Enit / Regione / Touring Club / Assess. Cultura Bologna
Proprietà: ecclesiastica
Condizione attuale: aperto

Provincia di Bergamo
Comune di Ardesio
MUSEO STORICO ETNOGRAFICO RELIGIOSO
Indirizzo: piazza Madonna delle Grazie
Categoria: musei territoriali
Fonte/i: Regione / Min. Interni
Proprietà: Comune
Condizione attuale: aperto

Provincia di Bergamo
Comune di Bergamo
MUSEO CIVICO ARCHEOLOGICO
Indirizzo: piazza Cittadella 9, tel. 035/242839
Categoria: musei d'archeologia
Fonte/i: Istat / Enit / Regione / Touring Club / Assess. Cultura Bologna
Proprietà: Comune
Condizione attuale: aperto

Provincia di Bergamo
Comune di Bergamo
MUSEO DEL RISORGIMENTO E DELLA RESISTENZA
Indirizzo: piazza Brigata Legnano 16, tel. 035/247116
Categoria: musei di storia
Fonte/i: Istat / Enit / Regione / Touring Club / Assess. Cultura Bologna
Proprietà: Comune
Condizione attuale: aperto a richiesta

Provincia di Bergamo
Comune di Bergamo
MUSEO DI SCIENZE NATURALI "E. CAFFI"
Indirizzo: piazza Cittadella 10, tel. 035/233513
Categoria: musei di scienza e tecnica
Fonte/i: Istat / Enit / Regione / Touring Club /

Assess. Cultura Bologna
Proprietà: Comune
Condizione attuale: aperto

Provincia di Bergamo
Comune di Bergamo
MUSEO DIOCESANO DI ARTE SACRA
Indirizzo: via G. Donizetti 3, tel. 035/211001
Categoria: musei specializzati
Fonte/i: Istat / Enit / Regione / Touring Club / Assess. Cultura Bologna
Proprietà: ecclesiastica
Condizione attuale: aperto

Provincia di Bergamo
Comune di Bergamo
MUSEO DONIZETTIANO
Indirizzo: via Arena 9, tel. 035/247116
Categoria: musei specializzati
Fonte/i: Istat / Enit / Regione / Touring Club / Assess. Cultura Bologna
Proprietà: Comune
Condizione attuale: aperto

Provincia di Bergamo
Comune di Bergamo
PINACOTECA "ANGELO MAI"
Categoria: musei d'arte
Fonte/i: Enit
Proprietà: Comune
Condizione attuale: aperta

Provincia di Bergamo
Comune di Bergamo
PINACOTECA DELL'ACCADEMIA "CARRARA"
Indirizzo: piazza Giacomo Carrara 82/A, tel. 035/399425
Categoria: musei d'arte
Fonte/i: Istat / Enit / Regione / Touring Club / Assess. Cultura Bologna
Proprietà: Comune
Condizione attuale: aperta

Provincia di Bergamo
Comune di Calcinate
MUSEO D'ARTE E CULTURA AFRICANA "PIO XI"
Indirizzo: via Molirotto 1, tel. 035/842411
Categoria: musei etnograf. e/o antropolog.
Fonte/i: Touring Club / Min. Interni / Assess. Cultura Bologna
Proprietà: ecclesiastica
Condizione attuale: aperto

Provincia di Bergamo
Comune di Caravaggio
MUSEO NAVALE "O. ZIBETTI"
Indirizzo: viale Giovanni XIII, tel. 0363/50448
Categoria: musei specializzati
Fonte/i: Istat / Regione / Assess. Cultura Bologna
Proprietà: Comune
Condizione attuale: aperto

Provincia di Bergamo
Comune di Clusone
MUSEO SANT'ANDREA
Indirizzo: vicolo Caio, tel. 0346/22440
Categoria: musei d'arte
Fonte/i: Enit / Min. Interni / Assess. Cultura Bologna
Proprietà: Comune
Condizione attuale: aperto

Provincia di Bergamo
Comune di Dalmine
MUSEO DEL PRESEPIO
Indirizzo: località Brembo, via XXV Aprile 179, tel. 035/561584
Categoria: musei specializzati
Fonte/i: Istat / Enit / Regione / Touring Club / Assess. Cultura Bologna / Piccoli
Proprietà: privata
Condizione attuale: aperto

Provincia di Bergamo
Comune di Dossena
MUSEO DELLA CHIESA PARROCCHIALE
Indirizzo: via della Chiesa
Categoria: musei specializzati
Fonte/i: Min. Interni
Proprietà: ecclesiastica
Condizione attuale: aperto

Provincia di Bergamo
Comune di Fornovo San Giovanni
MUSEO CIVICO
Indirizzo: piazza San Giovanni 1
Categoria: musei d'arte
Fonte/i: Min. Interni
Proprietà: Comune
Condizione attuale: aperto

Provincia di Bergamo
Comune di Gandino
MUSEO DELLA BASILICA DI SAN MARTINO
Indirizzo: piazza Emancipazione, tel. 035/745425
Categoria: musei d'arte

Fonte/i: Istat / Enit / Regione / Touring Club / Min. Interni / Assess. Cultura Bologna
Proprietà: ecclesiastica
Condizione attuale: aperto

Provincia di Bergamo
Comune di Ghisalba
RACCOLTA ARCHEOLOGICA COMUNALE
Indirizzo: piazza Giovanni XXIII, tel. 0363/92114
Categoria: musei d'archeologia
Fonte/i: Istat / Regione / Min. Interni / Assess. Cultura Bologna
Proprietà: Comune
Condizione attuale: in allestimento

Provincia di Bergamo
Comune di Lovere
GALLERIA DELL'ACCADEMIA "TADINI"
Indirizzo: via L. Tadini 45, tel. 035/960132
Categoria: musei d'arte
Fonte/i: Istat / Enit / Regione / Touring Club / Min. Interni / Assess. Cultura Bologna
Proprietà: privata
Condizione attuale: aperta

Provincia di Bergamo
Comune di Oltre il Colle
MUSEO MINERALOGICO
Indirizzo: piazza Caduti del Lavoro 3, tel. 0345/95015
Categoria: musei di scienza e tecnica
Fonte/i: Istat / Regione
Proprietà: Comune
Condizione attuale: aperto

Provincia di Bergamo
Comune di Pontida
MUSEO DEI BENEDETTINI
Categoria: musei d'arte
Fonte/i: Min. Interni
Proprietà: privata
Condizione attuale: aperto a richiesta

Provincia di Bergamo
Comune di Predore
MUSEO
Indirizzo: via Gentili
Categoria: musei specializzati
Fonte/i: Min. Interni
Proprietà: ecclesiastica
Condizione attuale: aperto a richiesta

Provincia di Bergamo
Comune di Rovetta
CASA MUSEO "FANTONI"
Indirizzo: via A. Fantoni 1, tel. 0346/72944
Categoria: musei d'arte
Fonte/i: Istat / Enit / Regione / Touring Club / Min. Interni / Assess. Cultura Bologna
Proprietà: privata
Condizione attuale: aperta

Provincia di Bergamo
Comune di San Pellegrino Terme
MUSEO BREMBANO DI SCIENZE NATURALI
Indirizzo: via Baroni 9
Categoria: musei di scienza e tecnica
Fonte/i: Regione / Min. Interni
Proprietà: Comune
Condizione attuale: aperto

Provincia di Bergamo
Comune di Schilpario
MUSEO ETNOGRAFICO
Indirizzo: via dei Goi 6, tel. 0346/55393
Categoria: musei etnograf. e/o antropolog.
Fonte/i: Regione / Min. Interni
Proprietà: Comune
Condizione attuale: aperto

Provincia di Bergamo
Comune di Sotto il Monte Giovanni XXIII
MUSEO DI PAPA GIOVANNI XXIII
Indirizzo: Ca' Maitino, casa Suore delle poverelle, tel. 035/791195
Categoria: musei specializzati
Fonte/i: Enit / Touring Club / Min. Interni / Assess. Cultura Bologna
Proprietà: Comune
Condizione attuale: aperto

Provincia di Bergamo
Comune di Treviglio
MUSEO CIVICO "E. E T. DELLA TORRE"
Indirizzo: via dei Facchetti 14, tel. 0363/47317
Categoria: musei d'arte e archeologia
Fonte/i: Istat / Enit / Regione / Touring Club / Assess. Cultura Bologna
Proprietà: Comune
Condizione attuale: in allestimento

Provincia di Bergamo
Comune di Valtorta
MUSEO CIVICO ALTA VAL BREMBANA
Indirizzo: via Torre, tel. 0345/87713
Categoria: musei territoriali
Fonte/i: Regione / Min. Interni / Assess.

Cultura Bologna
Proprietà: Comune
Condizione attuale: in allestimento

Provincia di Bergamo
Comune di Verdello
MUSEO DELLA CIVILTÀ CONTADINA
Indirizzo: via Cavour 23
Categoria: musei territoriali
Fonte/i: Min. Interni
Proprietà: Comune
Condizione attuale: aperto a richiesta

Provincia di Bergamo
Comune di Villa d'Almé
RACCOLTA DI SCIENZE NATURALI
Indirizzo: via Roma, Scuole elementari, tel. 035/541076
Categoria: musei di scienza e tecnica
Fonte/i: Istat / Enit / Regione / Touring Club / Min. Interni / Assess. Cultura Bologna
Proprietà: Comune
Condizione attuale: aperta

Provincia di Bergamo
Comune di Zogno
MUSEO ETNOGRAFICO DELLA VALLE
Indirizzo: via Furietti 1, tel. 0345/91473
Categoria: musei territoriali
Fonte/i: Istat / Enit / Regione / Touring Club / Min. Interni / Assess. Cultura Bologna
Proprietà: Regione
Condizione attuale: aperto

Provincia di Bergamo
Comune di Zogno
MUSEO PARROCCHIALE SAN GERVASO
Categoria: musei specializzati
Fonte/i: Regione
Proprietà: ecclesiastica
Condizione attuale: aperto

PROVINCIA DI BRESCIA

Provincia di Brescia
Comune di Adro
MUSEO CIVICO "FRATELLI DANDOLO"
Indirizzo: tel. 030/7356516
Categoria: musei d'arte
Fonte/i: Assess. Cultura Bologna
Proprietà: Comune
Condizione attuale: in allestimento

Provincia di Brescia
Comune di Bienno

MUSEO ETNOGRAFICO DEL FERRO, DELLE ARTI E TRADIZIONI LOCALI
Indirizzo: Municipio, tel. 0364/40001
Categoria: musei etnograf. e/o antropolog.
Fonte/i: Regione / Min. Interni
Proprietà: Comune
Condizione attuale: in allestimento

Provincia di Brescia
Comune di Botticino
MUSEO ETNOGRAFICO DELLA TRINITÀ
Indirizzo: località San Gallo, tel. 030/2691541
Categoria: musei territoriali
Fonte/i: Istat / Enit / Regione / Touring Club / Min. Interni / Assess. Cultura Bologna
Proprietà: privata
Condizione attuale: aperto

Provincia di Brescia
Comune di Breno
MUSEO CIVICO CAMUNO
Indirizzo: piazza Garibaldi 4, tel. 0364/22041
Categoria: musei d'arte e archeologia
Fonte/i: Istat / Enit / Regione / Touring Club / Assess. Cultura Bologna
Proprietà: Comune
Condizione attuale: aperto

Provincia di Brescia
Comune di Brescia
GIARDINO ZOOLOGICO
Categoria: giardini zoolog. botan. naturali
Fonte/i: Enit
Proprietà: Comune
Condizione attuale: aperto

Provincia di Brescia
Comune di Brescia
MUSEI CIVICI: GALLERIA D'ARTE MODERNA
Indirizzo: piazza Moretto, tel. 030/59120
Categoria: musei d'arte
Fonte/i: Istat / Enit / Regione / Touring Club
Proprietà: Comune
Condizione attuale: chiusa

Provincia di Brescia
Comune di Brescia
MUSEI CIVICI: MUSEO CRISTIANO
Indirizzo: chiesa di Santa Giulia, via Piamarta 4, tel. 030/59120
Categoria: musei d'arte e archeologia
Fonte/i: Istat / Enit / Regione / Touring Club / Assess. Cultura Bologna
Proprietà: Comune

Condizione attuale: aperto a richiesta

Provincia di Brescia
Comune di Brescia
MUSEI CIVICI:
MUSEO DEL RISORGIMENTO
Indirizzo: Grande Miglio, via del Castello 9, tel. 030/59120
Categoria: musei di storia
Fonte/i: Istat / Enit / Regione / Touring Club / Assess. Cultura Bologna
Proprietà: Comune
Condizione attuale: aperto

Provincia di Brescia
Comune di Brescia
MUSEI CIVICI: MUSEO DELLE ARMI
Indirizzo: Mastio visconteo, via del Castello, tel. 030/59120
Categoria: musei specializzati
Fonte/i: Istat / Enit / Regione / Touring Club / Assess. Cultura Bologna
Proprietà: Comune
Condizione attuale: aperto

Provincia di Brescia
Comune di Brescia
MUSEI CIVICI: PINACOTECA
"TOSIO MARTINENGO"
Indirizzo: piazza Moretto, tel. 030/59120
Categoria: musei d'arte
Fonte/i: Istat / Enit / Regione / Touring Club / Assess. Cultura Bologna
Proprietà: Comune
Condizione attuale: aperta

Provincia di Brescia
Comune di Brescia
MUSEI CIVICI: MUSEO ROMANO,
TEMPIO CAPITOLINO
Indirizzo: via Musei 57/A, tel. 030/59120
Categoria: musei d'arte e archeologia
Fonte/i: Istat / Enit / Regione / Touring Club / Assess. Cultura Bologna
Proprietà: Comune
Condizione attuale: aperto

Provincia di Brescia
Comune di Brescia
MUSEO CIVICO DI SCIENZE NATURALI
Indirizzo: via Ozanam 4, tel. 030/2983577
Categoria: musei di scienza e tecnica
Fonte/i: Istat / Enit / Regione / Touring Club / Assess. Cultura Bologna
Proprietà: Comune
Condizione attuale: aperto

Provincia di Brescia
Comune di Brescia
MUSEO DIOCESANO DI ARTE SACRA
Indirizzo: vicolo San Giuseppe 5, tel. 030/51064
Categoria: musei d'arte
Fonte/i: Istat / Enit / Regione / Touring Club / Assess. Cultura Bologna
Proprietà: ecclesiastica
Condizione attuale: aperto

Provincia di Brescia
Comune di Brescia
MUSEO FOTOTECA E BIBLIOTECA
FOTO-CINEMATOGRAFICA
Indirizzo: corso Zanardelli 20, tel. 030/49137
Categoria: musei di scienza e tecnica
Fonte/i: Enit / Regione
Proprietà: privata
Condizione attuale: aperti

Provincia di Brescia
Comune di Brescia
PALAZZI "MAGGI-GAMBARA"
Categoria: musei d'archeologia
Fonte/i: Fio
Proprietà: Comune
Condizione attuale: in restauro

Provincia di Brescia
Comune di Brescia
PARCO DEL CASTELLO
Categoria: giardini zoolog. botan. naturali
Fonte/i: Enit
Proprietà: Comune
Condizione attuale: aperto

Provincia di Brescia
Comune di Capo di Ponte
ANTIQUARIUM DEL PARCO
INCISIONI RUPESTRI
Indirizzo: tel. 0364/42140
Categoria: musei d'archeologia
Fonte/i: Istat / Enit / Guida Regioni d'Italia / Dir. gen. Min. Beni culturali / Assess. Cultura Bologna
Proprietà: Stato
Condizione attuale: aperto a richiesta

Provincia di Brescia
Comune di Capo di Ponte
COLLEZIONI DEL CENTRO CAMUNO
DI STUDI PREISTORICI
Indirizzo: via Marconi 7, tel. 0364/42091
Categoria: musei d'arte e archeologia
Fonte/i: Istat / Regione

Proprietà: privata
Condizione attuale: aperte

Provincia di Brescia
Comune di Capo di Ponte
**MUSEO DIDATTICO D'ARTE
E VITA PREISTORICA**
Indirizzo: frazione Cemno,
via Pieve San Siro 4, tel. 0364/42148
Categoria: musei d'archeologia
Fonte/i: Istat / Enit / Regione
Proprietà: privata
Condizione attuale: aperto

Provincia di Brescia
Comune di Capovalle
**MUSEO REPERTI BELLICI
GUERRA 1915-1918**
Indirizzo: monte Stino, tel. 0365/74030
Categoria: musei di storia
Fonte/i: Regione
Proprietà: Comune
Condizione attuale: aperto

Provincia di Brescia
Comune di Ceto
**MUSEO CIVICO DEL PARCO
ARCHEOLOGICO**
Indirizzo: località Nadro, via Piana,
tel. 0364/43018
Categoria: musei d'archeologia
Fonte/i: Istat / Enit / Regione / Min. Interni
Proprietà: Comune
Condizione attuale: aperto

Provincia di Brescia
Comune di Chiari
PINACOTECA "REPOSSI"
Indirizzo: via B. Varisco 9, tel. 030/711816
Categoria: musei d'arte
Fonte/i: Istat / Enit / Regione / Touring Club /
Assess. Cultura Bologna
Proprietà: privata
Condizione attuale: aperta

Provincia di Brescia
Comune di Cividate Camuno
**MUSEO ARCHEOLOGICO DELLA
VALCAMONICA**
Indirizzo: via Roma 15, tel. 0364/44301
Categoria: musei d'archeologia
Fonte/i: Istat / Enit / Touring Club / Min.
Interni / Dir. gen. Min. Beni culturali /
Assess. Cultura Bologna
Proprietà: Stato
Condizione attuale: aperto

Provincia di Brescia
Comune di Coccaglio
MUSEO CINESE "P. MAZZOTTA"
Indirizzo: via Carera
Categoria: musei specializzati
Fonte/i: Enit / Min. Interni
Proprietà: privata
Condizione attuale: aperto a richiesta

Provincia di Brescia
Comune di Darfo Boario Terme
**MUSEO DI PREISTORIA ED
ETNOLOGIA**
Indirizzo: via Quarteroni
Categoria: musei etnograf. e/o antropolog.
Fonte/i: Regione
Proprietà: Comune
Condizione attuale: chiuso

Provincia di Brescia
Comune di Desenzano del Garda
ANTIQUARIUM DELLA VILLA ROMANA
Indirizzo: tel. 0309/9143547
Categoria: musei d'archeologia
Fonte/i: Istat / Enit / Touring Club / Min.
Beni culturali / Assess. Cultura Bologna / Dir.
gen. Min. Beni culturali
Proprietà: Stato
Condizione attuale: aperto

Provincia di Brescia
Comune di Desenzano del Garda
GALLERIA CIVICA
Categoria: musei d'arte
Fonte/i: fonti varie
Proprietà: Comune
Condizione attuale: aperta

Provincia di Brescia
Comune di Desenzano del Garda
MUSEO ARCHEOLOGICO
Indirizzo: Municipio, tel. 030/9141232
Categoria: musei d'archeologia
Fonte/i: Regione
Proprietà: Comune
Condizione attuale: in allestimento

Provincia di Brescia
Comune di Desenzano del Garda
**MUSEO DI SOLFERINO
E SAN MARTINO**
Indirizzo: San Martino della battaglia, via
Ossario, tel. 030/9108350
Categoria: musei di storia
Fonte/i: Istat / Enit / Regione / Touring Club
Proprietà: privata

Condizione attuale: aperto

Provincia di Brescia
Comune di Gardone Riviera
GIARDINO BOTANICO "HRUSKA"
Indirizzo: tel. 0365/20347
Categoria: giardini zoolog. botan. naturali
Fonte/i: Assess. Cultura Bologna
Proprietà: Comune
Condizione attuale: aperto

Provincia di Brescia
Comune di Gardone Riviera
IL VITTORIALE DEGLI ITALIANI
Indirizzo: via Vittoriale, tel. 0365/20130
Categoria: musei specializzati
Fonte/i: Istat / Enit / Regione / Touring Club /
Min. Beni culturali / Assess. Cultura Bologna
Proprietà: privata
Condizione attuale: aperto

Provincia di Brescia
Comune di Gargnano
COLLEZIONE "BETTONI"
Indirizzo: villa Bettoni, frazione Bogliaco,
tel. 0365/71006
Categoria: musei d'arte
Fonte/i: Enit
Proprietà: privata
Condizione attuale: aperta a richiesta

Provincia di Brescia
Comune di Gavardo
MUSEO GRUPPO GROTTE GAVARDO
Indirizzo: piazza San Bernardino 2,
tel. 0365/31410
Categoria: musei specializzati
Fonte/i: Istat / Enit / Regione / Touring Club /
Min. Interni / Assess. Cultura Bologna
Proprietà: privata
Condizione attuale: aperto

Provincia di Brescia
Comune di Gottolengo
MUSEO CIVICO ARCHEOLOGICO
Indirizzo: via Dante, tel. 030/951001
Categoria: musei etnograf. e/o antropolog.
Fonte/i: Regione / Min. Interni
Proprietà: Comune
Condizione attuale: aperto

Provincia di Brescia
Comune di Leno
MUSEO CIVICO STORICO ARCHEOLOGICO
Indirizzo: piazza Dante 3, tel. 030/90161
Categoria: musei d'archeologia
Fonte/i: Istat / Enit / Regione / Touring Club /
Assess. Cultura Bologna
Proprietà: Comune
Condizione attuale: aperto

Provincia di Brescia
Comune di Lonato
MUSEO CASA DEL PODESTÀ-FONDAZIONE "UGO DA COMO"
Indirizzo: via Rocca 2, tel. 030/9130060
Categoria: musei d'arte
Fonte/i: Istat / Enit / Regione / Touring Club /
Assess. Cultura Bologna
Proprietà: privata
Condizione attuale: aperto

Provincia di Brescia
Comune di Lonato
MUSEO ORNITOLOGICO CIVICO
Indirizzo: Municipio, piazza della Libertà,
tel. 030/9130381
Categoria: musei di scienza e tecnica
Fonte/i: Regione
Proprietà: Comune
Condizione attuale: in allestimento

Provincia di Brescia
Comune di Mairano
MUSEO DELLA CIVILTÀ CONTADINA
Indirizzo: frazione Pievedizio
Categoria: musei territoriali
Fonte/i: Enit
Condizione attuale: aperto a richiesta

Provincia di Brescia
Comune di Manerba del Garda
MUSEO CIVICO DELLA VAL TENESI
Indirizzo: Pieve, piazza V. Simonati,
tel. 0365/653007
Categoria: musei d'archeologia
Fonte/i: Istat / Enit / Regione / Touring Club /
Min. Interni / Assess. Cultura Bologna
Proprietà: Comune
Condizione attuale: aperto

Provincia di Brescia
Comune di Manerbio
MUSEO CIVICO STORICO-ARCHEOLOGICO
Indirizzo: piazza C. Battisti 2,
tel. 030/9380161
Categoria: musei d'archeologia
Fonte/i: Regione / Min. Interni / Assess.
Cultura Bologna
Proprietà: Comune

Provincia di Brescia
Comune di Montichiari
**MUSEO RISORGIMENTALE
DI MONTICHIARI**
Indirizzo: piazza Teatro 16, tel. 030/961061
Categoria: musei di storia
Fonte/i: Istat / Enit / Regione / Touring Club
Proprietà: Comune
Condizione attuale: aperto

Provincia di Brescia
Comune di Pertica Bassa
**MUSEO DELLA RESISTENZA
E DEL FOLCLORE VALSABBINO**
Indirizzo: via Roma 5, tel. 0365/81362
Categoria: musei di storia
Fonte/i: Istat / Enit / Regione / Touring Club /
Min. Interni / Assess. Cultura Bologna
Proprietà: Comune
Condizione attuale: aperto

Provincia di Brescia
Comune di Remedello
MUSEO CIVICO
Indirizzo: piazza Bonsignori, tel. 030/957110
Categoria: musei d'arte e archeologia
Fonte/i: Istat / Enit / Regione / Touring Club /
Min. Interni / Assess. Cultura Bologna
Proprietà: Comune
Condizione attuale: aperto a richiesta

Provincia di Brescia
Comune di Rezzato
**PINACOTECA INTERNAZIONALE
DELL'ETÀ EVOLUTIVA**
Indirizzo: via IV Novembre 85,
tel. 030/2792086
Categoria: musei d'arte
Fonte/i: Istat / Enit / Regione / Touring Club /
Assess. Cultura Bologna / Piccoli
Proprietà: Comune
Condizione attuale: aperta

Provincia di Brescia
Comune di Salò
MUSEO CIVICO
Indirizzo: lungolago Zanardelli,
tel. 0365/20661
Categoria: musei d'arte e archeologia
Fonte/i: Istat / Enit / Regione / Touring Club /
Min. Interni / Assess. Cultura Bologna
Proprietà: Comune
Condizione attuale: aperto

Provincia di Brescia
Comune di Salò

**MUSEO STORICO DEL
NASTRO AZZURRO**
Indirizzo: via Fantoni 49, tel. 0365/20804
Categoria: musei di storia
Fonte/i: Istat / Enit / Regione / Touring Club /
Min. Interni / Assess. Cultura Bologna
Proprietà: privata
Condizione attuale: aperto

Provincia di Brescia
Comune di Sirmione
**ANTIQUARIUM DELLE
GROTTE DI CATULLO**
Indirizzo: piazzale Orti Manera,
tel. 030/916157
Categoria: musei d'archeologia
Fonte/i: Istat / Enit / Dir. gen. Min. Beni
culturali / Assess. Cultura Bologna
Proprietà: Stato
Condizione attuale: aperto

Provincia di Brescia
Comune di Temù
**MUSEO DELLA GUERRA BIANCA
SULL'ADAMELLO**
Indirizzo: via Adamello 1, tel. 0364/94617
Categoria: musei di storia
Fonte/i: Regione / Min. Interni
Proprietà: privata
Condizione attuale: aperto

Provincia di Brescia
Comune di Travagliato
MUSEO QUATTRO TORRI
Indirizzo: Municipio, piazzale dell'Ospedale,
tel. 030/660400
Categoria: musei etnograf. e/o antropolog.
Fonte/i: Regione / Min. Interni
Proprietà: privata
Condizione attuale: in allestimento

Provincia di Brescia
Comune di Vione
MUSEO DELLA CULTURA CONTADINA
Indirizzo: via Dr. I. Tognali 1
Categoria: musei territoriali
Fonte/i: Min. Interni
Proprietà: privata
Condizione attuale: aperto a richiesta

PROVINCIA DI COMO

Provincia di Como
Comune di Abbadia Lariana
**CIVICO MUSEO SETIFICIO DI
ABBADIA LARIANA**

Indirizzo: via Statale, tel. 0341/731241
Categoria: musei specializzati
Fonte/i: Regione
Proprietà: Comune
Condizione attuale: in allestimento

Provincia di Como
Comune di Arosio
RACCOLTA DELL'AVIFAUNA LOMBARDA
Indirizzo: via Perego, tel. 031/762162
Categoria: musei di scienza e tecnica
Fonte/i: Regione / Min. Interni
Proprietà: privata
Condizione attuale: aperta a richiesta

Provincia di Como
Comune di Barzio
MUSEO "MEDARDO ROSSO"
Indirizzo: via T. Baruffaldi 4, tel. 0341/996416
Categoria: musei d'arte
Fonte/i: Min. Interni / Assess. Cultura Bologna
Proprietà: privata
Condizione attuale: aperto a richiesta

Provincia di Como
Comune di Bregnano
MUSEO APISTICO
Indirizzo: via Nenegardo 7, tel. 031/747464
Categoria: musei specializzati
Fonte/i: Enit / Touring Club / Assess. Cultura Bologna
Proprietà: privata
Condizione attuale: aperto

Provincia di Como
Comune di Cavargna
MUSEO DELLA VALLE
Indirizzo: via Caduti sul lavoro 57, tel. 0344/63162
Categoria: musei etnograf. e/o antropolog.
Fonte/i: Enit / Regione / Touring Club / Min. Interni / Assess. Cultura Bologna
Proprietà: privata
Condizione attuale: aperto

Provincia di Como
Comune di Como
CIVICO MUSEO ARCHEOLOGICO "PAOLO GIOVIO"
Indirizzo: piazza Medaglie d'oro 1, tel. 031/271343
Categoria: musei d'arte e archeologia
Fonte/i: Istat / Enit / Regione / Touring Club / Assess. Cultura Bologna
Proprietà: Comune
Condizione attuale: aperto

Provincia di Como
Comune di Como
MOSTRA PERMANENTE DI ANTONIO SANT'ELIA
Indirizzo: villa Olmo, via S. Cantoni, tel. 031/268053
Categoria: musei specializzati
Fonte/i: Istat / Enit / Assess. Cultura Bologna
Proprietà: Comune
Condizione attuale: aperta a richiesta

Provincia di Como
Comune di Como
MUSEO "RIVAROSSI" DEI TRENI IN MINIATURA
Indirizzo: via Pio XI 157, tel. 031/541541
Categoria: musei specializzati
Fonte/i: fonti varie
Proprietà: privata
Condizione attuale: aperto a richiesta

Provincia di Como
Comune di Como
MUSEO DELL'ARTE SERICA
Categoria: musei specializzati
Fonte/i: Com. it. Icom.
Proprietà: da definire
Condizione attuale: da definire

Provincia di Como
Comune di Como
MUSEO STORICO "GIUSEPPE GARIBALDI"
Indirizzo: palazzo Olginati, piazza Medaglie d'oro, tel. 031/268053
Categoria: musei di storia
Fonte/i: Istat / Enit / Regione
Proprietà: Comune
Condizione attuale: aperto

Provincia di Como
Comune di Como
PINACOTECA COMUNALE
Indirizzo: via Diaz, tel. 031/267136
Categoria: musei d'arte
Fonte/i: Regione / Assess. Cultura Bologna
Proprietà: Comune
Condizione attuale: in allestimento

Provincia di Como
Comune di Como
RACCOLTA ENTOMOLOGICA "B. BARI"
Indirizzo: via Zezio 35

Provincia di Como
Comune di Como
**RACCOLTA ENTOMOLOGICA
"G. POZZI MONTANDON"**
Indirizzo: via A. Diaz 98
Categoria: musei di scienza e tecnica
Fonte/i: Enit / Com. it. Icom.

Provincia di Como
Comune di Como
**RACCOLTE DEL LICEO CLASSICO
"A. VOLTA"**
Indirizzo: via C. Cantù
Categoria: musei di scienza e tecnica
Fonte/i: Enit / Com. it. Icom.
Proprietà: Stato
Condizione attuale: aperte a richiesta

Provincia di Como
Comune di Como
**RACCOLTE DI SCIENZE NATURALI
DEL LICEO "P. GIOVIO"**
Categoria: musei di scienza e tecnica
Fonte/i: Enit / Com. it. Icom.
Proprietà: Stato
Condizione attuale: aperte a richiesta

Provincia di Como
Comune di Como
TEMPIO VOLTIANO
Indirizzo: viale Marconi, tel. 031/559976
Categoria: musei di scienza e tecnica
Fonte/i: Istat / Enit / Regione / Assess. Cultura Bologna
Proprietà: Comune
Condizione attuale: aperto

Provincia di Como
Comune di Erba
MUSEO ARCHEOLOGICO DI ERBA
Indirizzo: frazione Crevenna, via Foscolo, tel. 031/642028
Categoria: musei d'archeologia
Fonte/i: Istat / Enit / Regione / Touring Club / Min. Interni / Assess. Cultura Bologna
Proprietà: Comune
Condizione attuale: aperto

Provincia di Como
Comune di Esino Lario
MUSEO DELLE GRIGNE
Indirizzo: piazza G. B. Rocca 1, tel. 0341/860111
Categoria: musei territoriali
Fonte/i: Istat / Enit / Regione / Touring Club / Min. Interni / Assess. Cultura Bologna
Proprietà: Comune
Condizione attuale: aperto

Provincia di Como
Comune di Garlate
MUSEO DELLA SETA "ABEGG"
Indirizzo: via Statale 30, tel. 0341/681306
Categoria: musei specializzati
Fonte/i: Istat / Enit / Regione / Touring Club / Min. Interni / Assess. Cultura Bologna
Proprietà: Comune
Condizione attuale: aperto

Provincia di Como
Comune di Lanzo D'Intelvi
MUSEO DELLA VALLE INTELVI
Indirizzo: Scaria, piazza Carloni 8, tel. 031/840400
Categoria: musei d'arte
Fonte/i: Istat / Enit / Regione / Touring Club / Min. Interni / Assess. Cultura Bologna
Proprietà: ecclesiastica
Condizione attuale: aperto

Provincia di Como
Comune di Lecco
**MUSEI CIVICI:
PALAZZO "BELGIOIOSO"**
Indirizzo: corso Matteotti 32, tel. 0341/481249
Categoria: musei d'archeologia
Fonte/i: Istat / Enit / Regione / Touring Club / Assess. Cultura Bologna
Proprietà: Comune
Condizione attuale: aperto

Provincia di Como
Comune di Lecco
MUSEI CIVICI: TORRE VISCONTEA
Indirizzo: piazza XX Settembre, tel. 0341/481111
Categoria: musei di storia
Fonte/i: Istat / Enit / Regione / Assess. Cultura Bologna
Proprietà: Comune
Condizione attuale: chiusa

Provincia di Como
Comune di Lecco
MUSEI CIVICI: VILLA "MANZONI"
Indirizzo: via Guanella 1, tel. 0341/481249
Categoria: musei d'arte
Fonte/i: Istat / Enit / Regione / Touring Club / Assess. Cultura Bologna

Proprietà: Comune
Condizione attuale: aperta

Provincia di Como
Comune di Mandello del Lario
MUSEO STORICO E QUADRERIA
Indirizzo: via Statale 17
Categoria: musei d'arte
Fonte/i: Min. Interni
Proprietà: privata
Condizione attuale: aperti a richiesta

Provincia di Como
Comune di Merate
MUSEO DI STORIA NATURALE
Indirizzo: viale Garibaldi, tel. 039/590902
Categoria: musei di scienza e tecnica
Fonte/i: Istat / Regione
Proprietà: Comune
Condizione attuale: aperto a richiesta

Provincia di Como
Comune di Ossuccio
ANTIQUARIUM
Categoria: musei d'archeologia
Fonte/i: Enit
Proprietà: Comune
Condizione attuale: aperto a richiesta

Provincia di Como
Comune di Pianello del Lario
RACCOLTA DELLA BARCA LARIANA
Indirizzo: Calozzo, via Statale 139, tel. 0344/87235
Categoria: musei specializzati
Fonte/i: Enit / Regione / Touring Club / Assess. Cultura Bologna
Proprietà: privata
Condizione attuale: aperta

Provincia di Como
Comune di Premana
MUSEO ETNOGRAFICO COMUNALE
Indirizzo: via Roma, tel. 0341/890127
Categoria: musei etnograf. e/o antropolog.
Fonte/i: Istat / Enit / Regione / Touring Club / Min. Interni / Assess. Cultura Bologna
Proprietà: Comune
Condizione attuale: aperto

Provincia di Como
Comune di Primaluna
MUSEO CIVICO STORICO ED ETNOGRAFICO
Indirizzo: piazza IV Novembre 5, tel. 0341/980253
Categoria: musei etnograf. e/o antropolog.
Fonte/i: Istat / Enit / Regione / Touring Club / Min. Interni / Assess. Cultura Bologna
Proprietà: Comune
Condizione attuale: aperto

Provincia di Como
Comune di Tremezzo
VILLA "CARLOTTA"
Indirizzo: via Regina 2, tel. 0344/40405
Categoria: musei d'arte
Fonte/i: Istat / Enit / Regione / Fio / Touring Club / Min. Interni / Assess. Cultura Bologna
Proprietà: Stato
Condizione attuale: aperta

Provincia di Como
Comune di Turate
MUSEO STORICO E ARMERIA CASA MILITARE "UMBERTO I"
Indirizzo: piazza A. Volta 27, tel. 02/9688083
Categoria: musei di storia
Fonte/i: Istat / Regione / Min. Interni / Assess. Cultura Bologna
Proprietà: privata
Condizione attuale: aperti

Provincia di Como
Comune di Varenna
MUSEO ORNITOLOGICO E DI SCIENZE NATURALI "L. SCANAGATTA"
Indirizzo: via Venini 6, tel. 0341/830367
Categoria: musei specializzati
Fonte/i: Istat / Enit / Regione / Touring Club / Min. Interni / Assess. Cultura Bologna
Proprietà: Comune
Condizione attuale: aperto

PROVINCIA DI CREMONA

Provincia di Cremona
Comune di Casalmaggiore
MUSEO ARCHEOLOGICO
Indirizzo: Municipio, via Formis, tel. 0375/42309
Categoria: musei d'archeologia
Fonte/i: Istat / Enit / Regione / Touring Club / Min. Interni / Assess. Cultura Bologna
Proprietà: Comune
Condizione attuale: aperto a richiesta

Provincia di Cremona
Comune di Casalmaggiore
MUSEO DEL BIJOU
Indirizzo: tel. 0374/42309
Categoria: musei specializzati

Fonte/i: Regione
Proprietà: Comune
Condizione attuale: in allestimento

Provincia di Cremona
Comune di Castelleone
MUSEO CIVICO DI CASTELLEONE
Indirizzo: via Roma 67, tel. 0374/56685
Categoria: musei d'archeologia
Fonte/i: Regione / Min. Interni / Assess. Cultura Bologna
Proprietà: Comune
Condizione attuale: aperto

Provincia di Cremona
Comune di Crema
MUSEO DI CREMA E DEL CREMASCO
Indirizzo: convento Sant'Agostino, via Dante 49, tel. 0373/57501
Categoria: musei d'arte e archeologia
Fonte/i: Istat / Enit / Regione / Fio / Touring Club / Assess. Cultura Bologna
Proprietà: Comune
Condizione attuale: in restauro

Provincia di Cremona
Comune di Cremona
MUSEI CIVICI:
MUSEO "ALA PONZONE"
Indirizzo: via Ugolani Dati 4, tel. 0372/29349
Categoria: musei d'arte
Fonte/i: Istat / Enit / Regione / Touring Club / Assess. Cultura Bologna
Proprietà: Comune
Condizione attuale: aperto

Provincia di Cremona
Comune di Cremona
MUSEI CIVICI: MUSEO CIVILTÀ CONTADINA VAL PADANA
Indirizzo: cascina Cambonino, tel. 0372/4071
Categoria: musei territoriali
Fonte/i: Istat / Enit / Regione / Touring Club / Assess. Cultura Bologna
Proprietà: Comune
Condizione attuale: aperto

Provincia di Cremona
Comune di Cremona
MUSEI CIVICI:
MUSEO DI STORIA NATURALE
Indirizzo: palazzo dell'Arte, piazza Marconi, tel. 0372/4071
Categoria: musei di scienza e tecnica
Fonte/i: Istat / Enit / Regione / Touring Club / Assess. Cultura Bologna

Proprietà: Comune
Condizione attuale: aperto

Provincia di Cremona
Comune di Cremona
MUSEI CIVICI:
MUSEO STRADIVARIANO
Indirizzo: via Palestro 27, tel. 0372/4071
Categoria: musei d'arte
Fonte/i: Istat / Enit / Regione / Touring Club / Assess. Cultura Bologna / Piccoli
Proprietà: Comune
Condizione attuale: aperto

Provincia di Cremona
Comune di Cremona
MUSEO BERENZIANO
Indirizzo: Seminario vescovile, via Milano 5, tel. 0372/20267
Categoria: musei d'arte e archeologia
Fonte/i: Enit / Touring Club / Assess. Cultura Bologna
Proprietà: ecclesiastica
Condizione attuale: aperto a richiesta

Provincia di Cremona
Comune di Cremona
RACCOLTA DEI VIOLINI
DI PALAZZO COMUNALE
Indirizzo: piazza del Comune 8
Categoria: musei specializzati
Fonte/i: Enit / Assess. Cultura Bologna
Proprietà: Comune
Condizione attuale: aperta

Provincia di Cremona
Comune di Montodine
MUSEO ETNOGRAFICO DI MONTODINE
Indirizzo: via Benvenuti 12, tel. 0373/66236
Categoria: musei etnograf. e/o antropolog.
Fonte/i: Istat / Regione / Min. Interni / Assess. Cultura Bologna
Proprietà: privata
Condizione attuale: aperto

Provincia di Cremona
Comune di Paderno Ponchielli
MUSEO PONCHIELLIANO
Indirizzo: via Ponchielli 17, tel. 0376/381547
Categoria: musei specializzati
Fonte/i: Min. Interni / Assess. Cultura Bologna
Proprietà: Stato
Condizione attuale: aperto

Provincia di Cremona
Comune di Pescarolo ed Uniti
MUSEO DEL LINO
Indirizzo: via Mazzini 73, tel. 0372/86193
Categoria: musei etnograf. e/o antropolog.
Fonte/i: Istat / Enit / Regione / Touring Club / Min. Interni / Assess. Cultura Bologna / Piccoli
Proprietà: privata
Condizione attuale: aperto

Provincia di Cremona
Comune di Piadena
MUSEO CIVICO "ANTIQUARIUM PLATINA"
Indirizzo: piazza Garibaldi 3, tel. 0375/98125
Categoria: musei d'archeologia
Fonte/i: Istat / Enit / Regione / Touring Club / Min. Interni / Assess. Cultura Bologna
Proprietà: Comune
Condizione attuale: aperto

Provincia di Cremona
Comune di Pizzighettone
MUSEO CIVICO
Indirizzo: via Garibaldi 12, tel. 0372/743133
Categoria: musei d'arte e archeologia
Fonte/i: Istat / Enit / Regione / Touring Club / Min. Interni / Assess. Cultura Bologna
Proprietà: Comune
Condizione attuale: aperto

Provincia di Cremona
Comune di Soncino
MUSEO DELLA STAMPA
Indirizzo: via Lanfranco, tel. 0374/85333
Categoria: musei specializzati
Fonte/i: Istat / Enit / Regione / Touring Club / Min. Interni / Assess. Cultura Bologna
Proprietà: privata
Condizione attuale: in allestimento

PROVINCIA DI MANTOVA

Provincia di Mantova
Comune di Asola
MUSEO ARCHEOLOGICO "GOFFREDO BELLINI"
Indirizzo: viale Brescia 8, tel. 0376/710542
Categoria: musei d'archeologia
Fonte/i: Istat / Enit / Regione / Touring Club / Min. Interni / Assess. Cultura Bologna
Proprietà: Comune
Condizione attuale: aperto

Provincia di Mantova

Comune di Bagnolo San Vito
ANTIQUARIUM CIVICO
Indirizzo: Municipio, tel. 0376/414002
Categoria: musei d'archeologia
Fonte/i: Regione / Min. Interni
Proprietà: Comune
Condizione attuale: in allestimento

Provincia di Mantova
Comune di Canneto sull'Oglio
MINI PINACOTECA, RACCOLTA "MORTARA"
Indirizzo: piazza Matteotti 1
Categoria: musei d'arte
Fonte/i: Min. Interni / Ammin. Prov. Mantova
Proprietà: Comune
Condizione attuale: aperta

Provincia di Mantova
Comune di Canneto sull'Oglio
MUSEO DEL GIOCATTOLO
Indirizzo: piazza Matteotti 1
Categoria: musei specializzati
Fonte/i: Min. Interni
Proprietà: Comune
Condizione attuale: da definire

Provincia di Mantova
Comune di Canneto sull'Oglio
MUSEO DELL'OGLIO
Indirizzo: via Marconi 28
Categoria: musei di scienza e tecnica
Fonte/i: Min. Interni
Condizione attuale: aperto a richiesta

Provincia di Mantova
Comune di Canneto sull'Oglio
MUSEO PARROCCHIALE
Indirizzo: via B. De Canal 9
Categoria: musei specializzati
Fonte/i: Min. Interni
Proprietà: ecclesiastica
Condizione attuale: aperto a richiesta

Provincia di Mantova
Comune di Castellucchio
MUSEO STORICO DELLE ARMI
Indirizzo: piazza Pasotti 27
Categoria: musei specializzati
Fonte/i: Min. Interni
Proprietà: Comune
Condizione attuale: aperto a richiesta

Provincia di Mantova
Comune di Castiglione delle Stiviere
MUSEO INTERNAZIONALE

DELLA CROCE ROSSA
Indirizzo: via Garibaldi 50, tel. 0376/638505
Categoria: musei specializzati
Fonte/i: Istat / Enit / Regione / Touring Club / Min. Beni culturali / Min. Interni / Assess. Cultura Bologna / Piccoli
Proprietà: privata
Condizione attuale: aperto

Provincia di Mantova
Comune di Castiglione delle Stiviere
MUSEO STORICO ALOISIANO
Indirizzo: collegio Vergini di Gesù, via Perati 6, tel. 0376/638062
Categoria: musei d'arte
Fonte/i: Istat / Enit / Regione / Touring Club / Min. Interni / Assess. Cultura Bologna
Proprietà: ecclesiastica
Condizione attuale: aperto a richiesta

Provincia di Mantova
Comune di Cavriana
MUSEO ARCHEOLOGICO DI CAVRIANA E ALTO MANTOVANO
Indirizzo: villa Mirra, piazza Castello 5, tel. 0376/82094
Categoria: musei d'archeologia
Fonte/i: Istat / Enit / Regione / Touring Club / Min. Interni / Assess. Cultura Bologna
Proprietà: privata
Condizione attuale: aperto

Provincia di Mantova
Comune di Ceresara
COLLEZIONE "PALATI BONOLDI"
Indirizzo: via Roma 6, tel. 0376/87385
Categoria: musei d'arte
Fonte/i: Assess. Cultura Bologna
Proprietà: privata
Condizione attuale: aperta a richiesta

Provincia di Mantova
Comune di Curtatone
MUSEO DELLA CIVILTÀ CONTADINA
Indirizzo: via Ateneo Pisano
Categoria: musei territoriali
Fonte/i: Enit / Min. Interni
Proprietà: Comune
Condizione attuale: aperto a richiesta

Provincia di Mantova
Comune di Gazoldo degli Ippoliti
MUSEO D'ARTE MODERNA DELL'ALTO MANTOVANO
Indirizzo: via Marconi 126, tel. 0376/657141
Categoria: musei d'arte
Fonte/i: Regione / Min. Interni
Proprietà: Comune
Condizione attuale: aperto

Provincia di Mantova
Comune di Mantova
EX TEATRO DI CORTE "GONZAGA" (MUSEO ARCHEOLOGICO)
Categoria: musei d'archeologia
Fonte/i: Min. Beni culturali / Dir. gen. Min. Beni culturali
Proprietà: Stato
Condizione attuale: in allestimento

Provincia di Mantova
Comune di Mantova
MUSEO "TAZIO NUVOLARI"
Indirizzo: piazza Broletto 9, tel. 0376/350724
Categoria: musei specializzati
Fonte/i: Touring Club / Assess. Cultura Bologna
Proprietà: privata
Condizione attuale: aperto

Provincia di Mantova
Comune di Mantova
MUSEO ARCHEOLOGICO
Indirizzo: ex mercato dei Bozzoli, piazza Sordello
Categoria: musei d'archeologia
Fonte/i: Enit / Ammin. Prov. Mantova
Proprietà: Comune
Condizione attuale: aperto

Provincia di Mantova
Comune di Mantova
MUSEO CASA DEL MANTEGNA
Indirizzo: via Acerbi 3, tel. 0376/360506
Categoria: musei d'arte
Fonte/i: Enit / Regione / Touring Club / Assess. Cultura Bologna
Proprietà: Provincia
Condizione attuale: aperto

Provincia di Mantova
Comune di Mantova
MUSEO DEI BURATTINI
Indirizzo: via T. Tasso 4, tel. 0376/381547
Categoria: musei specializzati
Fonte/i: Enit / Assess. Cultura Bologna
Proprietà: privata
Condizione attuale: aperto

Provincia di Mantova
Comune di Mantova
MUSEO DEL RISORGIMENTO E

RESISTENZA "R. GIUSTI"
Indirizzo: piazza Sordello 42/A,
tel. 0376/320280
Categoria: musei di storia
Fonte/i: Istat / Enit / Regione / Touring Club / Assess. Cultura Bologna
Proprietà: Comune
Condizione attuale: in restauro

Provincia di Mantova
Comune di Mantova
MUSEO DELL'ACCADEMIA NAZIONALE VIRGILIANA
Indirizzo: via dell'Accademia 47,
tel. 0376/320314
Categoria: musei di scienza e tecnica
Fonte/i: Istat / Enit / Regione
Proprietà: privata
Condizione attuale: aperto

Provincia di Mantova
Comune di Mantova
MUSEO DI PALAZZO "TE"
Indirizzo: viale Tè, tel. 0376/365886
Categoria: musei d'arte e archeologia
Fonte/i: Istat / Enit / Regione / Touring Club / Min. Beni culturali / Assess. Cultura Bologna
Proprietà: Comune
Condizione attuale: aperto

Provincia di Mantova
Comune di Mantova
MUSEO DI PALAZZO DUCALE
Indirizzo: piazza Sordello 40, tel. 0376/320283
Categoria: musei d'arte e archeologia
Fonte/i: Istat / Enit / Touring Club / Min. Beni culturali / Dir. gen. Min. Beni culturali / Assess. Cultura Bologna
Proprietà: Stato
Condizione attuale: aperto

Provincia di Mantova
Comune di Mantova
MUSEO DIOCESANO "FRANCESCO GONZAGA"
Indirizzo: piazza Virgiliana 55,
tel. 0376/322051
Categoria: musei d'arte
Fonte/i: Istat / Enit / Regione / Assess. Cultura Bologna
Proprietà: ecclesiastica
Condizione attuale: aperto

Provincia di Mantova
Comune di Mantova
PALAZZO "D'ARCO"
Indirizzo: piazza C. D'Arco 4,
tel. 0376/322242
Categoria: musei d'arte
Fonte/i: Enit / Regione / Assess. Cultura Bologna
Proprietà: privata
Condizione attuale: aperto

Provincia di Mantova
Comune di Mantova
RACCOLTE DELL'ARCHIVIO DI STATO
Indirizzo: via Ardigò 11
Categoria: musei di storia
Fonte/i: Istat / Min. Beni culturali
Proprietà: Stato
Condizione attuale: aperte a richiesta

Provincia di Mantova
Comune di Ostiglia
RACCOLTA DI REPERTI ARCHEOLOGICI
Indirizzo: via Martiri dell'Indipendenza,
tel. 0386/2003
Categoria: musei d'archeologia
Fonte/i: Regione / Min. Interni
Proprietà: Comune
Condizione attuale: aperta

Provincia di Mantova
Comune di Pegognaga
MUSEO CIVICO
Indirizzo: piazza Vittorio Veneto
Categoria: musei d'arte
Fonte/i: Min. Interni
Proprietà: Comune
Condizione attuale: aperto a richiesta

Provincia di Mantova
Comune di Ponti sul Mincio
MUSEO SACRARIO REGGIMENTO GG. FF. AS 1941/1943
Indirizzo: via Piccola Caprera
Categoria: musei di storia
Fonte/i: Assess. Cultura Bologna
Proprietà: Stato
Condizione attuale: aperto

Provincia di Mantova
Comune di Quingentole
MOSTRA DELLA CIVILTÀ CONTADINA
Indirizzo: piazza Italia 24
Categoria: musei territoriali
Fonte/i: Min. Interni
Proprietà: Comune
Condizione attuale: aperta a richiesta

Provincia di Mantova
Comune di Quistello
PINACOTECA COMUNALE
Indirizzo: via Martiri di Belfiore 7
Categoria: musei d'arte
Fonte/i: Regione / Min. Interni / Ammin. Provinc. Mantova
Proprietà: Comune
Condizione attuale: aperta a richiesta

Provincia di Mantova
Comune di Revere
MUSEO DEL PO
Indirizzo: piazza Castello 12, tel. 0386/46001
Categoria: musei territoriali
Fonte/i: Istat / Enit / Regione / Min. Interni / Assess. Cultura Bologna
Proprietà: Comune
Condizione attuale: in allestimento

Provincia di Mantova
Comune di Sabbioneta
MUSEO CIVICO DI PALAZZO DUCALE
Indirizzo: piazza Ducale, tel. 0375/52043
Categoria: musei d'arte
Fonte/i: Enit / Regione / Fio
Proprietà: Comune
Condizione attuale: in allestimento

Provincia di Mantova
Comune di Sabbioneta
MUSEO PARROCCHIALE
Indirizzo: via Pesenti 4
Categoria: musei specializzati
Fonte/i: Min. Interni
Proprietà: ecclesiastica
Condizione attuale: aperto a richiesta

Provincia di Mantova
Comune di San Benedetto Po
MUSEO POLIRONIANO
Indirizzo: piazza T. Folengo, tel. 0376/615911
Categoria: musei etnograf. e/o antropolog.
Fonte/i: Istat / Enit / Regione / Touring Club / Min. Interni / Ammin. Prov. Mantova / Assess. Cultura Bologna
Proprietà: Comune
Condizione attuale: aperto

Provincia di Mantova
Comune di Solferino
MUSEO DI SOLFERINO
Indirizzo: via Ossario Solferino, tel. 0376/855397
Categoria: musei di storia
Fonte/i: Istat / Enit / Touring Club / Min. Interni / Ammin. Prov. Mantova / Assess. Cultura Bologna
Proprietà: privata
Condizione attuale: aperto

Provincia di Mantova
Comune di Suzzara
GALLERIA D'ARTE CONTEMPORANEA
Indirizzo: via Guido 48/B, tel. 0376/535593
Categoria: musei d'arte
Fonte/i: Istat / Enit / Regione / Touring Club / Ammin. Prov. Mantova / Assess. Cultura Bologna
Proprietà: Comune
Condizione attuale: aperta

Provincia di Mantova
Comune di Viadana
MUSEO "A. PARAZZI"
Indirizzo: via Verdi 4, tel. 0375/81060
Categoria: musei d'arte e archeologia
Fonte/i: Istat / Enit / Regione / Touring Club / Min. Interni / Ammin. Prov. Mantova / Assess. Cultura Bologna
Proprietà: Comune
Condizione attuale: aperto

Provincia di Mantova
Comune di Viadana
MUSEO DELLA CIVILTÀ CONTADINA
Indirizzo: località Casaletto
Categoria: musei territoriali
Fonte/i: Enit / Ammin. Prov. Mantova
Proprietà: Comune
Condizione attuale: aperto

Provincia di Mantova
Comune di Virgilio
MUSEO VIRGILIANO
Indirizzo: Pietole, via Parma 36-38, tel. 0376/449666
Categoria: musei d'arte e archeologia
Fonte/i: Enit / Regione / Touring Club / Min. Interni / Assess. Cultura Bologna
Proprietà: Comune
Condizione attuale: aperto

Provincia di Mantova
Comune di Virgilio
PINACOTECA "UGO CELADA"
Indirizzo: via Cisa
Categoria: musei d'arte
Fonte/i: Min. Interni
Proprietà: Comune
Condizione attuale: aperta

PROVINCIA DI MILANO

Provincia di Milano
Comune di Abbiategrasso
MUSEO DEL CASTELLO VISCONTEO
Indirizzo: castello Visconteo, 02/9467432
Categoria: musei d'arte
Fonte/i: Istat / Enit / Regione
Proprietà: Comune
Condizione attuale: chiuso

Provincia di Milano
Comune di Aicurzio
PICCOLO MUSEO DI USI E COSTUMI
Indirizzo: Villa comunale Paravicini
Categoria: musei territoriali
Fonte/i: Min. Interni
Proprietà: Comune
Condizione attuale: aperto a richiesta

Provincia di Milano
Comune di Arese
MUSEO STORICO "ALFA ROMEO"
Indirizzo: viale Alfa Romeo, tel. 02/93392784
Categoria: musei specializzati
Fonte/i: Enit / Regione
Proprietà: privata
Condizione attuale: aperto

Provincia di Milano
Comune di Biassono
MUSEO CIVICO
Indirizzo: villa Verri, via San Martino, tel. 039/491294
Categoria: musei d'archeologia
Fonte/i: Istat / Regione / Min. Interni / Assess. Cultura Bologna
Proprietà: Comune
Condizione attuale: aperto

Provincia di Milano
Comune di Brugherio
MUSEO MISCELLANEO "GALBIATI"
Indirizzo: via G. Mameli 15, tel. 039/870124
Categoria: musei d'arte
Fonte/i: Enit / Assess. Cultura Bologna
Proprietà: privata
Condizione attuale: aperto a richiesta

Provincia di Milano
Comune di Carate Brianza
MUSEO "GIANDOMENICO ROMAGNOSI"
Indirizzo: via Caprotti, tel. 0382/9075417
Categoria: musei di storia
Fonte/i: Regione
Proprietà: Comune

Condizione attuale: in allestimento

Provincia di Milano
Comune di Castano Primo
MUSEO DEI COMBATTENTI E REDUCI
Indirizzo: viale Magenta 147
Categoria: musei di storia
Fonte/i: Min. Interni
Proprietà: privata
Condizione attuale: aperto a richiesta

Provincia di Milano
Comune di Cavenago d'Adda
MOSTRA DI VECCHI ATTREZZI AGRICOLI
Indirizzo: tel. 0371/70031
Categoria: musei territoriali
Fonte/i: Assess. Cultura Bologna
Proprietà: privata
Condizione attuale: in allestimento

Provincia di Milano
Comune di Codogno
FONDAZIONE "LAMBERTI"
Indirizzo: via Cavallotti 6, tel. 0377/32265
Categoria: musei specializzati
Fonte/i: Guida Monaci
Proprietà: privata
Condizione attuale: aperta a richiesta

Provincia di Milano
Comune di Codogno
MOSTRA CABRINIANA
Indirizzo: via Cabrini 5, tel. 0377/32370
Categoria: musei specializzati
Fonte/i: Guida Monaci / Assess. Cultura Bologna
Proprietà: privata
Condizione attuale: in allestimento

Provincia di Milano
Comune di Corbetta
MUSEO "C. A. PISANI DOSSI"
Indirizzo: via Mussi 38, tel. 02/9778050
Categoria: musei d'archeologia
Fonte/i: Istat / Enit / Regione / Assess. Cultura Bologna
Proprietà: privata
Condizione attuale: aperto a richiesta

Provincia di Milano
Comune di Cuggiono
COLLEZIONE BOTANICA "STUCCHI"
Categoria: musei di scienza e tecnica
Fonte/i: Com. it. Icom.

Provincia di Milano
Comune di Cuggiono
MUSEO STORICO CIVICO
Indirizzo: via XXV Aprile
Categoria: musei di storia
Fonte/i: Min. Interni
Proprietà: Comune
Condizione attuale: aperto

Provincia di Milano
Comune di Cusano Milanino
**CIVICA RACCOLTA
DI PALAZZO "OMODEO"**
Indirizzo: via Omodei, tel. 02/6199241
Categoria: musei d'arte
Fonte/i: Regione
Proprietà: Comune
Condizione attuale: chiusa

Provincia di Milano
Comune di Desio
MUSEO CIVICO DI STORIA NATURALE
Indirizzo: Municipio, tel. 0362/3921
Categoria: musei di scienza e tecnica
Fonte/i: Assess. Cultura Bologna
Proprietà: Comune
Condizione attuale: aperto

Provincia di Milano
Comune di Desio
MUSEO DI PIO MARIANI
Indirizzo: via Roma 25, tel. 0362/622349
Categoria: musei di scienza e tecnica
Fonte/i: Enit / Regione / Touring Club /
Assess. Cultura Bologna
Proprietà: privata
Condizione attuale: aperto

Provincia di Milano
Comune di Giussano
**MUSEO ETNOLOGICO
NATURALISTICO DEL TERRITORIO**
Indirizzo: frazione Paina, via IV Novembre,
tel. 0362/850447
Categoria: musei di scienza e tecnica
Fonte/i: Regione
Proprietà: Comune
Condizione attuale: in allestimento

Provincia di Milano
Comune di Guardamiglio
**MUSEO FONDAZIONE
"ESTE FRANCESCHINI"**
Categoria: musei d'arte
Fonte/i: Min. Beni culturali
Proprietà: privata

Condizione attuale: in restauro

Provincia di Milano
Comune di Legnano
MUSEO "G. SUTERMEISTER"
Indirizzo: via Mazzini 2, tel. 0331/543005
Categoria: musei d'arte e archeologia
Fonte/i: Istat / Enit / Regione / Touring Club /
Assess. Cultura Bologna
Proprietà: Comune
Condizione attuale: aperto

Provincia di Milano
Comune di Legnano
**RACCOLTE ISTITUTO TECN. COMM.
"C. DELL'ACQUA"**
Categoria: musei di scienza e tecnica
Fonte/i: Com. it. Icom.
Proprietà: Stato
Condizione attuale: aperte a richiesta

Provincia di Milano
Comune di Lissone
GALLERIA D'ARTE CONTEMPORANEA
Indirizzo: palazzo Terragni, piazza Libertà,
tel. 039/481113
Categoria: musei d'arte
Fonte/i: Istat / Enit / Regione / Touring Club /
Assess. Cultura Bologna
Proprietà: Comune
Condizione attuale: aperta

Provincia di Milano
Comune di Lodi
CENTRO CIVICO CULTURALE
Indirizzo: via Fanfulla 3, tel. 0371/53366
Categoria: musei d'arte
Fonte/i: Guida Monaci
Proprietà: Comune
Condizione attuale: aperto

Provincia di Milano
Comune di Lodi
MUSEO "PAOLO GORINI"
Indirizzo: piazza Ospedale 10, tel. 0371/51151
Categoria: musei di scienza e tecnica
Fonte/i: Istat / Assess. Cultura Bologna
Proprietà: privata
Condizione attuale: aperto

Provincia di Milano
Comune di Lodi
**MUSEO CIVICO:
TEMPIO CIVICO DELL'INCORONATA**
Indirizzo: corso Umberto 63, tel. 0371/52369
Categoria: musei d'arte e archeologia

Fonte/i: Istat / Enit / Regione / Touring Club / Assess. Cultura Bologna
Proprietà: Comune
Condizione attuale: aperto

Provincia di Milano
Comune di Lodi
MUSEO CIVICO:
CONVENTO DI SAN FILIPPO
Indirizzo: corso Umberto 63, 0371/52369
Categoria: musei d'arte e archeologia
Fonte/i: Enit / Regione / Touring Club / Assess. Cultura Bologna
Proprietà: Comune
Condizione attuale: aperto

Provincia di Milano
Comune di Lodi
MUSEO DIOCESANO DI ARTE SACRA
Indirizzo: via Cavour 31, tel. 0371/54647
Categoria: musei d'arte
Fonte/i: Istat / Enit / Regione / Touring Club / Assess. Cultura Bologna
Proprietà: ecclesiastica
Condizione attuale: aperto

Provincia di Milano
Comune di Lodi
RACCOLTE SCIENTIFICHE DEL
COLLEGIO SAN FRANCESCO
Categoria: musei di scienza e tecnica
Fonte/i: Com. it. Icom.
Proprietà: ecclesiastica
Condizione attuale: aperte a richiesta

Provincia di Milano
Comune di Milano
ACQUARIO CIVICO,
STAZIONE IDROBIOLOGICA
Indirizzo: viale Gadio 2, tel. 02/87847
Categoria: acquari
Fonte/i: Istat / Enit / Regione / Touring Club / Assess. Cultura Bologna
Proprietà: Comune
Condizione attuale: aperto

Provincia di Milano
Comune di Milano
CENACOLO VINCIANO
Indirizzo: piazza Santa Maria delle Grazie 2, tel. 02/4967588
Categoria: musei d'arte
Fonte/i: Istat / Enit / Touring Club / Assess. Cultura Bologna / Dir. gen. Min. Beni culturali
Proprietà: Stato

Condizione attuale: aperto

Provincia di Milano
Comune di Milano
CIVICHE RACCOLTE STORICHE:
MUSEO DEL RISORGIMENTO
Indirizzo: palazzo De Marchi
Categoria: musei di storia
Fonte/i: Istat / Enit / Regione / Assess. Cultura Bologna
Proprietà: Comune
Condizione attuale: aperto

Provincia di Milano
Comune di Milano
CIVICO GABINETTO NUMISMATICO
Indirizzo: Castello sforzesco, Torre del Filarete
Categoria: musei d'archeologia
Fonte/i: Guida Monaci / Assess. Cultura Bologna
Proprietà: Comune
Condizione attuale: aperto

Provincia di Milano
Comune di Milano
COLLEZIONE "G. E I. JUCKER"
Indirizzo: via Macchi 28, tel. 02/276835
Categoria: musei d'arte
Fonte/i: Guida Monaci
Proprietà: privata
Condizione attuale: chiusa

Provincia di Milano
Comune di Milano
RACCOLTA "MONTEDISON" DI
OGGETTI DI PLASTICA
Indirizzo: tel. 02/62705406
Categoria: musei specializzati
Fonte/i: Piccoli
Proprietà: da definire
Condizione attuale: da definire

Provincia di Milano
Comune di Milano
COLLEZIONI DEGLI ISTITUTI
DI GEOLOGIA E PALEONTOLOGIA
Indirizzo: piazzale Gorini 15, tel. 02/236981
Categoria: musei di scienza e tecnica
Fonte/i: Assess. Cultura Bologna
Proprietà: Università
Condizione attuale: aperte a richiesta

Provincia di Milano
Comune di Milano
ERBARIO DELL'ISTITUTO

DI BOTANICA
Categoria: musei di scienza e tecnica
Fonte/i: Com. it. Icom.
Proprietà: Università
Condizione attuale: aperto a richiesta

Provincia di Milano
Comune di Milano
**GALLERIA D'ARTE SACRA
DEI CONTEMPORANEI**
Indirizzo: via Terruggia 14, tel. 02/6421420
Categoria: musei d'arte
Fonte/i: Guida Monaci
Proprietà: ecclesiastica
Condizione attuale: aperta a richiesta

Provincia di Milano
Comune di Milano
GIARDINO ZOOLOGICO
Categoria: giardini zoolog. botan. naturali
Fonte/i: Istat
Proprietà: Comune
Condizione attuale: aperto

Provincia di Milano
Comune di Milano
MOSTRA PERMANENTE ANTICRIMINE
Indirizzo: via Unione 5, tel. 02/867896
Categoria: musei specializzati
Fonte/i: Enit / Assess. Cultura Bologna
Proprietà: Stato
Condizione attuale: aperta

Provincia di Milano
Comune di Milano
MUSEO "ENRICO CARUSO"
Indirizzo: via degli Omenoni 2
Categoria: musei specializzati
Fonte/i: Enit
Condizione attuale: aperto a richiesta

Provincia di Milano
Comune di Milano
MUSEO "POLDI PEZZOLI"
Indirizzo: via Manzoni 12, tel. 02/794889
Categoria: musei d'arte
Fonte/i: Istat / Enit / Regione / Touring Club / Assess. Cultura Bologna
Proprietà: privata
Condizione attuale: aperto

Provincia di Milano
Comune di Milano
**MUSEO AERONAUTICO
"CAPRONI DI TALIEDO"**
Indirizzo: via Durini 24, tel. 02/76000826

Categoria: musei specializzati
Fonte/i: Guida Monaci
Proprietà: privata
Condizione attuale: aperto a richiesta

Provincia di Milano
Comune di Milano
**MUSEO ANATOMICO
DEGLI ANIMALI DOMESTICI**
Indirizzo: via Celoria 10, tel. 02/230920
Categoria: musei di scienza e tecnica
Fonte/i: Istat / Enit / Assess. Cultura Bologna
Proprietà: Stato
Condizione attuale: aperto a richiesta

Provincia di Milano
Comune di Milano
MUSEO "CA.RI.PLO."
Indirizzo: via Monte di Pietà 8,
tel. 02/88661
Categoria: musei d'arte
Fonte/i: Enit
Proprietà: privata
Condizione attuale: aperto a richiesta

Provincia di Milano
Comune di Milano
MUSEO CIVICO DI STORIA NATURALE
Indirizzo: corso Venezia 55, tel. 02/62085405
Categoria: musei di scienza e tecnica
Fonte/i: Istat / Enit / Regione / Touring Club / Assess. Cultura Bologna
Proprietà: Comune
Condizione attuale: aperto

Provincia di Milano
Comune di Milano
**MUSEO CIVICO DI STORIA NATURALE:
SILOTECA "CORMIO"**
Indirizzo: via San Vittore 21, tel. 02/62085405
Categoria: musei specializzati
Fonte/i: Istat / Enit / Regione / Touring Club / Assess. Cultura Bologna / Piccoli
Proprietà: Comune
Condizione attuale: aperta

Provincia di Milano
Comune di Milano
**MUSEO CIVICO DI STORIA NATURALE:
CIVICO PLANETARIO**
Indirizzo: corso Venezia 57, tel. 02/62085405
Categoria: musei di scienza e tecnica
Fonte/i: Regione / Touring Club
Proprietà: Comune
Condizione attuale: aperto

Provincia di Milano
Comune di Milano
MUSEO DEL CINEMA, COLLEZIONI CINETECA ITALIANA
Indirizzo: via A. Manin 2, tel. 02/6554977
Categoria: musei specializzati
Fonte/i: Istat / Enit / Regione / Touring Club / Assess. Cultura Bologna / Piccoli
Proprietà: privata
Condizione attuale: aperto

Provincia di Milano
Comune di Milano
MUSEO DEL DUOMO DI MILANO
Indirizzo: Palazzo reale, piazza Duomo 14, tel. 02/860358
Categoria: musei d'arte
Fonte/i: Istat / Enit / Regione / Touring Club / Assess. Cultura Bologna
Proprietà: ecclesiastica
Condizione attuale: aperto

Provincia di Milano
Comune di Milano
MUSEO DEL GIOCATTOLO E DEL BAMBINO
Indirizzo: Fondazione Franzini, piazza Mondadori 2, tel. 02/5390247
Categoria: musei specializzati
Fonte/i: Regione
Proprietà: privata
Condizione attuale: in allestimento

Provincia di Milano
Comune di Milano
MUSEO DELLA BASILICA DI SANT'AMBROGIO
Indirizzo: piazza Sant'Ambrogio 15, tel. 02/872059
Categoria: musei d'arte e archeologia
Fonte/i: Istat / Enit / Regione / Assess. Cultura Bologna
Proprietà: ecclesiastica
Condizione attuale: aperto

Provincia di Milano
Comune di Milano
MUSEO DELLA BASILICA DI SAN LORENZO E COLONNE ROMANE
Indirizzo: corso Ticinese 39, tel. 02/8370991
Categoria: musei d'arte
Fonte/i: Guida Monaci
Proprietà: ecclesiastica
Condizione attuale: aperto

Provincia di Milano

Comune di Milano
MUSEO DELLA BASILICA DI SANTA MARIA DELLA PASSIONE
Indirizzo: via V. Bellini 2, tel. 02/791370
Categoria: musei d'arte
Fonte/i: Enit / Regione / Touring Club / Assess. Cultura Bologna
Proprietà: ecclesiastica
Condizione attuale: aperto a richiesta

Provincia di Milano
Comune di Milano
MUSEO DELLA BASILICA SANT'AMBROGIO: CAPPELLA PASSIONE
Indirizzo: piazza S. Ambrogio 23/A, tel. 02/872059
Categoria: musei d'arte e archeologia
Fonte/i: Enit / Istat / Regione / Touring Club
Proprietà: ecclesiastica
Condizione attuale: chiusa

Provincia di Milano
Comune di Milano
MUSEO DELLA FONDAZIONE "BAGATTI-VALSECCHI"
Indirizzo: via Santo Spirito 10, tel. 02/706132
Categoria: musei d'arte
Fonte/i: Istat / Regione
Proprietà: privata
Condizione attuale: in allestimento

Provincia di Milano
Comune di Milano
MUSEO DELLE ARMI ANTICHE
Indirizzo: via Carducci 41, tel. 02/897561
Categoria: musei specializzati
Fonte/i: Guida Monaci
Proprietà: privata
Condizione attuale: aperto a richiesta

Provincia di Milano
Comune di Milano
MUSEO DELLE CERE
Indirizzo: Stazione centrale, piazza Duca d'Aosta, tel. 02/272495
Categoria: musei specializzati
Fonte/i: Enit / Guida Monaci / Touring Club / Assess. Cultura Bologna
Proprietà: Comune
Condizione attuale: aperto

Provincia di Milano
Comune di Milano
MUSEO DI ARTE ESTREMO ORIENTE E DI ETNOGRAFIA

Indirizzo: via M. Bianchi 94,
tel. 02/4980741
Categoria: musei etnograf. e/o antropolog.
Fonte/i: Istat / Regione / Touring Club / Assess. Cultura Bologna
Proprietà: ecclesiastica
Condizione attuale: aperto

Provincia di Milano
Comune di Milano
MUSEO DI MILANO
Indirizzo: via Sant'Andrea 6, tel. 02/783797
Categoria: musei d'arte
Fonte/i: Istat / Enit / Regione / Touring Club / Assess. Cultura Bologna
Proprietà: Comune
Condizione attuale: aperto

Provincia di Milano
Comune di Milano
MUSEO DI PALEONTOLOGIA
Indirizzo: Dipartimento di scienze, via Mangiagalli 34, tel. 02/236981
Categoria: musei di scienza e tecnica
Fonte/i: Assess. Cultura Bologna
Proprietà: Università
Condizione attuale: chiuso

Provincia di Milano
Comune di Milano
MUSEO DI STORIA CONTEMPORANEA
Indirizzo: via Sant'Andrea 6, tel. 02/706245
Categoria: musei di storia
Fonte/i: Istat / Enit / Guida Monaci / Touring Club / Assess. Cultura Bologna
Proprietà: Comune
Condizione attuale: aperto

Provincia di Milano
Comune di Milano
MUSEO NAVALE DIDATTICO
Indirizzo: ex chiostro degli Olivetani, via San Vittore 21, tel. 02/4816885
Categoria: musei specializzati
Fonte/i: Istat / Enit / Regione / Touring Club / Assess. Cultura Bologna
Proprietà: Comune
Condizione attuale: aperto

Provincia di Milano
Comune di Milano
MUSEO NAZIONALE CASA DEL MANZONI
Indirizzo: via Gerolamo Morone 1,
tel. 02/871019
Categoria: musei specializzati
Fonte/i: Istat / Enit / Regione / Touring Club / Assess. Cultura Bologna
Proprietà: privata
Condizione attuale: aperto

Provincia di Milano
Comune di Milano
MUSEO NAZIONALE SCIENZA E TECNICA "L. DA VINCI"
Indirizzo: via San Vittore 19, tel. 02/462709
Categoria: musei di scienza e tecnica
Fonte/i: Istat / Enit / Regione / Touring Club / Assess. Cultura Bologna
Proprietà: privata
Condizione attuale: aperto

Provincia di Milano
Comune di Milano
MUSEO STORICO DELLA "CA' DE SASS"
Indirizzo: via Andegari 11, tel. 02/88661
Categoria: musei di storia
Fonte/i: Guida Monaci
Proprietà: Comune
Condizione attuale: aperto

Provincia di Milano
Comune di Milano
MUSEO STUDIO "FRANCESCO MESSINA"
Indirizzo: via San Sisto 10, tel. 02/871036
Categoria: musei d'arte
Fonte/i: Enit / Guida Monaci / Touring Club / Assess. Cultura Bologna
Proprietà: privata
Condizione attuale: aperto a richiesta

Provincia di Milano
Comune di Milano
MUSEO TEATRALE "ALLA SCALA"
Indirizzo: via Filodrammatici 2,
tel. 02/8059535
Categoria: musei d'arte
Fonte/i: Istat / Enit / Regione / Touring Club / Assess. Cultura Bologna
Proprietà: privata
Condizione attuale: aperto

Provincia di Milano
Comune di Milano
PINACOTECA AMBROSIANA
Indirizzo: piazza Pio XI 2, tel. 02/800146
Categoria: musei d'arte
Fonte/i: Istat / Enit / Regione / Touring Club / Assess. Cultura Bologna
Proprietà: privata

Condizione attuale: aperta

Provincia di Milano
Comune di Milano
PINACOTECA DI BRERA
Indirizzo: via Brera 28, tel. 02/86460907
Categoria: musei d'arte
Fonte/i: Istat / Enit / Guida Monaci / Fio / Touring Club / Assess. Cultura Bologna / Dir. gen. Min. Beni culturali
Proprietà: Stato
Condizione attuale: aperta

Provincia di Milano
Comune di Milano
QUADRERIA DEI BENEFATTORI DELL'OSPEDALE MAGGIORE
Indirizzo: via F. Sforza 28, tel. 02/8820
Categoria: musei d'arte
Fonte/i: Istat / Enit / Regione / Touring Club / Assess. Cultura Bologna
Proprietà: privata
Condizione attuale: in allestimento

Provincia di Milano
Comune di Milano
RACCOLTE CIVICHE ARCHEOLOGICHE E NUMISMATICHE: MUSEO ARCHEOLOGICO
Indirizzo: ex monastero maggiore, corso Magenta 15, tel. 02/8053972
Categoria: musei d'archeologia
Fonte/i: Istat / Enit / Regione / Touring Club / Assess. Cultura Bologna
Proprietà: Comune
Condizione attuale: aperto

Provincia di Milano
Comune di Milano
RACCOLTE CIVICHE D'ARTE APPLICATA: MUSEO STRUMENTI MUSICALI
Indirizzo: Castello sforzesco, tel. 02/8693071
Categoria: musei d'arte
Fonte/i: Istat / Regione / Assess. Cultura Bologna
Proprietà: Comune
Condizione attuale: aperto

Provincia di Milano
Comune di Milano
RACCOLTE CIVICHE D'ARTE: MUSEO D'ARTE ANTICA
Indirizzo: Castello sforzesco, piazza Castello, tel. 02/62083943
Categoria: musei d'arte

Fonte/i: Enit / Regione / Touring Club
Proprietà: Comune
Condizione attuale: aperto

Provincia di Milano
Comune di Milano
RACCOLTE CIVICHE D'ARTE: MUSEO D'ARTE CONTEMPORANEA
Indirizzo: Palazzo reale, piazza Duomo, tel. 02/62083943
Categoria: musei d'arte
Fonte/i: Enit / Regione / Touring Club / Assess. Cultura Bologna
Proprietà: Comune
Condizione attuale: aperto

Provincia di Milano
Comune di Milano
RACCOLTE CIVICHE D'ARTE: PADIGLIONE D'ARTE CONTEMPORANEA
Indirizzo: Villa comunale, via Palestro 14, tel. 02/62083943
Categoria: musei d'arte
Fonte/i: Regione / Touring Club
Proprietà: Comune
Condizione attuale: aperto

Provincia di Milano
Comune di Milano
RACCOLTE CIVICHE ARCHEOLOGICHE E NUMISMATICHE: MUSEO ARCHEOLOGICO
Indirizzo: Castello sforzesco, tel. 02/8053972
Categoria: musei d'archeologia
Fonte/i: Istat / Enit / Regione / Touring Club / Assess. Cultura Bologna
Proprietà: Comune
Condizione attuale: aperto

Provincia di Milano
Comune di Milano
RACCOLTE CIVICHE D'ARTE: GALLERIA D'ARTE MODERNA
Indirizzo: Villa comunale, via Palestro 16, tel. 02/62083943
Categoria: musei d'arte
Fonte/i: Istat / Enit / Regione / Touring Club / Assess. Cultura Bologna
Proprietà: Comune
Condizione attuale: aperta

Provincia di Milano
Comune di Milano
RACCOLTA DI APPARECCHI DI FISICA DEL LICEO "PARINI"

Categoria: musei di scienza e tecnica
Fonte/i: Com. it. Icom.
Proprietà: Stato
Condizione attuale: aperta a richiesta

Provincia di Milano
Comune di Milano
**RACCOLTA DI MATERIALE
ANTROPOLOGICO**
Categoria: musei di scienza e tecnica
Fonte/i: Com. it. Icom.
Proprietà: Università
Condizione attuale: aperta a richiesta

Provincia di Milano
Comune di Milano
RACCOLTA DI MINERALOGIA
Indirizzo: via Botticelli 23, tel. 02/236981
Categoria: musei di scienza e tecnica
Fonte/i: Assess. Cultura Bologna
Proprietà: Università
Condizione attuale: chiusa

Provincia di Milano
Comune di Milano
RACCOLTA DI ZOOLOGIA
Indirizzo: via Celoia 26, tel. 02/2361236
Categoria: musei di scienza e tecnica
Fonte/i: Assess. Cultura Bologna
Proprietà: Università
Condizione attuale: aperta a richiesta

Provincia di Milano
Comune di Milano
**RACCOLTE BATTERIOLOGICHE
ISTITUTO DI MICROBIOLOGIA**
Categoria: musei di scienza e tecnica
Fonte/i: Com. it. Icom.
Proprietà: Università
Condizione attuale: aperte a richiesta

Provincia di Milano
Comune di Milano
**RACCOLTE ENTOMOLOGICHE
ISTITUTO DI ENTOMOLOGIA**
Categoria: musei di scienza e tecnica
Fonte/i: Com. it. Icom.
Proprietà: Università
Condizione attuale: aperte a richiesta

Provincia di Milano
Comune di Milano
**RACCOLTE TECNICO-SCIENTIFICHE
DEL LICEO "BECCARIA"**
Categoria: musei di scienza e tecnica
Fonte/i: Com. it. Icom.

Proprietà: Stato
Condizione attuale: aperte a richiesta

Provincia di Milano
Comune di Milano
**SPAZIO "BAJ":
CIVICA RACCOLTA DI INCISIONI**
Indirizzo: via Manin 2, tel. 02/62085415
Categoria: musei d'arte
Fonte/i: Enit / Guida Monaci / Touring Club / Assess. Cultura Bologna
Proprietà: Comune
Condizione attuale: aperta

Provincia di Milano
Comune di Milano
STUDIO MUSEO "TRECCANI"
Indirizzo: via C. Porta 5, tel. 02/6572627
Categoria: musei specializzati
Fonte/i: Enit / Guida Monaci / Touring Club / Assess. Cultura Bologna
Proprietà: privata
Condizione attuale: aperto a richiesta

Provincia di Milano
Comune di Milano
TESORO DEL DUOMO DI MILANO
Indirizzo: piazza Duomo 16, tel. 02/808229
Categoria: musei d'arte
Fonte/i: Istat / Enit / Regione / Touring Club / Assess. Cultura Bologna
Proprietà: ecclesiastica
Condizione attuale: aperto

Provincia di Milano
Comune di Monza
MUSEI CIVICI
Indirizzo: Villa reale, viale Brianza 1, tel. 039/322086
Categoria: musei d'arte e archeologia
Fonte/i: Istat / Enit / Regione / Fio / Touring Club / Assess. Cultura Bologna
Proprietà: Comune
Condizione attuale: in allestimento

Provincia di Milano
Comune di Monza
MUSEO CIVICO DELL'ARENGARIO
Indirizzo: piazza Roma, tel. 039/322086
Categoria: musei d'arte
Fonte/i: Istat / Enit / Assess. Cultura Bologna
Proprietà: Comune
Condizione attuale: aperto

Provincia di Milano
Comune di Monza

**MUSEO DEL DUOMO
"FILIPPO SERPERO"**
Indirizzo: via Canonica 8, tel. 039/323404
Categoria: musei specializzati
Fonte/i: Istat / Enit / Regione / Touring Club / Assess. Cultura Bologna
Proprietà: ecclesiastica
Condizione attuale: aperto

Provincia di Milano
Comune di Monza
**MUSEO ETNOLOGICO DI
MONZA E BRIANZA**
Indirizzo: Villa reale, tel. 039/380244
Categoria: musei etnograf. e/o antropolog.
Fonte/i: Istat / Enit / Regione / Assess. Cultura Bologna
Proprietà: privata
Condizione attuale: chiuso

Provincia di Milano
Comune di Monza
RACCOLTA DI VEICOLI D'EPOCA
Indirizzo: presso l'autodromo
Categoria: musei specializzati
Fonte/i: Enit
Proprietà: privata
Condizione attuale: aperta a richiesta

Provincia di Milano
Comune di Morimondo
MUSEO DIDATTICO
Indirizzo: abbazia di Morimondo, tel. 02/945204
Categoria: musei di storia
Fonte/i: Enit / Regione
Proprietà: Comune
Condizione attuale: in allestimento

Provincia di Milano
Comune di Parabiago
MUSEO STORICO "C. MUSAZZI"
Indirizzo: via Randaccio 16, tel. 02/551439
Categoria: musei d'archeologia
Fonte/i: Enit / Touring Club / Assess. Cultura Bologna
Proprietà: privata
Condizione attuale: aperto

Provincia di Milano
Comune di Pioltello
**MUSEO DEL MARE
E DEI CORALLI D'AUSTRALIA**
Indirizzo: via Monza 45
Categoria: musei specializzati
Fonte/i: Istat / Enit / Piccoli

Proprietà: privata
Condizione attuale: aperto

Provincia di Milano
Comune di Rho
SALETTA ARCHEOLOGICA RHODENSE
Indirizzo: villa Burba, corso Europa 291, tel. 02/8312184
Categoria: musei d'archeologia
Fonte/i: Guida Monaci / Assess. Cultura Bologna
Proprietà: Comune
Condizione attuale: aperta

Provincia di Milano
Comune di Ronco Briantino
MUSEO AGRICOLO
Indirizzo: piazza Dante
Categoria: musei territoriali
Fonte/i: Min. Interni
Proprietà: Comune
Condizione attuale: aperto

Provincia di Milano
Comune di Rozzano
MUSEO DI "QUATTRORUOTE"
Indirizzo: via Grandi 5/7, tel. 02/824721
Categoria: musei specializzati
Fonte/i: Enit / Guida Monaci / Touring Club / Assess. Cultura Bologna
Proprietà: privata
Condizione attuale: aperto

Provincia di Milano
Comune di Rozzano
PENTOLE NELLA STORIA
Indirizzo: Amc-Italia, via Curiel 342, tel. 02/8240741
Categoria: musei specializzati
Fonte/i: Assess. Cultura Bologna
Proprietà: privata
Condizione attuale: aperto a richiesta

Provincia di Milano
Comune di San Colombano al Lambro
MUSEO PALEONTOLOGICO
Indirizzo: via Monti 47
Categoria: musei d'archeologia
Fonte/i: Min. Interni
Proprietà: Comune
Condizione attuale: aperto

Provincia di Milano
Comune di Sant'Angelo Lodigiano
MUSEO CABRINIANO
Indirizzo: via Madre Cabrini, tel. 0371/90227

Categoria: musei specializzati
Fonte/i: Guida Monaci
Proprietà: privata
Condizione attuale: aperto a richiesta

Provincia di Milano
Comune di Sant'Angelo Lodigiano
**MUSEO LOMBARDO DI
STORIA DELL'AGRICOLTURA**
Indirizzo: via Battisti 11, tel. 0371/90675
Categoria: musei specializzati
Fonte/i: Enit / Regione / Touring Club / Min. Interni / Assess. Cultura Bologna
Proprietà: privata
Condizione attuale: aperto

Provincia di Milano
Comune di Sant'Angelo Lodigiano
**MUSEO STORICO ARTISTICO E
MUSEO DEL PANE**
Indirizzo: piazza Bolognini, tel. 0371/92594
Categoria: musei d'arte e archeologia
Fonte/i: Istat / Enit / Regione / Touring Club / Min. Interni / Assess. Cultura Bologna
Proprietà: privata
Condizione attuale: aperti

Provincia di Milano
Comune di Senago
MUSEO DEL TRATTORE AGRICOLO
Indirizzo: Azienda Tosi, via Brodolini
Categoria: musei di scienza e tecnica
Fonte/i: Enit / Piccoli
Proprietà: privata
Condizione attuale: aperto

PROVINCIA DI PAVIA

Provincia di Pavia
Comune di Casteggio
MUSEO ARCHEOLOGICO
Indirizzo: palazzo Certosa Cantù, via Circonvallazione, tel. 0383/83941
Categoria: musei d'archeologia
Fonte/i: Istat / Enit / Regione / Touring Club / Min. Interni / Assess. Cultura Bologna / Guida Regioni d'Italia
Proprietà: Comune
Condizione attuale: aperto

Provincia di Pavia
Comune di Gambolò
MUSEO ARCHEOLOGICO LOMELLINO
Indirizzo: castello Litta, piazza Castello, tel. 0381/930781
Categoria: musei d'archeologia

Fonte/i: Regione / Touring Club / Min. Interni / Assess. Cultura Bologna / Guida Regioni d'Italia
Proprietà: privata
Condizione attuale: aperto

Provincia di Pavia
Comune di Garlasco
MUSEO ARCHEOLOGICO
Indirizzo: via della Bozzola 40, tel. 0382/822857
Categoria: musei d'archeologia
Fonte/i: Istat / Enit / Assess. Cultura Bologna
Proprietà: Comune
Condizione attuale: chiuso

Provincia di Pavia
Comune di Gropello Cairoli
**MUSEO ARCHEOLOGICO
"LAUMELLINUM ANTONA"**
Indirizzo: piazza Rodari 1, tel. 0382/815031
Categoria: musei d'archeologia
Fonte/i: Istat / Enit / Guida Monaci / Touring Club / Min. Interni / Assess. Cultura Bologna / Guida Regioni d'Italia
Proprietà: Comune
Condizione attuale: in allestimento

Provincia di Pavia
Comune di Gropello Cairoli
MUSEO DEL RISORGIMENTO
Indirizzo: villa Cairoli, via Cairoli 21, tel. 0382/815165
Categoria: musei di storia
Fonte/i: Min. Interni
Proprietà: Regione
Condizione attuale: aperto a richiesta

Provincia di Pavia
Comune di Mede
**MUSEO NATURALISTICO
"U. FANTELLI"**
Indirizzo: piazza Repubblica 36
Categoria: musei di scienza e tecnica
Fonte/i: Min. Interni
Proprietà: Comune
Condizione attuale: in allestimento

Provincia di Pavia
Comune di Moltalto Pavese
MUSEO CONTADINO
Categoria: musei territoriali
Fonte/i: Min. Interni
Proprietà: Comune
Condizione attuale: aperto a richiesta

Provincia di Pavia
Comune di Pavia
MUSEI CIVICI
Indirizzo: Castello visconteo, 0382/33853
Categoria: musei d'arte e archeologia
Fonte/i: Istat / Enit / Regione / Touring Club / Assess. Cultura Bologna
Proprietà: Comune
Condizione attuale: aperti

Provincia di Pavia
Comune di Pavia
MUSEI DELL'ISTITUTO DI ARCHEOLOGIA E NUMISMATICA
Indirizzo: piazza L. Da Vinci
Categoria: musei d'archeologia
Fonte/i: Enit
Proprietà: Università
Condizione attuale: aperti

Provincia di Pavia
Comune di Pavia
MUSEO DELLA CERTOSA
Indirizzo: certosa di Pavia, tel. 0382/925613
Categoria: musei specializzati
Fonte/i: Enit / Fio / Assess. Cultura Bologna / Guida Regioni d'Italia
Proprietà: Stato
Condizione attuale: in restauro

Provincia di Pavia
Comune di Pavia
MUSEO DI ANATOMIA COMPARATA
Indirizzo: piazza Botta 10, tel. 0382/396313
Categoria: musei di scienza e tecnica
Fonte/i: Guida Monaci / Com. it. Icom.
Proprietà: Università
Condizione attuale: aperto a richiesta

Provincia di Pavia
Comune di Pavia
MUSEO DI ANATOMIA UMANA
Indirizzo: via Forlanini 8, 0382/422251
Categoria: musei di scienza e tecnica
Fonte/i: Guida Monaci / Assess. Cultura Bologna
Proprietà: Università
Condizione attuale: aperto a richiesta

Provincia di Pavia
Comune di Pavia
MUSEO DI GEOLOGIA E PALEONTOLOGIA
Indirizzo: via Strada Nuova 65, tel. 0382/387352
Categoria: musei di scienza e tecnica
Fonte/i: Istat
Proprietà: Università
Condizione attuale: aperto a richiesta

Provincia di Pavia
Comune di Pavia
MUSEO DI MINERALOGIA E PETROGRAFIA
Indirizzo: via Bassi 4, tel. 0382/392251
Categoria: musei di scienza e tecnica
Fonte/i: Istat / Fio / Assess. Cultura Bologna / Guida Regioni d'Italia
Proprietà: Università
Condizione attuale: aperto

Provincia di Pavia
Comune di Pavia
MUSEO DI STORIA DELL'UNIVERSITÀ
Indirizzo: via Strada Nuova 65, tel. 0382/29724
Categoria: musei specializzati
Fonte/i: Istat / Enit / Assess. Cultura Bologna / Guida Regioni d'Italia
Proprietà: Comune
Condizione attuale: aperto a richiesta

Provincia di Pavia
Comune di Pavia
MUSEO DI ZOOLOGIA
Indirizzo: piazza Botta 9, tel. 0382/386301
Categoria: musei di scienza e tecnica
Fonte/i: Istat / Guida Monaci / Guida Regioni d'Italia
Proprietà: Università
Condizione attuale: aperto a richiesta

Provincia di Pavia
Comune di Pavia
MUSEO FAUNISTICO E BOTANICO DEL PARCO DEL TICINO
Indirizzo: località Bosco Grande, tel. 0382/476211
Categoria: musei di scienza e tecnica
Fonte/i: Enit
Condizione attuale: aperto a richiesta

Provincia di Pavia
Comune di Pavia
MUSEO PAVESE DI SCIENZE NATURALI
Indirizzo: Castello visconteo, tel. 0382/26242
Categoria: musei di scienza e tecnica
Fonte/i: Istat / Enit / Guida Monaci / Guida Regioni d'Italia
Proprietà: Università
Condizione attuale: in allestimento

Provincia di Pavia
Comune di Pavia
ORTO BOTANICO
Indirizzo: via Santo Epifanio, tel. 0382/23069
Categoria: giardini zoolog. botan. naturali
Fonte/i: Istat / Enit
Proprietà: Università
Condizione attuale: aperto a richiesta

Provincia di Pavia
Comune di Pavia
**RACCOLTA TECNICA
DEL LICEO "U. FOSCOLO"**
Indirizzo: via Defendente, tel. 0382/26886
Categoria: musei di scienza e tecnica
Fonte/i: Com. it. Icom.
Proprietà: Stato
Condizione attuale: aperta a richiesta

Provincia di Pavia
Comune di Romagnese
**GIARDINO BOTANICO ALPINO
DI PIETRA CORNA**
Indirizzo: località Grazzi, tel. 0383/580054
Categoria: giardini zoolog. botan. naturali
Fonte/i: Assess. Cultura Bologna
Proprietà: Comune
Condizione attuale: aperto

Provincia di Pavia
Comune di Scaldasole
**RACCOLTA ARCHEOLOGICA
"ANTONIO STRADA"**
Indirizzo: piazza Castello, tel. 0382/997455
Categoria: musei d'archeologia
Fonte/i: Istat / Regione
Proprietà: privata
Condizione attuale: aperta a richiesta

Provincia di Pavia
Comune di Stradella
**CIVICO MUSEO PALEONTOLOGICO
ARCHEOLOGICO**
Indirizzo: via Montebello, tel. 0385/48621
Categoria: musei d'archeologia
Fonte/i: Istat / Enit / Regione / Assess.
Cultura Bologna / Guida Regioni d'Italia
Proprietà: Comune
Condizione attuale: in allestimento

Provincia di Pavia
Comune di Vigevano
**MUSEI CIVICI: MUSEO DELLA
CALZATURA "CAV. P. BERTOLINI"**
Indirizzo: palazzo Crespi, corso Cavour 82,
tel. 0381/70149
Categoria: musei specializzati
Fonte/i: Enit / Regione / Touring Club /
Assess. Cultura Bologna / Guida Regioni
d'Italia / Piccoli
Proprietà: Comune
Condizione attuale: aperto

Provincia di Pavia
Comune di Vigevano
**MUSEI CIVICI: MUSEO
ARCHEOLOGICO "L. BARNI"**
Indirizzo: palazzo Crespi, corso Cavour 82,
tel. 0381/70149
Categoria: musei d'archeologia
Fonte/i: Istat / Enit / Regione / Touring Club /
Assess. Cultura Bologna / Guida Regioni
d'Italia
Proprietà: Comune
Condizione attuale: chiuso

Provincia di Pavia
Comune di Vigevano
**MUSEI CIVICI:
PINACOTECA "C. OTTONE"**
Indirizzo: palazzo Crespi, corso Cavour 82,
tel. 0381/70149
Categoria: musei d'arte
Fonte/i: Enit / Regione / Touring Club / Guida
Regioni d'Italia
Proprietà: Comune
Condizione attuale: chiusa

Provincia di Pavia
Comune di Vigevano
**MUSEO ARCHEOLOGICO LOMELLINA
CASTELLO SFORZESCO**
Indirizzo: piazza Ducale 20, tel. 0381/84743
Categoria: musei d'archeologia
Fonte/i: Istat / Enit / Dir. gen. Min. Beni
culturali
Proprietà: Stato
Condizione attuale: in allestimento

Provincia di Pavia
Comune di Vigevano
TESORO DEL DUOMO
Indirizzo: piazza Sant'Ambrogio 14,
tel. 0381/86253
Categoria: musei d'arte
Fonte/i: Istat / Enit / Guida Monaci / Touring
Club / Assess. Cultura Bologna
Proprietà: ecclesiastica
Condizione attuale: aperto

Provincia di Pavia
Comune di Voghera

MUSEO DI SCIENZE NATURALI
Indirizzo: via Gramsci 1, tel. 0383/43053
Categoria: musei di scienza e tecnica
Fonte/i: Istat / Regione / Touring Club / Assess. Cultura Bologna
Proprietà: Comune
Condizione attuale: aperto a richiesta

Provincia di Pavia
Comune di Voghera
MUSEO STORICO DI VOGHERA
Indirizzo: via Gramsci 1 bis, tel. 0383/43636
Categoria: musei di storia
Fonte/i: Istat / Enit / Regione / Touring Club / Assess. Cultura Bologna
Proprietà: privata
Condizione attuale: aperto

PROVINCIA DI SONDRIO

Provincia di Sondrio
Comune di Aprica
MUSEO ETNOGRAFICO
Indirizzo: corso Roma 142, tel. 0342/746112
Categoria: musei territoriali
Fonte/i: Enit / Touring Club / Min. Interni / Assess. Cultura Bologna / Guida Regioni d'Italia
Proprietà: privata
Condizione attuale: aperto a richiesta

Provincia di Sondrio
Comune di Bianzone
PALAZZETTO "BESTA"
Categoria: musei territoriali
Fonte/i: Fio
Proprietà: Stato
Condizione attuale: in progettazione

Provincia di Sondrio
Comune di Bormio
MUSEO CIVICO DI BORMIO
Indirizzo: via Buon Consiglio 25, tel. 0342/904141
Categoria: musei etnograf. e/o antropolog.
Fonte/i: Istat / Enit / Regione / Touring Club / Min. Interni / Assess. Cultura Bologna / Guida Regioni d'Italia
Proprietà: Comune
Condizione attuale: aperto

Provincia di Sondrio
Comune di Bormio
MUSEO MINERALOGICO E NATURALISTICO
Indirizzo: via Monte Ortigara 2, tel. 0342/904135
Categoria: musei di scienza e tecnica
Fonte/i: Enit / Regione / Touring Club / Assess. Cultura Bologna / Guida Regioni d'Italia
Proprietà: privata
Condizione attuale: aperto

Provincia di Sondrio
Comune di Bormio
PALAZZO "NESINI"
Categoria: musei territoriali
Fonte/i: Fio
Proprietà: Comune
Condizione attuale: in restauro

Provincia di Sondrio
Comune di Chiavenna
MUSEI CIVICI: PALAZZO "PESTALOZZI"
Indirizzo: piazza Pestalozzi, tel. 0343/32129
Categoria: musei d'arte
Fonte/i: Regione
Proprietà: Comune
Condizione attuale: aperto

Provincia di Sondrio
Comune di Chiavenna
MUSEI CIVICI: PALAZZO "VERTEMATE FRANCHI"
Indirizzo: frazione Prosto-Piuro, tel. 0343/32129
Categoria: musei d'arte
Fonte/i: Regione / Min. Beni culturali / Assess. Cultura Bologna
Proprietà: Comune
Condizione attuale: aperto

Provincia di Sondrio
Comune di Chiavenna
MUSEI CIVICI: PALAZZO PRETORIO
Indirizzo: piazza San Pietro, tel. 0343/32129
Categoria: musei d'arte
Fonte/i: Regione
Proprietà: Comune
Condizione attuale: aperto

Provincia di Sondrio
Comune di Chiavenna
MUSEO VALCHIAVENNA E PARADISO: CASA DELLA BARDASSA
Indirizzo: frazione Franciscio-Campodolcino, tel. 0343/32821
Categoria: musei specializzati
Fonte/i: Regione / Touring Club / Guida Regioni d'Italia / Assess. Cultura Bologna

Proprietà: Regione
Condizione attuale: aperta a richiesta

Provincia di Sondrio
Comune di Chiavenna
**MUSEO VALCHIAVENNA:
CASTELLACCIO**
Indirizzo: parco Paradiso, tel. 0343/32821
Categoria: musei specializzati
Fonte/i: Regione / Touring Club / Guida Regioni d'Italia
Proprietà: Regione
Condizione attuale: chiuso

Provincia di Sondrio
Comune di Chiavenna
**MUSEO VALCHIAVENNA:
EX BIRRIFICIO**
Indirizzo: vicolo Marmirola 7, tel. 0343/32821
Categoria: musei territoriali
Fonte/i: Istat / Enit / Regione / Touring Club / Guida Regioni d'Italia
Proprietà: Regione
Condizione attuale: aperto

Provincia di Sondrio
Comune di Chiavenna
**MUSEO VALCHIAVENNA:
MULINO EX PASTIFICIO**
Indirizzo: via Bottonera, tel. 0343/32821
Categoria: musei specializzati
Fonte/i: Regione / Touring Club / Guida Regioni d'Italia
Proprietà: Regione
Condizione attuale: chiuso

Provincia di Sondrio
Comune di Chiavenna
**MUSEO VALCHIAVENNA:
MUSEO E PARCO PARADISO**
Indirizzo: via Quadrio, tel. 0343/32821
Categoria: musei specializzati
Fonte/i: Regione / Touring Club / Guida Regioni d'Italia
Proprietà: Regione
Condizione attuale: aperti

Provincia di Sondrio
Comune di Chiavenna
**MUSEO VALCHIAVENNA:
RUSTICI EX TRUSSONI**
Indirizzo: parco Paradiso, tel. 0343/32821
Categoria: musei specializzati
Fonte/i: Regione / Touring Club / Guida Regioni d'Italia
Proprietà: Regione

Condizione attuale: chiusi

Provincia di Sondrio
Comune di Chiavenna
PARCO MARMITTE DEI GIGANTI
Indirizzo: Comunità montana, piazza Castello 10, tel. 0343/33795
Categoria: giardini zoolog. botan. naturali
Fonte/i: Regione
Proprietà: privata
Condizione attuale: aperto

Provincia di Sondrio
Comune di Chiavenna
**TESORO DELLA COLLEGIATA
DI SAN LORENZO**
Indirizzo: piazza P. Bormetti 3, tel. 0343/32117
Categoria: musei specializzati
Fonte/i: Istat / Enit / Regione / Touring Club / Assess. Cultura Bologna / Guida Regioni d'Italia
Proprietà: ecclesiastica
Condizione attuale: in allestimento

Provincia di Sondrio
Comune di Chiesa in Valmalenco
**MUSEO STORICO ETNOGRAFICO
NATURALISTICO VALMALENCO**
Indirizzo: piazza Santi Giacomo e Filippo, tel. 0342/451114
Categoria: musei etnograf. e/o antropolog.
Fonte/i: Istat / Enit / Regione / Touring Club / Min. Interni / Assess. Cultura Bologna / Guida Regioni d'Italia
Proprietà: privata
Condizione attuale: aperto

Provincia di Sondrio
Comune di Grosio
**MUSEO DEL COSTUME
TRADIZIONALE**
Indirizzo: via Roma 24, tel. 0342/845047
Categoria: musei etnograf. e/o antropolog.
Fonte/i: Regione
Proprietà: Comune
Condizione attuale: aperto a richiesta

Provincia di Sondrio
Comune di Grosio
MUSEO VILLA "VISCONTI VENOSTA"
Indirizzo: via Nazionale, tel. 0342/845047
Categoria: musei di storia
Fonte/i: Fio / Min. Interni / Assess. Cultura Bologna
Proprietà: Comune

Condizione attuale: in restauro

Provincia di Sondrio
Comune di Grosio
PARCO DELLE INCISIONI RUPESTRI DI GROSIO
Indirizzo: via Roma 24, tel. 0342/845047
Categoria: giardini zoolog. botan. naturali
Fonte/i: Istat / Regione / Fio
Proprietà: Comune
Condizione attuale: aperto

Provincia di Sondrio
Comune di Morbegno
MUSEO DI STORIA NATURALE
Indirizzo: Torchio di Cerido, tel. 0342/612451
Categoria: musei di scienza e tecnica
Fonte/i: Regione / Touring Club / Guida Regioni d'Italia
Proprietà: Comune
Condizione attuale: aperto

Provincia di Sondrio
Comune di Morbegno
MUSEO DI STORIA NATURALE
Indirizzo: via Cortivacci, tel. 0342/612451
Categoria: musei di scienza e tecnica
Fonte/i: Istat / Enit / Regione / Touring Club / Min. Interni / Assess. Cultura Bologna / Guida Regioni d'Italia
Proprietà: Comune
Condizione attuale: aperto

Provincia di Sondrio
Comune di Piuro
MUSEO DI PIURO
Indirizzo: Sant'Abbondio, 0343/32096
Categoria: musei di storia
Fonte/i: Regione / Min. Interni / Assess. Cultura Bologna / Guida Regioni d'Italia
Proprietà: privata
Condizione attuale: aperto a richiesta

Provincia di Sondrio
Comune di Ponte in Valtellina
MUSEO DELLA CIVILTÀ CONTADINA
Indirizzo: piazza degli Uffici, 0342/483393
Categoria: musei territoriali
Fonte/i: Min. Interni / Assess. Cultura Bologna
Proprietà: Comune
Condizione attuale: chiuso

Provincia di Sondrio
Comune di Ponte in Valtellina
MUSEO PARROCCHIALE,

SEZ. MUSEO DIOCESANO DI COMO
Indirizzo: tel. 0342/482158
Categoria: musei d'arte
Fonte/i: Enit / Regione / Assess. Cultura Bologna
Proprietà: ecclesiastica
Condizione attuale: aperto

Provincia di Sondrio
Comune di Sondrio
CASTELLO "MASEGRA"
Categoria: musei di storia
Fonte/i: Fio / Min. Beni culturali
Proprietà: Stato
Condizione attuale: in restauro

Provincia di Sondrio
Comune di Sondrio
MUSEO NATURALISTICO PROVINCIALE
Indirizzo: palazzo Martinengo, via Perego 7, tel. 0342/211404
Categoria: musei di scienza e tecnica
Fonte/i: Istat / Regione / Fio / Touring Club / Min. Beni culturali / Assess. Cultura Bologna / Guida Regioni d'Italia
Proprietà: Provincia
Condizione attuale: in restauro

Provincia di Sondrio
Comune di Sondrio
MUSEO VALTELLINESE DI STORIA E ARTE
Indirizzo: villa Quadrio, via IV Novembre, 20, tel. 0342/213258
Categoria: musei d'arte e archeologia
Fonte/i: Istat / Enit / Regione / Touring Club / Assess. Cultura Bologna / Guida Regioni d'Italia
Proprietà: Comune
Condizione attuale: aperto

Provincia di Sondrio
Comune di Teglio
MUSEO ETNOGRAFICO PALAZZO "BESTA"
Indirizzo: via Besta, tel. 0342/780082
Categoria: musei etnograf. e/o antropolog.
Fonte/i: Istat / Enit / Regione / Touring Club / Min. Interni / Assess. Cultura Bologna
Proprietà: Comune
Condizione attuale: aperto

Provincia di Sondrio
Comune di Tirano
MUSEO ETNOGRAFICO TIRANESE

Indirizzo: palazzo San Michele, piazza Basilica, tel. 0342/701181
Categoria: musei etnograf. e/o antropolog.
Fonte/i: Istat / Enit / Regione / Min. Interni / Assess. Cultura Bologna / Guida Regioni d'Italia
Proprietà: privata
Condizione attuale: aperto

Provincia di Sondrio
Comune di Val Masino
MUSEO ETNOGRAFICO DI VAL MASINO
Indirizzo: San Martino
Categoria: musei territoriali
Fonte/i: Min. Interni
Proprietà: Comune
Condizione attuale: aperto a richiesta

Provincia di Sondrio
Comune di Val Masino
MUSEO VALLIVO DI VAL MASINO
Indirizzo: Cataeggio
Categoria: musei territoriali
Fonte/i: Min. Interni
Proprietà: Comune
Condizione attuale: aperto a richiesta

Provincia di Sondrio
Comune di Valfurva
MUSEO VALLIVO: MULINO E FORNO A LEGNA
Indirizzo: Sant'Antonio, tel. 0342/945784
Categoria: musei etnograf. e/o antropolog.
Fonte/i: Istat / Regione / Touring Club / Min. Interni / Assess. Cultura Bologna / Guida Regioni d'Italia
Proprietà: privata
Condizione attuale: aperto

Provincia di Sondrio
Comune di Valfurva
MUSEO VALLIVO: ORATORIO DEI DISCIPLINI
Indirizzo: San Nicolò, tel. 0342/945784
Categoria: musei etnograf. e/o antropolog.
Fonte/i: Istat / Enit / Regione / Touring Club / Min. Interni / Guida Regioni d'Italia
Proprietà: privata
Condizione attuale: aperto

PROVINCIA DI VARESE

Provincia di Varese
Comune di Angera
MUSEO ARCHEOLOGICO
Indirizzo: Palazzo pretorio, via Marconi 2, tel. 0331/931133
Categoria: musei d'archeologia
Fonte/i: Istat / Enit / Regione / Touring Club / Min. Interni / Assess. Cultura Bologna / Guida Regioni d'Italia
Proprietà: Comune
Condizione attuale: aperto

Provincia di Varese
Comune di Angera
MUSEO DELLA BAMBOLA
Indirizzo: castello Borromeo, tel. 0331/931300
Categoria: musei specializzati
Fonte/i: Touring Club / Assess. Cultura Bologna
Proprietà: privata
Condizione attuale: aperto

Provincia di Varese
Comune di Arsago Seprio
MUSEO ARCHEOLOGICO
Indirizzo: viale R. Vanoni, 20, 0331/768222
Categoria: musei d'archeologia
Fonte/i: Istat / Enit / Regione / Touring Club / Min. Interni / Assess. Cultura Bologna / Guida Regioni d'Italia
Proprietà: Comune
Condizione attuale: aperto

Provincia di Varese
Comune di Besano
MUSEO CIVICO DEI FOSSILI
Indirizzo: via Prestini 7, tel. 0332/918268
Categoria: musei di scienza e tecnica
Fonte/i: Enit / Regione / Touring Club / Min. Interni / Assess. Cultura Bologna / Guida Regioni d'Italia
Proprietà: Comune
Condizione attuale: aperto

Provincia di Varese
Comune di Besozzo
MUSEO GEOLOGICO "L. BRUNELLA"
Categoria: musei di scienza e tecnica
Fonte/i: Enit / Com. it. Icom.
Condizione attuale: aperto a richiesta

Provincia di Varese
Comune di Biandronno
MUSEO PREISTORICO DELL'ISOLINO
Indirizzo: Isolino Virginia (II sede del Museo Civico di Varese)
Categoria: musei d'archeologia
Fonte/i: Enit / Regione / Min. Interni
Proprietà: Comune

Condizione attuale: aperto a richiesta

Provincia di Varese
Comune di Busto Arsizio
**MUSEO DELLE ARTI
DI PALAZZO "BANDERA"**
Categoria: musei d'arte
Fonte/i: fonti varie
Proprietà: privata
Condizione attuale: aperto

Provincia di Varese
Comune di Busto Arsizio
**MUSEO STORICO ARTISTICO:
PALAZZO "CICOGNA"**
Indirizzo: piazza Vittorio Emanuele II,
tel. 0331/390111
Categoria: musei d'arte
Fonte/i: Regione / Assess. Cultura Bologna
Proprietà: Comune
Condizione attuale: aperto a richiesta

Provincia di Varese
Comune di Busto Arsizio
**MUSEO STORICO ARTISTICO:
PALAZZO COMUNALE**
Indirizzo: via Fratelli d'Italia 12,
tel. 0331/390111
Categoria: musei d'arte
Fonte/i: Regione / Assess. Cultura Bologna
Proprietà: Comune
Condizione attuale: aperto a richiesta

Provincia di Varese
Comune di Cairate
MUSEO DELLA CARTA
Indirizzo: via Monastero 2, tel. 0331/617067
Categoria: musei specializzati
Fonte/i: Istat / Enit / Assess. Cultura Bologna /
Guida Regioni d'Italia
Proprietà: Comune
Condizione attuale: aperto a richiesta

Provincia di Varese
Comune di Casalzuigno
CASA DEL PITTORE
Indirizzo: via Cerini
Categoria: musei specializzati
Fonte/i: Min. Interni
Proprietà: Provincia
Condizione attuale: aperta a richiesta

Provincia di Varese
Comune di Castellanza
MUSEO "PAGANI"
Indirizzo: via Gerenzano 70, tel. 0331/503113
Categoria: musei d'arte
Fonte/i: Istat / Enit / Regione / Touring Club /
Assess. Cultura Bologna
Proprietà: privata
Condizione attuale: aperto

Provincia di Varese
Comune di Castelseprio
ANTIQUARIUM
Indirizzo: area degli scavi, tel. 0331/825170
Categoria: musei d'archeologia
Fonte/i: Min. Interni / Dir. gen. Min. Beni
culturali / Guida Regioni d'Italia
Proprietà: Stato
Condizione attuale: aperto

Provincia di Varese
Comune di Castelseprio
MUSEO DEL SEPRIO
Indirizzo: chiesa di Santa Maria foris portas,
tel. 0331/825386-820141
Categoria: musei d'arte
Fonte/i: Regione
Proprietà: privata
Condizione attuale: aperto

Provincia di Varese
Comune di Castiglione Olona
**MUSEO CIVICO
"BRANDA CASTIGLIONI"**
Indirizzo: piazza Garibaldi, tel. 0331/858048
Categoria: musei d'arte
Fonte/i: Enit / Regione / Fio / Min. Interni
Proprietà: Comune
Condizione attuale: aperto

Provincia di Varese
Comune di Castiglione Olona
**MUSEO DELLA COLLEGIATA:
CHIESA DI VILLA**
Indirizzo: Chiesa di Villa, tel. 0331/857225
Categoria: musei d'arte e archeologia
Fonte/i: Regione / Touring Club / Assess.
Cultura Bologna / Guida Regioni d'Italia
Proprietà: privata
Condizione attuale: aperta

Provincia di Varese
Comune di Castiglione Olona
**MUSEO DELLA COLLEGIATA:
COLLEGIATA**
Indirizzo: via Cardinal Branda 1,
tel. 0331/857225
Categoria: musei d'arte e archeologia
Fonte/i: Istat / Enit / Regione / Fio / Touring
Club / Min. Interni / Assess. Cultura Bologna /

Guida Regioni d'Italia
Proprietà: privata
Condizione attuale: aperta

Provincia di Varese
Comune di Cocquio-Trevisago
MUSEO "SALVINI"
Categoria: musei d'arte
Fonte/i: Enit
Proprietà: privata
Condizione attuale: aperto a richiesta

Provincia di Varese
Comune di Ferno
MUSEO "CAPRONI"
Indirizzo: via Montecchio
Categoria: musei specializzati
Fonte/i: Min. Interni
Proprietà: privata
Condizione attuale: aperto a richiesta

Provincia di Varese
Comune di Gallarate
GALLERIA CIVICA D'ARTE MODERNA
Indirizzo: viale Milano 21, tel. 0331/791266
Categoria: musei d'arte
Fonte/i: Istat / Enit / Regione / Touring Club / Assess. Cultura Bologna / Guida Regioni d'Italia
Proprietà: Comune
Condizione attuale: aperta

Provincia di Varese
Comune di Gallarate
MUSEO DELLA BASILICA DI SANTA MARIA ASSUNTA
Indirizzo: piazza della Libertà, tel. 0331/790222
Categoria: musei d'arte
Fonte/i: Istat / Enit / Regione / Touring Club / Guida Regioni d'Italia / Assess. Cultura Bologna
Proprietà: ecclesiastica
Condizione attuale: aperto a richiesta

Provincia di Varese
Comune di Gallarate
MUSEO DELLA SOCIETÀ GALLARATESE STUDI PATRI
Indirizzo: via Borgo Antico 4, tel. 0331/795092
Categoria: musei d'arte e archeologia
Fonte/i: Istat / Enit / Regione / Touring Club / Assess. Cultura Bologna / Guida Regioni d'Italia
Proprietà: privata

Condizione attuale: aperto

Provincia di Varese
Comune di Gallarate
MUSEO DELLA TECNICA E DEL LAVORO "MV-AGUSTA"
Indirizzo: via Matteotti 3, tel. 0331/791390
Categoria: musei specializzati
Fonte/i: Istat / Enit / Regione / Touring Club / Assess. Cultura Bologna / Piccoli
Proprietà: privata
Condizione attuale: aperto

Provincia di Varese
Comune di Gavirate
MUSEO INTERNAZIONALE DELLA PIPA
Indirizzo: via del Chiostro 1/3, tel. 0332/743334
Categoria: musei specializzati
Fonte/i: Enit / Touring Club / Assess. Cultura Bologna
Proprietà: privata
Condizione attuale: aperto a richiesta

Provincia di Varese
Comune di Gazzada Schianno
MUSEO DI VILLA "CAGNOLA"
Indirizzo: via Cagnola 17/19, tel. 0332/461304
Categoria: musei d'arte
Fonte/i: Istat / Enit / Regione / Touring Club / Min. Interni / Assess. Cultura Bologna / Guida Regioni d'Italia
Proprietà: privata
Condizione attuale: in allestimento

Provincia di Varese
Comune di Golasecca
ANTIQUARIUM
Indirizzo: piazza della Libertà
Categoria: musei d'archeologia
Fonte/i: Enit / Min. Interni
Proprietà: Comune
Condizione attuale: aperto a richiesta

Provincia di Varese
Comune di Gorla Minore
MUSEO CIVICO
Indirizzo: villa Durini
Categoria: musei d'arte
Fonte/i: Min. Interni
Proprietà: Comune
Condizione attuale: aperto a richiesta

Provincia di Varese
Comune di Induno Olona

MUSEO DI SCIENZE NATURALI
Indirizzo: piazza Giovanni XXIII,
tel. 0332/200000
Categoria: musei di scienza e tecnica
Fonte/i: Istat / Enit / Regione / Touring Club /
Min. Interni / Assess. Cultura Bologna /
Guida Regioni d'Italia
Proprietà: Comune
Condizione attuale: aperto

Provincia di Varese
Comune di Jerago con Orago
MUSEO CIVICO
Indirizzo: via Rimembranze
Categoria: musei d'arte
Fonte/i: Min. Interni
Proprietà: Comune
Condizione attuale: aperto a richiesta

Provincia di Varese
Comune di Laveno-Mombello
RACCOLTA DI TERRAGLIA
Indirizzo: lungolago Perabò 5,
tel. 0332/666530
Categoria: musei specializzati
Fonte/i: Istat / Enit / Regione / Touring Club /
Min. Interni / Assess. Cultura Bologna /
Guida Regioni d'Italia
Proprietà: Comune
Condizione attuale: aperta

Provincia di Varese
Comune di Luino
MUSEO CIVICO
Indirizzo: viale Dante 2, tel. 0332/532057
Categoria: musei d'arte e archeologia
Fonte/i: Istat / Enit / Regione / Touring Club /
Assess. Cultura Bologna / Guida Regioni
d'Italia
Proprietà: Comune
Condizione attuale: aperto

Provincia di Varese
Comune di Maccagno
MUSEO CIVICO
Indirizzo: Municipio, tel. 0332/560116
Categoria: musei d'arte e archeologia
Fonte/i: Regione
Proprietà: Comune
Condizione attuale: in allestimento

Provincia di Varese
Comune di Malnate
MUSEO DI SCIENZE NATURALI
Indirizzo: parco I Maggio, via Savoia,
tel. 0332/426460

Categoria: musei di scienza e tecnica
Fonte/i: Istat / Regione
Proprietà: Comune
Condizione attuale: aperto

Provincia di Varese
Comune di Ranco
MUSEO DEI TRASPORTI
Indirizzo: via Alberto 89, tel. 0332/976614
Categoria: musei di scienza e tecnica
Fonte/i: Touring Club / Assess. Cultura
Bologna / Guida Regioni d'Italia
Proprietà: privata
Condizione attuale: aperto

Provincia di Varese
Comune di Sesto Calende
MUSEO CIVICO
Indirizzo: Municipio, piazza Mazzini,
tel. 0332/922489
Categoria: musei d'archeologia
Fonte/i: Istat / Enit / Regione / Touring Club /
Min. Interni / Assess. Cultura Bologna /
Guida Regioni d'Italia
Proprietà: Comune
Condizione attuale: aperto

Provincia di Varese
Comune di Taino
MUSEO DI STORIA NATURALE
Indirizzo: via Toti 22, tel. 0332/956278
Categoria: musei di scienza e tecnica
Fonte/i: Istat / Min. Interni / Assess. Cultura
Bologna / Guida Regioni d'Italia
Proprietà: Comune
Condizione attuale: aperto

Provincia di Varese
Comune di Valganna
**MUSEO DELLA BADIA
DI SAN GEMOLO**
Indirizzo: via Ugo Perego 3, tel. 0332/719795
Categoria: musei d'arte e archeologia
Fonte/i: Istat / Enit / Regione / Touring Club /
Assess. Cultura Bologna / Guida Regioni
d'Italia
Proprietà: ecclesiastica
Condizione attuale: aperto a richiesta

Provincia di Varese
Comune di Varese
**GABINETTO DI FISICA E SCIENZE
NATURALI ISTITUTO "MANZONI"**
Categoria: musei di scienza e tecnica
Fonte/i: Com. it. Icom.
Proprietà: Stato

Condizione attuale: aperto a richiesta

Provincia di Varese
Comune di Varese
**GALLERIA ALL'APERTO
DELL'AFFRESCO DI ARCUMEGGIA**
Indirizzo: Apt, piazza Monte Grappa 5,
tel. 0332/283604
Categoria: musei d'arte
Fonte/i: Regione
Proprietà: privata
Condizione attuale: aperta

Provincia di Varese
Comune di Varese
MUSEI CIVICI DI VILLA "MIRABELLO"
Indirizzo: piazza della Motta 4,
tel. 0332/281590
Categoria: musei territoriali
Fonte/i: Istat / Enit / Regione / Touring Club / Assess. Cultura Bologna / Guida Regioni d'Italia
Proprietà: Comune
Condizione attuale: aperti

Provincia di Varese
Comune di Varese
MUSEO "BAROFFIO"
Indirizzo: Santa Maria del Monte,
tel. 0332/225593
Categoria: musei d'arte e archeologia
Fonte/i: Istat / Enit / Regione / Touring Club / Assess. Cultura Bologna / Guida Regioni d'Italia
Proprietà: ecclesiastica
Condizione attuale: aperto a richiesta

Provincia di Varese
Comune di Varese
MUSEO "L. POGLIAGHI"
Indirizzo: Santa Maria del Monte,
viale delle Cappelle, tel. 0332/226040
Categoria: musei d'arte e archeologia
Fonte/i: Istat / Enit / Regione / Touring Club / Assess. Cultura Bologna / Guida Regioni d'Italia
Proprietà: ecclesiastica
Condizione attuale: aperto

Provincia di Varese
Comune di Varese
**RACCOLTA DI LEPIDOTTERI
"A. SAVERI"**
Categoria: musei di scienza e tecnica
Fonte/i: Enit / Com. it. Icom.
Condizione attuale: aperta a richiesta

Provincia di Varese
Comune di Venegono Inferiore
**MUSEO DI STORIA NATURALE
"ANTONIO STOPPANI"**
Indirizzo: via Pio XI 32, tel. 0331/864171
Categoria: musei di scienza e tecnica
Fonte/i: Istat / Enit / Regione / Touring Club / Min. Interni / Assess. Cultura Bologna / Com. it. Icom. / Guida Regioni d'Italia
Proprietà: ecclesiastica
Condizione attuale: aperto

Provincia di Varese
Comune di Viggiù
**MUSEO "BUTTI" E
DEGLI ARTISTI VIGGIUTESI**
Indirizzo: viale Varese 2, tel. 0332/486106
Categoria: musei d'arte
Fonte/i: Istat / Regione / Touring Club / Min. Interni / Assess. Cultura Bologna / Guida Regioni d'Italia
Proprietà: Comune
Condizione attuale: aperto

Provincia di Varese
Comune di Viggiù
MUSEO "BUTTI": CASA "BUTTI"
Indirizzo: viale Varese 2, tel. 0332/486106
Categoria: musei d'arte
Fonte/i: Regione / Touring Club / Assess. Cultura Bologna / Guida Regioni d'Italia
Proprietà: Comune
Condizione attuale: aperta

Provincia di Varese
Comune di Viggiù
MUSEO DEGLI ARTISTI VIGGIUTESI
Indirizzo: viale Varese 2, tel. 0332/486106
Categoria: musei d'arte
Fonte/i: Regione
Proprietà: Comune
Condizione attuale: aperto

Provincia di Varese
Comune di Vizzola Ticino
**MUSEO AERONAUTICO
"CAPRONI DI TALIEDO"**
Indirizzo: via Montecchio 1, tel. 0332/230826
Categoria: musei specializzati
Fonte/i: Istat / Enit / Regione / Assess. Cultura Bologna
Proprietà: privata
Condizione attuale: chiuso

Regione Marche

PROVINCIA DI ANCONA

Provincia di Ancona
Comune di Ancona
MUSEO ARCHEOLOGICO NAZIONALE DELLE MARCHE
Indirizzo: palazzo Ferretti, via Ferretti 6, tel. 071/51829-202794
Categoria: musei d'archeologia
Fonte/i: Istat / Enit / Regione / Guida Monaci / Assess. Cultura Bologna / Dir. gen. Min. Beni culturali / Guide arch. Laterza
Proprietà: Stato
Condizione attuale: aperto

Provincia di Ancona
Comune di Ancona
MUSEO DIOCESANO
Indirizzo: piazza Duomo 9, tel. 071/51703-28391 (Curia arcivescovile)
Categoria: musei d'arte e archeologia
Fonte/i: Istat / Enit / Regione / Guida Monaci / Min. Beni culturali / Assess. Cultura Bologna
Proprietà: ecclesiastica
Condizione attuale: aperto

Provincia di Ancona
Comune di Ancona
**PINACOTECA CIVICA
E GALLERIA D'ARTE MODERNA**
Indirizzo: via Pizzecolli 17, tel. 071/204262-56342
Categoria: musei d'arte
Fonte/i: Istat / Enit / Regione / Guida Monaci / Assess. Cultura Bologna
Proprietà: Comune
Condizione attuale: aperte

Provincia di Ancona
Comune di Ancona
**RACCOLTA SCIENTIFICA
DELL'ISTITUTO TECNICO**
Categoria: musei di scienza e tecnica
Fonte/i: Com. it. Icom.
Proprietà: Stato
Condizione attuale: aperta a richiesta

Provincia di Ancona
Comune di Arcevia
ANTIQUARIUM
Categoria: musei d'archeologia
Fonte/i: Min. Beni culturali
Proprietà: Comune
Condizione attuale: aperto

Provincia di Ancona
Comune di Belvedere Ostrense
**MUSEO INTERNAZIONALE
DELL'IMMAGINE POSTALE**
Indirizzo: via Vannini
Categoria: musei specializzati
Fonte/i: Min. Interni
Proprietà: Comune
Condizione attuale: aperto a richiesta

Provincia di Ancona
Comune di Castelfidardo
**MUSEO INTERNAZIONALE DELLA
FISARMONICA**
Indirizzo: via Mordini 1, tel. 071/789325
Categoria: musei specializzati
Fonte/i: Enit / Regione / Min. Interni / Assess. Cultura Bologna / Piccoli
Proprietà: Comune
Condizione attuale: aperto

Provincia di Ancona
Comune di Castelfidardo
**MUSEO RISORGIMENTALE
DELLA BATTAGLIA**
Indirizzo: via Mazzini
Categoria: musei di storia
Fonte/i: Min. Interni
Proprietà: Comune
Condizione attuale: aperto a richiesta

Provincia di Ancona
Comune di Castelleone di Suasa
ANTIQUARIUM
Categoria: musei d'archeologia
Fonte/i: Dir. gen. Min. Beni culturali
Proprietà: Comune
Condizione attuale: in progettazione

Provincia di Ancona
Comune di Corinaldo
MUSEO CIVICO
Indirizzo: largo XVII Settembre 1960, tel. 071/60018
Categoria: musei d'arte
Fonte/i: Enit / Regione / Min. Interni
Proprietà: Comune
Condizione attuale: aperto

Provincia di Ancona
Comune di Cupramontana
**MUSEO INTERNAZIONALE
DELL'ETICHETTA**
Indirizzo: palazzo Leoni, corso Leopardi

Categoria: musei specializzati
Fonte/i: Min. Interni
Proprietà: Comune
Condizione attuale: aperto

Provincia di Ancona
Comune di Fabriano
**MUSEO DELLA CARTA
E DELLA FILIGRANA**
Indirizzo: largo Fratelli Spacca,
tel. 0732/3073 (Comune)
Categoria: musei specializzati
Fonte/i: Enit / Regione / Touring Club /
Assess. Cultura Bologna
Proprietà: Comune
Condizione attuale: aperto

Provincia di Ancona
Comune di Fabriano
MUSEO DELLA CIVILTÀ CONTADINA
Indirizzo: fattoria "La Ginestra",
via Serraloggia, tel. 0732/3182-24013
Categoria: musei territoriali
Fonte/i: Enit / Regione / Assess. Cultura
Bologna
Proprietà: privata
Condizione attuale: aperto a richiesta

Provincia di Ancona
Comune di Fabriano
**PINACOTECA CIVICA
E MUSEO DEGLI ARAZZI**
Indirizzo: piazza della Cattedrale,
tel. 0732/709255
Categoria: musei d'arte
Fonte/i: Istat / Enit / Regione / Guida Monaci /
Assess. Cultura Bologna
Proprietà: Comune
Condizione attuale: aperti

Provincia di Ancona
Comune di Fabriano
**RACCOLTA DI MINERALI
"C. CANAVARI"**
Categoria: musei di scienza e tecnica
Fonte/i: Com. it. Icom.

Provincia di Ancona
Comune di Fabriano
**RACCOLTA ORNITOLOGICA DEL
SEMINARIO VESCOVILE**
Categoria: musei di scienza e tecnica
Fonte/i: Com. it. Icom.
Proprietà: ecclesiastica
Condizione attuale: aperta a richiesta

Provincia di Ancona
Comune di Falconara Marittima
**RACCOLTA ENTOMOLOGICA
"MODODER"**
Categoria: musei di scienza e tecnica
Fonte/i: Com. it. Icom.

Provincia di Ancona
Comune di Filottrano
MUSEO DEL BIROCCIO
Indirizzo: palazzo Luchetti Gentiloni,
via Beltrami 2, tel. 071/33037-7221114
Categoria: musei specializzati
Fonte/i: Istat / Enit / Regione / Touring Club /
Min. Interni / Assess. Cultura Bologna /
Piccoli
Proprietà: privata
Condizione attuale: aperto

Provincia di Ancona
Comune di Filottrano
**RACCOLTA DI CIMELI
"G. C. BELTRAMI"**
Indirizzo: palazzo Luchetti Gentiloni,
via Beltrami 2, tel. 071/33037-7221114
Categoria: musei specializzati
Fonte/i: Regione / Assess. Cultura Bologna
Proprietà: privata
Condizione attuale: aperta

Provincia di Ancona
Comune di Genga
MUSEO CIVICO ARTISTICO
Indirizzo: piazza San Clemente 2
Categoria: musei d'arte
Fonte/i: Enit / Min. Interni
Proprietà: Comune
Condizione attuale: aperto a richiesta

Provincia di Ancona
Comune di Genga
MUSEO SPELEOPALEONTOLOGICO
Indirizzo: San Vittore Terme
Categoria: musei di scienza e tecnica
Fonte/i: Enit / Min. Interni
Proprietà: Comune
Condizione attuale: aperto

Provincia di Ancona
Comune di Jesi
**COLLEZIONI DELL'ISTITUTO
TECNICO-COMMERC. "P. CUPPARI"**
Categoria: musei di scienza e tecnica
Fonte/i: Com. it. Icom.
Proprietà: Stato
Condizione attuale: aperte a richiesta

Provincia di Ancona
Comune di Jesi
MUSEO CIVICO ARCHEOLOGICO
Indirizzo: palazzo della Signoria,
piazza Colucci, tel. 0731/52925-58659
Categoria: musei d'archeologia
Fonte/i: Istat / Enit / Regione / Touring Club /
Assess. Cultura Bologna / Guide arch.
Laterza
Proprietà: Comune
Condizione attuale: aperto a richiesta

Provincia di Ancona
Comune di Jesi
MUSEO DIOCESANO
Indirizzo: piazza Federico II, tel. 0731/3007
Categoria: musei d'arte
Fonte/i: Enit / Regione
Proprietà: ecclesiastica
Condizione attuale: aperto a richiesta

Provincia di Ancona
Comune di Jesi
PINACOTECA CIVICA
Indirizzo: palazzo Pianetti, via XV Settembre,
tel. 0731/58659-538343
Categoria: musei d'arte
Fonte/i: Istat / Enit / Regione / Touring Club /
Assess. Cultura Bologna
Proprietà: Comune
Condizione attuale: aperta

Provincia di Ancona
Comune di Loreto
**MUSEO LAURETANO
DELLE ARMI ANTICHE**
Indirizzo: Torrione di Porta Marina,
tel. 071/976201
Categoria: musei specializzati
Fonte/i: Enit / Regione / Assess. Cultura
Bologna
Proprietà: privata
Condizione attuale: aperto

Provincia di Ancona
Comune di Loreto
**MUSEO PINACOTECA
DELLA SANTA CASA**
Indirizzo: piazza della Madonna,
tel. 071/970291
Categoria: musei d'arte
Fonte/i: Istat / Enit / Regione / Guida Monaci /
Assess. Cultura Bologna
Proprietà: ecclesiastica
Condizione attuale: aperto

Provincia di Ancona
Comune di Maiolati Spontini
MUSEO SPONTINIANO
Indirizzo: via Spontini, tel. 0731/702912
Categoria: musei specializzati
Fonte/i: Istat / Enit / Regione / Touring Club /
Min. Beni culturali / Min. Interni / Assess.
Cultura Bologna
Proprietà: privata
Condizione attuale: aperto a richiesta

Provincia di Ancona
Comune di Montecarotto
MUSEO "MAIL-ART"
Indirizzo: piazza del Teatro
Categoria: musei d'arte
Fonte/i: Min. Interni
Proprietà: Comune
Condizione attuale: aperto

Provincia di Ancona
Comune di Morro d'Alba
**MUSEO DELLA CULTURA
MEZZADRILE**
Indirizzo: via Morganti
Categoria: musei territoriali
Fonte/i: Guida Monaci / Min. Interni
Proprietà: Comune
Condizione attuale: aperto

Provincia di Ancona
Comune di Numana
ANTIQUARIUM
Indirizzo: via della Fenice 4, tel. 071/936732
Categoria: musei d'archeologia
Fonte/i: Istat / Enit / Regione / Guida Monaci /
Min. Interni / Assess. Cultura Bologna / Dir.
gen. Min. Beni culturali / Guide arch. Laterza
Proprietà: Stato
Condizione attuale: aperto

Provincia di Ancona
Comune di Offagna
MUSEO DELLA ROCCA
Indirizzo: Rocca di Offagna, tel. 071/710705
Categoria: musei specializzati
Fonte/i: Enit / Regione
Proprietà: Comune
Condizione attuale: aperto

Provincia di Ancona
Comune di Osimo
CIVICA RACCOLTA D'ARTE
Indirizzo: piazza Dante 5,
tel. 071/714582-716222 (Biblioteca comunale)
Categoria: musei d'arte

Fonte/i: Enit / Regione
Proprietà: Comune
Condizione attuale: aperta

Provincia di Ancona
Comune di Osimo
MUSEO SACRO DIOCESANO
Indirizzo: piazza Duomo 7, tel. 071/715396
Categoria: musei specializzati
Fonte/i: Istat / Enit / Regione / Touring Club / Assess. Cultura Bologna
Proprietà: ecclesiastica
Condizione attuale: aperto a richiesta

Provincia di Ancona
Comune di Osimo
REPERTI ARCHEOLOGICI NEL PALAZZO COMUNALE
Categoria: musei d'archeologia
Fonte/i: Enit / Guide arch. Laterza
Proprietà: Comune
Condizione attuale: aperto a richiesta

Provincia di Ancona
Comune di Ostra
PINACOTECA COMUNALE
Indirizzo: via Gramsci 1
Categoria: musei d'arte
Fonte/i: Regione
Proprietà: Comune
Condizione attuale: aperta

Provincia di Ancona
Comune di Ostra
SALETTA ESPOSIZIONE FOSSILI MARCHIGIANI
Indirizzo: convento Frati Minori, tel. 071/68032, Pianello di Ostra
Categoria: musei di scienza e tecnica
Fonte/i: Enit / Regione
Proprietà: ecclesiastica
Condizione attuale: aperta

Provincia di Ancona
Comune di Ostra Vetere
RACCOLTA PARROCCHIALE SANTA MARIA DI PIAZZA
Indirizzo: piazza Santa Lucia, tel. 071/96114
Categoria: musei d'arte
Fonte/i: Enit / Regione
Proprietà: ecclesiastica
Condizione attuale: aperta a richiesta

Provincia di Ancona
Comune di San Paolo di Jesi
MUSEO DEGLI "EX-LIBRIS"
Categoria: musei specializzati
Fonte/i: Min. Interni
Proprietà: Comune
Condizione attuale: aperto a richiesta

Provincia di Ancona
Comune di Sassoferrato
GALLERIA CIVICA D'ARTE MODERNA E CONTEMPORANEA
Indirizzo: palazzo Montanari, tel. 0732/96045-9465 (Biblioteca comunale)
Categoria: musei d'arte
Fonte/i: Istat / Enit / Regione / Guida Monaci / Fio / Min. Interni / Assess. Cultura Bologna
Proprietà: Comune
Condizione attuale: in restauro

Provincia di Ancona
Comune di Sassoferrato
MUSEO ARCHEOLOGICO SENTINATE
Indirizzo: palazzo dei Priori, piazza Matteotti, tel. 0732/95378-9465 (Biblioteca comunale)
Categoria: musei d'archeologia
Fonte/i: Istat / Enit / Regione / Guida Monaci / Fio / Min. Interni / Assess. Cultura Bologna / Guide arch. Laterza
Proprietà: Comune
Condizione attuale: in restauro

Provincia di Ancona
Comune di Sassoferrato
MUSEO DELLE ARTI E TRADIZIONI POPOLARI
Indirizzo: palazzo Montanari, tel. 0732/96045 (Municipio), 0732/9465 (Biblioteca comunale)
Categoria: musei territoriali
Fonte/i: Istat / Enit / Regione / Guida Monaci / Fio / Min. Interni / Assess. Cultura Bologna
Proprietà: Comune
Condizione attuale: in restauro

Provincia di Ancona
Comune di Sassoferrato
PINACOTECA E GALLERIA ARTE MODERNA
Indirizzo: palazzo Scalzi
Categoria: musei d'arte
Fonte/i: Fio
Proprietà: Comune
Condizione attuale: in progettazione

Provincia di Ancona
Comune di Sassoferrato
ROCCA "ALBORNOZ": MUSEO DELLE ARMI
Categoria: musei specializzati

Fonte/i: Fio
Proprietà: Comune
Condizione attuale: in restauro

Provincia di Ancona
Comune di Senigallia
ACQUARIO DEL LABORATORIO IDROLOGICO
Categoria: acquari
Fonte/i: Com. it. Icom.
Proprietà: Stato
Condizione attuale: aperto a richiesta

Provincia di Ancona
Comune di Senigallia
CENTRO RICERCA STORIA DELL'AGRICOLTURA MARCHIGIANA
Indirizzo: ex convento delle Grazie, Scapezzano di Senigallia, tel. 071/62302-7923127
Categoria: musei territoriali
Fonte/i: Istat / Enit / Regione / Guida Monaci / Assess. Cultura Bologna
Proprietà: Stato
Condizione attuale: aperto

Provincia di Ancona
Comune di Senigallia
MUSEO DEI CENTRI STORICI DELLE MARCHE
Indirizzo: piazza del Duca 2, tel. 071/63258
Categoria: musei territoriali
Fonte/i: Enit / Guida Monaci
Proprietà: Stato
Condizione attuale: aperto

Provincia di Ancona
Comune di Senigallia
MUSEO DELL'INFORMAZIONE
Indirizzo: via Chiostergi 10, tel. 071/60424
Categoria: musei specializzati
Fonte/i: Enit / Regione / Assess. Cultura Bologna
Proprietà: Comune
Condizione attuale: aperto

Provincia di Ancona
Comune di Senigallia
MUSEO PIO IX E PINACOTECA DIOCESANA
Indirizzo: palazzo Mastai, via G. M. Mastai 14, tel. 071/61458-65568
Categoria: musei d'arte
Fonte/i: Istat / Enit / Regione / Guida Monaci / Touring Club / Min. Beni culturali / Assess. Cultura Bologna

Proprietà: ecclesiastica
Condizione attuale: aperti

Provincia di Ancona
Comune di Senigallia
RACCOLTA DI FLORA ALGOLOGICA "PIERPAOLI"
Categoria: musei di scienza e tecnica
Fonte/i: Com. it. Icom.

Provincia di Ancona
Comune di Senigallia
RACCOLTA NATURALISTICA "BOIDI"
Categoria: musei di scienza e tecnica
Fonte/i: Com. it. Icom.

Provincia di Ancona
Comune di Serra San Quirico
MUSEO DEI FOSSILI
Indirizzo: borgo Stazione
Categoria: musei di scienza e tecnica
Fonte/i: Min. Interni
Proprietà: ecclesiastica
Condizione attuale: aperto a richiesta

PROVINCIA DI ASCOLI PICENO

Provincia di Ascoli Piceno
Comune di Amandola
MUSEO DELLA CIVILTÀ CONTADINA
Indirizzo: largo Leopardi, tel. 0736/847491
Categoria: musei territoriali
Fonte/i: Enit / Regione / Min. Interni / Assess. Cultura Bologna
Proprietà: Comune
Condizione attuale: aperto

Provincia di Ascoli Piceno
Comune di Amandola
MUSEO PALEONTOLOGICO
Indirizzo: chiostro di San Francesco, largo Leopardi, tel. 0736/97191 (Comune)
Categoria: musei di scienza e tecnica
Fonte/i: Regione / Min. Interni
Proprietà: Comune
Condizione attuale: aperto

Provincia di Ascoli Piceno
Comune di Ascoli Piceno
GALLERIA D'ARTE CONTEMPORANEA
Indirizzo: palazzo Malaspina, corso Mazzini 224, tel. 0736/64760
Categoria: musei d'arte
Fonte/i: Istat / Enit / Regione / Guida Regioni d'Italia / Assess. Cultura Bologna
Proprietà: Comune

Condizione attuale: aperta

Provincia di Ascoli Piceno
Comune di Ascoli Piceno
MUSEO ARCHEOLOGICO STATALE
Indirizzo: palazzo Panichi, piazza Arringo, tel. 0736/253562
Categoria: musei d'archeologia
Fonte/i: Istat / Enit / Regione / Guida Monaci / Min. Beni culturali / Assess. Cultura Bologna / Dir. gen. Min. Beni culturali / Guide arch. Laterza
Proprietà: Stato
Condizione attuale: aperto

Provincia di Ascoli Piceno
Comune di Ascoli Piceno
MUSEO DELLA CERAMICA
Indirizzo: corso Mazzini 79
Categoria: musei specializzati
Fonte/i: Istat / Guida Monaci
Proprietà: privata
Condizione attuale: aperto

Provincia di Ascoli Piceno
Comune di Ascoli Piceno
MUSEO DI SCIENZE NATURALI "A. ORSINI"
Indirizzo: Istituto tecnico agrario "Celso Ulpiani", viale della Repubblica 30
Categoria: musei di scienza e tecnica
Fonte/i: Istat / Regione
Proprietà: Comune
Condizione attuale: chiuso

Provincia di Ascoli Piceno
Comune di Ascoli Piceno
MUSEO DIOCESANO
Indirizzo: Palazzo vescovile, piazza Arringo, tel. 0736/50901
Categoria: musei specializzati
Fonte/i: Istat / Enit / Regione / Guida Monaci / Touring Club / Min. Beni culturali / Assess. Cultura Bologna
Proprietà: ecclesiastica
Condizione attuale: aperto a richiesta

Provincia di Ascoli Piceno
Comune di Ascoli Piceno
PINACOTECA CIVICA
Indirizzo: piazza Arringo, tel. 0736/53063-298213-298282
Categoria: musei d'arte
Fonte/i: Istat / Enit / Regione / Guida Monaci / Min. Beni culturali / Assess. Cultura Bologna
Proprietà: Comune

Condizione attuale: aperta

Provincia di Ascoli Piceno
Comune di Castel di Lama
MUSEO COMUNALE
Indirizzo: via Roma
Categoria: musei d'arte
Fonte/i: Istat / Min. Interni
Proprietà: Comune
Condizione attuale: aperto

Provincia di Ascoli Piceno
Comune di Cossignano
ANTIQUARIUM COMUNALE "N. PANSONI"
Indirizzo: via Verdi
Categoria: musei d'archeologia
Fonte/i: Min. Interni
Proprietà: Comune
Condizione attuale: aperto a richiesta

Provincia di Ascoli Piceno
Comune di Cupra Marittima
ANTIQUARIUM COMUNALE
Indirizzo: piazza della Libertà, tel. 0735/77121-77145-777174
Categoria: musei d'archeologia
Fonte/i: Istat / Enit / Regione / Touring Club / Assess. Cultura Bologna / Guide arch. Laterza
Proprietà: Comune
Condizione attuale: aperto a richiesta

Provincia di Ascoli Piceno
Comune di Cupra Marittima
MUSEO MALACOLOGICO
Indirizzo: via Adriatica Nord 82, tel. 0735/77160-777550
Categoria: musei di scienza e tecnica
Fonte/i: Enit / Regione / Touring Club / Assess. Cultura Bologna
Proprietà: Comune
Condizione attuale: aperto

Provincia di Ascoli Piceno
Comune di Falerone
MUSEO ARCHEOLOGICO ANTIQUARIUM COMUNALE
Indirizzo: piazza della Libertà 1, tel. 0734/70115-70165
Categoria: musei d'archeologia
Fonte/i: Istat / Enit / Regione / Touring Club / Min. Interni / Assess. Cultura Bologna / Guide arch. Laterza
Proprietà: Comune
Condizione attuale: aperto a richiesta

Provincia di Ascoli Piceno
Comune di Fermo
CENTRO "T. SALVADORI" PER L'AMBIENTE E TERRITORIO
Indirizzo: villa Vitali, viale Trento, tel. 0734/375166
Categoria: musei di scienza e tecnica
Fonte/i: Enit / Regione / Guida Monaci / Touring Club / Min. Beni culturali / Assess. Cultura Bologna
Proprietà: Comune
Condizione attuale: aperto a richiesta

Provincia di Ascoli Piceno
Comune di Fermo
ISTITUTO GEOGRAFICO POLARE "S. ZAVATTI"
Indirizzo: villa Vitali, viale Trento, tel. 0734/375166
Categoria: musei specializzati
Fonte/i: Touring Club / Assess. Cultura Bologna
Proprietà: privata
Condizione attuale: aperto a richiesta

Provincia di Ascoli Piceno
Comune di Fermo
MUSEO ARCHEOLOGICO ANTIQUARIUM
Indirizzo: largo Calzecchi Onesti, tel. 0734/375166
Categoria: musei d'archeologia
Fonte/i: Istat / Enit / Regione / Guida Monaci / Min. Beni culturali / Assess. Cultura Bologna / Guide arch. Laterza
Proprietà: Comune
Condizione attuale: aperto

Provincia di Ascoli Piceno
Comune di Fermo
MUSEO DEL TEATRO "DELL'AQUILA"
Indirizzo: viale Mazzini
Categoria: musei specializzati
Fonte/i: Guida Monaci / Fio
Proprietà: Comune
Condizione attuale: in restauro

Provincia di Ascoli Piceno
Comune di Fermo
PINACOTECA CIVICA
Indirizzo: Palazzo comunale, piazza del Popolo, tel. 0734/371106-375166
Categoria: musei d'arte
Fonte/i: Istat / Enit / Regione / Guida Monaci / Min. Beni culturali / Assess. Cultura Bologna
Proprietà: Comune
Condizione attuale: aperta

Provincia di Ascoli Piceno
Comune di Fermo
RACCOLTA DIOCESANA
Indirizzo: Curia arcivescovile, tel. 0734/228722
Categoria: musei specializzati
Fonte/i: Regione / Touring Club / Min. Beni culturali / Assess. Cultura Bologna
Proprietà: ecclesiastica
Condizione attuale: in allestimento

Provincia di Ascoli Piceno
Comune di Massa Fermana
PINACOTECA COMUNALE
Indirizzo: Palazzo comunale, via Garibaldi 60, tel. 0734/760127
Categoria: musei d'arte
Fonte/i: Istat / Enit / Regione / Min. Interni / Guida Regioni d'Italia / Assess. Cultura Bologna
Proprietà: Comune
Condizione attuale: aperta

Provincia di Ascoli Piceno
Comune di Monsampaolo del Tronto
DEPOSITO DI BENI CULTURALI E ARCHEOLOGICI
Indirizzo: via G. Latini
Categoria: musei d'archeologia
Fonte/i: Min. Interni
Proprietà: Comune

Provincia di Ascoli Piceno
Comune di Montalto delle Marche
DEPOSITO DI BENI CULTURALI E ARCHEOLOGICI
Indirizzo: Municipio, tel. 0736/92119
Categoria: musei d'archeologia
Fonte/i: Enit / Regione / Min. Interni
Proprietà: Comune
Condizione attuale: aperto

Provincia di Ascoli Piceno
Comune di Montalto delle Marche
MUSEO DIOCESANO DI ARTE SACRA
Indirizzo: piazza Sisto V
Categoria: musei specializzati
Fonte/i: Min. Interni
Proprietà: ecclesiastica
Condizione attuale: da definire

Provincia di Ascoli Piceno
Comune di Montefiore dell'Aso
MUSEO DELLA CIVILTÀ CONTADINA

Indirizzo: chiesa di San Francesco, tel. 0734/938113
Categoria: musei territoriali
Fonte/i: Enit / Regione
Proprietà: Comune
Condizione attuale: aperto a richiesta

Provincia di Ascoli Piceno
Comune di Montefiore dell'Aso
SALA "ADOLFO DE CAROLIS"
Indirizzo: via Garibaldi 38, tel. 0734/938103
Categoria: musei d'arte
Fonte/i: Enit / Regione / Min. Interni
Proprietà: Comune
Condizione attuale: aperta a richiesta

Provincia di Ascoli Piceno
Comune di Montefortino
PINACOTECA "F. DURANTI"
Indirizzo: Palazzo municipale, tel. 0736/969101
Categoria: musei d'arte
Fonte/i: Istat / Enit / Regione / Guida Monaci / Touring Club / Min. Beni culturali / Min. Interni / Assess. Cultura Bologna
Proprietà: Comune
Condizione attuale: aperta

Provincia di Ascoli Piceno
Comune di Montefortino
RACCOLTA DI FAUNA APPENNINICA
Indirizzo: via Roma 12
Categoria: musei territoriali
Fonte/i: Touring Club / Assess. Cultura Bologna
Proprietà: Comune
Condizione attuale: aperta a richiesta

Provincia di Ascoli Piceno
Comune di Montegallo
MUSEO DI ARTE CONTADINA
Indirizzo: Uscerno
Categoria: musei territoriali
Fonte/i: Min. Interni
Proprietà: privata
Condizione attuale: aperto a richiesta

Provincia di Ascoli Piceno
Comune di Montegiorgio
CENTRO DELLA CULTURA CONTADINA DELL'ALTO PICENO
Indirizzo: via Roma
Categoria: musei territoriali
Fonte/i: Enit / Regione / Min. Interni
Proprietà: Comune
Condizione attuale: aperto a richiesta

Provincia di Ascoli Piceno
Comune di Montelparo
MUSEO CIVICO
Indirizzo: Municipio, via Roma, tel. 0734/78141-78167
Categoria: musei d'arte
Fonte/i: Enit / Regione / Min. Interni
Proprietà: Comune
Condizione attuale: aperto a richiesta

Provincia di Ascoli Piceno
Comune di Monterubbiano
MUSEO CIVICO ARCHEOLOGICO
Indirizzo: Palazzo comunale, piazza Calzecchi Onesti, tel. 0734/59125
Categoria: musei d'archeologia
Fonte/i: Istat / Enit / Regione / Guida Monaci / Touring Club / Min. Interni / Assess. Cultura Bologna
Proprietà: Comune
Condizione attuale: aperto a richiesta

Provincia di Ascoli Piceno
Comune di Offida
MUSEO ARCHEOLOGICO "G. ALLEVI"
Indirizzo: Palazzo comunale, piazza Vittorio Emanuele, tel. 0736/889381
Categoria: musei d'archeologia
Fonte/i: Istat / Enit / Regione / Guida Monaci / Touring Club / Min. Interni / Assess. Cultura Bologna
Proprietà: Comune
Condizione attuale: aperto a richiesta

Provincia di Ascoli Piceno
Comune di Offida
MUSEO DELLA CIVILTÀ CONTADINA
Indirizzo: Scuola media statale, via Ciabattoni, tel. 0736/889347
Categoria: musei territoriali
Fonte/i: Min. Interni / Assess. Cultura Bologna
Proprietà: Stato
Condizione attuale: in restauro

Provincia di Ascoli Piceno
Comune di Offida
MUSEO E PINACOTECA CIVICA
Indirizzo: corso Serpente Aureo
Categoria: musei d'arte
Fonte/i: Guida Monaci / Min. Interni
Proprietà: Comune
Condizione attuale: aperti a richiesta

Provincia di Ascoli Piceno
Comune di Ripatransone

MUSEO ARCHEOLOGICO "C. CELLINI"
Indirizzo: largo Donna Bianca De Tharolis, tel. 0735/9225-99141
Categoria: musei d'archeologia
Fonte/i: Istat / Enit / Regione / Guida Monaci / Min. Beni culturali / Min. Interni / Assess. Cultura Bologna
Proprietà: Comune
Condizione attuale: aperto

Provincia di Ascoli Piceno
Comune di Ripatransone
PINACOTECA CIVICA E GIPSOTECA "UNO GERA"
Indirizzo: palazzo Bonomi, corso Vittorio Emanuele II, tel. 0735/9225-99141
Categoria: musei d'arte
Fonte/i: Istat / Enit / Regione / Guida Monaci / Min. Interni / Assess. Cultura Bologna
Proprietà: Comune
Condizione attuale: aperte

Provincia di Ascoli Piceno
Comune di San Benedetto del Tronto
MUSEO CIVILTÀ MARINARA
Indirizzo: viale A. De Gasperi, tel. 0735/86855
Categoria: musei etnograf. e/o antropolog.
Fonte/i: Touring Club / Min. Beni culturali / Assess. Cultura Bologna
Proprietà: Comune
Condizione attuale: aperto

Provincia di Ascoli Piceno
Comune di San Benedetto del Tronto
MUSEO DELLE ANFORE / ARCHEOLOGICO-LICEO "DE GASPERI"
Indirizzo: via A. De Gasperi, tel. 0735/86855
Categoria: musei d'archeologia
Fonte/i: Touring Club / Min. Beni culturali / Assess. Cultura Bologna
Proprietà: Stato
Condizione attuale: aperto

Provincia di Ascoli Piceno
Comune di San Benedetto del Tronto
MUSEO ITTICO "A. CAPRIOTTI"
Indirizzo: viale C. Colombo, tel. 0735/2417-68850
Categoria: musei specializzati
Fonte/i: Istat / Enit / Regione / Guida Monaci / Touring Club / Min. Beni culturali / Assess. Cultura Bologna
Proprietà: Stato
Condizione attuale: aperto

Provincia di Ascoli Piceno

Comune di San Benedetto del Tronto
MUSEO PALEONTOLOGICO
Indirizzo: via Piemonte 126, tel. 0735/83013
Categoria: musei etnograf. e/o antropolog.
Fonte/i: Guida Monaci / Touring Club / Assess. Cultura Bologna
Proprietà: Comune
Condizione attuale: aperto

PROVINCIA DI MACERATA

Provincia di Macerata
Comune di Apiro
RACCOLTA DI SANT'URBANO
Indirizzo: chiesa Collegiata, piazza Badini, tel. 0733/611118
Categoria: musei d'arte
Fonte/i: Enit / Regione
Proprietà: ecclesiastica
Condizione attuale: aperta a richiesta

Provincia di Macerata
Comune di Caldarola
CASTELLO PALLOTTA
Indirizzo: via Castello, tel. 0733/905242
Categoria: musei d'arte
Fonte/i: Enit / Regione
Proprietà: privata
Condizione attuale: aperto

Provincia di Macerata
Comune di Camerino
ERBARIO "V. MARCHESONI" E ERBARIO DI FLORA ITALIANA
Categoria: musei di scienza e tecnica
Fonte/i: Com. it. Icom.
Proprietà: Università
Condizione attuale: aperti a richiesta

Provincia di Macerata
Comune di Camerino
MUSEO DELLA BASILICA DI SAN VENANZIO
Indirizzo: piazza San Venanzio
Categoria: musei specializzati
Fonte/i: Guida Monaci
Proprietà: ecclesiastica
Condizione attuale: aperto a richiesta

Provincia di Macerata
Comune di Camerino
MUSEO DI ANATOMIA COMPARATA
Categoria: musei di scienza e tecnica
Fonte/i: Guida Monaci / Com. it. Icom.
Proprietà: Università
Condizione attuale: aperto a richiesta

Provincia di Macerata
Comune di Camerino
MUSEO DI GEOLOGIA
Categoria: musei di scienza e tecnica
Fonte/i: Guida Monaci
Proprietà: Università
Condizione attuale: aperto a richiesta

Provincia di Macerata
Comune di Camerino
MUSEO DI REPERTI AUTOPTICI
Categoria: musei di scienza e tecnica
Fonte/i: Com. it. Icom.
Proprietà: Università
Condizione attuale: aperto a richiesta

Provincia di Macerata
Comune di Camerino
MUSEO DI SANTA CHIARA
Indirizzo: via A. Medici 20
Categoria: musei specializzati
Fonte/i: Guida Monaci
Proprietà: ecclesiastica
Condizione attuale: aperto a richiesta

Provincia di Macerata
Comune di Camerino
MUSEO DI ZOOLOGIA
Categoria: musei di scienza e tecnica
Fonte/i: Enit / Com. it. Icom.
Proprietà: Università
Condizione attuale: aperto a richiesta

Provincia di Macerata
Comune di Camerino
MUSEO E PINACOTECA CIVICA
Indirizzo: ex chiesa di San Francesco,
via Sparapani 10, tel. 0737/36245
Categoria: musei d'arte
Fonte/i: Istat / Enit / Regione / Guida Monaci / Min. Interni / Assess. Cultura Bologna
Proprietà: Comune
Condizione attuale: aperti

Provincia di Macerata
Comune di Camerino
MUSEO E PINACOTECA DIOCESANA
Indirizzo: Palazzo arcivescovile,
piazza Cavour, tel. 0737/2611-2354
Categoria: musei d'arte
Fonte/i: Istat / Enit / Regione / Guida Monaci / Min. Interni / Assess. Cultura Bologna
Proprietà: ecclesiastica
Condizione attuale: aperti

Provincia di Macerata

Comune di Camerino
MUSEO STORICO CAPPUCCINO
Indirizzo: contrada Renacavata,
tel. 0737/2328
Categoria: musei specializzati
Fonte/i: Enit / Regione / Guida Monaci / Min. Interni
Proprietà: ecclesiastica
Condizione attuale: aperto a richiesta

Provincia di Macerata
Comune di Camerino
ORTO BOTANICO
Categoria: giardini zoolog. botan. naturali
Fonte/i: Istat / Enit
Proprietà: Università
Condizione attuale: aperto a richiesta

Provincia di Macerata
Comune di Camerino
RACCOLTA ARCHEOLOGICA E NUMISMATICA DELL'UNIVERSITÀ
Indirizzo: palazzo dell'Ateneo, Biblioteca Valentiniana
Categoria: musei d'archeologia
Fonte/i: Enit / Guida Monaci / Guide arch. Laterza
Proprietà: Università
Condizione attuale: aperta

Provincia di Macerata
Comune di Cessapalombo
MUSEO PARROCCHIALE
Indirizzo: località Monastero, parrocchia di San Salvatore
Categoria: musei d'archeologia
Fonte/i: Enit / Regione
Proprietà: ecclesiastica
Condizione attuale: aperto a richiesta

Provincia di Macerata
Comune di Cingoli
MUSEO CIVICO
Indirizzo: piazza Vittorio Emanuele II 2,
tel. 0733/612877
Categoria: musei d'archeologia
Fonte/i: Istat / Enit / Regione / Guida Monaci / Touring Club / Min. Interni / Assess. Cultura Bologna / Guide arch. Laterza
Proprietà: Comune
Condizione attuale: aperto

Provincia di Macerata
Comune di Cingoli
PINACOTECA COMUNALE
Indirizzo: via Mazzini 10

Categoria: musei d'arte
Fonte/i: Regione / Guida Monaci / Min. Interni
Proprietà: Comune
Condizione attuale: aperta

Provincia di Macerata
Comune di Civitanova Marche
GALLERIA D'ARTE CONTEMPORANEA "M. MORETTI"
Indirizzo: Palazzo comunale, piazza della Libertà, tel. 0733/79160
Categoria: musei d'arte
Fonte/i: Istat / Enit / Regione / Guida Monaci / Assess. Cultura Bologna
Proprietà: Comune
Condizione attuale: aperta

Provincia di Macerata
Comune di Civitanova Marche
MUSEO POLARE
Indirizzo: via Buozzi 6, tel. 0733/73837
Categoria: musei di scienza e tecnica
Fonte/i: Istat / Enit / Regione / Assess. Cultura Bologna / Piccoli
Proprietà: Comune
Condizione attuale: aperto

Provincia di Macerata
Comune di Corridonia
MUSEO "F. CORRIDONI"
Indirizzo: Municipio, piazza Corridoni
Categoria: musei di storia
Fonte/i: Regione / Min. Interni
Proprietà: Comune
Condizione attuale: aperto a richiesta

Provincia di Macerata
Comune di Corridonia
PINACOTECA PARROCCHIALE
Indirizzo: chiesa dei Santi Pietro, Paolo e Donato, via Cavour, tel. 0733/431812
Categoria: musei d'arte
Fonte/i: Istat / Enit / Regione / Guida Monaci / Touring Club / Assess. Cultura Bologna
Proprietà: ecclesiastica
Condizione attuale: aperta a richiesta

Provincia di Macerata
Comune di Macerata
MUSEO CIVICO, PINACOTECA E MUSEO DELLA CARROZZA
Indirizzo: piazza Vittorio Veneto, tel. 0733/49942
Categoria: musei d'arte e archeologia
Fonte/i: Istat / Enit / Regione / Guida Monaci / Touring Club / Assess. Cultura Bologna / Guide arch. Laterza / Piccoli
Proprietà: Comune
Condizione attuale: aperti

Provincia di Macerata
Comune di Macerata
MUSEO DEL RISORGIMENTO E DELLA RESISTENZA
Indirizzo: piazza Vittorio Veneto, tel. 0733/40479-230479
Categoria: musei di storia
Fonte/i: Istat / Enit / Regione / Guida Monaci / Assess. Cultura Bologna
Proprietà: Comune
Condizione attuale: aperto

Provincia di Macerata
Comune di Macerata
MUSEO TIPOLOGICO DEL PRESEPIO
Indirizzo: via Maffeo Pantaleoni 4, tel. 0733/49035-234035
Categoria: musei specializzati
Fonte/i: Enit / Regione / Guida Monaci / Touring Club / Assess. Cultura Bologna
Proprietà: privata
Condizione attuale: aperto a richiesta

Provincia di Macerata
Comune di Matelica
MUSEO "T. PIERSANTI"
Indirizzo: via Umberto I 11, tel. 0737/84445
Categoria: musei d'arte
Fonte/i: Istat / Enit / Regione / Guida Monaci / Min. Beni culturali / Min. Interni / Assess. Cultura Bologna / Guide arch. Laterza
Proprietà: ecclesiastica
Condizione attuale: aperto

Provincia di Macerata
Comune di Mogliano
MUSEO E PINACOTECA COMUNALI
Indirizzo: via Roma 54, tel. 0733/556823
Categoria: musei d'arte e archeologia
Fonte/i: Istat / Enit / Touring Club / Min. Interni / Assess. Cultura Bologna
Proprietà: Comune
Condizione attuale: aperti a richiesta

Provincia di Macerata
Comune di Mogliano
MUSEO PARROCCHIALE DI SANTA MARIA DI PIAZZA
Indirizzo: vicolo Boninfanti, tel. 0733/556058
Categoria: musei d'arte
Fonte/i: Istat / Enit / Guida Monaci / Touring

Club / Min. Interni / Assess. Cultura Bologna
Proprietà: ecclesiastica
Condizione attuale: in restauro

Provincia di Macerata
Comune di Monte San Giusto
COLLEZIONE DI DISEGNI "MAGGIORI"
Indirizzo: via Bonafade
Categoria: musei specializzati
Fonte/i: Enit / Min. Interni
Proprietà: Comune
Condizione attuale: chiusa

Provincia di Macerata
Comune di Monte San Martino
**PINACOTECA
DELL'OPERA PIA "RICCI"**
Indirizzo: via A. Ricci 10, tel. 0733/660107
Categoria: musei d'arte
Fonte/i: Istat / Enit / Assess. Cultura Bologna
Proprietà: privata
Condizione attuale: aperta

Provincia di Macerata
Comune di Montecassiano
MUSEO DELLE CONFRATERNITE
Indirizzo: corso Dante Alighieri,
tel. 0733/598144
Categoria: musei d'arte
Fonte/i: Enit / Regione
Proprietà: ecclesiastica
Condizione attuale: aperto a richiesta

Provincia di Macerata
Comune di Pieve Torina
MUSEO DELLA NOSTRA TERRA
Indirizzo: via Sant'Agostino 1,
tel. 0737/51132-51308
Categoria: musei territoriali
Fonte/i: Istat / Enit / Regione / Guida Monaci / Min. Interni / Assess. Cultura Bologna
Proprietà: Stato
Condizione attuale: aperto

Provincia di Macerata
Comune di Pievebovigliana
MUSEO "RAFFAELE CAMPELLI"
Indirizzo: parrocchia Santa Maria Assunta,
tel. 0737/44108
Categoria: musei d'arte e archeologia
Fonte/i: Enit / Regione / Guida Monaci / Touring Club / Min. Interni / Assess. Cultura Bologna
Proprietà: ecclesiastica
Condizione attuale: aperto a richiesta

Provincia di Macerata
Comune di Pioraco
MUSEO DELLE FILIGRANE
Indirizzo: ex convento di San Francesco,
tel. 0737/42485
Categoria: musei specializzati
Fonte/i: Regione
Proprietà: Comune
Condizione attuale: aperto a richiesta

Provincia di Macerata
Comune di Pollenza
MUSEO CIVICO DELLE MEMORIE POLLENTINE
Indirizzo: via Roma 32,
tel. 0733/519450-549387
Categoria: musei d'arte e archeologia
Fonte/i: Istat / Enit / Regione / Guida Monaci / Touring Club / Min. Interni / Assess. Cultura Bologna
Proprietà: Comune
Condizione attuale: aperto a richiesta

Provincia di Macerata
Comune di Porto Recanati
PINACOTECA COMUNALE
Indirizzo: castello Svevo, piazza Brancondi
Categoria: musei d'arte
Fonte/i: Enit / Regione / Min. Interni
Proprietà: Comune
Condizione attuale: aperta

Provincia di Macerata
Comune di Potenza Picena
MUSEO COMUNALE
Indirizzo: ex convento Frati Minori,
via Trento, tel. 0733/671242
Categoria: musei d'arte
Fonte/i: Enit / Regione
Proprietà: Comune
Condizione attuale: aperto

Provincia di Macerata
Comune di Recanati
GALLERIA D'ARTE MODERNA
Indirizzo: piazza Leopardi 1, tel. 071/978434
Categoria: musei d'arte
Fonte/i: Assess. Cultura Bologna
Proprietà: Comune
Condizione attuale: aperta

Provincia di Macerata
Comune di Recanati
MUSEO "BENIAMINO GIGLI" E PINACOTECA
Indirizzo: piazza Leopardi, tel. 071/982772

Categoria: musei d'arte
Fonte/i: Istat / Enit / Regione / Guida Monaci / Assess. Cultura Bologna
Proprietà: Comune
Condizione attuale: aperti

Provincia di Macerata
Comune di Recanati
MUSEO DELLA BIBLIOTECA PRIVATA "G. LEOPARDI"
Indirizzo: piazza Sabato del Villaggio, tel. 071/9841309
Categoria: musei specializzati
Fonte/i: Enit / Regione / Guida Monaci / Touring Club
Proprietà: privata
Condizione attuale: aperto

Provincia di Macerata
Comune di Recanati
MUSEO DIOCESANO
Indirizzo: via Duomo 2, tel. 071/981022-981124
Categoria: musei d'arte
Fonte/i: Enit / Regione / Guida Monaci / Touring Club / Assess. Cultura Bologna
Proprietà: ecclesiastica
Condizione attuale: aperto a richiesta

Provincia di Macerata
Comune di Ripe San Ginesio
PINACOTECA
Indirizzo: piazza Vittorio Emanuele
Categoria: musei d'arte
Fonte/i: Min. Interni
Proprietà: Comune
Condizione attuale: aperta a richiesta

Provincia di Macerata
Comune di San Ginesio
MUSEO E PINACOTECA "A. GENTILI"
Indirizzo: ex chiesa di San Sebastiano, tel. 0733/666068-666072
Categoria: musei d'arte
Fonte/i: Istat / Enit / Regione / Guida Monaci / Min. Interni / Assess. Cultura Bologna
Proprietà: Comune
Condizione attuale: aperti

Provincia di Macerata
Comune di San Severino Marche
GALLERIA D'ARTE MODERNA COMUNALE
Indirizzo: Municipio, tel. 0733/62027
Categoria: musei d'arte
Fonte/i: Enit / Regione / Guida Monaci / Min. Interni
Proprietà: Comune
Condizione attuale: aperta

Provincia di Macerata
Comune di San Severino Marche
MUSEO ARCHEOLOGICO "G. MORETTI"
Indirizzo: via Salimbeni 39, tel. 0733/638095
Categoria: musei d'archeologia
Fonte/i: Istat / Enit / Regione / Guida Monaci / Min. Interni / Assess. Cultura Bologna
Proprietà: Comune
Condizione attuale: aperto

Provincia di Macerata
Comune di San Severino Marche
MUSEO DELLA CIVILTÀ CONTADINA
Indirizzo: viale Bigioli 126, tel. 0733/638377
Categoria: musei territoriali
Fonte/i: Enit / Guida Monaci / Min. Interni
Proprietà: Comune
Condizione attuale: aperto a richiesta

Provincia di Macerata
Comune di San Severino Marche
PINACOTECA COMUNALE "TACCHI VENTURI"
Indirizzo: via Salimbeni 39, tel. 0733/638095
Categoria: musei d'arte
Fonte/i: Istat / Enit / Regione / Guida Monaci / Min. Interni / Assess. Cultura Bologna
Proprietà: Comune
Condizione attuale: aperta

Provincia di Macerata
Comune di Sarnano
MUSEO DELLA FAUNA E DELLA FLORA DELL'APPENNINO
Indirizzo: viale B. Costa 24, tel. 0733/667160
Categoria: musei di scienza e tecnica
Fonte/i: Istat / Enit / Regione / Guida Monaci / Touring Club / Min. Interni / Assess. Cultura Bologna
Proprietà: Comune
Condizione attuale: aperto a richiesta

Provincia di Macerata
Comune di Sarnano
MUSEO DELLE ARMI
Indirizzo: via G. Leopardi 1, tel. 0733/658126-657160
Categoria: musei di storia
Fonte/i: Touring Club / Min. Interni / Assess. Cultura Bologna
Proprietà: Comune

Provincia di Macerata
Comune di Sarnano
PINACOTECA COMUNALE
Indirizzo: via G. Leopardi,
tel. 0733/667826-658126
Categoria: musei d'arte
Fonte/i: Istat / Enit / Regione / Guida Monaci / Touring Club / Min. Interni / Assess. Cultura Bologna
Proprietà: Comune
Condizione attuale: aperta

Provincia di Macerata
Comune di Tolentino
ABBAZIA DI CHIARAVALLE: MUSEO AGRICOLO
Indirizzo: abbazia di Fiastra, tel. 0733/202122
Categoria: musei territoriali
Fonte/i: Enit / Regione / Touring Club / Assess. Cultura Bologna
Proprietà: privata
Condizione attuale: aperto

Provincia di Macerata
Comune di Tolentino
ABBAZIA DI CHIARAVALLE: MUSEO ARCHEOLOGICO
Indirizzo: abbazia di Fiastra, tel. 0733/202122
Categoria: musei d'archeologia
Fonte/i: Regione / Touring Club / Assess. Cultura Bologna
Proprietà: privata
Condizione attuale: aperto

Provincia di Macerata
Comune di Tolentino
ABBAZIA DI CHIARAVALLE: MUSEO DI STORIA NATURALE
Indirizzo: abbazia di Fiastra, tel. 0733/202122
Categoria: musei etnograf. e/o antropolog.
Fonte/i: Regione / Touring Club / Assess. Cultura Bologna
Proprietà: privata
Condizione attuale: aperto

Provincia di Macerata
Comune di Tolentino
BASILICA DI SAN NICOLA: MUSEO ARCHEOLOGICO
Indirizzo: tel. 0733/973029
Categoria: musei d'archeologia
Fonte/i: Istat / Enit / Regione / Touring Club / Assess. Cultura Bologna
Proprietà: Comune
Condizione attuale: aperto

Provincia di Macerata
Comune di Tolentino
BASILICA DI SAN NICOLA: MUSEO DEGLI EX VOTO
Indirizzo: tel. 0733/973029
Categoria: musei specializzati
Fonte/i: Istat / Enit / Regione / Touring Club / Assess. Cultura Bologna
Proprietà: Comune
Condizione attuale: aperto

Provincia di Macerata
Comune di Tolentino
BASILICA DI SAN NICOLA: MUSEO DELL'OPERA
Indirizzo: tel. 0733/973029
Categoria: musei specializzati
Fonte/i: Istat / Regione / Guida Monaci / Assess. Cultura Bologna
Proprietà: ecclesiastica
Condizione attuale: aperto

Provincia di Macerata
Comune di Tolentino
BASILICA DI SAN NICOLA: MUSEO DELLE CERAMICHE
Indirizzo: tel. 0733/973029
Categoria: musei specializzati
Fonte/i: Istat / Enit / Regione / Guida Monaci / Assess. Cultura Bologna
Proprietà: Comune
Condizione attuale: aperto

Provincia di Macerata
Comune di Tolentino
MUSEO INTERNAZIONALE DELLA CARICATURA
Indirizzo: via della Pace 20,
tel. 0733/91530-21217-972222
Categoria: musei specializzati
Fonte/i: Istat / Enit / Regione / Guida Monaci / Touring Club / Assess. Cultura Bologna / Piccoli
Proprietà: Comune
Condizione attuale: aperto

Provincia di Macerata
Comune di Tolentino
MUSEO NAPOLEONICO
Indirizzo: via della Pace 20,
tel. 0733/91530-21217-972222
Categoria: musei di storia
Fonte/i: Istat / Enit / Regione / Guida Monaci / Touring Club / Assess. Cultura Bologna

Proprietà: Comune
Condizione attuale: in allestimento

Provincia di Macerata
Comune di Treia
MUSEO CIVICO ARCHEOLOGICO
Indirizzo: Municipio,
tel. 0733/515137-515117-215241
Categoria: musei d'archeologia
Fonte/i: Istat / Enit / Regione / Guida Monaci / Touring Club / Min. Interni / Assess. Cultura Bologna / Guide arch. Laterza
Proprietà: Comune
Condizione attuale: aperto a richiesta

Provincia di Macerata
Comune di Treia
MUSEO DELL'ACCADEMIA GEORGICA
Indirizzo: piazza Repubblica
Categoria: musei specializzati
Fonte/i: Istat / Enit / Min. Interni
Proprietà: Comune
Condizione attuale: aperto a richiesta

Provincia di Macerata
Comune di Ussita
MUSEO "GASPARRI"
Indirizzo: Palazzo comunale
Categoria: musei specializzati
Fonte/i: Istat / Enit
Proprietà: Comune
Condizione attuale: aperto a richiesta

Provincia di Macerata
Comune di Visso
MUSEO CIVICO
Indirizzo: ex chiesa di Sant'Agostino, largo Antinori, tel. 0737/95225
Categoria: musei d'arte
Fonte/i: Enit / Regione / Touring Club / Min. Interni / Assess. Cultura Bologna
Proprietà: Comune
Condizione attuale: aperto a richiesta

Provincia di Pesaro e Urbino

Provincia di Pesaro e Urbino
Comune di Apecchio
MUSEO DEI FOSSILI
Categoria: musei di scienza e tecnica
Fonte/i: Min. Interni
Proprietà: Comune

Provincia di Pesaro e Urbino
Comune di Cagli
MUSEO CIVICO
Indirizzo: Palazzo municipale, via Leopardi, tel. 0721/70267
Categoria: musei d'arte
Fonte/i: Istat / Fio / Touring Club / Min. Interni / Assess. Cultura Bologna
Proprietà: Comune
Condizione attuale: in restauro

Provincia di Pesaro e Urbino
Comune di Fano
PINACOTECA E MUSEO DEL PALAZZO MALATESTIANO
Indirizzo: piazza XX Settembre, tel. 0721/82415-876362-828362
Categoria: musei d'arte e archeologia
Fonte/i: Istat / Enit / Regione / Touring Club / Assess. Cultura Bologna / Guide arch. Laterza
Proprietà: Comune
Condizione attuale: aperti

Provincia di Pesaro e Urbino
Comune di Fossombrone
MUSEO CIVICO "A. VERNARECCI"
Indirizzo: Corte Alta, tel. 0722/71645-71644-723238
Categoria: musei d'arte e archeologia
Fonte/i: Istat / Enit / Regione / Guida Monaci / Touring Club / Assess. Cultura Bologna / Guide arch. Laterza
Proprietà: Comune
Condizione attuale: aperto a richiesta

Provincia di Pesaro e Urbino
Comune di Fossombrone
PINACOTECA COMUNALE "PASSIONEI"
Indirizzo: palazzo Cesarini, via Pergamino 32, tel. 0722/71644-71650
Categoria: musei d'arte
Fonte/i: Regione / Guida Monaci
Proprietà: Comune
Condizione attuale: aperta

Provincia di Pesaro e Urbino
Comune di Fossombrone
QUADRERIA "CESARINI"
Indirizzo: via Pergamino 32, tel. 0721/71650-714650
Categoria: musei d'arte
Fonte/i: Enit / Regione / Guida Monaci / Touring Club
Proprietà: Comune
Condizione attuale: aperta a richiesta

Provincia di Pesaro e Urbino

Comune di Frontino
**MUSEO PER LE OPERE
DI FRANCO ASSETTO**
Indirizzo: convento di Montefiorentino
Categoria: musei d'arte
Fonte/i: Regione / Min. Interni
Condizione attuale: aperto

Provincia di Pesaro e Urbino
Comune di Gradara
MUSEO DELLA ROCCA
Indirizzo: Rocca di Gradara, tel. 0541/964181
Categoria: musei d'arte
Fonte/i: Istat / Enit / Regione / Touring Club / Min. Beni culturali / Assess. Cultura Bologna
Proprietà: Stato
Condizione attuale: aperto

Provincia di Pesaro e Urbino
Comune di Gradara
PINACOTECA COMUNALE
Indirizzo: Palazzo comunale, tel. 0541/964123
Categoria: musei d'arte
Fonte/i: Enit / Touring Club / Assess. Cultura Bologna
Proprietà: Comune
Condizione attuale: in allestimento

Provincia di Pesaro e Urbino
Comune di Isola del Piano
**MUSEO "SULLE TRACCE
DEI NOSTRI PADRI"**
Indirizzo: via Montebello 1, tel. 0721/72026
Categoria: musei territoriali
Fonte/i: Enit / Regione
Proprietà: Comune
Condizione attuale: aperto

Provincia di Pesaro e Urbino
Comune di Macerata Feltria
MUSEO PALEONTOLOGICO
Indirizzo: palazzo del Podestà
Categoria: musei di scienza e tecnica
Fonte/i: Min. Interni
Proprietà: Comune
Condizione attuale: aperto a richiesta

Provincia di Pesaro e Urbino
Comune di Macerata Feltria
REPERTI DI PITINUM PISAURENSE
Indirizzo: ex convento di San Francesco
Categoria: musei d'archeologia
Fonte/i: Min. Interni
Proprietà: Comune
Condizione attuale: aperti a richiesta

Provincia di Pesaro e Urbino
Comune di Mercatello sul Metauro
MUSEO DELLA COLLEGIATA
Indirizzo: piazza Garibaldi, tel. 0722/89139
Categoria: musei d'arte
Fonte/i: Enit / Regione / Touring Club / Min. Interni / Assess. Cultura Bologna
Proprietà: ecclesiastica
Condizione attuale: aperto a richiesta

Provincia di Pesaro e Urbino
Comune di Mercatello sul Metauro
**PINACOTECA CHIESA
DI SAN FRANCESCO**
Indirizzo: piazza San Francesco, tel. 0722/89139-89144
Categoria: musei d'arte
Fonte/i: Istat / Enit / Guida Monaci / Touring Club / Min. Interni / Assess. Cultura Bologna
Proprietà: ecclesiastica
Condizione attuale: aperta a richiesta

Provincia di Pesaro e Urbino
Comune di Mondavio
**MUSEO DI RIEVOCAZIONE STORICA /
ARMERIA DELLA ROCCA**
Indirizzo: Rocca di Mondavio, piazza della Rovere, tel. 0721/97102
Categoria: musei d'arte
Fonte/i: Istat / Enit / Regione / Guida Monaci / Min. Interni / Assess. Cultura Bologna
Proprietà: Comune
Condizione attuale: aperto

Provincia di Pesaro e Urbino
Comune di Montefelcino
MUSEO CIVICO
Indirizzo: piazza Don Luigi Sturzo
Categoria: musei d'arte
Fonte/i: Min. Interni
Proprietà: Comune
Condizione attuale: aperto a richiesta

Provincia di Pesaro e Urbino
Comune di Novafeltria
MUSEO STORICO MINERARIO
Indirizzo: località Perticara, ex mattatoio, via D. Raggi, tel. 0541/910044-927031-927267
Categoria: musei di scienza e tecnica
Fonte/i: Istat / Enit / Regione / Guida Monaci / Assess. Cultura Bologna
Proprietà: privata
Condizione attuale: aperto

Provincia di Pesaro e Urbino
Comune di Pennabilli

MUSEO DIOCESANO "A. BERGAMASCHI"
Indirizzo: via del Seminario,
tel. 0541/918416-918486-918415
Categoria: musei d'arte
Fonte/i: Istat / Enit / Regione / Guida Monaci / Touring Club / Min. Interni / Assess. Cultura Bologna
Proprietà: ecclesiastica
Condizione attuale: aperto a richiesta

Provincia di Pesaro e Urbino
Comune di Pergola
RACCOLTA DI FOSSILI "R. PICCININI"
Indirizzo: Gabinetto geologico botanico del Catria
Categoria: musei di scienza e tecnica
Fonte/i: Com. it. Icom.

Provincia di Pesaro e Urbino
Comune di Pesaro
CASA NATALE DI G. ROSSINI
Indirizzo: via Rossini 34, tel. 071/63682
Categoria: musei specializzati
Fonte/i: Enit / Regione / Guida Monaci / Touring Club / Assess. Cultura Bologna
Proprietà: Comune
Condizione attuale: aperta

Provincia di Pesaro e Urbino
Comune di Pesaro
MOSTRA "VITA RURALE BASSA VALLE DEL FOGLIA"
Indirizzo: villa Fastiggi, via Finali 63, tel. 0721/604250
Categoria: musei territoriali
Fonte/i: Regione
Proprietà: privata
Condizione attuale: aperta a richiesta

Provincia di Pesaro e Urbino
Comune di Pesaro
MUSEO ARCHEOLOGICO OLIVERIANO
Indirizzo: palazzo Almerici, via Mazza 97, tel. 0721/33344
Categoria: musei d'archeologia
Fonte/i: Istat / Enit / Regione / Guida Monaci / Assess. Cultura Bologna / Guide arch. Laterza
Proprietà: Stato
Condizione attuale: aperto a richiesta

Provincia di Pesaro e Urbino
Comune di Pesaro
MUSEO CIVICO
Indirizzo: piazza Toschi-Mosca 29,
tel. 0721/67815
Categoria: musei d'arte
Fonte/i: Istat / Enit / Regione / Guida Monaci / Touring Club / Assess. Cultura Bologna
Proprietà: Comune
Condizione attuale: aperto

Provincia di Pesaro e Urbino
Comune di Pesaro
MUSEO DELL'OSSERVATORIO METEOROLOGICO VALERIO
Indirizzo: Orti Giuli, via Cecconi, tel. 0721/30677
Categoria: musei di scienza e tecnica
Fonte/i: Enit / Regione
Proprietà: da definire
Condizione attuale: aperto a richiesta

Provincia di Pesaro e Urbino
Comune di Pesaro
MUSEO ROSSINIANO DELLA FONDAZIONE "ROSSINI"
Indirizzo: Conservatorio di musica, piazza Olivieri 30
Categoria: musei specializzati
Fonte/i: Enit / Regione / Guida Monaci
Proprietà: privata
Condizione attuale: aperto a richiesta

Provincia di Pesaro e Urbino
Comune di Pesaro
MUSEO SCIENTIFICO "L. GUIDI"
Indirizzo: via Cecconi 6, tel. 0721/410638
Categoria: musei di scienza e tecnica
Fonte/i: Guida Monaci
Proprietà: privata
Condizione attuale: aperto a richiesta

Provincia di Pesaro e Urbino
Comune di Pesaro
VILLA "L'IMPERIALE"
Indirizzo: tel. 0721/69341
Categoria: musei d'arte
Fonte/i: Regione
Condizione attuale: aperta a richiesta

Provincia di Pesaro e Urbino
Comune di Piandimeleto
MUSEO DEL LAVORO CONTADINO
Indirizzo: castello dei conti Oliva, piazza Conti Oliva, tel. 0722/79121
Categoria: musei territoriali
Fonte/i: Enit / Regione / Touring Club / Min. Interni / Assess. Cultura Bologna
Proprietà: Comune
Condizione attuale: aperto a richiesta

Provincia di Pesaro e Urbino
Comune di Piandimeleto
**MUSEO DELLE SCIENZE
DELLA TERRA**
Indirizzo: castello dei conti Oliva,
piazza Conti Oliva, tel. 0722/79121
Categoria: musei di scienza e tecnica
Fonte/i: Enit / Regione / Touring Club / Min.
Interni / Assess. Cultura Bologna
Proprietà: Comune
Condizione attuale: aperto a richiesta

Provincia di Pesaro e Urbino
Comune di Piandimeleto
RACCOLTA D'ARTE
Indirizzo: Biblioteca comunale
viale Dante, tel. 0722/79121
Categoria: musei d'arte
Fonte/i: Istat / Enit / Guida Monaci / Touring
Club / Assess. Cultura Bologna
Proprietà: Comune
Condizione attuale: in allestimento

Provincia di Pesaro e Urbino
Comune di San Leo
MUSEO E PINACOTECA DEL FORTE
Indirizzo: Rocca di San Leo,
tel. 0541/916242-916231
Categoria: musei d'arte
Fonte/i: Istat / Enit / Regione / Guida Monaci /
Min. Beni culturali / Min. Interni / Assess.
Cultura Bologna
Proprietà: privata
Condizione attuale: aperti

Provincia di Pesaro e Urbino
Comune di San Lorenzo in Campo
ANTIQUARIUM SUASANUM
Indirizzo: via San Demetrio presso l'abbazia,
tel. 0721/76825
Categoria: musei d'archeologia
Fonte/i: Istat / Enit / Regione / Guida Monaci /
Min. Interni / Guide arch. Laterza
Proprietà: privata
Condizione attuale: aperto a richiesta

Provincia di Pesaro e Urbino
Comune di San Lorenzo in Campo
MUSEO COMUNALE LAURENTINO
Indirizzo: via Mario Tiberini,
tel. 0721/76847-776847
Categoria: musei d'archeologia
Fonte/i: Enit / Regione / Min. Interni
Proprietà: Comune
Condizione attuale: aperto

Provincia di Pesaro e Urbino
Comune di Sant'Agata Feltria
**MUSEO DEL CONVENTO
DI SAN GIROLAMO**
Categoria: musei specializzati
Fonte/i: Min. Interni
Proprietà: ecclesiastica
Condizione attuale: aperto a richiesta

Provincia di Pesaro e Urbino
Comune di Sant'Agata Feltria
MUSEO DELLA COLLEGIATA
Categoria: musei specializzati
Fonte/i: Min. Interni
Proprietà: ecclesiastica
Condizione attuale: aperto a richiesta

Provincia di Pesaro e Urbino
Comune di Sant'Agata Feltria
MUSEO DI ROCCA "FREGOSO"
Categoria: musei d'arte
Fonte/i: Enit / Regione / Min. Interni
Condizione attuale: aperto

Provincia di Pesaro e Urbino
Comune di Sassocorvaro
**MUSEO CIVICO DELLA
ROCCA UBALDINESCA**
Indirizzo: piazza Battelli,
tel. 0722/76148-76133
Categoria: musei d'arte
Fonte/i: Istat / Enit / Regione / Guida Monaci /
Fio / Touring Club / Min. Interni / Assess.
Cultura Bologna
Proprietà: Comune
Condizione attuale: aperto

Provincia di Pesaro e Urbino
Comune di Sassocorvaro
**RACCOLTE ZOOLOGICHE
DELL'ISTITUTO "MASSAIOLI"**
Categoria: musei di scienza e tecnica
Fonte/i: Com. it. Icom.
Proprietà: Stato
Condizione attuale: aperte a richiesta

Provincia di Pesaro e Urbino
Comune di Serra Sant'Abbondio
**RACCOLTA DI FOSSILI,
MUSEO DI FONTE AVELLANA**
Categoria: musei di scienza e tecnica
Fonte/i: Istat
Proprietà: ecclesiastica
Condizione attuale: aperta a richiesta

Provincia di Pesaro e Urbino

Comune di Tavullia
MUSEO COMUNALE
Categoria: musei d'archeologia
Fonte/i: Min. Interni
Proprietà: Comune
Condizione attuale: aperto

Provincia di Pesaro e Urbino
Comune di Urbania
MUSEO CIVICO
Indirizzo: corso Vittorio Emanuele,
tel. 0722/61795-319985
Categoria: musei d'arte
Fonte/i: Istat / Enit / Regione / Guida Monaci / Min. Interni / Assess. Cultura Bologna
Proprietà: Comune
Condizione attuale: aperto

Provincia di Pesaro e Urbino
Comune di Urbino
CASA NATALE DI RAFFAELLO
Indirizzo: via Raffaello,
tel. 0722/4735-320105
Categoria: musei specializzati
Fonte/i: Istat / Regione / Guida Monaci / Assess. Cultura Bologna
Proprietà: privata
Condizione attuale: aperta

Provincia di Pesaro e Urbino
Comune di Urbino
**GALLERIA NAZIONALE
DELLE MARCHE**
Indirizzo: piazza Rinascimento,
tel. 0722/2760-320315
Categoria: musei d'arte
Fonte/i: Istat / Enit / Regione / Guida Monaci / Min. Beni culturali / Assess. Cultura Bologna/ Dir. gen. Min. Beni culturali
Proprietà: Stato
Condizione attuale: aperta

Provincia di Pesaro e Urbino
Comune di Urbino
MUSEO ARCHEOLOGICO
Indirizzo: Palazzo ducale,
piazza Duca Federico, tel. 0722/2760-320315
Categoria: musei d'archeologia
Fonte/i: Istat / Touring Club / Assess. Cultura Bologna / Guide arch. Laterza
Proprietà: Stato
Condizione attuale: aperto

Provincia di Pesaro e Urbino
Comune di Urbino
MUSEO DEI GESSI
Indirizzo: Istituto di archeologia dell'università, palazzo Albani,
tel. 0722/320534
Categoria: musei d'arte e archeologia
Fonte/i: Touring Club / Assess. Cultura Bologna
Proprietà: Università
Condizione attuale: aperto

Provincia di Pesaro e Urbino
Comune di Urbino
MUSEO DELLA CERAMICA
Indirizzo: Palazzo ducale,
piazza Duca Federico, tel. 0722/2760-320315
Categoria: musei specializzati
Fonte/i: Touring Club / Assess. Cultura Bologna
Proprietà: Stato
Condizione attuale: aperto

Provincia di Pesaro e Urbino
Comune di Urbino
MUSEO DIOCESANO "ALBANI"
Indirizzo: Cattedrale, tel. 0722/2892
Categoria: musei d'arte
Fonte/i: Istat / Enit / Regione / Touring Club / Assess. Cultura Bologna
Proprietà: ecclesiastica
Condizione attuale: aperto

Provincia di Pesaro e Urbino
Comune di Urbino
**ORTO BOTANICO
(ISTITUTO BOTANICA-UNIVERSITÀ)**
Indirizzo: via Bramante, tel. 0722/2428-2613
Categoria: giardini zoolog. botan. naturali
Fonte/i: Istat / Enit / Guida Monaci / Assess. Cultura Bologna
Proprietà: Università
Condizione attuale: aperto

Regione Molise

PROVINCIA DI CAMPOBASSO

Provincia di Campobasso
Comune di Baranello
MUSEO CIVICO "BARONE"
Indirizzo: Palazzo comunale, tel. 0874/400406
Categoria: musei d'arte
Fonte/i: Istat / Enit / Regione / Touring Club / Min. Interni / Guida Regioni d'Italia / Assess. Cultura Bologna
Proprietà: Comune
Condizione attuale: aperto a richiesta

Provincia di Campobasso
Comune di Bojano
MUSEO CIVICO: SEZIONE ARCHEOLOGICA
Indirizzo: largo Episcopio
Categoria: musei d'archeologia
Fonte/i: Min. Interni
Proprietà: Comune
Condizione attuale: aperta a richiesta

Provincia di Campobasso
Comune di Bojano
MUSEO CIVICO: SEZIONE PALEONTOLOGICA
Indirizzo: via Barcellona 1
Categoria: musei di scienza e tecnica
Fonte/i: Min. Interni
Proprietà: Comune
Condizione attuale: in allestimento

Provincia di Campobasso
Comune di Campobasso
MUSEO INTERNAZIONALE DEL PRESEPIO IN MINIATURA
Indirizzo: villa Colitti, piazza Vittoria 4, tel. 0874/93672
Categoria: musei specializzati
Fonte/i: Istat / Enit / Regione / Touring Club / Guida Regioni d'Italia / Assess. Cultura Bologna / Piccoli
Proprietà: privata
Condizione attuale: aperto a richiesta

Provincia di Campobasso
Comune di Campobasso
MUSEO SANNITICO PROVINCIALE
Indirizzo: palazzo Mazzarotta, via Chiarizia
Categoria: musei d'archeologia
Fonte/i: Istat / Regione
Proprietà: Provincia

Condizione attuale: in allestimento

Provincia di Campobasso
Comune di Campochiaro
MUSEO CIVICO
Categoria: musei d'arte
Fonte/i: Min. Beni culturali
Proprietà: Comune
Condizione attuale: in restauro

Provincia di Campobasso
Comune di Larino
MUSEO CIVICO E ARCHEOLOGICO
Indirizzo: Palazzo ducale, piazza Duomo, tel. 0874/822287
Categoria: musei d'arte e archeologia
Fonte/i: Enit / Regione / Min. Interni / Guida Regioni d'Italia
Proprietà: Comune
Condizione attuale: aperto a richiesta

Provincia di Campobasso
Comune di Larino
MUSEO DI VILLA "ZAPPONE"
Categoria: musei d'archeologia
Fonte/i: Fio
Proprietà: Stato
Condizione attuale: in restauro

Provincia di Campobasso
Comune di San Polomatese
PRESEPIO "ROGATI"
Indirizzo: Palazzo comunale, tel. 0874/789243
Categoria: musei specializzati
Fonte/i: Regione
Proprietà: Comune
Condizione attuale: aperto

Provincia di Campobasso
Comune di Sepino
MUSEO ARCHEOLOGICO DELLA CITTÀ DI SEPINO
Indirizzo: località Altilia, tel. 0874/790207
Categoria: musei d'archeologia
Fonte/i: Istat / Enit / Regione / Fio / Touring Club / Min. Interni / Guida Regioni d'Italia / Assess. Cultura Bologna / Dir. gen. Min. Beni culturali
Proprietà: Stato
Condizione attuale: aperto

Provincia di Campobasso
Comune di Termoli
GALLERIA D'ARTE CONTEMPORANEA
Indirizzo: piazza Sant'Antonio, tel. 0875/71547

Categoria: musei d'arte
Fonte/i: Istat / Enit / Regione / Guida Regioni d'Italia
Proprietà: Comune
Condizione attuale: aperta

PROVINCIA DI ISERNIA

Provincia di Isernia
Comune di Agnone
CASA "NUONNO" (BOTTEGA ORAFA DEL TRE-QUATTROCENTO)
Categoria: musei specializzati
Fonte/i: Insud
Proprietà: Comune
Condizione attuale: aperta

Provincia di Isernia
Comune di Agnone
DEPOSITO COMUNALE
Indirizzo: corso Garibaldi
Categoria: musei d'archeologia
Fonte/i: Min. Interni
Proprietà: Comune
Condizione attuale: chiuso

Provincia di Isernia
Comune di Agnone
MUSEO EMIDIANO
Indirizzo: chiesa di Sant'Emidio, corso Vittorio Emanuele, tel. 0865/78359
Categoria: musei d'arte
Fonte/i: Istat / Regione / Guida Regioni d'Italia / Assess. Cultura Bologna
Proprietà: ecclesiastica
Condizione attuale: aperto a richiesta

Provincia di Isernia
Comune di Isernia
ANTIQUARIUM CIVICO SANTA MARIA DELLA MONACHE
Indirizzo: piazza Santa Maria, tel. 0865/28179
Categoria: musei d'archeologia
Fonte/i: Istat / Regione / Touring Club / Guida Regioni d'Italia / Dir. gen. Min. Beni culturali / Assess. Cultura Bologna
Proprietà: Comune
Condizione attuale: aperto

Provincia di Isernia
Comune di San Pietro Avellana
MUSEO DI TRADIZIONI POPOLARI E DEL COSTUME D'EPOCA
Indirizzo: via Trattuto 63, tel. 0865/940103
Categoria: musei territoriali
Fonte/i: Touring Club / Min. Interni / Assess. Cultura Bologna
Proprietà: Comune
Condizione attuale: aperto a richiesta

Provincia di Isernia
Comune di Scapoli
MUSEO DELLA ZAMPOGNA
Indirizzo: tel. 0865/954143
Categoria: musei specializzati
Fonte/i: Istat / Enit / Regione / Touring Club / Assess. Cultura Bologna
Proprietà: Comune
Condizione attuale: in allestimento

Provincia di Isernia
Comune di Venafro
CASTELLO
Indirizzo: piazza Colle
Categoria: musei d'arte
Fonte/i: Min. Beni culturali / Dir. gen. Min. Beni culturali
Proprietà: Stato
Condizione attuale: in allestimento

Provincia di Isernia
Comune di Venafro
MUSEO ARCHEOLOGICO NAZIONALE
Indirizzo: ex monastero di Santa Chiara, via Garibaldi 8, tel. 0865/900363
Categoria: musei d'archeologia
Fonte/i: Istat / Enit / Regione / Min. Interni / Guida Regioni d'Italia / Dir. gen. Min. Beni culturali / Assess. Cultura Bologna
Proprietà: Stato
Condizione attuale: aperto a richiesta

Regione Piemonte

PROVINCIA DI ALESSANDRIA

Provincia di Alessandria
Comune di Acqui Terme
MUSEO ARCHEOLOGICO
Indirizzo: castello dei Paleologi,
tel. 0144/57555
Categoria: musei d'archeologia
Fonte/i: Istat / Enit / Regione / Guida Monaci /
Touring Club / Assess. Cultura Bologna /
Guida Regioni d'Italia
Proprietà: Comune
Condizione attuale: aperto

Provincia di Alessandria
Comune di Alessandria
MUSEO CIVICO E PINACOTECA
Indirizzo: via Tripoli 16, tel. 0131/54681
Categoria: musei d'arte e archeologia
Fonte/i: Istat / Enit / Regione / Guida Monaci /
Touring Club / Guida Regioni d'Italia /
Assess. Cultura Bologna
Proprietà: Comune
Condizione attuale: aperti

Provincia di Alessandria
Comune di Alessandria
MUSEO DEL CAPPELLO
Indirizzo: corso Cento Cannoni 23,
tel. 0131/3021
Categoria: musei specializzati
Fonte/i: Istat / Enit / Regione / Guida Monaci /
Touring Club / Assess. Cultura Bologna /
Guida Regioni d'Italia / Piccoli
Proprietà: privata
Condizione attuale: aperto

Provincia di Alessandria
Comune di Alessandria
MUSEO DELLA BATTAGLIA DI MARENGO
Indirizzo: frazione Spinetta Marengo,
via Genova 8/A, tel. 0131/619589
Categoria: musei di storia
Fonte/i: Istat / Enit / Regione / Guida Monaci /
Touring Club / Assess. Cultura Bologna
Proprietà: Comune
Condizione attuale: aperto

Provincia di Alessandria
Comune di Bistagno
GIPSOTECA "G. MONTEVERDE"
Indirizzo: Palazzo comunale, via Saracco 9,
tel. 0144/79106
Categoria: musei specializzati
Fonte/i: Regione / Min. Interni / Assess.
Cultura Bologna / Guida Regioni d'Italia
Proprietà: Comune
Condizione attuale: aperta a richiesta

Provincia di Alessandria
Comune di Borghetto di Borbera
MUSEO CASA DEI FANTI
Categoria: musei specializzati
Fonte/i: Min. Beni culturali
Proprietà: Comune
Condizione attuale: in restauro

Provincia di Alessandria
Comune di Bosco Marengo
CASA DI PIO V
Categoria: musei specializzati
Fonte/i: Regione
Proprietà: Comune
Condizione attuale: aperta a richiesta

Provincia di Alessandria
Comune di Carrega Ligure
MUSEO DELLA CULTURA POPOLARE "A. CARBUNINNA"
Indirizzo: tel. 0143/99197-642781
Categoria: musei etnograf. e/o antropolog.
Fonte/i: Istat / Enit / Regione / Guida Monaci /
Assess. Cultura Bologna / Guida Regioni
d'Italia
Proprietà: Comune
Condizione attuale: aperto

Provincia di Alessandria
Comune di Casale Monferrato
MUSEO CIVICO
Indirizzo: via Cavour 7,
tel. 0142/74321-332249
Categoria: musei d'arte
Fonte/i: Istat / Enit / Regione / Guida Monaci /
Touring Club / Assess. Cultura Bologna /
Guida Regioni d'Italia
Proprietà: Comune
Condizione attuale: in allestimento

Provincia di Alessandria
Comune di Casale Monferrato
MUSEO D'ARTE E STORIA ANTICA EBRAICA
Indirizzo: vicolo Olper 44, tel. 0142/71807
Categoria: musei specializzati
Fonte/i: Istat / Enit / Regione / Guida Monaci /
Touring Club / Assess. Cultura Bologna /
Guida Regioni d'Italia

Proprietà: privata
Condizione attuale: aperto a richiesta

Provincia di Alessandria
Comune di Castelnuovo Scrivia
RACCOLTA COMUNALE D'ARTE
Categoria: musei d'arte
Fonte/i: Regione
Proprietà: Comune
Condizione attuale: aperta a richiesta

Provincia di Alessandria
Comune di Montechiaro d'Acqui
RACCOLTA ETNOGRAFICA E SCIENTIFICA
Indirizzo: piazza C. Battisti
Categoria: musei etnograf. e/o antropolog.
Fonte/i: Regione / Min. Interni
Proprietà: Comune
Condizione attuale: aperta a richiesta

Provincia di Alessandria
Comune di Novi Ligure
MUSEO STORICO NOVESE
Indirizzo: via Gramsci 67, tel. 0143/745924
Categoria: musei di storia
Fonte/i: Istat / Enit / Guida Monaci / Touring Club / Assess. Cultura Bologna / Guida Regioni d'Italia
Proprietà: Comune
Condizione attuale: aperto a richiesta

Provincia di Alessandria
Comune di Ovada
MUSEO CIVICO NATURALISTICO
Indirizzo: frazione La Costa, tel. 0143/80937
Categoria: musei etnograf. e/o antropolog.
Fonte/i: Regione / Min. Interni / Assess. Cultura Bologna
Proprietà: Comune
Condizione attuale: aperto a richiesta

Provincia di Alessandria
Comune di Ponzone
MUSEO D'ARTE SACRA
Indirizzo: oratorio Santissimo Suffragio, piazza Italia, tel. 0144/78130
Categoria: musei specializzati
Fonte/i: Istat / Enit / Regione / Touring Club / Min. Interni / Assess. Cultura Bologna
Proprietà: ecclesiastica
Condizione attuale: aperto a richiesta

Provincia di Alessandria
Comune di Serralunga di Crea
MUSEO DEL SANTUARIO
Indirizzo: tel. 0142/940109-940467
Categoria: musei specializzati
Fonte/i: Istat / Enit / Regione / Guida Monaci / Assess. Cultura Bologna / Guida Regioni d'Italia
Proprietà: ecclesiastica
Condizione attuale: aperto a richiesta

Provincia di Alessandria
Comune di Serravalle Scrivia
ANTIQUARIUM DI LIBARNA
Indirizzo: tel. 0143/62630
Categoria: musei d'archeologia
Fonte/i: Dir. gen. Min. Beni culturali
Proprietà: Stato
Condizione attuale: aperto a richiesta

Provincia di Alessandria
Comune di Stazzano
MUSEO DI STORIA NATURALE
Indirizzo: villa Gardella, tel. 0143/65872
Categoria: musei di scienza e tecnica
Fonte/i: Regione / Min. Interni / Assess. Cultura Bologna
Proprietà: privata
Condizione attuale: aperto a richiesta

Provincia di Alessandria
Comune di Tagliolo Monferrato
RACCOLTA NATURALISTICA
Indirizzo: via Roma 4, tel. 0143/89171
Categoria: musei di scienza e tecnica
Fonte/i: Regione / Min. Interni / Assess. Cultura Bologna
Proprietà: Stato
Condizione attuale: aperta

Provincia di Alessandria
Comune di Tortona
MUSEO CIVICO
Indirizzo: piazza Arzano 2, tel. 0131/863161-864273
Categoria: musei d'archeologia
Fonte/i: Istat / Enit / Regione / Guida Monaci / Touring Club / Assess. Cultura Bologna / Guida Regioni d'Italia
Proprietà: Comune
Condizione attuale: aperto a richiesta

Provincia di Alessandria
Comune di Tortona
RACCOLTA DI CIMELI DI LORENZO PEROSI
Categoria: musei specializzati
Fonte/i: Regione
Proprietà: privata

Provincia di Alessandria
Comune di Valenza
RACCOLTA D'ARTE MODERNA
Indirizzo: Casa della cultura
Categoria: musei d'arte
Fonte/i: Regione
Proprietà: Comune
Condizione attuale: aperta

Provincia di Alessandria
Comune di Valenza
RISERVA DELLA GARZAIA
Categoria: giardini zoolog. botan. naturali
Fonte/i: Regione
Proprietà: Comune
Condizione attuale: aperta

Provincia di Alessandria
Comune di Vignale Monferrato
ENOTECA REGIONALE DEL MONFERRATO
Indirizzo: palazzo Callori, piazza del Popolo 7, tel. 0142/923243-923130
Categoria: musei specializzati
Fonte/i: Guida Monaci / Guida Regioni d'Italia
Proprietà: Regione
Condizione attuale: aperta

Provincia di Alessandria
Comune di Vignale Monferrato
MUSEO CIVICO
Categoria: musei d'arte
Fonte/i: Istat
Proprietà: Comune
Condizione attuale: aperto

Provincia di Alessandria
Comune di Volpedo
STUDIO DI G. PELLIZZA
Indirizzo: via Rosano 1, tel. 0131/80141-80290
Categoria: musei d'arte
Fonte/i: Istat / Enit / Regione / Touring Club / Min. Interni / Assess. Cultura Bologna
Proprietà: Comune
Condizione attuale: aperto a richiesta

Provincia di Alessandria
Comune di Voltaggio
PINACOTECA DEI CAPPUCCINI
Indirizzo: via Provinciale 1, tel. 010/9301237
Categoria: musei d'arte
Fonte/i: Istat / Enit / Regione / Guida Monaci / Touring Club / Min. Beni culturali / Min. Interni / Assess. Cultura Bologna / Guida Regioni d'Italia
Proprietà: ecclesiastica
Condizione attuale: aperta a richiesta

PROVINCIA DI ASTI

Provincia di Asti
Comune di Asti
ARAZZERIA "SCASSA"
Indirizzo: certosa di Valmanera, via dell'Arazzeria 60, tel. 0141/271352
Categoria: musei d'arte
Fonte/i: Enit / Regione / Guida Monaci / Guida Regioni d'Italia
Proprietà: Comune
Condizione attuale: aperta a richiesta

Provincia di Asti
Comune di Asti
CASA DI VITTORIO ALFIERI
Indirizzo: corso Alfieri 371, tel. 0141/58284
Categoria: musei specializzati
Fonte/i: Istat / Enit / Regione / Guida Monaci / Touring Club / Guida Regioni d'Italia
Proprietà: Comune
Condizione attuale: aperta

Provincia di Asti
Comune di Asti
ENOTECA DEI GRANDI VINI
Indirizzo: località Castiglione
Categoria: musei specializzati
Fonte/i: Enit
Proprietà: privata
Condizione attuale: aperta a richiesta

Provincia di Asti
Comune di Asti
MOSTRA PERMANENTE DELLA RESISTENZA
Indirizzo: Sinagoga, via Ottolenghi 8, tel. 0141/54791-32271
Categoria: musei di storia
Fonte/i: Regione / Guida Monaci / Touring Club / Assess. Cultura Bologna
Proprietà: Comune
Condizione attuale: aperta a richiesta

Provincia di Asti
Comune di Asti
MUSEO LAPIDARIO
Indirizzo: cripta di Sant'Anastasio, via Goltieri 3/A, tel. 0141/54791
Categoria: musei d'archeologia

Fonte/i: Enit / Regione / Guida Monaci / Touring Club / Assess. Cultura Bologna
Proprietà: Comune
Condizione attuale: aperto a richiesta

Provincia di Asti
Comune di Asti
**RACCOLTE CIVICHE
A SAN PIETRO IN CONSAVIA**
Indirizzo: corso Alfieri 2, tel. 0141/353072
Categoria: musei d'archeologia
Fonte/i: Istat / Enit / Regione / Guida Monaci / Touring Club / Assess. Cultura Bologna / Guida Regioni d'Italia
Proprietà: Comune
Condizione attuale: aperte

Provincia di Asti
Comune di Asti
**RACCOLTE CIVICHE
DI PALAZZO "MAZZETTI"**
Indirizzo: corso Alfieri 375, tel. 0141/54791
Categoria: musei d'arte
Fonte/i: Istat / Enit / Regione / Guida Monaci / Touring Club / Assess. Cultura Bologna / Guida Regioni d'Italia
Proprietà: Comune
Condizione attuale: aperte

Provincia di Asti
Comune di Castagnole delle Lanze
MUSEO DELLA CIVILTÀ CONTADINA
Indirizzo: via della Mandolera, tel. 0141/87231-878271
Categoria: musei territoriali
Fonte/i: Istat / Enit / Regione / Guida Monaci / Touring Club / Min. Interni / Assess. Cultura Bologna / Guida Regioni d'Italia
Proprietà: Stato
Condizione attuale: aperto a richiesta

Provincia di Asti
Comune di Castelnuovo Calcea
**RACCOLTA PRIVATA
"PIERGIORGIO POGLIO"**
Indirizzo: via Alfieri 19, tel. 0141/957148
Categoria: musei territoriali
Fonte/i: Istat / Enit / Guida Monaci / Touring Club / Guida Regioni d'Italia / Assess. Cultura Bologna
Proprietà: privata
Condizione attuale: aperta a richiesta

Provincia di Asti
Comune di Castelnuovo Don Bosco

CASA E SANTUARIO DI DON BOSCO
Indirizzo: frazione Becchi
Categoria: musei specializzati
Fonte/i: Enit / Regione
Proprietà: ecclesiastica
Condizione attuale: aperti

Provincia di Asti
Comune di Cinaglio
GIPSOTECA "GONETTO"
Indirizzo: via Regina Margherita 2
Categoria: musei specializzati
Fonte/i: Enit / Regione / Min. Interni
Proprietà: privata
Condizione attuale: aperta

Provincia di Asti
Comune di Cisterna d'Asti
MUSEO DI ARTI E MESTIERI
Indirizzo: Castello medievale, via Duca d'Aosta, tel. 0141/979118
Categoria: musei etnograf. e/o antropolog.
Fonte/i: Enit / Regione / Touring Club / Min. Interni / Assess. Cultura Bologna
Proprietà: Comune
Condizione attuale: aperto a richiesta

Provincia di Asti
Comune di Costigliole d'Asti
MUSEO DELLE CONTADINERIE
Indirizzo: piazza Castello, tel. 0141/966015
Categoria: musei territoriali
Fonte/i: Istat / Regione / Guida Monaci / Guida Regioni d'Italia
Proprietà: Comune
Condizione attuale: aperto

Provincia di Asti
Comune di Fontanile
MUSEO CIVICO ETNOGRAFICO
Indirizzo: piazza San Giovanni Battista 1, tel. 0141/739100
Categoria: musei territoriali
Fonte/i: Regione / Assess. Cultura Bologna
Proprietà: Comune
Condizione attuale: aperto a richiesta

Provincia di Asti
Comune di Mombercelli
MUSEO CIVICO
Categoria: musei d'arte
Fonte/i: Istat / Enit
Proprietà: Comune
Condizione attuale: aperto

Provincia di Asti

Comune di Moncalvo
**GALLERIA D'ARTE MODERNA
"CARLO MONTANARI"**
Categoria: musei d'arte
Fonte/i: Enit / Regione
Proprietà: Comune
Condizione attuale: aperta

Provincia di Asti
Comune di Moncucco Torinese
BOTTEGA DEL FREISA
Categoria: musei specializzati
Fonte/i: Enit
Proprietà: privata
Condizione attuale: aperta a richiesta

Provincia di Asti
Comune di Nizza Monferrato
**MUSEI "BERSANO" DELLE
CONTADINERIE E STAMPE SUL VINO**
Indirizzo: piazza Dante 21,
tel. 0141/721273-721088
Categoria: musei territoriali
Fonte/i: Istat / Enit / Regione / Guida Monaci / Touring Club / Min. Interni / Assess. Cultura Bologna / Guida Regioni d'Italia / Piccoli
Proprietà: privata
Condizione attuale: aperti

Provincia di Asti
Comune di Quaranti
MUSEO DEL VINO
Indirizzo: via Don Reggio 2,
tel. 0141/77044
Categoria: musei specializzati
Fonte/i: Istat / Enit / Guida Monaci / Assess. Cultura Bologna
Proprietà: privata
Condizione attuale: aperto a richiesta

Provincia di Asti
Comune di Roccaverano
MUSEO LANGAROLO
Categoria: musei territoriali
Fonte/i: Istat / Regione
Proprietà: privata
Condizione attuale: aperto

Provincia di Asti
Comune di Rocchetta Tanaro
PARCO NATURALE
Categoria: giardini zoolog. botan. naturali
Fonte/i: Enit / Regione
Proprietà: Comune
Condizione attuale: aperto

PROVINCIA DI CUNEO

Provincia di Cuneo
Comune di Alba
MUSEO CIVICO "FEDERICO EUSEBIO"
Indirizzo: via Paruzza 1/A, tel. 0173/30092
Categoria: musei d'archeologia
Fonte/i: Istat / Enit / Regione / Guida Monaci / Touring Club / Assess. Cultura Bologna / Guida Regioni d'Italia
Proprietà: Comune
Condizione attuale: aperto

Provincia di Cuneo
Comune di Alba
**RACCOLTA ISTITUTO TECNICO
AGRARIO "UMBERTO I"**
Indirizzo: corso Enotria 2
Categoria: musei di scienza e tecnica
Fonte/i: Istat
Proprietà: Stato
Condizione attuale: aperta a richiesta

Provincia di Cuneo
Comune di Barbaresco
MUSEO ENOLOGICO
Categoria: musei specializzati
Fonte/i: Regione
Proprietà: privata
Condizione attuale: aperto a richiesta

Provincia di Cuneo
Comune di Barolo
**ENOTECA REGIONALE
CASTELLO "FALLETTI"**
Indirizzo: piazza Falletti, tel. 0173/56277
Categoria: musei specializzati
Fonte/i: Enit / Regione / Touring Club / Guida Regioni d'Italia
Proprietà: Comune
Condizione attuale: aperta

Provincia di Cuneo
Comune di Barolo
MUSEO DELLA CIVILTÀ CONTADINA
Indirizzo: castello Falletti, piazza Falletti, tel. 0173/56277
Categoria: musei territoriali
Fonte/i: Istat / Regione / Touring Club / Min. Interni / Assess. Cultura Bologna
Condizione attuale: aperto

Provincia di Cuneo
Comune di Bene Vagienna
MUSEO CIVICO
Indirizzo: via Roma 125,

tel. 0172/65152-654473
Categoria: musei d'archeologia
Fonte/i: Istat / Enit / Regione / Touring Club / Min. Interni / Assess. Cultura Bologna / Guida Regioni d'Italia
Proprietà: Comune
Condizione attuale: in allestimento

Provincia di Cuneo
Comune di Boves
MUSEO ETNOGRAFICO ALPI OCCIDENTALI
Indirizzo: cascina Marquet, via Roncaia 4, tel. 0171/880263-388227
Categoria: musei territoriali
Fonte/i: Istat / Enit / Regione / Guida Monaci / Min. Interni / Guida Regioni d'Italia / Assess. Cultura Bologna
Proprietà: privata
Condizione attuale: in allestimento

Provincia di Cuneo
Comune di Bra
MUSEO CIVICO "CRAVERI" DI STORIA NATURALE
Indirizzo: via Craveri 15, tel. 0172/412010
Categoria: musei di scienza e tecnica
Fonte/i: Istat / Enit / Regione / Guida Monaci / Touring Club / Assess. Cultura Bologna / Guida Regioni d'Italia
Proprietà: Comune
Condizione attuale: aperto

Provincia di Cuneo
Comune di Bra
MUSEO CIVICO ARCHEOLOGICO E STORICO-ARTISTICO
Indirizzo: via Parperia 2, tel. 0172/425271
Categoria: musei d'arte e archeologia
Fonte/i: Enit / Regione / Assess. Cultura Bologna
Proprietà: Comune
Condizione attuale: in allestimento

Provincia di Cuneo
Comune di Castellar
MUSEO DELLE UNIFORMI DEL REGIO ESERCITO 1860-1940
Indirizzo: castello di Castellar, tel. 0175/76141
Categoria: musei di storia
Fonte/i: Assess. Cultura Bologna
Proprietà: Comune
Condizione attuale: aperto a richiesta

Provincia di Cuneo
Comune di Cherasco
MUSEO CIVICO "G. B. ADRIANI"
Indirizzo: via Ospedale 40, tel. 0172/48498-48101
Categoria: musei d'arte e archeologia
Fonte/i: Istat / Enit / Regione / Guida Monaci / Touring Club / Min. Interni / Guida Regioni d'Italia / Assess. Cultura Bologna
Proprietà: Comune
Condizione attuale: aperto a richiesta

Provincia di Cuneo
Comune di Chiusa di Pesio
MUSEO NATURALISTICO MISSIONARIO DELLA CERTOSA
Categoria: musei di scienza e tecnica
Fonte/i: Enit / Regione / Min. Beni culturali
Proprietà: ecclesiastica
Condizione attuale: aperto a richiesta

Provincia di Cuneo
Comune di Cuneo
MUSEO "GALIMBERTI"
Indirizzo: piazza Galimberti 6, tel. 0171/3344-54175
Categoria: musei di storia
Fonte/i: Enit / Regione / Assess. Cultura Bologna
Proprietà: privata
Condizione attuale: aperto a richiesta

Provincia di Cuneo
Comune di Cuneo
MUSEO CIVICO
Indirizzo: via Santa Maria 10/A, tel. 0171/54175
Categoria: musei d'arte e archeologia
Fonte/i: Istat / Enit / Regione / Guida Monaci / Touring Club / Assess. Cultura Bologna / Guida Regioni d'Italia
Proprietà: Comune
Condizione attuale: aperto

Provincia di Cuneo
Comune di Cuneo
MUSEO DEL PANE
Indirizzo: lungostura XXIV Maggio 3, tel. 0171/3004
Categoria: musei specializzati
Fonte/i: Regione / Assess. Cultura Bologna
Proprietà: privata
Condizione attuale: in allestimento

Provincia di Cuneo
Comune di Cuneo
RACCOLTA DEL LICEO

"SILVIO PELLICO"
Indirizzo: corso Giolitti 11
Categoria: musei di scienza e tecnica
Fonte/i: Istat
Proprietà: Stato
Condizione attuale: aperta a richiesta

Provincia di Cuneo
Comune di Dogliani
MUSEO STORICO ARCHEOLOGICO "G. GABETTI"
Indirizzo: piazza San Paolo 9, tel. 0173/70107
Categoria: musei d'archeologia
Fonte/i: Istat / Enit / Regione / Guida Monaci / Touring Club / Min. Interni / Assess. Cultura Bologna / Guida Regioni d'Italia
Proprietà: Comune
Condizione attuale: aperto a richiesta

Provincia di Cuneo
Comune di Dronero
MUSEO CIVICO STORICO ARTISTICO CASA "L. MALLÉ"
Indirizzo: via IV Novembre, tel. 0171/918834
Categoria: musei d'arte
Fonte/i: Regione / Min. Interni / Assess. Cultura Bologna
Proprietà: Comune
Condizione attuale: in allestimento

Provincia di Cuneo
Comune di Fossano
MUSEO DELLA CATTEDRALE
Categoria: musei specializzati
Fonte/i: Regione
Proprietà: ecclesiastica
Condizione attuale: aperto

Provincia di Cuneo
Comune di Fossano
MUSEO DELLE CARTOLINE REGGIMENTALI
Indirizzo: castello degli Acaia, tel. 0172/61976
Categoria: musei di storia
Fonte/i: Assess. Cultura Bologna
Proprietà: privata
Condizione attuale: aperto

Provincia di Cuneo
Comune di Fossano
MUSEO ETNOGRAFICO DELLA PROVINCIA DI CUNEO
Categoria: musei etnograf. e/o antropolog.
Fonte/i: Istat / Enit / Regione
Proprietà: Provincia
Condizione attuale: aperto

Provincia di Cuneo
Comune di Garessio
MUSEO CIVICO GEOSPELEOLOGICO E PINACOTECA CIVICA
Indirizzo: piazza Carrara 131, tel. 0174/81005
Categoria: musei d'archeologia
Fonte/i: Istat / Enit / Regione / Guida Monaci / Touring Club / Min. Interni / Assess. Cultura Bologna / Guida Regioni d'Italia
Proprietà: Comune
Condizione attuale: aperti

Provincia di Cuneo
Comune di Grinzane Cavour
MUSEO DELL'ENOTECA REGIONALE PIEMONTESE
Indirizzo: Castello, tel. 0173/62159
Categoria: musei specializzati
Fonte/i: Istat / Enit / Regione / Guida Monaci / Touring Club / Min. Beni culturali / Min. Interni / Assess. Cultura Bologna / Guida Regioni d'Italia
Proprietà: Regione
Condizione attuale: aperto a richiesta

Provincia di Cuneo
Comune di La Morra
MUSEO "RATTI" DEI VINI DI ALBA
Indirizzo: frazione Abbazia dell'Annunziata, tel. 0173/50185
Categoria: musei specializzati
Fonte/i: Istat / Enit / Regione / Touring Club / Assess. Cultura Bologna
Proprietà: privata
Condizione attuale: aperto a richiesta

Provincia di Cuneo
Comune di Magliano Alfieri
MUSEO ARTI E TRADIZIONI POPOLARI
Indirizzo: castello degli Alfieri, tel. 0173/66117
Categoria: musei territoriali
Fonte/i: Istat / Regione / Min. Interni / Assess. Cultura Bologna
Proprietà: Comune
Condizione attuale: in allestimento

Provincia di Cuneo
Comune di Manta
CASTELLO DELLA MANTA DEI MARCHESI DI SALUZZO
Indirizzo: tel. 0175/87822
Categoria: musei d'arte
Fonte/i: Enit / Assess. Cultura Bologna
Proprietà: privata

Condizione attuale: aperto
Provincia di Cuneo
Comune di Mondovì
MUSEO ETNOGRAFICO
Categoria: musei etnograf. e/o antropolog.
Fonte/i: Enit
Proprietà: Comune
Condizione attuale: aperto a richiesta

Provincia di Cuneo
Comune di Mondovì
RACCOLTA DEL LICEO "BECCARIA"
Indirizzo: piazza IV Novembre
Categoria: musei di scienza e tecnica
Fonte/i: Istat
Proprietà: Stato
Condizione attuale: aperta a richiesta

Provincia di Cuneo
Comune di Monforte d'Alba
COLLEZIONE ORNITOLOGICA SCUOLA DI AGRICOLTURA
Categoria: musei di scienza e tecnica
Fonte/i: Com. it. Icom.
Proprietà: Stato
Condizione attuale: aperta a richiesta

Provincia di Cuneo
Comune di Monterosso Grana
MUSEO ETNOGRAFICO DEL COUMBOSCURO
Indirizzo: frazione Sancto Lucio De Coumboscuro, tel. 0171-98771
Categoria: musei etnograf. e/o antropolog.
Fonte/i: Istat / Enit / Regione / Guida Monaci / Touring Club / Assess. Cultura Bologna / Guida Regioni d'Italia
Proprietà: privata
Condizione attuale: aperto

Provincia di Cuneo
Comune di Piozzo
MUSEO DELLA COMUNITÀ PARROCCHIALE
Indirizzo: piazza Doglis 3, tel. 0173/795100
Categoria: musei specializzati
Fonte/i: Regione / Assess. Cultura Bologna
Proprietà: ecclesiastica
Condizione attuale: aperto a richiesta

Provincia di Cuneo
Comune di Racconigi
CASTELLO REALE
Indirizzo: piazza Carlo Alberto, tel. 0172/84005
Categoria: musei d'arte
Fonte/i: Istat / Regione / Guida Monaci / Fio / Assess. Cultura Bologna / Dir. gen. Min. Beni culturali
Proprietà: Stato
Condizione attuale: in restauro

Provincia di Cuneo
Comune di Racconigi
PINACOTECA "G. A. LEVIS"
Indirizzo: piazza San Giovanni 2, tel. 0172/86406
Categoria: musei d'arte
Fonte/i: Istat / Enit / Regione / Guida Monaci / Assess. Cultura Bologna / Guida Regioni d'Italia
Proprietà: Comune
Condizione attuale: aperta

Provincia di Cuneo
Comune di Revello
MUSEO STORICO "CARLO DENINA"
Indirizzo: piazza Denina 2, tel. 0175/75171
Categoria: musei d'arte
Fonte/i: Regione / Assess. Cultura Bologna
Proprietà: Comune
Condizione attuale: aperto

Provincia di Cuneo
Comune di Saluzzo
MUSEO CIVICO "CASA CAVASSA"
Indirizzo: via San Giovanni 5, tel. 0175/41455
Categoria: musei d'arte
Fonte/i: Istat / Enit / Regione / Guida Monaci / Assess. Cultura Bologna / Guida Regioni d'Italia
Proprietà: Comune
Condizione attuale: aperto

Provincia di Cuneo
Comune di Sampeyre
MUSEO CIVICO ETNOGRAFICO
Indirizzo: via Roma 27, tel. 0175/96148 Comune
Categoria: musei etnograf. e/o antropolog.
Fonte/i: Istat / Enit / Regione / Guida Monaci / Touring Club / Min. Interni / Assess. Cultura Bologna / Guida Regioni d'Italia
Proprietà: Comune
Condizione attuale: in allestimento

Provincia di Cuneo
Comune di San Benedetto Belbo
MUSEO CIVICO
Indirizzo: via Provinciale 5
Categoria: musei d'arte
Fonte/i: Min. Interni

Proprietà: Comune
Condizione attuale: aperto a richiesta

Provincia di Cuneo
Comune di Santo Stefano Belbo
MUSEO PAVESIANO
Categoria: musei specializzati
Fonte/i: Enit
Proprietà: Comune
Condizione attuale: aperto a richiesta

Provincia di Cuneo
Comune di Savigliano
MUSEO CIVICO E GIPSOTECA "CALANDRA-GALATERI"
Indirizzo: via San Francesco 17, tel. 0172/2982-712882
Categoria: musei d'arte
Fonte/i: Istat / Enit / Regione / Guida Monaci / Touring Club / Assess. Cultura Bologna / Guida Regioni d'Italia
Proprietà: Comune
Condizione attuale: aperti

Provincia di Cuneo
Comune di Vicoforte
MUSEO STORICO "GHISLIERI"
Indirizzo: santuario di Vicoforte, tel. 0174/63107
Categoria: musei di storia
Fonte/i: Istat / Enit / Regione / Guida Monaci / Assess. Cultura Bologna / Guida Regioni d'Italia
Proprietà: ecclesiastica
Condizione attuale: aperto

PROVINCIA DI NOVARA

Provincia di Novara
Comune di Agrate Conturbia
PARCO FAUNISTICO "LA TORBIERA"
Indirizzo: Borgo Ticino
Categoria: giardini zoolog. botan. naturali
Fonte/i: Istat / Enit
Proprietà: privata
Condizione attuale: aperto

Provincia di Novara
Comune di Ameno
FONDAZIONE "A. E C. CALDERARA"
Indirizzo: frazione Vacciago, via Bardelli 9, tel. 0322/99192
Categoria: musei d'arte
Fonte/i: Regione / Assess. Cultura Bologna
Proprietà: privata
Condizione attuale: aperta

Provincia di Novara
Comune di Antrona Schieranco
MUSEO DELLA VALLE ANTRONA
Categoria: musei territoriali
Fonte/i: Istat
Proprietà: privata
Condizione attuale: aperto a richiesta

Provincia di Novara
Comune di Arona
MUSEO CIVICO ARCHEOLOGICO E PINACOTECA
Indirizzo: piazza De Filippi 1, tel. 0322/47602
Categoria: musei d'arte e archeologia
Fonte/i: Istat / Enit / Regione / Guida Monaci / Touring Club / Min. Interni / Assess. Cultura Bologna / Guida Regioni d'Italia
Proprietà: Comune
Condizione attuale: aperti

Provincia di Novara
Comune di Belgirate
MUSEO DELLA BAITA DELLA LIBERTÀ
Indirizzo: località Puncia
Categoria: musei di storia
Fonte/i: Min. Interni
Proprietà: Comune
Condizione attuale: aperto a richiesta

Provincia di Novara
Comune di Cannero Riviera
RACCOLTE ETNOGRAFICHE
Indirizzo: frazione Oggiono
Categoria: musei territoriali
Fonte/i: Regione
Proprietà: Comune
Condizione attuale: aperte a richiesta

Provincia di Novara
Comune di Cannobio
MUSEO PROMOZIONALE DI CULTURA
Indirizzo: via Giovanola
Categoria: musei specializzati
Fonte/i: Min. Interni
Proprietà: Comune
Condizione attuale: aperto

Provincia di Novara
Comune di Crodo
CASA MUSEO DELLA MONTAGNA
Indirizzo: frazione Viceno, tel. 0324/61003
Categoria: musei specializzati
Fonte/i: Istat / Enit / Regione / Touring Club / Min. Interni / Assess. Cultura Bologna
Proprietà: privata
Condizione attuale: aperta

Provincia di Novara
Comune di Crodo
**MUSEO MINERALOGICO
PETROGRAFICO**
Indirizzo: via Roma 15
Categoria: musei di scienza e tecnica
Fonte/i: Min. Interni
Proprietà: privata
Condizione attuale: in allestimento

Provincia di Novara
Comune di Domodossola
**MUSEO "G. G. GALLETTI"
IN PALAZZO SAN FRANCESCO**
Indirizzo: piazza Convenzione 10,
tel. 0324/42232-492256
Categoria: musei di scienza e tecnica
Fonte/i: Istat / Enit / Regione / Guida Monaci /
Touring Club / Min. Interni / Assess. Cultura
Bologna / Guida Regioni d'Italia
Proprietà: privata
Condizione attuale: aperto

Provincia di Novara
Comune di Domodossola
**MUSEO "G. G. GALLETTI"
IN PALAZZO SILVA**
Indirizzo: via Paletta 1,
tel. 0324/42232-492256
Categoria: musei d'arte
Fonte/i: Istat / Enit / Regione / Guida Monaci /
Touring Club / Min. Interni / Assess. Cultura
Bologna / Guida Regioni d'Italia
Proprietà: privata
Condizione attuale: aperto

Provincia di Novara
Comune di Domodossola
**RACCOLTA DI ANTICHITÀ E ARTE
ISTITUTO ROSMINIANO**
Categoria: musei d'arte
Fonte/i: Regione
Proprietà: privata
Condizione attuale: aperta a richiesta

Provincia di Novara
Comune di Falmenta
MUSEO DEL VECCHIO TORCHIO
Indirizzo: palazzo del Comune
Categoria: musei territoriali
Fonte/i: Min. Interni
Proprietà: Comune
Condizione attuale: aperto

Provincia di Novara
Comune di Gignese
GIARDINO DI ALPINIA
Indirizzo: frazione Alpino, tel. 0323/61687
Categoria: giardini zoolog. botan. naturali
Fonte/i: Istat / Enit / Regione / Guida Monaci /
Touring Club / Assess. Cultura Bologna
Proprietà: Comune
Condizione attuale: aperto

Provincia di Novara
Comune di Gignese
**MUSEO DELL'OMBRELLO
E DEL PARASOLE**
Indirizzo: viale Golf Panorama,
tel. 0323/20067-20772
Categoria: musei specializzati
Fonte/i: Istat / Enit / Regione / Guida Monaci /
Touring Club / Min. Interni / Assess. Cultura
Bologna / Guida Regioni d'Italia / Piccoli
Proprietà: Comune
Condizione attuale: aperto

Provincia di Novara
Comune di Gravellona Toce
ANTIQUARIUM
Indirizzo: corso Milano 63, tel. 0323/848386
Categoria: musei d'archeologia
Fonte/i: Istat / Enit / Regione / Guida Monaci /
Assess. Cultura Bologna / Guida Regioni
d'Italia
Proprietà: Comune
Condizione attuale: aperto a richiesta

Provincia di Novara
Comune di Gurro
MUSEO COMUNALE
Indirizzo: piazza Repubblica 7,
tel. 0323/76100
Categoria: musei territoriali
Fonte/i: Istat / Enit / Regione / Guida Monaci /
Touring Club / Min. Interni / Assess. Cultura
Bologna / Guida Regioni d'Italia
Proprietà: Comune
Condizione attuale: aperto

Provincia di Novara
Comune di Lesa
MUSEO MANZONIANO
Indirizzo: via alla Fontana 18,
tel. 0322/76421
Categoria: musei specializzati
Fonte/i: Enit / Regione / Min. Interni /
Assess. Cultura Bologna
Proprietà: Comune
Condizione attuale: aperto a richiesta

Provincia di Novara

Comune di Macugnaga
MUSEO STORICO ETNOGRAFICO
Indirizzo: località Staffa, via Prati,
tel. 0324/65009
Categoria: musei etnograf. e/o antropolog.
Fonte/i: Istat / Enit / Regione / Guida Monaci / Touring Club / Min. Interni / Assess. Cultura Bologna / Guida Regioni d'Italia
Proprietà: Comune
Condizione attuale: aperto

Provincia di Novara
Comune di Mergozzo
ANTIQUARIUM
Indirizzo: Casa del Predicatore,
tel. 0323/80291
Categoria: musei d'archeologia
Fonte/i: Istat / Enit / Regione / Guida Monaci / Touring Club / Min. Interni / Assess. Cultura Bologna / Guida Regioni d'Italia
Proprietà: privata
Condizione attuale: aperto

Provincia di Novara
Comune di Novara
CIVICHE RACCOLTE DEL BROLETTO: GALLERIA "A. P. GIANNONI"
Indirizzo: via Fratelli Rosselli 20,
tel. 0321/23021
Categoria: musei d'arte
Fonte/i: Istat / Enit / Regione / Guida Monaci / Touring Club / Assess. Cultura Bologna / Guida Regioni d'Italia
Proprietà: Comune
Condizione attuale: in restauro

Provincia di Novara
Comune di Novara
CIVICHE RACCOLTE DEL BROLETTO: MUSEO ARCHEOLOGICO
Indirizzo: via Fratelli Rosselli 20,
tel. 0321/23021
Categoria: musei d'archeologia
Fonte/i: Istat / Enit / Regione / Touring Club / Guida Regioni d'Italia
Proprietà: Comune
Condizione attuale: aperto

Provincia di Novara
Comune di Novara
CIVICHE RACCOLTE DEL BROLETTO: MUSEO CIVICO
Indirizzo: via Fratelli Rosselli 20,
tel. 0321/23021
Categoria: musei d'arte
Fonte/i: Istat / Enit / Regione / Guida Monaci /

Touring Club
Proprietà: Comune
Condizione attuale: aperto

Provincia di Novara
Comune di Novara
CIVICHE RACCOLTE DI PALAZZO "FARAGGIANA": MUSEO "FERRANDI"
Indirizzo: via G. Ferrari 13, tel. 0321/27037
Categoria: musei etnograf. e/o antropolog.
Fonte/i: Istat / Enit / Regione / Touring Club / Assess. Cultura Bologna / Guida Regioni d'Italia
Proprietà: Comune
Condizione attuale: aperto

Provincia di Novara
Comune di Novara
CIVICHE RACCOLTE DI PALAZZO "FARAGGIANA": MUSEO TEATRALE
Indirizzo: via G. Ferrari 13, tel. 0321/27037
Categoria: musei specializzati
Fonte/i: Istat / Enit / Regione / Touring Club
Proprietà: Comune
Condizione attuale: aperto

Provincia di Novara
Comune di Novara
CIVICHE RACCOLTE DI PALAZZO "FARAGGIANA": MUSEO "FARAGGIANA"
Indirizzo: via G. Ferrari 13, tel. 0321/27037
Categoria: musei di scienza e tecnica
Fonte/i: Istat / Enit / Regione / Guida Monaci / Touring Club / Assess. Cultura Bologna / Guida Regioni d'Italia
Proprietà: Comune
Condizione attuale: in restauro

Provincia di Novara
Comune di Novara
MUSEO "CASA ROGNONI"
Indirizzo: via Amico Canobio 14,
tel. 0321/27037
Categoria: musei di storia
Fonte/i: Assess. Cultura Bologna
Proprietà: Comune
Condizione attuale: in restauro

Provincia di Novara
Comune di Novara
MUSEO LAPIDARIO DEL DUOMO
Indirizzo: chiostro della Canonica,
tel. 0321/393031
Categoria: musei d'archeologia
Fonte/i: Istat / Enit / Regione / Touring Club /

Assess. Cultura Bologna
Proprietà: ecclesiastica
Condizione attuale: aperto

Provincia di Novara
Comune di Novara
RACCOLTA LICEO "CARLO ALBERTO"
Indirizzo: Baluardo Lamarmora 8
Categoria: musei di scienza e tecnica
Fonte/i: Istat
Proprietà: Stato
Condizione attuale: aperta a richiesta

Provincia di Novara
Comune di Oleggio
MUSEO CIVICO ETNOGRAFICO
Indirizzo: piazza Bertotti, tel. 0321/91323
Categoria: musei territoriali
Fonte/i: Istat / Enit / Regione / Guida Monaci / Touring Club / Assess. Cultura Bologna
Proprietà: Comune
Condizione attuale: aperto

Provincia di Novara
Comune di Oleggio
MUSEO DI ARTE RELIGIOSA
Indirizzo: parrocchia Santi Pietro e Paolo, tel. 0321/91168-91328
Categoria: musei specializzati
Fonte/i: Istat / Enit / Regione / Touring Club / Assess. Cultura Bologna
Proprietà: ecclesiastica
Condizione attuale: aperto a richiesta

Provincia di Novara
Comune di Omegna
GALLERIA D'ARTE MODERNA "SPRIANO"
Indirizzo: via Cattaneo 16
Categoria: musei d'arte
Fonte/i: Guida Monaci
Proprietà: privata
Condizione attuale: aperta

Provincia di Novara
Comune di Omegna
MUSEO ARTI E TRADIZIONI
Indirizzo: frazione Forno, via Principale 22, tel. 0323/85133
Categoria: musei territoriali
Fonte/i: Assess. Cultura Bologna
Proprietà: privata
Condizione attuale: aperto

Provincia di Novara
Comune di Orta San Giulio
MUSEO DEL SACRO MONTE
Categoria: musei d'arte
Fonte/i: Regione / Min. Beni culturali
Proprietà: Regione
Condizione attuale: aperto

Provincia di Novara
Comune di Pombia
ZOO SAFARI
Categoria: giardini zoolog. botan. naturali
Fonte/i: Enit
Proprietà: privata
Condizione attuale: aperto

Provincia di Novara
Comune di Premosello-Chiovenda
MUSEO ETNOGRAFICO "CA' VEGIA"
Categoria: musei territoriali
Fonte/i: Regione
Proprietà: Comune
Condizione attuale: aperto a richiesta

Provincia di Novara
Comune di Quarna Sotto
MUSEO DI STORIA QUARNESE
Indirizzo: piazza Municipio, tel. 0323/826141-866117
Categoria: musei territoriali
Fonte/i: Istat / Enit / Regione / Guida Monaci / Touring Club / Min. Interni / Assess. Cultura Bologna
Proprietà: privata
Condizione attuale: aperto

Provincia di Novara
Comune di Re
MUSEO DEL SANTUARIO DELLA MADONNA DEL SANGUE
Categoria: musei specializzati
Fonte/i: Regione
Proprietà: ecclesiastica
Condizione attuale: aperto a richiesta

Provincia di Novara
Comune di Romagnano Sesia
MUSEO STORICO ETNOGRAFICO DELLA BASSA VALSESIA
Indirizzo: via Torre 2, tel. 0163/833605-833483
Categoria: musei territoriali
Fonte/i: Istat / Enit / Regione / Guida Monaci / Touring Club / Min. Interni / Assess. Cultura Bologna
Proprietà: privata
Condizione attuale: aperto

Provincia di Novara
Comune di Santa Maria Maggiore
MUSEO DELLO SPAZZACAMINO
Indirizzo: parco di villa Antonia,
piazza Risorgimento, tel. 0324/9091
Categoria: musei specializzati
Fonte/i: Istat / Enit / Regione / Guida Monaci / Touring Club / Min. Interni / Assess. Cultura Bologna / Piccoli
Proprietà: privata
Condizione attuale: aperto

Provincia di Novara
Comune di Santa Maria Maggiore
PINACOTECA "ROSSETTI VALENTINI"
Indirizzo: via Rossetti Valentini 9, tel. 0324/98078
Categoria: musei d'arte
Fonte/i: Regione / Assess. Cultura Bologna
Proprietà: privata
Condizione attuale: aperta

Provincia di Novara
Comune di Stresa
ISOLABELLA: GIARDINO "BORROMEO"
Indirizzo: tel. 0323/30556
Categoria: giardini zoolog. botan. naturali
Fonte/i: Enit / Regione / Guida Monaci / Touring Club / Assess. Cultura Bologna
Proprietà: privata
Condizione attuale: aperto

Provincia di Novara
Comune di Stresa
ISOLABELLA: PALAZZO "BORROMEO"
Categoria: musei specializzati
Fonte/i: Enit / Regione / Guida Monaci / Touring Club / Assess. Cultura Bologna
Proprietà: privata
Condizione attuale: aperto

Provincia di Novara
Comune di Stresa
ISOLAMADRE: PALAZZO "BORROMEO"
Indirizzo: tel. 0323/31261
Categoria: musei specializzati
Fonte/i: Enit / Regione / Guida Monaci / Touring Club / Assess. Cultura Bologna
Proprietà: privata
Condizione attuale: aperto

Provincia di Novara
Comune di Stresa
ISOLAMADRE: PARCO BOTANICO "BORROMEO"
Categoria: giardini zoolog. botan. naturali
Fonte/i: Enit / Regione / Guida Monaci / Touring Club / Assess. Cultura Bologna
Proprietà: privata
Condizione attuale: aperto

Provincia di Novara
Comune di Stresa
MUSEO "A. ROSMINI"
Indirizzo: via Umberto I 15, tel. 0323/30091
Categoria: musei specializzati
Fonte/i: Regione / Assess. Cultura Bologna
Proprietà: privata
Condizione attuale: aperto

Provincia di Novara
Comune di Stresa
SALA "PIETRO CANONICA"
Indirizzo: piazza Europa 3, tel. 0323/30150
Categoria: musei d'arte
Fonte/i: Istat / Enit / Regione / Guida Monaci / Assess. Cultura Bologna
Proprietà: Comune
Condizione attuale: aperta a richiesta

Provincia di Novara
Comune di Stresa
VILLA "PALLAVICINO"
Categoria: giardini zoolog. botan. naturali
Fonte/i: Enit
Proprietà: privata
Condizione attuale: aperta

Provincia di Novara
Comune di Suno
MINI MUSEO DEGLI ATTREZZI AGRICOLI
Categoria: musei territoriali
Fonte/i: Regione
Proprietà: privata
Condizione attuale: aperto a richiesta

Provincia di Novara
Comune di Valstrona
MUSEO PARROCCHIALE DI ARTE SACRA
Indirizzo: frazione Forno, chiesa Santi Pietro e Paolo, tel. 0323/85101
Categoria: musei specializzati
Fonte/i: Enit / Regione / Assess. Cultura Bologna
Proprietà: ecclesiastica
Condizione attuale: aperto a richiesta

Provincia di Novara
Comune di Varallo Pombia

MUSEO ARCHEOLOGICO
Indirizzo: via Simonetta 3, tel. 0321/95355
Categoria: musei d'archeologia
Fonte/i: Istat / Enit / Regione / Guida Monaci / Min. Interni / Assess. Cultura Bologna
Proprietà: Comune
Condizione attuale: aperto a richiesta

Provincia di Novara
Comune di Verbania
COLLEZIONE DI SANTINI
Indirizzo: frazione Pallanza
Categoria: musei specializzati
Fonte/i: Piccoli
Proprietà: privata
Condizione attuale: aperta a richiesta

Provincia di Novara
Comune di Verbania
MUSEO DEL PAESAGGIO DEL VERBANO E VALLI ADIACENTI
Indirizzo: via Ruga 44, tel. 0323/502418
Categoria: musei d'arte
Fonte/i: Istat / Enit / Regione / Guida Monaci / Touring Club / Assess. Cultura Bologna
Proprietà: Stato
Condizione attuale: aperto

Provincia di Novara
Comune di Verbania
RACCOLTE ISTITUTO DI IDROBIOLOGIA
Indirizzo: frazione Pallanza
Categoria: musei di scienza e tecnica
Fonte/i: Com. it. Icom.
Proprietà: Stato
Condizione attuale: aperte

Provincia di Novara
Comune di Verbania
VILLA "TARANTO", GIARDINI BOTANICI
Indirizzo: frazione Pallanza, via Vittorio Veneto 111, tel. 0323/556667-44555
Categoria: giardini zoolog. botan. naturali
Fonte/i: Istat / Enit / Guida Monaci / Touring Club / Assess. Cultura Bologna
Proprietà: Stato
Condizione attuale: aperti

Provincia di Novara
Comune di Villadossola
SALA STORICA DELLA RESISTENZA
Indirizzo: via XXV Aprile
Categoria: musei di storia
Fonte/i: Min. Interni

Proprietà: privata
Condizione attuale: aperta

PROVINCIA DI TORINO

Provincia di Torino
Comune di Agliè
CASTELLO DUCALE
Indirizzo: tel. 0124/330102
Categoria: musei d'arte e archeologia
Fonte/i: Istat / Enit / Regione / Guida Monaci / Touring Club / Min. Beni culturali / Assess. Cultura Bologna / Dir. gen. Min. Beni culturali / Guida Regioni d'Italia
Proprietà: Stato
Condizione attuale: chiuso

Provincia di Torino
Comune di Agliè
VILLA "IL MELETO" DI GUIDO GOZZANO
Categoria: musei specializzati
Fonte/i: Regione
Proprietà: privata
Condizione attuale: aperta a richiesta

Provincia di Torino
Comune di Angrogna
MUSEO SCUOLA "BECKWITH"
Indirizzo: frazione Odin, tel. 0121/944144
Categoria: musei specializzati
Fonte/i: Regione / Assess. Cultura Bologna
Proprietà: privata
Condizione attuale: aperto a richiesta

Provincia di Torino
Comune di Balme
RIFUGIO MUSEO "BARTOLOMEO GASTALDI"
Categoria: musei specializzati
Fonte/i: Regione / Piccoli
Proprietà: privata
Condizione attuale: aperto a richiesta

Provincia di Torino
Comune di Bardonecchia
MUSEO CIVICO
Indirizzo: via Des Geneys 6, tel. 0122/99032-99010
Categoria: musei d'arte
Fonte/i: Istat / Enit / Regione / Guida Monaci / Touring Club / Assess. Cultura Bologna / Guida Regioni d'Italia
Proprietà: Comune
Condizione attuale: aperto

Provincia di Torino
Comune di Bardonecchia
MUSEO PARROCCHIALE ETNOGRAFICO
Indirizzo: frazione Melezet, tel. 0122/96640
Categoria: musei territoriali
Fonte/i: Regione / Min. Interni / Assess. Cultura Bologna
Proprietà: privata
Condizione attuale: in restauro

Provincia di Torino
Comune di Beinasco
MUSEO "F. GARELLI"
Categoria: musei specializzati
Fonte/i: Istat / Enit
Proprietà: privata
Condizione attuale: aperto

Provincia di Torino
Comune di Carignano
MUSEO CIVICO "GIACOMO RODOLFO"
Indirizzo: via Braida 50, tel. 011/9697838
Categoria: musei d'arte e archeologia
Fonte/i: Istat / Regione / Guida Monaci / Touring Club / Min. Interni / Assess. Cultura Bologna / Guida Regioni d'Italia
Proprietà: Comune
Condizione attuale: aperto

Provincia di Torino
Comune di Carmagnola
MUSEO CIVICO DI STORIA NATURALE
Indirizzo: parco della Vigna, tel. 011/9770738
Categoria: musei di scienza e tecnica
Fonte/i: Istat / Enit / Regione / Guida Monaci / Touring Club / Assess. Cultura Bologna / Guida Regioni d'Italia
Proprietà: Comune
Condizione attuale: aperto

Provincia di Torino
Comune di Carmagnola
MUSEO STORICO ARTISTICO
Categoria: musei d'arte
Fonte/i: Regione
Proprietà: Comune
Condizione attuale: aperto

Provincia di Torino
Comune di Carmagnola
MUSEO TIPOGRAFICO "RONDANI"
Indirizzo: via Cavalli 6, tel. 011/9770432
Categoria: musei specializzati
Fonte/i: Istat / Regione / Assess. Cultura Bologna

Proprietà: privata
Condizione attuale: chiuso

Provincia di Torino
Comune di Cavour
MUSEO DELL'ABBAZIA DI SANTA MARIA
Indirizzo: via Abbazia 1, tel. 0121/6158-69001
Categoria: musei d'archeologia
Fonte/i: Min. Beni culturali / Min. Interni / Assess. Cultura Bologna
Proprietà: Comune
Condizione attuale: aperto a richiesta

Provincia di Torino
Comune di Cavour
MUSEO DI ANTICHITÀ LOCALI
Categoria: musei territoriali
Fonte/i: Regione
Proprietà: Comune
Condizione attuale: aperto a richiesta

Provincia di Torino
Comune di Ceres
MUSEO DELLE GENTI DELLE VALLI DI LANZO
Indirizzo: piazza Municipio 10, tel. 0123/5255
Categoria: musei territoriali
Fonte/i: Istat / Enit / Regione / Guida Monaci / Min. Interni / Assess. Cultura Bologna / Guida Regioni d'Italia
Proprietà: Comune
Condizione attuale: aperto a richiesta

Provincia di Torino
Comune di Chiaverano
BOTTEGA DEL FRER
Indirizzo: via Ivrea 3
Categoria: musei specializzati
Fonte/i: Min. Interni
Proprietà: privata
Condizione attuale: aperta

Provincia di Torino
Comune di Chieri
CAPITOLO DEL DUOMO
Indirizzo: piazza Duomo
Categoria: musei d'arte
Fonte/i: Guida Monaci
Proprietà: ecclesiastica
Condizione attuale: aperto

Provincia di Torino
Comune di Chieri
MUSEO "MARTINI" DELL'ENOLOGIA
Indirizzo: frazione Pessione, piazza L. Rossi,

tel. 011/9470345
Categoria: musei specializzati
Fonte/i: Istat / Enit / Regione / Guida Monaci / Assess. Cultura Bologna / Piccoli / Guida Regioni d'Italia
Proprietà: privata
Condizione attuale: aperto

Provincia di Torino
Comune di Chieri
MUSEO CIVICO ARCHEOLOGICO
Indirizzo: via Palazzo di Città 10, tel. 011/9470048-9424675
Categoria: musei d'archeologia
Fonte/i: Istat / Enit / Regione / Guida Monaci / Touring Club / Assess. Cultura Bologna / Guida Regioni d'Italia
Proprietà: Comune
Condizione attuale: aperto a richiesta

Provincia di Torino
Comune di Chieri
MUSEO NATURALISTICO DELL'ISTITUTO SACRA FAMIGLIA
Indirizzo: villa Brea, strada Pecetto 14, tel. 011/9426334
Categoria: musei di scienza e tecnica
Fonte/i: Regione / Assess. Cultura Bologna
Proprietà: ecclesiastica
Condizione attuale: aperto a richiesta

Provincia di Torino
Comune di Chiomonte
MUSEO CIVICO E PINACOTECA "G. A. LEVIS"
Indirizzo: via Vittorio Emanuele 75, tel. 0122/54104
Categoria: musei d'arte
Fonte/i: Istat / Enit / Regione / Guida Monaci / Touring Club / Assess. Cultura Bologna / Guida Regioni d'Italia
Proprietà: Comune
Condizione attuale: aperti

Provincia di Torino
Comune di Collegno
ANTIQUARIUM "AD QUINTUM"
Indirizzo: chiesa di San Massimo, via XX Settembre 10, tel. 011/781327
Categoria: musei d'archeologia
Fonte/i: Istat / Enit / Regione / Guida Monaci / Touring Club / Dir. gen. Min. Beni culturali / Assess. Cultura Bologna / Guida Regioni d'Italia
Proprietà: Stato
Condizione attuale: chiuso

Provincia di Torino
Comune di Cuorgné
MOSTRA PERMANENTE "TUTTOCARLIN"
Indirizzo: piazza Morgando 1, tel. 0124/666058
Categoria: musei d'arte
Fonte/i: Istat / Enit / Regione / Assess. Cultura Bologna / Piccoli
Proprietà: Comune
Condizione attuale: aperta

Provincia di Torino
Comune di Cuorgné
MUSEO ARCHEOLOGICO DELL'ALTO CANAVESE
Indirizzo: Municipio, tel. 0124/667548
Categoria: musei d'archeologia
Fonte/i: Assess. Cultura Bologna
Proprietà: Comune
Condizione attuale: aperto

Provincia di Torino
Comune di Fenestrelle
MUSEO DELLA MONTAGNA
Indirizzo: chiesa del Forte San Carlo
Categoria: musei specializzati
Fonte/i: Istat / Min. Interni
Proprietà: Comune
Condizione attuale: aperto

Provincia di Torino
Comune di Germagnano
MUSEO DEGLI OGGETTI D'USO QUOTIDIANO
Indirizzo: frazione Castagnole, tel. 0123/28296
Categoria: musei territoriali
Fonte/i: Regione / Min. Interni / Assess. Cultura Bologna
Proprietà: privata
Condizione attuale: aperto a richiesta

Provincia di Torino
Comune di Ivrea
MUSEO CIVICO "P. A. GARDA"
Indirizzo: piazza Ottinetti 18, tel. 0125/48189-410312
Categoria: musei d'arte e archeologia
Fonte/i: Istat / Enit / Regione / Guida Monaci / Touring Club / Assess. Cultura Bologna / Guida Regioni d'Italia
Proprietà: Comune
Condizione attuale: in allestimento

Provincia di Torino

Comune di Ivrea
MUSEO CIVICO DEL CANAVESE
Categoria: musei territoriali
Fonte/i: Istat
Proprietà: Comune
Condizione attuale: in allestimento

Provincia di Torino
Comune di Locana
MUSEO DELLO SPAZZACAMINO
Categoria: musei specializzati
Fonte/i: Regione
Proprietà: privata
Condizione attuale: aperto a richiesta

Provincia di Torino
Comune di Luserna San Giovanni
MUSEO DELLA PIETRA
Categoria: musei specializzati
Fonte/i: Istat
Proprietà: Comune
Condizione attuale: aperto a richiesta

Provincia di Torino
Comune di Massello
MUSEO VALDESE DELLA BALZIGLIA
Indirizzo: frazione Balziglia, tel. 0121/848816
Categoria: musei di storia
Fonte/i: Istat / Enit / Regione / Guida Monaci / Min. Interni / Guida Regioni d'Italia
Proprietà: ecclesiastica
Condizione attuale: aperto

Provincia di Torino
Comune di Moncalieri
CASTELLO REALE
Indirizzo: via del Castello 2, tel. 011/531533
Categoria: musei d'arte
Fonte/i: Istat / Enit / Regione / Guida Monaci / Assess. Cultura Bologna / Dir. gen. Min. Beni culturali / Guida Regioni d'Italia
Proprietà: Stato
Condizione attuale: in restauro

Provincia di Torino
Comune di Nichelino
MUSEO DELL'ARREDAMENTO DI STUPINIGI
Indirizzo: frazione di Stupinigi, Palazzina di caccia, tel. 011/3581220
Categoria: musei specializzati
Fonte/i: Istat / Enit / Regione / Guida Monaci / Touring Club / Assess. Cultura Bologna / Guida Regioni d'Italia
Proprietà: privata
Condizione attuale: aperto

Provincia di Torino
Comune di Noasca
MUSEO PARCO NAZIONALE GRAN PARADISO
Indirizzo: via Umberto I 23
Categoria: musei specializzati
Fonte/i: Regione / Min. Interni
Proprietà: Stato
Condizione attuale: aperto

Provincia di Torino
Comune di Novalesa
MUSEO ETNOGRAFICO DELLA NOVALESA E VAL CENISCHIA
Indirizzo: tel. 0122/5201
Categoria: musei territoriali
Fonte/i: Regione / Assess. Cultura Bologna
Proprietà: Comune
Condizione attuale: aperto a richiesta

Provincia di Torino
Comune di Pinerolo
MUSEO D'ARTE PREISTORICA
Indirizzo: viale Giolitti 1, tel. 0121/58941
Categoria: musei d'archeologia
Fonte/i: Istat / Enit / Regione / Guida Monaci / Assess. Cultura Bologna / Guida Regioni d'Italia
Proprietà: Comune
Condizione attuale: aperto

Provincia di Torino
Comune di Pinerolo
MUSEO NAZIONALE ARMA DI CAVALLERIA
Indirizzo: viale Giolitti 5, tel. 0121/793139
Categoria: musei di storia
Fonte/i: Istat / Enit / Regione / Guida Monaci / Touring Club / Assess. Cultura Bologna / Guida Regioni d'Italia
Proprietà: Stato
Condizione attuale: aperto

Provincia di Torino
Comune di Pinerolo
MUSEO STORICO "CASA DEL SENATO"
Indirizzo: piazzetta D'Andrade, tel. 0121/74505
Categoria: musei di storia
Fonte/i: Istat / Enit / Regione / Guida Monaci / Assess. Cultura Bologna / Guida Regioni d'Italia
Proprietà: Comune
Condizione attuale: in restauro

Provincia di Torino

Comune di Pinerolo
RACCOLTE CIVICHE: COLLEZIONE MINERALOGICA CIVICA
Indirizzo: piazza Vittorio Veneto 8, tel. 0121/74477
Categoria: musei di scienza e tecnica
Fonte/i: Istat / Regione / Assess. Cultura Bologna
Proprietà: Comune
Condizione attuale: aperta

Provincia di Torino
Comune di Pinerolo
RACCOLTE CIVICHE: MUSEO D'ARTE DI PALAZZO VITTONE
Indirizzo: piazza Vittorio Veneto 8, tel. 0121/74477
Categoria: musei d'arte
Fonte/i: Istat / Enit / Regione / Guida Monaci / Touring Club / Assess. Cultura Bologna / Guida Regioni d'Italia
Proprietà: Comune
Condizione attuale: aperto

Provincia di Torino
Comune di Pinerolo
RACCOLTE CIVICHE: MUSEO DI SCIENZE NATURALI
Indirizzo: piazza Vittorio Veneto 8, tel. 0121/74477
Categoria: musei di scienza e tecnica
Fonte/i: Istat / Enit / Regione / Touring Club / Assess. Cultura Bologna
Proprietà: Comune
Condizione attuale: aperto

Provincia di Torino
Comune di Pinerolo
RACCOLTE CIVICHE: MUSEO ETNOGRAFICO DEL PINEROLESE
Indirizzo: piazza Vittorio Veneto 8, tel. 0121/74477
Categoria: musei territoriali
Fonte/i: Istat / Enit / Regione / Guida Monaci / Touring Club / Assess. Cultura Bologna / Guida Regioni d'Italia
Proprietà: Comune
Condizione attuale: aperto

Provincia di Torino
Comune di Piscina
MUSEO DELLA CIVILTÀ CONTADINA "IL RUBAT"
Indirizzo: via Umberto I 64, tel. 0121/57496
Categoria: musei territoriali
Fonte/i: Regione / Min. Interni / Assess. Cultura Bologna
Proprietà: privata
Condizione attuale: aperto a richiesta

Provincia di Torino
Comune di Piverone
MUSEO ETNOGRAFICO "LA STEIVA"
Indirizzo: via del Torrione, tel. 0125/72290
Categoria: musei territoriali
Fonte/i: Regione / Min. Interni / Assess. Cultura Bologna
Proprietà: privata
Condizione attuale: aperto a richiesta

Provincia di Torino
Comune di Pragelato
MUSEO DELL'OSSERVATORIO DI APICOLTURA "G. ANGELERI"
Indirizzo: frazione Soucheres Basses, tel. 0122/78038
Categoria: musei di scienza e tecnica
Fonte/i: Regione / Assess. Cultura Bologna
Proprietà: Università
Condizione attuale: aperto a richiesta

Provincia di Torino
Comune di Prali
MUSEO DELLA VAL GERMANASCA
Indirizzo: frazione Ghigo, tel. 0121/500132-807519
Categoria: musei territoriali
Fonte/i: Istat / Enit / Regione / Guida Monaci / Touring Club / Min. Interni / Assess. Cultura Bologna / Guida Regioni d'Italia
Proprietà: ecclesiastica
Condizione attuale: aperto a richiesta

Provincia di Torino
Comune di Prali
MUSEO DI RODORETTO
Indirizzo: frazione Rodoretto, tel. 0121/8516-807516
Categoria: musei territoriali
Fonte/i: Regione / Assess. Cultura Bologna
Proprietà: privata
Condizione attuale: aperto a richiesta

Provincia di Torino
Comune di Pramollo
MUSEO VALDESE DELL'ISTRUZIONE
Indirizzo: località Pellenchi
Categoria: musei specializzati
Fonte/i: Min. Interni
Proprietà: ecclesiastica
Condizione attuale: aperto a richiesta

Provincia di Torino
Comune di Prarostino
MUSEO DELL'ARTIGIANATO VITIVINICOLO
Indirizzo: via Croce
Categoria: musei specializzati
Fonte/i: Min. Interni
Proprietà: Comune
Condizione attuale: aperto a richiesta

Provincia di Torino
Comune di Riva presso Chieri
MUSEO ARCHEOLOGICO
Indirizzo: palazzo Grosso,
piazza Parrocchia 4, tel. 011/9469103
Categoria: musei d'archeologia
Fonte/i: Assess. Cultura Bologna
Proprietà: Comune
Condizione attuale: aperto a richiesta

Provincia di Torino
Comune di Rivoli
GALLERIA CIVICA D'ARTE MODERNA
Indirizzo: palazzo del Comune, Sala delle cerimonie, via Capra
Categoria: musei d'arte
Fonte/i: Guida Monaci
Proprietà: Comune
Condizione attuale: aperta a richiesta

Provincia di Torino
Comune di Rivoli
MUSEO D'ARTE CONTEMPORANEA
Indirizzo: castello di Rivoli,
piazza del Castello, tel. 011/9581547
Categoria: musei d'arte
Fonte/i: Enit / Regione / Guida Monaci / Fio / Assess. Cultura Bologna / Guida Regioni d'Italia
Proprietà: Regione
Condizione attuale: aperto

Provincia di Torino
Comune di Ronco Canavese
MUSEO DEL PARCO NAZIONALE DEL GRAN PARADISO
Categoria: musei specializzati
Fonte/i: Regione
Proprietà: Stato
Condizione attuale: aperto

Provincia di Torino
Comune di Rorà
MUSEO VALDESE
Indirizzo: via Duca Amedeo II,
tel. 0121/93122-93108
Categoria: musei territoriali
Fonte/i: Istat / Enit / Regione / Guida Monaci / Touring Club / Min. Interni / Assess. Cultura Bologna / Guida Regioni d'Italia
Proprietà: ecclesiastica
Condizione attuale: aperto a richiesta

Provincia di Torino
Comune di San Germano Chisone
MUSEO ETNOGRAFICO
Categoria: musei territoriali
Fonte/i: Regione / Min. Interni
Proprietà: ecclesiastica
Condizione attuale: aperto a richiesta

Provincia di Torino
Comune di Santena
MUSEO "CAVOUR"
Indirizzo: piazza Visconti Venosta 1,
tel. 011/9492578
Categoria: musei di storia
Fonte/i: Istat / Enit / Regione / Guida Monaci / Touring Club / Assess. Cultura Bologna / Guida Regioni d'Italia
Proprietà: privata
Condizione attuale: chiuso

Provincia di Torino
Comune di Susa
MUSEO CIVICO
Indirizzo: via del Castello 16,
tel. 0122/2497-2450
Categoria: musei d'arte e archeologia
Fonte/i: Istat / Enit / Regione / Guida Monaci / Touring Club / Min. Interni / Assess. Cultura Bologna / Guida Regioni d'Italia
Proprietà: Comune
Condizione attuale: aperto

Provincia di Torino
Comune di Susa
MUSEO DEL CONVENTO DI SAN FRANCESCO
Categoria: musei specializzati
Fonte/i: Regione
Proprietà: ecclesiastica
Condizione attuale: aperto

Provincia di Torino
Comune di Torino
ACCADEMIA DELLE SCIENZE
Indirizzo: via Maria Vittoria 3,
tel. 011/510047
Categoria: musei d'arte
Fonte/i: Touring Club / Assess. Cultura Bologna

Proprietà: Stato
Condizione attuale: aperta

Provincia di Torino
Comune di Torino
ARMERIA REALE
Indirizzo: piazza Castello 191,
tel. 011/543889
Categoria: musei specializzati
Fonte/i: Istat / Enit / Regione / Guida Monaci / Fio / Touring Club / Assess. Cultura Bologna / Dir. gen. Min. Beni culturali / Guida Regioni d'Italia
Proprietà: Stato
Condizione attuale: aperta

Provincia di Torino
Comune di Torino
BORGO E CASTELLO MEDIEVALI
Indirizzo: parco del Valentino,
tel. 011/659372-6699372
Categoria: musei d'arte
Fonte/i: Istat / Enit / Regione / Guida Monaci / Touring Club / Assess. Cultura Bologna / Guida Regioni d'Italia
Proprietà: Comune
Condizione attuale: aperti

Provincia di Torino
Comune di Torino
CAPPELLA DELLA SINDONE
Indirizzo: piazza San Giovanni 2
Categoria: musei specializzati
Fonte/i: Istat / Enit / Dir. gen. Min. Beni culturali
Proprietà: Stato
Condizione attuale: aperta

Provincia di Torino
Comune di Torino
CENTRO DI DOCUMENTAZIONE STORICA AERITALIA
Indirizzo: corso Marche 41
Categoria: musei di scienza e tecnica
Fonte/i: Enit / Assess. Cultura Bologna
Proprietà: privata
Condizione attuale: aperto a richiesta

Provincia di Torino
Comune di Torino
CENTRO STORICO FIAT
Indirizzo: via Chiabrera 20
Categoria: musei di scienza e tecnica
Fonte/i: Istat / Enit / Regione / Guida Monaci / Assess. Cultura Bologna
Proprietà: privata

Condizione attuale: chiuso

Provincia di Torino
Comune di Torino
GALLERIA CIVICA D'ARTE MODERNA
Indirizzo: via Magenta 31
Categoria: musei d'arte
Fonte/i: Istat / Enit / Regione / Guida Monaci / Assess. Cultura Bologna
Proprietà: Comune
Condizione attuale: in restauro

Provincia di Torino
Comune di Torino
GALLERIA DELL'ACCADEMIA ALBERTINA
Indirizzo: via Accademia Albertina 6
Categoria: musei d'arte
Fonte/i: Istat / Enit / Regione / Guida Monaci / Assess. Cultura Bologna
Proprietà: Stato
Condizione attuale: in restauro

Provincia di Torino
Comune di Torino
GALLERIA SABAUDA
Indirizzo: via Accademia delle Scienze 6
Categoria: musei d'arte
Fonte/i: Istat / Enit / Regione / Guida Monaci / Min. Beni culturali / Assess. Cultura Bologna / Dir. gen. Min. Beni culturali
Proprietà: Stato
Condizione attuale: aperta

Provincia di Torino
Comune di Torino
GIARDINO ZOOLOGICO
Categoria: giardini zoolog. botan. naturali
Fonte/i: Istat
Proprietà: Comune
Condizione attuale: aperto a richiesta

Provincia di Torino
Comune di Torino
MUSEO "E. SALGARI"
Indirizzo: via Bidone 33
Categoria: musei specializzati
Fonte/i: Assess. Cultura Bologna
Proprietà: Comune
Condizione attuale: aperto

Provincia di Torino
Comune di Torino
MUSEO "PIETRO MICCA" E DELL'ASSEDIO DI TORINO
Indirizzo: via Guicciardini 7, tel. 011/546317

Categoria: musei di storia
Fonte/i: Istat / Enit / Regione / Guida Monaci / Touring Club / Assess. Cultura Bologna / Guida Regioni d'Italia
Proprietà: Comune
Condizione attuale: aperto

Provincia di Torino
Comune di Torino
MUSEO CIVICO D'ARTE ANTICA
Indirizzo: palazzo Madama, piazza Castello, tel. 011/57653918
Categoria: musei d'arte e archeologia
Fonte/i: Istat / Enit / Regione / Guida Monaci / Touring Club / Assess. Cultura Bologna / Guida Regioni d'Italia
Proprietà: Comune
Condizione attuale: in restauro

Provincia di Torino
Comune di Torino
MUSEO DEL TEATRO REGIO
Indirizzo: piazza Castello 215, tel. 011/549126
Categoria: musei specializzati
Fonte/i: Istat / Enit / Regione / Touring Club / Assess. Cultura Bologna
Proprietà: Comune
Condizione attuale: aperto a richiesta

Provincia di Torino
Comune di Torino
MUSEO DELL'AGRICOLTURA DEL PIEMONTE
Indirizzo: via P. Giuria 15, tel. 011/658129
Categoria: musei specializzati
Fonte/i: Regione / Guida Monaci / Assess. Cultura Bologna / Guida Regioni d'Italia
Proprietà: privata
Condizione attuale: in progettazione

Provincia di Torino
Comune di Torino
MUSEO DELL'AUTOMOBILE "C. BISCARETTI DI RUFFIA"
Indirizzo: corso Unità d'Italia 40, tel. 011/677666
Categoria: musei di scienza e tecnica
Fonte/i: Istat / Enit / Regione / Guida Monaci / Touring Club / Piccoli / Assess. Cultura Bologna / Guida Regioni d'Italia
Proprietà: privata
Condizione attuale: aperto

Provincia di Torino
Comune di Torino
MUSEO DELL'ISTITUTO DI MINERALOGIA
Indirizzo: via Valperga Caluso 37, tel. 011/6507858
Categoria: musei di scienza e tecnica
Fonte/i: Istat / Enit / Touring Club / Assess. Cultura Bologna
Proprietà: Università
Condizione attuale: chiuso

Provincia di Torino
Comune di Torino
MUSEO DELLA MARIONETTA PIEMONTESE
Indirizzo: Teatro Gianduia, via Santa Teresa 5, tel. 011/530238
Categoria: musei specializzati
Fonte/i: Istat / Enit / Regione / Touring Club / Assess. Cultura Bologna / Guida Regioni d'Italia
Proprietà: privata
Condizione attuale: aperto

Provincia di Torino
Comune di Torino
MUSEO DI ANATOMIA COMPARATA
Categoria: musei di scienza e tecnica
Fonte/i: Istat / Enit
Proprietà: Università
Condizione attuale: in allestimento

Provincia di Torino
Comune di Torino
MUSEO DI ANATOMIA UMANA NORMALE
Categoria: musei di scienza e tecnica
Fonte/i: Com. it. Icom.
Proprietà: Università
Condizione attuale: aperto a richiesta

Provincia di Torino
Comune di Torino
MUSEO DI ANTICHITÀ
Indirizzo: corso Regina Margherita 105, tel. 011/530376/5212251
Categoria: musei d'archeologia
Fonte/i: Istat / Enit / Regione / Guida Monaci / Fio / Touring Club / Min. Beni culturali / Assess. Cultura Bologna / Dir. gen. Min. Beni culturali / Guida Regioni d'Italia
Proprietà: Stato
Condizione attuale: aperto

Provincia di Torino
Comune di Torino
MUSEO DI ANTROPOLOGIA CRIMINALE

Indirizzo: corso G. Galilei 22, tel. 011/6963793
Categoria: musei di scienza e tecnica
Fonte/i: Istat / Regione / Assess. Cultura Bologna
Proprietà: Università
Condizione attuale: aperto a richiesta

Provincia di Torino
Comune di Torino
MUSEO DI ANTROPOLOGIA ED ETNOGRAFIA
Indirizzo: via Accademia Albertina 17, tel. 011/832196
Categoria: musei etnograf. e/o antropolog.
Fonte/i: Istat / Enit / Regione / Guida Monaci / Touring Club / Assess. Cultura Bologna / Guida Regioni d'Italia
Proprietà: Università
Condizione attuale: in allestimento

Provincia di Torino
Comune di Torino
MUSEO DI GEOLOGIA E PALEONTOLOGIA
Indirizzo: via Accademia delle Scienze 5, tel. 011/511179
Categoria: musei di scienza e tecnica
Fonte/i: Istat / Enit / Assess. Cultura Bologna / Guida Regioni d'Italia
Proprietà: Università
Condizione attuale: chiuso

Provincia di Torino
Comune di Torino
MUSEO DI NUMISMATICA, ETNOGRAFIA E ARTI ORIENTALI
Indirizzo: via G. B. Bricherasio 8, tel. 011/541557-541608
Categoria: musei etnograf. e/o antropolog.
Fonte/i: Regione / Assess. Cultura Bologna
Proprietà: Comune
Condizione attuale: aperto

Provincia di Torino
Comune di Torino
MUSEO DI STORIA NATURALE "DON BOSCO"
Indirizzo: viale E. Thovez 37, tel. 011/6601066-6505094
Categoria: musei di scienza e tecnica
Fonte/i: Enit / Regione / Guida Monaci / Touring Club / Assess. Cultura Bologna / Guida Regioni d'Italia
Proprietà: ecclesiastica
Condizione attuale: aperto

Provincia di Torino
Comune di Torino
MUSEO E ISTITUTO DI ZOOLOGIA SISTEMATICA
Indirizzo: via Giolitti 34, tel. 011/879211
Categoria: musei di scienza e tecnica
Fonte/i: Istat / Enit / Assess. Cultura Bologna / Guida Regioni d'Italia
Proprietà: Università
Condizione attuale: aperto a richiesta

Provincia di Torino
Comune di Torino
MUSEO EGIZIO
Indirizzo: via Accademia delle Scienze 6, tel. 011/553453-544091
Categoria: musei d'archeologia
Fonte/i: Istat / Enit / Regione / Guida Monaci / Touring Club / Min. Beni culturali / Assess. Cultura Bologna / Dir. gen. Min. Beni culturali / Guida Regioni d'Italia
Proprietà: Stato
Condizione attuale: aperto

Provincia di Torino
Comune di Torino
MUSEO ETNOGRAFICO ISTITUTO MISSIONI CONSOLATA
Indirizzo: corso Ferrucci 14, tel. 011/446446
Categoria: musei etnograf. e/o antropolog.
Fonte/i: Regione / Touring Club / Assess. Cultura Bologna / Guida Regioni d'Italia
Proprietà: ecclesiastica
Condizione attuale: aperto

Provincia di Torino
Comune di Torino
MUSEO FERROVIARIO PIEMONTESE
Indirizzo: corso Bolzano 44, tel. 011/4324241
Categoria: musei di scienza e tecnica
Fonte/i: Enit
Proprietà: Regione
Condizione attuale: aperto a richiesta

Provincia di Torino
Comune di Torino
MUSEO NAZIONALE DEL CINEMA
Indirizzo: piazza San Giovanni 2, tel. 011/510370
Categoria: musei specializzati
Fonte/i: Istat / Enit / Regione / Guida Monaci / Touring Club / Assess. Cultura Bologna / Guida Regioni d'Italia
Proprietà: Stato
Condizione attuale: in restauro

Provincia di Torino
Comune di Torino
MUSEO NAZIONALE DEL RISORGIMENTO
Indirizzo: via Accademia delle Scienze 5, tel. 011/511147-513719
Categoria: musei di storia
Fonte/i: Istat / Enit / Regione / Guida Monaci / Assess. Cultura Bologna / Guida Regioni d'Italia
Proprietà: Stato
Condizione attuale: aperto

Provincia di Torino
Comune di Torino
MUSEO NAZIONALE DI ARTIGLIERIA
Indirizzo: corso Galileo Ferraris, tel. 011/553925
Categoria: musei di storia
Fonte/i: Istat / Enit / Regione / Guida Monaci / Touring Club / Assess. Cultura Bologna / Guida Regioni d'Italia
Proprietà: Stato
Condizione attuale: aperto

Provincia di Torino
Comune di Torino
MUSEO NAZIONALE DELLA MONTAGNA "DUCA DEGLI ABRUZZI"
Indirizzo: via G. Giardini 39, tel. 011/688737
Categoria: musei specializzati
Fonte/i: Istat / Enit / Regione / Guida Monaci / Touring Club / Assess. Cultura Bologna / Piccoli / Guida Regioni d'Italia
Proprietà: privata
Condizione attuale: aperto

Provincia di Torino
Comune di Torino
MUSEO REGIONALE DI SCIENZE NATURALI
Indirizzo: ex ospedale San Giovanni, via Giolitti 36, tel. 011/8125249
Categoria: musei di scienza e tecnica
Fonte/i: Regione / Fio / Guida Regioni d'Italia / Assess. Cultura Bologna
Proprietà: Regione
Condizione attuale: in allestimento

Provincia di Torino
Comune di Torino
ORTO E MUSEO BOTANICO DELL'UNIVERSITÀ
Indirizzo: via Mattioli 25, tel. 011/6699884
Categoria: giardini zoolog. botan. naturali
Fonte/i: Istat / Enit / Touring Club / Assess. Cultura Bologna / Guida Regioni d'Italia
Proprietà: Università
Condizione attuale: aperti

Provincia di Torino
Comune di Torino
PALAZZO "CARIGNANO": APPARTAMENTO DEL PRINCIPE
Indirizzo: via Accademia delle Scienze 5
Categoria: musei di storia
Fonte/i: Fio / Min. Beni culturali / Dir. gen. Min. Beni culturali
Proprietà: Stato
Condizione attuale: in restauro

Provincia di Torino
Comune di Torino
PALAZZO REALE
Indirizzo: piazza Castello, tel. 011/546671-56615575
Categoria: musei d'arte
Fonte/i: Istat / Enit / Regione / Guida Monaci / Fio / Touring Club / Assess. Cultura Bologna / Dir. gen. Min. Beni culturali / Guida Regioni d'Italia
Proprietà: Stato
Condizione attuale: aperto

Provincia di Torino
Comune di Torino
RACCOLTA MINERALOGICA E PALEONTOLOGICA "F. MEDA"
Indirizzo: via Monterosa 56
Categoria: musei di scienza e tecnica
Fonte/i: Istat
Proprietà: Università
Condizione attuale: aperta

Provincia di Torino
Comune di Torre Pellice
CIVICA GALLERIA D'ARTE CONTEMPORANEA
Indirizzo: via Repubblica 1, tel. 0121/91365-91595
Categoria: musei d'arte
Fonte/i: Istat / Regione / Guida Monaci / Min. Interni / Assess. Cultura Bologna / Guida Regioni d'Italia
Proprietà: Comune
Condizione attuale: aperta a richiesta

Provincia di Torino
Comune di Torre Pellice
MUSEO STORICO VALDESE
Indirizzo: via Arnaud 36, tel. 0121/932179

Categoria: musei di storia
Fonte/i: Istat / Enit / Regione / Min. Interni / Assess. Cultura Bologna / Guida Regioni d'Italia
Proprietà: ecclesiastica
Condizione attuale: aperto

Provincia di Torino
Comune di Trana
GIARDINO BOTANICO
Indirizzo: frazione San Bernardino, strada Giaveno 40, tel. 011/933150
Categoria: giardini zoolog. botan. naturali
Fonte/i: Istat / Regione / Assess. Cultura Bologna
Proprietà: privata
Condizione attuale: in allestimento

Provincia di Torino
Comune di Valperga
MUSEO DEL SANTUARIO
Indirizzo: santuario di Belmonte
Categoria: musei specializzati
Fonte/i: Regione
Proprietà: ecclesiastica
Condizione attuale: aperto

Provincia di Torino
Comune di Venaria
MOSTRA FAUNISTICA
Indirizzo: viale Carlo Emanuele II, tel. 011/493636
Categoria: musei di scienza e tecnica
Fonte/i: Assess. Cultura Bologna
Proprietà: Regione
Condizione attuale: in allestimento

Provincia di Torino
Comune di Venaria
MOSTRA PERMANENTE DELLA RESISTENZA
Indirizzo: tenuta La Mandria
Categoria: musei di storia
Fonte/i: Regione / Fio
Proprietà: Comune
Condizione attuale: aperta

Provincia di Torino
Comune di Venaria
MUSEO DEL MARE
Categoria: musei specializzati
Fonte/i: Regione
Proprietà: Regione
Condizione attuale: in allestimento

Provincia di Torino
Comune di Venaria
MUSEO DELL'AGRICOLTURA PIEMONTESE
Indirizzo: tenuta La Mandria, tel. 011/490025
Categoria: musei specializzati
Fonte/i: Istat / Enit / Guida Monaci / Fio / Guida Regioni d'Italia
Proprietà: Comune
Condizione attuale: chiuso

PROVINCIA DI VERCELLI

Provincia di Vercelli
Comune di Alagna Valsesia
MUSEO "WALSER"
Indirizzo: frazione Pedemonte, tel. 0163/91326
Categoria: musei territoriali
Fonte/i: Istat / Enit / Regione / Guida Monaci / Touring Club / Min. Interni / Assess. Cultura Bologna / Guida Regioni d'Italia
Proprietà: Comune
Condizione attuale: aperto

Provincia di Vercelli
Comune di Albano Vercellese
MUSEO PARCO DELLE LAME DEL SESIA
Indirizzo: via XX Settembre 4
Categoria: giardini zoolog. botan. naturali
Fonte/i: Regione / Min. Interni
Proprietà: Comune
Condizione attuale: aperto

Provincia di Vercelli
Comune di Biella
COLLEZIONE MINERALOGICA
Indirizzo: Istituto tecn. industr. "Q. Sella"
Categoria: musei di scienza e tecnica
Fonte/i: Com. it. Icom.
Proprietà: Stato
Condizione attuale: aperta a richiesta

Provincia di Vercelli
Comune di Biella
COLLEZIONE ENTOMOLOGICA ED ERBARIO
Indirizzo: Seminario biellese
Categoria: musei di scienza e tecnica
Fonte/i: Com. it. Icom.
Proprietà: ecclesiastica
Condizione attuale: aperti a richiesta

Provincia di Vercelli
Comune di Biella
COLLEZIONE MINERALOGICA E

ALTRE
Indirizzo: C.A.I. sezione biellese
Categoria: musei di scienza e tecnica
Fonte/i: Com. it. Icom.
Proprietà: privata
Condizione attuale: aperta a richiesta

Provincia di Vercelli
Comune di Biella
ISTITUTO DI FOTOGRAFIA ALPINA "VITTORIO SELLA"
Indirizzo: via San Gerolamo 4, tel. 015/23778
Categoria: musei specializzati
Fonte/i: Istat / Enit / Regione / Guida Monaci / Touring Club / Assess. Cultura Bologna / Piccoli / Guida Regioni d'Italia
Proprietà: privata
Condizione attuale: aperto a richiesta

Provincia di Vercelli
Comune di Biella
LANIFICIO "SELLA"
Categoria: musei specializzati
Fonte/i: Min. Beni culturali
Proprietà: privata
Condizione attuale: in restauro

Provincia di Vercelli
Comune di Biella
MOSTRA TRUPPE ALPINE "M. BALOCCO"
Indirizzo: via Delleani 33, tel. 015/24290-406112
Categoria: musei di storia
Fonte/i: Istat / Enit / Regione / Touring Club / Assess. Cultura Bologna
Proprietà: privata
Condizione attuale: aperta

Provincia di Vercelli
Comune di Biella
MUSEO CIVICO
Indirizzo: via P. Micca 36, tel. 015/21653
Categoria: musei d'arte e archeologia
Fonte/i: Istat / Enit / Regione / Guida Monaci / Assess. Cultura Bologna / Guida Regioni d'Italia
Proprietà: Comune
Condizione attuale: in allestimento

Provincia di Vercelli
Comune di Biella
MUSEO DEL SANTUARIO DI OROPA
Indirizzo: frazione Oropa, tel. 015/55120
Categoria: musei specializzati
Fonte/i: Istat / Enit / Regione / Min. Beni culturali / Guida Regioni d'Italia
Proprietà: ecclesiastica
Condizione attuale: aperto

Provincia di Vercelli
Comune di Biella
MUSEO DELLE CULTURE EXTRAEUROPEE
Categoria: musei etnograf. e/o antropolog.
Fonte/i: Regione
Proprietà: Comune
Condizione attuale: aperto

Provincia di Vercelli
Comune di Biella
PARCO COMUNALE DELLA BURCINA
Indirizzo: via Battistero
Categoria: giardini zoolog. botan. naturali
Fonte/i: Istat / Regione
Proprietà: Comune
Condizione attuale: aperto

Provincia di Vercelli
Comune di Borgosesia
MUSEO CIVICO DI PALEONTOLOGIA E PALETNOLOGIA
Indirizzo: via Sesone 10, tel. 0163/23313-24600
Categoria: musei d'archeologia
Fonte/i: Enit / Regione / Touring Club / Min. Beni culturali / Min. Interni / Assess. Cultura Bologna / Guida Regioni d'Italia
Proprietà: Comune
Condizione attuale: aperto a richiesta

Provincia di Vercelli
Comune di Borgosesia
MUSEO DEL FOLCLORE VALSESIANO
Indirizzo: via alle Manifatture 10, tel. 0163/22505-22205
Categoria: musei territoriali
Fonte/i: Istat / Enit / Regione / Guida Monaci / Touring Club / Min. Interni / Assess. Cultura Bologna / Guida Regioni d'Italia
Proprietà: Comune
Condizione attuale: aperto a richiesta

Provincia di Vercelli
Comune di Castelletto Cervo
ANTIQUARIUM
Indirizzo: frazione Castelletto Monastero
Categoria: musei d'archeologia
Fonte/i: Regione
Proprietà: Comune
Condizione attuale: aperto a richiesta

Provincia di Vercelli
Comune di Civiasco
MUSEO CIVICO "E. DURIO DA ROL"
Indirizzo: via E. Durio 6,
tel. 0163/55700-51597
Categoria: musei di scienza e tecnica
Fonte/i: Istat / Enit / Regione / Guida Monaci / Touring Club / Min. Interni / Assess. Cultura Bologna
Proprietà: Comune
Condizione attuale: aperto a richiesta

Provincia di Vercelli
Comune di Fobello
RACCOLTA NUMISMATICA
Categoria: musei specializzati
Fonte/i: Regione
Proprietà: privata
Condizione attuale: aperta a richiesta

Provincia di Vercelli
Comune di Livorno Ferraris
MUSEO SACRARIO GALILEO FERRARIS
Indirizzo: piazza G. Ferraris 1,
tel. 0161/477295
Categoria: musei di scienza e tecnica
Fonte/i: Istat / Enit / Regione / Guida Monaci / Touring Club / Min. Interni / Assess. Cultura Bologna / Guida Regioni d'Italia
Proprietà: Comune
Condizione attuale: aperto a richiesta

Provincia di Vercelli
Comune di Rima San Giuseppe
MUSEO "DELLA VEDOVA"
Indirizzo: frazione Rima,
tel. 0163/95026-92025
Categoria: musei specializzati
Fonte/i: Istat / Enit / Regione / Min. Interni / Assess. Cultura Bologna
Proprietà: Comune
Condizione attuale: aperto a richiesta

Provincia di Vercelli
Comune di Rimella
CASA "WALSER"
Indirizzo: frazione Chiesa, tel. 0163/55203
Categoria: musei territoriali
Fonte/i: Min. Beni culturali
Proprietà: privata
Condizione attuale: in progettazione

Provincia di Vercelli
Comune di Rimella
MUSEO "G. B. FILIPPA"

Indirizzo: frazione Chiesa, tel. 0163/55203
Categoria: musei specializzati
Fonte/i: Regione
Proprietà: privata
Condizione attuale: aperto a richiesta

Provincia di Vercelli
Comune di Rosazza
MUSEO ETNOGRAFICO
Indirizzo: via P. Micca 25
Categoria: musei territoriali
Fonte/i: Min. Interni
Proprietà: privata
Condizione attuale: aperto a richiesta

Provincia di Vercelli
Comune di Sagliano Micca
CASA DI PIETRO MICCA
Categoria: musei specializzati
Fonte/i: Regione
Proprietà: Comune
Condizione attuale: aperto a richiesta

Provincia di Vercelli
Comune di Santhià
GALLERIA D'ARTE MODERNA
Indirizzo: via dell'Ospedale 11,
tel. 0161/94200
Categoria: musei d'arte
Fonte/i: Istat / Enit / Regione / Guida Monaci / Touring Club / Assess. Cultura Bologna / Guida Regioni d'Italia
Proprietà: Comune
Condizione attuale: aperto a richiesta

Provincia di Vercelli
Comune di Serravalle Sesia
MUSEO "DON F. PIOLO"
Indirizzo: castello Avondo, via Torchio,
tel. 0163/459125
Categoria: musei d'arte e archeologia
Fonte/i: Istat / Enit / Regione / Guida Monaci / Min. Interni / Assess. Cultura Bologna / Guida Regioni d'Italia
Proprietà: ecclesiastica
Condizione attuale: aperto a richiesta

Provincia di Vercelli
Comune di Sostegno
MUSEO PARROCCHIALE
Indirizzo: chiesa della Santissima Trinità
Categoria: musei specializzati
Fonte/i: Min. Interni
Proprietà: privata
Condizione attuale: aperto

Provincia di Vercelli
Comune di Trino
MUSEO CIVICO "G. A. IRICO"
Indirizzo: piazza Garibaldi 2,
tel. 0161/829062
Categoria: musei d'arte e archeologia
Fonte/i: Istat / Enit / Regione / Guida Monaci / Touring Club / Min. Interni / Assess. Cultura Bologna / Guida Regioni d'Italia
Proprietà: Comune
Condizione attuale: aperto a richiesta

Provincia di Vercelli
Comune di Varallo
MUSEO "P. CALDERINI"
Indirizzo: palazzo dei Musei, via Don Maio, tel. 0163/51424
Categoria: musei di scienza e tecnica
Fonte/i: Istat / Enit / Regione / Guida Monaci / Touring Club / Min. Interni / Assess. Cultura Bologna / Guida Regioni d'Italia
Proprietà: Stato
Condizione attuale: aperto

Provincia di Vercelli
Comune di Varallo
MUSEO, CHIESE E CAPPELLE
Indirizzo: località Sacro Monte
Categoria: musei specializzati
Fonte/i: Enit / Regione / Guida Monaci / Fio / Min. Beni culturali / Guida Regioni d'Italia
Proprietà: Regione
Condizione attuale: aperti

Provincia di Vercelli
Comune di Varallo
PINACOTECA CIVICA
Indirizzo: palazzo dei Musei, via Don Maio, tel. 0163/57424
Categoria: musei d'arte
Fonte/i: Istat / Enit / Regione / Guida Monaci / Assess. Cultura Bologna
Proprietà: Comune
Condizione attuale: aperta

Provincia di Vercelli
Comune di Vercelli
GALLERIA DI ARTE MODERNA "L. SERENO"
Indirizzo: via L. Sereno 7
Categoria: musei d'arte
Fonte/i: Istat / Regione
Proprietà: privata
Condizione attuale: aperta

Provincia di Vercelli
Comune di Vercelli
MUSEO "C. LEONE"
Indirizzo: via Verdi 7, tel. 0161/65604
Categoria: musei d'arte e archeologia
Fonte/i: Istat / Enit / Regione / Guida Monaci / Touring Club / Min. Beni culturali / Assess. Cultura Bologna
Proprietà: Comune
Condizione attuale: aperto

Provincia di Vercelli
Comune di Vercelli
MUSEO CIVICO "F. BORGOGNA"
Indirizzo: via A. Borgogna 8, tel. 0161/62578
Categoria: musei d'arte
Fonte/i: Istat / Enit / Regione / Guida Monaci / Touring Club / Min. Beni culturali / Assess. Cultura Bologna
Proprietà: Comune
Condizione attuale: aperto a richiesta

Provincia di Vercelli
Comune di Vercelli
TESORO DEL DUOMO
Indirizzo: piazza Sant'Eusebio,
tel. 0161/65005
Categoria: musei specializzati
Fonte/i: Enit / Min. Beni culturali / Guida Regioni d'Italia
Proprietà: ecclesiastica
Condizione attuale: aperto

Provincia di Vercelli
Comune di Viverone
AVIFAUNA DEL LAGO
Indirizzo: Biblioteca civica
Categoria: musei di scienza e tecnica
Fonte/i: Com. it. Icom.
Proprietà: Comune
Condizione attuale: aperta

Regione Puglia

PROVINCIA DI BARI

Provincia di Bari
Comune di Acquaviva delle Fonti
MUSEO STORICO CIVICO
Indirizzo: Castello normanno,
piazza Garibaldi, tel. 080/761134
Categoria: musei di storia
Fonte/i: Regione / Guida Regioni d'Italia
Proprietà: Comune
Condizione attuale: aperto

Provincia di Bari
Comune di Alberobello
MOSTRA-MUSEO DEI REPERTI DELLA CIVILTÀ CONTADINA
Indirizzo: parrocchia di Sant'Antonio
Categoria: musei territoriali
Fonte/i: Enit
Proprietà: ecclesistica
Condizione attuale: aperta a richiesta

Provincia di Bari
Comune di Altamura
MUSEO CIVICO E ARCHIVIO BIBLIOTECA
Indirizzo: via Santeramo 88, tel. 080/8711935
Categoria: musei d'archeologia
Fonte/i: Istat / Enit / Regione / Guida Monaci / Touring Club / Assess. Cultura Bologna
Proprietà: Comune
Condizione attuale: aperti

Provincia di Bari
Comune di Altamura
MUSEO DELLA CATTEDRALE
Indirizzo: piazza del Duomo
Categoria: musei d'arte
Fonte/i: Enit
Proprietà: ecclesiastica
Condizione attuale: aperto

Provincia di Bari
Comune di Altamura
MUSEO DELLA CIVILTÀ RURALE
Indirizzo: tel. 080/842165
Categoria: musei territoriali
Fonte/i: Enit
Proprietà: privata
Condizione attuale: aperto a richiesta

Provincia di Bari
Comune di Altamura
MUSEO STATALE ARCHEOLOGICO
Indirizzo: via Santa Teresa, tel. 080/8711935
Categoria: musei d'archeologia
Fonte/i: Guida Monaci / Assess. Cultura Bologna
Proprietà: Stato
Condizione attuale: aperto

Provincia di Bari
Comune di Andria
MUSEO DIOCESANO
Indirizzo: piazza Vittorio Emanuele II 23, tel. 0883/23032
Categoria: musei specializzati
Fonte/i: Istat / Enit / Regione / Guida Monaci / Touring Club / Assess. Cultura Bologna
Proprietà: ecclesiastica
Condizione attuale: chiuso

Provincia di Bari
Comune di Bari
ACQUARIO PROVINCIALE
Indirizzo: molo Pizzoli, tel. 080/5213486
Categoria: acquari
Fonte/i: Istat / Enit / Regione / Guida Monaci / Touring Club / Assess. Cultura Bologna
Proprietà: Provincia
Condizione attuale: aperto

Provincia di Bari
Comune di Bari
COLLEZIONE DI CARTOLINE "C. C. CARDUCCI"
Categoria: musei specializzati
Fonte/i: Piccoli
Proprietà: privata

Provincia di Bari
Comune di Bari
GIPSOTECA DEL CASTELLO SVEVO
Indirizzo: Castello svevo, tel. 080/214361
Categoria: musei specializzati
Fonte/i: Istat / Enit / Regione / Guida Monaci / Touring Club / Dir. gen. Min. Beni culturali / Assess. Cultura Bologna
Proprietà: Provincia
Condizione attuale: aperta

Provincia di Bari
Comune di Bari
MUSEO ARCHEOLOGICO PROVINCIALE
Indirizzo: piazza Umberto I, tel. 080/5211559
Categoria: musei d'archeologia
Fonte/i: Istat / Enit / Regione / Guida Monaci / Touring Club / Dir. gen. Min. Beni culturali /

Assess. Cultura Bologna
Proprietà: Provincia
Condizione attuale: aperto

Provincia di Bari
Comune di Bari
**MUSEO DELLA BASILICA
DI SAN NICOLA**
Indirizzo: piazza San Nicola, tel. 080/5211205
Categoria: musei specializzati
Fonte/i: Istat / Enit / Regione / Guida Monaci / Touring Club / Assess. Cultura Bologna
Proprietà: ecclesiastica
Condizione attuale: aperto a richiesta

Provincia di Bari
Comune di Bari
MUSEO DI ZOOLOGIA E ANATOMIA COMPARATA
Indirizzo: Università, via Amendola 175, tel. 080/339907
Categoria: musei di scienza e tecnica
Fonte/i: Istat / Enit / Regione / Guida Monaci / Assess. Cultura Bologna
Proprietà: Università
Condizione attuale: aperto a richiesta

Provincia di Bari
Comune di Bari
MUSEO DIOCESANO
Indirizzo: Cattedrale, piazza Odegitria, tel. 080/5212725
Categoria: musei specializzati
Fonte/i: Istat / Enit / Regione / Guida Monaci / Touring Club / Assess. Cultura Bologna
Proprietà: ecclesiastica
Condizione attuale: aperto

Provincia di Bari
Comune di Bari
**MUSEO ETNOGRAFICO
AFRICA-MOZAMBICO**
Indirizzo: via Generale Bellomo 96, tel. 080/5510037
Categoria: musei etnograf. e/o antropolog.
Fonte/i: Istat / Enit / Regione / Guida Monaci / Touring Club / Assess. Cultura Bologna
Proprietà: ecclesiastica
Condizione attuale: aperto

Provincia di Bari
Comune di Bari
MUSEO STORICO CIVICO
Indirizzo: largo Urbano II 2, tel. 080/235909
Categoria: musei di storia
Fonte/i: Istat / Regione / Guida Monaci / Touring Club / Assess. Cultura Bologna
Proprietà: Comune
Condizione attuale: in restauro

Provincia di Bari
Comune di Bari
ORTO BOTANICO
Indirizzo: via Amendola 175, tel. 080/242152
Categoria: giardini zoolog. botan. naturali
Fonte/i: Istat / Regione / Touring Club / Assess. Cultura Bologna
Proprietà: Università
Condizione attuale: aperto a richiesta

Provincia di Bari
Comune di Bari
PINACOTECA PROVINCIALE
Indirizzo: palazzo della Provincia, via Spalato 19, tel. 080/392421
Categoria: musei d'arte
Fonte/i: Istat / Enit / Regione / Guida Monaci / Touring Club / Assess. Cultura Bologna
Proprietà: Provincia
Condizione attuale: aperta

Provincia di Bari
Comune di Bari
**RACCOLTE DELL'ISTITUTO DI
GEOLOGIA E PALEONTOLOGIA**
Indirizzo: via Amendola 175, tel. 080/241111
Categoria: musei di scienza e tecnica
Fonte/i: Com. it. Icom.
Proprietà: Università
Condizione attuale: aperte a richiesta

Provincia di Bari
Comune di Bari
**RACCOLTE DELL'ISTITUTO DI
PETROGRAFIA E MINERALOGIA**
Indirizzo: via Amendola 175, tel. 080/241111
Categoria: musei di scienza e tecnica
Fonte/i: Com. it. Icom.
Proprietà: Università
Condizione attuale: aperte a richiesta

Provincia di Bari
Comune di Bari
**RACCOLTE DELL'ISTITUTO TECNICO
"G. CESARE"**
Categoria: musei di scienza e tecnica
Fonte/i: Com. it. Icom.
Proprietà: Stato
Condizione attuale: aperte a richiesta

Provincia di Bari
Comune di Bari

RACCOLTE DELL'ISTITUTO TECNICO-COMMERCIALE "CAVOUR"
Categoria: musei di scienza e tecnica
Fonte/i: Com. it. Icom.
Proprietà: Stato
Condizione attuale: aperte a richiesta

Provincia di Bari
Comune di Barletta
ANTIQUARIUM DI CANNE
Indirizzo: frazione Canne della Battaglia, tel. 0883/218696
Categoria: musei d'archeologia
Fonte/i: Istat / Enit / Regione / Guida Monaci / Touring Club / Dir. gen. Min. Beni culturali / Assess. Cultura Bologna
Proprietà: Stato
Condizione attuale: aperto

Provincia di Bari
Comune di Barletta
MUSEO DELLA CATTEDRALE
Indirizzo: piazza Duomo, tel. 0883/31183
Categoria: musei specializzati
Fonte/i: Istat / Enit / Regione / Guida Monaci / Touring Club / Assess. Cultura Bologna
Proprietà: ecclesiastica
Condizione attuale: aperto

Provincia di Bari
Comune di Barletta
MUSEO E PINACOTECA "DE NITTIS"
Indirizzo: via Cavour 8, tel. 0883/33005
Categoria: musei d'arte
Fonte/i: Istat / Enit / Regione / Guida Monaci / Touring Club / Assess. Cultura Bologna
Proprietà: Comune
Condizione attuale: aperti

Provincia di Bari
Comune di Barletta
TESORO DELLA BASILICA DEL SANTO SEPOLCRO
Indirizzo: corso Vittorio Emanuele
Categoria: musei specializzati
Fonte/i: Enit
Proprietà: ecclesiastica
Condizione attuale: aperto a richiesta

Provincia di Bari
Comune di Bisceglie
MUSEO CIVICO ARCHEOLOGICO
Indirizzo: via Cardinale dell'Olio 77, tel. 080/921008
Categoria: musei d'archeologia
Fonte/i: Istat / Enit / Regione / Guida Monaci / Touring Club / Assess. Cultura Bologna
Proprietà: Comune
Condizione attuale: aperto a richiesta

Provincia di Bari
Comune di Bisceglie
MUSEO DIOCESANO
Indirizzo: Palazzo vescovile, via San Donato 6, tel. 080/921381
Categoria: musei d'arte
Fonte/i: Regione / Guida Monaci
Proprietà: ecclesiastica
Condizione attuale: aperto a richiesta

Provincia di Bari
Comune di Bitonto
MUSEO "E. ROGADEO"
Indirizzo: via E. Rogadeo 52, tel. 080/611877
Categoria: musei d'arte
Fonte/i: Istat / Enit / Regione / Guida Monaci / Touring Club / Assess. Cultura Bologna
Proprietà: Comune
Condizione attuale: aperto

Provincia di Bari
Comune di Bitonto
MUSEO "MONSIGNORE A. MARENA"
Indirizzo: Palazzo vescovile, tel. 080/913116
Categoria: musei d'arte
Fonte/i: Istat / Enit / Regione / Guida Monaci / Touring Club / Assess. Cultura Bologna
Proprietà: ecclesiastica
Condizione attuale: aperto

Provincia di Bari
Comune di Bitonto
MUSEO DELLE TRADIZIONI POPOLARI
Indirizzo: Centro ricerche storia e arte bitontina, via Amedeo 28
Categoria: musei territoriali
Fonte/i: Istat / Regione / Guida Monaci
Proprietà: privata
Condizione attuale: aperto a richiesta

Provincia di Bari
Comune di Canosa di Puglia
MUSEO CIVICO
Indirizzo: via Varrone 45, tel. 0883/963685
Categoria: musei d'archeologia
Fonte/i: Istat / Enit / Regione / Guida Monaci / Touring Club / Assess. Cultura Bologna / Insud
Proprietà: Comune
Condizione attuale: aperto

Provincia di Bari
Comune di Conversano
MUSEO CIVICO
Indirizzo: monastero di San Benedetto, via San Benedetto 16, tel. 080/751975
Categoria: musei d'arte
Fonte/i: Istat / Enit / Regione / Guida Monaci / Touring Club / Assess. Cultura Bologna / Insud
Proprietà: Comune
Condizione attuale: aperto

Provincia di Bari
Comune di Gioia del Colle
MUSEO ARCHEOLOGICO NAZIONALE
Indirizzo: Castello svevo, piazza dei Martiri, tel. 080/9981305
Categoria: musei d'archeologia
Fonte/i: Istat / Enit / Regione / Guida Monaci / Touring Club / Dir. gen. Min. Beni culturali / Assess. Cultura Bologna / Insud
Proprietà: Stato
Condizione attuale: aperto

Provincia di Bari
Comune di Giovinazzo
RACCOLTA ARCHEOLOGICA
Indirizzo: piazza Umberto I 12, tel. 080/931014
Categoria: musei d'archeologia
Fonte/i: Istat / Enit / Regione / Guida Monaci / Touring Club / Assess. Cultura Bologna
Proprietà: privata
Condizione attuale: aperta a richiesta

Provincia di Bari
Comune di Gravina in Puglia
MUSEO DELLA FONDAZIONE "E. POMARICI SANTOMASI"
Indirizzo: via del Museo 23, tel. 080/851021
Categoria: musei d'arte e archeologia
Fonte/i: Istat / Enit / Regione / Guida Monaci / Touring Club / Assess. Cultura Bologna
Proprietà: privata
Condizione attuale: aperto

Provincia di Bari
Comune di Minervino Murge
MUSEO ARCHEOLOGICO CIVICO
Indirizzo: Palazzo comunale, tel. 0883/91070
Categoria: musei d'archeologia
Fonte/i: Istat / Regione / Guida Monaci / Min. Interni / Assess. Cultura Bologna
Proprietà: Comune
Condizione attuale: aperto

Provincia di Bari
Comune di Molfetta
MUSEO ARCHEOLOGICO
Indirizzo: Seminario regionale, viale Pio XI, tel. 080/941707
Categoria: musei d'archeologia
Fonte/i: Istat / Enit / Regione / Guida Monaci / Touring Club / Assess. Cultura Bologna
Proprietà: ecclesiastica
Condizione attuale: in restauro

Provincia di Bari
Comune di Molfetta
MUSEO PINACOTECA "A. SALVUCCI"
Indirizzo: Seminario vescovile, piazza Garibaldi 65, tel. 080/911559
Categoria: musei d'arte e archeologia
Fonte/i: Istat / Enit / Regione / Guida Monaci / Touring Club / Assess. Cultura Bologna
Proprietà: ecclesiastica
Condizione attuale: aperto a richiesta

Provincia di Bari
Comune di Monopoli
COLLEZIONE "L. MEO-EVOLI"
Indirizzo: contrada Cozzana, tel. 080/803052
Categoria: musei d'archeologia
Fonte/i: Istat / Enit / Regione / Guida Monaci / Touring Club / Assess. Cultura Bologna
Proprietà: privata
Condizione attuale: aperta a richiesta

Provincia di Bari
Comune di Monopoli
MUSEO DELLA CATTEDRALE
Indirizzo: piazza della Cattedrale, tel. 080/742253
Categoria: musei d'arte
Fonte/i: Istat / Enit / Regione / Guida Monaci / Touring Club / Assess. Cultura Bologna
Proprietà: ecclesiastica
Condizione attuale: aperto a richiesta

Provincia di Bari
Comune di Monopoli
RACCOLTA ARCHEOLOGICA
Indirizzo: via Europa Libera, tel. 080/742108
Categoria: musei d'archeologia
Fonte/i: Istat / Enit / Regione / Guida Monaci / Touring Club / Assess. Cultura Bologna
Proprietà: Stato
Condizione attuale: aperta a richiesta

Provincia di Bari
Comune di Polignano a Mare
RACCOLTA ARCHEOLOGICA

Indirizzo: Municipio,
viale della Rimembranza, tel. 080/740144
Categoria: musei d'archeologia
Fonte/i: Istat / Enit / Regione / Guida Monaci / Touring Club / Assess. Cultura Bologna
Proprietà: Comune
Condizione attuale: aperta a richiesta

Provincia di Bari
Comune di Putignano
MUSEO CIVICO
Indirizzo: piazza Plebiscito, tel. 080/733653
Categoria: musei d'arte
Fonte/i: Istat / Enit / Regione / Guida Monaci / Assess. Cultura Bologna
Proprietà: Comune
Condizione attuale: in restauro

Provincia di Bari
Comune di Rutigliano
MUSEO CIVICO
Indirizzo: Municipio, tel. 080/661056
Categoria: musei d'archeologia
Fonte/i: Istat / Enit / Regione / Guida Monaci / Min. Interni / Assess. Cultura Bologna
Proprietà: Comune
Condizione attuale: in restauro

Provincia di Bari
Comune di Ruvo di Puglia
MUSEO "JATTA"
Indirizzo: piazza Bovio 35, tel. 080/813085
Categoria: musei d'archeologia
Fonte/i: Istat / Enit / Regione / Guida Monaci / Touring Club / Min. Beni culturali / Assess. Cultura Bologna
Proprietà: privata
Condizione attuale: aperto

Provincia di Bari
Comune di Sammichele di Bari
MUSEO DELLA CIVILTÀ CONTADINA
Indirizzo: piazza Caracciolo 1, tel. 080/677368
Categoria: musei territoriali
Fonte/i: Istat / Enit / Regione / Guida Monaci / Touring Club / Min. Interni / Assess. Cultura Bologna
Proprietà: Comune
Condizione attuale: aperto

Provincia di Bari
Comune di Spinazzola
MUSEO "R. DE CESARE"
Indirizzo: Scuola media statale
Categoria: musei d'archeologia
Fonte/i: Min. Interni

Proprietà: Stato
Condizione attuale: aperto

Provincia di Bari
Comune di Terlizzi
PINACOTECA "M. DE NAPOLI"
Indirizzo: corso Dante 9, tel. 080/817099
Categoria: musei d'arte
Fonte/i: Istat / Enit / Regione / Touring Club / Assess. Cultura Bologna
Proprietà: Comune
Condizione attuale: in restauro

Provincia di Bari
Comune di Trani
MINIACQUARIO
Indirizzo: Villa comunale, piazza Plebiscito, tel. 0883/41105
Categoria: acquari
Fonte/i: Istat / Enit / Regione / Guida Monaci / Touring Club / Assess. Cultura Bologna
Proprietà: Comune
Condizione attuale: aperto

Provincia di Bari
Comune di Trani
MUSEO DELLE CARROZZE
Indirizzo: piazza Guercia 8, tel. 0883/42641
Categoria: musei specializzati
Fonte/i: Istat / Enit / Regione / Guida Monaci / Assess. Cultura Bologna
Proprietà: privata
Condizione attuale: aperto a richiesta

Provincia di Bari
Comune di Trani
MUSEO DIOCESANO
Indirizzo: piazza Duomo 4, tel. 0883/584632
Categoria: musei specializzati
Fonte/i: Istat / Enit / Regione / Guida Monaci / Touring Club / Assess. Cultura Bologna
Proprietà: ecclesiastica
Condizione attuale: aperto

PROVINCIA DI BRINDISI

Provincia di Brindisi
Comune di Brindisi
MUSEO ARCHEOLOGICO PROVINCIALE "F. RIBEZZO"
Indirizzo: piazza Duomo, 8, tel. 0831/223545
Categoria: musei d'archeologia
Fonte/i: Istat / Enit / Regione / Guida Monaci / Touring Club / Assess. Cultura Bologna
Proprietà: Provincia
Condizione attuale: aperto a richiesta

Provincia di Brindisi
Comune di Fasano
MUSEO DI EGNAZIA
Indirizzo: frazione Savellitri, tel. 0831/729056
Categoria: musei d'archeologia
Fonte/i: Istat / Enit / Regione / Guida Monaci / Dir. gen. Min. Beni culturali / Assess. Cultura Bologna
Proprietà: Stato
Condizione attuale: aperto

Provincia di Brindisi
Comune di Latiano
MUSEO DELLA CERAMICA "A. RIBEZZI"
Indirizzo: via Roma 6, tel. 0831/729743
Categoria: musei d'arte e archeologia
Fonte/i: Touring Club / Assess. Cultura Bologna
Proprietà: privata
Condizione attuale: aperto a richiesta

Provincia di Brindisi
Comune di Latiano
MUSEO DELLE ARTI E TRADIZIONI PUGLIESI
Indirizzo: via Verdi 12, tel. 0831/729743
Categoria: musei territoriali
Fonte/i: Istat / Enit / Regione / Guida Monaci / Min. Interni / Assess. Cultura Bologna
Proprietà: privata
Condizione attuale: aperto

Provincia di Brindisi
Comune di Mesagne
MUSEO CIVICO ARCHEOLOGICO "U. GRANAFEI"
Indirizzo: piazza IV Novembre, tel. 0831/733542
Categoria: musei d'archeologia
Fonte/i: Istat / Enit / Regione / Guida Monaci / Touring Club / Assess. Cultura Bologna
Proprietà: Comune
Condizione attuale: aperto

Provincia di Brindisi
Comune di Oria
COLLEZIONE "MARTINI CARISSIMO"
Indirizzo: Castello svevo, tel. 0831/345026
Categoria: musei d'archeologia
Fonte/i: Istat / Enit / Regione / Guida Monaci / Touring Club / Min. Interni / Assess. Cultura Bologna
Proprietà: privata
Condizione attuale: aperta

Provincia di Brindisi
Comune di Oria
MUSEO ARCHEOLOGICO "F. MILIZIA"
Indirizzo: via Epitaffio 31, tel. 0831/345044
Categoria: musei d'archeologia
Fonte/i: Istat / Enit / Regione / Guida Monaci / Min. Interni / Assess. Cultura Bologna
Proprietà: Comune
Condizione attuale: in restauro

Provincia di Brindisi
Comune di Oria
MUSEO DIDATTICO ZOOLOGICO
Indirizzo: santuario San Cosimo della Macchia, via del Santuario, tel. 0831/347542
Categoria: musei di scienza e tecnica
Fonte/i: Enit / Min. Interni / Assess. Cultura Bologna
Proprietà: ecclesiastica
Condizione attuale: aperto a richiesta

Provincia di Brindisi
Comune di Oria
RACCOLTA KALEFATI
Indirizzo: Curia vescovile, via Kalefati, tel. 0831/347542
Categoria: musei d'archeologia
Fonte/i: Min. Interni
Proprietà: ecclesiastica
Condizione attuale: in allestimento

Provincia di Brindisi
Comune di Ostuni
MUSEO EX CONVENTO DEI CARMELITANI
Categoria: musei specializzati
Fonte/i: Min. Beni culturali
Proprietà: Comune
Condizione attuale: in restauro

PROVINCIA DI FOGGIA

Provincia di Foggia
Comune di Ascoli Satriano
MUSEO CIVICO
Indirizzo: largo Municipio 3, tel. 0885/51112
Categoria: musei d'archeologia
Fonte/i: Istat / Enit / Regione / Guida Monaci / Min. Interni / Assess. Cultura Bologna
Proprietà: Comune
Condizione attuale: chiuso

Provincia di Foggia
Comune di Bovino
MUSEO CIVICO
Indirizzo: palazzo Pisani, piazza Boffa,

tel. 0881/961013
Categoria: musei d'archeologia
Fonte/i: Istat / Regione / Guida Monaci / Touring Club / Min. Interni / Assess. Cultura Bologna / Guida Regioni d'Italia
Proprietà: Comune
Condizione attuale: aperto

Provincia di Foggia
Comune di Bovino
RACCOLTA LAPIDARIA DEL PALAZZO DEGLI UFFICI
Indirizzo: palazzo del Comune, tel. 0881/961013
Categoria: musei d'archeologia
Fonte/i: Enit / Regione / Touring Club / Min. Interni
Proprietà: Comune
Condizione attuale: aperta a richiesta

Provincia di Foggia
Comune di Celenza Valfortore
RACCOLTA ARCHEOLOGICA
Indirizzo: palazzo del Comune, via San Nicola 4, tel. 0881/954016
Categoria: musei d'archeologia
Fonte/i: Istat / Enit / Regione / Guida Monaci
Proprietà: Comune
Condizione attuale: aperta

Provincia di Foggia
Comune di Cerignola
MUSEO ETNOGRAFICO
Indirizzo: Edificio "G. Marconi", piazza della Repubblica 7, tel. 0885/21440
Categoria: musei territoriali
Fonte/i: Regione / Guida Monaci
Proprietà: Stato
Condizione attuale: aperto

Provincia di Foggia
Comune di Faeto
MUSEO ETNOGRAFICO
Indirizzo: via Vittorio Emanuele
Categoria: musei etnograf. e/o antropolog.
Fonte/i: Min. Interni
Proprietà: privata
Condizione attuale: aperto a richiesta

Provincia di Foggia
Comune di Foggia
CENTRO MISSIONARIO AFRICANO
Indirizzo: convento dei Cappuccini, piazza Immacolata 1, tel. 0881/36179
Categoria: musei etnograf. e/o antropolog.
Fonte/i: Regione

Proprietà: ecclesiastica
Condizione attuale: aperto

Provincia di Foggia
Comune di Foggia
MUSEO-PINACOTECA COMUNALE
Indirizzo: piazza V. Nigri, tel. 0881/26245
Categoria: musei d'arte e archeologia
Fonte/i: Istat / Enit / Regione / Guida Monaci / Assess. Cultura Bologna
Proprietà: Comune
Condizione attuale: aperto

Provincia di Foggia
Comune di Lucera
MUSEO CIVICO "G. FIORELLI"
Indirizzo: via De Nicastri 36, tel. 0881/943827
Categoria: musei d'arte e archeologia
Fonte/i: Istat / Enit / Regione / Guida Monaci / Touring Club / Assess. Cultura Bologna / Insud
Proprietà: Comune
Condizione attuale: aperto

Provincia di Foggia
Comune di Manfredonia
MUSEO ARCHEOLOGICO NAZIONALE
Indirizzo: Castello svevo, viale Sauro, tel. 0884/27838
Categoria: musei d'archeologia
Fonte/i: Istat / Enit / Regione / Guida Monaci / Touring Club / Assess. Cultura Bologna / Dir. gen. Min. Beni culturali
Proprietà: Stato
Condizione attuale: aperto

Provincia di Foggia
Comune di Manfredonia
MUSEO ETNOGRAF. DEL CENTRO STUDI PUGLIESI A SIPONTO
Indirizzo: piazza Santa Maria 2, tel. 0884/541227
Categoria: musei territoriali
Fonte/i: Istat / Regione / Guida Monaci / Assess. Cultura Bologna
Proprietà: privata
Condizione attuale: aperto a richiesta

Provincia di Foggia
Comune di Mattinata
COLLEZIONE "M. SANSONE"
Indirizzo: tel. 0884/4170
Categoria: musei d'arte e archeologia
Fonte/i: Regione / Guida Monaci / Piccoli
Proprietà: privata
Condizione attuale: aperta

Provincia di Foggia
Comune di Mattinata
MUSEO CIVICO
Indirizzo: via T. Tasso
Categoria: musei d'archeologia
Fonte/i: Min. Interni
Proprietà: Comune
Condizione attuale: in allestimento

Provincia di Foggia
Comune di Monte Sant'Angelo
MUSEO ARTI E TRADIZIONI POPOLARI "G. TANCREDI"
Indirizzo: via Reale Basilica 10/C, tel. 0884/62098
Categoria: musei territoriali
Fonte/i: Istat / Enit / Regione / Guida Monaci / Touring Club / Assess. Cultura Bologna
Proprietà: Comune
Condizione attuale: aperto

Provincia di Foggia
Comune di Monte Sant'Angelo
MUSEO DELLA BASILICA DI SAN MICHELE
Indirizzo: tel. 0884/61150
Categoria: musei specializzati
Fonte/i: Istat / Enit / Regione / Guida Monaci
Proprietà: ecclesiastica
Condizione attuale: aperto a richiesta

Provincia di Foggia
Comune di San Severo
ANTIQUARIUM "A. MINUZIANO"
Indirizzo: via Zannotti 90, tel. 0882/23427
Categoria: musei d'archeologia
Fonte/i: Istat / Enit / Regione / Guida Monaci / Assess. Cultura Bologna
Proprietà: Comune
Condizione attuale: aperto

Provincia di Foggia
Comune di Trinitapoli
GALLERIA DEI RICORDI
Indirizzo: via Papa Giovanni XXIII 29, tel. 0883/731607
Categoria: musei d'archeologia
Fonte/i: Istat / Enit / Regione / Guida Monaci / Assess. Cultura Bologna
Proprietà: privata
Condizione attuale: aperta

Provincia di Foggia
Comune di Troia
MUSEO CIVICO
Indirizzo: corso Regina Margherita 86, tel. 0881/970870
Categoria: musei d'arte e archeologia
Fonte/i: Istat / Enit / Regione / Guida Monaci / Touring Club / Min. Interni / Assess. Cultura Bologna
Proprietà: Comune
Condizione attuale: aperto a richiesta

Provincia di Foggia
Comune di Troia
MUSEO DIOCESANO E TESORO DELLA CATTEDRALE
Indirizzo: convento delle Benedettine, tel. 0881/970081
Categoria: musei specializzati
Fonte/i: Istat / Enit / Regione / Guida Monaci / Touring Club / Assess. Cultura Bologna
Proprietà: ecclesiastica
Condizione attuale: aperto a richiesta

Provincia di Foggia
Comune di Vico del Gargano
MUSEO COMUNALE
Indirizzo: via A .De Gasperi, tel. 0884/993147
Categoria: musei d'archeologia
Fonte/i: Istat / Enit / Regione / Guida Monaci / Assess. Cultura Bologna
Proprietà: Comune
Condizione attuale: aperto

Provincia di Foggia
Comune di Vieste
MUSEO CIVICO
Indirizzo: palazzo del Comune, tel. 0884/78005
Categoria: musei d'archeologia
Fonte/i: Regione / Guida Monaci / Min. Interni / Assess. Cultura Bologna
Proprietà: Comune
Condizione attuale: aperto

PROVINCIA DI LECCE

Provincia di Lecce
Comune di Alezio
MUSEO CIVICO MESSAPICO
Indirizzo: via Kennedy, tel. 0833/281749
Categoria: musei d'archeologia
Fonte/i: Min. Interni / Assess. Cultura Bologna
Proprietà: Comune
Condizione attuale: aperto

Provincia di Lecce
Comune di Calimera
MUSEO DI STORIA NATURALE

Indirizzo: via Colaci 3
Categoria: musei di scienza e tecnica
Fonte/i: Min. Interni
Proprietà: Comune
Condizione attuale: aperto a richiesta

Provincia di Lecce
Comune di Galatina
MUSEO D'ARTE "P. CAVOTI"
Indirizzo: via Umberto I 36, tel. 0836/563360
Categoria: musei d'arte
Fonte/i: Istat / Enit / Regione / Guida Monaci / Touring Club / Assess. Cultura Bologna
Proprietà: Comune
Condizione attuale: in restauro

Provincia di Lecce
Comune di Gallipoli
MUSEO CIVICO
Indirizzo: via A. De Pace, tel. 0833/476178
Categoria: musei d'arte e archeologia
Fonte/i: Istat / Enit / Regione / Guida Monaci / Touring Club / Assess. Cultura Bologna
Proprietà: Comune
Condizione attuale: aperto

Provincia di Lecce
Comune di Lecce
MUSEO ARCHEOLOGICO PROVINCIALE "S. CASTROMEDIANO"
Indirizzo: viale Gallipoli, tel. 0832/47025
Categoria: musei d'archeologia
Fonte/i: Istat / Enit / Regione / Guida Monaci / Touring Club / Assess. Cultura Bologna
Proprietà: Provincia
Condizione attuale: aperto

Provincia di Lecce
Comune di Lecce
MUSEO-PINACOTECA "R. CARACCIOLO"
Indirizzo: convento Sant'Antonio, via Imperatore Adriano 79, tel. 0832/592674
Categoria: musei d'arte
Fonte/i: Enit / Regione / Guida Monaci / Assess. Cultura Bologna
Proprietà: ecclesiastica
Condizione attuale: aperto

Provincia di Lecce
Comune di Maglie
MUSEO DI PALEONTOLOGIA E PALETNOLOGIA "G. STASI"
Indirizzo: via Umberto I 3, tel. 0836/23198
Categoria: musei d'archeologia
Fonte/i: Istat / Enit / Regione / Guida Monaci / Touring Club / Assess. Cultura Bologna
Proprietà: Comune
Condizione attuale: aperto

Provincia di Lecce
Comune di Nardò
NAVE DI PUNTA DELL'ASPIDE, SANTA CATERINA
Categoria: musei d'archeologia
Fonte/i: Min. Beni culturali
Proprietà: Stato
Condizione attuale: in restauro

Provincia di Lecce
Comune di Parabita
MUSEO DEL MANIFESTO
Indirizzo: via G. Ferrari
Categoria: musei specializzati
Fonte/i: Enit
Condizione attuale: aperto

Provincia di Lecce
Comune di Parabita
PINACOTECA COMUNALE
Indirizzo: palazzo Ferrari, via Vittorio Emanuele II
Categoria: musei d'arte
Fonte/i: Enit / Regione / Guida Monaci / Min. Interni
Proprietà: Comune
Condizione attuale: aperta

Provincia di Lecce
Comune di Poggiardo
MUSEO DELLA CRIPTA DI SANTA MARIA
Indirizzo: piazza Episcopo, tel. 0836/99092
Categoria: musei specializzati
Fonte/i: Istat / Regione / Guida Monaci / Touring Club / Min. Interni / Assess. Cultura Bologna
Proprietà: Comune
Condizione attuale: aperto

Provincia di Lecce
Comune di Porto Cesareo
MUSEO DI BIOLOGIA MARINA
Indirizzo: via Russo, tel. 0833/569013
Categoria: musei di scienza e tecnica
Fonte/i: Istat / Enit / Guida Monaci / Min. Interni
Proprietà: Stato
Condizione attuale: aperto a richiesta

Provincia di Lecce
Comune di Ruffano

RACCOLTA DI REPERTI STORICO ARTISTICO AMBIENTALI
Categoria: musei etnograf. e/o antropolog.
Fonte/i: Istat
Proprietà: Stato
Condizione attuale: aperta

Provincia di Lecce
Comune di San Cesario di Lecce
MUSEO CIVICO D'ARTE MODERNA
Indirizzo: Palazzo ducale, tel. 0832/631484
Categoria: musei d'arte
Fonte/i: Istat / Enit / Regione / Guida Monaci / Touring Club / Assess. Cultura Bologna
Proprietà: Comune
Condizione attuale: aperto

Provincia di Lecce
Comune di San Cesario di Lecce
RACCOLTA "E. ELEANDRO"
Indirizzo: via Ceruntolo
Categoria: musei d'arte
Fonte/i: Regione
Proprietà: privata
Condizione attuale: aperta

Provincia di Lecce
Comune di San Cesario di Lecce
SANTUARIO DELLA PAZIENZA
Indirizzo: via Ceruntolo
Categoria: musei specializzati
Fonte/i: Piccoli
Proprietà: privata
Condizione attuale: aperto a richiesta

Provincia di Lecce
Comune di Squinzano
MUSEO DELLE TRADIZIONI POPOLARI
Indirizzo: Santa Maria di Cerrate, tel. 0832/745061
Categoria: musei territoriali
Fonte/i: Istat / Enit / Regione / Guida Monaci / Touring Club / Assess. Cultura Bologna
Proprietà: Provincia
Condizione attuale: aperto

Provincia di Lecce
Comune di Tricase
RACCOLTA SCUOLA ELEMENTARE II CIRCOLO DIDATTICO
Categoria: musei di scienza e tecnica
Fonte/i: Istat
Proprietà: Stato
Condizione attuale: aperta

Provincia di Lecce
Comune di Tuglie
MUSEO DELLA CIVILTÀ CONTADINA
Indirizzo: via Venturi
Categoria: musei territoriali
Fonte/i: Enit / Min. Interni
Proprietà: privata
Condizione attuale: aperto a richiesta

Provincia di Lecce
Comune di Ugento
MUSEO COMUNALE DI PALEONTOLOGIA E ARCHEOLOGIA
Indirizzo: via della Zecca 1, tel. 0833/955819
Categoria: musei d'archeologia
Fonte/i: Istat / Enit / Regione / Guida Monaci / Assess. Cultura Bologna
Proprietà: Comune
Condizione attuale: aperto

Provincia di Lecce
Comune di Ugento
RACCOLTA "COLOSSO"
Indirizzo: palazzo Colosso, via Messapica
Categoria: musei d'archeologia
Fonte/i: Enit
Proprietà: privata
Condizione attuale: aperta a richiesta

PROVINCIA DI TARANTO

Provincia di Taranto
Comune di Crispiano
MUSEO DELLA CIVILTÀ CONTADINA
Indirizzo: Masseria Lupoli
Categoria: musei territoriali
Fonte/i: Min. Interni
Proprietà: privata
Condizione attuale: aperto a richiesta

Provincia di Taranto
Comune di Grottaglie
RACCOLTA ISTITUTO STATALE PER LA CERAMICA
Indirizzo: via Caravaggio, tel. 099/667221
Categoria: musei specializzati
Fonte/i: Istat / Enit / Guida Monaci
Proprietà: Stato
Condizione attuale: in restauro

Provincia di Taranto
Comune di Manduria
MUSEO "ARNÒ" DI VIA DUOMO
Indirizzo: palazzo Arnò, via Duomo 2
Categoria: musei d'arte e archeologia
Fonte/i: Enit

Proprietà: privata
Condizione attuale: aperto a richiesta

Provincia di Taranto
Comune di Manduria
MUSEO "ARNÒ" DI VIA OMODEI
Indirizzo: palazzo Arnò, via Omodei 8
Categoria: musei d'archeologia
Fonte/i: Enit
Proprietà: privata
Condizione attuale: aperto a richiesta

Provincia di Taranto
Comune di Manduria
RACCOLTA ARCHEOLOGICA
Indirizzo: piazza Garibaldi 1, tel. 099/672091
Categoria: musei d'archeologia
Fonte/i: Istat / Enit / Regione / Guida Monaci / Touring Club / Assess. Cultura Bologna
Proprietà: Comune
Condizione attuale: aperta

Provincia di Taranto
Comune di Taranto
BIOS TARAS
Indirizzo: corso Umberto 160, tel. 099/28386
Categoria: musei di scienza e tecnica
Fonte/i: Guida Monaci
Proprietà: privata
Condizione attuale: aperto a richiesta

Provincia di Taranto
Comune di Taranto
MUSEO ARCHEOLOGICO NAZIONALE
Indirizzo: corso Umberto I 41, tel. 099/21907
Categoria: musei d'archeologia
Fonte/i: Istat / Enit / Regione / Guida Monaci / Touring Club / Assess. Cultura Bologna / Dir. gen. Min. Beni culturali
Proprietà: Stato
Condizione attuale: aperto

Provincia di Taranto
Comune di Taranto
MUSEO ETNOGRAFICO "MAIORANO"
Indirizzo: via Paisiello 36
Categoria: musei etnograf. e/o antropolog.
Fonte/i: Istat / Regione / Guida Monaci / Assess. Cultura Bologna
Proprietà: Comune
Condizione attuale: chiuso

Provincia di Taranto
Comune di Taranto
MUSEO OCEANOGRAFICO DELL'ISTITUTO TALASSOGRAFICO
Indirizzo: via Roma 3, tel. 099/25434
Categoria: musei di scienza e tecnica
Fonte/i: Istat / Enit / Regione / Touring Club / Dir. gen. Min. Beni culturali / Assess. Cultura Bologna
Proprietà: Stato
Condizione attuale: aperto

Provincia di Taranto
Comune di Taranto
MUSEO SPELEOLOGICO
Indirizzo: villa Peripato
Categoria: musei specializzati
Fonte/i: Istat / Enit / Regione / Guida Monaci / Touring Club / Assess. Cultura Bologna / Piccoli
Proprietà: Comune
Condizione attuale: aperto a richiesta

Regione Sardegna

Provincia di Cagliari

Provincia di Cagliari
Comune di Armungia
"SA DOMUS DE IS AINAS"
Indirizzo: via Municipio, tel. 070/95533
Categoria: musei territoriali
Fonte/i: Touring Club / Min. Interni
Proprietà: Comune
Condizione attuale: aperta

Provincia di Cagliari
Comune di Cagliari
COLLEZIONI DELL'ISTITUTO DI ZOOLOGIA
Categoria: musei di scienza e tecnica
Fonte/i: Com. it. Icom.
Proprietà: Università
Condizione attuale: aperte a richiesta

Provincia di Cagliari
Comune di Cagliari
GABINETTO DELLE STAMPE "A. MARONGIU PERNIS"
Indirizzo: via Università 32/A
Categoria: musei specializzati
Fonte/i: Istat / Enit
Proprietà: Stato
Condizione attuale: aperto

Provincia di Cagliari
Comune di Cagliari
GALLERIA COMUNALE D'ARTE
Indirizzo: viale San Vincenzo, tel. 070/490727
Categoria: musei d'arte
Fonte/i: Istat / Enit / Guida Monaci / Touring Club / Assess. Cultura Bologna
Proprietà: Comune
Condizione attuale: aperta

Provincia di Cagliari
Comune di Cagliari
MUSEO ARCHEOLOGICO NAZIONALE
Indirizzo: piazza Indipendenza 7, tel. 070/654237
Categoria: musei d'archeologia
Fonte/i: Istat / Enit / Guida Monaci / Touring Club / Assess. Cultura Bologna / Dir. gen. Min. Beni culturali
Proprietà: Stato
Condizione attuale: aperto

Provincia di Cagliari
Comune di Cagliari
MUSEO CAPITOLARE
Indirizzo: Cattedrale, piazza Palazzo, tel. 070/300217
Categoria: musei d'arte
Fonte/i: Istat / Enit / Guida Monaci / Touring Club / Assess. Cultura Bologna
Proprietà: ecclesiastica
Condizione attuale: aperto a richiesta

Provincia di Cagliari
Comune di Cagliari
MUSEO D'ARTE ORIENTALE "S. CARDU"
Indirizzo: Cittadella dei musei, piazza Arsenale, tel. 070/2002410
Categoria: musei d'arte
Fonte/i: Enit / Touring Club / Assess. Cultura Bologna
Proprietà: Comune
Condizione attuale: in restauro

Provincia di Cagliari
Comune di Cagliari
MUSEO DEL RISORGIMENTO PRESSO L'ARCHIVIO DI STATO
Indirizzo: via Gallura 2
Categoria: musei di storia
Fonte/i: Istat
Proprietà: Stato
Condizione attuale: in allestimento

Provincia di Cagliari
Comune di Cagliari
MUSEO DI MINERALOGIA
Indirizzo: via Trentino 51, tel. 070/20061
Categoria: musei di scienza e tecnica
Fonte/i: Istat / Enit / Guida Monaci / Assess. Cultura Bologna
Proprietà: Università
Condizione attuale: aperto a richiesta

Provincia di Cagliari
Comune di Cagliari
MUSEO MARINARO
Indirizzo: santuario di Nostra Signora di Bonaria
Categoria: musei specializzati
Fonte/i: Enit
Proprietà: ecclesiastica
Condizione attuale: aperto a richiesta

Provincia di Cagliari
Comune di Cagliari
MUSEO SARDO DI ANTROPOLOGIA ED ETNOGRAFIA

Indirizzo: via G .T. Porcell 2, tel. 070/659294
Categoria: musei etnograf. e/o antropolog.
Fonte/i: Istat / Enit / Guida Monaci / Touring Club / Assess. Cultura Bologna
Proprietà: Università
Condizione attuale: in allestimento

Provincia di Cagliari
Comune di Cagliari
MUSEO SARDO DI GEOLOGIA E PALEONTOLOGIA "D. LOVISATO"
Indirizzo: via Trentino 51, tel. 070/282236
Categoria: musei di scienza e tecnica
Fonte/i: Istat / Enit / Guida Monaci / Touring Club
Proprietà: Università
Condizione attuale: aperto a richiesta

Provincia di Cagliari
Comune di Cagliari
ORTO BOTANICO DELL'ISTITUTO DI BOTANICA
Indirizzo: viale Fra' Ignazio 13-15, tel. 070/665723
Categoria: giardini zoolog. botan. naturali
Fonte/i: Istat / Enit / Guida Monaci / Touring Club / Assess. Cultura Bologna
Proprietà: Università
Condizione attuale: aperto

Provincia di Cagliari
Comune di Cagliari
PINACOTECA NAZIONALE
Indirizzo: piazza Arsenale 1, tel. 070/670157
Categoria: musei d'arte
Fonte/i: Istat / Enit / Guida Monaci / Touring Club / Assess. Cultura Bologna / Dir. gen. Min. Beni culturali
Proprietà: Stato
Condizione attuale: in allestimento

Provincia di Cagliari
Comune di Cagliari
RACCOLTA CERE ANATOMICHE "C. SUSINI"
Indirizzo: Cittadella dei musei, piazza Arsenale 2, tel. 070/653710
Categoria: musei di scienza e tecnica
Fonte/i: Istat / Enit / Touring Club / Assess. Cultura Bologna
Proprietà: Università
Condizione attuale: aperta

Provincia di Cagliari
Comune di Cagliari
RACCOLTA ISTITUTO STORIA DELLE TRADIZIONI POPOLARI
Indirizzo: località "Sa Ducessa", tel. 070/20021
Categoria: musei territoriali
Fonte/i: Istat / Guida Monaci
Proprietà: Università
Condizione attuale: aperta a richiesta

Provincia di Cagliari
Comune di Carbonia
MUSEO ARCHEOLOGICO
Categoria: musei d'archeologia
Fonte/i: Banco di Sardegna
Proprietà: Comune
Condizione attuale: aperto

Provincia di Cagliari
Comune di Collinas
MUSEO ETNOGRAFICO
Indirizzo: piazza G. B. Tuveri, tel. 070/9304003
Categoria: musei territoriali
Fonte/i: Guida Monaci / Min. Interni
Proprietà: Comune
Condizione attuale: aperto

Provincia di Cagliari
Comune di Fluminimaggiore
MUSEO ARCHEOLOGICO STORICO ETNOGRAFICO
Indirizzo: via Vittorio Emanuele, tel. 0781/58623
Categoria: musei d'archeologia
Fonte/i: Regione / Guida Monaci
Proprietà: Comune
Condizione attuale: aperto

Provincia di Cagliari
Comune di Iglesias
MUSEO MINERALOGICO SARDO
Indirizzo: via Roma 4, tel. 0781/41795
Categoria: musei di scienza e tecnica
Fonte/i: Istat / Enit / Guida Monaci / Touring Club / Assess. Cultura Bologna
Proprietà: Stato
Condizione attuale: aperto a richiesta

Provincia di Cagliari
Comune di Maracalagonis
CASA MUSEO "SA DOMU MARESA"
Indirizzo: viale Regina Margherita 15
Categoria: musei territoriali
Fonte/i: Guida Monaci
Proprietà: privata
Condizione attuale: chiusa

Provincia di Cagliari
Comune di Ortacesus
MUSEO CASA "SERRA"
Categoria: musei territoriali
Fonte/i: Min. Beni culturali
Proprietà: Comune
Condizione attuale: in restauro

Provincia di Cagliari
Comune di Pula
MUSEO ARCHEOLOGICO
Indirizzo: corso Vittorio Emanuele 67
Categoria: musei d'archeologia
Fonte/i: Enit / Guida Monaci / Min. Interni / Banco di Sardegna
Proprietà: Comune
Condizione attuale: aperto

Provincia di Cagliari
Comune di Quartu Sant'Elena
CASA MUSEO "SA DOMU E FARRA"
Indirizzo: via E. Porcu 143, tel. 070/812340
Categoria: musei territoriali
Fonte/i: Istat / Enit / Guida Monaci / Touring Club / Assess. Cultura Bologna
Proprietà: Regione
Condizione attuale: aperta

Provincia di Cagliari
Comune di Sanluri
MUSEO DEL RISORGIMENTO E DELLE CEROPLASTICHE
Indirizzo: castello D'Arborea, via Nino Villa Santa 1, tel. 070/9307105
Categoria: musei di storia
Fonte/i: Enit / Guida Monaci / Touring Club / Min. Interni / Assess. Cultura Bologna
Proprietà: privata
Condizione attuale: aperto a richiesta

Provincia di Cagliari
Comune di Sant'Antioco
MUSEO ARCHEOLOGICO
Indirizzo: via Castello, tel. 0781/83590
Categoria: musei d'archeologia
Fonte/i: Istat / Enit / Guida Monaci / Touring Club / Banco di Sardegna / Assess. Cultura Bologna / Guide arch. Laterza
Proprietà: Comune
Condizione attuale: aperto

Provincia di Cagliari
Comune di Sardara
"BAGNO ANTICO" (EDIFICIO SORTO SULLE TERME ROMANE)
Categoria: musei territoriali
Fonte/i: Fio
Proprietà: Comune
Condizione attuale: in progettazione

Provincia di Cagliari
Comune di Sardara
CASTELLO DEL MONREALE
Categoria: musei d'archeologia
Fonte/i: Fio
Proprietà: Comune
Condizione attuale: in progettazione

Provincia di Cagliari
Comune di Sardara
MUSEO ARCHEOLOGICO
Categoria: musei d'archeologia
Fonte/i: Banco di Sardegna
Proprietà: Provincia
Condizione attuale: aperto

Provincia di Cagliari
Comune di Sarroch
MUSEO CIVICO
Indirizzo: piazza della Repubblica
Categoria: musei d'archeologia
Fonte/i: Min. Interni
Proprietà: Comune
Condizione attuale: aperto a richiesta

Provincia di Cagliari
Comune di Siddi
MUSEO DI ZOOLOGIA E MINERALOGIA
Indirizzo: piazza L. da Vinci
Categoria: musei di scienza e tecnica
Fonte/i: Min. Interni
Proprietà: Comune
Condizione attuale: in allestimento

Provincia di Cagliari
Comune di Tuili
MUSEO PARROCCHIALE
Indirizzo: piazza San Pietro
Categoria: musei specializzati
Fonte/i: Min. Interni
Proprietà: ecclesiastica
Condizione attuale: aperto a richiesta

Provincia di Cagliari
Comune di Ussana
MUSEO "SANNA"
Indirizzo: via Trieste
Categoria: musei d'archeologia
Fonte/i: Min. Interni
Proprietà: privata
Condizione attuale: aperto a richiesta

Provincia di Cagliari
Comune di Villanovaforru
**MUSEO ARCHEOLOGICO
"GENNA MARIA"**
Indirizzo: via Umberto I, tel. 070/9300048
Categoria: musei d'archeologia
Fonte/i: Istat / Enit / Guida Monaci / Touring Club / Min. Interni / Banco di Sardegna / Assess. Cultura Bologna
Proprietà: Provincia
Condizione attuale: aperto

Provincia di Cagliari
Comune di Villasimius
FORTEZZA VECCHIA: MUSEO ARCHEOLOGICO SOTTOMARINO
Categoria: musei d'archeologia
Fonte/i: Min. Beni culturali / Dir. gen. Min. Beni culturali
Proprietà: Stato
Condizione attuale: in restauro

PROVINCIA DI NUORO

Provincia di Nuoro
Comune di Aritzo
MUSEO ETNOGRAFICO
Indirizzo: Scuole elementari
Categoria: musei territoriali
Fonte/i: Min. Interni
Proprietà: Comune
Condizione attuale: aperto a richiesta

Provincia di Nuoro
Comune di Belvi
MUSEO SARDO DI SCIENZE NATURALI
Indirizzo: via Roma, tel. 0784/629467
Categoria: musei di scienza e tecnica
Fonte/i: Istat / Enit / Guida Monaci / Touring Club / Assess. Cultura Bologna
Proprietà: Comune
Condizione attuale: chiuso

Provincia di Nuoro
Comune di Bosa
**MUSEO ARCHEOLOGICO
TERRITORIALE DELLA PLANARGIA**
Categoria: musei d'archeologia
Fonte/i: Legge 64
Proprietà: Comune
Condizione attuale: in allestimento

Provincia di Nuoro
Comune di Dorgali
MUSEO ARCHEOLOGICO COMUNALE
Indirizzo: via Lamarmora, tel. 0784/96113
Categoria: musei d'archeologia
Fonte/i: Istat / Enit / Guida Monaci / Touring Club / Min. Interni / Banco di Sardegna / Assess. Cultura Bologna / Guide arch. Laterza
Proprietà: Comune
Condizione attuale: aperto

Provincia di Nuoro
Comune di Macomer
**MUSEO ARCHEOLOGICO
TERRITORIALE DEL MARGHINE**
Categoria: musei d'archeologia
Fonte/i: Legge 64
Proprietà: Comune
Condizione attuale: in allestimento

Provincia di Nuoro
Comune di Nuoro
**MUSEO CIVICO SPELEO-
ARCHEOLOGICO**
Indirizzo: via Defenu 11, tel. 0784/33793
Categoria: musei d'archeologia
Fonte/i: Istat / Enit / Guida Monaci / Touring Club / Banco di Sardegna / Assess. Cultura Bologna
Proprietà: Comune
Condizione attuale: aperto

Provincia di Nuoro
Comune di Nuoro
MUSEO DEL COSTUME
Categoria: musei specializzati
Fonte/i: Banco di Sardegna
Proprietà: Regione
Condizione attuale: aperto

Provincia di Nuoro
Comune di Nuoro
**MUSEO DELEDDIANO E
CASA NATALE DI G. DELEDDA**
Indirizzo: via G. Deledda 28,
tel. 0784/34571
Categoria: musei specializzati
Fonte/i: Istat / Enit / Guida Monaci / Touring Club / Assess. Cultura Bologna
Proprietà: Regione
Condizione attuale: aperti

Provincia di Nuoro
Comune di Nuoro
**MUSEO DELLA VITA E DELLE
TRADIZIONI POPOLARI SARDE**
Indirizzo: colle San Onofrio, via Mereu 56,
tel. 0784/31426
Categoria: musei territoriali

Fonte/i: Enit / Guida Monaci / Banco di Sardegna / Assess. Cultura Bologna
Proprietà: Regione
Condizione attuale: aperto

Provincia di Nuoro
Comune di Oliena
CIVICO MUSEO ARCHEOLOGICO
Categoria: musei d'archeologia
Fonte/i: Banco di Sardegna
Proprietà: Comune
Condizione attuale: aperto

Provincia di Nuoro
Comune di Seui
MUSEO DELLA CIVILTÀ CONTADINA
Indirizzo: via Roma, tel. 0782/54611
Categoria: musei territoriali
Fonte/i: Guida Monaci / Touring Club / Min. Interni / Assess. Cultura Bologna
Proprietà: Comune
Condizione attuale: aperto a richiesta

Provincia di Nuoro
Comune di Tertenia
MUSEO D'ARTE MODERNA
Indirizzo: via Doria
Categoria: musei d'arte
Fonte/i: Min. Interni
Proprietà: Comune
Condizione attuale: aperto a richiesta

Provincia di Nuoro
Comune di Teti
MUSEO ARCHEOLOGICO COMPRENSORIALE
Categoria: musei d'archeologia
Fonte/i: Banco di Sardegna / Legge 64
Proprietà: Provincia
Condizione attuale: aperto

PROVINCIA DI ORISTANO

Provincia di Oristano
Comune di Arborea
MUSEO ARCHEOLOGICO
Indirizzo: Municipio, viale Omodeo 5, tel. 0783/800223
Categoria: musei d'archeologia
Fonte/i: Istat / Enit / Guida Monaci / Touring Club / Min. Interni / Assess. Cultura Bologna
Proprietà: Comune
Condizione attuale: aperto

Provincia di Oristano
Comune di Bauladu

MUSEO ETNOGRAFICO DELLA CIVILTÀ CONTADINA
Categoria: musei territoriali
Fonte/i: Istat / Banco di Sardegna
Proprietà: Comune
Condizione attuale: aperto

Provincia di Oristano
Comune di Busachi
EX CONVENTO "SU COLLEGIU"
Categoria: musei specializzati
Fonte/i: Min. Beni culturali
Proprietà: Comune
Condizione attuale: in restauro

Provincia di Oristano
Comune di Cabras
ANTIQUARIUM CIVICO
Indirizzo: via Tharros, tel. 0783/39735
Categoria: musei d'archeologia
Fonte/i: Istat / Enit / Guida Monaci / Min. Interni
Proprietà: Comune
Condizione attuale: in allestimento

Provincia di Oristano
Comune di Cuglieri
ANTIQUARIUM
Indirizzo: piazza Cappuccini, tel. 0785/38108
Categoria: musei d'archeologia
Fonte/i: Istat / Guida Monaci / Touring Club / Assess. Cultura Bologna
Proprietà: privata
Condizione attuale: aperto a richiesta

Provincia di Oristano
Comune di Cuglieri
RACCOLTA ARCHEOLOGICA
Indirizzo: viale Regina Margherita, tel. 0785/39623
Categoria: musei d'archeologia
Fonte/i: Enit / Guida Monaci / Assess. Cultura Bologna
Proprietà: privata
Condizione attuale: aperta a richiesta

Provincia di Oristano
Comune di Marrubiu
MUSEO
Categoria: musei d'archeologia
Fonte/i: Min. Beni culturali
Proprietà: Comune
Condizione attuale: in restauro

Provincia di Oristano
Comune di Masullas

EX CONVENTO DEI CAPPUCCINI
Categoria: musei specializzati
Fonte/i: Min. Beni culturali
Proprietà: Comune
Condizione attuale: in restauro

Provincia di Oristano
Comune di Oristano
ANTIQUARIUM ARBORENSE
Indirizzo: via Parpaglia, tel. 0783/70422
Categoria: musei d'arte e archeologia
Fonte/i: Istat / Enit / Guida Monaci / Touring Club / Min. Beni culturali / Banco di Sardegna / Guide arch. Laterza
Proprietà: Comune
Condizione attuale: aperto

Provincia di Oristano
Comune di Oristano
NURAGHE "BAU MENDULA", VILLAURBANA
Categoria: musei d'archeologia
Fonte/i: Min. Beni culturali
Proprietà: Comune
Condizione attuale: in restauro

Provincia di Oristano
Comune di Oristano
RACCOLTA DELL'OPERA DEL DUOMO
Indirizzo: piazza Duomo, tel. 0783/78741
Categoria: musei specializzati
Fonte/i: Istat / Enit / Guida Monaci / Assess. Cultura Bologna
Proprietà: ecclesiastica
Condizione attuale: aperta

Provincia di Oristano
Comune di Paulilatino
MUSEO ETNOGRAFICO
Indirizzo: via Merello
Categoria: musei etnograf. e/o antropolog.
Fonte/i: Enit / Min. Interni
Proprietà: Comune
Condizione attuale: aperto a richiesta

Provincia di Oristano
Comune di Santa Giusta
MUSEO CIVICO
Indirizzo: via Giovanni XXIII
Categoria: musei d'arte
Fonte/i: Min. Interni
Proprietà: Comune
Condizione attuale: aperto a richiesta

Provincia di Oristano
Comune di Santu Lussurgiu
MOSTRA PERMANENTE DELLA TECNOLOGIA LUSSURGESE
Indirizzo: via D. Meloni 2, tel. 0783/550617
Categoria: musei di scienza e tecnica
Fonte/i: Istat / Enit / Guida Monaci / Min. Interni / Banco di Sardegna
Proprietà: Comune
Condizione attuale: aperta

Provincia di Oristano
Comune di Tadasuni
RACCOLTA STRUMENTI DI MUSICA POPOLARE SARDA "DON G. DORE"
Indirizzo: via Adua 7, tel. 0785/50113
Categoria: musei territoriali
Fonte/i: Istat / Enit / Guida Monaci / Touring Club / Min. Interni / Assess. Cultura Bologna
Proprietà: privata
Condizione attuale: aperta a richiesta

Provincia di Oristano
Comune di Uras
MUSEO MINERALOGICO
Indirizzo: via Garibaldi 16, tel. 0783/89189
Categoria: musei di scienza e tecnica
Fonte/i: Guida Monaci
Proprietà: privata
Condizione attuale: aperto a richiesta

PROVINCIA DI SASSARI

Provincia di Sassari
Comune di Berchidda
CENTRO MUSEALE ETNOGRAFICO DELLA CULTURA CONTADINA
Categoria: musei territoriali
Fonte/i: Legge 64
Proprietà: Comune
Condizione attuale: in allestimento

Provincia di Sassari
Comune di Bonorva
MUSEO ARCHEOLOGICO
Indirizzo: piazza Sant'Antonio
Categoria: musei d'archeologia
Fonte/i: Min. Interni
Proprietà: Comune
Condizione attuale: in allestimento

Provincia di Sassari
Comune di Bortigiadas
MUSEO MINERALOGICO
Indirizzo: viale Trieste 30, tel. 079/627014
Categoria: musei di scienza e tecnica
Fonte/i: Enit / Guida Monaci / Touring Club /

Min. Interni / Assess. Cultura Bologna
Proprietà: Comune
Condizione attuale: chiuso

Provincia di Sassari
Comune di Castelsardo
MUSEO DELL'INTRECCIO
Indirizzo: castello dei Doria, tel. 079/470138
Categoria: musei territoriali
Fonte/i: Enit / Min. Interni / Assess. Cultura Bologna / Piccoli
Proprietà: Comune
Condizione attuale: aperto a richiesta

Provincia di Sassari
Comune di Codrongianos
NURAGHE "NIEDDU"
Categoria: musei d'archeologia
Fonte/i: Min. Beni culturali
Proprietà: privata
Condizione attuale: in restauro

Provincia di Sassari
Comune di Ittireddu
MUSEO CIVICO ARCHEOLOGICO ETNOGRAFICO
Indirizzo: via San Giacomo 11, tel. 079/767623
Categoria: musei d'archeologia
Fonte/i: Istat / Enit / Guida Monaci / Touring Club / Min. Interni / Banco di Sardegna / Assess. Cultura Bologna
Proprietà: Comune
Condizione attuale: aperto

Provincia di Sassari
Comune di La Maddalena
MUSEO ARCHEOLOGICO NAVALE "N. LAMBOGLIA"
Indirizzo: frazione Mongiardino, strada Panoramica, tel. 0789/736423
Categoria: musei d'archeologia
Fonte/i: Enit / Guida Monaci / Touring Club / Banco di Sardegna / Assess. Cultura Bologna
Proprietà: Comune
Condizione attuale: aperto

Provincia di Sassari
Comune di La Maddalena
MUSEO GARIBALDINO A CAPRERA
Indirizzo: tel. 0789/727162
Categoria: musei di storia
Fonte/i: Istat / Enit / Guida Monaci / Touring Club / Dir. gen. Min. Beni culturali / Assess. Cultura Bologna
Proprietà: Stato

Condizione attuale: aperto

Provincia di Sassari
Comune di Olbia
MUSEO ARCHEOLOGICO NAZIONALE
Categoria: musei d'archeologia
Fonte/i: Legge 64
Proprietà: Stato
Condizione attuale: in allestimento

Provincia di Sassari
Comune di Ozieri
MUSEO ARCHEOLOGICO CIVICO
Categoria: musei d'archeologia
Fonte/i: Banco di Sardegna
Proprietà: Comune
Condizione attuale: aperto

Provincia di Sassari
Comune di Padria
COLLEZIONE ARCHEOLOGICA COMUNALE
Indirizzo: via Nazionale, tel. 079/807018
Categoria: musei d'archeologia
Fonte/i: Istat / Enit / Guida Monaci / Min. Interni / Banco di Sardegna / Assess. Cultura Bologna
Proprietà: Comune
Condizione attuale: aperta a richiesta

Provincia di Sassari
Comune di Perfugas
MUSEO CIVICO ARCHEOLOGICO
Indirizzo: via N. Sauro, tel. 079/564241
Categoria: musei d'archeologia
Fonte/i: Min. Interni / Banco di Sardegna / Assess. Cultura Bologna
Proprietà: Comune
Condizione attuale: aperto

Provincia di Sassari
Comune di Ploaghe
PINACOTECA
Indirizzo: piazza San Pietro 12, tel. 079/449836
Categoria: musei d'arte
Fonte/i: Istat / Enit / Guida Monaci / Touring Club / Min. Interni / Assess. Cultura Bologna
Proprietà: ecclesiastica
Condizione attuale: aperta a richiesta

Provincia di Sassari
Comune di Porto Torres
ANTIQUARIUM
Categoria: musei d'archeologia
Fonte/i: Istat / Enit / Guida Monaci / Dir. gen.

Min. Beni culturali / Guide arch. Laterza
Proprietà: Stato
Condizione attuale: aperto

Provincia di Sassari
Comune di Sassari
MUSEO ALL'APERTO DI STORIA DELL'AGRICOLTURA
Indirizzo: frazione Ottava, Facoltà di agraria, tel. 079/390620
Categoria: musei territoriali
Fonte/i: Guida Monaci
Proprietà: Università
Condizione attuale: aperto

Provincia di Sassari
Comune di Sassari
MUSEO ARCHEOLOGICO "G. A. SANNA"
Indirizzo: via Roma 64, tel. 079/272202
Categoria: musei d'archeologia
Fonte/i: Istat / Enit / Guida Monaci / Touring Club / Banco di Sardegna / Dir. gen. Min. Beni culturali / Assess. Cultura Bologna / Guide arch. Laterza
Proprietà: Stato
Condizione attuale: aperto

Provincia di Sassari
Comune di Sassari
MUSEO DEL TESORO DEL DUOMO
Indirizzo: Cattedrale, tel. 079/232465
Categoria: musei d'arte
Fonte/i: Enit / Touring Club / Assess. Cultura Bologna
Proprietà: ecclesiastica
Condizione attuale: aperto a richiesta

Provincia di Sassari
Comune di Sassari
RACCOLTE DELL'ISTITUTO DI BOTANICA FARMACEUTICA
Indirizzo: via Muroni 23/A, tel. 079/275052
Categoria: musei di scienza e tecnica
Fonte/i: Istat / Enit / Assess. Cultura Bologna
Proprietà: Università
Condizione attuale: aperte a richiesta

Provincia di Sassari
Comune di Sassari
RACCOLTE DELL'ISTITUTO DI ENTOMOLOGIA AGRARIA
Indirizzo: via E. De Nicola, tel. 079/218198
Categoria: musei di scienza e tecnica
Fonte/i: Istat / Enit / Touring Club / Assess. Cultura Bologna
Proprietà: Università
Condizione attuale: aperte

Provincia di Sassari
Comune di Sassari
RACCOLTE DELL'ISTITUTO DI MINERALOGIA E GEOLOGIA
Indirizzo: via E. De Nicola, tel. 079/217430
Categoria: musei di scienza e tecnica
Fonte/i: Istat / Enit / Touring Club / Assess. Cultura Bologna
Proprietà: Università
Condizione attuale: aperte

Provincia di Sassari
Comune di Sassari
RACCOLTE DI ANIMALI DELL'ISTITUTO DI ZOOLOGIA
Indirizzo: via Muroni, tel. 079/275050
Categoria: musei di scienza e tecnica
Fonte/i: Istat / Enit
Proprietà: Università
Condizione attuale: aperte a richiesta

Provincia di Sassari
Comune di Tempio Pausania
MUSEO CIVICO "B. DE MURO"
Indirizzo: ex convento degli Scolopi, via Mazzini, tel. 079/631101
Categoria: musei specializzati
Fonte/i: Enit / Guida Monaci / Touring Club / Assess. Cultura Bologna
Proprietà: Comune
Condizione attuale: aperto

Provincia di Sassari
Comune di Tempio Pausania
RACCOLTA ORNITOLOGICA "F. STAZZA"
Indirizzo: piazza San Pietro 11, tel. 079/630621
Categoria: musei di scienza e tecnica
Fonte/i: Istat / Enit
Proprietà: privata
Condizione attuale: aperta a richiesta

Provincia di Sassari
Comune di Torralba
MUSEO COMUNALE DELLA VALLE DEI NURAGHI
Indirizzo: via S. Felice
Categoria: musei d'archeologia
Fonte/i: Enit / Min. Interni / Banco di Sardegna
Proprietà: Provincia
Condizione attuale: aperto

Provincia di Sassari
Comune di Viddalba
MUSEO COMUNALE
Indirizzo: via G. M. Angioj, 5
Categoria: musei d'archeologia
Fonte/i: Min. Interni
Proprietà: Comune
Condizione attuale: aperto a richiesta

Regione Sicilia

PROVINCIA DI AGRIGENTO

Provincia di Agrigento
Comune di Agrigento
ANTIQUARIUM DI VILLA AUREA
Indirizzo: Valle dei templi, tel. 0922/29009
Categoria: musei d'archeologia
Fonte/i: Istat / Regione / Guida Monaci / Touring Club / Assess. Cultura Bologna
Proprietà: Regione
Condizione attuale: aperto

Provincia di Agrigento
Comune di Agrigento
CASA DI PIRANDELLO
Indirizzo: contrada Caos, tel. 0922/590111
Categoria: musei specializzati
Fonte/i: Istat / Enit / Regione / Guida Monaci / Touring Club / Assess. Cultura Bologna
Proprietà: Regione
Condizione attuale: aperta

Provincia di Agrigento
Comune di Agrigento
MUSEO CIVICO
Indirizzo: piazza del Municipio 16, tel. 0922/20722
Categoria: musei d'arte
Fonte/i: Istat / Enit / Regione / Guida Monaci / Touring Club / Assess. Cultura Bologna
Proprietà: Comune
Condizione attuale: in restauro

Provincia di Agrigento
Comune di Agrigento
MUSEO CIVICO DELL'ARCHIVIO STORICO FOTOGRAFICO
Categoria: musei di storia
Fonte/i: Istat
Proprietà: Comune

Provincia di Agrigento
Comune di Agrigento
MUSEO DIOCESANO D'ARTE SACRA
Indirizzo: Duomo, tel. 0922/26922
Categoria: musei specializzati
Fonte/i: Istat / Enit / Regione / Guida Monaci / Touring Club / Assess. Cultura Bologna
Proprietà: ecclesiastica
Condizione attuale: chiuso

Provincia di Agrigento
Comune di Agrigento

MUSEO REGIONALE ARCHEOLOGICO
Indirizzo: contrada San Nicola,
tel. 0922/29008
Categoria: musei d'archeologia
Fonte/i: Istat / Enit / Regione / Guida Monaci / Touring Club / Assess. Cultura Bologna
Proprietà: Regione
Condizione attuale: aperto

Provincia di Agrigento
Comune di Cattolica Eraclea
ANTIQUARIUM DI ERACLEA MINOA
Indirizzo: Eraclea Minoia, Km 13,
tel. 0922/847182
Categoria: musei d'archeologia
Fonte/i: Istat / Enit / Regione / Touring Club / Min. Interni / Guida Regioni d'Italia / Assess. Cultura Bologna
Proprietà: Regione
Condizione attuale: aperto

Provincia di Agrigento
Comune di Favara
MUSEO COMUNALE "A. MENDOLA"
Indirizzo: piazza Cavour 56, tel. 0922/34233
Categoria: musei d'archeologia
Fonte/i: Istat / Enit / Regione / Touring Club / Guida Regioni d'Italia / Assess. Cultura Bologna
Proprietà: Comune
Condizione attuale: aperto

Provincia di Agrigento
Comune di Licata
COLLEZIONE DI PALAZZO "VERDERAME"
Indirizzo: piazza Progresso 39,
tel. 0922/861844
Categoria: musei d'arte
Fonte/i: Enit / Touring Club / Assess. Cultura Bologna
Proprietà: privata
Condizione attuale: aperta a richiesta

Provincia di Agrigento
Comune di Licata
MUSEO CIVICO ARCHEOLOGICO
Indirizzo: piazza Linares 7, tel. 0922/861210
Categoria: musei d'archeologia
Fonte/i: Istat / Enit / Regione / Touring Club / Guida Regioni d'Italia / Assess. Cultura Bologna
Proprietà: Comune
Condizione attuale: aperto

Provincia di Agrigento
Comune di Sambuca di Sicilia
"SALOTTO POLITICO CULTURALE SAMBUCHESE DELL'800"
Indirizzo: palazzo Panitteri
Categoria: musei specializzati
Fonte/i: Min. Interni
Proprietà: Comune

Provincia di Agrigento
Comune di Sambuca di Sicilia
MUSEO ETNO-ANTROPOLOGICO DELLA TERRA DI ZABUT
Indirizzo: palazzo Panitteri
Categoria: musei territoriali
Fonte/i: Min. Interni
Proprietà: Comune
Condizione attuale: aperto

Provincia di Agrigento
Comune di Sambuca di Sicilia
PINACOTECA COMUNALE
Indirizzo: palazzo dell'Arpa, Municipio
Categoria: musei d'arte
Fonte/i: Min. Interni
Proprietà: Comune

Provincia di Agrigento
Comune di Santo Stefano Quisquina
MUSEO "L. PANEPINTO"
Indirizzo: via L. Panepinto
Categoria: musei specializzati
Fonte/i: Min. Interni
Proprietà: Comune
Condizione attuale: aperto

Provincia di Agrigento
Comune di Sciacca
ANTIQUARIUM
Indirizzo: località Monte Cronio, Stufe S. Calogero, tel. 0925/28025
Categoria: musei d'archeologia
Fonte/i: Istat / Regione / Touring Club / Assess. Cultura Bologna
Proprietà: Comune
Condizione attuale: aperto

Provincia di Agrigento
Comune di Sciacca
PINACOTECA COMUNALE
Indirizzo: casa Scaglione, piazza Duomo,
tel. 0925/22549
Categoria: musei d'arte
Fonte/i: Istat / Enit / Regione / Touring Club / Assess. Cultura Bologna
Proprietà: Comune
Condizione attuale: aperta

PROVINCIA DI CALTANISSETTA

Provincia di Caltanissetta
Comune di Caltanissetta
MUSEO CIVICO ARCHEOLOGICO E D'ARTE MODERNA
Indirizzo: via Colajanni 3, tel. 0934/25936
Categoria: musei d'arte e archeologia
Fonte/i: Istat / Enit / Regione / Guida Monaci / Touring Club / Assess. Cultura Bologna
Proprietà: Comune
Condizione attuale: aperto

Provincia di Caltanissetta
Comune di Caltanissetta
MUSEO D'ARTE SACRA
Indirizzo: viale Regina Margherita, tel. 0934/21165
Categoria: musei d'arte
Fonte/i: Regione / Guida Monaci
Proprietà: ecclesiastica
Condizione attuale: in allestimento

Provincia di Caltanissetta
Comune di Caltanissetta
MUSEO DEL FOLCLORE
Indirizzo: via N. Colajanni, tel. 0934/21731
Categoria: musei territoriali
Fonte/i: Istat / Enit / Regione / Guida Monaci / Touring Club / Assess. Cultura Bologna
Proprietà: Comune
Condizione attuale: in allestimento

Provincia di Caltanissetta
Comune di Caltanissetta
MUSEO MINERALOGICO E DELLA ZOLFARA
Indirizzo: viale della Regione 71, tel. 0934/31280
Categoria: musei di scienza e tecnica
Fonte/i: Istat / Enit / Regione / Guida Monaci / Touring Club / Assess. Cultura Bologna
Condizione attuale: aperto

Provincia di Caltanissetta
Comune di Gela
MUSEO ARCHEOLOGICO
Indirizzo: corso Vittorio Emanuele 2, el. 0933/912626
Categoria: musei d'archeologia
Fonte/i: Istat / Enit / Regione / Touring Club / Guida Regioni d'Italia / Assess. Cultura Bologna
Proprietà: Regione
Condizione attuale: aperto

Provincia di Caltanissetta
Comune di Marianopoli
MUSEO CIVICO
Indirizzo: piazza Garibaldi, tel. 0934/974357
Categoria: musei d'archeologia
Fonte/i: Enit / Regione / Guida Monaci / Min. Interni
Proprietà: Comune
Condizione attuale: aperto

PROVINCIA DI CATANIA

Provincia di Catania
Comune di Aci Castello
MUSEO CIVICO
Indirizzo: Castello normanno
Categoria: musei d'arte
Fonte/i: Enit / Regione / Min. Interni
Proprietà: Comune
Condizione attuale: aperto

Provincia di Catania
Comune di Aci Sant'Antonio
MOSTRA PERMANENTE
Indirizzo: via Vittorio Emanuele
Categoria: musei d'arte
Fonte/i: Min. Interni
Proprietà: Stato
Condizione attuale: aperta

Provincia di Catania
Comune di Acireale
MUSEO ARCHEOLOGICO PRESSO L'ACCADEMIA ZELANTEA
Indirizzo: via Marchese di San Giuliano 15, tel. 095/604480
Categoria: musei d'archeologia
Fonte/i: Touring Club / Guida Regioni d'Italia / Assess. Cultura Bologna

Provincia di Catania
Comune di Acireale
MUSEO DEL RISORGIMENTO PRESSO L'ACCADEMIA ZELANTEA
Indirizzo: via Marchese di San Giuliano 15, tel. 095/604480
Categoria: musei di storia
Fonte/i: Touring Club / Guida Regioni d'Italia / Assess. Cultura Bologna

Provincia di Catania
Comune di Acireale
PINACOTECA DELL'ACCADEMIA ZELANTEA
Indirizzo: via Marchese di San Giuliano 15, tel. 095/604480

Categoria: musei d'arte
Fonte/i: Istat / Regione / Touring Club / Guida Regioni d'Italia / Assess. Cultura Bologna
Proprietà: privata
Condizione attuale: aperta

Provincia di Catania
Comune di Adrano
MUSEO ARCHEOLOGICO ETNEO
Indirizzo: Castello normanno, piazza Umberto I, tel. 095/7692660
Categoria: musei d'archeologia
Fonte/i: Istat / Enit / Regione / Touring Club / Guida Regioni d'Italia / Assess. Cultura Bologna
Proprietà: Regione
Condizione attuale: aperto

Provincia di Catania
Comune di Bronte
MUSEO DI ARTE MODERNA E CONTEMPORANEA
Indirizzo: castello Nelson
Categoria: musei d'arte
Fonte/i: Min. Interni
Proprietà: Comune
Condizione attuale: aperto

Provincia di Catania
Comune di Bronte
MUSEO DI ARTI E TRADIZIONI POPOLARI
Indirizzo: Masseria Lombardo
Categoria: musei territoriali
Fonte/i: Min. Interni
Proprietà: privata
Condizione attuale: aperto a richiesta

Provincia di Catania
Comune di Bronte
MUSEO STORICO
Indirizzo: castello Nelson
Categoria: musei di storia
Fonte/i: Min. Interni
Proprietà: Comune
Condizione attuale: chiuso

Provincia di Catania
Comune di Caltagirone
MUSEO CIVICO E PINACOTECA "L. STURZO"
Indirizzo: via Roma 10, tel. 0933/31590
Categoria: musei d'arte e archeologia
Fonte/i: Istat / Enit / Regione / Touring Club / Guida Regioni d'Italia / Assess. Cultura Bologna
Proprietà: Comune
Condizione attuale: aperti

Provincia di Catania
Comune di Caltagirone
MUSEO ETNOLOGICO SICILIANO
Indirizzo: ex chiesa San Nicola, tel. 0933/25520
Categoria: musei territoriali
Fonte/i: Enit / Touring Club / Assess. Cultura Bologna
Proprietà: Comune
Condizione attuale: chiuso

Provincia di Catania
Comune di Caltagirone
MUSEO REGIONALE DELLA CERAMICA
Indirizzo: via Roma, tel. 0933/21680
Categoria: musei specializzati
Fonte/i: Enit / Regione / Touring Club / Guida Regioni d'Italia / Assess. Cultura Bologna
Proprietà: Regione
Condizione attuale: aperto

Provincia di Catania
Comune di Catania
MUSEO CIVICO BELLINIANO
Indirizzo: piazza San Francesco d'Assisi 3, tel. 095/341523
Categoria: musei specializzati
Fonte/i: Istat / Enit / Regione / Guida Monaci / Touring Club / Assess. Cultura Bologna
Proprietà: Comune
Condizione attuale: aperto

Provincia di Catania
Comune di Catania
MUSEO CIVICO DI CASTELLO URSINO
Indirizzo: piazza Federico di Svevia, tel. 095/345830
Categoria: musei d'arte e archeologia
Fonte/i: Istat / Enit / Regione / Guida Monaci / Touring Club / Assess. Cultura Bologna
Proprietà: Comune
Condizione attuale: aperto a richiesta

Provincia di Catania
Comune di Catania
MUSEO DELL'ISTITUTO DI ARCHEOLOGIA
Indirizzo: via di Santa Giulia 262
Categoria: musei d'archeologia
Fonte/i: Istat
Proprietà: Università

Provincia di Catania
Comune di Catania
MUSEO DELLO STUDIO
Categoria: musei specializzati
Fonte/i: Istat / Guida Monaci
Proprietà: Università
Condizione attuale: aperto a richiesta

Provincia di Catania
Comune di Catania
MUSEO DI GEOLOGIA E PALEONTOLOGIA
Indirizzo: corso d'Italia 55, tel. 095/383730
Categoria: musei di scienza e tecnica
Fonte/i: Enit / Regione / Guida Monaci / Assess. Cultura Bologna
Proprietà: Università
Condizione attuale: aperto a richiesta

Provincia di Catania
Comune di Catania
MUSEO DI MINERALOGIA E PETROGRAFIA
Indirizzo: corso d'Italia 55, tel. 095/383730
Categoria: musei di scienza e tecnica
Fonte/i: Enit / Regione / Guida Regioni d'Italia
Proprietà: Università
Condizione attuale: aperto a richiesta

Provincia di Catania
Comune di Catania
MUSEO DI VULCANOLOGIA
Indirizzo: corso d'Italia 55, tel. 095/383730
Categoria: musei di scienza e tecnica
Fonte/i: Enit / Regione / Guida Monaci / Assess. Cultura Bologna
Proprietà: Università
Condizione attuale: aperto a richiesta

Provincia di Catania
Comune di Catania
MUSEO ZOOLOGICO DELL'ISTITUTO DI BIOLOGIA ANIMALE
Indirizzo: via Androne 81, tel. 095/312355
Categoria: musei di scienza e tecnica
Fonte/i: Istat / Enit / Regione / Guida Monaci / Assess. Cultura Bologna
Proprietà: Università
Condizione attuale: aperto

Provincia di Catania
Comune di Catania
ORTO BOTANICO
Indirizzo: via Longo 19, tel. 095/430901
Categoria: giardini zoolog. botan. naturali
Fonte/i: Istat / Enit / Guida Regioni d'Italia
Proprietà: Università
Condizione attuale: aperto

Provincia di Catania
Comune di Catania
TESORO DELLA CATTEDRALE
Indirizzo: Duomo, tel. 095/316407
Categoria: musei d'arte
Fonte/i: Enit / Assess. Cultura Bologna
Proprietà: ecclesiastica
Condizione attuale: chiuso

Provincia di Catania
Comune di Militello in Val di Catania
MUSEO DI SAN NICOLÒ
Indirizzo: via Umberto
Categoria: musei specializzati
Fonte/i: Enit / Min. Interni
Proprietà: ecclesiastica
Condizione attuale: aperto a richiesta

Provincia di Catania
Comune di Militello in Val di Catania
MUSEO DI SANTA MARIA LA STELLA
Indirizzo: piazza Santa Maria La Stella
Categoria: musei specializzati
Fonte/i: Min. Interni
Proprietà: ecclesiastica
Condizione attuale: in allestimento

Provincia di Catania
Comune di Mineo
MUSEO CAPUANIANO
Indirizzo: piazza Buglio
Categoria: musei specializzati
Fonte/i: Min. Interni
Proprietà: Comune
Condizione attuale: aperto

Provincia di Catania
Comune di Nicolosi
MUSEO VULCANOLOGICO
Indirizzo: piazza Vittorio Emanuele
Categoria: musei di scienza e tecnica
Fonte/i: Min. Interni
Proprietà: Comune

Provincia di Catania
Comune di Ramacca
MUSEO CIVICO ARCHEOLOGICO
Indirizzo: Municipio, via Manzoni 2, tel. 095/653151
Categoria: musei d'archeologia

Fonte/i: Istat / Enit / Regione / Touring Club / Min. Interni / Guida Regioni d'Italia / Assess. Cultura Bologna
Proprietà: Comune
Condizione attuale: aperto a richiesta

Provincia di Catania
Comune di Randazzo
MUSEO CIVICO DI SCIENZE NATURALI
Indirizzo: piazza Roma, tel. 095/921028
Categoria: musei di scienza e tecnica
Fonte/i: Enit / Assess. Cultura Bologna
Proprietà: Comune
Condizione attuale: aperto

Provincia di Catania
Comune di Randazzo
MUSEO COLLEZIONI "P. VAGLIASINDI"
Indirizzo: piazza Rabatà 2, tel. 095/921028
Categoria: musei d'archeologia
Fonte/i: Istat / Enit / Regione / Min. Interni / Guida Regioni d'Italia
Proprietà: privata

Provincia di Catania
Comune di Randazzo
TESORO DELLA BASILICA DI SANTA MARIA
Indirizzo: piazza Santa Maria, tel. 095/921204
Categoria: musei specializzati
Fonte/i: Istat / Enit / Touring Club / Guida Regioni d'Italia / Assess. Cultura Bologna
Proprietà: ecclesiastica
Condizione attuale: aperto a richiesta

PROVINCIA DI ENNA

Provincia di Enna
Comune di Aidone
ANTIQUARIUM, REPERTI DI MORGANTINA
Indirizzo: via G. Caltagno, tel. 0935/87307
Categoria: musei d'archeologia
Fonte/i: Istat / Enit / Regione / Touring Club / Min. Interni / Guida Regioni d'Italia / Assess. Cultura Bologna
Proprietà: Regione
Condizione attuale: aperto

Provincia di Enna
Comune di Calascibetta
MUSEO CIVICO
Indirizzo: piazza Civica, tel. 0935/87307
Categoria: musei d'arte
Fonte/i: Istat / Enit / Regione / Guida Regioni d'Italia
Proprietà: Comune

Provincia di Enna
Comune di Calascibetta
TESORO DELLA CHIESA DI SAN PIETRO
Indirizzo: piazza Madrice, tel. 0935/33122
Categoria: musei d'arte
Fonte/i: Enit / Guida Regioni d'Italia
Proprietà: ecclesiastica
Condizione attuale: aperto a richiesta

Provincia di Enna
Comune di Centuripe
ANTIQUARIUM
Indirizzo: Municipio, via Santo Crocifisso, tel. 0935/21184
Categoria: musei d'archeologia
Fonte/i: Istat / Enit / Regione / Touring Club / Min. Interni / Guida Regioni d'Italia / Assess. Cultura Bologna
Proprietà: Comune
Condizione attuale: chiuso

Provincia di Enna
Comune di Enna
MUSEO "ALESSI"
Indirizzo: via Roma, tel. 0935/24072
Categoria: musei d'arte e archeologia
Fonte/i: Istat / Enit / Regione / Guida Monaci / Touring Club / Assess. Cultura Bologna
Proprietà: Comune
Condizione attuale: aperto

Provincia di Enna
Comune di Enna
MUSEO ARCHEOLOGICO
Indirizzo: palazzo Varisano, piazza Mazzini, tel. 0935/24720
Categoria: musei d'archeologia
Fonte/i: Touring Club / Assess. Cultura Bologna
Proprietà: Regione
Condizione attuale: aperto

Provincia di Enna
Comune di Enna
TESORO DEL DUOMO
Indirizzo: piazza Mazzini
Categoria: musei specializzati
Fonte/i: Istat / Regione / Guida Monaci
Proprietà: ecclesiastica
Condizione attuale: aperto a richiesta

Provincia di Enna

Comune di Piazza Armerina
MUSEO CIVICO
Indirizzo: ex palazzo Trigone,
tel. 0935/680201
Categoria: musei d'archeologia
Fonte/i: Istat / Regione / Touring Club / Guida Regioni d'Italia / Assess. Cultura Bologna
Proprietà: Comune
Condizione attuale: chiuso

Provincia di Enna
Comune di Piazza Armerina
MUSEO DIOCESANO
Indirizzo: Cattedrale, piazza Castello, tel. 0935/680214
Categoria: musei specializzati
Fonte/i: Istat / Enit / Regione / Touring Club / Guida Regioni d'Italia / Assess. Cultura Bologna
Proprietà: ecclesiastica
Condizione attuale: chiuso

PROVINCIA DI MESSINA

Provincia di Messina
Comune di Giardini-Naxos
ANTIQUARIUM DEL PARCO ARCHEOLOGICO
Indirizzo: Capo Schisò, tel. 0942/51001
Categoria: musei d'archeologia
Fonte/i: Istat / Enit / Regione / Touring Club / Min. Interni / Guida Regioni d'Italia / Assess. Cultura Bologna
Proprietà: Regione
Condizione attuale: aperto

Provincia di Messina
Comune di Lipari
MUSEO EOLIANO
Indirizzo: via del Castello, tel. 090/9811031
Categoria: musei d'archeologia
Fonte/i: Istat / Enit / Regione / Touring Club / Assess. Cultura Bologna
Proprietà: Regione
Condizione attuale: aperto

Provincia di Messina
Comune di Messina
ACQUARIO COMUNALE
Indirizzo: villa Mazzini, piazza Unità d'Italia
Categoria: acquari
Fonte/i: Enit
Proprietà: Comune
Condizione attuale: aperto

Provincia di Messina
Comune di Messina
MUSEO REGIONALE
Indirizzo: viale della Libertà 465, tel. 090/658716
Categoria: musei d'arte e archeologia
Fonte/i: Istat / Enit / Regione / Guida Monaci / Touring Club / Assess. Cultura Bologna
Proprietà: Regione
Condizione attuale: aperto

Provincia di Messina
Comune di Messina
MUSEO ZOOLOGICO "CAMBRIA"
Indirizzo: via dei Verdi, tel. 090/675356
Categoria: musei di scienza e tecnica
Fonte/i: Istat / Enit / Touring Club / Guida Regioni d'Italia / Assess. Cultura Bologna
Proprietà: Regione
Condizione attuale: chiuso

Provincia di Messina
Comune di Messina
RACCOLTE DELL'ISTITUTO DI BOTANICA
Categoria: musei di scienza e tecnica
Fonte/i: Com. it. Icom.
Proprietà: Università
Condizione attuale: aperte a richiesta

Provincia di Messina
Comune di Messina
TESORO DEL DUOMO
Indirizzo: piazza del Duomo, tel. 090/774895
Categoria: musei d'arte
Fonte/i: Enit / Guida Regioni d'Italia / Assess. Cultura Bologna
Proprietà: ecclesiastica
Condizione attuale: aperto a richiesta

Provincia di Messina
Comune di Mistretta
MUSEO CIVICO POLIVALENTE
Indirizzo: via Libertà
Categoria: musei d'arte
Fonte/i: Min. Beni culturali / Min. Interni
Proprietà: Comune
Condizione attuale: aperto a richiesta

Provincia di Messina
Comune di Patti
ANTIQUARIUM DI TINDARI
Indirizzo: Tindari, tel. 0941/240118
Categoria: musei d'archeologia
Fonte/i: Istat / Enit / Regione / Touring Club / Min. Beni culturali / Guida Regioni d'Italia /

Assess. Cultura Bologna
Proprietà: Regione
Condizione attuale: aperto

Provincia di Messina
Comune di Roccavaldina
RACCOLTA DI VASI DA FARMACIA
Indirizzo: palazzo Nastasi de Spuches
Categoria: musei specializzati
Fonte/i: Enit
Proprietà: privata
Condizione attuale: aperta a richiesta

Provincia di Messina
Comune di Sant'Agata di Militello
MUSEO DEI NEBRODI
Indirizzo: palazzo Gentile, piazza del Duomo
Categoria: musei territoriali
Fonte/i: Enit
Proprietà: Comune
Condizione attuale: aperto a richiesta

Provincia di Messina
Comune di Santa Lucia del Mela
MUSEO VESCOVILE
Indirizzo: piazza Duomo
Categoria: musei specializzati
Fonte/i: Min. Interni
Proprietà: ecclesiastica
Condizione attuale: aperto a richiesta

Provincia di Messina
Comune di Savoca
MUSEO DEL MONDO CONTADINO
Indirizzo: Municipio
Categoria: musei territoriali
Fonte/i: Min. Interni
Proprietà: Comune
Condizione attuale: aperto a richiesta

Provincia di Messina
Comune di Scaletta Zanclea
GALLERIA D'ARTE MODERNA
Categoria: musei d'arte
Fonte/i: Min. Interni
Proprietà: Comune
Condizione attuale: aperta a richiesta

Provincia di Messina
Comune di Scaletta Zanclea
MUSEO ETNO-ANTROPOLOGICO
Categoria: musei territoriali
Fonte/i: Min. Interni
Proprietà: Comune
Condizione attuale: aperto a richiesta

Provincia di Messina
Comune di Taormina
ANTIQUARIUM DEL TEATRO GRECO ROMANO
Indirizzo: via del Teatro Greco, tel. 0942/23220
Categoria: musei d'archeologia
Fonte/i: Istat / Enit / Regione / Touring Club / Guida Regioni d'Italia / Assess. Cultura Bologna
Proprietà: Regione
Condizione attuale: aperto

Provincia di Palermo

Provincia di Palermo
Comune di Bagheria
GALLERIA CIVICA D'ARTE MODERNA E CONTEMPORANEA "GUTTUSO"
Indirizzo: strada statale 113, tel. 091/935438
Categoria: musei d'arte
Fonte/i: Istat / Enit / Regione / Touring Club / Guida Regioni d'Italia / Assess. Cultura Bologna
Proprietà: Comune
Condizione attuale: aperta

Provincia di Palermo
Comune di Bagheria
MUSEO ARCHIVIO SACRARIO DI STORIA PATRIA
Indirizzo: strada statale 113, tel. 091/943111
Categoria: musei di storia
Fonte/i: Guida Regioni d'Italia / Assess. Cultura Bologna
Proprietà: Regione
Condizione attuale: aperto

Provincia di Palermo
Comune di Balestrate
CIVICO MUSEO ETNOLOGICO
Indirizzo: via Madonna del Ponte
Categoria: musei territoriali
Fonte/i: Min. Interni
Proprietà: Comune

Provincia di Palermo
Comune di Bisacquino
MUSEO ETNOGRAFICO
Indirizzo: via Orsini, tel. 091/835111
Categoria: musei etnograf. e/o antropolog.
Fonte/i: Regione / Min. Interni / Assess. Cultura Bologna
Proprietà: Comune
Condizione attuale: aperto

Provincia di Palermo
Comune di Bolognetta
CASA MUSEO
Indirizzo: via Diaz 45
Categoria: musei territoriali
Fonte/i: Min. Interni
Proprietà: Comune

Provincia di Palermo
Comune di Castelbuono
MUSEO CIVICO "F. MINÀ PALUMBO"
Indirizzo: Castello
Categoria: musei d'arte e archeologia
Fonte/i: Enit
Proprietà: Comune
Condizione attuale: aperto a richiesta

Provincia di Palermo
Comune di Cefalù
MUSEO DELLA FONDAZIONE "MANDRALISCA"
Indirizzo: via Mandralisca 15, tel. 0921/21547
Categoria: musei d'arte e archeologia
Fonte/i: Istat / Enit / Touring Club / Min. Interni / Guida Regioni d'Italia / Assess. Cultura Bologna
Proprietà: privata
Condizione attuale: aperto

Provincia di Palermo
Comune di Ciminna
MUSEO CIVICO "DI FILIPPO MELI"
Indirizzo: via Roma 90
Categoria: musei etnograf. e/o antropolog.
Fonte/i: Min. Interni
Proprietà: Comune
Condizione attuale: aperto

Provincia di Palermo
Comune di Contessa Entellina
ANTIQUARIUM COMUNALE
Indirizzo: palazzo del Comune, piazza della Repubblica
Categoria: musei d'archeologia
Fonte/i: Min. Interni
Proprietà: Comune

Provincia di Palermo
Comune di Gangi
MUSEO CIVICO
Indirizzo: via Prigioni
Categoria: musei d'archeologia
Fonte/i: Istat / Regione / Min. Interni
Proprietà: Comune
Condizione attuale: aperto

Provincia di Palermo
Comune di Geraci Siculo
MUSEO DELLE MADONIE
Indirizzo: via Maggiore 47, tel. 0921/43080
Categoria: musei territoriali
Fonte/i: Regione / Min. Interni / Guida Regioni d'Italia
Proprietà: privata

Provincia di Palermo
Comune di Godrano
MUSEO ETNOANTROPOLOGICO "GODRANOPOLI"
Indirizzo: contrada Sovarita, tel. 091/820856
Categoria: musei territoriali
Fonte/i: Min. Interni / Guida Regioni d'Italia
Proprietà: privata

Provincia di Palermo
Comune di Monreale
PALAZZO REALE
Categoria: musei d'arte
Fonte/i: Min. Beni culturali
Proprietà: Regione
Condizione attuale: in restauro

Provincia di Palermo
Comune di Monreale
TESORO DEL DUOMO
Indirizzo: piazza Vittorio Emanuele, tel. 091/586122
Categoria: musei specializzati
Fonte/i: Istat / Enit / Regione / Touring Club / Guida Regioni d'Italia / Assess. Cultura Bologna
Proprietà: ecclesiastica
Condizione attuale: aperto

Provincia di Palermo
Comune di Palazzo Adriano
MUSEO ANTROPOLOGICO
Indirizzo: piazza Umberto I
Categoria: musei di scienza e tecnica
Fonte/i: Min. Interni
Proprietà: privata

Provincia di Palermo
Comune di Palermo
CATACOMBE DEI CAPPUCCINI
Indirizzo: convento dei Cappuccini
Categoria: musei specializzati
Fonte/i: Enit / Piccoli
Proprietà: ecclesiastica
Condizione attuale: aperte

Provincia di Palermo

Comune di Palermo
**GALLERIA D'ARTE MODERNA
"E. RESTIVO"**
Indirizzo: via Turati 10, tel. 091/588951
Categoria: musei d'arte
Fonte/i: Istat / Enit / Regione / Guida Monaci / Touring Club / Assess. Cultura Bologna
Proprietà: Comune
Condizione attuale: aperta

Provincia di Palermo
Comune di Palermo
**GALLERIA REGIONALE
DELLA SICILIA**
Indirizzo: palazzo Abatellis, via Alloro 4, tel. 091/6164317
Categoria: musei d'arte
Fonte/i: Istat / Enit / Regione / Guida Monaci / Touring Club / Assess. Cultura Bologna
Proprietà: Regione
Condizione attuale: aperta

Provincia di Palermo
Comune di Palermo
GIARDINO COLONIALE "A. BORZI"
Indirizzo: via Lincoln 2, tel. 091/6161493
Categoria: giardini zoolog. botan. naturali
Fonte/i: Com. it. Icom.
Proprietà: Università
Condizione attuale: aperto a richiesta

Provincia di Palermo
Comune di Palermo
**MUSEO ARCHEOLOGICO FONDAZIONE
"MORMINO" BANCO SICILIA**
Indirizzo: via Libertà 52, tel. 091/274971
Categoria: musei d'archeologia
Fonte/i: Istat / Enit / Regione / Guida Monaci / Touring Club / Assess. Cultura Bologna
Proprietà: privata
Condizione attuale: aperto

Provincia di Palermo
Comune di Palermo
MUSEO ARCHEOLOGICO REGIONALE
Indirizzo: piazza Olivella 24, tel. 091/587825
Categoria: musei d'archeologia
Fonte/i: Istat / Enit / Regione / Guida Monaci / Touring Club / Assess. Cultura Bologna
Proprietà: Regione
Condizione attuale: aperto

Provincia di Palermo
Comune di Palermo
**MUSEO DEL RISORGIMENTO
"V. E. ORLANDO"**
Indirizzo: piazza San Domenico 1, tel. 091/582774
Categoria: musei di storia
Fonte/i: Istat / Enit / Regione / Guida Monaci / Touring Club / Assess. Cultura Bologna
Proprietà: Comune
Condizione attuale: aperto

Provincia di Palermo
Comune di Palermo
**MUSEO DEL SANTUARIO
DI SANTA ROSALIA**
Indirizzo: Monte Pellegrino, tel. 091/540326
Categoria: musei d'arte
Fonte/i: Enit / Touring Club / Assess. Cultura Bologna
Proprietà: ecclesiastica
Condizione attuale: chiuso

Provincia di Palermo
Comune di Palermo
**MUSEO DELL'ISTITUTO DI ANATOMIA
UMANA NORMALE**
Indirizzo: via del Vespro 129, tel. 091/6513283
Categoria: musei di scienza e tecnica
Fonte/i: Com. it. Icom.
Proprietà: Università
Condizione attuale: aperto a richiesta

Provincia di Palermo
Comune di Palermo
MUSEO DELL'ISTITUTO DI ZOOLOGIA
Indirizzo: via Archirafi, tel. 091/270111
Categoria: musei di scienza e tecnica
Fonte/i: Istat
Proprietà: Università
Condizione attuale: aperto a richiesta

Provincia di Palermo
Comune di Palermo
**MUSEO DI PALEONTOLOGIA E
GEOLOGIA "G. G. GEMELLARO"**
Indirizzo: corso Tukory 131, tel. 091/6512019
Categoria: musei di scienza e tecnica
Fonte/i: Istat / Enit / Regione / Guida Monaci / Assess. Cultura Bologna
Proprietà: Università
Condizione attuale: aperto

Provincia di Palermo
Comune di Palermo
MUSEO DI MINERALOGIA
Indirizzo: via Archirafi, tel. 091/583177
Categoria: musei di scienza e tecnica
Fonte/i: Com. it. Icom.
Proprietà: Università

Condizione attuale: aperto a richiesta

Provincia di Palermo
Comune di Palermo
MUSEO DIOCESANO
Indirizzo: via M. Bonello 2, tel. 091/581698
Categoria: musei specializzati
Fonte/i: Istat / Enit / Regione / Guida Monaci / Touring Club / Assess. Cultura Bologna
Proprietà: ecclesiastica
Condizione attuale: in restauro

Provincia di Palermo
Comune di Palermo
MUSEO ETNOGRAFICO SICILIANO "G. PITRÉ"
Indirizzo: via Duca degli Abruzzi 1, tel. 091/6711060
Categoria: musei territoriali
Fonte/i: Istat / Enit / Regione / Guida Monaci / Touring Club / Assess. Cultura Bologna
Proprietà: Comune
Condizione attuale: in restauro

Provincia di Palermo
Comune di Palermo
MUSEO INTERNAZIONALE DELLE MARIONETTE
Indirizzo: via Butera 1, tel. 091/328060
Categoria: musei specializzati
Fonte/i: Istat / Enit / Regione / Guida Monaci / Touring Club / Assess. Cultura Bologna / Piccoli
Proprietà: privata
Condizione attuale: aperto

Provincia di Palermo
Comune di Palermo
MUSEO ISTITUTO ANATOMIA E ISTOLOGIA PATOLOGICA
Indirizzo: via Tukory 131, tel. 091/596654
Categoria: musei di scienza e tecnica
Fonte/i: Regione / Touring Club / Com. it. Icom.
Proprietà: Università
Condizione attuale: aperto a richiesta

Provincia di Palermo
Comune di Palermo
ORTO BOTANICO ED ERBARIO
Indirizzo: via Lincoln 2/B, tel. 091/6161493
Categoria: giardini zoolog. botan. naturali
Fonte/i: Istat / Enit / Regione / Touring Club / Guida Regioni d'Italia / Assess. Cultura Bologna
Proprietà: Università

Condizione attuale: aperti

Provincia di Palermo
Comune di Palermo
RACCOLTE DI SCIENZE NATURALI DELL'ISTITUTO "PARLATORE"
Indirizzo: piazza Monte Vergini
Categoria: musei di scienza e tecnica
Fonte/i: Istat
Proprietà: Comune
Condizione attuale: aperte a richiesta

Provincia di Palermo
Comune di Palermo
TESORO DELLA CATTEDRALE
Indirizzo: corso Vittorio Emanuele, tel. 091/334373
Categoria: musei specializzati
Fonte/i: Istat / Enit / Regione / Guida Monaci / Touring Club / Assess. Cultura Bologna
Proprietà: ecclesiastica
Condizione attuale: aperto

Provincia di Palermo
Comune di Partinico
ANTIQUARIUM
Categoria: musei d'archeologia
Fonte/i: Istat / Regione
Proprietà: Comune

Provincia di Palermo
Comune di Petralia Sottana
MUSEO CIVICO
Indirizzo: corso P. Agliata 108
Categoria: musei d'archeologia
Fonte/i: Min. Interni
Proprietà: Comune
Condizione attuale: aperto

Provincia di Palermo
Comune di Roccapalumba
MUSEO "F. R. FAZIO"
Indirizzo: via Regina Elena 82
Categoria: musei etnograf. e/o antropolog.
Fonte/i: Min. Interni
Proprietà: privata
Condizione attuale: aperto

Provincia di Palermo
Comune di San Cipirello
MUSEO CIVICO IETINO
Indirizzo: via Roma 320
Categoria: musei d'archeologia
Fonte/i: Enit / Min. Interni
Proprietà: Comune
Condizione attuale: aperto

Provincia di Palermo
Comune di San Mauro Castelverde
MUSEO ETNOANTROPOLOGICO
Indirizzo: via Mangani
Categoria: musei etnograf. e/o antropolog.
Fonte/i: Min. Interni
Proprietà: Comune
Condizione attuale: chiuso

Provincia di Palermo
Comune di Santa Flavia
ANTIQUARIUM DI SOLUNTO
Indirizzo: Solunto, via Porticello, tel. 091/936557
Categoria: musei d'archeologia
Fonte/i: Istat / Enit / Regione / Touring Club / Min. Interni / Guida Regioni d'Italia / Assess. Cultura Bologna
Proprietà: Regione
Condizione attuale: aperto

Provincia di Palermo
Comune di Termini Imerese
ANTIQUARIUM DI IMERA
Indirizzo: Imera
Categoria: musei d'archeologia
Fonte/i: Istat / Enit / Regione / Guida Regioni d'Italia
Proprietà: Regione
Condizione attuale: aperto

Provincia di Palermo
Comune di Termini Imerese
MUSEO CIVICO "B. ROMANO"
Indirizzo: via del Museo Civico 18, tel. 091/8141764
Categoria: musei d'arte e archeologia
Fonte/i: Istat / Enit / Touring Club / Guida Regioni d'Italia / Assess. Cultura Bologna
Proprietà: Comune
Condizione attuale: aperto

Provincia di Palermo
Comune di Terrasini
ANTIQUARIUM
Indirizzo: piazza Kennedy
Categoria: musei d'archeologia
Fonte/i: Min. Interni
Proprietà: Comune
Condizione attuale: aperto

Provincia di Palermo
Comune di Terrasini
MUSEO CIVICO DI STORIA NATURALE
Indirizzo: via Calarossa 4, tel. 091/8682652
Categoria: musei di scienza e tecnica

Fonte/i: Enit / Touring Club / Min. Interni / Assess. Cultura Bologna
Proprietà: Comune
Condizione attuale: aperto

Provincia di Palermo
Comune di Terrasini
MUSEO ETNOGRAFICO DEL CARRETTO SICILIANO
Indirizzo: via Roma 36, tel. 091/8682767
Categoria: musei territoriali
Fonte/i: Istat / Enit / Regione / Touring Club / Min. Interni / Guida Regioni d'Italia / Assess. Cultura Bologna
Proprietà: Comune
Condizione attuale: aperto

Provincia di Palermo
Comune di Ustica
MUSEO DI ARCHEOLOGIA SOTTOMARINA
Indirizzo: tel. 091/8449032
Categoria: musei d'archeologia
Fonte/i: Enit
Proprietà: privata
Condizione attuale: aperto a richiesta

PROVINCIA DI RAGUSA

Provincia di Ragusa
Comune di Ispica
ANTIQUARIUM DEL PARCO ARCHEOLOGICO DELLA FORZA
Indirizzo: tel. 0932/959022
Categoria: musei d'archeologia
Fonte/i: Enit / Guida Regioni d'Italia / Assess. Cultura Bologna
Proprietà: Comune
Condizione attuale: aperto a richiesta

Provincia di Ragusa
Comune di Modica
MUSEO CIVICO
Indirizzo: via Mercé, tel. 0932/945081
Categoria: musei d'archeologia
Fonte/i: Istat / Enit / Touring Club / Guida Regioni d'Italia / Assess. Cultura Bologna
Proprietà: Comune
Condizione attuale: chiuso

Provincia di Ragusa
Comune di Modica
MUSEO IBLEO ARTI E TRADIZIONI POPOLARI "S. A. GUASTELLA"
Indirizzo: via Mercé, tel. 0932/945081-943290
Categoria: musei territoriali

Fonte/i: Istat / Enit / Regione / Guida Regioni d'Italia / Assess. Cultura Bologna
Proprietà: Comune
Condizione attuale: aperto a richiesta

Provincia di Ragusa
Comune di Ragusa
CASTELLO DI DONNAFUGATA
Indirizzo: tel. 0932/22405
Categoria: musei d'arte
Fonte/i: Enit / Regione / Legge 64 / Assess. Cultura Bologna
Proprietà: Comune
Condizione attuale: in restauro

Provincia di Ragusa
Comune di Ragusa
COLLEZIONE ORNITOLOGICA "RICCA"
Categoria: musei di scienza e tecnica
Fonte/i: Com. it. Icom.

Provincia di Ragusa
Comune di Ragusa
MUSEO ARCHEOLOGICO REGIONALE IBLEO
Indirizzo: via Natalelli, tel. 0932/22963
Categoria: musei d'archeologia
Fonte/i: Istat / Enit / Regione / Guida Monaci / Touring Club / Assess. Cultura Bologna
Proprietà: Regione
Condizione attuale: aperto

Provincia di Ragusa
Comune di Ragusa
MUSEO DEL PETROLIO
Indirizzo: Direzione ANIC, contrada Tabuna
Categoria: musei specializzati
Fonte/i: Istat / Enit / Guida Monaci
Proprietà: Regione
Condizione attuale: aperto a richiesta

Provincia di Ragusa
Comune di Ragusa
TESORO DEL DUOMO DI SAN GIORGIO
Indirizzo: piazza Duomo, tel. 0932/22405
Categoria: musei d'arte
Fonte/i: Enit / Guida Regioni d'Italia / Assess. Cultura Bologna
Proprietà: ecclesiastica
Condizione attuale: aperto a richiesta

Provincia di Ragusa
Comune di Santa Croce Camerina
MUSEO REGIONALE ARCHEOLOGICO
Indirizzo: Camerina, tel. 0932/911949
Categoria: musei d'archeologia
Fonte/i: Istat / Enit / Regione / Guida Regioni d'Italia / Assess. Cultura Bologna
Proprietà: Regione
Condizione attuale: aperto

Provincia di Ragusa
Comune di Vittoria
MUSEO DEL CARRETTO SICILIANO
Categoria: musei territoriali
Fonte/i: Enit
Proprietà: Comune
Condizione attuale: in allestimento

PROVINCIA DI SIRACUSA

Provincia di Siracusa
Comune di Avola
MUSEO CIVICO
Indirizzo: piazza Umberto I 19, tel. 0931/831014
Categoria: musei d'archeologia
Fonte/i: Istat / Enit / Regione / Touring Club / Guida Regioni d'Italia / Assess. Cultura Bologna
Proprietà: Comune
Condizione attuale: chiuso

Provincia di Siracusa
Comune di Lentini
MUSEO ARCHEOLOGICO
Indirizzo: via Piave
Categoria: musei d'archeologia
Fonte/i: Istat / Enit / Regione / Touring Club / Guida Regioni d'Italia / Assess. Cultura Bologna
Proprietà: Regione
Condizione attuale: aperto

Provincia di Siracusa
Comune di Lentini
TESORO DELLA CHIESA MADRE
Indirizzo: tel. 0931/941600
Categoria: musei d'arte
Fonte/i: Touring Club / Assess. Cultura Bologna
Proprietà: ecclesiastica
Condizione attuale: aperto a richiesta

Provincia di Siracusa
Comune di Noto
MUSEO CIVICO
Indirizzo: corso Vittorio Emanuele 134, tel. 0931/835944
Categoria: musei d'arte
Fonte/i: Istat / Enit / Regione / Touring Club /

Guida Regioni d'Italia / Assess. Cultura Bologna
Proprietà: Comune
Condizione attuale: chiuso

Provincia di Siracusa
Comune di Noto
MUSEO CIVICO, EREMO MADONNA DELLA PROVVIDENZA
Indirizzo: Noto Antica, tel. 0931/835588
Categoria: musei d'arte
Fonte/i: Istat / Touring Club / Assess. Cultura Bologna
Proprietà: Comune
Condizione attuale: chiuso

Provincia di Siracusa
Comune di Palazzolo Acreide
ANTIQUARIUM
Indirizzo: Teatro greco, tel. 0931/871004
Categoria: musei d'archeologia
Fonte/i: Istat / Enit / Regione / Guida Regioni d'Italia
Proprietà: Regione

Provincia di Siracusa
Comune di Palazzolo Acreide
CASA MUSEO DI A. UCCELLO
Indirizzo: tel. 0931/881509
Categoria: musei territoriali
Fonte/i: Istat / Enit / Regione / Touring Club / Assess. Cultura Bologna
Proprietà: Regione
Condizione attuale: aperta

Provincia di Siracusa
Comune di Palazzolo Acreide
RACCOLTA JUDICA A PALAZZO "CAPPELLANI"
Indirizzo: tel. 0931/882100
Categoria: musei d'archeologia
Fonte/i: Istat / Enit / Assess. Cultura Bologna
Proprietà: Regione
Condizione attuale: aperta a richiesta

Provincia di Siracusa
Comune di Siracusa
ACQUARIO TROPICALE
Indirizzo: Foro Italico, tel. 0931/69560
Categoria: acquari
Fonte/i: Istat / Enit / Regione / Guida Monaci / Touring Club / Assess. Cultura Bologna
Proprietà: Comune
Condizione attuale: aperto

Provincia di Siracusa
Comune di Siracusa
ANTIQUARIUM DEL CASTELLO "EURIALO"
Indirizzo: tel. 0931/711773
Categoria: musei d'archeologia
Fonte/i: Istat / Enit / Regione / Touring Club / Assess. Cultura Bologna
Proprietà: Regione
Condizione attuale: aperto

Provincia di Siracusa
Comune di Siracusa
ANTIQUARIUM DEL TEATRO GRECO
Categoria: musei d'archeologia
Fonte/i: Istat / Regione
Proprietà: Regione
Condizione attuale: aperto

Provincia di Siracusa
Comune di Siracusa
MUSEO ARCHEOLOGICO REGIONALE "P. ORSI"
Indirizzo: viale Teocrito 66, tel. 0931/66222
Categoria: musei d'archeologia
Fonte/i: Istat / Enit / Regione / Guida Monaci / Touring Club / Assess. Cultura Bologna
Proprietà: Regione
Condizione attuale: aperto

Provincia di Siracusa
Comune di Siracusa
MUSEO DI PALAZZO "BELLOMO"
Indirizzo: via G. M. Capodieci 16, tel. 0931/65343
Categoria: musei d'arte
Fonte/i: Istat / Enit / Regione / Guida Monaci / Touring Club / Assess. Cultura Bologna
Proprietà: Regione
Condizione attuale: aperto

PROVINCIA DI TRAPANI

Provincia di Trapani
Comune di Alcamo
MUSEO ETNICO-AGRICOLO-PASTORALE
Indirizzo: castello dei Conti di Modica
Categoria: musei territoriali
Fonte/i: Guida Monaci
Proprietà: Comune

Provincia di Trapani
Comune di Alcamo
PINACOTECA
Indirizzo: piazza IV Novembre
Categoria: musei d'arte

Fonte/i: Guida Monaci
Proprietà: Comune
Condizione attuale: aperta a richiesta

Provincia di Trapani
Comune di Buseto Palizzolo
MUSEO DELLA CIVILTÀ CONTADINA
Indirizzo: vicolo Maranzano
Categoria: musei territoriali
Fonte/i: Min. Interni
Proprietà: Comune
Condizione attuale: aperto

Provincia di Trapani
Comune di Calatafimi
MUSEO ETNO-ANTROPOLOGICO
Indirizzo: Segesta
Categoria: musei territoriali
Fonte/i: Guida Monaci
Proprietà: Comune
Condizione attuale: aperto a richiesta

Provincia di Trapani
Comune di Campobello di Mazara
MUSEO DEL LAVORO CONTADINO
Indirizzo: Municipio, via Purgatorio, tel. 0924/47533
Categoria: musei territoriali
Fonte/i: Istat / Enit / Regione / Guida Monaci / Touring Club / Min. Interni / Assess. Cultura Bologna
Proprietà: Comune
Condizione attuale: aperto

Provincia di Trapani
Comune di Castelvetrano
ANTIQUARIUM DI SELINUNTE
Indirizzo: località Marinella
Categoria: musei d'archeologia
Fonte/i: Istat / Enit / Regione / Guida Monaci
Proprietà: Regione
Condizione attuale: aperto

Provincia di Trapani
Comune di Castelvetrano
ENO-AGRIMUSEUM
Indirizzo: Selinunte, strada statale 115
Categoria: musei specializzati
Fonte/i: Enit / Regione / Guida Monaci
Proprietà: privata
Condizione attuale: aperto a richiesta

Provincia di Trapani
Comune di Castelvetrano
MUSEO DEL PALAZZO DELLE SCUOLE
Indirizzo: piazza Regina Margherita

Categoria: musei territoriali
Fonte/i: Guida Monaci
Proprietà: Comune
Condizione attuale: aperto a richiesta

Provincia di Trapani
Comune di Castelvetrano
MUSEO SELINUNTINO
Indirizzo: piazza Garibaldi 50, tel. 0924/902301
Categoria: musei d'arte
Fonte/i: Istat / Regione / Guida Monaci / Assess. Cultura Bologna
Proprietà: Comune
Condizione attuale: in allestimento

Provincia di Trapani
Comune di Erice
MUSEO AGRO-FORESTALE "BAGLIO SAN MATTEO"
Categoria: musei di scienza e tecnica
Fonte/i: Enit / Guida Monaci
Proprietà: Regione
Condizione attuale: aperto

Provincia di Trapani
Comune di Erice
MUSEO CIVICO "A. CORDICI"
Indirizzo: piazza Municipio, tel. 0923/869258
Categoria: musei d'arte
Fonte/i: Istat / Enit / Regione / Guida Monaci / Touring Club / Assess. Cultura Bologna
Proprietà: Comune
Condizione attuale: aperto

Provincia di Trapani
Comune di Erice
MUSEO ETNO-MUSICALE
Categoria: musei territoriali
Fonte/i: Regione / Guida Monaci

Provincia di Trapani
Comune di Favignana
ANTIQUARIUM
Indirizzo: Municipio
Categoria: musei d'archeologia
Fonte/i: Min. Interni
Proprietà: Comune

Provincia di Trapani
Comune di Gibellina
MUSEO D'ARTE MODERNA
Indirizzo: viale Segesta, tel. 0924/67428
Categoria: musei d'arte
Fonte/i: Guida Monaci / Fio / Min. Interni
Proprietà: Comune

Condizione attuale: aperto

Provincia di Trapani
Comune di Gibellina
MUSEO DELL'ARTE DELLE MARIONETTE
Indirizzo: viale Segesta, tel. 0924/67428
Categoria: musei d'arte
Fonte/i: Regione / Guida Monaci / Min. Interni
Proprietà: Comune
Condizione attuale: aperto

Provincia di Trapani
Comune di Gibellina
MUSEO DI ARTI VISIVE
Indirizzo: viale Segesta, tel. 0924/67428
Categoria: musei d'arte
Fonte/i: Fio / Min. Interni
Proprietà: Comune
Condizione attuale: aperto

Provincia di Trapani
Comune di Gibellina
MUSEO ETNOANTROPOLOGICO DELLA VALLE DEL BELICE
Indirizzo: viale Segesta, tel. 0924/67428
Categoria: musei territoriali
Fonte/i: Regione / Guida Monaci / Min. Interni / Assess. Cultura Bologna
Proprietà: Comune
Condizione attuale: aperto

Provincia di Trapani
Comune di Marsala
ENOMUSEUM
Indirizzo: via Circonvallazione, tel. 0923/969667
Categoria: musei specializzati
Fonte/i: Enit / Guida Monaci / Fio
Proprietà: Comune
Condizione attuale: aperto

Provincia di Trapani
Comune di Marsala
ENTE MOSTRA NAZIONALE DI PITTURA
Indirizzo: via XI Maggio 15, tel. 0923/953511
Categoria: musei d'arte
Fonte/i: Assess. Cultura Bologna
Proprietà: Stato
Condizione attuale: aperto

Provincia di Trapani
Comune di Marsala
MUSEO "WHITAKER" A MOZIA
Indirizzo: tel. 0923/959598
Categoria: musei d'archeologia
Fonte/i: Istat / Enit / Regione / Guida Monaci / Touring Club / Assess. Cultura Bologna
Proprietà: privata
Condizione attuale: aperto

Provincia di Trapani
Comune di Marsala
MUSEO ARCHEOLOGICO, NAVE PUNICA DI CAPO LILIBEO
Indirizzo: ex Baglio Anselmi, tel. 0923/952535
Categoria: musei d'archeologia
Fonte/i: Enit / Regione / Guida Monaci / Touring Club / Guida Regioni d'Italia / Assess. Cultura Bologna
Proprietà: Regione
Condizione attuale: aperto

Provincia di Trapani
Comune di Marsala
MUSEO CIVICO
Indirizzo: via Cavour, tel. 0923/953525
Categoria: musei d'arte
Fonte/i: Regione / Guida Monaci / Assess. Cultura Bologna
Proprietà: Comune
Condizione attuale: chiuso

Provincia di Trapani
Comune di Marsala
MUSEO DEGLI ARAZZI DELLA MATRICE
Indirizzo: via della Garraffa 57, tel. 0923/712903
Categoria: musei specializzati
Fonte/i: Istat / Enit / Guida Monaci / Touring Club / Assess. Cultura Bologna
Proprietà: ecclesiastica
Condizione attuale: aperto

Provincia di Trapani
Comune di Marsala
MUSEO DELLA CHIESA MADRE
Indirizzo: piazza della Repubblica, tel. 0923/941243
Categoria: musei d'arte
Fonte/i: Istat / Assess. Cultura Bologna
Proprietà: ecclesiastica
Condizione attuale: aperto a richiesta

Provincia di Trapani
Comune di Marsala
MUSEO GARIBALDINO
Indirizzo: via XI Maggio 28, tel. 0923/953390
Categoria: musei di storia

Fonte/i: Enit / Regione / Touring Club / Assess. Cultura Bologna
Proprietà: Comune
Condizione attuale: chiuso

Provincia di Trapani
Comune di Marsala
PINACOTECA CIVICA
Indirizzo: via XI Maggio 28
Categoria: musei d'arte
Fonte/i: Enit / Guida Monaci / Assess. Cultura Bologna
Proprietà: Comune
Condizione attuale: in progettazione

Provincia di Trapani
Comune di Mazara del Vallo
MUSEO CIVICO
Indirizzo: piazza Plebiscito 2, tel. 0923/941035
Categoria: musei d'archeologia
Fonte/i: Istat / Enit / Regione / Guida Monaci / Touring Club / Assess. Cultura Bologna
Proprietà: Comune
Condizione attuale: aperto

Provincia di Trapani
Comune di Mazara del Vallo
MUSEO DIOCESANO
Indirizzo: piazza della Repubblica, tel. 0923/941665
Categoria: musei specializzati
Fonte/i: Istat / Regione / Guida Monaci / Touring Club / Assess. Cultura Bologna
Proprietà: ecclesiastica
Condizione attuale: chiuso

Provincia di Trapani
Comune di Paceco
MUSEO DELLE SALINE E DEI MULINI A VENTO
Indirizzo: Nubbia, via Agata 46, tel. 0923/881991
Categoria: musei territoriali
Fonte/i: Enit / Guida Monaci
Proprietà: privata
Condizione attuale: aperto

Provincia di Trapani
Comune di Salemi
MOSTRA DI CIMELI DEL RISORGIMENTO
Indirizzo: ex collegio dei Gesuiti, via F. D'Aguirre, tel. 0924/982248
Categoria: musei di storia
Fonte/i: Istat / Enit / Guida Monaci / Touring Club / Min. Interni / Assess. Cultura Bologna
Proprietà: Comune
Condizione attuale: aperta

Provincia di Trapani
Comune di Salemi
MUSEO CIVICO
Indirizzo: ex collegio dei Gesuiti, via F. D'Aguirre, tel. 0924/982248
Categoria: musei d'arte
Fonte/i: Guida Monaci / Min. Interni / Guida Regioni d'Italia
Proprietà: Comune
Condizione attuale: aperto

Provincia di Trapani
Comune di Salemi
MUSEO DI ARTE SACRA
Indirizzo: ex collegio dei Gesuiti, via F. D'Aguirre, tel. 0924/982248
Categoria: musei d'arte
Fonte/i: Guida Monaci / Min. Interni / Assess. Cultura Bologna
Proprietà: ecclesiastica
Condizione attuale: aperto

Provincia di Trapani
Comune di Trapani
GRUPPO DEI MISTERI
Indirizzo: chiesa del Purgatorio, via Generale Giglio
Categoria: musei specializzati
Fonte/i: Enit / Regione / Guida Monaci
Proprietà: ecclesiastica
Condizione attuale: aperto a richiesta

Provincia di Trapani
Comune di Trapani
MUSEO "PEPOLI"
Indirizzo: via Pepoli 200, tel. 0923/35444
Categoria: musei d'arte e archeologia
Fonte/i: Istat / Enit / Guida Monaci / Touring Club / Assess. Cultura Bologna
Proprietà: Regione
Condizione attuale: aperto

Provincia di Trapani
Comune di Trapani
MUSEO STORICO E PROTOSTORICO
Indirizzo: Torre di Ligny, tel. 0923/22300
Categoria: musei di archeologia
Fonte/i: Enit / Regione / Guida Monaci
Condizione attuale: aperto

Regione Toscana

PROVINCIA DI AREZZO

Provincia di Arezzo
Comune di Anghiari
MUSEO DELLA CONFRATERNITA DELLA MISERICORDIA
Indirizzo: via F. Nenci, tel. 0575/789516-789577
Categoria: musei specializzati
Fonte/i: Regione / Touring Club / Assess. Cultura Bologna
Proprietà: privata
Condizione attuale: aperto a richiesta

Provincia di Arezzo
Comune di Anghiari
MUSEO DELLA VALLE DEL TEVERE
Indirizzo: palazzo Taglieschi, via Mameli 16, tel. 0575/788001
Categoria: musei territoriali
Fonte/i: Istat / Enit / Regione / Touring Club / Min. Interni / Dir. gen. Min. Beni culturali / Assess. Cultura Bologna / Guida Regioni d'Italia
Proprietà: Stato
Condizione attuale: aperto

Provincia di Arezzo
Comune di Arezzo
EX SEMINARIO
Categoria: musei d'arte
Fonte/i: Min. Beni culturali
Proprietà: ecclesiastica
Condizione attuale: in restauro

Provincia di Arezzo
Comune di Arezzo
GALLERIA COMUNALE DI ARTE CONTEMPORANEA
Indirizzo: corso Italia 113, tel. 0575/27712
Categoria: musei d'arte
Fonte/i: Istat / Enit / Regione / Touring Club / Assess. Cultura Bologna / Guida Regioni d'Italia
Proprietà: Comune
Condizione attuale: chiusa

Provincia di Arezzo
Comune di Arezzo
MUSEO ARCHEOLOGICO "MECENATE"
Indirizzo: via Margaritone 10, tel. 0575/20882
Categoria: musei d'archeologia
Fonte/i: Istat / Enit / Regione / Guida Monaci / Touring Club / Min. Beni culturali / Dir. gen. Min. Beni culturali / Assess. Cultura Bologna / Guida Regioni d'Italia
Proprietà: Stato
Condizione attuale: aperto

Provincia di Arezzo
Comune di Arezzo
MUSEO DI ARTE MEDIEVALE E MODERNA
Indirizzo: via San Lorentino 8, tel. 0575/23868
Categoria: musei d'arte
Fonte/i: Istat / Enit / Regione / Guida Monaci / Touring Club / Min. Beni culturali / Dir. gen. Min. Beni culturali / Assess. Cultura Bologna / Guida Regioni d'Italia
Proprietà: Stato
Condizione attuale: aperto

Provincia di Arezzo
Comune di Arezzo
MUSEO DIOCESANO DI ARTE SACRA DEL DUOMO
Indirizzo: piazzetta dietro il Duomo, tel. 0575/23991
Categoria: musei d'arte
Fonte/i: Istat / Enit / Regione / Guida Monaci / Touring Club / Assess. Cultura Bologna / Guida Regioni d'Italia
Proprietà: ecclesiastica
Condizione attuale: aperto

Provincia di Arezzo
Comune di Arezzo
MUSEO E CASA "VASARI"
Indirizzo: via XX Settembre 55, tel. 0575/20295
Categoria: musei d'arte
Fonte/i: Istat / Enit / Regione / Guida Monaci / Touring Club / Min. Beni culturali / Dir. gen. Min. Beni culturali / Assess. Cultura Bologna / Guida Regioni d'Italia
Proprietà: Stato
Condizione attuale: aperti

Provincia di Arezzo
Comune di Caprese Michelangelo
MUSEO MICHELANGIOLESCO
Indirizzo: via Capoluogo, tel. 0575/793912
Categoria: musei d'arte
Fonte/i: Istat / Enit / Regione / Touring Club / Min. Interni / Assess. Cultura Bologna / Guida Regioni d'Italia
Proprietà: Comune
Condizione attuale: aperto

Provincia di Arezzo
Comune di Castiglion Fiorentino
PINACOTECA COMUNALE
Indirizzo: chiesa Sant'Angelo al Cassero, piazza Municipio, tel. 0575/658042-3-4
Categoria: musei d'arte
Fonte/i: Istat / Enit / Regione / Touring Club / Min. Interni / Assess. Cultura Bologna / Guida Regioni d'Italia
Proprietà: Comune
Condizione attuale: aperta

Provincia di Arezzo
Comune di Chiusi della Verna
MUSEO DEL SANTUARIO
Indirizzo: via Verna, tel. 0575/599016
Categoria: musei specializzati
Fonte/i: Istat / Enit / Fio / Touring Club / Min. Beni culturali / Assess. Cultura Bologna
Proprietà: ecclesiastica
Condizione attuale: chiuso

Provincia di Arezzo
Comune di Cortona
MUSEO ARCHEOLOGICO E PALEONTOLOGICO
Indirizzo: località Farneta, Abbazia, tel. 0575/610010
Categoria: musei d'archeologia
Fonte/i: Istat / Enit / Regione / Touring Club / Assess. Cultura Bologna / Guida Regioni d'Italia
Proprietà: ecclesiastica
Condizione attuale: aperto a richiesta

Provincia di Arezzo
Comune di Cortona
MUSEO CIVICO DELL'ACCADEMIA ETRUSCA
Indirizzo: piazza Signorelli 9, tel. 0575/62767
Categoria: musei d'arte e archeologia
Fonte/i: Istat / Enit / Regione / Touring Club / Assess. Cultura Bologna / Guida Regioni d'Italia
Proprietà: Comune
Condizione attuale: aperto

Provincia di Arezzo
Comune di Cortona
MUSEO DIOCESANO
Indirizzo: piazza Duomo, 1, tel. 0575/62830
Categoria: musei d'arte
Fonte/i: Istat / Enit / Regione / Fio / Touring Club / Min. Beni culturali / Assess. Cultura Bologna / Guida Regioni d'Italia
Proprietà: ecclesiastica

Condizione attuale: aperto

Provincia di Arezzo
Comune di Foiano della Chiana
MUSEO CIVICO
Indirizzo: via Ricasoli
Categoria: musei d'arte
Fonte/i: Min. Interni
Proprietà: Comune
Condizione attuale: aperto a richiesta

Provincia di Arezzo
Comune di Lucignano
MUSEO COMUNALE
Indirizzo: piazza del Tribunale 22, tel. 0575/83129
Categoria: musei d'arte
Fonte/i: Istat / Enit / Regione / Touring Club / Min. Interni / Assess. Cultura Bologna / Guida Regioni d'Italia
Proprietà: Comune
Condizione attuale: aperto

Provincia di Arezzo
Comune di Monte San Savino
MUSEO DEL SANTUARIO DI SANTA MARIA DELLE VERTIGHE
Categoria: musei specializzati
Fonte/i: Istat / Enit
Proprietà: ecclesiastica
Condizione attuale: aperto

Provincia di Arezzo
Comune di Monte San Savino
MUSEO DELLA CERAMICA
Categoria: musei d'arte
Fonte/i: Regione
Proprietà: Comune
Condizione attuale: aperto

Provincia di Arezzo
Comune di Monterchi
CAPPELLA MADONNA DEL PARTO: AFFR. PIERO DELLA FRANCESCA
Indirizzo: Cappella del cimitero
Categoria: musei d'arte
Fonte/i: Enit / Regione / Min. Beni culturali / Min. Interni
Proprietà: Comune
Condizione attuale: aperta a richiesta

Provincia di Arezzo
Comune di Montevarchi
COMPLESSO DELLA GINESTRA
Categoria: musei territoriali
Fonte/i: Regione

Proprietà: Comune
Condizione attuale: in allestimento

Provincia di Arezzo
Comune di Montevarchi
MUSEO DI ARTE SACRA DELLA COLLEGIATA
Indirizzo: via I. del Lungo 4,
tel. 055/980468
Categoria: musei d'arte
Fonte/i: Istat / Enit / Regione / Touring Club / Min. Beni culturali / Assess. Cultura Bologna / Guida Regioni d'Italia
Proprietà: ecclesiastica
Condizione attuale: aperto a richiesta

Provincia di Arezzo
Comune di Montevarchi
MUSEO PALEONTOLOGICO DELL'ACCADEMIA VALDARNESE
Indirizzo: via P. Bracciolini 38,
tel. 055/981227
Categoria: musei d'archeologia
Fonte/i: Istat / Enit / Regione / Touring Club / Assess. Cultura Bologna / Guida Regioni d'Italia
Proprietà: privata
Condizione attuale: aperto

Provincia di Arezzo
Comune di Poppi
MUSEO "CARLO SIEMONI" A BADIA PRATAGLIA
Indirizzo: Stazione forestale, via Nazionale 14, tel. 0575/559002
Categoria: musei di scienza e tecnica
Fonte/i: Regione
Proprietà: Stato
Condizione attuale: aperto

Provincia di Arezzo
Comune di Poppi
MUSEO ORNITOLOGICO E FORESTALE DI CAMALDOLI
Indirizzo: località Camaldoli, Stazione forestale, tel. 055/556014
Categoria: musei di scienza e tecnica
Fonte/i: Istat / Regione
Proprietà: Stato
Condizione attuale: aperto

Provincia di Arezzo
Comune di San Giovanni Valdarno
MUSEO DI SANTA MARIA DELLE GRAZIE
Indirizzo: piazza Masaccio, tel. 055/92445
Categoria: musei d'arte
Fonte/i: Istat / Enit / Regione / Touring Club / Assess. Cultura Bologna / Guida Regioni d'Italia
Proprietà: ecclesiastica
Condizione attuale: in restauro

Provincia di Arezzo
Comune di Sansepolcro
CHIESA DEL ROSSO FIORENTINO
Categoria: musei specializzati
Fonte/i: Regione
Proprietà: Comune
Condizione attuale: in progettazione

Provincia di Arezzo
Comune di Sansepolcro
MUSEO CIVICO
Indirizzo: via Aggiunti 65, tel. 0575/76465
Categoria: musei d'arte
Fonte/i: Istat / Enit / Regione / Touring Club / Min. Interni / Assess. Cultura Bologna / Guida Regioni d'Italia
Proprietà: Comune
Condizione attuale: aperto

Provincia di Arezzo
Comune di Sansepolcro
MUSEO E BIBLIOTECA DELLA RESISTENZA
Indirizzo: via Matteotti 10
Categoria: musei di storia
Fonte/i: Istat / Regione
Proprietà: privata
Condizione attuale: aperti

Provincia di Arezzo
Comune di Sestino
ANTIQUARIUM SESTINATE
Indirizzo: via Marche 12,
tel. 0575/772642-772615
Categoria: musei d'archeologia
Fonte/i: Istat / Enit / Regione / Touring Club / Min. Interni / Dir. gen. Min. Beni culturali / Assess. Cultura Bologna / Guide arch. Laterza / Guida Regioni d'Italia
Proprietà: Stato
Condizione attuale: aperto

Provincia di Arezzo
Comune di Stia
MUSEO DEL CASTELLO DI PORCIANO
Indirizzo: località Porciano, tel. 0575/582635
Categoria: musei d'arte
Fonte/i: Istat / Enit / Regione / Touring Club / Min. Interni / Assess. Cultura Bologna /

Guida Regioni d'Italia
Proprietà: privata
Condizione attuale: aperto a richiesta

Provincia di Arezzo
Comune di Stia
MUSEO ORNITOLOGICO
Indirizzo: via Vittorio Veneto
Categoria: musei di scienza e tecnica
Fonte/i: Min. Interni
Proprietà: Comune
Condizione attuale: aperto

Provincia di Arezzo
Comune di Subbiano
CENTRO DOCUMENTAZIONE LAVORO MOLITORIO
Categoria: musei territoriali
Fonte/i: Regione
Proprietà: Comune
Condizione attuale: in allestimento

Provincia di Firenze

Provincia di Firenze
Comune di Bagno a Ripoli
MUSEO DELLA CULTURA CONTADINA DI ANTELLA
Indirizzo: frazione Antella, fattoria di Mondeggi tel. 055/632041
Categoria: musei territoriali
Fonte/i: Istat / Guida Regioni d'Italia / Assess. Cultura Bologna
Proprietà: Provincia
Condizione attuale: in allestimento

Provincia di Firenze
Comune di Borgo San Lorenzo
MUSEO DELLA CIVILTÀ CONTADINA DI CASA D'ERCI
Indirizzo: località Grezzano, tel. 055/8401457-8457197
Categoria: musei territoriali
Fonte/i: Regione / Touring Club / Assess. Cultura Bologna
Proprietà: privata
Condizione attuale: aperto a richiesta

Provincia di Firenze
Comune di Calenzano
MUSEO DEL SOLDATINO E DELLA FIGURINA STORICA
Indirizzo: via Giotto 5, tel. 055/8879441
Categoria: musei specializzati
Fonte/i: Enit / Regione / Touring Club / Min. Interni / Assess. Cultura Bologna / Guida

Regioni d'Italia / Piccoli
Proprietà: Comune
Condizione attuale: aperto

Provincia di Firenze
Comune di Carmignano
MUSEO ARCHEOLOGICO COMUNALE DI ARTIMINO
Indirizzo: località Artimino, via Papa Giovanni, tel. 055/8718124-8712002
Categoria: musei d'archeologia
Fonte/i: Enit / Regione / Fio / Touring Club / Guida Regioni d'Italia
Proprietà: Stato
Condizione attuale: aperto

Provincia di Firenze
Comune di Castelfiorentino
PINACOTECA DI SANTA VERDIANA, SANTUARIO
Indirizzo: via Timignano 1, tel. 0571/64096
Categoria: musei d'arte
Fonte/i: Istat / Enit / Regione / Touring Club / Min. Beni culturali / Assess. Cultura Bologna / Guida Regioni d'Italia
Proprietà: ecclesiastica
Condizione attuale: aperti a richiesta

Provincia di Firenze
Comune di Cerreto Guidi
VILLA MEDICEA
Categoria: musei d'arte
Fonte/i: Istat / Enit / Regione / Min. Beni culturali / Min. Interni / Assess. Cultura Bologna
Proprietà: Stato
Condizione attuale: aperta

Provincia di Firenze
Comune di Certaldo
CASA DEL BOCCACCIO
Indirizzo: via Boccaccio, tel. 0571/6642208
Categoria: musei d'arte
Fonte/i: Istat / Enit / Regione / Touring Club / Assess. Cultura Bologna
Proprietà: Stato
Condizione attuale: aperta

Provincia di Firenze
Comune di Certaldo
MUSEO CIVICO PALAZZO PRETORIO
Indirizzo: piazzetta del Vicariato 3, tel. 0571/668270
Categoria: musei d'arte e archeologia
Fonte/i: Istat / Regione / Assess. Cultura Bologna / Guida Regioni d'Italia

Proprietà: Comune
Condizione attuale: aperto

Provincia di Firenze
Comune di Certaldo
MUSEO DELLA CIVILTÀ CONTADINA
Categoria: musei territoriali
Fonte/i: Istat / Touring Club
Proprietà: Comune
Condizione attuale: aperto

Provincia di Firenze
Comune di Empoli
MUSEO CASA DI BUSONI
Indirizzo: piazza della Vittoria 16,
tel. 0571/7070
Categoria: musei specializzati
Fonte/i: Istat / Enit / Regione / Touring Club /
Assess. Cultura Bologna
Proprietà: Comune
Condizione attuale: aperto a richiesta

Provincia di Firenze
Comune di Empoli
**MUSEO DELLA COLLEGIATA
DI SANT'ANDREA**
Indirizzo: piazza Propositura 3,
tel. 0571/72220
Categoria: musei d'arte
Fonte/i: Istat / Enit / Regione / Touring Club /
Assess. Cultura Bologna / Guida Regioni
d'Italia
Proprietà: ecclesiastica
Condizione attuale: aperto

Provincia di Firenze
Comune di Fiesole
ANTIQUARIUM COSTANTINI
Categoria: musei d'archeologia
Fonte/i: Regione
Proprietà: Comune
Condizione attuale: aperto

Provincia di Firenze
Comune di Fiesole
MUSEO "BANDINI"
Indirizzo: via G. Duprè 1, tel. 055/59061
Categoria: musei d'arte
Fonte/i: Istat / Enit / Regione / Touring Club /
Min. Beni culturali / Assess. Cultura Bologna /
Guida Regioni d'Italia
Proprietà: ecclesiastica
Condizione attuale: in restauro

Provincia di Firenze
Comune di Fiesole

MUSEO "DUPRÉ"
Indirizzo: via G. Dupré 19, tel. 055/59171
Categoria: musei d'arte
Fonte/i: Istat / Enit / Regione / Touring Club /
Assess. Cultura Bologna
Proprietà: privata
Condizione attuale: chiuso

Provincia di Firenze
Comune di Fiesole
**MUSEO ARCHEOLOGICO
E TEATRO ROMANO**
Indirizzo: via Portigiani 1, tel. 055/59477
Categoria: musei d'archeologia
Fonte/i: Istat / Enit / Regione / Touring Club /
Assess. Cultura Bologna / Guida Regioni
d'Italia
Proprietà: Comune
Condizione attuale: aperti

Provincia di Firenze
Comune di Fiesole
**MUSEO DELLE MISSIONI
FRANCESCANE**
Indirizzo: convento di San Francesco,
tel. 055/59175
Categoria: musei d'arte e archeologia
Fonte/i: Istat / Enit / Regione / Touring Club /
Assess. Cultura Bologna / Guida Regioni
d'Italia
Proprietà: ecclesiastica
Condizione attuale: aperto

Provincia di Firenze
Comune di Fiesole
MUSEO FONDAZIONE "PRIMO CONTI"
Indirizzo: via G. Dupré 18, tel. 055/597095
Categoria: musei d'arte
Fonte/i: Regione / Touring Club / Assess.
Cultura Bologna
Proprietà: privata
Condizione attuale: aperto

Provincia di Firenze
Comune di Figline Valdarno
**ANTICA SPEZIERIA
DELLO SPEDALE "SERRISTORI"**
Indirizzo: piazza XXV Aprile, tel. 055/953534
Categoria: musei specializzati
Fonte/i: Regione / Touring Club / Assess.
Cultura Bologna
Proprietà: Comune
Condizione attuale: aperta a richiesta

Provincia di Firenze
Comune di Figline Valdarno

MUSEO COMUNALE
Indirizzo: piazza S. Morelli
Categoria: musei d'arte
Fonte/i: Istat
Proprietà: Comune
Condizione attuale: aperto

Provincia di Firenze
Comune di Figline Valdarno
RACCOLTA D'ARTE SACRA
Indirizzo: collegiata Santa Maria Assunta, tel. 055/958518
Categoria: musei d'arte
Fonte/i: Regione / Touring Club / Assess. Cultura Bologna
Proprietà: ecclesiastica
Condizione attuale: aperta a richiesta

Provincia di Firenze
Comune di Firenze
ANTICA SPEZIERIA DI SANTA MARIA NOVELLA
Indirizzo: via della Scala 16, tel. 055/216276
Categoria: musei specializzati
Fonte/i: Regione
Proprietà: Comune
Condizione attuale: aperta a richiesta

Provincia di Firenze
Comune di Firenze
CAPPELLE MEDICEE
Indirizzo: piazza Madonna degli Aldovrandini 6, tel. 055/213206
Categoria: musei d'arte
Fonte/i: Istat / Enit / Regione / Guida Monaci / Touring Club / Dir. gen. Min. Beni culturali / Assess. Cultura Bologna
Proprietà: Stato
Condizione attuale: aperte

Provincia di Firenze
Comune di Firenze
CASA "BUONARROTI"
Indirizzo: via Ghibellina 70, tel. 055/241752
Categoria: musei specializzati
Fonte/i: Istat / Enit / Regione / Guida Monaci / Touring Club / Assess. Cultura Bologna / Guida Regioni d'Italia
Proprietà: Comune
Condizione attuale: aperta

Provincia di Firenze
Comune di Firenze
CASA E MUSEO DI DANTE
Indirizzo: via Santa Margherita 1, tel. 055/283343
Categoria: musei specializzati
Fonte/i: Istat / Enit / Regione / Guida Monaci / Touring Club / Assess. Cultura Bologna / Guida Regioni d'Italia
Proprietà: privata
Condizione attuale: aperti

Provincia di Firenze
Comune di Firenze
CENACOLO DEL CONSERVATORIO DI FOLIGNO
Indirizzo: via Faenza 42
Categoria: musei d'arte
Fonte/i: Istat / Enit / Regione / Guida Monaci / Touring Club / Dir. gen. Min. Beni culturali / Assess. Cultura Bologna / Guida Regioni d'Italia
Proprietà: Stato
Condizione attuale: chiuso

Provincia di Firenze
Comune di Firenze
CENACOLO DEL GHIRLANDAIO E MUSEO DI OGNISSANTI
Indirizzo: borgo Ognissanti 42, tel. 055/296802
Categoria: musei d'arte
Fonte/i: Istat / Enit / Regione / Guida Monaci / Touring Club / Dir. gen. Min. Beni culturali / Assess. Cultura Bologna / Guida Regioni d'Italia
Proprietà: Stato
Condizione attuale: aperti

Provincia di Firenze
Comune di Firenze
CENACOLO DI ANDREA DEL SARTO A SAN SALVI
Indirizzo: via di San Salvi 16, tel. 055/677570
Categoria: musei d'arte
Fonte/i: Istat / Enit / Regione / Guida Monaci / Touring Club / Dir. gen. Min. Beni culturali / Assess. Cultura Bologna / Guida Regioni d'Italia
Proprietà: Stato
Condizione attuale: aperto

Provincia di Firenze
Comune di Firenze
CENACOLO DI SANTA APOLLONIA
Indirizzo: via XXVII Aprile 1, tel. 055/287074
Categoria: musei d'arte
Fonte/i: Istat / Enit / Regione / Guida Monaci / Touring Club / Dir. gen. Min. Beni culturali / Assess. Cultura Bologna / Guida Regioni d'Italia

Proprietà: Stato
Condizione attuale: aperto

Provincia di Firenze
Comune di Firenze
CENACOLO DI SANTO SPIRITO E FONDAZIONE "ROMANO"
Indirizzo: piazza Santo Spirito 29, tel. 055/287043
Categoria: musei d'arte
Fonte/i: Istat / Enit / Regione / Guida Monaci / Touring Club / Assess. Cultura Bologna / Guida Regioni d'Italia
Proprietà: Comune
Condizione attuale: aperti

Provincia di Firenze
Comune di Firenze
CHIOSTRO DELLO SCALZO
Indirizzo: via Cavour 69, tel. 055/472907
Categoria: musei d'arte
Fonte/i: Istat / Enit / Regione / Guida Monaci / Touring Club / Dir. gen. Min. Beni culturali / Assess. Cultura Bologna
Proprietà: Stato
Condizione attuale: aperto

Provincia di Firenze
Comune di Firenze
COLLEZIONE "BERENSON"
Indirizzo: località Settignano, villa "I Tatti", via di Vincigliata 26, tel. 055/603251
Categoria: musei d'arte
Fonte/i: Istat / Enit / Regione / Touring Club
Proprietà: privata
Condizione attuale: aperta a richiesta

Provincia di Firenze
Comune di Firenze
COLLEZIONE "CONTINI BONACOSSI"
Indirizzo: palazzina della Meridiana, piazza Pitti, tel. 055/218341
Categoria: musei d'arte
Fonte/i: Istat / Enit / Regione / Guida Monaci / Touring Club / Assess. Cultura Bologna / Guida Regioni d'Italia
Proprietà: Stato
Condizione attuale: aperta a richiesta

Provincia di Firenze
Comune di Firenze
COLLEZIONE "LOESER" A PALAZZO VECCHIO
Indirizzo: Palazzo Vecchio, tel. 055/27681
Categoria: musei d'arte
Fonte/i: Istat / Enit / Guida Regioni d'Italia

Proprietà: Comune
Condizione attuale: aperta

Provincia di Firenze
Comune di Firenze
COLLEZIONE DEL COLLEGIO ALLA QUERCE
Indirizzo: via della Piazzola 44, tel. 055/573621
Categoria: musei d'archeologia
Fonte/i: Regione / Touring Club / Assess. Cultura Bologna
Proprietà: privata
Condizione attuale: aperta a richiesta

Provincia di Firenze
Comune di Firenze
COLLEZIONI SCIENTIFICHE ISTITUTO TECNICO "G. GALILEI"
Categoria: musei di scienza e tecnica
Fonte/i: Com. it. Icom.
Proprietà: Stato
Condizione attuale: aperte a richiesta

Provincia di Firenze
Comune di Firenze
COLLEZIONI SCIENTIFICHE ISTITUTO TECNICO "G. SALVEMINI"
Indirizzo: via Giusti 27, tel. 055/247694
Categoria: musei di scienza e tecnica
Fonte/i: Regione
Proprietà: Stato
Condizione attuale: aperte a richiesta

Provincia di Firenze
Comune di Firenze
GABINETTO DEI DISEGNI E DELLE STAMPE DEGLI UFFIZI
Indirizzo: via della Ninna 5, tel. 055/218341
Categoria: musei specializzati
Fonte/i: Istat / Enit / Regione / Guida Monaci / Touring Club / Dir. gen. Min. Beni culturali / Assess. Cultura Bologna / Guida Regioni d'Italia
Proprietà: Stato
Condizione attuale: aperto

Provincia di Firenze
Comune di Firenze
GALLERIA "CORSINI"
Indirizzo: via del Parione 11
Categoria: musei d'arte
Fonte/i: Istat / Enit / Regione / Guida Regioni d'Italia
Proprietà: privata
Condizione attuale: aperta a richiesta

Provincia di Firenze
Comune di Firenze
GALLERIA "R. CARNIELO"
Indirizzo: piazza Savonarola 18,
tel. 055/298483
Categoria: musei d'arte
Fonte/i: Istat / Enit / Regione / Guida Monaci / Touring Club / Assess. Cultura Bologna / Guida Regioni d'Italia
Proprietà: Comune
Condizione attuale: aperta

Provincia di Firenze
Comune di Firenze
GALLERIA DEGLI UFFIZI
Indirizzo: Loggiato degli Uffizi,
tel. 055/218341
Categoria: musei d'arte
Fonte/i: Istat / Enit / Regione / Guida Monaci / Fio / Touring Club / Dir. gen. Min. Beni culturali / Assess. Cultura Bologna / Guida Regioni d'Italia
Proprietà: Stato
Condizione attuale: aperta

Provincia di Firenze
Comune di Firenze
GALLERIA DELL'ACCADEMIA
Indirizzo: via Ricasoli 60, tel. 055/214375
Categoria: musei d'arte
Fonte/i: Istat / Enit / Regione / Guida Monaci / Fio / Touring Club / Min. Beni culturali / Dir. gen. Min. Beni culturali / Assess. Cultura Bologna / Guida Regioni d'Italia
Proprietà: Stato
Condizione attuale: aperta

Provincia di Firenze
Comune di Firenze
GIARDINO DI BOBOLI
Indirizzo: piazza Pitti, tel. 055/218741
Categoria: giardini zoolog. botan. naturali
Fonte/i: Istat / Enit / Regione / Min. Beni culturali / Dir. gen. Min. Beni culturali / Assess. Cultura Bologna
Proprietà: Stato
Condizione attuale: aperto

Provincia di Firenze
Comune di Firenze
GIPSOTECA DELL'ISTITUTO D'ARTE
Indirizzo: piazzale di Porta Romana 9,
tel. 055/220521
Categoria: musei specializzati
Fonte/i: Istat / Enit / Regione / Touring Club / Assess. Cultura Bologna
Proprietà: Stato
Condizione attuale: aperta a richiesta

Provincia di Firenze
Comune di Firenze
MOSTRA PERMANENTE DELLA BIBLIOTECA LAURENZIANA
Indirizzo: piazza San Lorenzo 9
Categoria: musei specializzati
Fonte/i: Istat / Touring Club
Proprietà: Stato
Condizione attuale: aperta

Provincia di Firenze
Comune di Firenze
MOSTRA PERMANENTE DELLA COMUNITÀ ISRAELITICA
Indirizzo: via Farini 4, tel. 055/245252
Categoria: musei specializzati
Fonte/i: Enit / Regione / Touring Club / Assess. Cultura Bologna
Proprietà: privata
Condizione attuale: aperta a richiesta

Provincia di Firenze
Comune di Firenze
MOSTRA PERMANENTE DI OTTONE ROSAI
Indirizzo: via dell'Oriolo 24, tel. 055/217305
Categoria: musei specializzati
Fonte/i: Istat / Touring Club / Assess. Cultura Bologna
Proprietà: Comune
Condizione attuale: aperta

Provincia di Firenze
Comune di Firenze
MOSTRA PERMANENTE XILOGRAFICA DI P. PARIGI
Indirizzo: piazza Santa Croce 16,
tel. 055/242783
Categoria: musei d'arte
Fonte/i: Enit / Assess. Cultura Bologna
Proprietà: Comune
Condizione attuale: aperta

Provincia di Firenze
Comune di Firenze
MUSEO "BARDINI" E GALLERIA "CORSI"
Indirizzo: piazza De' Mozzi 1,
tel. 055/2342427
Categoria: musei d'arte
Fonte/i: Istat / Enit / Regione / Guida Monaci / Touring Club / Assess. Cultura Bologna / Guida Regioni d'Italia

Proprietà: Comune
Condizione attuale: aperti

Provincia di Firenze
Comune di Firenze
MUSEO "MARINO MARINI"
Indirizzo: piazza San Pancrazio 1,
tel. 055/219432
Categoria: musei specializzati
Fonte/i: Regione / Guida Monaci / Touring Club / Assess. Cultura Bologna
Proprietà: Comune
Condizione attuale: aperto

Provincia di Firenze
Comune di Firenze
MUSEO "STIBBERT"
Indirizzo: via F. Stibbert 26, tel. 055/475520
Categoria: musei d'arte
Fonte/i: Istat / Enit / Regione / Guida Monaci / Touring Club / Assess. Cultura Bologna / Guida Regioni d'Italia
Proprietà: Regione
Condizione attuale: aperto

Provincia di Firenze
Comune di Firenze
MUSEO AGRARIO TROPICALE DELL'IST. AGRON. D'OLTREMARE
Indirizzo: via A. Cocchi 4, tel. 055/573201
Categoria: musei specializzati
Fonte/i: Istat / Regione
Proprietà: Stato
Condizione attuale: aperto a richiesta

Provincia di Firenze
Comune di Firenze
MUSEO ARCHEOLOGICO
Indirizzo: via della Colonna 38,
tel. 055/2478641
Categoria: musei d'archeologia
Fonte/i: Istat / Enit / Regione / Guida Monaci / Touring Club / Dir. gen. Min. Beni culturali / Assess. Cultura Bologna / Guida Regioni d'Italia
Proprietà: Stato
Condizione attuale: aperto

Provincia di Firenze
Comune di Firenze
MUSEO "CASA SIVIERO"
Indirizzo: lungarno Serristori 5
Categoria: musei d'arte
Fonte/i: Regione
Proprietà: Regione
Condizione attuale: aperto

Provincia di Firenze
Comune di Firenze
MUSEO DEL CONSERVATORIO DI MUSICA "CHERUBINI"
Indirizzo: piazza della Signoria,
tel. 055/210502
Categoria: musei specializzati
Fonte/i: Istat / Enit / Regione / Guida Monaci / Touring Club / Assess. Cultura Bologna / Guida Regioni d'Italia
Proprietà: Stato
Condizione attuale: chiuso

Provincia di Firenze
Comune di Firenze
MUSEO DEL BARGELLO
Indirizzo: via del Proconsolo 4,
tel. 055/210801
Categoria: musei d'arte
Fonte/i: Istat / Enit / Regione / Guida Monaci / Fio / Touring Club / Min. Beni culturali / Dir. gen. Min. Beni culturali / Assess. Cultura Bologna / Guida Regioni d'Italia
Proprietà: Stato
Condizione attuale: aperto

Provincia di Firenze
Comune di Firenze
MUSEO DEL BIGALLO
Indirizzo: piazza San Giovanni 1,
tel. 055/215440
Categoria: musei d'arte
Fonte/i: Istat / Enit / Regione / Guida Monaci / Touring Club / Assess. Cultura Bologna / Guida Regioni d'Italia
Proprietà: privata
Condizione attuale: aperto a richiesta

Provincia di Firenze
Comune di Firenze
MUSEO DELL'ACCADEMIA DELLA CRUSCA
Indirizzo: via di Castello, 46
Categoria: musei specializzati
Fonte/i: Istat / Touring Club
Proprietà: privata
Condizione attuale: aperto a richiesta

Provincia di Firenze
Comune di Firenze
MUSEO DELL'ISTITUTO GEOGRAFICO MILITARE
Indirizzo: via C. Battisti 10
Categoria: musei di scienza e tecnica
Fonte/i: Istat
Proprietà: Stato

Condizione attuale: aperto

Provincia di Firenze
Comune di Firenze
MUSEO DELL'OPERA DEL DUOMO
Indirizzo: piazza Duomo 8, tel. 055/213229
Categoria: musei d'arte
Fonte/i: Istat / Enit / Regione / Guida Monaci / Touring Club / Assess. Cultura Bologna / Guida Regioni d'Italia
Proprietà: ecclesiastica
Condizione attuale: aperto

Provincia di Firenze
Comune di Firenze
MUSEO DELL'OPERA DI SANTA CROCE
Indirizzo: piazza Santa Croce 16, tel. 055/244619
Categoria: musei d'arte
Fonte/i: Istat / Enit / Regione / Guida Monaci / Touring Club / Assess. Cultura Bologna / Guida Regioni d'Italia
Proprietà: Stato
Condizione attuale: aperto

Provincia di Firenze
Comune di Firenze
MUSEO DELL'OPIFICIO DELLE PIETRE DURE
Indirizzo: via degli Alfani 78, tel. 055/263414-210102
Categoria: musei specializzati
Fonte/i: Istat / Enit / Regione / Guida Monaci / Touring Club / Min. Beni culturali / Dir. gen. Min. Beni culturali / Assess. Cultura Bologna / Guida Regioni d'Italia
Proprietà: Stato
Condizione attuale: aperto

Provincia di Firenze
Comune di Firenze
MUSEO DELLA CASA FIORENTINA
Indirizzo: palazzo Davanzati, via Porta Rossa 13, tel. 055/216518
Categoria: musei d'arte
Fonte/i: Istat / Enit / Regione / Guida Monaci / Touring Club / Min. Beni culturali / Dir. gen. Min. Beni culturali / Assess. Cultura Bologna / Guida Regioni d'Italia
Proprietà: Stato
Condizione attuale: aperto

Provincia di Firenze
Comune di Firenze
MUSEO DELLA CERTOSA DI GALLUZZO
Indirizzo: località Galluzzo, tel. 055/2049226
Categoria: musei d'arte
Fonte/i: Istat / Enit / Regione / Touring Club / Assess. Cultura Bologna
Proprietà: Stato
Condizione attuale: aperto

Provincia di Firenze
Comune di Firenze
MUSEO DELLA FONDAZIONE "HORNE"
Indirizzo: via dei Benci 6, tel. 055/244661
Categoria: musei d'arte
Fonte/i: Istat / Enit / Regione / Guida Monaci / Touring Club / Assess. Cultura Bologna / Guida Regioni d'Italia
Proprietà: privata
Condizione attuale: aperto

Provincia di Firenze
Comune di Firenze
MUSEO DELLE OPERE D'ARTE RECUPERATE
Categoria: musei d'arte
Fonte/i: Istat
Proprietà: Comune
Condizione attuale: aperto

Provincia di Firenze
Comune di Firenze
MUSEO DELLO SPEDALE DEGLI INNOCENTI
Indirizzo: piazza Santissima Annunziata 12, tel. 055/243670
Categoria: musei d'arte
Fonte/i: Istat / Enit / Regione / Guida Monaci / Touring Club / Assess. Cultura Bologna / Guida Regioni d'Italia
Proprietà: privata
Condizione attuale: aperto

Provincia di Firenze
Comune di Firenze
MUSEO DI ANTROPOLOGIA ED ETNOLOGIA
Indirizzo: via del Proconsolo 12, tel. 055/296449
Categoria: musei etnograf. e/o antropolog.
Fonte/i: Istat / Enit / Regione / Guida Monaci / Touring Club / Assess. Cultura Bologna / Guida Regioni d'Italia
Proprietà: Università
Condizione attuale: aperto

Provincia di Firenze
Comune di Firenze

MUSEO DI ARTE CONTEMPORANEA
Indirizzo: ex officine Galileo
Categoria: musei d'arte
Fonte/i: Fio
Proprietà: Comune
Condizione attuale: in progettazione

Provincia di Firenze
Comune di Firenze
MUSEO DI BOTANICA
Indirizzo: via La Pira 4,
tel. 055/284411-218525
Categoria: musei di scienza e tecnica
Fonte/i: Istat / Enit / Regione / Guida Monaci / Touring Club / Assess. Cultura Bologna
Proprietà: Università
Condizione attuale: aperto

Provincia di Firenze
Comune di Firenze
MUSEO DI GEOLOGIA E PALEONTOLOGIA
Indirizzo: via La Pira 4, tel. 055/262711
Categoria: musei di scienza e tecnica
Fonte/i: Istat / Enit / Regione / Guida Monaci / Assess. Cultura Bologna / Guida Regioni d'Italia
Proprietà: Università
Condizione attuale: aperto

Provincia di Firenze
Comune di Firenze
MUSEO DI MINERALOGIA E LITOLOGIA
Indirizzo: via La Pira 4, tel. 055/216936
Categoria: musei di scienza e tecnica
Fonte/i: Istat / Enit / Regione / Guida Monaci / Assess. Cultura Bologna / Guida Regioni d'Italia
Proprietà: Università
Condizione attuale: aperto

Provincia di Firenze
Comune di Firenze
MUSEO DI PALAZZO "STROZZI"
Indirizzo: piazza Strozzi, tel. 055/215990
Categoria: musei specializzati
Fonte/i: Istat / Enit / Regione / Guida Monaci / Touring Club / Assess. Cultura Bologna / Guida Regioni d'Italia
Proprietà: Stato
Condizione attuale: aperto

Provincia di Firenze
Comune di Firenze
MUSEO DI PALAZZO VECCHIO
Indirizzo: piazza della Signoria,
tel. 055/2768485
Categoria: musei d'arte
Fonte/i: Istat / Enit / Regione / Guida Monaci / Assess. Cultura Bologna / Guida Regioni d'Italia
Proprietà: Comune
Condizione attuale: aperto

Provincia di Firenze
Comune di Firenze
MUSEO DI SANTA MARIA DEL CARMINE: CAPPELLA "BRANCACCI"
Indirizzo: piazza del Carmine, tel. 055/212331
Categoria: musei d'arte
Fonte/i: Istat / Regione / Touring Club / Assess. Cultura Bologna / Guida Regioni d'Italia
Proprietà: ecclesiastica
Condizione attuale: aperta

Provincia di Firenze
Comune di Firenze
MUSEO DI SAN MARCO
Indirizzo: piazza San Marco, tel. 055/210741
Categoria: musei d'arte
Fonte/i: Istat / Enit / Regione / Guida Monaci / Fio / Touring Club / Min. Beni culturali / Assess. Cultura Bologna / Dir. gen. Min. Beni culturali / Guida Regioni d'Italia
Proprietà: Stato
Condizione attuale: aperto

Provincia di Firenze
Comune di Firenze
MUSEO DI STORIA DELLA FOTOGRAFIA "FRATELLI ALINARI"
Indirizzo: via della Vigna Nuova 16,
tel. 055/213370
Categoria: musei specializzati
Fonte/i: Enit / Regione / Touring Club / Assess. Cultura Bologna
Proprietà: privata
Condizione attuale: aperto

Provincia di Firenze
Comune di Firenze
MUSEO DI ZOOLOGIA "LA SPECOLA"
Indirizzo: via Romana 17, tel. 055/222451
Categoria: musei di scienza e tecnica
Fonte/i: Istat / Enit / Regione / Guida Monaci / Touring Club / Assess. Cultura Bologna / Guida Regioni d'Italia
Proprietà: Università
Condizione attuale: aperto

Provincia di Firenze
Comune di Firenze
**MUSEO E BIBLIOTECA DEL
SEMINARIO MAGGIORE**
Categoria: musei d'arte
Fonte/i: Istat / Touring Club
Proprietà: Stato
Condizione attuale: aperti

Provincia di Firenze
Comune di Firenze
**MUSEO E CHIOSTRI
DI SANTA MARIA NOVELLA**
Indirizzo: piazza Santa Maria Novella, tel. 055/282187
Categoria: musei d'arte
Fonte/i: Istat / Enit / Regione / Guida Monaci / Touring Club / Assess. Cultura Bologna / Guida Regioni d'Italia
Proprietà: Comune
Condizione attuale: aperti

Provincia di Firenze
Comune di Firenze
**MUSEO E ISTITUTO DI
STORIA DELLA SCIENZA**
Indirizzo: piazza dei Giudici 1, tel. 055/2193493-298876
Categoria: musei di scienza e tecnica
Fonte/i: Istat / Enit / Regione / Guida Monaci / Touring Club / Assess. Cultura Bologna / Guida Regioni d'Italia
Proprietà: Stato
Condizione attuale: aperti

Provincia di Firenze
Comune di Firenze
**MUSEO E ISTITUTO FIORENTINO
DI PREISTORIA**
Indirizzo: via Sant'Egidio 21, tel. 055/295159
Categoria: musei d'archeologia
Fonte/i: Istat / Enit / Regione / Guida Monaci / Touring Club / Assess. Cultura Bologna / Guida Regioni d'Italia
Proprietà: Comune
Condizione attuale: aperti

Provincia di Firenze
Comune di Firenze
MUSEO PAPIROLOGICO "G. VITELLI"
Indirizzo: via degli Alfani 46
Categoria: musei specializzati
Fonte/i: Istat
Proprietà: Stato
Condizione attuale: aperto

Provincia di Firenze
Comune di Firenze
**MUSEO STORICO-TOPOGRAFICO
"FIRENZE COM'ERA"**
Indirizzo: via dell'Oriolo 24, tel. 055/298483
Categoria: musei specializzati
Fonte/i: Istat / Enit / Regione / Guida Monaci / Touring Club / Assess. Cultura Bologna / Guida Regioni d'Italia
Proprietà: Comune
Condizione attuale: aperto

Provincia di Firenze
Comune di Firenze
**ORSAMMICHELE E PALAZZO
DELL'ARTE DELLA LANA**
Indirizzo: via dell'Arte della Lana
Categoria: musei d'arte
Fonte/i: Istat / Enit / Touring Club / Min. Beni culturali / Dir. gen. Min. Beni culturali
Proprietà: Stato
Condizione attuale: aperti

Provincia di Firenze
Comune di Firenze
**ORTO BOTANICO E
GIARDINO DEI SEMPLICI**
Indirizzo: via P. A. Micheli 3, tel. 055/284696
Categoria: giardini zoolog. botan. naturali
Fonte/i: Istat / Enit / Regione / Guida Monaci / Touring Club / Assess. Cultura Bologna / Guida Regioni d'Italia
Proprietà: Università
Condizione attuale: aperti

Provincia di Firenze
Comune di Firenze
**PALAZZO "MEDICI RICCARDI":
L. GIORDANO E B. GOZZOLI**
Indirizzo: via Cavour 1, tel. 055/2760
Categoria: musei d'arte
Fonte/i: Istat / Enit / Regione / Guida Monaci / Guida Regioni d'Italia
Proprietà: Provincia
Condizione attuale: aperto

Provincia di Firenze
Comune di Firenze
**PALAZZO PITTI:
APPARTAMENTI MONUMENTALI**
Indirizzo: piazza Pitti, tel. 055/210323
Categoria: musei d'arte
Fonte/i: Enit / Regione / Guida Monaci / Fio / Dir. gen. Min. Beni culturali / Guida Regioni d'Italia
Proprietà: Stato

Condizione attuale: aperti
Provincia di Firenze
Comune di Firenze
PALAZZO PITTI:
GALLERIA D'ARTE MODERNA
Indirizzo: piazza Pitti, tel. 055/287096
Categoria: musei d'arte
Fonte/i: Istat / Enit / Regione / Guida Monaci / Fio / Touring Club / Dir. gen. Min. Beni culturali / Assess. Cultura Bologna / Guida Regioni d'Italia
Proprietà: Stato
Condizione attuale: aperta

Provincia di Firenze
Comune di Firenze
PALAZZO PITTI:
GALLERIA DEL COSTUME
Indirizzo: piazza Pitti, tel. 055/294279
Categoria: musei specializzati
Fonte/i: Enit / Regione / Fio / Touring Club / Dir. gen. Min. Beni culturali / Assess. Cultura Bologna
Proprietà: Stato
Condizione attuale: aperta

Provincia di Firenze
Comune di Firenze
PALAZZO PITTI: GALLERIA PALATINA
Indirizzo: piazza Pitti, tel. 055/210323
Categoria: musei d'arte
Fonte/i: Istat / Enit / Regione / Guida Monaci / Fio / Touring Club / Dir. gen. Min. Beni culturali / Assess. Cultura Bologna / Guida Regioni d'Italia
Proprietà: Stato
Condizione attuale: aperta

Provincia di Firenze
Comune di Firenze
PALAZZO PITTI:
MUSEO DEGLI ARGENTI
Indirizzo: piazza Pitti, tel. 055/212557
Categoria: musei specializzati
Fonte/i: Istat / Enit / Regione / Guida Monaci / Touring Club / Dir. gen. Min. Beni culturali / Assess. Cultura Bologna / Guida Regioni d'Italia
Proprietà: Stato
Condizione attuale: aperto

Provincia di Firenze
Comune di Firenze
PALAZZO PITTI:
MUSEO DELLE CARROZZE
Indirizzo: piazza Pitti
Categoria: musei specializzati
Fonte/i: Istat / Enit / Regione / Guida Monaci / Touring Club / Dir. gen. Min. Beni culturali / Assess. Cultura Bologna / Guida Regioni d'Italia
Proprietà: Stato
Condizione attuale: chiuso

Provincia di Firenze
Comune di Firenze
PALAZZO PITTI:
MUSEO DELLE PORCELLANE
Indirizzo: casino del Cavaliere del Giardino di Boboli, tel. 055/212557
Categoria: musei specializzati
Fonte/i: Istat / Enit / Regione / Guida Monaci / Touring Club / Assess. Cultura Bologna / Guida Regioni d'Italia / Dir. gen. Min. Beni culturali
Proprietà: Stato
Condizione attuale: aperto

Provincia di Firenze
Comune di Firenze
PINACOTECA DELLA FONDAZIONE "LONGHI"
Indirizzo: via B. Fortini 30, tel. 055/688794
Categoria: musei d'arte
Fonte/i: Istat / Enit / Regione / Touring Club / Min. Beni culturali / Assess. Cultura Bologna
Proprietà: privata
Condizione attuale: aperta a richiesta

Provincia di Firenze
Comune di Firenze
RACCOLTA D'ARTE ARCICONFRATERNITA DELLA MISERICORDIA
Indirizzo: piazza del Duomo 20, tel. 055/212509
Categoria: musei d'arte
Fonte/i: Enit / Regione / Touring Club / Assess. Cultura Bologna
Proprietà: privata
Condizione attuale: aperta a richiesta

Provincia di Firenze
Comune di Firenze
RACCOLTA DELL'ISTITUTO DI PATOLOGIA ZOOLOGIA FORESTALE
Indirizzo: piazzale delle Cascine 28
Categoria: musei di scienza e tecnica
Fonte/i: Istat
Proprietà: Stato
Condizione attuale: aperta a richiesta

Provincia di Firenze
Comune di Firenze
RACCOLTA DI ARTE CONTEMPORANEA "A. DELLA RAGIONE"
Indirizzo: piazza della Signoria 5, tel. 055/283078
Categoria: musei d'arte
Fonte/i: Istat / Enit / Regione / Guida Monaci / Touring Club / Assess. Cultura Bologna / Guida Regioni d'Italia
Proprietà: Comune
Condizione attuale: aperta

Provincia di Firenze
Comune di Firenze
RACCOLTA "MARTELLI"
Indirizzo: palazzo Martelli
Categoria: musei d'arte
Fonte/i: Regione
Condizione attuale: chiusa

Provincia di Firenze
Comune di Firenze
RACCOLTA TECNOLOG. FORESTALE DELL'ISTITUTO DI SELVICOLTURA
Indirizzo: Facoltà di agraria, via S. Bonaventura 13, tel. 055/375147-311198
Categoria: musei di scienza e tecnica
Fonte/i: Istat / Regione
Proprietà: Università
Condizione attuale: aperta a richiesta

Provincia di Firenze
Comune di Firenze
RACCOLTE ISTITUTO ITALIANO DI PALEONTOLOGIA UMANA
Categoria: musei di scienza e tecnica
Fonte/i: Com. it. Icom.
Proprietà: Università
Condizione attuale: aperte a richiesta

Provincia di Firenze
Comune di Firenze
SALA CAPITOLARE CHIESA SANTA MARIA MADDALENA DEI PAZZI
Indirizzo: borgo Pinti 58, tel. 055/2478420
Categoria: musei d'arte
Fonte/i: Istat / Enit / Regione / Guida Monaci / Dir. gen. Min. Beni culturali / Guida Regioni d'Italia
Proprietà: Stato
Condizione attuale: aperta

Provincia di Firenze
Comune di Firenze
TEATRI DELLA VANITÀ "G. G. ZUMBO"
Categoria: musei specializzati
Fonte/i: Piccoli

Provincia di Firenze
Comune di Firenze
VILLA "PANDOLFINI-CARDUCCI" A LEGNAIA
Indirizzo: via Guardavia, tel. 055/713784
Categoria: musei d'arte
Fonte/i: Istat / Enit / Dir. gen. Min. Beni culturali
Proprietà: Stato
Condizione attuale: aperta

Provincia di Firenze
Comune di Firenze
VILLA DEL POGGIO IMPERIALE
Indirizzo: piazzale Poggio Imperiale 1, tel. 055/220151
Categoria: musei d'arte
Fonte/i: Enit / Assess. Cultura Bologna
Proprietà: privata
Condizione attuale: aperta a richiesta

Provincia di Firenze
Comune di Firenze
VILLA IL VENTAGLIO
Indirizzo: via delle Forbici
Categoria: musei d'arte
Fonte/i: Istat / Enit / Dir. gen. Min. Beni culturali
Proprietà: Stato
Condizione attuale: aperta

Provincia di Firenze
Comune di Firenze
VILLA MEDICEA DELLA PETRAIA
Indirizzo: via della Petraia 40, tel. 055/451208
Categoria: musei d'arte
Fonte/i: Istat / Enit / Regione / Dir. gen. Min. Beni culturali / Guida Regioni d'Italia
Proprietà: Stato
Condizione attuale: aperta

Provincia di Firenze
Comune di Firenze
VILLA MEDICEA DI CASTELLO
Indirizzo: via del Castello, tel. 055/451208
Categoria: musei d'arte
Fonte/i: Istat / Enit / Dir. gen. Min. Beni culturali
Proprietà: Stato
Condizione attuale: aperta

Provincia di Firenze

Comune di Fucecchio
MUSEO CIVICO
Indirizzo: via Poggio Salamartano 1, tel. 0571/20349
Categoria: musei d'arte e archeologia
Fonte/i: Istat / Enit / Regione / Touring Club / Assess. Cultura Bologna / Guida Regioni d'Italia
Proprietà: Comune
Condizione attuale: aperto a richiesta

Provincia di Firenze
Comune di Fucecchio
RACCOLTA ORNITOLOGICA "E. LENSI"
Categoria: musei di scienza e tecnica
Fonte/i: Com. it. Icom.

Provincia di Firenze
Comune di Impruneta
MUSEO DEL TESORO DI SANTA MARIA
Indirizzo: piazza Buondelmonti 28, tel. 055/2011700
Categoria: musei d'arte
Fonte/i: Istat / Enit / Regione / Touring Club / Assess. Cultura Bologna
Proprietà: ecclesiastica
Condizione attuale: aperto

Provincia di Firenze
Comune di Lastra a Signa
ARCHIVIO SULL'EMIGRAZIONE "P. CRESCI"
Indirizzo: via Livornese 383
Categoria: musei specializzati
Fonte/i: Enit / Piccoli
Proprietà: privata
Condizione attuale: aperto a richiesta

Provincia di Firenze
Comune di Lastra a Signa
MUSEO PARROCCHIALE PROPOSITURA SAN MARTINO A GANGALANDI
Indirizzo: tel. 055/8720008
Categoria: musei d'arte
Fonte/i: Regione / Touring Club / Assess. Cultura Bologna
Proprietà: ecclesiastica
Condizione attuale: aperto a richiesta

Provincia di Firenze
Comune di Montaione
MUSEO DI STORIA NATURALE
Indirizzo: via Cresci 15, tel. 0571/69031-2
Categoria: musei di scienza e tecnica
Fonte/i: Istat / Regione / Touring Club / Min. Interni / Assess. Cultura Bologna
Proprietà: Comune
Condizione attuale: aperto a richiesta

Provincia di Firenze
Comune di Montelupo Fiorentino
MUSEO ARCHEOLOGICO E DELLA CERAMICA
Indirizzo: via B. Sinibaldi 45, tel. 0571/51352
Categoria: musei d'arte e archeologia
Fonte/i: Istat / Enit / Regione / Touring Club / Assess. Cultura Bologna / Guida Regioni d'Italia
Proprietà: Comune
Condizione attuale: aperto

Provincia di Firenze
Comune di Palazzuolo sul Senio
MUSEO DELLA CIVILTÀ CONTADINA E ARTIGIANA
Indirizzo: piazza del Podestà 8, tel. 055/8046125-8046154
Categoria: musei territoriali
Fonte/i: Enit / Regione / Touring Club / Min. Interni / Assess. Cultura Bologna
Proprietà: Comune
Condizione attuale: aperto

Provincia di Firenze
Comune di Poggio a Caiano
VILLA MEDICEA
Indirizzo: piazza dei Medici 12, tel. 055/877012
Categoria: musei d'arte
Fonte/i: Istat / Enit / Regione / Min. Interni / Assess. Cultura Bologna / Guida Regioni d'Italia
Proprietà: Stato
Condizione attuale: aperta

Provincia di Firenze
Comune di Prato
CENTRO PER L'ARTE CONTEMPORANEA "L. PECCI"
Indirizzo: viale della Repubblica, tel. 0574/570620
Categoria: musei d'arte
Fonte/i: Regione / Touring Club / Assess. Cultura Bologna
Proprietà: privata
Condizione attuale: aperto

Provincia di Firenze
Comune di Prato
GALLERIA DI PALAZZO

"DEGLI ALBERTI"
Indirizzo: Cassa di risparmio,
via degli Alberti 2, tel. 0574/4921
Categoria: musei d'arte
Fonte/i: Enit / Regione / Touring Club /
Assess. Cultura Bologna / Guida Regioni
d'Italia
Proprietà: privata
Condizione attuale: aperta a richiesta

Provincia di Firenze
Comune di Prato
**MUSEO CIVICO
DI PALAZZO PRETORIO**
Indirizzo: piazza del Comune,
tel. 0574/452302
Categoria: musei d'arte
Fonte/i: Istat / Enit / Regione / Touring Club /
Assess. Cultura Bologna / Guida Regioni
d'Italia
Proprietà: Comune
Condizione attuale: aperto

Provincia di Firenze
Comune di Prato
**MUSEO DEL TESSUTO DELL'ISTITUTO
TECNICO "T. BUZZI"**
Indirizzo: viale della Repubblica 9,
tel. 0574/570352
Categoria: musei specializzati
Fonte/i: Istat / Enit / Regione / Touring Club /
Assess. Cultura Bologna / Guida Regioni
d'Italia / Piccoli
Proprietà: Stato
Condizione attuale: aperto a richiesta

Provincia di Firenze
Comune di Prato
MUSEO DELL'OPERA DEL DUOMO
Indirizzo: piazza Duomo 49, tel. 0574/570352
Categoria: musei d'arte
Fonte/i: Istat / Enit / Regione / Touring Club /
Assess. Cultura Bologna / Guida Regioni
d'Italia
Proprietà: ecclesiastica
Condizione attuale: aperto

Provincia di Firenze
Comune di Prato
MUSEO DELLA PIEVE DI SAN PIETRO
Indirizzo: Figline di Prato,
via Vecchia Cantagallo 4, tel. 0574/460555
Categoria: musei d'arte e archeologia
Fonte/i: Istat / Enit / Regione / Touring Club /
Assess. Cultura Bologna / Guida Regioni
d'Italia

Proprietà: ecclesiastica
Condizione attuale: aperto a richiesta

Provincia di Firenze
Comune di Prato
MUSEO DI PITTURA MURALE
Indirizzo: piazza San Domenico 8,
tel. 0574/24112
Categoria: musei specializzati
Fonte/i: Istat / Enit / Regione / Touring Club /
Assess. Cultura Bologna / Guida Regioni
d'Italia
Proprietà: Stato
Condizione attuale: aperto

Provincia di Firenze
Comune di Prato
QUADRERIA DI PALAZZO COMUNALE
Indirizzo: piazza del Comune 2
Categoria: musei d'arte
Fonte/i: Istat / Enit / Touring Club
Proprietà: Comune
Condizione attuale: aperta

Provincia di Firenze
Comune di Prato
**RACCOLTA DEL CENTRO DI
GEOGRAFIA E SCIENZE NATURALI**
Indirizzo: viale Repubblica 7
Categoria: musei di scienza e tecnica
Fonte/i: Istat
Proprietà: privata
Condizione attuale: aperta

Provincia di Firenze
Comune di Prato
**RACCOLTA DEL CENTRO DI SCIENZE
NATURALI DI GALCETI**
Indirizzo: via di Galceti 74, tel. 0574/460503
Categoria: musei di scienza e tecnica
Fonte/i: Istat / Regione
Proprietà: Comune
Condizione attuale: aperta

Provincia di Firenze
Comune di Prato
**RACCOLTE SCIENTIFICHE
DEL LICEO "CICOGNINI"**
Indirizzo: via Baldanzi 16, tel. 0574/40780
Categoria: musei di scienza e tecnica
Fonte/i: Istat / Regione / Touring Club /
Assess. Cultura Bologna
Proprietà: Stato
Condizione attuale: aperte a richiesta

Provincia di Firenze

Comune di Reggello
**ARBORETO SPERIMENTALE
DI VALLOMBROSA**
Indirizzo: Istituto sperimentale di
silvicoltura, tel. 0575/353021
Categoria: giardini zoolog. botan. naturali
Fonte/i: Regione
Proprietà: Stato
Condizione attuale: aperto a richiesta

Provincia di Firenze
Comune di Rufina
**MUSEO DELLA VITE E
DEL VINO DELLA VAL DI SIEVE**
Indirizzo: villa di Poggio Reale,
tel. 055/839377
Categoria: musei specializzati
Fonte/i: Enit / Regione / Touring Club / Min.
Interni / Assess. Cultura Bologna / Guida
Regioni d'Italia
Proprietà: privata
Condizione attuale: aperto a richiesta

Provincia di Firenze
Comune di San Casciano in Val di Pesa
**MUSEO DELL'ARCICONFRATERNITA
DELLA MISERICORDIA**
Indirizzo: chiesa di Santa Maria del Gesù
Categoria: musei d'arte
Fonte/i: Istat / Regione
Proprietà: privata
Condizione attuale: aperto

Provincia di Firenze
Comune di San Piero a Sieve
**RACCOLTA D'ARTE SACRA
CONVENTO DEL BOSCO AI FRATI**
Indirizzo: tel. 055/848111
Categoria: musei d'arte
Fonte/i: Istat / Enit / Regione / Touring Club /
Assess. Cultura Bologna
Proprietà: ecclesiastica
Condizione attuale: aperta a richiesta

Provincia di Firenze
Comune di Sesto Fiorentino
MUSEO DELLA CULTURA CONTADINA
Indirizzo: Ginnasio "Lorenzini",
via delle Porcellane 46, tel. 055/4490992
Categoria: musei territoriali
Fonte/i: Istat / Enit / Regione / Touring Club /
Assess. Cultura Bologna
Proprietà: Stato
Condizione attuale: chiuso

Provincia di Firenze

Comune di Sesto Fiorentino
**MUSEO DELLE PORCELLANE
DI DOCCIA**
Indirizzo: viale Pratese 31, tel. 055/4210451
Categoria: musei specializzati
Fonte/i: Istat / Enit / Regione / Touring Club /
Assess. Cultura Bologna / Guida Regioni
d'Italia
Proprietà: privata
Condizione attuale: aperto

Provincia di Firenze
Comune di Vicchio
CASA NATALE DI GIOTTO
Indirizzo: località Vespignano, tel. 055/844782
Categoria: musei specializzati
Fonte/i: Enit / Regione / Touring Club / Min.
Interni / Assess. Cultura Bologna / Guida
Regioni d'Italia
Proprietà: Comune
Condizione attuale: aperta a richiesta

Provincia di Firenze
Comune di Vicchio
MUSEO DEL BEATO ANGELICO
Indirizzo: viale Beato Angelico,
tel. 055/8444460
Categoria: musei d'arte
Fonte/i: Istat / Enit / Regione / Touring Club /
Min. Interni / Assess. Cultura Bologna /
Guida Regioni d'Italia
Proprietà: Comune
Condizione attuale: aperto

Provincia di Firenze
Comune di Vinci
CASA NATALE DI LEONARDO
Indirizzo: località Anchiano, tel. 0571/56055
Categoria: musei specializzati
Fonte/i: Istat / Enit / Regione / Touring Club /
Guida Regioni d'Italia
Proprietà: Comune
Condizione attuale: aperta

Provincia di Firenze
Comune di Vinci
MUSEO LEONARDIANO
Indirizzo: via della Torre 2, tel. 0571/56055
Categoria: musei specializzati
Fonte/i: Istat / Enit / Regione / Touring Club /
Assess. Cultura Bologna / Guida Regioni
d'Italia
Proprietà: Comune
Condizione attuale: aperto

Provincia di Firenze

Comune di Vinci
RACCOLTA TRADIZIONI POPOLARI
Indirizzo: via di Montalbano 2
Categoria: musei territoriali
Fonte/i: Enit / Regione
Proprietà: privata
Condizione attuale: aperta

PROVINCIA DI GROSSETO

Provincia di Grosseto
Comune di Castiglione della Pescaia
ANTIQUARIUM DI VETULONIA
Indirizzo: località Vetulonia, via Garibaldi, tel. 0564/933870
Categoria: musei d'archeologia
Fonte/i: Istat / Regione / Fio / Touring Club / Assess. Cultura Bologna / Guida Regioni d'Italia
Proprietà: Comune
Condizione attuale: in restauro

Provincia di Grosseto
Comune di Follonica
MUSEO DEL FERRO DELLA GHISA E DEL TERRITORIO
Indirizzo: ex officine meccaniche "Ilva"
Categoria: musei di scienza e tecnica
Fonte/i: Istat / Guida Regioni d'Italia / Assess. Cultura Bologna
Proprietà: Comune
Condizione attuale: in restauro

Provincia di Grosseto
Comune di Grosseto
MUSEO ARCHEOLOGICO E D'ARTE DELLA MAREMMA
Indirizzo: piazza Baccarini 3, tel. 0564/27290
Categoria: musei d'arte e archeologia
Fonte/i: Istat / Enit / Regione / Guida Monaci / Touring Club / Assess. Cultura Bologna / Guida Regioni d'Italia
Proprietà: Comune
Condizione attuale: aperto

Provincia di Grosseto
Comune di Grosseto
MUSEO DELLE TRADIZIONI POPOLARI DELLA MAREMMA
Indirizzo: località Alberese, tel. 0564/40711
Categoria: musei territoriali
Fonte/i: Regione
Proprietà: Comune
Condizione attuale: aperto

Provincia di Grosseto

Comune di Grosseto
MUSEO DI STORIA NATURALE
Indirizzo: via Mazzini 61, tel. 0564/414701
Categoria: musei di scienza e tecnica
Fonte/i: Istat / Regione / Guida Monaci / Touring Club / Assess. Cultura Bologna / Guida Regioni d'Italia
Proprietà: Comune
Condizione attuale: aperto

Provincia di Grosseto
Comune di Grosseto
PARCO DELL'UCCELLINA
Indirizzo: località S. Rabano
Categoria: giardini zoolog. botan. naturali
Fonte/i: Dir. gen. Min. Beni culturali
Proprietà: Regione
Condizione attuale: in restauro

Provincia di Grosseto
Comune di Grosseto
RACCOLTE NATURALISTICHE DELLE SCUOLE MAGISTRALI
Categoria: musei di scienza e tecnica
Fonte/i: Com. it. Icom.
Proprietà: Stato
Condizione attuale: aperte a richiesta

Provincia di Grosseto
Comune di Isola del Giglio
ROCCA PISANA: MUSEO ARCHEOLOGICO IN ALLESTIMENTO
Categoria: musei d'archeologia
Fonte/i: Min. Beni culturali / Dir. gen. Min. Beni culturali
Proprietà: Stato
Condizione attuale: in restauro

Provincia di Grosseto
Comune di Manciano
ANTIQUARIUM DI SATURNIA
Indirizzo: castello di Saturnia
Categoria: musei d'archeologia
Fonte/i: Guide arch. Laterza

Provincia di Grosseto
Comune di Manciano
MUSEO DI PREISTORIA DELLA VALLE DEL FIORA
Indirizzo: via Corsini 5, tel. 0564/629222
Categoria: musei d'archeologia
Fonte/i: Istat / Enit / Regione / Touring Club / Min. Interni / Assess. Cultura Bologna
Proprietà: Comune
Condizione attuale: aperto

Provincia di Grosseto
Comune di Massa Marittima
MOSTRA CIVILTÀ CONTADINA
Indirizzo: castello di Monteregio,
piazza Beccucci, tel. 0566/902289
Categoria: musei territoriali
Fonte/i: Enit / Regione
Proprietà: Comune
Condizione attuale: aperta

Provincia di Grosseto
Comune di Massa Marittima
**MUSEO ARCHEOLOGICO,
RISORGIMENTALE E PINACOTECA**
Indirizzo: piazza Garibaldi, tel. 0566/902289
Categoria: musei d'arte e archeologia
Fonte/i: Istat / Enit / Regione / Touring Club / Assess. Cultura Bologna / Guida Regioni d'Italia
Proprietà: Comune
Condizione attuale: aperti

Provincia di Grosseto
Comune di Massa Marittima
MUSEO DELLA MINIERA
Indirizzo: via Corridoni, tel. 0566/902289
Categoria: musei di scienza e tecnica
Fonte/i: Enit / Regione / Touring Club / Assess. Cultura Bologna / Guida Regioni d'Italia
Proprietà: Comune
Condizione attuale: aperto

Provincia di Grosseto
Comune di Massa Marittima
**MUSEO DI STORIA E ARTE
DELLA MINIERA**
Indirizzo: palazzetto delle Armi,
tel. 0566/902289
Categoria: musei di scienza e tecnica
Fonte/i: Enit / Regione
Proprietà: privata
Condizione attuale: chiuso

Provincia di Grosseto
Comune di Massa Marittima
**MUSEO MINERALOGICO ISTITUTO
TECNICO IND. "B. LOTTI"**
Indirizzo: viale Martiri di Noccioleta,
tel. 0566/902068
Categoria: musei di scienza e tecnica
Fonte/i: Istat / Enit / Guida Regioni d'Italia
Proprietà: Comune
Condizione attuale: aperto

Provincia di Grosseto
Comune di Orbetello
ANTIQUARIUM CIVICO
Indirizzo: tel. 0564/862427
Categoria: musei d'archeologia
Fonte/i: Istat / Enit / Regione / Min. Interni / Guida Regioni d'Italia
Proprietà: Comune
Condizione attuale: aperto

Provincia di Grosseto
Comune di Orbetello
ANTIQUARIUM DI COSA
Indirizzo: Ansedonia, tel. 0564/881421
Categoria: musei d'archeologia
Fonte/i: Istat / Enit / Regione / Fio / Touring Club / Assess. Cultura Bologna / Dir. gen. Min. Beni culturali / Guida Regioni d'Italia
Proprietà: Stato
Condizione attuale: chiuso

Provincia di Grosseto
Comune di Orbetello
**MUSEO STORICO NATURALISTICO
ROCCA DI TALAMONE**
Indirizzo: Talamone, tel. 0564/407111
Categoria: musei territoriali
Fonte/i: Regione / Touring Club / Min. Interni
Proprietà: Stato
Condizione attuale: chiuso

Provincia di Grosseto
Comune di Pitigliano
MUSEO VESCOVILE
Categoria: musei d'archeologia
Fonte/i: Regione
Proprietà: ecclesiastica
Condizione attuale: aperto

Provincia di Grosseto
Comune di Roccalbegna
**MUSEO ETNOGRAFICO
DI SANTA CATERINA**
Indirizzo: tel. 0564/989032
Categoria: musei territoriali
Fonte/i: Regione / Touring Club / Assess. Cultura Bologna
Proprietà: privata
Condizione attuale: aperto a richiesta

Provincia di Grosseto
Comune di Roccalbegna
**RACCOLTA D'ARTE DELL'ORATORIO
DEL SANTO CROCIFISSO**
Indirizzo: tel. 0564/4989122
Categoria: musei d'arte
Fonte/i: Istat / Enit / Regione / Assess.

Provincia di Grosseto

Cultura Bologna
Proprietà: ecclesiastica
Condizione attuale: aperta a richiesta

Provincia di Grosseto
Comune di Scansano
MOSTRA ARCHEOLOGICA MEDIA VALLE DELL'ALBEGNA
Indirizzo: via XX Settembre, tel. 0564/507122
Categoria: musei d'archeologia
Fonte/i: Regione / Min. Interni / Assess. Cultura Bologna
Proprietà: Comune
Condizione attuale: aperta a richiesta

Provincia di Grosseto
Comune di Scarlino
CENTRO DOCUMENTAZIONE SCAVI DEL TERRITORIO
Categoria: musei d'archeologia
Fonte/i: Regione
Proprietà: Comune
Condizione attuale: in allestimento

Provincia di Grosseto
Comune di Sorano
CENTRO DOCUMENTAZIONE AREA ARCHEOLOGICA DI SOVANA
Indirizzo: località Sovana, piazza Pretorio, tel. 0564/633023
Categoria: musei d'archeologia
Fonte/i: Regione
Proprietà: Comune
Condizione attuale: aperto

PROVINCIA DI LIVORNO

Provincia di Livorno
Comune di Castagneto Carducci
MUSEO ARCHIVIO "GIOSUÈ CARDUCCI"
Indirizzo: piazzetta dell'Arco 1, tel. 0565/636624-5
Categoria: musei specializzati
Fonte/i: Enit / Regione / Touring Club / Min. Interni / Assess. Cultura Bologna
Proprietà: Comune
Condizione attuale: aperto

Provincia di Livorno
Comune di Castagneto Carducci
MUSEO DEL MENU A BOLGHERI
Indirizzo: località Bolgheri, via dei Colli 3
Categoria: musei specializzati
Fonte/i: Enit / Regione / Guida Regioni d'Italia
Proprietà: privata
Condizione attuale: aperto a richiesta

Provincia di Livorno
Comune di Cecina
FATTORIA "LA CINQUANTINA": MUSEO DELL'AGRICOLTURA
Indirizzo: località San Pietro in Palazzi, tel. 0586/660411-680145
Categoria: musei territoriali
Fonte/i: Enit / Guida Regioni d'Italia
Proprietà: Comune
Condizione attuale: aperto

Provincia di Livorno
Comune di Cecina
FATTORIA "LA CINQUANTINA": MUSEO ETRUSCO ROMANO
Indirizzo: località San Pietro in Palazzi, tel. 0586/660411-680145
Categoria: musei d'archeologia
Fonte/i: Istat / Enit / Regione / Touring Club / Assess. Cultura Bologna / Guida Regioni d'Italia
Proprietà: Comune
Condizione attuale: aperto

Provincia di Livorno
Comune di Collesalvetti
PINACOTECA "C. SERVOLINI"
Categoria: musei d'arte
Fonte/i: Istat
Proprietà: Comune
Condizione attuale: aperta

Provincia di Livorno
Comune di Livorno
ACQUARIO "D. CESTONI"
Indirizzo: piazzale Mascagni, tel. 0586/805504
Categoria: acquari
Fonte/i: Istat / Enit / Regione / Guida Monaci / Touring Club / Assess. Cultura Bologna / Guida Regioni d'Italia
Proprietà: Comune
Condizione attuale: aperto

Provincia di Livorno
Comune di Livorno
CENTRO DOCUMENTAZIONE CULTURA EBRAICA
Categoria: musei specializzati
Fonte/i: Regione
Proprietà: privata
Condizione attuale: in allestimento

Provincia di Livorno
Comune di Livorno
GALLERIA DI EX VOTO DEL SANTUARIO DI MONTENERO
Indirizzo: tel. 0586/579033
Categoria: musei specializzati
Fonte/i: Istat / Enit / Regione / Touring Club / Assess. Cultura Bologna / Piccoli
Proprietà: ecclesiastica
Condizione attuale: aperta

Provincia di Livorno
Comune di Livorno
MUSEO "MASCAGNI"
Indirizzo: via Calzabigi 54, tel. 0586/852695
Categoria: musei specializzati
Fonte/i: Regione / Touring Club / Assess. Cultura Bologna
Proprietà: Comune
Condizione attuale: aperto

Provincia di Livorno
Comune di Livorno
MUSEO CIVICO "G. FATTORI"
Indirizzo: piazza Matteotti 19, tel. 0586/808001
Categoria: musei d'arte e archeologia
Fonte/i: Istat / Enit / Regione / Guida Monaci / Touring Club / Guida Regioni d'Italia / Assess. Cultura Bologna
Proprietà: Comune
Condizione attuale: aperto

Provincia di Livorno
Comune di Livorno
MUSEO DELLA CITTÀ (BOTTINI DELL'OLIO)
Categoria: musei d'arte e archeologia
Fonte/i: Regione
Proprietà: Comune
Condizione attuale: in allestimento

Provincia di Livorno
Comune di Livorno
MUSEO DELLE ARMI RISORGIMENTALI
Indirizzo: Porta San Marco, piazza XI Maggio, tel. 0586/28085-880565
Categoria: musei specializzati
Fonte/i: Enit / Guida Regioni d'Italia / Assess. Cultura Bologna
Proprietà: Comune
Condizione attuale: aperto

Provincia di Livorno
Comune di Livorno
MUSEO PROGRESSIVO D'ARTE CONTEMPORANEA
Indirizzo: via Redi 22, tel. 0586/39463-862063
Categoria: musei d'arte
Fonte/i: Istat / Enit / Regione / Guida Monaci / Touring Club / Assess. Cultura Bologna / Guida Regioni d'Italia
Proprietà: Comune
Condizione attuale: aperto

Provincia di Livorno
Comune di Livorno
MUSEO PROVINCIALE DI STORIA NATURALE
Indirizzo: via Roma 234, tel. 0586/802294
Categoria: musei di scienza e tecnica
Fonte/i: Istat / Enit / Regione / Guida Monaci / Touring Club / Assess. Cultura Bologna / Guida Regioni d'Italia
Proprietà: Provincia
Condizione attuale: aperto

Provincia di Livorno
Comune di Marciana
MUSEO ARCHEOLOGICO
Indirizzo: via del Pretorio, tel. 0565/901076
Categoria: musei d'archeologia
Fonte/i: Istat / Enit / Regione / Touring Club / Min. Interni / Assess. Cultura Bologna / Guida Regioni d'Italia
Proprietà: Comune
Condizione attuale: aperto

Provincia di Livorno
Comune di Piombino
MUSEO ARCHEOLOGICO
Categoria: musei d'archeologia
Fonte/i: Dir. gen. Min. Beni culturali
Proprietà: Stato
Condizione attuale: in allestimento

Provincia di Livorno
Comune di Piombino
MUSEO ETRUSCO "GASPARRI"
Indirizzo: località Populonia, via di Sotto, tel. 0565/29436-29338
Categoria: musei d'archeologia
Fonte/i: Istat / Enit / Regione / Touring Club / Assess. Cultura Bologna / Guida Regioni d'Italia
Proprietà: privata
Condizione attuale: aperto a richiesta

Provincia di Livorno
Comune di Portoferraio
MUSEO CIVICO ARCHEOLOGICO

DELLA LINGUELLA
Indirizzo: località Linguella
Categoria: musei d'archeologia
Fonte/i: Regione / Min. Interni
Proprietà: Comune
Condizione attuale: aperto

Provincia di Livorno
Comune di Portoferraio
MUSEO NAPOLEONICO
VILLA SAN MARTINO
Indirizzo: tel. 0565/92688
Categoria: musei d'arte
Fonte/i: Istat / Enit / Regione / Fio / Touring Club / Min. Beni culturali / Min. Interni / Dir. gen. Min. Beni culturali / Assess. Cultura Bologna / Guida Regioni d'Italia
Proprietà: Stato
Condizione attuale: aperto

Provincia di Livorno
Comune di Portoferraio
MUSEO NATURALISTICO
ISOLA DI MONTECRISTO
Indirizzo: tel. 0565/40019
Categoria: musei di scienza e tecnica
Fonte/i: Regione
Proprietà: Stato
Condizione attuale: aperto a richiesta

Provincia di Livorno
Comune di Portoferraio
PALAZZINA NAPOLEONICA
DEI MULINI
Indirizzo: tel. 0565/915846
Categoria: musei d'arte
Fonte/i: Istat / Enit / Regione / Touring Club / Min. Beni culturali / Min. Interni / Dir. gen. Min. Beni culturali / Assess. Cultura Bologna
Proprietà: Stato
Condizione attuale: aperta

Provincia di Livorno
Comune di Portoferraio
PINACOTECA FORESIANA
Indirizzo: salita Napoleone, tel. 0565/92018
Categoria: musei d'arte
Fonte/i: Istat / Enit / Regione / Min. Beni culturali / Min. Interni / Guida Regioni d'Italia
Proprietà: Comune
Condizione attuale: chiusa

Provincia di Livorno
Comune di Rio Marina
MUSEO DEI MINERALI ELBANI
Indirizzo: Palazzo comunale
Categoria: musei di scienza e tecnica
Fonte/i: Istat / Enit / Regione / Touring Club / Min. Interni / Assess. Cultura Bologna / Guida Regioni d'Italia
Proprietà: Comune
Condizione attuale: aperto

Provincia di Livorno
Comune di Rosignano Marittimo
MUSEO CIVICO ARCHEOLOGICO
Indirizzo: via del Castello, tel. 0586/799232
Categoria: musei d'archeologia
Fonte/i: Istat / Enit / Regione / Touring Club / Assess. Cultura Bologna / Guida Regioni d'Italia
Proprietà: Comune
Condizione attuale: aperto

PROVINCIA DI LUCCA

Provincia di Lucca
Comune di Bagni di Lucca
MUSEO STORICO ARCHEOLOGICO
DEL TERRITORIO
Indirizzo: villa "Webb", tel. 0583/86200
Categoria: musei d'archeologia
Fonte/i: Regione / Min. Interni
Proprietà: Comune
Condizione attuale: in allestimento

Provincia di Lucca
Comune di Barga
MUSEO ARCHEOLOGICO
Indirizzo: via di Borgo 17
Categoria: musei d'archeologia
Fonte/i: Istat / Min. Interni
Proprietà: Comune
Condizione attuale: aperto

Provincia di Lucca
Comune di Barga
MUSEO CASA DI G. PASCOLI A
CASTELVECCHIO PASCOLI
Indirizzo: via Caprone 4, tel. 0583/766147
Categoria: musei specializzati
Fonte/i: Istat / Enit / Regione / Assess. Cultura Bologna / Guida Regioni d'Italia
Proprietà: Comune
Condizione attuale: aperto

Provincia di Lucca
Comune di Camaiore
MUSEO D'ARTE SACRA
Indirizzo: via IV Novembre 73, tel. 0584/980268

Categoria: musei specializzati
Fonte/i: Istat / Enit / Regione / Assess.
Cultura Bologna / Guida Regioni d'Italia
Proprietà: ecclesiastica
Condizione attuale: aperto

Provincia di Lucca
Comune di Camporgiano
RACCOLTA REPERTI ARCHEOLOGICI E CERAMICHE RINASCIMENTALI
Indirizzo: piazza San Giacomo, tel. 0583/618888
Categoria: musei d'arte e archeologia
Fonte/i: Istat / Enit / Regione / Min. Interni / Assess. Cultura Bologna / Guida Regioni d'Italia
Proprietà: Comune
Condizione attuale: aperta a richiesta

Provincia di Lucca
Comune di Castelnuovo di Garfagnana
MOSTRA ARCHEOLOGICA IL MESOLITICO DELLA GARFAGNANA
Indirizzo: via Vallisneri 5, tel. 0583/65010
Categoria: musei d'archeologia
Fonte/i: Regione / Min. Interni
Proprietà: Comune
Condizione attuale: aperta

Provincia di Lucca
Comune di Castelnuovo di Garfagnana
MUSEO DELLA CAMPAGNA E DELLA VITA DI IERI
Indirizzo: località San Pellegrino in Alpe, via del Voltone 14, tel. 0583/665033
Categoria: musei territoriali
Fonte/i: Istat / Enit / Regione / Min. Interni / Assess. Cultura Bologna / Guida Regioni d'Italia
Proprietà: ecclesiastica
Condizione attuale: aperto

Provincia di Lucca
Comune di Coreglia Antelminelli
MUSEO DELLA FIGURINA DI GESSO E DELL'EMIGRAZIONE
Indirizzo: via del Mangano 17, tel. 0583/78082
Categoria: musei specializzati
Fonte/i: Istat / Enit / Regione / Min. Interni / Guida Regioni d'Italia / Assess. Cultura Bologna / Piccoli
Proprietà: Comune
Condizione attuale: aperto

Provincia di Lucca
Comune di Lucca
COLLEZIONE "MAZZAROSA"
Categoria: musei d'arte
Fonte/i: Istat / Touring Club
Proprietà: privata
Condizione attuale: aperta a richiesta

Provincia di Lucca
Comune di Lucca
ESPOSIZIONE PERMANENTE COSTUMI XVIII-XIX-XX SEC.
Indirizzo: palazzo Controni Pfanner, via degli Asili, tel. 0583/44136
Categoria: musei specializzati
Fonte/i: Enit / Regione / Touring Club / Assess. Cultura Bologna
Proprietà: Comune
Condizione attuale: aperta

Provincia di Lucca
Comune di Lucca
GIARDINI DI VILLA REALE
Categoria: giardini zoolog. botan. naturali
Fonte/i: Enit
Proprietà: Comune
Condizione attuale: aperti

Provincia di Lucca
Comune di Lucca
GIPSOTECA DELL'ISTITUTO D'ARTE "A. PASSAGLIA"
Categoria: musei specializzati
Fonte/i: Istat / Touring Club
Proprietà: Stato
Condizione attuale: aperta

Provincia di Lucca
Comune di Lucca
MUSEO BOTANICO "C. BICCHI"
Indirizzo: via S. Michelotto 5, tel. 0583/41311-46665
Categoria: musei di scienza e tecnica
Fonte/i: Enit / Regione
Proprietà: Comune
Condizione attuale: aperto

Provincia di Lucca
Comune di Lucca
MUSEO CASA NATALE DI GIACOMO PUCCINI
Indirizzo: corte San Lorenzo 9, tel. 0583/584028
Categoria: musei specializzati
Fonte/i: Istat / Enit / Regione / Touring Club / Assess. Cultura Bologna
Proprietà: privata

Condizione attuale: aperto
Provincia di Lucca
Comune di Lucca
MUSEO DELL'OPERA DEL DUOMO
Indirizzo: via dell'Arcivescovado,
tel. 0583/43096
Categoria: musei d'arte
Fonte/i: Istat / Regione / Touring Club /
Assess. Cultura Bologna
Proprietà: ecclesiastica
Condizione attuale: in progettazione

Provincia di Lucca
Comune di Lucca
**MUSEO DI STORIA NATURALE DEL
LICEO "MACHIAVELLI"**
Indirizzo: palazzo Lucchesini,
via degli Asili 35, tel. 0583/42761
Categoria: musei di scienza e tecnica
Fonte/i: Istat / Enit / Regione / Touring Club /
Assess. Cultura Bologna / Guida Regioni
d'Italia
Proprietà: Stato
Condizione attuale: in restauro

Provincia di Lucca
Comune di Lucca
MUSEO DI VILLA "GUINIGI"
Indirizzo: via della Quarquonia,
tel. 0583/46033
Categoria: musei d'arte e archeologia
Fonte/i: Istat / Enit / Regione / Guida Monaci /
Fio / Touring Club / Assess. Cultura Bologna /
Dir. gen. Min. Beni culturali / Guida Regioni
d'Italia
Proprietà: Stato
Condizione attuale: aperto

Provincia di Lucca
Comune di Lucca
**MUSEO E PINACOTECA
DI PALAZZO "MANSI"**
Indirizzo: via Galli Tassi 43, tel. 0583/55570
Categoria: musei d'arte
Fonte/i: Istat / Enit / Regione / Guida Monaci /
Fio / Touring Club / Assess. Cultura Bologna /
Dir. gen. Min. Beni culturali / Guida Regioni
d'Italia
Proprietà: Stato
Condizione attuale: aperti

Provincia di Lucca
Comune di Lucca
MUSEO STORICO DELLA RESISTENZA
Categoria: musei di storia
Fonte/i: Regione

Proprietà: privata
Condizione attuale: in allestimento

Provincia di Lucca
Comune di Lucca
ORTO BOTANICO
Indirizzo: via S. Michelotto 5,
tel. 0583/41311-46665
Categoria: giardini zoolog. botan. naturali
Fonte/i: Istat / Regione / Touring Club /
Assess. Cultura Bologna
Proprietà: Comune
Condizione attuale: aperto

Provincia di Lucca
Comune di Massarosa
ANTIQUARIUM DI MASSACIUCCOLI
Indirizzo: via San Pietro a Padule,
tel. 0584/93291
Categoria: musei d'archeologia
Fonte/i: Istat / Regione / Touring Club /
Assess. Cultura Bologna
Proprietà: Comune
Condizione attuale: aperto a richiesta

Provincia di Lucca
Comune di Pescaglia
MUSEO DEI PUCCINI A CELLE
Indirizzo: via Meletori 27, tel. 0583/359154
Categoria: musei specializzati
Fonte/i: Istat / Regione
Proprietà: privata
Condizione attuale: aperto a richiesta

Provincia di Lucca
Comune di Pietrasanta
CASA NATALE DI G. CARDUCCI
Indirizzo: località Valdicastello,
via Comunale, tel. 0584/70541
Categoria: musei specializzati
Fonte/i: Istat / Enit / Regione / Touring Club /
Assess. Cultura Bologna / Guida Regioni
d'Italia
Proprietà: Comune
Condizione attuale: aperta

Provincia di Lucca
Comune di Pietrasanta
**MOSTRA PERMANENTE
DELL'ARTIGIANATO TIPICO**
Indirizzo: viale Marconi 5, tel. 0584/733363
Categoria: musei territoriali
Fonte/i: Enit / Guida Regioni d'Italia
Proprietà: Comune
Condizione attuale: aperta

Provincia di Lucca
Comune di Pietrasanta
**MUSEO ARCHEOLOGICO VERSILIESE
PALAZZO "MORONI"**
Indirizzo: piazza Duomo, tel. 0584/70541
Categoria: musei d'archeologia
Fonte/i: Istat / Enit / Regione / Assess.
Cultura Bologna
Proprietà: Comune
Condizione attuale: aperto

Provincia di Lucca
Comune di Pietrasanta
MUSEO DEI BOZZETTI
Indirizzo: via Sant'Agostino 1,
tel. 0584/791122
Categoria: musei specializzati
Fonte/i: Regione / Assess. Cultura Bologna
Proprietà: Comune
Condizione attuale: aperto

Provincia di Lucca
Comune di Porcari
MOSTRA DIDATTICA ARCHEOLOGICA
Indirizzo: via Roma 28, tel. 0583/298564
Categoria: musei d'archeologia
Fonte/i: Regione / Min. Interni
Proprietà: Comune
Condizione attuale: aperta a richiesta

Provincia di Lucca
Comune di San Romano in Garfagnana
**CENTRO VISITATORI PARCO
DELL'ORECCHIELLA**
Indirizzo: tel. 0583/619098
Categoria: giardini zoolog. botan. naturali
Fonte/i: Regione
Proprietà: privata
Condizione attuale: aperto

Provincia di Lucca
Comune di Seravezza
**MUSEO DEL LAVORO E DELLE
TRADIZIONI DELLA VERSILIA**
Indirizzo: Palazzo mediceo, tel. 0584/75137
Categoria: musei territoriali
Fonte/i: Istat / Enit / Touring Club / Min.
Interni / Guida Regioni d'Italia
Proprietà: Comune
Condizione attuale: aperto

Provincia di Lucca
Comune di Stazzema
MUSEO STORICO DELLA RESISTENZA
Indirizzo: località Sant'Anna
Categoria: musei di storia

Fonte/i: Min. Interni
Proprietà: Comune
Condizione attuale: aperto

Provincia di Lucca
Comune di Viareggio
**MUSEO PREISTORICO E
ARCHEOLOGICO "A. C. BLANC"**
Indirizzo: via Machiavelli 2, tel. 0584/961076
Categoria: musei d'archeologia
Fonte/i: Enit / Regione / Touring Club /
Assess. Cultura Bologna
Proprietà: Comune
Condizione attuale: aperto

Provincia di Lucca
Comune di Viareggio
**MUSEO VILLA "PUCCINI"
A TORRE DEL LAGO**
Indirizzo: viale Puccini 264, tel. 0584/341445
Categoria: musei specializzati
Fonte/i: Istat / Enit / Regione / Touring Club /
Assess. Cultura Bologna
Proprietà: privata
Condizione attuale: aperto

Provincia di Lucca
Comune di Villa Collemandina
ORTO BOTANICO PANIA DI CORFINO
Indirizzo: parco dell'Orecchiella
tel. 0583/62994
Categoria: giardini zoolog. botan. naturali
Fonte/i: Regione
Proprietà: privata
Condizione attuale: aperto

Provincia di Massa Carrara

Provincia di Massa Carrara
Comune di Aulla
MUSEO NATURALISTICO
Indirizzo: fortezza della Brunella,
tel. 0187/420374
Categoria: musei di scienza e tecnica
Fonte/i: Enit / Regione / Fio / Touring Club /
Min. Interni / Assess. Cultura Bologna /
Guida Regioni d'Italia
Proprietà: Comune
Condizione attuale: aperto a richiesta

Provincia di Massa Carrara
Comune di Carrara
COLLEZIONE DI SCULTURE ROMANE
Indirizzo: Accademia delle belle arti,
via Roma 1, tel. 0585/71658
Categoria: musei d'archeologia

Fonte/i: Istat / Enit / Regione / Fio / Touring Club / Assess. Cultura Bologna / Guida Regioni d'Italia
Proprietà: Stato
Condizione attuale: in allestimento

Provincia di Massa Carrara
Comune di Carrara
MUSEO DEL MARMO
Indirizzo: località Stadio, via XX Settembre, tel. 0585/71889-72269
Categoria: musei di scienza e tecnica
Fonte/i: Istat / Enit / Regione / Touring Club / Assess. Cultura Bologna / Guida Regioni d'Italia
Proprietà: Comune
Condizione attuale: aperto a richiesta

Provincia di Massa Carrara
Comune di Casola in Lunigiana
MUSEO DEL TERRITORIO DELL'ALTA VALLE AULELLA
Indirizzo: strada nazionale, tel. 0585/90361
Categoria: musei d'archeologia
Fonte/i: Istat / Enit / Regione / Touring Club / Min. Interni / Assess. Cultura Bologna / Guida Regioni d'Italia
Proprietà: Comune
Condizione attuale: aperto

Provincia di Massa Carrara
Comune di Fivizzano
ANTIQUARIUM DI EQUI TERME
Categoria: musei d'archeologia
Fonte/i: Istat / Enit
Proprietà: Comune
Condizione attuale: aperto a richiesta

Provincia di Massa Carrara
Comune di Licciana Nardi
CASTELLO DI TERRAROSSA
Categoria: musei d'arte
Fonte/i: Fio
Proprietà: Comune
Condizione attuale: chiuso

Provincia di Massa Carrara
Comune di Massa
MUSEO DEL CASTELLO "MALASPINA"
Indirizzo: via del Forte 15, tel. 0585/44774
Categoria: musei d'archeologia
Fonte/i: Istat / Enit / Regione / Guida Monaci / Fio / Touring Club / Min. Beni culturali / Assess. Cultura Bologna
Proprietà: Comune
Condizione attuale: in restauro

Provincia di Massa Carrara
Comune di Massa
MUSEO DEL DUOMO
Indirizzo: piazza Duomo 1, tel. 0585/42643
Categoria: musei d'arte
Fonte/i: Istat / Enit / Regione / Touring Club / Assess. Cultura Bologna / Guida Regioni d'Italia
Proprietà: ecclesiastica
Condizione attuale: aperto

Provincia di Massa Carrara
Comune di Massa
MUSEO ETNOLOGICO DELLE APUANE
Indirizzo: via Uliveti 85, tel. 0585/251330
Categoria: musei territoriali
Fonte/i: Regione / Touring Club / Assess. Cultura Bologna
Proprietà: privata
Condizione attuale: aperto

Provincia di Massa Carrara
Comune di Massa
ORTO BOTANICO DELLE APUANE "P. PELLEGRINI"
Indirizzo: Pian della Fioba, tel. 0585/47801
Categoria: giardini zoolog. botan. naturali
Fonte/i: Istat / Enit / Regione / Touring Club / Assess. Cultura Bologna / Guida Regioni d'Italia
Proprietà: Comune
Condizione attuale: aperto

Provincia di Massa Carrara
Comune di Mulazzo
CASTELLO DI MALGRATE
Categoria: musei d'arte
Fonte/i: Fio
Proprietà: Comune
Condizione attuale: chiuso

Provincia di Massa Carrara
Comune di Pontremoli
MUSEO ARCHEOLOGICO, DELLE STATUE-STELE
Indirizzo: castello del Piagnaro, tel. 0187/831439
Categoria: musei d'archeologia
Fonte/i: Istat / Enit / Regione / Fio / Touring Club / Min. Interni / Assess. Cultura Bologna / Guida Regioni d'Italia
Proprietà: Comune
Condizione attuale: aperto

Provincia di Massa Carrara
Comune di Villafranca in Lunigiana

CASTELLO DI LUSUOLO
Categoria: musei d'arte
Fonte/i: Fio
Proprietà: Comune
Condizione attuale: chiuso

Provincia di Massa Carrara
Comune di Villafranca in Lunigiana
**MUSEO ETNOGRAFICO
DELLA LUNIGIANA**
Indirizzo: via dei Mulini 1, tel. 0187/493417
Categoria: musei territoriali
Fonte/i: Istat / Enit / Regione / Touring Club /
Min. Interni / Assess. Cultura Bologna /
Guida Regioni d'Italia
Proprietà: Comune
Condizione attuale: aperto

Provincia di Pisa

Provincia di Pisa
Comune di Bientina
ANTIQUARIUM
Categoria: musei d'archeologia
Fonte/i: Istat
Proprietà: Comune
Condizione attuale: aperto

Provincia di Pisa
Comune di Calci
**MUSEO DI STORIA NATURALE
DELLA CERTOSA**
Indirizzo: via della Certosa, tel. 050/937092
Categoria: musei di scienza e tecnica
Fonte/i: Istat / Enit / Regione / Fio / Touring
Club / Min. Interni / Guida Regioni d'Italia /
Assess. Cultura Bologna
Proprietà: Università
Condizione attuale: aperto a richiesta

Provincia di Pisa
Comune di Calci
**MUSEO STORICO ARTISTICO
DELLA CERTOSA**
Indirizzo: tel. 050/938430
Categoria: musei d'arte
Fonte/i: Istat / Enit / Regione / Fio / Dir. gen.
Min. Beni culturali
Proprietà: Stato
Condizione attuale: aperto

Provincia di Pisa
Comune di Palaia
**MUSEO DEL LAVORO E DELLA
CIVILTÀ RURALE**
Indirizzo: località San Gervasio

Categoria: musei territoriali
Fonte/i: Min. Interni
Proprietà: privata
Condizione attuale: aperto a richiesta

Provincia di Pisa
Comune di Pisa
COLLEZIONE "ANTONIO CECI"
Indirizzo: Palazzo reale
Categoria: musei d'arte
Fonte/i: Dir. gen. Min. Beni culturali
Proprietà: Stato
Condizione attuale: aperta

Provincia di Pisa
Comune di Pisa
COLLEZIONI DI PALETNOLOGIA
Indirizzo: via Santa Maria 43,
tel. 050/41347-41483
Categoria: musei di scienza e tecnica
Fonte/i: Regione
Proprietà: Università
Condizione attuale: aperte a richiesta

Provincia di Pisa
Comune di Pisa
**COLLEZIONI EGITTOLOGICHE
DELL'UNIVERSITÀ**
Indirizzo: palazzo Ricci, via Santa Maria 8,
tel. 050/46074
Categoria: musei d'archeologia
Fonte/i: Regione
Proprietà: Università
Condizione attuale: aperte a richiesta

Provincia di Pisa
Comune di Pisa
DOMUS GALILAEANA
Indirizzo: via Santa Maria 26, tel. 050/23726
Categoria: musei specializzati
Fonte/i: Enit / Regione / Guida Monaci /
Touring Club / Assess. Cultura Bologna
Proprietà: privata
Condizione attuale: aperta a richiesta

Provincia di Pisa
Comune di Pisa
DOMUS MAZZINIANA
Indirizzo: via Mazzini 71, tel. 050/24174
Categoria: musei specializzati
Fonte/i: Istat / Enit / Regione / Touring Club /
Assess. Cultura Bologna
Proprietà: Stato
Condizione attuale: aperta

Provincia di Pisa

Comune di Pisa
**GABINETTO DEI DISEGNI E
DELLE STAMPE**
Indirizzo: via Santa Cecilia 24, tel. 050/23793
Categoria: musei specializzati
Fonte/i: Istat / Enit / Regione / Guida Monaci / Touring Club / Assess. Cultura Bologna / Guida Regioni d'Italia
Proprietà: Università
Condizione attuale: aperto a richiesta

Provincia di Pisa
Comune di Pisa
GIPSOTECA
Indirizzo: palazzo Ricci, via Santa Maria 8, tel. 050/23078
Categoria: musei d'arte
Fonte/i: Istat / Regione / Touring Club / Assess. Cultura Bologna
Proprietà: Università
Condizione attuale: aperta

Provincia di Pisa
Comune di Pisa
HERBARIUM HORTI PISANI
Indirizzo: via L. Ghini 5, tel. 050/561795-560405
Categoria: musei di scienza e tecnica
Fonte/i: Regione
Proprietà: Università
Condizione attuale: aperto

Provincia di Pisa
Comune di Pisa
**MUSEO ANATOMICO DELLA
FACOLTÀ DI VETERINARIA**
Indirizzo: viale delle Piagge 2, tel. 050/570715
Categoria: musei di scienza e tecnica
Fonte/i: Istat / Regione
Proprietà: Università
Condizione attuale: aperto a richiesta

Provincia di Pisa
Comune di Pisa
**MUSEO DEL CAMPOSANTO
MONUMENTALE**
Indirizzo: piazza Duomo, tel. 050/560547-561820
Categoria: musei d'arte e archeologia
Fonte/i: Istat / Enit / Regione / Fio / Touring Club / Assess. Cultura Bologna
Proprietà: ecclesiastica
Condizione attuale: aperto

Provincia di Pisa
Comune di Pisa
**MUSEO DELL'ISTITUTO DI ANATOMIA
UMANA NORMALE**
Indirizzo: via Roma 55, tel. 050/560071-560475
Categoria: musei di scienza e tecnica
Fonte/i: Regione
Proprietà: Università
Condizione attuale: aperto a richiesta

Provincia di Pisa
Comune di Pisa
**MUSEO DELL'OPERA
PRIMAZIALE PISANA**
Indirizzo: piazza Duomo 17, tel. 050/560547-561820
Categoria: musei d'arte
Fonte/i: Enit / Regione / Guida Monaci / Touring Club / Assess. Cultura Bologna
Proprietà: ecclesiastica
Condizione attuale: aperto

Provincia di Pisa
Comune di Pisa
MUSEO DELLE SINOPIE
Indirizzo: piazza Duomo, tel. 050/560547-561820
Categoria: musei d'arte
Fonte/i: Istat / Enit / Regione / Touring Club / Assess. Cultura Bologna / Guida Regioni d'Italia
Proprietà: ecclesiastica
Condizione attuale: aperto

Provincia di Pisa
Comune di Pisa
**MUSEO DI ANATOMIA E ISTOLOGIA
PATOLOGICA**
Indirizzo: via Roma 57, tel. 050/561840-560368
Categoria: musei di scienza e tecnica
Fonte/i: Regione
Proprietà: Università
Condizione attuale: aperto a richiesta

Provincia di Pisa
Comune di Pisa
**MUSEO DI GEOLOGIA E
PALEONTOLOGIA**
Categoria: musei di scienza e tecnica
Fonte/i: Istat
Proprietà: Università
Condizione attuale: aperto

Provincia di Pisa
Comune di Pisa
MUSEO DI MINERALOGIA E

PETROGRAFIA
Categoria: musei di scienza e tecnica
Fonte/i: Istat
Proprietà: Università
Condizione attuale: aperto a richiesta

Provincia di Pisa
Comune di Pisa
MUSEO DI SAN MATTEO
Indirizzo: piazza San Matteo in Soarta, lungarno Mediceo, tel. 050/23750
Categoria: musei d'arte
Fonte/i: Istat / Enit / Regione / Guida Monaci / Fio / Touring Club / Dir. gen. Min. Beni culturali / Assess. Cultura Bologna / Guida Regioni d'Italia
Proprietà: Stato
Condizione attuale: aperto

Provincia di Pisa
Comune di Pisa
MUSEO DIDATTICO DI ARCHEOLOGIA
Categoria: musei d'archeologia
Fonte/i: Istat
Proprietà: Università
Condizione attuale: aperto

Provincia di Pisa
Comune di Pisa
MUSEO TEATRALE
Indirizzo: Municipio
Categoria: musei specializzati
Fonte/i: Istat / Guida Monaci
Proprietà: Comune
Condizione attuale: aperto

Provincia di Pisa
Comune di Pisa
ORTO BOTANICO
Indirizzo: via L. Ghini 5, tel. 050/560045-561795-560405
Categoria: giardini zoolog. botan. naturali
Fonte/i: Istat / Enit / Regione / Guida Monaci / Touring Club / Assess. Cultura Bologna / Guida Regioni d'Italia
Proprietà: Università
Condizione attuale: aperto

Provincia di Pisa
Comune di Pomarance
MUSEO "BICOCCHI"
Indirizzo: palazzo Bicocchi
Categoria: musei di storia
Fonte/i: Min. Interni
Proprietà: Comune
Condizione attuale: chiuso

Provincia di Pisa
Comune di Pomarance
MUSEO STORICO DELL'ENEL A LARDERELLO
Indirizzo: piazza De Larderel, tel. 0588/67372
Categoria: musei di scienza e tecnica
Fonte/i: Istat / Regione / Touring Club / Min. Interni
Proprietà: Stato
Condizione attuale: aperto a richiesta

Provincia di Pisa
Comune di San Miniato
COLLEZIONE DELLA CASSA DI RISPARMIO
Indirizzo: via IV Novembre 45, tel. 0571/4101
Categoria: musei d'arte
Fonte/i: Istat / Regione / Touring Club / Assess. Cultura Bologna
Proprietà: privata
Condizione attuale: aperta a richiesta

Provincia di Pisa
Comune di San Miniato
MUSEO DIOCESANO D'ARTE SACRA
Indirizzo: piazza Duomo 1, tel. 0571/418701
Categoria: musei d'arte
Fonte/i: Istat / Enit / Regione / Touring Club / Assess. Cultura Bologna / Guida Regioni d'Italia
Proprietà: ecclesiastica
Condizione attuale: aperto

Provincia di Pisa
Comune di San Miniato
RACCOLTE NATURALISTICHE ISTITUTO MAGISTRALE "CARDUCCI"
Categoria: musei di scienza e tecnica
Fonte/i: Com. it. Icom.
Proprietà: Stato
Condizione attuale: aperte a richiesta

Provincia di Pisa
Comune di San Miniato
RACCOLTE PALEONTOLOGICHE DEL SEMINARIO VESCOVILE
Categoria: musei di scienza e tecnica
Fonte/i: Com. it. Icom.
Proprietà: ecclesiastica
Condizione attuale: aperte a richiesta

Provincia di Pisa
Comune di Santa Croce sull'Arno
MUSEO DELLA ZONA DEL CUOIO
Indirizzo: via Basili 2, tel. 0571/30853
Categoria: musei specializzati

Fonte/i: Regione / Touring Club / Assess. Cultura Bologna
Proprietà: Comune
Condizione attuale: aperto

Provincia di Pisa
Comune di Santa Luce
RACCOLTA DI REPERTI ETRUSCHI
Indirizzo: Municipio
Categoria: musei d'archeologia
Fonte/i: Min. Interni
Proprietà: Comune
Condizione attuale: aperta a richiesta

Provincia di Pisa
Comune di Volterra
MUSEO DIOCESANO D'ARTE SACRA
Indirizzo: via Roma 13, tel. 0588/87654
Categoria: musei d'arte
Fonte/i: Istat / Enit / Regione / Touring Club / Assess. Cultura Bologna / Guida Regioni d'Italia
Proprietà: ecclesiastica
Condizione attuale: chiuso

Provincia di Pisa
Comune di Volterra
MUSEO ETRUSCO "GUARNACCI"
Indirizzo: via Don Minzoni 15, tel. 0588/86347
Categoria: musei d'archeologia
Fonte/i: Istat / Enit / Regione / Touring Club / Assess. Cultura Bologna / Guida Regioni d'Italia
Proprietà: Comune
Condizione attuale: aperto

Provincia di Pisa
Comune di Volterra
PINACOTECA E MUSEO CIVICO
Indirizzo: via dei Sarti 1, tel. 0588/87580
Categoria: musei d'arte
Fonte/i: Istat / Enit / Regione / Touring Club / Assess. Cultura Bologna / Guida Regioni d'Italia
Proprietà: Comune
Condizione attuale: aperti

PROVINCIA DI PISTOIA

Provincia di Pistoia
Comune di Abetone
ORTO BOTANICO FORESTALE ABETONE
Indirizzo: Valle del Sestaione, tel. 0573/60003
Categoria: giardini zoolog. botan. naturali

Fonte/i: Regione
Proprietà: Stato
Condizione attuale: aperto

Provincia di Pistoia
Comune di Buggiano
MUSEO DELL'OPERA DI SAN NICCOLAO
Indirizzo: piazza Pretorio 3, tel. 0572/32047
Categoria: musei d'arte
Fonte/i: Istat / Enit / Regione / Touring Club / Assess. Cultura Bologna
Proprietà: ecclesiastica
Condizione attuale: aperto a richiesta

Provincia di Pistoia
Comune di Buggiano
MUSEO PARROCCHIALE DEL SANTUARIO DEL SANTO CROCIFISSO
Indirizzo: Borgo a Buggiano, corso Indipendenza, tel. 0572/32047
Categoria: musei d'arte
Fonte/i: Enit / Regione / Touring Club / Assess. Cultura Bologna / Guida Regioni d'Italia
Proprietà: ecclesiastica
Condizione attuale: aperto a richiesta

Provincia di Pistoia
Comune di Cutigliano
MUSEO ETNOLOGICO DELLA MONTAGNA PISTOIESE
Indirizzo: Rivoreta, via degli Scoiattoli, tel. 0573/683383
Categoria: musei territoriali
Fonte/i: Istat / Enit / Regione / Touring Club / Min. Interni / Assess. Cultura Bologna / Guida Regioni d'Italia
Proprietà: Comune
Condizione attuale: aperto

Provincia di Pistoia
Comune di Larciano
MUSEO COMUNALE AL CASTELLO
Indirizzo: piazza Castello, tel. 0573/83002
Categoria: musei d'arte e archeologia
Fonte/i: Istat / Enit / Regione / Touring Club / Min. Interni / Assess. Cultura Bologna
Proprietà: Comune
Condizione attuale: aperto

Provincia di Pistoia
Comune di Monsummano Terme
MUSEO DEL SANTUARIO DI FONTENUOVA
Indirizzo: piazza G. Giusti 38, tel. 0572/51102

Categoria: musei d'arte
Fonte/i: Istat / Enit / Regione / Touring Club / Assess. Cultura Bologna
Proprietà: ecclesiastica
Condizione attuale: aperto a richiesta

Provincia di Pistoia
Comune di Monsummano Terme
MUSEO DI CASA "GIUSTI"
Indirizzo: viale Martini
Categoria: musei specializzati
Fonte/i: Istat / Regione / Dir. gen. Min. Beni culturali
Proprietà: Stato
Condizione attuale: in allestimento

Provincia di Pistoia
Comune di Montecatini-Terme
MUSEO DELL'ACCADEMIA D'ARTE "D. SCALABRINO"
Indirizzo: viale Diaz 6, tel. 0572/78211
Categoria: musei d'arte
Fonte/i: Istat / Enit / Regione / Touring Club / Assess. Cultura Bologna
Proprietà: privata
Condizione attuale: aperto a richiesta

Provincia di Pistoia
Comune di Montecatini-Terme
MUSEO DELLA PROPOSITURA DI SAN PIETRO
Indirizzo: via Prataccio 7, tel. 0572/73727
Categoria: musei d'arte
Fonte/i: Istat / Enit / Regione / Touring Club / Assess. Cultura Bologna / Guida Regioni d'Italia
Proprietà: ecclesiastica
Condizione attuale: aperto a richiesta

Provincia di Pistoia
Comune di Pescia
GIPSOTECA "LIBERO ANDREOTTI"
Indirizzo: via Sant'Apollonio 2, tel. 0572/478913
Categoria: musei specializzati
Fonte/i: Istat / Enit / Regione / Touring Club / Assess. Cultura Bologna / Guida Regioni d'Italia
Proprietà: Comune
Condizione attuale: chiusa

Provincia di Pistoia
Comune di Pescia
MUSEO CIVICO "C. MAGNANI"
Indirizzo: piazza Santo Stefano 1, tel. 0572/478913
Categoria: musei d'arte e archeologia
Fonte/i: Istat / Enit / Regione / Touring Club / Assess. Cultura Bologna / Guida Regioni d'Italia
Proprietà: Comune
Condizione attuale: aperto

Provincia di Pistoia
Comune di Pescia
MUSEO DEL PARCO DI PINOCCHIO A COLLODI
Indirizzo: tel. 0572/429342-476024
Categoria: musei specializzati
Fonte/i: Enit / Regione / Assess. Cultura Bologna / Guida Regioni d'Italia
Proprietà: privata
Condizione attuale: aperto

Provincia di Pistoia
Comune di Pescia
MUSEO DI SCIENZE NAT. E ARCHEOL. DELLA VALDINIEVOLE
Indirizzo: piazza Obizzi 9, tel. 0572/478913
Categoria: musei di scienza e tecnica
Fonte/i: Istat / Enit / Regione / Touring Club / Assess. Cultura Bologna / Guida Regioni d'Italia
Proprietà: Comune
Condizione attuale: aperto

Provincia di Pistoia
Comune di Pescia
RACCOLTE DELL'ISTITUTO TECNICO AGRARIO STATALE
Categoria: musei di scienza e tecnica
Fonte/i: Com. it. Icom.
Proprietà: Stato
Condizione attuale: aperte a richiesta

Provincia di Pistoia
Comune di Pescia
SALA "SCOTI"
Indirizzo: chiesa di Santo Stefano
Categoria: musei d'arte
Fonte/i: Istat
Proprietà: ecclesiastica
Condizione attuale: aperta

Provincia di Pistoia
Comune di Pistoia
CENTRO DI DOCUMENTAZIONE "M. MARINI"
Indirizzo: piazza Duomo 5, tel. 0573/30285
Categoria: musei d'arte
Fonte/i: Enit / Assess. Cultura Bologna

Proprietà: Comune
Condizione attuale: aperto

Provincia di Pistoia
Comune di Pistoia
CONVENTO DI SAN DOMENICO
Indirizzo: piazza San Domenico
Categoria: musei d'arte
Fonte/i: Istat
Proprietà: ecclesiastica
Condizione attuale: aperto

Provincia di Pistoia
Comune di Pistoia
GIARDINO ZOOLOGICO
Indirizzo: via di Pieve a Celle 146
Categoria: giardini zoolog. botan. naturali
Fonte/i: Istat
Proprietà: privata
Condizione attuale: aperto

Provincia di Pistoia
Comune di Pistoia
MUSEO CASA "MELANI"
Categoria: musei d'arte
Fonte/i: Regione
Proprietà: Comune
Condizione attuale: aperto a richiesta

Provincia di Pistoia
Comune di Pistoia
MUSEO CIVICO
Indirizzo: Palazzo comunale, piazza Duomo, tel. 0573/3711
Categoria: musei d'arte
Fonte/i: Istat / Enit / Regione / Guida Monaci / Touring Club / Min. Beni culturali / Assess. Cultura Bologna / Guida Regioni d'Italia
Proprietà: Comune
Condizione attuale: aperto

Provincia di Pistoia
Comune di Pistoia
MUSEO DEI FERRI CHIRURGICI
Indirizzo: ospedale del Ceppo, piazza Giovanni XXIII
Categoria: musei d'arte
Fonte/i: Istat / Enit / Touring Club / Piccoli
Proprietà: Provincia
Condizione attuale: aperto

Provincia di Pistoia
Comune di Pistoia
MUSEO DELLA CATTEDRALE DI SAN ZENO
Indirizzo: palazzo dei Vescovi, piazza Duomo, tel. 0573/3691
Categoria: musei d'arte
Fonte/i: Istat / Enit / Regione / Guida Monaci / Touring Club / Assess. Cultura Bologna
Proprietà: ecclesiastica
Condizione attuale: aperto

Provincia di Pistoia
Comune di Pistoia
MUSEO DIOCESANO
Categoria: musei d'arte
Fonte/i: Istat / Enit / Touring Club
Proprietà: ecclesiastica
Condizione attuale: aperto

Provincia di Pistoia
Comune di Pistoia
PERCORSO ARCHEOLOGICO ATTREZZATO
Indirizzo: palazzo dei Vescovi, piazza Duomo, tel. 0573/3691
Categoria: musei d'archeologia
Fonte/i: Enit / Regione / Guida Monaci
Proprietà: Comune
Condizione attuale: aperto

Provincia di Pistoia
Comune di Piteglio
MUSEO D'ARTE SACRA
Indirizzo: località Popiglio, chiesa parrocchiale
Categoria: musei specializzati
Fonte/i: Enit / Min. Interni
Proprietà: ecclesiastica
Condizione attuale: aperto a richiesta

Provincia di Pistoia
Comune di Sambuca Pistoiese
RACCOLTE CENTRO CULTURA MONTANA
Categoria: musei territoriali
Fonte/i: Istat
Proprietà: Comune
Condizione attuale: aperte

Provincia di Pistoia
Comune di San Marcello Pistoiese
MUSEO FERRUCCIANO A GAVINANA
Indirizzo: tel. 0573/630439
Categoria: musei specializzati
Fonte/i: Istat / Enit / Regione / Touring Club / Min. Interni / Assess. Cultura Bologna / Guida Regioni d'Italia
Proprietà: Comune
Condizione attuale: aperto

PROVINCIA DI SIENA

Provincia di Siena
Comune di Asciano
MUSEO "AMOS CASSIOLI"
Indirizzo: via Mameli, tel. 0577/718745
Categoria: musei d'arte
Fonte/i: Regione
Proprietà: Comune
Condizione attuale: aperto

Provincia di Siena
Comune di Asciano
MUSEO D'ARTE SACRA
Indirizzo: piazza Collegiata, tel. 0577/718207
Categoria: musei d'arte
Fonte/i: Istat / Enit / Regione / Touring Club / Assess. Cultura Bologna / Guida Regioni d'Italia
Proprietà: ecclesiastica
Condizione attuale: in restauro

Provincia di Siena
Comune di Asciano
MUSEO DELL'ABBAZIA DI MONTE OLIVETO
Indirizzo: monte Oliveto Maggiore
Categoria: musei specializzati
Fonte/i: Enit / Min. Beni culturali / Min. Interni / Dir. gen. Min. Beni culturali
Proprietà: Stato
Condizione attuale: aperto

Provincia di Siena
Comune di Asciano
MUSEO ETRUSCO
Indirizzo: corso Matteotti, tel. 0577/718745-718288
Categoria: musei d'archeologia
Fonte/i: Istat / Enit / Regione / Touring Club / Min. Interni / Assess. Cultura Bologna / Guida Regioni d'Italia
Proprietà: Comune
Condizione attuale: aperto

Provincia di Siena
Comune di Buonconvento
MOSTRA PERMANENTE DELLA CANAPA
Indirizzo: piazzale Garibaldi 14, tel. 0577/806788
Categoria: musei territoriali
Fonte/i: Regione / Touring Club / Min. Interni / Assess. Cultura Bologna
Proprietà: Comune
Condizione attuale: in restauro

Provincia di Siena
Comune di Buonconvento
MUSEO D'ARTE SACRA DELLA VAL D'ARBIA
Indirizzo: via Soccini 17, tel. 0577/806606-806788
Categoria: musei specializzati
Fonte/i: Istat / Enit / Regione / Touring Club / Min. Beni culturali / Min. Interni / Assess. Cultura Bologna / Guida Regioni d'Italia
Proprietà: Comune
Condizione attuale: aperto

Provincia di Siena
Comune di Casole d'Elsa
ANTIQUARIUM ETRUSCO
Indirizzo: via Casolani 32
Categoria: musei d'archeologia
Fonte/i: Min. Interni
Proprietà: Comune

Provincia di Siena
Comune di Casole d'Elsa
MUSEO DELLA COLLEGIATA
Indirizzo: collegiata di Santa Maria Assunta, tel. 0577/948738
Categoria: musei d'arte
Fonte/i: Istat / Enit / Touring Club / Guida Regioni d'Italia / Assess. Cultura Bologna
Proprietà: ecclesiastica
Condizione attuale: aperto

Provincia di Siena
Comune di Cetona
MUSEO PER LA PREISTORIA DEL MONTE CETONA
Indirizzo: via Roma
Categoria: musei d'archeologia
Fonte/i: Regione / Min. Beni culturali / Min. Interni
Proprietà: Comune
Condizione attuale: aperto

Provincia di Siena
Comune di Chianciano Terme
SALA D'ARTE ANTICA CHIESA DI SAN GIOVANNI BATTISTA
Indirizzo: via Solferino 38, tel. 0578/30378
Categoria: musei d'arte
Fonte/i: Istat / Enit / Regione / Touring Club / Min. Beni culturali / Assess. Cultura Bologna / Guida Regioni d'Italia
Proprietà: ecclesiastica
Condizione attuale: aperta

Provincia di Siena

Comune di Chiusi
MUSEO ARCHEOLOGICO
Indirizzo: via Porsenna, tel. 0578/20177
Categoria: musei d'archeologia
Fonte/i: Istat / Enit / Regione / Fio / Touring Club / Min. Interni / Dir. gen. Min. Beni culturali / Assess. Cultura Bologna / Guida Regioni d'Italia
Proprietà: Stato
Condizione attuale: aperto

Provincia di Siena
Comune di Chiusi
MUSEO DELLA CATTEDRALE
Indirizzo: piazza Duomo, tel. 0578/226490
Categoria: musei d'arte
Fonte/i: Istat / Enit / Regione / Touring Club / Min. Beni culturali / Assess. Cultura Bologna / Guida Regioni d'Italia
Proprietà: ecclesiastica
Condizione attuale: aperto

Provincia di Siena
Comune di Colle di Val d'Elsa
ANTIQUARIUM ETRUSCO "R. BIANCHI BANDINELLI"
Indirizzo: piazza Duomo, tel. 0577/920015
Categoria: musei d'archeologia
Fonte/i: Istat / Enit / Regione / Touring Club / Assess. Cultura Bologna / Guida Regioni d'Italia
Proprietà: Comune
Condizione attuale: aperto

Provincia di Siena
Comune di Colle di Val d'Elsa
MUSEO CIVICO
Indirizzo: via del Castello, tel. 0577/920015
Categoria: musei d'arte
Fonte/i: Istat / Enit / Regione / Touring Club / Assess. Cultura Bologna / Guida Regioni d'Italia
Proprietà: Comune
Condizione attuale: in restauro

Provincia di Siena
Comune di Colle di Val d'Elsa
MUSEO D'ARTE SACRA
Indirizzo: via del Castello, tel. 0577/920180
Categoria: musei d'arte
Fonte/i: Istat / Enit / Regione / Touring Club / Assess. Cultura Bologna / Guida Regioni d'Italia
Proprietà: ecclesiastica
Condizione attuale: in restauro

Provincia di Siena
Comune di Gaiole in Chianti
RACCOLTA MALACOLOGICA DI VILLA "SPALTENNA"
Categoria: musei di scienza e tecnica
Fonte/i: Com. it. Icom.

Provincia di Siena
Comune di Montalcino
MUSEI RIUNITI CIVICO E DIOCESANO
Indirizzo: via Ricasoli 29, tel. 0577/848135-849321
Categoria: musei d'arte e archeologia
Fonte/i: Istat / Enit / Regione / Fio / Touring Club / Min. Interni / Assess. Cultura Bologna / Guida Regioni d'Italia
Proprietà: Comune
Condizione attuale: in restauro

Provincia di Siena
Comune di Montepulciano
MUSEO CIVICO E PINACOTECA "CROCIANI"
Indirizzo: via Ricci 15, tel. 0578/716935
Categoria: musei d'arte e archeologia
Fonte/i: Istat / Enit / Regione / Touring Club / Assess. Cultura Bologna / Guida Regioni d'Italia
Proprietà: Comune
Condizione attuale: aperti

Provincia di Siena
Comune di Montepulciano
MUSEO NATURALISTICO DEL LAGO DI MONTEPULCIANO
Indirizzo: località Tre Berte, tel. 0578/716139
Categoria: musei di scienza e tecnica
Fonte/i: Regione
Proprietà: Comune
Condizione attuale: aperto a richiesta

Provincia di Siena
Comune di Monteriggioni
MUSEO D'ARTE SACRA A MONTEARIOSO
Indirizzo: Montearioso, Seminario regionale Pio XII, tel. 0577/50009
Categoria: musei specializzati
Fonte/i: Regione
Proprietà: ecclesiastica
Condizione attuale: aperto a richiesta

Provincia di Siena
Comune di Murlo
MUSEO CIVICO ARCHEOLOGICO
Indirizzo: piazza della Cattedrale,

tel. 0577/814099-814213
Categoria: musei d'archeologia
Fonte/i: Regione / Touring Club / Assess. Cultura Bologna
Proprietà: Comune
Condizione attuale: aperto

Provincia di Siena
Comune di Pienza
**MUSEO D'ARTE SACRA
DELLA CATTEDRALE**
Indirizzo: via del Castello 1, tel. 0578/748549
Categoria: musei d'arte
Fonte/i: Istat / Enit / Regione / Fio / Touring Club / Min. Beni culturali / Min. Interni / Assess. Cultura Bologna / Guida Regioni d'Italia
Proprietà: ecclesiastica
Condizione attuale: aperto

Provincia di Siena
Comune di Pienza
MUSEO DI PALAZZO "PICCOLOMINI"
Indirizzo: piazza Pio II 2, tel. 0578/748503
Categoria: musei d'arte
Fonte/i: Istat / Enit / Regione / Min. Interni
Proprietà: Stato
Condizione attuale: aperto

Provincia di Siena
Comune di Poggibonsi
RACCOLTA DI ARTE SACRA DELLA COLLEGIATA DI STAGGIA
Indirizzo: Staggia, piazza Grazzini 4, tel. 0577/930901
Categoria: musei d'arte
Fonte/i: Istat / Enit / Regione / Touring Club / Assess. Cultura Bologna
Proprietà: ecclesiastica
Condizione attuale: aperta a richiesta

Provincia di Siena
Comune di Rapolano Terme
MUSEO COMUNALE
Categoria: musei d'arte
Fonte/i: Istat
Proprietà: Comune
Condizione attuale: aperto

Provincia di Siena
Comune di San Gimignano
MUSEO CIVICO E PINACOTECA
Indirizzo: piazza Duomo, tel. 0577/940390
Categoria: musei d'arte
Fonte/i: Istat / Enit / Regione / Touring Club / Min. Interni / Assess. Cultura Bologna / Guida Regioni d'Italia
Proprietà: Comune
Condizione attuale: aperti

Provincia di Siena
Comune di San Gimignano
MUSEO D'ARTE SACRA
Indirizzo: piazza Pecori 1, tel. 0577/940316
Categoria: musei d'arte
Fonte/i: Istat / Enit / Regione / Touring Club / Min. Interni / Assess. Cultura Bologna / Guida Regioni d'Italia
Proprietà: ecclesiastica
Condizione attuale: aperto

Provincia di Siena
Comune di San Gimignano
MUSEO DEI MESTIERI TRADIZIONALI
Categoria: musei etnograf. e/o antropolog.
Fonte/i: Regione
Proprietà: privata
Condizione attuale: aperto

Provincia di Siena
Comune di San Gimignano
MUSEO ETRUSCO
Indirizzo: piazza Pecori, tel. 0577/940316-940340
Categoria: musei d'archeologia
Fonte/i: Istat / Enit / Regione / Touring Club / Min. Interni / Assess. Cultura Bologna / Guida Regioni d'Italia
Proprietà: ecclesiastica
Condizione attuale: aperto

Provincia di Siena
Comune di San Gimignano
SPEZIERIA DI SANTA FINA
Indirizzo: chiesa di San Lorenzo al Fonte, tel. 0577/941269
Categoria: musei d'arte
Fonte/i: Istat / Enit / Regione / Touring Club / Assess. Cultura Bologna
Proprietà: Comune
Condizione attuale: aperta

Provincia di Siena
Comune di San Giovanni d'Asso
SALA D'ARTE
Indirizzo: piazza Vittorio Emanuele II, tel. 0577/823110
Categoria: musei d'arte
Fonte/i: Regione / Min. Interni
Proprietà: Comune
Condizione attuale: aperta a richiesta

Provincia di Siena
Comune di Sarteano
ANTIQUARIUM
Indirizzo: Palazzo comunale
Categoria: musei d'archeologia
Fonte/i: Istat / Enit / Min. Interni
Proprietà: Comune
Condizione attuale: aperto

Provincia di Siena
Comune di Siena
ARCHIVIO DI STATO: MUSEO TAVOLETTE DI BICCHERNA
Indirizzo: via Banchi di Sotto 52, tel. 0577/41271
Categoria: musei specializzati
Fonte/i: Istat / Enit / Regione / Guida Monaci / Assess. Cultura Bologna / Guida Regioni d'Italia / Piccoli
Proprietà: Stato
Condizione attuale: aperto

Provincia di Siena
Comune di Siena
COLLEZIONE "CHIGI SARACINI"
Indirizzo: Fondazione accademia musicale chigiana, via di Città 89, tel. 0577/46152
Categoria: musei d'arte
Fonte/i: Istat / Enit / Regione / Guida Monaci / Touring Club / Assess. Cultura Bologna / Guida Regioni d'Italia
Proprietà: privata
Condizione attuale: aperta a richiesta

Provincia di Siena
Comune di Siena
COLLEZIONE DI MATERIALE ZOOLOGICO E COLL. "ANDREUCCI"
Categoria: musei di scienza e tecnica
Fonte/i: Com. it. Icom.
Proprietà: Università
Condizione attuale: aperta a richiesta

Provincia di Siena
Comune di Siena
CRIPTA DELLE STATUE
Indirizzo: Scale di San Giovanni, tel. 0577/283048
Categoria: musei d'arte
Fonte/i: Regione
Proprietà: ecclesiastica
Condizione attuale: aperta

Provincia di Siena
Comune di Siena
ERBARI DELL'ISTITUTO BOTANICO
Indirizzo: via P. A. Mattioli 4
Categoria: musei di scienza e tecnica
Fonte/i: Istat
Proprietà: Università
Condizione attuale: aperti a richiesta

Provincia di Siena
Comune di Siena
LIBRERIA "PICCOLOMINI"
Indirizzo: Duomo, piazza Duomo, tel. 0577/283048
Categoria: musei d'arte
Fonte/i: Istat / Enit / Regione / Guida Monaci
Proprietà: ecclesiastica
Condizione attuale: aperta

Provincia di Siena
Comune di Siena
MUSEO "A. CASTELLI"
Indirizzo: basilica dell'Osservanza, via Osservanza 7, tel. 0577/280250
Categoria: musei d'arte
Fonte/i: Istat / Enit / Regione / Guida Monaci / Touring Club / Assess. Cultura Bologna / Guida Regioni d'Italia
Proprietà: ecclesiastica
Condizione attuale: aperto a richiesta

Provincia di Siena
Comune di Siena
MUSEO ANATOMICO
Indirizzo: via del Laterino 8
Categoria: musei di scienza e tecnica
Fonte/i: Istat
Proprietà: Università
Condizione attuale: aperto a richiesta

Provincia di Siena
Comune di Siena
MUSEO ARCHEOLOGICO NAZIONALE
Indirizzo: spedale di Santa Maria della Scala, piazza Duomo
Categoria: musei d'archeologia
Fonte/i: Istat / Enit / Regione / Guida Monaci / Touring Club / Dir. gen. Min. Beni culturali / Guida Regioni d'Italia
Proprietà: Stato
Condizione attuale: in allestimento

Provincia di Siena
Comune di Siena
MUSEO CIVICO DEL PALAZZO PUBBLICO
Indirizzo: piazza del Campo 1, tel. 0577/292263
Categoria: musei d'arte

Fonte/i: Istat / Enit / Regione / Guida Monaci / Fio / Touring Club / Min. Beni culturali / Assess. Cultura Bologna / Guida Regioni d'Italia
Proprietà: Comune
Condizione attuale: aperto

Provincia di Siena
Comune di Siena
MUSEO DELL'OPERA METROPOLITANA DEL DUOMO
Indirizzo: piazza Duomo 8, tel. 0577/283048
Categoria: musei d'arte
Fonte/i: Istat / Enit / Regione / Guida Monaci / Fio / Touring Club / Min. Beni culturali / Assess. Cultura Bologna / Guida Regioni d'Italia
Proprietà: ecclesiastica
Condizione attuale: aperto

Provincia di Siena
Comune di Siena
MUSEO DELLA SOCIETÀ ESECUTORI DI PIE DISPOSIZIONI
Indirizzo: via Roma 71, tel. 0577/220400
Categoria: musei d'arte
Fonte/i: Istat / Enit / Regione / Guida Monaci / Touring Club / Assess. Cultura Bologna / Guida Regioni d'Italia
Proprietà: Comune
Condizione attuale: aperto a richiesta

Provincia di Siena
Comune di Siena
MUSEO GEOMINERALOGICO E ZOOLOGICO
Indirizzo: Accademia dei Fisiocratici, piazza Sant'Agostino 4, tel. 0577/47002
Categoria: musei di scienza e tecnica
Fonte/i: Istat / Enit / Regione / Guida Monaci / Touring Club / Assess. Cultura Bologna / Guida Regioni d'Italia
Proprietà: privata
Condizione attuale: aperto

Provincia di Siena
Comune di Siena
ORATORIO DI SAN GIACOMO
Indirizzo: via Salicotto 48
Categoria: musei d'arte
Fonte/i: Istat
Proprietà: ecclesiastica
Condizione attuale: aperto a richiesta

Provincia di Siena
Comune di Siena

ORTO BOTANICO DELL'UNIVERSITÀ
Indirizzo: via P. A. Mattioli 4, tel. 0577/298000
Categoria: giardini zoolog. botan. naturali
Fonte/i: Istat / Enit / Regione / Guida Monaci / Touring Club / Assess. Cultura Bologna / Guida Regioni d'Italia
Proprietà: Università
Condizione attuale: aperto

Provincia di Siena
Comune di Siena
PINACOTECA NAZIONALE
Indirizzo: via San Pietro 29, tel. 0577/281161
Categoria: musei d'arte
Fonte/i: Istat / Enit / Regione / Guida Monaci / Fio / Touring Club / Dir. gen. Min. Beni culturali / Assess. Cultura Bologna / Guida Regioni d'Italia
Proprietà: Stato
Condizione attuale: aperta

Provincia di Siena
Comune di Siena
RACCOLTA "BOLOGNA BUONSIGNORI"
Indirizzo: via Roma 50, tel. 0577/220400
Categoria: musei d'arte
Fonte/i: Enit / Regione / Touring Club / Assess. Cultura Bologna
Proprietà: privata
Condizione attuale: aperta a richiesta

Provincia di Siena
Comune di Siena
RACCOLTA DELLA CONTRADA DEL NICCHIO
Indirizzo: via Oliviera 47
Categoria: musei specializzati
Fonte/i: Istat
Proprietà: privata
Condizione attuale: aperta a richiesta

Provincia di Siena
Comune di Siena
RACCOLTA DELLA CONTRADA DELL'AQUILA
Indirizzo: via Casato di Sotto 82
Categoria: musei specializzati
Fonte/i: Istat
Proprietà: privata
Condizione attuale: aperta a richiesta

Provincia di Siena
Comune di Siena
RACCOLTA DELLA CONTRADA

DELL'ISTRICE
Indirizzo: via Camollia 89
Categoria: musei specializzati
Fonte/i: Istat
Proprietà: privata
Condizione attuale: aperta a richiesta

Provincia di Siena
Comune di Siena
RACCOLTA DELLA CONTRADA DELL'ONDA
Indirizzo: via G. Dupré 111
Categoria: musei specializzati
Fonte/i: Istat
Proprietà: privata
Condizione attuale: aperta a richiesta

Provincia di Siena
Comune di Siena
RACCOLTA DELLA CONTRADA DELLA CHIOCCIOLA
Indirizzo: via San Marco 39
Categoria: musei specializzati
Fonte/i: Istat
Proprietà: privata
Condizione attuale: aperta a richiesta

Provincia di Siena
Comune di Siena
RACCOLTA DELLA CONTRADA DELLA CIVETTA
Indirizzo: piazzetta del Castellare
Categoria: musei specializzati
Fonte/i: Istat
Proprietà: privata
Condizione attuale: aperta a richiesta

Provincia di Siena
Comune di Siena
RACCOLTA DELLA CONTRADA DELLA GIRAFFA
Indirizzo: via delle Vergini
Categoria: musei specializzati
Fonte/i: Istat
Proprietà: privata
Condizione attuale: aperta a richiesta

Provincia di Siena
Comune di Siena
RACCOLTA DELLA CONTRADA DELLA LUPA
Indirizzo: via Vallerozzi
Categoria: musei specializzati
Fonte/i: Istat
Proprietà: privata
Condizione attuale: aperta a richiesta

Provincia di Siena
Comune di Siena
RACCOLTA DELLA CONTRADA DELLA PANTERA
Indirizzo: via San Quirico 20
Categoria: musei specializzati
Fonte/i: Istat
Proprietà: privata
Condizione attuale: aperta a richiesta

Provincia di Siena
Comune di Siena
RACCOLTA DELLA CONTRADA DELLA SELVA
Indirizzo: piazzetta della Selva
Categoria: musei specializzati
Fonte/i: Istat
Proprietà: privata
Condizione attuale: aperta a richiesta

Provincia di Siena
Comune di Siena
RACCOLTA DELLA CONTRADA DELLA TORRE
Indirizzo: via Salicotto 48
Categoria: musei specializzati
Fonte/i: Istat
Proprietà: privata
Condizione attuale: aperta a richiesta

Provincia di Siena
Comune di Siena
RACCOLTA DELLA SEDE STORICA DEL MONTE DEI PASCHI
Indirizzo: piazza Salimbeni 3, tel. 0577/294701
Categoria: musei d'arte
Fonte/i: Enit / Regione / Touring Club / Assess. Cultura Bologna
Proprietà: privata
Condizione attuale: aperta a richiesta

Provincia di Siena
Comune di Siena
SALA D'ARTE SAN PIETRO IN CASTELVECCHIO
Indirizzo: San Pietro in Castelvecchio
Categoria: musei d'arte
Fonte/i: Istat
Proprietà: ecclesiastica
Condizione attuale: aperta

Provincia di Siena
Comune di Siena
SALA D'ARTE SANTA MARIA IN PORTICO

Indirizzo: Fontegiusta
Categoria: musei d'arte
Fonte/i: Istat
Proprietà: ecclesiastica
Condizione attuale: aperta

Provincia di Siena
Comune di Siena
SANTUARIO E CASA DI SANTA CATERINA
Indirizzo: vicolo del Tiratoio 15, tel. 0577/44177
Categoria: musei specializzati
Fonte/i: Enit / Guida Monaci / Touring Club / Assess. Cultura Bologna
Proprietà: ecclesiastica
Condizione attuale: aperti

Provincia di Siena
Comune di Sovicille
DEPOSITO ORGANIZZATO SUL LAVORO CONTADINO
Indirizzo: palazzo del Piano, tel. 0577/345559-937008
Categoria: musei territoriali
Fonte/i: Istat / Regione / Touring Club / Min. Interni / Assess. Cultura Bologna
Proprietà: Provincia
Condizione attuale: aperto a richiesta

Provincia di Siena
Comune di Trequanda
CENTRO DI DOCUMENTAZIONE DELLA TERRA COTTA
Categoria: musei etnograf. e/o antropolog.
Fonte/i: Regione
Proprietà: Comune
Condizione attuale: in allestimento

Regione Trentino Alto Adige

PROVINCIA DI BOLZANO

Provincia di Bolzano
Comune di Bolzano
MUSEO CIVICO
Indirizzo: via Cassa di Risparmio 14, tel. 0471/974625
Categoria: musei d'arte e archeologia
Fonte/i: Istat / Enit / Guida Monaci / Touring Club / Assess. Cultura Bologna / Guida Regioni d'Italia
Proprietà: Comune
Condizione attuale: aperto

Provincia di Bolzano
Comune di Bolzano
MUSEO D'ARTE MODERNA
Indirizzo: via Sernesi 1, tel. 0471/980001
Categoria: musei d'arte
Fonte/i: Enit / fonti varie
Proprietà: Regione
Condizione attuale: aperto

Provincia di Bolzano
Comune di Bressanone
MUSEO DIOCESANO E COLLEZIONE DEI PRESEPI
Indirizzo: Palazzo vescovile, piazza Hofburg, tel. 0472/30505
Categoria: musei specializzati
Fonte/i: Istat / Enit / Touring Club / Guida Regioni d'Italia / Assess. Cultura Bologna
Proprietà: ecclesiastica
Condizione attuale: aperti

Provincia di Bolzano
Comune di Brunico
MUSEO DEGLI USI E COSTUMI DELLA PROVINCIA DI BOLZANO
Indirizzo: frazione Teodone, via Duca Diet 24, tel. 0474/21287
Categoria: musei territoriali
Fonte/i: Istat / Enit / Touring Club / Guida Regioni d'Italia / Assess. Cultura Bologna
Proprietà: Provincia
Condizione attuale: aperto

Provincia di Bolzano
Comune di Caldaro sulla strada del vino
MUSEO DEL VINO
Indirizzo: via dell'Oro 1, tel. 0471/963168
Categoria: musei specializzati
Fonte/i: Istat / Enit / Touring Club / Min.

Interni / Guida Regioni d'Italia / Assess.
Cultura Bologna
Proprietà: Provincia
Condizione attuale: aperto

Provincia di Bolzano
Comune di Chiusa
MUSEO CITTÀ DI CHIUSA
Indirizzo: convento dei Cappuccini
Categoria: musei territoriali
Fonte/i: Enit / Min. Interni / Assess. Cultura Bologna / Guida Regioni d'Italia
Proprietà: Comune
Condizione attuale: in restauro

Provincia di Bolzano
Comune di Chiusa
MUSEO DEL TESORO DI LORETO
Indirizzo: via Fraghes 9
Categoria: musei d'arte
Fonte/i: Istat / Enit / Min. Interni / Guida Regioni d'Italia / Assess. Cultura Bologna
Proprietà: Comune
Condizione attuale: aperto

Provincia di Bolzano
Comune di Chiusa
MUSEO DEL VILLAGGIO
Indirizzo: frazione Gudon, tel. 0472/47424
Categoria: musei territoriali
Fonte/i: Istat / Enit / Touring Club / Assess. Cultura Bologna
Proprietà: Comune
Condizione attuale: in restauro

Provincia di Bolzano
Comune di Merano
MUSEO "H. STEINER"
Indirizzo: piazza Duomo, 6, tel. 0473/30087
Categoria: musei d'arte
Fonte/i: Istat / Enit / Touring Club / Assess. Cultura Bologna
Proprietà: privata
Condizione attuale: aperto

Provincia di Bolzano
Comune di Merano
MUSEO CIVICO
Indirizzo: via G. Galilei 43, tel. 0473/37834
Categoria: musei d'arte e archeologia
Fonte/i: Istat / Enit / Touring Club / Assess. Cultura Bologna / Guida Regioni d'Italia
Proprietà: Comune
Condizione attuale: aperto

Provincia di Bolzano
Comune di Merano
MUSEO DELLA DONNA E L'ABITO NEL CORSO DEL TEMPO
Indirizzo: via Portici 68, tel. 0473/31216
Categoria: musei specializzati
Fonte/i: Assess. Cultura Bologna
Proprietà: da definire
Condizione attuale: aperto

Provincia di Bolzano
Comune di Ortisei
MUSEO DELLA VAL GARDENA
Indirizzo: Cesa di Ladins, via Rezia 83, tel. 0471/77554
Categoria: musei territoriali
Fonte/i: Istat / Enit / Touring Club / Min. Interni / Assess. Cultura Bologna / Guida Regioni d'Italia
Proprietà: privata
Condizione attuale: aperto

Provincia di Bolzano
Comune di Postal
MUSEO DELLA FAUNA ATESINA
Indirizzo: via Roma
Categoria: musei di scienza e tecnica
Fonte/i: Min. Interni
Proprietà: privata
Condizione attuale: aperto a richiesta

Provincia di Bolzano
Comune di San Candido
MUSEO CIVICO DI SAN CANDIDO
Categoria: musei territoriali
Fonte/i: Istat / Enit / Min. Interni
Proprietà: Comune
Condizione attuale: aperto

Provincia di Bolzano
Comune di San Candido
MUSEO DELLA COLLEGIATA
Indirizzo: via Chorherren 2, tel. 0474/73278-73132
Categoria: musei specializzati
Fonte/i: Touring Club / Min. Interni / Assess. Cultura Bologna / Guida Regioni d'Italia
Proprietà: ecclesiastica
Condizione attuale: aperto a richiesta

Provincia di Bolzano
Comune di San Leonardo in Passiria
MUSEO "ANDREAS HOFER"
Indirizzo: via Nazionale, tel. 0473/86143
Categoria: musei specializzati
Fonte/i: Istat / Enit / Touring Club / Assess. Cultura Bologna / Guida Regioni d'Italia

Proprietà: privata
Condizione attuale: aperto

Provincia di Bolzano
Comune di San Martino in Passiria
"HEIMAT MUSEUM"
Indirizzo: via del Giovo 9, tel. 0474/70323
Categoria: musei territoriali
Fonte/i: Enit / Min. Interni
Proprietà: privata
Condizione attuale: aperto a richiesta

Provincia di Bolzano
Comune di Sesto
MUSEO "RUDOLF STOLZ"
Indirizzo: via Dolomiti 16, tel. 0473/70323
Categoria: musei d'arte
Fonte/i: Istat / Enit / Touring Club / Min. Interni / Assess. Cultura Bologna / Guida Regioni d'Italia
Proprietà: privata
Condizione attuale: aperto

Provincia di Bolzano
Comune di Tirolo
MUSEO AGRICOLO "BRUNNENBURG"
Indirizzo: via E. Pound 3, tel. 0473/93533
Categoria: musei territoriali
Fonte/i: Istat / Enit / Touring Club / Min. Interni / Assess. Cultura Bologna / Guida Regioni d'Italia
Proprietà: privata
Condizione attuale: aperto

Provincia di Bolzano
Comune di Tirolo
MUSEO ARCHEOLOGICO NEL CASTELLO
Indirizzo: castel Tirolo, tel. 0473/220221
Categoria: musei d'archeologia
Fonte/i: Istat / Enit / Touring Club / Assess. Cultura Bologna
Proprietà: Regione
Condizione attuale: aperto

Provincia di Bolzano
Comune di Ultimo
MUSEO ETNOGRAFICO DELLA VALLE
Indirizzo: frazione San Nicolò, via Santa Valburga, tel. 0473/79129
Categoria: musei territoriali
Fonte/i: Istat / Enit / Touring Club / Assess. Cultura Bologna / Guida Regioni d'Italia
Proprietà: Comune
Condizione attuale: aperto

Provincia di Bolzano
Comune di Valturno
MUSEO DI STORIA LOCALE
Indirizzo: castel Valturno
Categoria: musei territoriali
Fonte/i: Min. Interni
Proprietà: privata
Condizione attuale: aperto a richiesta

Provincia di Bolzano
Comune di Varna
PINACOTECA DELL'ABBAZIA DI NOVACELLA
Indirizzo: frazione Novacella, tel. 0472/23831
Categoria: musei d'arte
Fonte/i: Istat / Enit / Touring Club / Assess. Cultura Bologna / Guida Regioni d'Italia
Proprietà: privata
Condizione attuale: aperta

Provincia di Bolzano
Comune di Vipiteno
MUSEO "H. MUELTSCHER"
Indirizzo: piazza Città 3, tel. 0472/65325
Categoria: musei d'arte
Fonte/i: Istat / Enit / Touring Club / Min. Interni / Assess. Cultura Bologna / Guida Regioni d'Italia
Proprietà: Comune
Condizione attuale: aperto

Provincia di Bolzano
Comune di Vipiteno
MUSEO CIVICO D'ARTE LOCALE
Indirizzo: salone del Municipio
Categoria: musei territoriali
Fonte/i: Enit
Proprietà: Comune
Condizione attuale: aperto a richiesta

PROVINCIA DI TRENTO

Provincia di Trento
Comune di Ala
MUSEO "L. DALLA LAITA"
Indirizzo: via C. Battisti 2, tel. 0464/61120
Categoria: musei di storia
Fonte/i: Istat / Enit / Touring Club / Prov. Aut. Trento / Assess. Cultura Bologna / Guida Regioni d'Italia
Proprietà: Comune
Condizione attuale: in restauro

Provincia di Trento
Comune di Baselga di Pine
MUSEO DELLA VALLE

Indirizzo: via Municipio Vecchio 42
Categoria: musei territoriali
Fonte/i: Min. Interni
Proprietà: Comune
Condizione attuale: aperto a richiesta

Provincia di Trento
Comune di Besenello
MUSEO D'ARTE:
CASTELLO "BESENELLO"
Categoria: musei d'arte
Fonte/i: Prov. Aut. Trento
Proprietà: Provincia
Condizione attuale: aperto

Provincia di Trento
Comune di Brentonico
MUSEO DEL FOSSILE
DEL MONTE BALDO
Indirizzo: via Don Roberti, tel. 0464/95059
Categoria: musei di scienza e tecnica
Fonte/i: Min. Interni / Prov. Aut. Trento / Guida Regioni d'Italia
Proprietà: Comune
Condizione attuale: aperto

Provincia di Trento
Comune di Cavalese
MUSEO DELLA MAGNIFICA
COMUNITÀ DI FIEMME
Indirizzo: piazza C. Battisti 2, tel. 0462/30365
Categoria: musei d'arte
Fonte/i: Istat / Enit / Touring Club / Min. Interni / Prov. Aut. Trento / Assess. Cultura Bologna / Guida Regioni d'Italia
Proprietà: Provincia
Condizione attuale: aperto

Provincia di Trento
Comune di Cavalese
PINACOTECA DEI PADRI
FRANCESCANI
Indirizzo: piazza Dante
Categoria: musei d'arte
Fonte/i: Min. Interni
Proprietà: ecclesiastica
Condizione attuale: aperta

Provincia di Trento
Comune di Drena
MOSTRA PERMANENTE
AL CASTELLO DI DRENA
Categoria: musei d'arte
Fonte/i: Prov. Aut. Trento
Proprietà: Comune
Condizione attuale: aperta

Provincia di Trento
Comune di Fiavè
CENTRO DI DOCUMENTAZIONE
SULLE PALAFITTE
Categoria: musei d'archeologia
Fonte/i: Prov. Aut. Trento
Proprietà: Comune
Condizione attuale: aperto

Provincia di Trento
Comune di Malè
MUSEO DELLA CIVILTÀ SOLANDRA
Indirizzo: via Trento 1, tel. 0463/91280
Categoria: musei territoriali
Fonte/i: Istat / Enit / Touring Club / Min. Interni / Prov. Aut. Trento / Assess. Cultura Bologna
Proprietà: privata
Condizione attuale: aperto

Provincia di Trento
Comune di Molina di Ledro
MUSEO DELLE PALAFITTE
(SEZIONE MUSEI CIVICI TRENTO)
Indirizzo: via Lungolago, tel. 0464/508182
Categoria: musei d'archeologia
Fonte/i: Enit / Touring Club / Min. Interni / Prov. Aut. Trento / Assess. Cultura Bologna / Guida Regioni d'Italia
Proprietà: Comune
Condizione attuale: aperto

Provincia di Trento
Comune di Pozza di Fassa
"MOLIN DE PEZOL"
Indirizzo: frazione Pera di Fassa, via Giumela 6
Categoria: musei territoriali
Fonte/i: Min. Interni
Proprietà: privata
Condizione attuale: aperto a richiesta

Provincia di Trento
Comune di Predazzo
MUSEO DI GEOLOGIA ED ETNOLOGIA
Indirizzo: piazza Santi Filippo e Giacomo, tel. 0462/51237
Categoria: musei di scienza e tecnica
Fonte/i: Istat / Enit / Touring Club / Min. Interni / Prov. Aut. Trento / Assess. Cultura Bologna / Guida Regioni d'Italia
Proprietà: Comune
Condizione attuale: aperto

Provincia di Trento
Comune di Riva del Garda

MUSEO CIVICO
Indirizzo: piazza C. Battisti 3,
tel. 0464/554490
Categoria: musei d'arte e archeologia
Fonte/i: Istat / Enit / Touring Club / Prov.
Aut. Trento / Assess. Cultura Bologna / Guida
Regioni d'Italia
Proprietà: Comune
Condizione attuale: in restauro

Provincia di Trento
Comune di Rovereto
CASA NATALE DI ANTONIO ROSMINI
Indirizzo: via Stoppani 1, tel. 0464/21988
Categoria: musei specializzati
Fonte/i: Touring Club / Assess. Cultura
Bologna / Guida Regioni d'Italia
Proprietà: ecclesiastica
Condizione attuale: aperta a richiesta

Provincia di Trento
Comune di Rovereto
**MUSEI CIVICI: SEZ. ARCHEOLOGIA,
STORIA E SCIENZE NATURALI**
Indirizzo: via Calcinari 18, tel. 0464/452177
Categoria: musei d'archeologia
Fonte/i: Istat / Enit / Touring Club / Prov.
Aut. Trento / Assess. Cultura Bologna / Guida
Regioni d'Italia
Proprietà: Comune
Condizione attuale: aperta

Provincia di Trento
Comune di Rovereto
**MUSEO D'ARTE MODERNA E
CONTEMPORANEA "DEPERO"**
Indirizzo: via della Terra 53, tel. 0464/452194
Categoria: musei d'arte
Fonte/i: Istat / Enit / Touring Club / Prov.
Aut. Trento / Assess. Cultura Bologna / Guida
Regioni d'Italia
Proprietà: Provincia
Condizione attuale: aperto

Provincia di Trento
Comune di Rovereto
MUSEO STORICO DELLA GUERRA
Indirizzo: via Castelbarco 7, tel. 0464/38100
Categoria: musei di storia
Fonte/i: Istat / Enit / Touring Club / Prov.
Aut. Trento / Assess. Cultura Bologna / Guida
Regioni d'Italia
Proprietà: privata
Condizione attuale: aperto

Provincia di Trento
Comune di San Michele all'Adige
**MUSEO DEGLI USI E COSTUMI
DELLA GENTE TRENTINA**
Indirizzo: via Mach, tel. 0461/650314
Categoria: musei territoriali
Fonte/i: Istat / Enit / Touring Club / Min.
Interni / Prov. Aut. Trento / Assess. Cultura
Bologna / Guida Regioni d'Italia
Proprietà: Provincia
Condizione attuale: aperto

Provincia di Trento
Comune di Spiazzo
**MUSEO DELLA GUERRA
DELL'ADAMELLO**
Indirizzo: Scuola media, Fisto
Categoria: musei di storia
Fonte/i: Min. Interni
Proprietà: privata
Condizione attuale: aperto a richiesta

Provincia di Trento
Comune di Stenico
**MUSEO D'ARTE:
CASTELLO DI STENICO**
Categoria: musei d'arte
Fonte/i: Prov. Aut. Trento
Proprietà: Provincia
Condizione attuale: aperto

Provincia di Trento
Comune di Trento
CASA "ALBERTI COLICO"
Indirizzo: via Belenzani 30
Categoria: musei territoriali
Fonte/i: Guida Regioni d'Italia
Proprietà: Comune
Condizione attuale: aperta

Provincia di Trento
Comune di Trento
CASA "CAZUFFI"
Indirizzo: via Osservatorio Mazzurana 43
Categoria: musei territoriali
Fonte/i: Guida Regioni d'Italia
Proprietà: privata
Condizione attuale: aperta

Provincia di Trento
Comune di Trento
**MUSEO D'ARTE CASTELLO
DEL BUON CONSIGLIO**
Indirizzo: via B. Clesio 5, tel. 0461/981006
Categoria: musei d'arte e archeologia
Fonte/i: Istat / Enit / Guida Monaci / Fio /
Touring Club / Prov. Aut. Trento / Assess.

Cultura Bologna / Guida Regioni d'Italia
Proprietà: Provincia
Condizione attuale: aperto

Provincia di Trento
Comune di Trento
MUSEO D'ARTE CONTEMPORANEA E MODERNA
Indirizzo: palazzo delle Albere,
via R. Da Sanseverino 45, tel. 0461/986588
Categoria: musei d'arte
Fonte/i: Touring Club / Prov. Aut. Trento / Assess. Cultura Bologna
Proprietà: Provincia
Condizione attuale: aperto

Provincia di Trento
Comune di Trento
MUSEO DEL RISORGIMENTO E DELLA LOTTA PER LIBERTÀ
Indirizzo: castello del Buonconsiglio,
via B. Clesio 3, tel. 0461/30482
Categoria: musei di storia
Fonte/i: Istat / Enit / Guida Monaci / Touring Club / Prov. Aut. Trento / Assess. Cultura Bologna / Guida Regioni d'Italia
Proprietà: privata
Condizione attuale: aperto

Provincia di Trento
Comune di Trento
MUSEO DI SCIENZE NATURALI
Indirizzo: palazzo Sardagna, via Calepina 14, tel. 0461/983985
Categoria: musei di scienza e tecnica
Fonte/i: Istat / Enit / Guida Monaci / Touring Club / Prov. Aut. Trento / Assess. Cultura Bologna / Guida Regioni d'Italia
Proprietà: Provincia
Condizione attuale: aperto

Provincia di Trento
Comune di Trento
MUSEO DI SCIENZE NATURALI: GIARDINO BOTANICO
Indirizzo: località Viote di Monte Bondone, tel. 0461/475440
Categoria: giardini zoolog. botan. naturali
Fonte/i: Istat / Enit / Touring Club / Prov. Aut. Trento / Assess. Cultura Bologna / Guida Regioni d'Italia
Proprietà: Comune
Condizione attuale: aperto

Provincia di Trento
Comune di Trento
MUSEO DIOCESANO TRIDENTINO
Indirizzo: Palazzo pretorio, piazza Duomo 18, tel. 0461/34419
Categoria: musei d'arte e archeologia
Fonte/i: Istat / Enit / Guida Monaci / Touring Club / Prov. Aut. Trento / Assess. Cultura Bologna / Guida Regioni d'Italia
Proprietà: ecclesiastica
Condizione attuale: aperto

Provincia di Trento
Comune di Trento
MUSEO STORICO DEGLI ALPINI
Indirizzo: Doss Trento, tel. 0461/35148
Categoria: musei di storia
Fonte/i: Istat / Enit / Guida Monaci / Touring Club / Prov. Aut. Trento / Assess. Cultura Bologna / Guida Regioni d'Italia
Proprietà: Stato
Condizione attuale: aperto

Provincia di Trento
Comune di Trento
TORRE DELLA TROMBA
Categoria: musei d'arte
Fonte/i: Fio
Proprietà: Comune
Condizione attuale: in restauro

Provincia di Trento
Comune di Vermiglio
MUSEO DELLA GUERRA BIANCA
Indirizzo: via Pizzano 107
Categoria: musei di storia
Fonte/i: Min. Interni
Proprietà: privata
Condizione attuale: aperto a richiesta

Provincia di Trento
Comune di Vigo di Fassa
MUSEO DELL'ISTITUTO CULTURALE LADINO
Indirizzo: frazione San Giovanni, tel. 0462/64267
Categoria: musei etnograf. e/o antropolog.
Fonte/i: Istat / Enit / Touring Club / Min. Interni / Prov. Aut. Trento / Assess. Cultura Bologna / Guida Regioni d'Italia
Proprietà: Provincia
Condizione attuale: aperto

Regione Umbria

PROVINCIA DI PERUGIA

Provincia di Perugia
Comune di Assisi
GALLERIA D'ARTE CONTEMPORANEA ALLA CITTADELLA
Indirizzo: via Ancaiani 3, tel. 075/813231
Categoria: musei d'arte
Fonte/i: Istat / Enit / Regione / Touring Club / Assess. Cultura Bologna / Guida Regioni d'Italia
Proprietà: ecclesiastica
Condizione attuale: chiusa

Provincia di Perugia
Comune di Assisi
MUSEO CIVICO
Indirizzo: via Portica 2, tel. 075/812362
Categoria: musei d'archeologia
Fonte/i: Istat / Enit / Regione / Touring Club / Guide arch. Laterza / Assess. Cultura Bologna / Guida Regioni d'Italia
Proprietà: Comune
Condizione attuale: chiuso

Provincia di Perugia
Comune di Assisi
MUSEO DEGLI INDIOS DELL'AMAZZONIA
Indirizzo: via San Francesco 21
Categoria: musei etnograf. e/o antropolog.
Fonte/i: Istat
Proprietà: ecclesiastica
Condizione attuale: aperto

Provincia di Perugia
Comune di Assisi
MUSEO DEL TESORO DELLA BASILICA DI SAN FRANCESCO
Indirizzo: chiesa di San Francesco
Categoria: musei d'arte
Fonte/i: Istat / Enit / Regione / Touring Club / Assess. Cultura Bologna / Guida Regioni d'Italia
Proprietà: ecclesiastica
Condizione attuale: aperto

Provincia di Perugia
Comune di Assisi
MUSEO DELLA BASILICA DI SANTA MARIA DEGLI ANGELI
Indirizzo: chiesa di Santa Maria degli Angeli, tel. 075/8040511
Categoria: musei d'arte
Fonte/i: Istat / Enit / Regione / Assess. Cultura Bologna / Guida Regioni d'Italia
Proprietà: ecclesiastica
Condizione attuale: chiuso

Provincia di Perugia
Comune di Assisi
MUSEO E ARCHIVIO CAPITOLARE DI SAN RUFINO
Indirizzo: piazza San Rufino, tel. 075/812283
Categoria: musei d'arte
Fonte/i: Istat / Enit / Regione / Touring Club / Assess. Cultura Bologna / Guida Regioni d'Italia
Proprietà: ecclesiastica
Condizione attuale: aperti

Provincia di Perugia
Comune di Assisi
PINACOTECA COMUNALE
Indirizzo: piazza del Comune, tel. 075/813165
Categoria: musei d'arte
Fonte/i: Istat / Enit / Regione / Touring Club / Assess. Cultura Bologna / Guida Regioni d'Italia
Proprietà: Comune
Condizione attuale: aperta

Provincia di Perugia
Comune di Bettona
PINACOTECA COMUNALE E RACCOLTA ARCHEOLOGICA
Indirizzo: palazzo del Podestà, piazza Cavour, tel. 075/9868911
Categoria: musei d'arte e archeologia
Fonte/i: Istat / Enit / Regione / Guida Monaci / Touring Club / Min. Interni / Guide arch. Laterza / Assess. Cultura Bologna
Proprietà: Comune
Condizione attuale: chiuse

Provincia di Perugia
Comune di Bevagna
ANTIQUARIUM PRESSO L'AMBIENTE TERMALE CON MOSAICO
Indirizzo: via di Porta Guelfa
Categoria: musei d'archeologia
Fonte/i: Istat / Guide arch. Laterza / Guida Regioni d'Italia
Proprietà: Stato
Condizione attuale: aperto

Provincia di Perugia
Comune di Bevagna
PINACOTECA COMUNALE E

RACCOLTA ARCHEOLOGICA
Indirizzo: corso Matteotti 72, tel. 0742/360123
Categoria: musei d'arte e archeologia
Fonte/i: Istat / Enit / Regione / Touring Club / Min. Interni / Guide arch. Laterza / Assess. Cultura Bologna / Guida Regioni d'Italia
Proprietà: Comune
Condizione attuale: chiuse

Provincia di Perugia
Comune di Cannara
RACCOLTA COMUNALE
Indirizzo: Municipio, tel. 0742/72128
Categoria: musei d'arte e archeologia
Fonte/i: Istat / Enit / Regione / Touring Club / Guide arch. Laterza / Assess. Cultura Bologna
Proprietà: Comune
Condizione attuale: chiusa

Provincia di Perugia
Comune di Cascia
PINACOTECA COMUNALE
Indirizzo: piazza A. Moro, tel. 0743/71126-71223
Categoria: musei d'arte
Fonte/i: Enit / Regione / Touring Club / Assess. Cultura Bologna / Guida Regioni d'Italia
Proprietà: Comune
Condizione attuale: chiusa

Provincia di Perugia
Comune di Cascia
RACCOLTA ARCHEOLOGICA
Categoria: musei d'archeologia
Fonte/i: Istat / Regione
Proprietà: Comune
Condizione attuale: chiusa

Provincia di Perugia
Comune di Castiglione del Lago
RACCOLTA COMUNALE
Indirizzo: Municipio
Categoria: musei d'arte e archeologia
Fonte/i: Istat / Enit / Regione / Guide arch. Laterza
Proprietà: Comune
Condizione attuale: chiusa

Provincia di Perugia
Comune di Città della Pieve
CENTRO DOCUMENTAZIONE OPERE PERUGINE
Indirizzo: via Piave
Categoria: musei specializzati

Fonte/i: Min. Interni
Proprietà: Comune
Condizione attuale: aperto a richiesta

Provincia di Perugia
Comune di Città della Pieve
MUSEO AERONATICO MONTE DI APOLLO
Indirizzo: via Crocifissino
Categoria: musei di scienza e tecnica
Fonte/i: Min. Interni
Proprietà: privata
Condizione attuale: aperto

Provincia di Perugia
Comune di Città della Pieve
MUSEO DI SCIENZE NATURALI
Indirizzo: palazzo Corgna, piazza Gramsci, tel. 0578/299050
Categoria: musei di scienza e tecnica
Fonte/i: Istat / Enit / Regione / Touring Club / Min. Interni / Assess. Cultura Bologna
Proprietà: Comune
Condizione attuale: aperto

Provincia di Perugia
Comune di Città della Pieve
RACCOLTA DIOCESANA D'ARTE
Indirizzo: Cattedrale, piazza Gramsci, tel. 0578/298166
Categoria: musei d'arte
Fonte/i: Regione / Min. Interni / Guida Regioni d'Italia
Proprietà: ecclesiastica
Condizione attuale: chiusa

Provincia di Perugia
Comune di Città di Castello
COLLEZIONE "BURRI" FONDAZIONE "ALBIZZINI"
Indirizzo: Ia sede palazzo Albizzini, II sede Seccatoio tabacchi, tel. 075/8554649
Categoria: musei specializzati
Fonte/i: Enit / Regione / Touring Club / Assess. Cultura Bologna
Proprietà: privata
Condizione attuale: aperta

Provincia di Perugia
Comune di Città di Castello
COLLEZIONE ORNITOLOGICA
Indirizzo: villa Cappelletti, località Garavelle
Categoria: musei di scienza e tecnica
Fonte/i: Enit / Regione
Proprietà: privata
Condizione attuale: aperta

Provincia di Perugia
Comune di Città di Castello
MUSEO CAPITOLARE
Indirizzo: Cattedrale, piazza Gabriotti, tel. 075/853105
Categoria: musei specializzati
Fonte/i: Istat / Regione / Touring Club / Min. Beni Culturali / Assess. Cultura Bologna / Guida Regioni d'Italia
Proprietà: ecclesiastica
Condizione attuale: aperto

Provincia di Perugia
Comune di Città di Castello
MUSEO DEI TRENINI
Indirizzo: villa Cappelletti, località Garavelle
Categoria: musei specializzati
Fonte/i: Enit / Regione
Proprietà: privata
Condizione attuale: aperto

Provincia di Perugia
Comune di Città di Castello
MUSEO DELLE TRADIZIONI CONTADINE
Indirizzo: villa Cappelletti, frazione Garavelle, tel. 075/8552119
Categoria: musei territoriali
Fonte/i: Istat / Enit / Regione / Touring Club / Assess. Cultura Bologna / Guida Regioni d'Italia
Proprietà: privata
Condizione attuale: aperto

Provincia di Perugia
Comune di Città di Castello
PINACOTECA COMUNALE
Indirizzo: palazzo Vitelli, via della Cannoniera 22, tel. 075/8555687
Categoria: musei d'arte
Fonte/i: Istat / Enit / Regione / Touring Club / Assess. Cultura Bologna / Guida Regioni d'Italia
Proprietà: Comune
Condizione attuale: aperta

Provincia di Perugia
Comune di Città di Castello
RACCOLTA ARCHEOLOGICA
Indirizzo: piazza Garibaldi 2
Categoria: musei d'archeologia
Fonte/i: Enit / Regione / Guide arch. Laterza
Proprietà: Comune
Condizione attuale: chiusa

Provincia di Perugia
Comune di Città di Castello
RACCOLTA DI PALETNOLOGIA E PALEONTOLOGIA
Categoria: musei di scienza e tecnica
Fonte/i: Istat / Regione
Proprietà: Comune
Condizione attuale: chiusa

Provincia di Perugia
Comune di Corciano
MUSEO DELLA CASA CONTADINA
Indirizzo: via Tarracone 7
Categoria: musei territoriali
Fonte/i: Istat / Enit / Regione / Min. Interni
Proprietà: Comune
Condizione attuale: aperto

Provincia di Perugia
Comune di Corciano
MUSEO STORICO RELIGIOSO DI SAN CRISTOFORO
Indirizzo: chiesa di San Cristoforo, via Tarracone
Categoria: musei specializzati
Fonte/i: Min. Interni
Proprietà: ecclesiastica
Condizione attuale: aperto a richiesta

Provincia di Perugia
Comune di Costacciaro
RACCOLTA COMUNALE
Categoria: musei d'arte
Fonte/i: Istat
Proprietà: Comune
Condizione attuale: chiusa

Provincia di Perugia
Comune di Deruta
MUSEO DELLA CERAMICA E PINACOTECA
Indirizzo: piazza dei Consoli 11, tel. 075/9711143
Categoria: musei d'arte
Fonte/i: Istat / Enit / Regione / Touring Club / Min. Interni / Guide arch. Laterza / Assess. Cultura Bologna / Guida Regioni d'Italia
Proprietà: Comune
Condizione attuale: aperti

Provincia di Perugia
Comune di Deruta
RACCOLTA ARCHEOLOGICA
Categoria: musei d'archeologia
Fonte/i: Regione
Proprietà: Comune
Condizione attuale: aperta

Provincia di Perugia
Comune di Foligno
LOCALITÀ COL FIORITO: ANTIQUARIUM
Categoria: musei d'archeologia
Fonte/i: Min. Beni Culturali / Dir. gen. Min. Beni Culturali
Proprietà: Stato
Condizione attuale: in allestimento

Provincia di Perugia
Comune di Foligno
MUSEO ARCHEOLOGICO
Indirizzo: piazza della Repubblica, tel. 0742/50734
Categoria: musei d'archeologia
Fonte/i: Istat / Touring Club / Guida Regioni d'Italia / Guide arch. Laterza / Assess. Cultura Bologna
Proprietà: Comune
Condizione attuale: chiuso

Provincia di Perugia
Comune di Foligno
PINACOTECA DI PALAZZO "TRINCI"
Indirizzo: piazza della Repubblica, tel. 0742/50734
Categoria: musei d'arte
Fonte/i: Istat / Enit / Regione / Fio / Touring Club / Min. Beni Culturali / Guida Regioni d'Italia
Proprietà: Comune
Condizione attuale: chiusa

Provincia di Perugia
Comune di Fossato di Vico
PICCOLO ANTIQUARIUM
Categoria: musei d'archeologia
Fonte/i: Regione / Min. Interni
Proprietà: Comune
Condizione attuale: chiuso

Provincia di Perugia
Comune di Gualdo Tadino
MUSEO MOSTRA DELLA CERAMICA
Indirizzo: piazza ex Orti Mavarelli
Categoria: musei specializzati
Fonte/i: Enit / Min. Interni
Proprietà: Comune
Condizione attuale: aperto a richiesta

Provincia di Perugia
Comune di Gualdo Tadino
PINACOTECA CIVICA
Indirizzo: via R. Calai
Categoria: musei d'arte

Fonte/i: Istat / Enit / Regione / Min. Interni
Proprietà: Comune
Condizione attuale: chiusa

Provincia di Perugia
Comune di Gualdo Tadino
RACCOLTA ARCHEOLOGICA
Categoria: musei d'archeologia
Fonte/i: Regione / Guide arch. Laterza
Proprietà: Comune
Condizione attuale: chiusa

Provincia di Perugia
Comune di Gubbio
MUSEO DELLA CATTEDRALE
Indirizzo: Duomo, via Ducale, tel. 075/9273980
Categoria: musei d'arte
Fonte/i: Istat / Enit / Regione / Touring Club / Assess. Cultura Bologna / Guida Regioni d'Italia
Proprietà: ecclesiastica
Condizione attuale: aperto

Provincia di Perugia
Comune di Gubbio
MUSEO E PINACOTECA DI PALAZZO DEI CONSOLI
Indirizzo: piazza della Signoria, tel. 075/9272298
Categoria: musei d'arte e archeologia
Fonte/i: Istat / Enit / Regione / Touring Club / Guide arch. Laterza / Assess. Cultura Bologna / Guida Regioni d'Italia
Proprietà: Comune
Condizione attuale: aperti

Provincia di Perugia
Comune di Gubbio
RACCOLTA D'ARTE CONVENTO SAN FRANCESCO
Indirizzo: piazza Quaranta Martiri, tel. 075/9273460
Categoria: musei d'arte
Fonte/i: Istat / Enit / Regione / Touring Club / Min. Beni Culturali / Guide arch. Laterza / Assess. Cultura Bologna / Guida Regioni d'Italia
Proprietà: ecclesiastica
Condizione attuale: chiusa

Provincia di Perugia
Comune di Magione
MUSEO DELLA PESCA
Indirizzo: frazione San Feliciano
Categoria: musei specializzati

Fonte/i: Regione / Min. Interni
Proprietà: Comune
Condizione attuale: chiuso

Provincia di Perugia
Comune di Massa Martana
**MUSEO CIVICO
"FLAMINIO MASSETANO"**
Indirizzo: località La Pace, ex convento Santa Maria della Pace, tel. 075/889210
Categoria: musei d'arte e archeologia
Fonte/i: Istat / Enit / Regione / Min. Interni / Assess. Cultura Bologna / Guida Regioni d'Italia
Proprietà: Comune
Condizione attuale: chiuso

Provincia di Perugia
Comune di Montefalco
MUSEO EX CHIESA SAN FRANCESCO
Indirizzo: via Ringhiera Umbra, tel. 0742/79122-79147
Categoria: musei d'arte e archeologia
Fonte/i: Istat / Enit / Regione / Touring Club / Min. Interni / Assess. Cultura Bologna / Guida Regioni d'Italia
Proprietà: Comune
Condizione attuale: aperto

Provincia di Perugia
Comune di Montone
RACCOLTA COMUNALE
Indirizzo: via San Francesco
Categoria: musei d'arte
Fonte/i: Istat
Proprietà: Comune
Condizione attuale: chiusa

Provincia di Perugia
Comune di Nocera Umbra
MUSEO DI PALAZZO "CAMILLI"
Categoria: musei d'arte
Fonte/i: Min. Beni Culturali
Proprietà: Comune
Condizione attuale: in restauro

Provincia di Perugia
Comune di Nocera Umbra
PINACOTECA COMUNALE EX CHIESA DI SAN FRANCESCO
Indirizzo: piazza Caprera 5, tel. 0742/818825
Categoria: musei d'arte e archeologia
Fonte/i: Istat / Enit / Regione / Touring Club / Min. Beni Culturali / Min. Interni / Guide arch. Laterza / Assess. Cultura Bologna / Guida Regioni d'Italia
Proprietà: Comune
Condizione attuale: chiusa

Provincia di Perugia
Comune di Norcia
MUSEO CIVICO DIOCESANO "LA CASTELLINA"
Indirizzo: piazza S. Benedetto, tel. 0743/816404
Categoria: musei d'arte e archeologia
Fonte/i: Istat / Enit / Regione / Touring Club / Min. Interni / Guide arch. Laterza / Assess. Cultura Bologna / Guida Regioni d'Italia
Proprietà: Comune
Condizione attuale: in restauro

Provincia di Perugia
Comune di Perugia
ANTIQUARIUM IPOGEO DEI VOLUMNI
Indirizzo: Ponte San Giovanni, via Assisana 53, tel. 075/393329
Categoria: musei d'archeologia
Fonte/i: Istat / Enit / Assess. Cultura Bologna / Dir. gen. Min. Beni Culturali / Guide arch. Laterza
Proprietà: Stato
Condizione attuale: aperto

Provincia di Perugia
Comune di Perugia
COLLEZIONI ISTITUTI FACOLTÀ DI SCIENZE AGRARIE
Indirizzo: borgo XX Giugno
Categoria: musei di scienza e tecnica
Fonte/i: Enit / Com. it. Icom.
Proprietà: Università
Condizione attuale: aperte a richiesta

Provincia di Perugia
Comune di Perugia
COLLEZIONI NATURALISTICHE DEL LICEO "G. ALESSI"
Categoria: musei di scienza e tecnica
Fonte/i: Com. it. Icom.
Proprietà: Stato
Condizione attuale: aperte a richiesta

Provincia di Perugia
Comune di Perugia
GALLERIA CIVICA D'ARTE MODERNA
Indirizzo: palazzo della Penna
Categoria: musei d'arte
Fonte/i: fonti varie
Proprietà: Comune
Condizione attuale: aperta

Provincia di Perugia
Comune di Perugia
GALLERIA NAZIONALE DELL'UMBRIA
Indirizzo: palazzo dei Priori, corso Vannucci, tel. 075/20316
Categoria: musei d'arte
Fonte/i: Istat / Enit / Regione / Touring Club / Dir. gen. Min. Beni Culturali / Assess. Cultura Bologna / Guida Regioni d'Italia
Proprietà: Stato
Condizione attuale: aperta

Provincia di Perugia
Comune di Perugia
MUSEO ARCHEOLOGICO NAZIONALE DELL'UMBRIA
Indirizzo: piazza G. Bruno, tel. 075/21398-27141-20345
Categoria: musei d'archeologia
Fonte/i: Istat / Enit / Regione / Touring Club / Min. Beni Culturali / Dir. gen. Min. Beni Culturali / Guide arch. Laterza / Assess. Cultura Bologna / Guida Regioni d'Italia
Proprietà: Stato
Condizione attuale: aperto

Provincia di Perugia
Comune di Perugia
MUSEO CAPITOLARE DI SAN LORENZO
Indirizzo: piazza IV Novembre, tel. 075/20631-23832
Categoria: musei d'arte
Fonte/i: Istat / Enit / Regione / Touring Club / Assess. Cultura Bologna / Guida Regioni d'Italia
Proprietà: ecclesiastica
Condizione attuale: aperto

Provincia di Perugia
Comune di Perugia
MUSEO CHIESA DI SANTA GIULIANA
Categoria: musei specializzati
Fonte/i: Min. Beni Culturali
Proprietà: Stato
Condizione attuale: in restauro

Provincia di Perugia
Comune di Perugia
MUSEO DEL COLLEGIO DEL CAMBIO
Indirizzo: corso Vannucci 25, tel. 075/61379
Categoria: musei d'arte
Fonte/i: Istat / Enit / Assess. Cultura Bologna
Proprietà: privata
Condizione attuale: aperto

Provincia di Perugia
Comune di Perugia
MUSEO DEL COLLEGIO DELLA MERCANZIA
Indirizzo: corso Vannucci 15
Categoria: musei d'arte
Fonte/i: Istat / Enit
Proprietà: Comune
Condizione attuale: aperto

Provincia di Perugia
Comune di Perugia
MUSEO DI STORIA NATURALE
Indirizzo: piazza IV Novembre 6, tel. 075/25205
Categoria: musei di scienza e tecnica
Fonte/i: Istat / Enit / Regione / Touring Club / Assess. Cultura Bologna / Guida Regioni d'Italia
Proprietà: ecclesiastica
Condizione attuale: aperto

Provincia di Perugia
Comune di Perugia
RACCOLTA DELL'ISTITUTO DI BIOLOGIA E ZOOLOGIA GENERALE
Categoria: musei di scienza e tecnica
Fonte/i: Com. it. Icom.
Proprietà: Università
Condizione attuale: aperta a richiesta

Provincia di Perugia
Comune di Perugia
RACCOLTA DELL'ISTITUTO DI BOTANICA
Categoria: musei di scienza e tecnica
Fonte/i: Com. it. Icom.
Proprietà: Università
Condizione attuale: aperta a richiesta

Provincia di Perugia
Comune di Perugia
RACCOLTE D'ARTE DELL'ACCADEMIA
Indirizzo: piazza San Francesco al Campo, tel. 075/29106
Categoria: musei d'arte
Fonte/i: Istat / Enit / Regione / Touring Club / Assess. Cultura Bologna / Guida Regioni d'Italia
Proprietà: Comune
Condizione attuale: aperte a richiesta

Provincia di Perugia
Comune di San Giustino
RACCOLTA ARCHEOLOGICA
Indirizzo: Complesso Magherini Graziani

Categoria: musei d'archeologia
Fonte/i: Regione / Min. Interni
Proprietà: Comune
Condizione attuale: chiusa

Provincia di Perugia
Comune di Scheggia e Pascelupo
RACCOLTA ARCHEOLOGICA
Indirizzo: Municipio, tel. 075/9259107
Categoria: musei d'archeologia
Fonte/i: Istat / Enit / Regione / Touring Club / Min. Interni / Assess. Cultura Bologna
Proprietà: Comune
Condizione attuale: chiusa

Provincia di Perugia
Comune di Sigillo
RACCOLTA COMUNALE
Indirizzo: piazza dei Martiri, tel. 075/9177114
Categoria: musei d'arte
Fonte/i: Istat / Enit / Regione / Touring Club / Assess. Cultura Bologna / Guida Regioni d'Italia
Proprietà: Comune
Condizione attuale: in allestimento

Provincia di Perugia
Comune di Spello
COLLEZIONE "STRAKACOPPA"
Categoria: musei d'arte
Fonte/i: Regione
Proprietà: Provincia
Condizione attuale: aperta

Provincia di Perugia
Comune di Spello
COLLEZIONE MINERALOGICA "ANTONELLI"
Categoria: musei di scienza e tecnica
Fonte/i: Com. it. Icom.

Provincia di Perugia
Comune di Spello
PINACOTECA COMUNALE
Indirizzo: piazza della Repubblica, tel. 0742/651513
Categoria: musei d'arte
Fonte/i: Istat / Enit / Regione / Touring Club / Assess. Cultura Bologna / Guida Regioni d'Italia
Proprietà: Comune
Condizione attuale: in allestimento

Provincia di Perugia
Comune di Spello
PINACOTECA MUSEO DI SANTA MARIA MAGGIORE
Indirizzo: piazza Matteotti 18, tel. 0742/651100
Categoria: musei d'arte
Fonte/i: Istat / Enit / Regione / Guida Regioni d'Italia
Proprietà: ecclesiastica
Condizione attuale: chiusa

Provincia di Perugia
Comune di Spello
RACCOLTA ARCHEOLOGICA
Indirizzo: piazza della Repubblica, tel. 0742/651513
Categoria: musei d'archeologia
Fonte/i: Regione / Touring Club / Guide arch. Laterza / Assess. Cultura Bologna
Proprietà: Comune
Condizione attuale: chiusa

Provincia di Perugia
Comune di Spoleto
CENTRO DI DOCUMENTAZIONE TRADIZIONI POPOLARI
Categoria: musei territoriali
Fonte/i: Regione
Proprietà: Comune
Condizione attuale: chiuso

Provincia di Perugia
Comune di Spoleto
COLLEZIONE "TONI", VILLA REDENTA
Categoria: musei di scienza e tecnica
Fonte/i: Istat
Proprietà: Comune
Condizione attuale: aperta

Provincia di Perugia
Comune di Spoleto
COLLEZIONE GEO-PALEONTOLOGICA
Categoria: musei di scienza e tecnica
Fonte/i: Com. it. Icom.

Provincia di Perugia
Comune di Spoleto
GALLERIA D'ARTE CONTEMPORANEA
Indirizzo: San Nicolò, via Gregorio Elladio
Categoria: musei d'arte
Fonte/i: Istat / Enit / Regione / Touring Club
Proprietà: Comune
Condizione attuale: aperta

Provincia di Perugia
Comune di Spoleto
GALLERIA D'ARTE MODERNA
Indirizzo: palazzo Rosari Spada,

piazza Sordini
Categoria: musei d'arte
Fonte/i: Guida Regioni d'Italia
Proprietà: Comune
Condizione attuale: aperta

Provincia di Perugia
Comune di Spoleto
MUSEO ARCHEOLOGICO
Indirizzo: ex convento di Sant'Agata,
via Sant'Agata, tel. 0743/38177
Categoria: musei d'archeologia
Fonte/i: Istat / Enit / Regione / Touring Club /
Dir. gen. Min. Beni Culturali / Assess.
Cultura Bologna
Proprietà: Stato
Condizione attuale: aperto

Provincia di Perugia
Comune di Spoleto
MUSEO CIVICO
Indirizzo: via del Duomo 3, tel. 0743/6811
Categoria: musei d'archeologia
Fonte/i: Istat / Enit / Regione / Touring Club /
Guide arch. Laterza / Assess. Cultura
Bologna / Guida Regioni d'Italia
Proprietà: Comune
Condizione attuale: in restauro

Provincia di Perugia
Comune di Spoleto
MUSEO DEL TEATRO
Indirizzo: Teatro Nuovo, via Filitteria 1,
tel. 0743/21180
Categoria: musei specializzati
Fonte/i: Istat / Enit / Guida Regioni d'Italia /
Assess. Cultura Bologna
Proprietà: Comune
Condizione attuale: aperto a richiesta

Provincia di Perugia
Comune di Spoleto
MUSEO DEL TESSUTO
Categoria: musei specializzati
Fonte/i: Regione
Proprietà: Comune
Condizione attuale: chiuso

Provincia di Perugia
Comune di Spoleto
MUSEO DIOCESANO
Indirizzo: via Saffi 13, tel. 0743/31278
Categoria: musei specializzati
Fonte/i: Istat / Enit / Regione / Guida Regioni
d'Italia
Proprietà: ecclesiastica

Condizione attuale: aperto

Provincia di Perugia
Comune di Spoleto
PINACOTECA COMUNALE
Indirizzo: palazzo del Comune,
piazza del Comune, tel. 0743/6811
Categoria: musei d'arte
Fonte/i: Istat / Enit / Regione / Touring Club /
Assess. Cultura Bologna / Guida Regioni
d'Italia
Proprietà: Comune
Condizione attuale: aperta

Provincia di Perugia
Comune di Spoleto
RACCOLTA DISEGNI TEATRALI
Indirizzo: San Nicolò, via G. Elladio,
tel. 0743/28131
Categoria: musei specializzati
Fonte/i: Istat / Enit / Assess. Cultura Bologna
Proprietà: Comune
Condizione attuale: aperta a richiesta

Provincia di Perugia
Comune di Spoleto
ROCCA "ALBORNOZ"
Categoria: musei d'arte
Fonte/i: Fio / Dir. gen. Min. Beni Culturali
Proprietà: Stato
Condizione attuale: in restauro

Provincia di Perugia
Comune di Todi
**MUSEO CIVICO: PINACOTECA E
RACCOLTA ARCHEOLOGICA**
Indirizzo: palazzo del Popolo,
piazza Vittorio Emanuele, tel. 075/883541
Categoria: musei d'arte e archeologia
Fonte/i: Istat / Enit / Regione / Touring Club /
Guide arch. Laterza / Assess. Cultura
Bologna / Guida Regioni d'Italia
Proprietà: Comune
Condizione attuale: in restauro

Provincia di Perugia
Comune di Todi
MUSEO MISSIONARIO
Categoria: musei specializzati
Fonte/i: Enit
Proprietà: ecclesiastica
Condizione attuale: aperto

Provincia di Perugia
Comune di Torgiano
MUSEO DEL VINO

Indirizzo: palazzo Graziani-Baglioni, tel. 075/982447
Categoria: musei specializzati
Fonte/i: Istat / Enit / Regione / Touring Club / Min. Interni / Guide arch. Laterza / Assess. Cultura Bologna / Guida Regioni d'Italia
Proprietà: privata
Condizione attuale: aperto

Provincia di Perugia
Comune di Trevi
PALAZZO "VALENTI": COLLEZIONE ARCHEOLOGICA
Categoria: musei d'archeologia
Fonte/i: Guide arch. Laterza
Proprietà: privata

Provincia di Perugia
Comune di Trevi
PINACOTECA COMUNALE E RACCOLTA ARCHEOLOGICA
Indirizzo: Palazzo comunale, piazza Vittorio Emanuele, tel. 0742/78246
Categoria: musei d'arte e archeologia
Fonte/i: Istat / Enit / Regione / Touring Club / Min. Interni / Guide arch. Laterza / Assess. Cultura Bologna / Guida Regioni d'Italia
Proprietà: Comune
Condizione attuale: aperte

Provincia di Perugia
Comune di Tuoro sul Trasimeno
ANTIQUARIUM
Categoria: musei d'archeologia
Fonte/i: Regione
Proprietà: Comune
Condizione attuale: chiuso

Provincia di Perugia
Comune di Vallo di Nera
RACCOLTA ETNOGRAFICA
Indirizzo: piazza Santa Maria
Categoria: musei etnograf. e/o antropolog.
Fonte/i: Istat / Enit / Assess. Cultura Bologna
Proprietà: Comune
Condizione attuale: chiusa

Provincia di Terni

Provincia di Terni
Comune di Acquasparta
RACCOLTA COMUNALE
Indirizzo: palazzo Cesi, tel. 0744/930029
Categoria: musei d'archeologia
Fonte/i: Enit / Regione / Guida Regioni d'Italia

Proprietà: Comune
Condizione attuale: chiusa

Provincia di Terni
Comune di Amelia
RACCOLTA COMUNALE ARCHEOLOGICA STORICA ARTISTICA
Indirizzo: Municipio, piazza Matteotti, tel. 0744/981441
Categoria: musei d'arte e archeologia
Fonte/i: Istat / Enit / Regione / Touring Club / Guide arch. Laterza / Assess. Cultura Bologna
Proprietà: Comune
Condizione attuale: aperta a richiesta

Provincia di Terni
Comune di Ferentillo
MUSEO DELLE MUMMIE
Indirizzo: via della Torre
Categoria: musei d'archeologia
Fonte/i: Enit / Min. Interni / Piccoli
Proprietà: ecclesiastica
Condizione attuale: aperto a richiesta

Provincia di Terni
Comune di Lugnano in Teverina
MUSEO CIVICO
Categoria: musei d'arte
Fonte/i: Min. Interni
Proprietà: Comune
Condizione attuale: aperto a richiesta

Provincia di Terni
Comune di Narni
COLLEZIONE PALEONTOLOGICA "MELI"
Categoria: musei di scienza e tecnica
Fonte/i: Com. it. Icom.

Provincia di Terni
Comune di Narni
PINACOTECA COMUNALE
Indirizzo: ex chiesa di San Domenico, via Mazzini, tel. 0744/726288
Categoria: musei d'arte
Fonte/i: Istat / Enit / Regione / Touring Club / Assess. Cultura Bologna / Guida Regioni d'Italia
Proprietà: Comune
Condizione attuale: chiusa

Provincia di Terni
Comune di Narni
RACCOLTA ARCHEOLOGICA
Indirizzo: Municipio, piazza dei Priori,

tel. 0744/726941
Categoria: musei d'archeologia
Fonte/i: Istat / Enit / Regione / Touring Club /
Assess. Cultura Bologna / Guide arch.
Laterza / Guida Regioni d'Italia
Proprietà: Comune
Condizione attuale: chiusa

Provincia di Terni
Comune di Orvieto
MUSEO "E. GRECO"
Categoria: musei specializzati
Fonte/i: Regione
Proprietà: privata
Condizione attuale: in allestimento

Provincia di Terni
Comune di Orvieto
MUSEO ARCHEOLOGICO NAZIONALE
Indirizzo: Palazzo papale, piazza Duomo,
tel. 0763/41772
Categoria: musei d'archeologia
Fonte/i: Istat / Regione / Touring Club / Dir.
gen. Min. Beni Culturali / Guide arch.
Laterza / Assess. Cultura Bologna
Proprietà: Stato
Condizione attuale: aperto

Provincia di Terni
Comune di Orvieto
MUSEO CIVICO ARCHEOLOGICO "C. FAINA"
Indirizzo: palazzo Faina, piazza Duomo,
tel. 0763/41772
Categoria: musei d'archeologia
Fonte/i: Istat / Enit / Touring Club / Guida
Regioni d'Italia / Guide arch. Laterza /
Assess. Cultura Bologna
Proprietà: Comune
Condizione attuale: aperto

Provincia di Terni
Comune di Orvieto
MUSEO DELL'OPERA DEL DUOMO
Indirizzo: Palazzo papale, piazza Duomo,
tel. 0763/42477-41772
Categoria: musei d'arte e archeologia
Fonte/i: Istat / Enit / Regione / Touring Club /
Assess. Cultura Bologna / Guida Regioni
d'Italia
Proprietà: ecclesiastica
Condizione attuale: aperto

Provincia di Terni
Comune di Stroncone
MUSEO DI STORIA NATURALE
Indirizzo: via Vici
Categoria: musei di scienza e tecnica
Fonte/i: Istat / Enit / Regione / Guida Regioni
d'Italia
Proprietà: Comune
Condizione attuale: aperto

Provincia di Terni
Comune di Stroncone
SACRARIO DEI CADUTI
Indirizzo: via Contessa
Categoria: musei di storia
Fonte/i: Min. Interni
Proprietà: Comune
Condizione attuale: aperto

Provincia di Terni
Comune di Terni
MUSEO PALAZZO "MAZZANCOLLE"
Categoria: musei d'arte
Fonte/i: Min. Beni Culturali
Proprietà: Stato
Condizione attuale: in restauro

Provincia di Terni
Comune di Terni
PINACOTECA COMUNALE
Indirizzo: palazzo Fabrizi, via Fratini,
tel. 0744/400290
Categoria: musei d'arte
Fonte/i: Istat / Enit / Regione / Touring Club /
Assess. Cultura Bologna
Proprietà: Comune
Condizione attuale: aperta

Provincia di Terni
Comune di Terni
RACCOLTA ARCHEOLOGICA
Indirizzo: piazza Cavour, tel. 0744/405162
Categoria: musei d'archeologia
Fonte/i: Istat / Enit / Guida Regioni d'Italia
Proprietà: Comune
Condizione attuale: aperta

Regione Valle d'Aosta

PROVINCIA DI AOSTA

Provincia di Aosta
Comune di Aosta
MUSEO ARCHEOLOGICO DI SAINT-MARTIN-DE-CORLEANS
Categoria: musei d'archeologia
Fonte/i: Regione
Proprietà: Regione
Condizione attuale: in allestimento

Provincia di Aosta
Comune di Aosta
MUSEO ARCHEOLOGICO REGIONALE
Indirizzo: via Sant'Orso 10, tel. 0165/41421
Categoria: musei d'archeologia
Fonte/i: Istat / Regione / Guida Monaci / Guida Regioni d'Italia
Proprietà: Regione
Condizione attuale: chiuso

Provincia di Aosta
Comune di Aosta
MUSEO CASA "DE TOLLEN"
Indirizzo: via Tollen, tel. 0165/42338
Categoria: musei territoriali
Fonte/i: Regione / Guida Regioni d'Italia
Proprietà: Regione
Condizione attuale: aperto a richiesta

Provincia di Aosta
Comune di Aosta
MUSEO DELL'ACCADEMIA DI SANT'ANSELMO
Indirizzo: via C. Ollietti 3, tel. 0165/35436
Categoria: musei d'archeologia
Fonte/i: Istat / Enit / Regione / Guida Monaci / Touring Club / Assess. Cultura Bologna / Guida Regioni d'Italia
Proprietà: privata
Condizione attuale: aperto a richiesta

Provincia di Aosta
Comune di Aosta
TESORO DELLA CATTEDRALE
Indirizzo: piazza Giovanni XXIII, tel. 0165/31361-363589
Categoria: musei specializzati
Fonte/i: Istat / Enit / Guida Monaci / Touring Club / Assess. Cultura Bologna / Guida Regioni d'Italia
Proprietà: ecclesiastica
Condizione attuale: aperto

Provincia di Aosta
Comune di Aosta
TESORO DELLA COLLEGIATA DI SANT'ORSO
Indirizzo: via di Sant'Orso 14
Categoria: musei specializzati
Fonte/i: Istat / Enit / Guida Monaci / Assess. Cultura Bologna
Proprietà: Comune
Condizione attuale: aperto

Provincia di Aosta
Comune di Aosta
VILLA ROMANA (VILLA CONSOLATA)
Categoria: musei d'archeologia
Fonte/i: Regione
Proprietà: Regione
Condizione attuale: in progettazione

Provincia di Aosta
Comune di Arnad
PICCOLO MUSEO PARROCCHIALE
Categoria: musei specializzati
Fonte/i: Regione
Proprietà: ecclesiastica
Condizione attuale: aperto

Provincia di Aosta
Comune di Arvier
MUSEO PARROCCHIALE
Categoria: musei specializzati
Fonte/i: Regione
Proprietà: ecclesiastica
Condizione attuale: in progettazione

Provincia di Aosta
Comune di Avise
MUSEO PARROCCHIALE
Categoria: musei specializzati
Fonte/i: Regione
Proprietà: ecclesiastica
Condizione attuale: in progettazione

Provincia di Aosta
Comune di Ayas
PICCOLO MUSEO PARROCCHIALE
Indirizzo: frazione Antagnod
Categoria: musei specializzati
Fonte/i: Istat
Proprietà: ecclesiastica
Condizione attuale: aperto a richiesta

Provincia di Aosta
Comune di Aymavilles
MUSEO PARROCCHIALE
Categoria: musei specializzati

Fonte/i: Regione
Proprietà: ecclesiastica
Condizione attuale: in progettazione

Provincia di Aosta
Comune di Bionaz
MUSEO PARROCCHIALE
Categoria: musei specializzati
Fonte/i: Regione
Proprietà: ecclesiastica
Condizione attuale: aperto

Provincia di Aosta
Comune di Challand-Saint-Victor
MUSEO PARROCCHIALE
Categoria: musei specializzati
Fonte/i: Regione
Proprietà: ecclesiastica
Condizione attuale: aperto

Provincia di Aosta
Comune di Chambave
MUSEO PARROCCHIALE
Categoria: musei specializzati
Fonte/i: Regione
Proprietà: ecclesiastica
Condizione attuale: in allestimento

Provincia di Aosta
Comune di Champorcher
MUSEO PARROCCHIALE
Categoria: musei specializzati
Fonte/i: Regione
Proprietà: ecclesiastica
Condizione attuale: aperto

Provincia di Aosta
Comune di Chatillon
MUSEO PARROCCHIALE
Categoria: musei specializzati
Fonte/i: Regione
Proprietà: ecclesiastica
Condizione attuale: aperto

Provincia di Aosta
Comune di Cogne
GIARDINO BOTANICO ALPINO "PARADISIA"
Indirizzo: frazione Valnontey, tel. 0165/74147
Categoria: giardini zoolog. botan. naturali
Fonte/i: Enit / Regione / Touring Club / Assess. Cultura Bologna / Guida Regioni d'Italia
Proprietà: privata
Condizione attuale: aperto

Provincia di Aosta
Comune di Courmayeur
MUSEO ALPINO "DUCA DEGLI ABRUZZI"
Indirizzo: piazza Henry 2, tel. 0165/842064
Categoria: musei specializzati
Fonte/i: Istat / Enit / Touring Club / Min. Interni / Guida Regioni d'Italia / Assess. Cultura Bologna / Piccoli
Proprietà: privata
Condizione attuale: aperto

Provincia di Aosta
Comune di Fenis
MUSEO DELL'ARREDAMENTO VALDOSTANO
Indirizzo: Castello, tel. 0165/764263
Categoria: musei specializzati
Fonte/i: Istat / Enit / Touring Club / Guida Regioni d'Italia / Assess. Cultura Bologna
Proprietà: Regione
Condizione attuale: aperto

Provincia di Aosta
Comune di Gignod
PICCOLO MUSEO PARROCCHIALE
Indirizzo: chiesa di Sant'Ilario
Categoria: musei specializzati
Fonte/i: Istat / Regione / Min. Interni
Proprietà: ecclesiastica
Condizione attuale: aperto

Provincia di Aosta
Comune di Gressoney-Saint-Jean
MUSEO PARROCCHIALE
Categoria: musei specializzati
Fonte/i: Regione
Proprietà: ecclesiastica
Condizione attuale: aperto

Provincia di Aosta
Comune di Hone
MUSEO PARROCCHIALE
Categoria: musei specializzati
Fonte/i: Regione
Proprietà: ecclesiastica
Condizione attuale: aperto

Provincia di Aosta
Comune di Issogne
MUSEO DELL'ARREDAMENTO VALDOSTANO
Indirizzo: Castello, tel. 0165/929373
Categoria: musei specializzati
Fonte/i: Istat / Enit / Touring Club / Guida Regioni d'Italia / Assess. Cultura Bologna

Proprietà: Regione
Condizione attuale: aperto

Provincia di Aosta
Comune di La Salle
MUSEO PARROCCHIALE
Categoria: musei specializzati
Fonte/i: Regione
Proprietà: ecclesiastica
Condizione attuale: aperto

Provincia di Aosta
Comune di La Thuile
MUSEO PARROCCHIALE
Categoria: musei specializzati
Fonte/i: Regione
Proprietà: ecclesiastica
Condizione attuale: in allestimento

Provincia di Aosta
Comune di Morgex
MUSEO PARROCCHIALE
Categoria: musei specializzati
Fonte/i: Regione
Proprietà: ecclesiastica
Condizione attuale: in progettazione

Provincia di Aosta
Comune di Rhemes-Notre-Dame
CENTRO "RENZO VIDESOTT"
Indirizzo: frazione Bruil, tel. 0165/96116
Categoria: musei di scienza e tecnica
Fonte/i: Istat / Enit / Touring Club / Assess. Cultura Bologna
Proprietà: Stato
Condizione attuale: aperto

Provincia di Aosta
Comune di Roisan
MUSEO PARROCCHIALE
Categoria: musei specializzati
Fonte/i: Regione
Proprietà: ecclesiastica
Condizione attuale: in allestimento

Provincia di Aosta
Comune di Saint-Nicolas
MUSEE "CERLOGNE"
Indirizzo: frazione La Curè, tel. 0165/98882-34932
Categoria: musei territoriali
Fonte/i: Istat / Enit / Guida Monaci / Min. Interni / Assess. Cultura Bologna / Guida Regioni d'Italia
Proprietà: Regione
Condizione attuale: aperto

Provincia di Aosta
Comune di Saint-Pierre
MOSTRA ARCHEOLOGICA CASTELLO "SARRIOD DE LA TOUR"
Indirizzo: tel. 0165/903424
Categoria: musei d'archeologia
Fonte/i: Enit / Regione / Guida Monaci / Touring Club / Min. Interni / Assess. Cultura Bologna / Guida Regioni d'Italia
Proprietà: Regione
Condizione attuale: aperta

Provincia di Aosta
Comune di Saint-Pierre
MUSEO DI STORIA NATURALE CASTELLO DI SAINT PIERRE
Indirizzo: tel. 0165/943485
Categoria: musei di scienza e tecnica
Fonte/i: Istat / Enit / Touring Club / Min. Interni / Guida Regioni d'Italia / Assess. Cultura Bologna
Proprietà: Regione
Condizione attuale: aperto

Provincia di Aosta
Comune di Saint-Rhemy
MEDAGLIERE E MUSEO
Indirizzo: frazione Gran San Bernardo
Categoria: musei d'arte e archeologia
Fonte/i: Regione / Guida Regioni d'Italia
Proprietà: privata
Condizione attuale: aperti

Provincia di Aosta
Comune di Saint-Vincent
MUSEO PARROCCHIALE
Indirizzo: piazza della Chiesa
Categoria: musei d'arte e archeologia
Fonte/i: Istat / Regione
Proprietà: ecclesiastica
Condizione attuale: in allestimento

Provincia di Aosta
Comune di Sarre
MUSEO DEL CASTELLO
Indirizzo: tel. 0165/57027
Categoria: musei specializzati
Fonte/i: Istat / Enit / Guida Regioni d'Italia / Assess. Cultura Bologna
Proprietà: privata
Condizione attuale: aperto

Provincia di Aosta
Comune di Sarre
MUSEO PARROCCHIALE
Categoria: musei specializzati

Fonte/i: Regione
Proprietà: ecclesiastica
Condizione attuale: in progettazione

Provincia di Aosta
Comune di Torgnon
**PICCOLO MUSEO,
CHIESA DI SAN MARTINO**
Indirizzo: tel. 0165/40241-48207
Categoria: musei specializzati
Fonte/i: Istat / Enit / Regione / Touring Club / Assess. Cultura Bologna
Proprietà: ecclesiastica
Condizione attuale: aperto

Provincia di Aosta
Comune di Valgrisenche
MUSEO PARROCCHIALE
Categoria: musei specializzati
Fonte/i: Regione
Proprietà: ecclesiastica
Condizione attuale: aperto

Provincia di Aosta
Comune di Valpelline
MUSEO PARROCCHIALE
Categoria: musei specializzati
Fonte/i: Regione
Proprietà: ecclesiastica
Condizione attuale: aperto

Provincia di Aosta
Comune di Valsavarenche
**PICCOLO MUSEO,
MADONNA DEL CARMINE**
Indirizzo: tel. 0165/95715
Categoria: musei specializzati
Fonte/i: Istat / Enit / Regione / Touring Club / Assess. Cultura Bologna
Proprietà: ecclesiastica
Condizione attuale: aperto

Provincia di Aosta
Comune di Valtournenche
MUSEO DEL CERVINO
Indirizzo: Casa delle guide, frazione Breuil-Cervinia
Categoria: musei specializzati
Fonte/i: Enit
Proprietà: privata
Condizione attuale: aperto a richiesta

Provincia di Aosta
Comune di Valtournenche
MUSEO PARROCCHIALE
Categoria: musei specializzati

Fonte/i: Regione
Proprietà: ecclesiastica
Condizione attuale: aperto

Provincia di Aosta
Comune di Verres
MUSEO DEL CASTELLO
Categoria: musei specializzati
Fonte/i: Enit / Regione
Proprietà: Regione
Condizione attuale: aperto

Regione Veneto

PROVINCIA DI BELLUNO

Provincia di Belluno
Comune di Alano di Piave
MUSEO STORICO DELLE GUERRE 1915/18 E 1943/45
Indirizzo: via G. Marconi
Categoria: musei di storia
Fonte/i: Min. Interni
Proprietà: privata
Condizione attuale: aperto a richiesta

Provincia di Belluno
Comune di Belluno
MUSEO CIVICO
Indirizzo: via Duomo 16, tel. 0437/24836
Categoria: musei d'arte e archeologia
Fonte/i: Istat / Enit / Regione / Guida Monaci / Touring Club / Assess. Cultura Bologna / Guida Regioni d'Italia
Proprietà: Comune
Condizione attuale: aperto

Provincia di Belluno
Comune di Borca di Cadore
MUSEO NATURALISTICO "OLIMPIA PERINI"
Categoria: musei di scienza e tecnica
Fonte/i: Regione / Min. Interni
Proprietà: Comune
Condizione attuale: aperto a richiesta

Provincia di Belluno
Comune di Canale d'Agordo
MUSEO ETNOGRAFICO "ZATTIERI"
Indirizzo: località Codissago, via XX Settembre
Categoria: musei etnograf. e/o antropolog.
Fonte/i: Regione / Min. Interni
Proprietà: Comune
Condizione attuale: aperto

Provincia di Belluno
Comune di Cesiomaggiore
MUSEO CIVICO DELLE TRADIZIONI POPOLARI
Categoria: musei territoriali
Fonte/i: Regione
Proprietà: Comune
Condizione attuale: aperto a richiesta

Provincia di Belluno
Comune di Chies d'Alpago
MUSEO CIVICO DI SCIENZE NATURALI
Categoria: musei di scienza e tecnica
Fonte/i: Regione
Proprietà: Comune
Condizione attuale: aperto a richiesta

Provincia di Belluno
Comune di Colle Santa Lucia
MUSEO DELLA CULTURA ALPINA
Indirizzo: Scuole largo Calvi, Padola
Categoria: musei territoriali
Fonte/i: Min. Interni
Proprietà: privata
Condizione attuale: aperto a richiesta

Provincia di Belluno
Comune di Cortina d'Ampezzo
MUSEO DI "RA REGOLES"
Indirizzo: via del Parco 1, tel. 0436/866222-862206
Categoria: musei territoriali
Fonte/i: Istat / Enit / Touring Club / Min. Interni / Guida Regioni d'Italia / Assess. Cultura Bologna
Proprietà: privata
Condizione attuale: aperto

Provincia di Belluno
Comune di Cortina d'Ampezzo
PINACOTECA "M. RIMOLDI"
Indirizzo: corso Italia 17
Categoria: musei d'arte
Fonte/i: Istat / Enit / Guida Regioni d'Italia
Proprietà: privata
Condizione attuale: aperta

Provincia di Belluno
Comune di Domegge di Cadore
MUSEO "AUGUSTO MURER"
Indirizzo: località Molino
Categoria: musei specializzati
Fonte/i: Min. Interni
Proprietà: privata
Condizione attuale: aperto

Provincia di Belluno
Comune di Feltre
COLLEZIONE "GUARNIERI"
Categoria: musei d'arte
Fonte/i: Guida Regioni d'Italia
Proprietà: privata
Condizione attuale: aperta

Provincia di Belluno
Comune di Feltre

**GALLERIA D'ARTE
MODERNA "RIZZARDA"**
Indirizzo: via del Paradiso 8, tel. 0439/897736
Categoria: musei d'arte
Fonte/i: Istat / Enit / Regione / Touring Club / Guida Regioni d'Italia / Assess. Cultura Bologna
Proprietà: Comune
Condizione attuale: aperta

Provincia di Belluno
Comune di Feltre
MUSEO CIVICO
Indirizzo: via Luzzo 23, tel. 0439/802604
Categoria: musei d'arte e archeologia
Fonte/i: Istat / Enit / Regione / Touring Club / Guida Regioni d'Italia / Assess. Cultura Bologna
Proprietà: Comune
Condizione attuale: aperto

Provincia di Belluno
Comune di Feltre
MUSEO DEL CENTRO CULTURA POPOLARE DEL FELTRINO
Categoria: musei territoriali
Fonte/i: Istat
Proprietà: privata
Condizione attuale: aperto

Provincia di Belluno
Comune di Forno di Zoldo
MUSEO CIVICO DEL CHIODO
Categoria: musei specializzati
Fonte/i: Regione
Proprietà: Comune
Condizione attuale: aperto a richiesta

Provincia di Belluno
Comune di Livinallongo del Col di Lana
MUSEO LADINO
Indirizzo: via Pieve 44
Categoria: musei territoriali
Fonte/i: Regione / Min. Interni
Proprietà: Stato
Condizione attuale: in allestimento

Provincia di Belluno
Comune di Longarone
MUSEO DEL VAJONT
Indirizzo: piazza I Novembre, tel. 0437/771841
Categoria: musei di storia
Fonte/i: Regione / Min. Interni / Assess. Cultura Bologna
Proprietà: Comune

Condizione attuale: aperto

Provincia di Belluno
Comune di Mel
MUSEO CIVICO ARCHEOLOGICO
Categoria: musei d'archeologia
Fonte/i: Regione
Proprietà: Comune
Condizione attuale: aperto

Provincia di Belluno
Comune di Pieve di Cadore
MUSEO CASA DI TIZIANO
Indirizzo: via Arsenale 4, tel. 0435/32262
Categoria: musei specializzati
Fonte/i: Enit / Regione / Touring Club / Guida Regioni d'Italia / Assess. Cultura Bologna
Proprietà: Comune
Condizione attuale: aperto

Provincia di Belluno
Comune di Pieve di Cadore
MUSEO DELL'OCCHIALE
Indirizzo: piazza degli Alpini 35, tel. 0435/500294
Categoria: musei specializzati
Fonte/i: Regione / Assess. Cultura Bologna
Proprietà: privata
Condizione attuale: aperto

Provincia di Belluno
Comune di Pieve di Cadore
MUSEO DELLA MAGNIFICA COMUNITÀ DI CADORE
Indirizzo: piazza Tiziano 2, tel. 0435/32262
Categoria: musei d'arte e archeologia
Fonte/i: Istat / Enit / Regione / Touring Club / Min. Interni / Guida Regioni d'Italia / Assess. Cultura Bologna
Proprietà: privata
Condizione attuale: aperto

Provincia di Belluno
Comune di Pieve di Cadore
MUSEO PALEOVENETO
Indirizzo: piazza Tiziano, tel. 0435/32262
Categoria: musei d'archeologia
Fonte/i: Guida Regioni d'Italia
Proprietà: Comune
Condizione attuale: aperto

Provincia di Belluno
Comune di Pieve di Cadore
MUSEO RISORGIMENTALE
Indirizzo: piazza Tiziano, tel. 0435/32262
Categoria: musei di storia

Fonte/i: Guida Regioni d'Italia
Proprietà: Comune
Condizione attuale: aperto

Provincia di Belluno
Comune di Quero
MUSEO DI STORIA NATURALE
Indirizzo: frazione Schievenin
Categoria: musei di scienza e tecnica
Fonte/i: Min. Interni
Proprietà: Stato
Condizione attuale: aperto a richiesta

Provincia di Belluno
Comune di Sappada
MUSEO CIVICO ETNOGRAFICO "M. G. FONTANA"
Indirizzo: borgata Bach, tel. 0435/69126
Categoria: musei territoriali
Fonte/i: Istat / Enit / Regione / Touring Club / Min. Interni / Guida Regioni d'Italia / Assess. Cultura Bologna
Proprietà: Comune
Condizione attuale: aperto

Provincia di Belluno
Comune di Selva di Cadore
MUSEO CIVICO ETNOGRAFICO
Indirizzo: via IV Novembre 19, tel. 0435/72270
Categoria: musei territoriali
Fonte/i: Regione / Min. Interni / Assess. Cultura Bologna
Proprietà: Comune
Condizione attuale: aperto

Provincia di Belluno
Comune di Taibon Agordino
MUSEO EX CHIESA DI SAN CIPRIANO
Categoria: musei specializzati
Fonte/i: Min. Beni Culturali
Proprietà: ecclesiastica
Condizione attuale: in restauro

Provincia di Belluno
Comune di Tambre
CENTRO DI ECOLOGIA "G. ZANARDO"
Indirizzo: località Pian Cansiglio
Categoria: musei di scienza e tecnica
Fonte/i: Enit / Min. Interni
Proprietà: Stato
Condizione attuale: aperto

Provincia di Belluno
Comune di Tambre
CENTRO ETNOGRAFICO
CULTURA CIMBRA
Indirizzo: località Pian Osteria
Categoria: musei territoriali
Fonte/i: Min. Interni
Proprietà: Stato
Condizione attuale: aperto

Provincia di Belluno
Comune di Vallada Agordina
MUSEO DI STORIA E CULTURA DELLA VAL DEL BIOIS
Indirizzo: frazione Sacchet, tel. 0437/51227
Categoria: musei territoriali
Fonte/i: Istat / Enit / Touring Club / Min. Interni / Guida Regioni d'Italia / Assess. Cultura Bologna
Proprietà: Comune
Condizione attuale: aperto

Provincia di Belluno
Comune di Valle di Cadore
MUSEO CENTRO NATURALISTICO "G. PISA"
Indirizzo: via XX Settembre
Categoria: musei di scienza e tecnica
Fonte/i: Regione / Min. Interni
Proprietà: Comune
Condizione attuale: aperto a richiesta

Provincia di Belluno
Comune di Zoldo Alto
MUSEO DEGLI USI E COSTUMI DELLA VALLE GOIMA
Indirizzo: località Goima
Categoria: musei territoriali
Fonte/i: Min. Interni
Proprietà: Comune
Condizione attuale: aperto

Provincia di Belluno
Comune di Zoppè di Cadore
MUSEO DELLE TRADIZIONI LOCALI
Indirizzo: tel. 0437/78138
Categoria: musei territoriali
Fonte/i: Istat / Enit / Guida Regioni d'Italia / Assess. Cultura Bologna
Proprietà: Comune
Condizione attuale: aperto a richiesta

PROVINCIA DI PADOVA

Provincia di Padova
Comune di Abano Terme
PINACOTECA VILLA "BASSI RATHGEB"
Indirizzo: via Appia

Categoria: musei d'arte
Fonte/i: Regione / Min. Interni
Proprietà: Comune
Condizione attuale: aperta

Provincia di Padova
Comune di Arquà Petrarca
CASA DEL PETRARCA
Indirizzo: via Valleselle 6,
tel. 0429/718126-718294
Categoria: musei specializzati
Fonte/i: Istat / Enit / Touring Club / Guida Regioni d'Italia / Assess. Cultura Bologna
Proprietà: Comune
Condizione attuale: aperta

Provincia di Padova
Comune di Borgoricco
MUSEO DELLA CENTURIAZIONE ROMANA
Indirizzo: via Desman 170, tel. 049/5798013
Categoria: musei d'archeologia
Fonte/i: Regione / Min. Interni / Guida Regioni d'Italia
Proprietà: Comune
Condizione attuale: aperto

Provincia di Padova
Comune di Candiana
MUSEO EX MONASTERO DI SAN MICHELE
Categoria: musei d'arte
Fonte/i: Min. Beni Culturali
Proprietà: ecclesiastica
Condizione attuale: in restauro

Provincia di Padova
Comune di Carrara San Giorgio
MUSEO DELL'ARIA
Indirizzo: castello di San Pelagio, via San Pelagio, tel. 049/5291108
Categoria: musei di scienza e tecnica
Fonte/i: Istat / Enit / Regione / Touring Club / Min. Interni / Assess. Cultura Bologna / Piccoli
Proprietà: privata
Condizione attuale: aperto

Provincia di Padova
Comune di Casale di Scodosia
MUSEO CIVICO ETNOGRAFICO
Indirizzo: via Altaura
Categoria: musei territoriali
Fonte/i: Regione / Min. Interni
Proprietà: Comune
Condizione attuale: aperto

Provincia di Padova
Comune di Cinto Euganeo
MUSEO DEI COLLI EUGANEI
Indirizzo: via Bomba, tel. 0429/94964
Categoria: musei di scienza e tecnica
Fonte/i: Assess. Cultura Bologna
Proprietà: privata
Condizione attuale: aperto

Provincia di Padova
Comune di Cittadella
PINACOTECA DEL DUOMO
Indirizzo: via G. Marconi, tel. 049/5970237
Categoria: musei d'arte
Fonte/i: Enit / Assess. Cultura Bologna / Guida Regioni d'Italia
Proprietà: ecclesiastica
Condizione attuale: in allestimento

Provincia di Padova
Comune di Este
MUSEO NAZIONALE ATESTINO
Indirizzo: via G. Negri 9, tel. 0429/2085
Categoria: musei d'archeologia
Fonte/i: Istat / Enit / Regione / Touring Club / Min. Beni Culturali / Min. Interni / Guida Regioni d'Italia / Assess. Cultura Bologna / Dir. gen. Min. Beni Culturali
Proprietà: Stato
Condizione attuale: aperto

Provincia di Padova
Comune di Fontaniva
MUSEO STORICO-AGRICOLO
Indirizzo: via Chiesa, tel. 049/590012
Categoria: musei territoriali
Fonte/i: Min. Interni / Guida Regioni d'Italia
Proprietà: Comune
Condizione attuale: aperto a richiesta

Provincia di Padova
Comune di Galzignano Terme
GIARDINO "BARBARIGO"
Indirizzo: località Valsanzibio
Categoria: giardini zoolog. botan. naturali
Fonte/i: Enit
Condizione attuale: aperto

Provincia di Padova
Comune di Monselice
MUSEO CIVICO
Categoria: musei d'arte e archeologia
Fonte/i: Istat / Enit
Proprietà: Comune
Condizione attuale: aperto

Provincia di Padova
Comune di Monselice
MUSEO DI ARTE MISSIONARIA CONVENTO DI SAN GIACOMO
Categoria: musei specializzati
Fonte/i: Regione / Min. Beni Culturali
Proprietà: ecclesiastica
Condizione attuale: aperto a richiesta

Provincia di Padova
Comune di Montagnana
MUSEO CIVICO DI STORIA LOCALE "A. GIACOMELLI"
Indirizzo: via Carrarese 24, tel. 0429/83025-81247
Categoria: musei territoriali
Fonte/i: Istat / Enit / Regione / Touring Club / Guida Regioni d'Italia / Assess. Cultura Bologna
Proprietà: Comune
Condizione attuale: aperto

Provincia di Padova
Comune di Padova
MOSTRA STORICA PERMANENTE DELL'UNIVERSITÀ
Indirizzo: via VIII Febbraio 2
Categoria: musei di storia
Fonte/i: Istat
Proprietà: Università
Condizione attuale: aperta a richiesta

Provincia di Padova
Comune di Padova
MUSEI CIVICI: CAPPELLA DEGLI SCROVEGNI
Indirizzo: piazza Eremitani 8, tel. 049/662512
Categoria: musei d'arte
Fonte/i: Istat / Enit / Regione / Assess. Cultura Bologna
Proprietà: Comune
Condizione attuale: aperta

Provincia di Padova
Comune di Padova
MUSEI CIVICI: MUSEO "BOTTACIN"
Indirizzo: piazza Eremitani 8, tel. 049/662512-8750975-8752321
Categoria: musei d'arte
Fonte/i: Istat / Regione / Guida Monaci / Touring Club / Guida Regioni d'Italia / Assess. Cultura Bologna
Proprietà: Comune
Condizione attuale: aperto

Provincia di Padova
Comune di Padova
MUSEI CIVICI: MUSEO ARCHEOLOGICO
Indirizzo: piazza Eremitani 8, tel. 049/662512
Categoria: musei d'arte e archeologia
Fonte/i: Istat / Enit / Regione / Guida Monaci / Touring Club / Assess. Cultura Bologna / Guida Regioni d'Italia
Proprietà: Comune
Condizione attuale: aperto

Provincia di Padova
Comune di Padova
MUSEI CIVICI: MUSEO D'ARTE MEDIEVALE E MODERNA
Indirizzo: piazza Eremitani 8, tel. 049/662512
Categoria: musei d'arte
Fonte/i: Regione / Touring Club / Guida Regioni d'Italia
Proprietà: Comune
Condizione attuale: aperto

Provincia di Padova
Comune di Padova
MUSEO "ENRICO BERNARDI"
Indirizzo: via Venezia 1
Categoria: musei di scienza e tecnica
Fonte/i: Istat
Proprietà: Stato
Condizione attuale: aperto

Provincia di Padova
Comune di Padova
MUSEO ANTONIANO
Indirizzo: basilica di Sant'Antonio, tel. 049/25063
Categoria: musei d'arte
Fonte/i: Istat / Enit / Guida Regioni d'Italia / Assess. Cultura Bologna
Proprietà: ecclesiastica
Condizione attuale: aperto

Provincia di Padova
Comune di Padova
MUSEO DELLA TERZA ARMATA
Indirizzo: via Altinate 59, tel. 049/8750900
Categoria: musei di storia
Fonte/i: Enit / Touring Club / Assess. Cultura Bologna
Proprietà: Stato
Condizione attuale: aperto

Provincia di Padova
Comune di Padova
MUSEO DI ANATOMIA PATOLOGICA
Indirizzo: via A. Gabelli 61

Categoria: musei di scienza e tecnica
Fonte/i: Istat
Proprietà: Università
Condizione attuale: aperto a richiesta

Provincia di Padova
Comune di Padova
**MUSEO DI ANATOMIA
UMANA NORMALE**
Categoria: musei di scienza e tecnica
Fonte/i: Com. it. Icom.
Proprietà: Università
Condizione attuale: aperto a richiesta

Provincia di Padova
Comune di Padova
**MUSEO DI ANTROPOLOGIA
ED ETNOLOGIA**
Indirizzo: via Jappelli 1
Categoria: musei di scienza e tecnica
Fonte/i: Istat
Proprietà: Università
Condizione attuale: aperto a richiesta

Provincia di Padova
Comune di Padova
**MUSEO DI ARCHEOLOGIA
E ARTE DELL'UNIVERSITÀ**
Indirizzo: piazza Capitaniato 7,
tel. 049/660611
Categoria: musei d'arte e archeologia
Fonte/i: Istat / Enit / Assess. Cultura Bologna / Guida Regioni d'Italia
Proprietà: Università
Condizione attuale: aperto a richiesta

Provincia di Padova
Comune di Padova
**MUSEO DI BOTANICA
E FISIOLOGIA VEGETALE**
Indirizzo: via Orto Botanico 15
Categoria: musei di scienza e tecnica
Fonte/i: Istat
Proprietà: Università
Condizione attuale: aperto a richiesta

Provincia di Padova
Comune di Padova
**MUSEO DI CLINICA OSTETRICA E
GINECOLOGICA**
Indirizzo: via Giustiniani 3
Categoria: musei di scienza e tecnica
Fonte/i: Istat
Proprietà: Università
Condizione attuale: aperto a richiesta

Provincia di Padova
Comune di Padova
**MUSEO DI GEOLOGIA E
PALEONTOLOGIA**
Indirizzo: via Giotto 1, tel. 049/664828
Categoria: musei di scienza e tecnica
Fonte/i: Istat / Enit / Assess. Cultura Bologna
Proprietà: Università
Condizione attuale: aperto a richiesta

Provincia di Padova
Comune di Padova
**MUSEO DI MINERALOGIA E
PETROGRAFIA**
Indirizzo: corso Garibaldi 37
Categoria: musei di scienza e tecnica
Fonte/i: Istat
Proprietà: Università
Condizione attuale: aperto a richiesta

Provincia di Padova
Comune di Padova
**MUSEO DI ZOOLOGIA E
ANATOMIA COMPARATA**
Categoria: musei di scienza e tecnica
Fonte/i: Com. it. Icom.
Proprietà: Università
Condizione attuale: aperto a richiesta

Provincia di Padova
Comune di Padova
**MUSEO DIDATTICO
DELL'ISTITUTO DI MACCHINE**
Indirizzo: via Venezia 1
Categoria: musei di scienza e tecnica
Fonte/i: Istat
Proprietà: Università
Condizione attuale: aperto a richiesta

Provincia di Padova
Comune di Padova
**MUSEO DIOCESANO
SAN GREGORIO BARBARIGO**
Indirizzo: via Dietro Duomo 15,
tel. 049/42060
Categoria: musei d'arte
Fonte/i: Istat / Enit / Touring Club / Assess. Cultura Bologna
Proprietà: ecclesiastica
Condizione attuale: chiuso

Provincia di Padova
Comune di Padova
MUSEO MISSIONARIO
Indirizzo: via Santa Croce 18
Categoria: musei specializzati

Fonte/i: Istat
Proprietà: ecclesiastica
Condizione attuale: aperto

Provincia di Padova
Comune di Padova
ORTO BOTANICO
Indirizzo: via Orto Botanico, tel. 049/656614
Categoria: giardini zoolog. botan. naturali
Fonte/i: Istat / Enit / Guida Monaci / Touring Club / Assess. Cultura Bologna / Guida Regioni d'Italia
Proprietà: Università
Condizione attuale: aperto

Provincia di Padova
Comune di Padova
PINACOTECA DELLA CHIESA DI S. TOMMASO BECKETT
Indirizzo: via S. Tommaso 3, tel. 049/8752382
Categoria: musei d'arte
Fonte/i: Istat / Enit / Touring Club / Assess. Cultura Bologna
Proprietà: ecclesiastica
Condizione attuale: aperta

Provincia di Padova
Comune di Padova
SCUOLA DEL SANTO
Categoria: musei d'arte
Fonte/i: Enit
Proprietà: ecclesiastica
Condizione attuale: aperta

Provincia di Padova
Comune di Piazzola Sul Brenta
VILLA "SIMES-CONTARINI", COLLEZIONE "A. SCARPA"
Indirizzo: via Camerini, tel. 049/550238-550347
Categoria: musei etnograf. e/o antropolog.
Fonte/i: Istat / Enit / Guida Regioni d'Italia / Assess. Cultura Bologna
Proprietà: privata
Condizione attuale: aperte

Provincia di Padova
Comune di San Martino di Lupari
MUSEO "UMBRO APOLLONIO"
Indirizzo: Municipio
Categoria: musei d'arte
Fonte/i: Regione / Min. Interni
Proprietà: Comune
Condizione attuale: aperto

Provincia di Padova
Comune di Stanghella
MUSEO CIVICO ETNOGRAFICO
Indirizzo: piazza O. R. Pighin 1, tel. 0425/95025
Categoria: musei di scienza e tecnica
Fonte/i: Regione / Min. Interni / Assess. Cultura Bologna
Proprietà: Comune
Condizione attuale: in restauro

PROVINCIA DI ROVIGO

Provincia di Rovigo
Comune di Adria
MUSEO ARCHEOLOGICO NAZIONALE
Indirizzo: via Badini 59, tel. 0426/21612
Categoria: musei d'archeologia
Fonte/i: Istat / Enit / Touring Club / Min. Beni Culturali / Guida Regioni d'Italia / Assess. Cultura Bologna / Dir. gen. Min. Beni Culturali
Proprietà: Stato
Condizione attuale: aperto

Provincia di Rovigo
Comune di Adria
RACCOLTA DI CARROZZE E CALESSI
Indirizzo: villa Grassi-Baroni, località Baricetta
Categoria: musei specializzati
Fonte/i: Enit
Proprietà: privata
Condizione attuale: aperta a richiesta

Provincia di Rovigo
Comune di Ariano nel Polesine
MUSEO DI SAN BASILIO
Categoria: musei d'arte
Fonte/i: Enit / Min. Interni
Proprietà: Comune
Condizione attuale: aperto

Provincia di Rovigo
Comune di Badia Polesine
MUSEO "A. E. BARUFFALDI"
Indirizzo: piazza Vittorio Emanuele II 32, tel. 0425/52695-53671-51870
Categoria: musei territoriali
Fonte/i: Istat / Enit / Regione / Touring Club / Min. Interni / Guida Regioni d'Italia / Assess. Cultura Bologna
Proprietà: Comune
Condizione attuale: aperto

Provincia di Rovigo
Comune di Castelnovo Bariano

MUSEO CIVICO
Indirizzo: piazza del Municipio
Categoria: musei d'arte e archeologia
Fonte/i: Enit / Regione / Min. Interni
Proprietà: Comune
Condizione attuale: aperto

Provincia di Rovigo
Comune di Melara
MUSEO COMUNALE
Indirizzo: piazza Bernini 4
Categoria: musei d'arte
Fonte/i: Min. Interni
Proprietà: Comune
Condizione attuale: aperto a richiesta

Provincia di Rovigo
Comune di Rovigo
CENTRO STUDI ETNOGRAFICI
Categoria: musei etnograf. e/o antropolog.
Fonte/i: Enit
Proprietà: privata
Condizione attuale: aperto a richiesta

Provincia di Rovigo
Comune di Rovigo
MUSEO ARCHEOLOGICO EX CONVENTO DI SAN BARTOLOMEO
Categoria: musei d'archeologia
Fonte/i: Istat / Enit / Fio / Min. Beni Culturali
Proprietà: Comune
Condizione attuale: in restauro

Provincia di Rovigo
Comune di Rovigo
MUSEO DELLA CIVILTÀ IN POLESINE
Indirizzo: piazzale San Bartolomeo 18, tel. 0425/25077
Categoria: musei territoriali
Fonte/i: Istat / Enit / Regione / Guida Monaci / Touring Club / Assess. Cultura Bologna / Guida Regioni d'Italia
Proprietà: Comune
Condizione attuale: aperto

Provincia di Rovigo
Comune di Rovigo
PINACOTECA DEL SEMINARIO VESCOVILE
Indirizzo: via Tre Martiri 89, tel. 0425/22468-27930
Categoria: musei d'arte
Fonte/i: Istat / Enit / Guida Monaci / Assess. Cultura Bologna / Guida Regioni d'Italia
Proprietà: ecclesiastica
Condizione attuale: aperta a richiesta

Provincia di Rovigo
Comune di Rovigo
PINACOTECA DELL'ACCADEMIA DEI CONCORDI
Indirizzo: piazza Vittorio Emanuele 14, tel. 0425/21654
Categoria: musei d'arte
Fonte/i: Istat / Enit / Regione / Guida Monaci / Touring Club / Assess. Cultura Bologna / Guida Regioni d'Italia
Proprietà: Comune
Condizione attuale: aperta

Provincia di Treviso

Provincia di Treviso
Comune di Asolo
MUSEO CIVICO
Indirizzo: Loggia del Capitano, via Regina Cornaro, tel. 0423/52313
Categoria: musei d'arte e archeologia
Fonte/i: Istat / Enit / Fio / Touring Club / Min. Interni / Guida Regioni d'Italia / Assess. Cultura Bologna
Proprietà: Comune
Condizione attuale: aperto

Provincia di Treviso
Comune di Castelfranco Veneto
MUSEO AGRICOLO VILLA "CORNER TIEPOLO"
Indirizzo: località Sant'Andrea, tel. 0423/43371
Categoria: musei territoriali
Fonte/i: Enit / Guida Regioni d'Italia / Assess. Cultura Bologna
Proprietà: privata
Condizione attuale: aperto

Provincia di Treviso
Comune di Castelfranco Veneto
MUSEO CIVICO DI CASTELFRANCO
Indirizzo: piazzetta Duomo, tel. 0423/491240
Categoria: musei specializzati
Fonte/i: Istat / Regione / Guida Regioni d'Italia
Proprietà: Comune
Condizione attuale: aperto

Provincia di Treviso
Comune di Castello di Gobego
MUSEO ARCHEOLOGICO
Indirizzo: via G. Marconi
Categoria: musei d'archeologia

Fonte/i: Min. Interni
Proprietà: Comune
Condizione attuale: aperto a richiesta

Provincia di Treviso
Comune di Conegliano
CASA NATALE "G. B. CIMA"
Indirizzo: via G. B. Cima 24
Categoria: musei specializzati
Fonte/i: Istat / Enit / Regione
Proprietà: privata
Condizione attuale: aperta

Provincia di Treviso
Comune di Conegliano
MUSEO CIVICO AL CASTELLO
Indirizzo: piazzale Castelvecchio,
tel. 0438/22871
Categoria: musei d'arte
Fonte/i: Istat / Enit / Regione / Touring Club / Guida Regioni d'Italia / Assess. Cultura Bologna
Proprietà: Comune
Condizione attuale: aperto

Provincia di Treviso
Comune di Crocetta sul Montello
MUSEO DI STORIA NATURALE
Indirizzo: villa Ancillotto, via Erizzo 133, tel. 0423/86225
Categoria: musei di scienza e tecnica
Fonte/i: Istat / Enit / Regione / Touring Club / Min. Interni / Guida Regioni d'Italia / Assess. Cultura Bologna
Proprietà: Comune
Condizione attuale: aperto

Provincia di Treviso
Comune di Fonte
MUSEO DEI MESTIERI SCOMPARSI
Indirizzo: località Onè, tel. 0423/564210
Categoria: musei territoriali
Fonte/i: Istat / Enit / Guida Regioni d'Italia / Assess. Cultura Bologna
Proprietà: privata
Condizione attuale: aperto a richiesta

Provincia di Treviso
Comune di Istrana
RACCOLTA DI AUTOMI, GIOCATTOLI MECCANICI, CARILLONS
Indirizzo: villa Lattes
Categoria: musei specializzati
Fonte/i: Enit / Piccoli
Proprietà: Comune
Condizione attuale: aperta

Provincia di Treviso
Comune di Maser
MUSEO DELLE CARROZZE
Indirizzo: villa "Barbaro-Volpi", tel. 0423/565002
Categoria: musei specializzati
Fonte/i: Enit / Touring Club / Min. Interni / Guida Regioni d'Italia / Assess. Cultura Bologna
Proprietà: privata
Condizione attuale: aperto

Provincia di Treviso
Comune di Maserada sul Piave
MUSEO CIVICO NATURALISTICO
Categoria: musei di scienza e tecnica
Fonte/i: Regione / Com. it. Icom.
Proprietà: Comune
Condizione attuale: aperto

Provincia di Treviso
Comune di Mogliano Veneto
MUSEO ETNOGRAFICO
Categoria: musei etnograf. e/o antropolog.
Fonte/i: Istat
Proprietà: Comune
Condizione attuale: chiuso

Provincia di Treviso
Comune di Montebelluna
MUSEO DELLO SCARPONE
Indirizzo: villa Binetti
Categoria: musei specializzati
Fonte/i: Enit / fonti varie
Proprietà: privata
Condizione attuale: aperto

Provincia di Treviso
Comune di Montebelluna
MUSEO DI STORIA E SCIENZE NATURALI "BELLONA"
Indirizzo: via Piave 51, tel. 0423/300465
Categoria: musei di scienza e tecnica
Fonte/i: Istat / Enit / Regione / Touring Club / Guida Regioni d'Italia / Assess. Cultura Bologna
Proprietà: Comune
Condizione attuale: aperto

Provincia di Treviso
Comune di Nervesa della Battaglia
MUSEO DI STORIA NATURALE DEL MONTELLO
Indirizzo: via Bombardieri del Re 1, tel. 0422/773231-774453
Categoria: musei di scienza e tecnica

Fonte/i: Istat / Enit / Touring Club / Min. Interni / Guida Regioni d'Italia / Assess. Cultura Bologna
Proprietà: Comune
Condizione attuale: aperto a richiesta

Provincia di Treviso
Comune di Oderzo
MUSEO ARCHEOLOGICO CIVICO
Indirizzo: via Garibaldi 18, tel. 0422/712345-712344
Categoria: musei d'archeologia
Fonte/i: Istat / Enit / Regione / Touring Club / Guida Regioni d'Italia / Assess. Cultura Bologna
Proprietà: Comune
Condizione attuale: aperto

Provincia di Treviso
Comune di Oderzo
MUSEO ETNOGRAFICO "BRANDOLINI-ROTA"
Indirizzo: via Brandolini 6, tel. 0422/712041-713133
Categoria: musei etnograf. e/o antropolog.
Fonte/i: Istat / Enit / Regione / Touring Club / Guida Regioni d'Italia / Assess. Cultura Bologna
Proprietà: ecclesiastica
Condizione attuale: aperto

Provincia di Treviso
Comune di Oderzo
PINACOTECA "A. MARTINI"
Indirizzo: via Garibaldi 80, tel. 0422/713125
Categoria: musei d'arte
Fonte/i: Istat / Enit / Regione / Touring Club / Guida Regioni d'Italia / Assess. Cultura Bologna
Proprietà: Comune
Condizione attuale: aperta

Provincia di Treviso
Comune di Pieve di Soligo
MUSEO CIVICO "TOTI DAL MONTE"
Indirizzo: frazione Solighetto, tel. 0438/840632
Categoria: musei di storia
Fonte/i: Enit / Regione / Min. Interni / Assess. Cultura Bologna
Proprietà: Comune
Condizione attuale: aperto

Provincia di Treviso
Comune di Ponzano Veneto
RACCOLTA DI COLEOTTERI

"M. BURLINI"
Categoria: musei di scienza e tecnica
Fonte/i: Com. it. Icom.
Proprietà: privata
Condizione attuale: aperta a richiesta

Provincia di Treviso
Comune di Possagno
GIPSOTECA E CASA DEL CANOVA
Indirizzo: via Canova, tel. 0423/544323
Categoria: musei specializzati
Fonte/i: Istat / Enit / Regione / Touring Club / Min. Beni Culturali / Min. Interni / Guida Regioni d'Italia / Assess. Cultura Bologna
Proprietà: privata
Condizione attuale: aperte

Provincia di Treviso
Comune di Preganziol
RACCOLTA ZOOLOGICA "FRANCHETTI", SAN TROVASO
Categoria: musei di scienza e tecnica
Fonte/i: Com. it. Icom.
Proprietà: privata

Provincia di Treviso
Comune di Riese Pio X
CASA E MUSEO "SAN PIO X"
Indirizzo: via Sarto, tel. 0423/483929
Categoria: musei specializzati
Fonte/i: Regione / Min. Interni / Guida Regioni d'Italia
Proprietà: Comune
Condizione attuale: aperti

Provincia di Treviso
Comune di Susegana
MUSEO DEL VINO E DELLA VITA AGRICOLA
Indirizzo: via Barriera 35, tel. 0438/450203
Categoria: musei territoriali
Fonte/i: Assess. Cultura Bologna
Proprietà: privata
Condizione attuale: aperto

Provincia di Treviso
Comune di Treviso
MUSEO CIVICO "LUIGI BAILO"
Indirizzo: borgo Cavour 24, tel. 0422/51337
Categoria: musei d'arte e archeologia
Fonte/i: Istat / Enit / Regione / Guida Monaci / Touring Club / Assess. Cultura Bologna / Guida Regioni d'Italia
Proprietà: Comune
Condizione attuale: aperto

Provincia di Treviso
Comune di Treviso
**MUSEO DELLA CASA TREVIGIANA
"CASA DA NOAL"**
Indirizzo: via Canova 38, tel. 0422/54495
Categoria: musei d'arte
Fonte/i: Istat / Enit / Guida Monaci / Touring Club / Guida Regioni d'Italia
Proprietà: Comune
Condizione attuale: chiuso

Provincia di Treviso
Comune di Treviso
**MUSEO DELLE ARTI
E DELLE TRADIZIONI**
Indirizzo: villa Zen, viale Felissent 2
Categoria: musei territoriali
Fonte/i: Enit
Proprietà: privata
Condizione attuale: aperto a richiesta

Provincia di Treviso
Comune di Treviso
MUSEO DIOCESANO
Indirizzo: piazzetta Benedetto XI, tel. 0422/542322
Categoria: musei d'arte
Fonte/i: Istat / Enit / Regione / Guida Monaci / Touring Club / Assess. Cultura Bologna / Guida Regioni d'Italia
Proprietà: ecclesiastica
Condizione attuale: aperto

Provincia di Treviso
Comune di Treviso
**MUSEO EX CHIESA
DI SANTA CATERINA**
Categoria: musei d'arte
Fonte/i: Min. Beni Culturali
Proprietà: Comune
Condizione attuale: in restauro

Provincia di Treviso
Comune di Treviso
MUSEO ZOOLOGICO "G. SCARPA"
Indirizzo: piazzetta Benedetto XI, tel. 0422/542322
Categoria: musei di scienza e tecnica
Fonte/i: Istat / Enit / Guida Monaci / Touring Club / Assess. Cultura Bologna / Guida Regioni d'Italia
Proprietà: ecclesiastica
Condizione attuale: aperto

Provincia di Treviso
Comune di Treviso
**RACCOLTA DEI MANIFESTI
"N. SALCE"**
Indirizzo: borgo Cavour 24
Categoria: musei specializzati
Fonte/i: Istat / Enit / Guida Monaci / Touring Club / Assess. Cultura Bologna / Guida Regioni d'Italia / Piccoli
Proprietà: Comune
Condizione attuale: aperta a richiesta

Provincia di Treviso
Comune di Treviso
**RACCOLTE NATURALISTICHE
ISTITUTO TECNICO "RICCATI"**
Categoria: musei di scienza e tecnica
Fonte/i: Com. it. Icom.
Proprietà: Stato
Condizione attuale: aperto a richiesta

Provincia di Treviso
Comune di Vittorio Veneto
MUSEO DEL CENEDESE
Indirizzo: piazza M. A. Flaminio, tel. 0438/57103-57931
Categoria: musei d'arte e archeologia
Fonte/i: Istat / Regione / Touring Club / Guida Regioni d'Italia / Assess. Cultura Bologna
Proprietà: Comune
Condizione attuale: aperto

Provincia di Treviso
Comune di Vittorio Veneto
MUSEO DELLA BATTAGLIA
Indirizzo: piazza Cattedrale, tel. 0438/57695
Categoria: musei di storia
Fonte/i: Istat / Enit / Regione / Touring Club / Guida Regioni d'Italia / Assess. Cultura Bologna / Piccoli
Proprietà: Comune
Condizione attuale: aperto

Provincia di Treviso
Comune di Vittorio Veneto
MUSEO DIOCESANO
Indirizzo: Seminario arcivescovile, piazza Cattedrale, tel. 0438/554747
Categoria: musei d'arte
Fonte/i: Regione / Touring Club / Min. Beni Culturali / Assess. Cultura Bologna
Proprietà: ecclesiastica
Condizione attuale: aperto

Provincia di Treviso
Comune di Vittorio Veneto
MUSEO FONDAZIONE

"MINUCCIO MINUCCI"
Categoria: musei specializzati
Fonte/i: Istat
Proprietà: privata
Condizione attuale: chiuso

Provincia di Treviso
Comune di Volpago del Montello
RACCOLTE ETNOLOGICHE E ZOOLOGICHE "J. GASPARINI"
Categoria: musei di scienza e tecnica
Fonte/i: Com. it. Icom.

PROVINCIA DI VENEZIA

Provincia di Venezia
Comune di Caorle
MUSEO CIVICO CAPRULANO
Indirizzo: Rio Terrà delle Botteghe, tel. 0421/81542
Categoria: musei d'archeologia
Fonte/i: Touring Club / Min. Interni / Assess. Cultura Bologna
Proprietà: Comune
Condizione attuale: in restauro

Provincia di Venezia
Comune di Caorle
MUSEO SACRO DI SANTO STEFANO
Indirizzo: piazza Vescovado, tel. 0421/81028
Categoria: musei specializzati
Fonte/i: Istat / Enit / Regione / Touring Club / Min. Interni / Assess. Cultura Bologna
Proprietà: ecclesiastica
Condizione attuale: aperto a richiesta

Provincia di Venezia
Comune di Chioggia
COLLEZIONI DI BIOLOGIA MARINA
Indirizzo: Stazione idrobiologica
Categoria: musei di scienza e tecnica
Fonte/i: Istat
Proprietà: Stato
Condizione attuale: aperte

Provincia di Venezia
Comune di Chioggia
MUSEO DEL SEMINARIO VESCOVILE
Indirizzo: Seminario vescovile
Categoria: musei specializzati
Fonte/i: Istat
Proprietà: ecclesiastica
Condizione attuale: aperto

Provincia di Venezia
Comune di Concordia Sagittaria
MUSEO CIVICO ARCHEOLOGICO
Indirizzo: via I Maggio, tel. 0421/270442
Categoria: musei d'archeologia
Fonte/i: Regione / Assess. Cultura Bologna
Proprietà: Comune
Condizione attuale: aperto

Provincia di Venezia
Comune di Fossalta di Portogruaro
MUSEO "IPPOLITO NIEVO"
Indirizzo: via Cavour 28
Categoria: musei specializzati
Fonte/i: Min. Interni
Proprietà: Comune
Condizione attuale: aperto

Provincia di Venezia
Comune di Noale
MUSEO CIVICO PINACOTECA
Categoria: musei d'arte
Fonte/i: Regione
Proprietà: Comune
Condizione attuale: aperto

Provincia di Venezia
Comune di Portogruaro
MUSEO NAZIONALE CONCORDIESE
Indirizzo: via Seminario, tel. 0421/72674-76624
Categoria: musei d'archeologia
Fonte/i: Istat / Enit / Touring Club / Guida Regioni d'Italia / Assess. Cultura Bologna / Dir. gen. Min. Beni Culturali
Proprietà: Stato
Condizione attuale: aperto

Provincia di Venezia
Comune di Quarto d'Altino
MUSEO ARCHEOLOGICO DI ALTINO
Indirizzo: via Eliodoro 27, tel. 0422/782184-829008
Categoria: musei d'archeologia
Fonte/i: Istat / Enit / Guida Monaci / Touring Club / Min. Beni Culturali / Min. Interni / Guida Regioni d'Italia / Assess. Cultura Bologna / Dir. gen. Min. Beni Culturali
Proprietà: Stato
Condizione attuale: aperto

Provincia di Venezia
Comune di Salzano
MUSEO "PIO X"
Indirizzo: piazza Pio X
Categoria: musei di storia
Fonte/i: Min. Interni
Proprietà: ecclesiastica

Condizione attuale: aperto a richiesta

Provincia di Venezia
Comune di San Donà di Piave
MUSEO DELLA BONIFICA
Categoria: musei specializzati
Fonte/i: Regione
Proprietà: Comune
Condizione attuale: aperto

Provincia di Venezia
Comune di Stra
VILLA NAZIONALE "PISANI"
Indirizzo: via Doge Pisani 7, tel. 049/502074
Categoria: musei d'arte
Fonte/i: Istat / Enit / Fio / Min. Beni Culturali
Proprietà: Stato
Condizione attuale: aperta

Provincia di Venezia
Comune di Venezia
ACQUARIO
Indirizzo: Castello 4259, tel. 041/5207770
Categoria: acquari
Fonte/i: Istat / Enit / Guida Monaci
Proprietà: Comune
Condizione attuale: aperto

Provincia di Venezia
Comune di Venezia
ARCHIVIO STORICO DELLA BIENNALE DI VENEZIA
Indirizzo: Ca' Corner della Regina, Santa Croce 2214, tel. 041/5210711
Categoria: musei d'arte
Fonte/i: Enit / Guida Regioni d'Italia
Proprietà: privata
Condizione attuale: aperto a richiesta

Provincia di Venezia
Comune di Venezia
CASA "GOLDONI"
Indirizzo: San Toma' 2794, San Polo, tel. 041/5236353
Categoria: musei specializzati
Fonte/i: Istat / Enit / Regione / Guida Monaci / Touring Club / Assess. Cultura Bologna / Guida Regioni d'Italia
Proprietà: Comune
Condizione attuale: aperta

Provincia di Venezia
Comune di Venezia
CENTRO STUDI DI STORIA DEL TESSUTO E DEL COSTUME
Indirizzo: S. Stae 1992, tel. 041/721798
Categoria: musei d'arte
Fonte/i: Assess. Cultura Bologna
Proprietà: privata
Condizione attuale: aperto

Provincia di Venezia
Comune di Venezia
COLLEZIONE "CA' DEL DUCA"
Indirizzo: San Samuele 3052, tel. 041/32935
Categoria: musei specializzati
Fonte/i: Istat / Enit / Guida Monaci / Guida Regioni d'Italia
Proprietà: privata
Condizione attuale: aperta

Provincia di Venezia
Comune di Venezia
COLLEZIONE "PEGGY GUGGENHEIM"
Indirizzo: Dorsoduro 701, tel. 041/5206288
Categoria: musei d'arte
Fonte/i: Istat / Enit / Regione / Guida Monaci / Touring Club / Assess. Cultura Bologna / Guida Regioni d'Italia
Proprietà: privata
Condizione attuale: aperta

Provincia di Venezia
Comune di Venezia
FONDAZIONE "BEVILACQUA LA MASIA"
Indirizzo: San Marco 4557, tel. 041/5208955-5208879
Categoria: musei d'arte
Fonte/i: Assess. Cultura Bologna
Proprietà: privata
Condizione attuale: aperta

Provincia di Venezia
Comune di Venezia
FONDAZIONE "CINI"
Indirizzo: Dorsoduro 864, tel. 041/5210755
Categoria: musei d'arte
Fonte/i: Enit / Touring Club / Assess. Cultura Bologna
Proprietà: privata
Condizione attuale: aperta

Provincia di Venezia
Comune di Venezia
GALLERIA "GIORGIO FRANCHETTI" ALLA "CA' D'ORO"
Indirizzo: Cannaregio 3933/3934, tel. 041/5238790
Categoria: musei d'arte
Fonte/i: Istat / Enit / Guida Monaci / Touring

Club / Min. Beni Culturali / Assess. Cultura Bologna / Dir. gen. Min. Beni Culturali / Guida Regioni d'Italia
Proprietà: Stato
Condizione attuale: aperta

Provincia di Venezia
Comune di Venezia
GALLERIA INTERNAZIONALE D'ARTE MODERNA "CA' PESARO"
Indirizzo: Santa Croce 2078, tel. 041/721127
Categoria: musei d'arte
Fonte/i: Istat / Enit / Regione / Guida Monaci / Touring Club / Assess. Cultura Bologna / Guida Regioni d'Italia
Proprietà: Comune
Condizione attuale: aperta

Provincia di Venezia
Comune di Venezia
GALLERIE DELL'ACCADEMIA
Indirizzo: Dorsoduro 1023, tel. 041/5222247
Categoria: musei d'arte
Fonte/i: Istat / Enit / Guida Monaci / Touring Club / Assess. Cultura Bologna / Dir. gen. Min. Beni culturali / Guida Regioni d'Italia
Proprietà: Stato
Condizione attuale: aperte

Provincia di Venezia
Comune di Venezia
MESTRE: MUSEO DELLA TERRAFERMA VENEZIANA
Categoria: musei specializzati
Fonte/i: Istat / Enit
Proprietà: Comune
Condizione attuale: aperto

Provincia di Venezia
Comune di Venezia
MOSTRA CIMELI DELLA BIBLIOTECA NAZIONALE MARCIANA
Indirizzo: piazzetta San Marco 13, tel. 041/5208788
Categoria: musei specializzati
Fonte/i: Istat / Enit / Guida Monaci / Touring Club / Min. Beni Culturali / Assess. Cultura Bologna / Guida Regioni d'Italia
Proprietà: Stato
Condizione attuale: aperta a richiesta

Provincia di Venezia
Comune di Venezia
MUSEO "V. FANO" DELLA COMUNITÀ ISRAELITICA
Indirizzo: Cannaregio 2902, tel. 041/715359

Categoria: musei specializzati
Fonte/i: Istat / Enit / Regione / Guida Monaci / Touring Club / Assess. Cultura Bologna / Guida Regioni d'Italia
Proprietà: privata
Condizione attuale: aperto

Provincia di Venezia
Comune di Venezia
MUSEO ARCHEOLOGICO NAZIONALE
Indirizzo: piazza San Marco 52, tel. 041/5225978
Categoria: musei d'archeologia
Fonte/i: Istat / Enit / Guida Monaci / Touring Club / Min. Beni Culturali / Assess. Cultura Bologna / Dir. gen. Min. Beni Culturali / Guida Regioni d'Italia
Proprietà: Stato
Condizione attuale: aperto

Provincia di Venezia
Comune di Venezia
MUSEO DEL GRAMMOFONO "GIORGIO GANDI"
Categoria: musei specializzati
Fonte/i: Istat
Proprietà: privata
Condizione attuale: chiuso

Provincia di Venezia
Comune di Venezia
MUSEO DEL MERLETTO
Indirizzo: Burano, piazza Galuppi, tel. 041/730034
Categoria: musei specializzati
Fonte/i: Istat / Enit / Touring Club / Assess. Cultura Bologna / Piccoli
Proprietà: Comune
Condizione attuale: aperto

Provincia di Venezia
Comune di Venezia
MUSEO DEL RISORGIMENTO
Indirizzo: piazza San Marco 52, tel. 041/5225625-5222185
Categoria: musei di storia
Fonte/i: Istat / Enit / Regione / Guida Monaci / Guida Regioni d'Italia
Proprietà: Comune
Condizione attuale: aperto

Provincia di Venezia
Comune di Venezia
MUSEO DEL SETTECENTO VENEZIANO "CA' REZZONICO"
Indirizzo: Dorsoduro 3136, San Barnaba,

tel. 041/5224543
Categoria: musei d'arte
Fonte/i: Istat / Enit / Regione / Guida Monaci / Touring Club / Assess. Cultura Bologna / Guida Regioni d'Italia
Proprietà: Comune
Condizione attuale: aperto

Provincia di Venezia
Comune di Venezia
MUSEO DELL'ESTUARIO
Indirizzo: Torcello, piazza Cattedrale, tel. 041/730761
Categoria: musei d'archeologia
Fonte/i: Istat / Enit / Regione / Guida Monaci / Touring Club / Min. Beni Culturali / Assess. Cultura Bologna / Guida Regioni d'Italia
Proprietà: Provincia
Condizione attuale: aperto

Provincia di Venezia
Comune di Venezia
MUSEO DELL'ISTITUTO ELLENICO DI STUDI BIZANTINI
Indirizzo: Castello 3412, tel. 041/5226581
Categoria: musei d'arte
Fonte/i: Istat / Enit / Guida Monaci / Touring Club / Guida Regioni d'Italia / Assess. Cultura Bologna
Proprietà: privata
Condizione attuale: aperto

Provincia di Venezia
Comune di Venezia
MUSEO DELLA FONDAZIONE "QUERINI-STAMPALIA"
Indirizzo: Castello, San Zaccaria, tel. 041/5225235-5203433
Categoria: musei d'arte
Fonte/i: Istat / Enit / Regione / Guida Monaci / Touring Club / Min. Beni Culturali / Assess. Cultura Bologna / Guida Regioni d'Italia
Proprietà: privata
Condizione attuale: aperto

Provincia di Venezia
Comune di Venezia
MUSEO DELLA SCUOLA DALMATA DI SAN GIORGIO
Indirizzo: Castello 3259/A, tel. 041/5228828
Categoria: musei d'arte
Fonte/i: Istat / Enit / Touring Club / Guida Regioni d'Italia / Assess. Cultura Bologna
Proprietà: ecclesiastica
Condizione attuale: aperto

Provincia di Venezia
Comune di Venezia
MUSEO DELLA SCUOLA GRANDE DEL CARMINE
Indirizzo: Dorsoduro 2900, tel. 041/5289420
Categoria: musei d'arte
Fonte/i: Istat / Enit / Touring Club / Guida Regioni d'Italia / Assess. Cultura Bologna
Proprietà: ecclesiastica
Condizione attuale: aperto

Provincia di Venezia
Comune di Venezia
MUSEO DELLA SCUOLA GRANDE DI SAN GIOVANNI EVANGELISTA
Indirizzo: San Polo 2454, tel. 041/718234
Categoria: musei d'arte
Fonte/i: Istat / Enit / Touring Club / Guida Regioni d'Italia / Assess. Cultura Bologna
Proprietà: ecclesiastica
Condizione attuale: aperto

Provincia di Venezia
Comune di Venezia
MUSEO DELLA SCUOLA GRANDE DI SAN ROCCO
Indirizzo: sestiere San Polo, tel. 041/5234864
Categoria: musei d'arte
Fonte/i: Istat / Enit / Regione / Touring Club / Guida Regioni d'Italia / Assess. Cultura Bologna
Proprietà: ecclesiastica
Condizione attuale: aperto

Provincia di Venezia
Comune di Venezia
MUSEO DI ARTE ORIENTALE
Indirizzo: Santa Croce 2076, tel. 041/5241173
Categoria: musei specializzati
Fonte/i: Istat / Enit / Guida Monaci / Touring Club / Assess. Cultura Bologna / Dir. gen. Min. Beni culturali / Guida Regioni d'Italia
Proprietà: Stato
Condizione attuale: aperto

Provincia di Venezia
Comune di Venezia
MUSEO DI PALAZZO "FORTUNY"
Indirizzo: campo San Benedetto 3780, tel. 041/5200995
Categoria: musei specializzati
Fonte/i: Istat / Enit / Touring Club / Guida Regioni d'Italia / Assess. Cultura Bologna
Proprietà: Comune
Condizione attuale: aperto

Provincia di Venezia
Comune di Venezia
MUSEO DI PALAZZO "GRASSI"
Categoria: musei specializzati
Fonte/i: Istat / Enit
Proprietà: privata
Condizione attuale: aperto

Provincia di Venezia
Comune di Venezia
MUSEO DI PALAZZO "MOCENIGO"
Categoria: musei d'arte
Fonte/i: Istat / Enit / Regione
Proprietà: Comune
Condizione attuale: aperto

Provincia di Venezia
Comune di Venezia
MUSEO DI PALAZZO DUCALE
Indirizzo: piazza San Marco, tel. 041/5224951
Categoria: musei d'arte
Fonte/i: Istat / Enit / Guida Monaci / Touring Club / Guida Regioni d'Italia / Assess. Cultura Bologna
Proprietà: Stato
Condizione attuale: aperto

Provincia di Venezia
Comune di Venezia
MUSEO DI STORIA NATURALE
Indirizzo: Santa Croce 1730, tel. 041/5240885
Categoria: musei di scienza e tecnica
Fonte/i: Istat / Enit / Guida Monaci / Touring Club / Assess. Cultura Bologna / Guida Regioni d'Italia
Proprietà: Comune
Condizione attuale: aperto

Provincia di Venezia
Comune di Venezia
MUSEO DIOCESANO DI SANTA APOLLONIA
Indirizzo: Ponte della Canonica, tel. 041/5229166
Categoria: musei specializzati
Fonte/i: Istat / Enit / Regione / Touring Club / Guida Regioni d'Italia / Assess. Cultura Bologna
Proprietà: ecclesiastica
Condizione attuale: aperto

Provincia di Venezia
Comune di Venezia
MUSEO E PINACOTECA "CORRER"
Indirizzo: piazza San Marco 52, tel. 041/5225625
Categoria: musei d'arte
Fonte/i: Istat / Enit / Regione / Guida Monaci / Touring Club / Assess. Cultura Bologna / Guida Regioni d'Italia
Proprietà: Comune
Condizione attuale: aperti

Provincia di Venezia
Comune di Venezia
MUSEO E TESORO DELLA BASILICA DI SAN MARCO
Indirizzo: piazza San Marco, tel. 041/5225697
Categoria: musei specializzati
Fonte/i: Enit / Guida Monaci / Touring Club / Assess. Cultura Bologna / Guida Regioni d'Italia
Proprietà: ecclesiastica
Condizione attuale: aperti

Provincia di Venezia
Comune di Venezia
MUSEO PARROCCHIALE SAN PIETRO MARTIRE
Indirizzo: Murano
Categoria: musei specializzati
Fonte/i: Regione
Proprietà: ecclesiastica
Condizione attuale: aperto a richiesta

Provincia di Venezia
Comune di Venezia
MUSEO STORICO NAVALE
Indirizzo: Castello, riva degli Schiavoni 2148, tel. 041/5200276
Categoria: musei di storia
Fonte/i: Istat / Enit / Guida Monaci / Touring Club / Assess. Cultura Bologna / Guida Regioni d'Italia
Proprietà: Stato
Condizione attuale: aperto

Provincia di Venezia
Comune di Venezia
MUSEO VETRARIO ANTICO E MODERNO
Indirizzo: Murano, palazzo Giustiniani, tel. 041/739586
Categoria: musei specializzati
Fonte/i: Istat / Enit / Regione / Guida Monaci / Touring Club / Assess. Cultura Bologna / Guida Regioni d'Italia / Piccoli
Proprietà: Comune
Condizione attuale: aperto

Provincia di Venezia
Comune di Venezia

PINACOTECA E MUSEO DI SAN LAZZARO DEGLI ARMENI
Indirizzo: isola di San Lazzaro degli Armeni, tel. 041/5260104
Categoria: musei d'arte
Fonte/i: Istat / Enit / Guida Monaci / Touring Club / Assess. Cultura Bologna / Guida Regioni d'Italia
Proprietà: ecclesiastica
Condizione attuale: aperti

Provincia di Venezia
Comune di Venezia
PINACOTECA MANFREDINIANA E SEMINARIO PATRIARCALE
Indirizzo: Dorsoduro 1, tel. 041/5237951
Categoria: musei d'arte
Fonte/i: Istat / Enit / Guida Monaci / Touring Club / Assess. Cultura Bologna / Guida Regioni d'Italia
Proprietà: ecclesiastica
Condizione attuale: aperti a richiesta

PROVINCIA DI VERONA

Provincia di Verona
Comune di Albaredo d'Adige
MUSEO DELLA NAVIGAZIONE FLUVIALE, ARTI E MESTIERI
Categoria: musei territoriali
Fonte/i: Regione
Proprietà: Comune
Condizione attuale: aperto a richiesta

Provincia di Verona
Comune di Arcole
MUSEO NAPOLEONICO "G. A. ANTONELLI"
Indirizzo: via Nuova
Categoria: musei di storia
Fonte/i: Regione / Min. Interni / Assess. Cultura Bologna
Proprietà: Comune
Condizione attuale: aperto

Provincia di Verona
Comune di Bosco Chiesanuova
MUSEO CIVICO LA LESSINIA: L'UOMO E L'AMBIENTE
Indirizzo: via Spiazzi 4, tel. 045/7050022
Categoria: musei territoriali
Fonte/i: Regione / Min. Interni / Assess. Cultura Bologna
Proprietà: Comune
Condizione attuale: aperto

Provincia di Verona
Comune di Caprino Veronese
MUSEO CIVICO
Indirizzo: villa Carlotti, piazza Roma 6, tel. 045/7241888
Categoria: musei d'arte e archeologia
Fonte/i: Istat / Enit / Regione / Touring Club / Guida Regioni d'Italia / Assess. Cultura Bologna
Proprietà: Comune
Condizione attuale: aperto

Provincia di Verona
Comune di Cavaion Veronese
MUSEO CIVICO ARCHEOLOGICO
Categoria: musei d'archeologia
Fonte/i: Regione
Proprietà: Comune
Condizione attuale: aperto

Provincia di Verona
Comune di Cologna Veneta
MUSEO ARCHEOLOGICO COMUNALE
Indirizzo: piazza Duomo, tel. 0442/40662-410667
Categoria: musei d'archeologia
Fonte/i: Istat / Enit / Regione / Touring Club / Min. Interni / Guida Regioni d'Italia / Assess. Cultura Bologna
Proprietà: Comune
Condizione attuale: aperto

Provincia di Verona
Comune di Dolcè
VILLA "DEL BENE"
Indirizzo: località Volargne, tel. 045/6860065
Categoria: musei d'arte
Fonte/i: Istat / Enit / Dir. gen. Min. Beni Culturali
Proprietà: Stato
Condizione attuale: aperta a richiesta

Provincia di Verona
Comune di Fumane
MUSEO DI MOLINA
Indirizzo: via B. Bacilieri
Categoria: musei territoriali
Fonte/i: Min. Interni
Proprietà: privata
Condizione attuale: aperto a richiesta

Provincia di Verona
Comune di Gazzo Veronese
MUSEO CIVICO ARCHEOLOGICO
Indirizzo: piazza Gazzo 14
Categoria: musei d'archeologia

Fonte/i: Min. Interni / Assess. Cultura Bologna
Proprietà: Comune
Condizione attuale: aperto

Provincia di Verona
Comune di Legnago
MUSEO DELLA FONDAZIONE "FIORONI"
Indirizzo: via Matteotti 39, tel. 0442/20052
Categoria: musei d'arte e archeologia
Fonte/i: Istat / Enit / Regione / Touring Club / Guida Regioni d'Italia / Assess. Cultura Bologna
Proprietà: privata
Condizione attuale: aperto

Provincia di Verona
Comune di Malcesine
MUSEO DEL CASTELLO SCALIGERO
Indirizzo: via del Castello, tel. 045/7400837
Categoria: musei d'arte e archeologia
Fonte/i: Istat / Enit / Regione / Touring Club / Min. Interni / Guida Regioni d'Italia / Assess. Cultura Bologna
Proprietà: Comune
Condizione attuale: aperto

Provincia di Verona
Comune di Oppeano
MUSEO ARCHEOLOGICO
Indirizzo: Municipio
Categoria: musei d'archeologia
Fonte/i: Min. Interni
Proprietà: Comune
Condizione attuale: aperto a richiesta

Provincia di Verona
Comune di Povegliano Veronese
MUSEO ARCHEOLOGICO
Indirizzo: villa Balladoro
Categoria: musei d'archeologia
Fonte/i: Min. Interni
Proprietà: Comune
Condizione attuale: aperto a richiesta

Provincia di Verona
Comune di Rivoli Veronese
MUSEO DEL RISORGIMENTO
Indirizzo: piazza Napoleone I, tel. 045/7281166
Categoria: musei di storia
Fonte/i: Istat / Enit / Regione / Touring Club / Min. Interni / Guida Regioni d'Italia / Assess. Cultura Bologna
Proprietà: privata

Condizione attuale: aperto

Provincia di Verona
Comune di Roncà
MUSEO DEI FOSSILI
Indirizzo: via Piazza, tel. 045/7460677
Categoria: musei di scienza e tecnica
Fonte/i: Istat / Enit / Regione / Touring Club / Guida Regioni d'Italia / Assess. Cultura Bologna
Proprietà: Comune
Condizione attuale: aperto a richiesta

Provincia di Verona
Comune di San Bonifacio
MUSEO CIVICO
Indirizzo: via G. Marconi
Categoria: musei d'arte e archeologia
Fonte/i: Regione / Min. Interni
Proprietà: Comune
Condizione attuale: aperto a richiesta

Provincia di Verona
Comune di Sant'Ambrogio di Valpolicella
MUSEO DELLA PIEVE
Indirizzo: piazza della Pieve
Categoria: musei specializzati
Fonte/i: Min. Interni
Proprietà: Comune
Condizione attuale: aperto a richiesta

Provincia di Verona
Comune di Sant'Anna d'Alfaedo
MUSEO DI STORIA NATURALE
Indirizzo: via Roma 4, tel. 045/6520502
Categoria: musei territoriali
Fonte/i: Istat / Enit / Regione / Min. Interni / Guida Regioni d'Italia / Assess. Cultura Bologna
Proprietà: Comune
Condizione attuale: aperto a richiesta

Provincia di Verona
Comune di Selva di Progno
MUSEO ETNOGRAFICO "MONSIGNOR CAPPELLETTI"
Indirizzo: frazione Giazza
Categoria: musei territoriali
Fonte/i: Istat / Enit / Regione / Min. Interni / Guida Regioni d'Italia
Proprietà: privata
Condizione attuale: aperto

Provincia di Verona
Comune di Torri del Benaco
MUSEO DEL CASTELLO

Indirizzo: via Fratelli Lavanda
Categoria: musei d'arte
Fonte/i: Min. Interni
Proprietà: Comune
Condizione attuale: aperto

Provincia di Verona
Comune di Velo Veronese
MUSEO DEI FOSSILI DELLA LESSINIA
Indirizzo: frazione Covolo di Camposilvano, tel. 045/7835600
Categoria: musei di scienza e tecnica
Fonte/i: Istat / Enit / Regione / Touring Club / Min. Interni / Guida Regioni d'Italia / Assess. Cultura Bologna
Proprietà: privata
Condizione attuale: aperto a richiesta

Provincia di Verona
Comune di Verona
GALLERIA D'ARTE MODERNA "FORTI"
Indirizzo: via A. Forti 1, tel. 045/8001903
Categoria: musei d'arte
Fonte/i: Istat / Enit / Regione / Guida Monaci / Touring Club / Assess. Cultura Bologna / Guida Regioni d'Italia
Proprietà: Comune
Condizione attuale: aperta

Provincia di Verona
Comune di Verona
GIARDINO ZOOLOGICO
Categoria: giardini zoolog. botan. naturali
Fonte/i: Istat
Proprietà: Comune
Condizione attuale: aperto

Provincia di Verona
Comune di Verona
MUSEO "MINISCALCHI ERIZZO"
Indirizzo: via San Mammaso 2/A, tel. 045/32484
Categoria: musei d'arte e archeologia
Fonte/i: Istat / Enit / Regione / Guida Monaci / Touring Club / Assess. Cultura Bologna / Guida Regioni d'Italia
Proprietà: privata
Condizione attuale: aperto

Provincia di Verona
omune di Verona
MUSEO AFRICANO DEI MISSIONARI COMBONIANI
Indirizzo: vicolo Pozzo 1, tel. 045/8002418-8003534
Categoria: musei etnograf. e/o antropolog.

Fonte/i: Istat / Enit / Regione / Guida Monaci / Touring Club / Assess. Cultura Bologna / Guida Regioni d'Italia
Proprietà: ecclesiastica
Condizione attuale: aperto

Provincia di Verona
Comune di Verona
MUSEO ARCHEOLOGICO AL TEATRO ROMANO
Indirizzo: Rigaste Redentore, tel. 045/25360-8000360
Categoria: musei d'archeologia
Fonte/i: Istat / Enit / Regione / Guida Monaci / Touring Club / Assess. Cultura Bologna / Guida Regioni d'Italia
Proprietà: Comune
Condizione attuale: aperto

Provincia di Verona
Comune di Verona
MUSEO DEGLI AFFRESCHI "G. B. CAVALCASELLE"
Indirizzo: via del Pontiere 25, tel. 045/25361-8000361
Categoria: musei d'arte e archeologia
Fonte/i: Istat / Enit / Regione / Guida Monaci / Touring Club / Assess. Cultura Bologna / Guida Regioni d'Italia
Proprietà: Comune
Condizione attuale: aperto

Provincia di Verona
Comune di Verona
MUSEO DEL RISORGIMENTO
Categoria: musei di storia
Fonte/i: Istat / Enit
Proprietà: Comune
Condizione attuale: aperto

Provincia di Verona
Comune di Verona
MUSEO DELLE CARROZZE DELL'OTTOCENTO
Indirizzo: viale del Lavoro 8, tel. 045/588111
Categoria: musei specializzati
Fonte/i: Guida Monaci / Guida Regioni d'Italia
Proprietà: Comune
Condizione attuale: aperto

Provincia di Verona
Comune di Verona
MUSEO DI CASTELVECCHIO
Indirizzo: corso Castelvecchio 2, tel. 045/594734-27817-8005817

Categoria: musei d'arte
Fonte/i: Istat / Enit / Regione / Guida Monaci / Touring Club / Assess. Cultura Bologna / Guida Regioni d'Italia
Proprietà: Comune
Condizione attuale: aperto

Provincia di Verona
Comune di Verona
MUSEO DI STORIA NATURALE
Indirizzo: lungadige Porta Vittoria 9, tel. 045/596514-8001987
Categoria: musei di scienza e tecnica
Fonte/i: Istat / Enit / Regione / Guida Monaci / Touring Club / Assess. Cultura Bologna / Guida Regioni d'Italia
Proprietà: Comune
Condizione attuale: aperto

Provincia di Verona
Comune di Verona
MUSEO E PINACOTECA DELLA BIBLIOTECA CAPITOLARE
Indirizzo: piazza Duomo 13, tel. 045/596516
Categoria: musei d'arte
Fonte/i: Istat / Enit / Regione / Guida Monaci / Touring Club / Assess. Cultura Bologna / Guida Regioni d'Italia
Proprietà: ecclesiastica
Condizione attuale: aperti

Provincia di Verona
Comune di Verona
MUSEO LAPIDARIO "S. MAFFEI"
Indirizzo: piazza Bra 28, tel. 045/590087
Categoria: musei d'archeologia
Fonte/i: Istat / Enit / Regione / Guida Monaci / Touring Club / Assess. Cultura Bologna / Guida Regioni d'Italia
Proprietà: Comune
Condizione attuale: aperto

Provincia di Verona
Comune di Vestenanova
MUSEO DEI FOSSILI
Indirizzo: frazione Bolca, tel. 045/7470068
Categoria: musei di scienza e tecnica
Fonte/i: Istat / Enit / Regione / Touring Club / Min. Interni / Guida Regioni d'Italia / Assess. Cultura Bologna
Proprietà: Comune
Condizione attuale: aperto

Provincia di Verona
Comune di Villafranca di Verona
MUSEO DEL RISORGIMENTO

CASA DEL TRATTATO
Indirizzo: via Pace
Categoria: musei di storia
Fonte/i: Istat / Regione
Proprietà: Comune
Condizione attuale: aperto

PROVINCIA DI VICENZA

Provincia di Vicenza
Comune di Bassano del Grappa
MUSEO CIVICO
Indirizzo: piazza Garibaldi, tel. 0424/22235
Categoria: musei d'arte
Fonte/i: Istat / Enit / Regione / Touring Club / Guida Regioni d'Italia / Assess. Cultura Bologna
Proprietà: Comune
Condizione attuale: aperto

Provincia di Vicenza
Comune di Bassano del Grappa
MUSEO DEL PONTE DEGLI ALPINI
Indirizzo: Taverna al Ponte, via Angarano, tel. 0424/23121
Categoria: musei di storia
Fonte/i: Istat / Enit / Touring Club / Guida Regioni d'Italia / Assess. Cultura Bologna
Proprietà: privata
Condizione attuale: aperto

Provincia di Vicenza
Comune di Caltrano
MUSEO DELLA CIVILTÀ RURALE
Indirizzo: via Scaligeri
Categoria: musei territoriali
Fonte/i: Min. Interni
Proprietà: privata
Condizione attuale: aperto a richiesta

Provincia di Vicenza
Comune di Chiampo
MUSEO FRANCESCANO PALEONTOLOGICO "P. A. MENIN"
Indirizzo: via della Pieve
Categoria: musei di scienza e tecnica
Fonte/i: Min. Interni / Guida Regioni d'Italia
Proprietà: ecclesiastica
Condizione attuale: aperto

Provincia di Vicenza
Comune di Cornedo Vicentino
MUSEO CIVICO CORNEDESE
Indirizzo: piazza A. Moro, tel. 0445/952219
Categoria: musei di scienza e tecnica
Fonte/i: Regione / Assess. Cultura Bologna

Proprietà: Comune
Condizione attuale: aperto a richiesta

Provincia di Vicenza
Comune di Crespadoro
MUSEO DI ARTE POPOLARE
Indirizzo: piazza Municipio 7
Categoria: musei specializzati
Fonte/i: Min. Interni
Proprietà: ecclesiastica
Condizione attuale: aperto a richiesta

Provincia di Vicenza
Comune di Gambugliano
MUSEO PREISTORICO VALDIEZZA
Indirizzo: via Fontana
Categoria: musei d'archeologia
Fonte/i: Min. Interni / Guida Regioni d'Italia
Proprietà: Comune
Condizione attuale: aperto a richiesta

Provincia di Vicenza
Comune di Lugo di Vicenza
COLLEZIONE "MALINVERNI"
Indirizzo: frazione Lonedo,
villa "Godi-Malinverni", tel. 0445/860561
Categoria: musei d'arte
Fonte/i: Istat / Enit / Touring Club / Min. Interni / Guida Regioni d'Italia / Assess. Cultura Bologna
Proprietà: privata
Condizione attuale: aperta

Provincia di Vicenza
Comune di Lugo di Vicenza
MUSEO DEI FOSSILI "A. PIOVENE"
Indirizzo: frazione Lonedo,
villa "Godi-Malinverni", tel. 0445/860561
Categoria: musei di scienza e tecnica
Fonte/i: Istat / Enit / Touring Club / Min. Interni / Guida Regioni d'Italia / Assess. Cultura Bologna
Proprietà: privata
Condizione attuale: aperto

Provincia di Vicenza
Comune di Malo
MUSEO "CASABIANCA" D'ARTE CONTEMPORANEA
Indirizzo: via Bologna
Categoria: musei d'arte
Fonte/i: Enit / Min. Interni / Guida Regioni d'Italia / Assess. Cultura Bologna
Proprietà: privata
Condizione attuale: aperto a richiesta

Provincia di Vicenza
Comune di Malo
MUSEO CIVILTÀ RURALE DEL VICENTINO
Indirizzo: Cantina sociale, tel. 0445/602087
Categoria: musei territoriali
Fonte/i: Istat / Enit / Touring Club / Guida Regioni d'Italia / Assess. Cultura Bologna
Proprietà: privata
Condizione attuale: aperto

Provincia di Vicenza
Comune di Montebello Vicentino
MUSEO CIVICO
Categoria: musei d'arte
Fonte/i: Regione
Proprietà: Comune
Condizione attuale: aperto a richiesta

Provincia di Vicenza
Comune di Montecchio Maggiore
MUSEO CIVICO "G. ZANNATO"
Categoria: musei specializzati
Fonte/i: Regione
Proprietà: Comune
Condizione attuale: aperto

Provincia di Vicenza
Comune di Montecchio Maggiore
MUSEO DELL'ISTITUTO "MARIA IMMACOLATA"
Categoria: musei specializzati
Fonte/i: Istat
Proprietà: ecclesiastica
Condizione attuale: aperto

Provincia di Vicenza
Comune di Nove
MUSEO DELLE CERAMICHE
Indirizzo: Istituto statale d'arte, via Giove 1, tel. 0424/82022
Categoria: musei specializzati
Fonte/i: Istat / Enit / Touring Club / Min. Beni Culturali / Guida Regioni d'Italia / Assess. Cultura Bologna
Proprietà: Stato
Condizione attuale: aperto

Provincia di Vicenza
Comune di Roana
MUSEO STORICO DELLA GUERRA 1915-'18
Indirizzo: frazione Canove di Roana, via Roma 30, tel. 0444/692035
Categoria: musei di storia
Fonte/i: Regione / Min. Interni / Assess.

Cultura Bologna
Proprietà: Comune
Condizione attuale: aperto

Provincia di Vicenza
Comune di Santorso
MOSTRA ARCHEOLOGICA DIDATTICA
Indirizzo: via San G. Bosco 25,
tel. 0445/640754
Categoria: musei d'archeologia
Fonte/i: Regione / Assess. Cultura Bologna
Proprietà: Comune
Condizione attuale: aperta

Provincia di Vicenza
Comune di Valdagno
MUSEO CIVICO "D. DAL LAGO"
Indirizzo: viale Regina Margherita,
tel. 0445/401887
Categoria: musei di scienza e tecnica
Fonte/i: Istat / Regione / Assess. Cultura Bologna
Proprietà: Comune
Condizione attuale: in allestimento

Provincia di Vicenza
Comune di Valdagno
RACCOLTA PALEONTOLOGICA DELLE SCUOLE ELEMENTARI
Categoria: musei di scienza e tecnica
Fonte/i: Com. it. Icom.
Proprietà: Stato
Condizione attuale: aperta a richiesta

Provincia di Vicenza
Comune di Vicenza
MUSEO CIVICO E PINACOTECA
Indirizzo: palazzo Chiericati, piazza Matteotti 39, tel. 0444/321348
Categoria: musei d'arte e archeologia
Fonte/i: Istat / Enit / Regione / Guida Monaci / Touring Club / Assess. Cultura Bologna / Guida Regioni d'Italia
Proprietà: Comune
Condizione attuale: in restauro

Provincia di Vicenza
Comune di Vicenza
MUSEO DEL RISORGIMENTO E DELLA RESISTENZA
Indirizzo: villa Guiccioli, viale X Giugno 115, tel. 0444/322998-232199
Categoria: musei di storia
Fonte/i: Istat / Enit / Regione / Guida Monaci / Touring Club / Assess. Cultura Bologna / Guida Regioni d'Italia
Proprietà: Comune
Condizione attuale: aperto

Provincia di Vicenza
Comune di Vicenza
MUSEO PALLADIANO
Indirizzo: Basilica palladiana, piazza dei Signori
Categoria: musei specializzati
Fonte/i: Enit
Proprietà: Comune
Condizione attuale: aperto

Provincia di Vicenza
Comune di Vicenza
MUSEO SANTA CORONA
Categoria: musei d'arte
Fonte/i: Min. Beni Culturali
Proprietà: Comune
Condizione attuale: in restauro

Provincia di Vicenza
Comune di Vicenza
RACCOLTA DI SCIENZE NATURALI DEL SEMINARIO VESCOVILE
Categoria: musei di scienza e tecnica
Fonte/i: Istat
Proprietà: ecclesiastica
Condizione attuale: aperta a richiesta

Provincia di Vicenza
Comune di Vicenza
RACCOLTA PALEONTOLOGICA DEL LICEO "PIGAFETTA"
Categoria: musei di scienza e tecnica
Fonte/i: Com. it. Icom.
Proprietà: Stato
Condizione attuale: aperta a richiesta

Fonti bibliografiche

A) *Indagini di carattere generale:*

Comitato italiano Icom – Associazione nazionale dei musei italiani, *Repertorio dei musei e delle raccolte scientifiche italiane*, Roma 1967

V. Emiliani, *Se crollano le torri. Inchiesta su Beni e Mali culturali*, Rizzoli, Milano 1990

Enit, *Istituti di antichità e d'arte*, rapporto n.7/1989

Enit, *Musei d'Italia*, edito dall'Ufficio Informazioni dell'Enit, s. d. [1989]

Guida delle Regioni d'Italia, anno 1990

Guida Monaci, Agende regionali e *Annuario amministrativo italiano*

Istat, *Indagine statistica sui musei e le istituzioni similari*, supplemento al "Bollettino mensile di statistica", n. 24/1983

Istat, *Indagine sulla popolazione italiana 1989*

Istat, *Statistiche del turismo anno 1988 e 1989*

Ministero per i Beni culturali e ambientali, *I musei locali del Lazio*, supplemento al "Bollettino d'arte", n. 30/1985 con aggiornamento nuovi musei al 30 aprile 1990

Ministero per i Beni culturali e ambientali – Direzione generale prof. Sisinni, *Elenco dei musei italiani*

Ministero degli Interni – Direzione centrale per la documentazione, *Sistema informativo territoriale* (censimento del patrimonio culturale italiano nei comuni fino a 10.000 abitanti, dati aggiornati al 1986)

M. Piccoli, *Guida ai musei insoliti*, Zanichelli, Bologna 1989

Repertorio dell'Assessorato alla Cultura della Provincia di Bologna, in "Il Giornale dell'Arte", n. 79, giugno 1990

G.C. Santi. *I beni culturali ecclesiastici in Italia*, rilevazione effettuata in occasione del convegno "La Chiesa per i beni culturali", Milano, 4-7 maggio 1987, a cura della Conferenza episcopale italiana

Touring Club Italiano, *I musei*, collana "Capire l'Italia", 1980

Touring Club Italiano, *Musei – 1500 musei in Italia*, 1989

Touring Club Italiano, varie guide regionali

Tutti i musei d'Italia, a cura di Vittorio Sgarbi, Editoriale Domus 1984

Unesco, *Annuaire statistique 1989*

B) *Altre fonti di carattere generale:*

Agenzia per il Mezzogiorno, Legge 64 settore Beni culturali

Insud S.p.A., *Itinerari turistico-culturali nel Mezzogiorno*

Ministero del Bilancio e della Programmazione economica – Settore Beni culturali – Fondo Investimenti Occupazione

Ministero per i Beni culturali e ambientali – U.C.B.A.A.A.A.S., Interventi Legge 449/1987-1988 e Legge 219/1981

C) *Studi di carattere regionale:*

Abruzzo:
Regione Abruzzo – Primo Dipartimento –

Settore promozione culturale, *Guida ai musei d'Abruzzo e Molise*, a cura di Lanfranco Binni, Electa, Milano 1982

Emilia-Romagna:
Regione Emilia-Romagna – Istituto per i Beni artistici, culturali e naturali, *Guida dei musei dell'Emilia-Romagna*, a cura di Ranieri Varese, Electa, Milano 1984
Regione Emilia-Romagna – Istituto per i Beni artistici, culturali e naturali, *Musei e raccolte dell'Emilia-Romagna: prima indagine statistica*, a cura di Franco Bonilauri, Documenti 21, 1985
Per la provincia di Modena: notizie fornite dall'Amministrazione provinciale.

Friuli-Venezia Giulia:
Notizie fornite dalla Regione autonoma Friuli-Venezia Giulia, Direzione generale dell'Istruzione e della Cultura, giugno 1990

Liguria:
Regione Liguria, *Guida ai musei della Liguria*, a cura dell'Ufficio Musei e Beni culturali, Electa 1987
Indagine sui musei, dati di aggiornamento al 1987, forniti dalla Regione Liguria

Lombardia:
Regione Lombardia, Settore Cultura e Informazione, *Musei di Lombardia, primo quaderno statistico: dati ed elaborazioni 1985-88*, Servizio Musei e Beni culturali 1989
Per la provincia di Mantova: Repertorio inserito nella *Carta dei Beni architettonici e ambientali della Provincia di Mantova*, Amministrazione provinciale di Mantova, Assessorato alla Programmazione, Ufficio Studi, 1989

Marche:
Regione Marche – Centro per i Beni culturali, *Guida ai musei delle Marche*, a cura di Pietro Zampetti, Electa 1985

Molise:
Regione Abruzzo – Primo Dipartimento – Settore promozione culturale, *Guida ai musei d'Abruzzo e Molise*, a cura di Lanfranco Binni, Electa 1982
Notizie fornite dalla Regione Molise, Assessorato alla Cultura, giugno 1990

Piemonte:
Regione Piemonte, Assessorato alla Cultura, *Musei piemontesi*, 1984

Puglia:
Regione Puglia – Assessorato alla Cultura, *I musei della Puglia*, guida illustrata, s.d.

Sardegna:
Banco di Sardegna, *Il museo "Sanna" di Sassari*, 1986
Banco di Sardegna, *Il museo etnografico di Nuoro*, 1987
Banco di Sardegna, *L'antiquarium arborense e i musei civici archeologici della Sardegna*, 1988
Banco di Sardegna, *Il museo nazionale archeologico di Cagliari*, 1989
Notizie fornite dalla Soprintendenza archeologica di Sassari e dalla Soprintendenza per i Beni A.A.A.S. di Cagliari
Consorzio Archeosystem, *Progetto «I nuraghi». Ricognizione archeologica in Ogliastra Barbagia e Sarcidano*, Milano 1990
Guide archeologiche Laterza, *Sardegna*, 1981

Sicilia:
Notizie fornite dalla Regione Sicilia – Direzione generale dei Beni culturali e ambientali

Toscana:
Regione Toscana – Giunta regionale, Dipartimento Istruzione e Cultura, *Musei e raccolte della Toscana, indagine statistica*, 1988
Regione Toscana – Giunta regionale, *Guida ai musei della Toscana*, a cura di Donatella

Silvestrini, Electa, Milano 1988
Regione Toscana – Giunta regionale, Dipartimento Istruzione e Cultura, Ufficio Musei, *Musei e raccolte in Toscana*, settembre 1989

Trentino-Alto Adige:
Per la provincia di Trento: notizie fornite dalla Provincia autonoma di Trento, Dipartimento Istruzione e Cultura, Servizio Attività culturali, giugno 1990

Umbria:
Notizie fornite dalla Regione Umbria, Assessorato regionale alla Cultura
Guide archeologiche Laterza, *Umbria e Marche*, 1980

Valle d'Aosta:
Per i musei parrocchiali notizie fornite dalla Regione autonoma Valle d'Aosta, Assessorato del Turismo, Urbanistica e Beni culturali, agosto 1990

Veneto:
Notizie fornite dalla Regione Veneto, Ufficio Programmazione

Stampato per conto di Electa
dalla Fantonigrafica - Elemond Editori Associati